* 이 책은 2018년 대한민국 교육부와 한국연구재단의 지원을 받아 간행되었다
(NRF-2018S1A6A3A01022568).
* 이 책은 한림대학교 한림과학원 개념소통번역시리즈의 하나입니다.
한림과학원은 본 시리즈를 통해 개념소통 관련 주요 저서를 번역 소개합니다.

철학과 국가 – 제국대 교수의 근대일본 만들기

1판 1쇄 발행 2024년 3월 1일
이노우에 데쓰지로 지음 윤형식 감수
이혜경·김정희·김태진·이경미·이연승·이예안 옮김
편집 정철 표지 디자인 김상만
발행 정철 출판사 빈서재
이메일 pinkcrimson@gmail.com
ISBN 979-11-980639-6-0

빈서재는 근현대사 고전 전문 출판사를 지향합니다. 번역하고 싶은 고전이 있다면 연락주세요. 제타위키에서 '빈서재 출판사'를 검색하시면 다양한 정보를 더 얻으실 수 있습니다. https://zetawiki.com
이 책의 본문 편집은 LaTeX로 작업되었습니다. 많은 도움을 주신 KTUG 회원 여러분께 감사드립니다. http://ktug.org

철학과 국가
제국대 교수의 근대일본 만들기

1893~1932

이노우에 데쓰지로 지음
이혜경·김정희·김태진·이경미·이연승·이예안 옮김
윤형식 감수, 2024년

빈서재

이노우에 데쓰지로, 1937년경.

저자 이노우에 데쓰지로(井上哲次郎, 1855~1944). 지금의 후쿠오카현에 해당하는 지쿠젠노쿠니(築前國)의 다자이후(太宰府)라는 작은 마을에서 가난한 의사의 3남으로 태어났다. 간코(菅公)신사로 알려진 곳으로 후에 이노우에는 간코에 관한 글도 남긴다. 동네에서의 한학교육을 통해 사서삼경에 대한 소양을 쌓는 것으로 교육이력을 시작했고, 이어 나가사키의 관립영어학교, 도쿄의 가이세이(開成)학교를 거쳐, 도쿄대학이 개교하자마자 철학전공으로 입학한다. 도쿄대학 졸업 후, 도쿄대학 조교수로 발령받고 잠시 동양철학사를 강의하다 곧 독일유학을 떠난다. 국가에서 파견한 3년간의 유학기간 외에 일본어교사로 3년을 더 체류한 뒤에, 1890년 귀국하여 바로 (도쿄)제국대학 정교수로 발령받는다. 정교수로 발령받고 그가 가장 먼저 한 일은 교육칙어의 공인해설서를 쓰는 일이었다. 제국대학의 철학과 교수로서 그는 독일철학을 소개하는 일 외에도 종교, 동양철학, 무사도, 국민도덕, 현상즉실재론이라는 세계관의 구축 등 광범위한 영역에서 활동했으며 그 속에서 그가 일관되게 지향했던 것은 일본의 번영을 위한 국민통합의 성취라고 할 수 있다.

옮김

이혜경. 서울대학교 인문학연구원 HK교수. 동아시아 근현대 철학사를 연구하고 있다. 저서로『천하관과 근대화론: 양계초를 중심으로』,『량치차오: 문명과 유학에 얽힌 애증의서사』등이 있고 역서로 량치차오의『신민설』황종희의 『맹자사설』등이 있다.

김정희. 독립연구자. 중국 천태불교의 수행론과 불성론을 중심으로 연구하고 있다.

김태진. 동국대학교 일본학과 조교수. 근대동아시아 개념의 수용과 전파, 번역에 관심을 갖고 연구하고 있다.

이경미. 동북아역사재단 연구위원. 식민지시기 민족담론에 관심을 가지고 연구하고 있다.

이연승. 서울대학교 종교학과 교수. 동아시아의 유교적 문화와 사상에 대해 연구하고 있다.

이예안. 한림대학교 한림과학원 부교수. 20세기 전반기 한국과 일본의 사상교류에 대해 연구하고 있다.

감수 윤형식. 유럽인문아카데미 대표. '공생주의'(Kommunismus) 이론을 특히 독일 관념론의 전통 속에서 독해하고 갱신하는 데 주요 관심을 두고 공부하고 있다.

『철학과 종교』표지

文學博士 井上哲次郎 講述

國民道德概論

東京　三省堂發兌

『국민도덕개론』표지

□ 일러두기

1. 본 선집번역은 번역자들이 이노우에 데쓰지로의 글을 선별하여 번역한 것이다. 번역의 저본은 각 글의 해제에 밝혔다.

2. 저자주는 [원주]로 표기했고, 그 외의 각주는 모두 번역자가 붙인 것이다. 동일 각주를 여러번 참고해야 할 경우는 해당 각주가 있는 페이지를 표시하였다.

3. 일부 글은 연설문을 옮긴 것으로 경어체를 포함해 구어체로 되어 있으나, 번역하면서 문어체로 바꿨다.

4. '지나', '천황' 등 당시의 상황을 반영하는 용어들은 당시를 이해하기 위한 용어로 취급하여 그대로 옮겼다.

5. 명확하게 내용을 전달하기 위해 번역자가 첨가한 부분은 [ ] 안에 넣었다.

6. 일본연호를 사용해 표기된 연도는 서력을 병기하거나 서력으로 바꿨다.

차 례

차 례 9

제 1 장 종교와 교육 11
   1.1 교육과 종교의 충돌 . . . . (1893) 11
   1.2 종교의 장래에 관한 의견 . . . . (1899) 126
   1.3 독립자존주의의 도덕을 비판함 . . . . . (1901) 166

제 2 장 현상즉실재론 191
   2.1 내 세계관의 먼지 한 톨 . . . . (1894) 191
   2.2 현상즉실재론의 요령 . . . . (1894) 214
   2.3 유물론과 유심론에 대한 실재론의 철학적 가치
       . . . . (1910) 258

제 3 장 동양철학 295
   3.1 동양의 철학사상에 대하여 . . . . . . (1894) 295
   3.2 에도유학 삼부작: 서론과 결론 . . . (1900~1905) 313

제 4 장 국민도덕과 신도 363
   4.1 국민도덕개론 . . . . (1912) 363
   4.2 신도와 세계종교 . . . . (1915) 402

4.3　우리 국체와 국민도덕 . . . . (1925)　426

제 5 장　철학 **477**
　　5.1　철학의 요구 및 장래 . . . . (1915)　477
　　5.2　철학적으로 본 진화론 . . . . (1910)　501
　　5.3　메이지 철학계의 회고 . . . . (1932)　530

이노우에 데쓰지로와 일본주의의 시대　. . (이혜경) . . .　**563**

연보 **595**

찾아보기 **601**

제1장

종교와 교육

1.1 교육과 종교의 충돌

이경미

*** 해제 ***

『교육과 종교의 충돌』은 1893년에 경업사敬業社에서 출판되었다. 원본은 2023년 현재 일본 국회도서관 디지털 컬렉션(https://dl.ndl.go.jp/)에서 열람이 가능하다. 책은 서문, 본문, 부록으로 구성되어 있으며, 본론은 따로 장과 절로 나누어져 있지 않다. 이하에서는 서론과 본론을 번역하고 부록은 번역에서 제외했다. 부록의 내역은 다음과 같다. (1)「개발사開發社에 보내는 편지」, (2)「개발사에 다시 보내는 편지」, (3)「잡설 열가지雜說十則」, (4)「요코이 도키오[1] 씨의 보도」.

---

1) 요코이 도키오(橫井時雄, 1857~1927) : 메이지 시기 목사, 저널리스트. 에도 말기의 개국론자 요코이 쇼난(橫井小楠)의 아들로, 구마모토 양학교(熊本洋學校)에서 배웠다. 세례를 받은 후 1877년에 도시샤 영학교(同志社英學校)에 입학했고 졸업 후 목사로 활동하다가 1883년에 상경했다. 도쿄에서는 에

제 1 장 종교와 교육

　(1)과 (2)는 이노우에가 세간의 비평에 응답하기 위해 개발사에 보낸 글인데, 본론에서 누락된 내용을 담고 있기 때문에 부록으로 수록되었다. 개발사는 이 주제에 관해 처음 이노우에의 인터뷰를 실은 곳이다. (3)은 기독교가 비국가주의적인 이유에 대해 이노우에가 보완한 글이다. (4)는 이노우에가 본론에서 '불경사건'의 사례로서 인용한 기사들에 대해 요코이가 진의를 조사한 결과이다. 기사의 신빙성에 대해 비판받은 이노우에의 위탁으로 이루어진 조사였는데, 이를 통해 대부분의 실상이 보도된 내용과 달랐음을 알 수 있다. 이하 본론을 읽을 때도 이 점을 유의해야 할 것이다.

　『교육과 종교의 충돌』은 1892년 11월 『교육시론敎育時論』에 실린 「종교와 교육의 관계에 대한 이노우에 데쓰지로 씨의 담화」라는 기사를 계기로 일어난 논쟁 — 통칭 '교육과 종교의 충돌 논쟁' — 에 대한 대응으로서 나온 책이다. 그런데 그 배경에는 1890년 대일본제국헌법의 시행과 함께 공포된 교육칙어와, 교육칙어에 대한 경례를 둘러싸고 벌어진 우치무라 간조[2] 사건이 있었다.

　주지하다시피 교육칙어는 입헌군주 체제를 갖춘 일본이 수립한 교육방침이다. 천황제 이데올로기를 명문화한 성전으로서 국내에 배포되

비나 단조(海老名彈正) 등 구마모토 밴드 멤버와 함께 활동했고 1887년에는 에비나의 뒤를 이어 혼고교회(本鄕敎會)의 목사가 되었다. 우치무라 사건 당시 그를 후원하는 입장이었으며, 교육과 종교의 충돌 논쟁 당시에는 기독교와 칙어(충효)가 결합될 수 있다는 국가주의적 입장을 취했다. 자유주의적 신신학의 입장에서 『우리나라의 기독교 문제』(1894)를 저술하기도 했고, 러일전쟁기에 아네사키 마사하루(姉崎正治)와 함께 『시대사조』를 창간하기도 했다.

2) 우치무라 간조(內村鑑三, 1861~1930) : 일본의 기독교 사상가. 군마현에 있었던 다카사키번(高崎藩)의 무사 집안에서 태어났다. 홋카이도의 개척을 위해 설립된 삿포로 농학교를 졸업했다. 농상무성(農商務省)에서 근무하다 미국으로 유학했다. 귀국 후 1890년에 제1고등중학교(일고)의 촉탁 교원이 되었는데, 이듬해 1월 9일 교육칙어 봉독식에서 경례 요구에 '살짝 고개를 숙인 정도'로 응한 일이 불경사건으로 비난받아 퇴직했다. 사건 이후에는 『일본 및 일본인』(1894), 『나는 어떻게 기독교 신자가 되었는가』(1895) 등 저술을 중심으로 활동했다. 1900년에 『성서의 연구』를 창간하여 무교회주의를 제창했다. 청일전쟁 때와 달리 러일전쟁에 대해서는 비전론을 주장한 평화주의자로 알려져 있다.

었을 뿐만 아니라 식민지까지 적용되어 전시기 황민화정책의 교본으로 활용되었다. 우치무라 사건은 이러한 칙어의 폭력성이 근대 초창기의 일본에서 드러난 첫 사례였다고 할 수 있다. 그것은 '교육(칙어)'과 '종교(기독교)'의 충돌이라는 외관을 취하고 있었지만, 본질은 '종교들의 충돌'로서 국가권력이 정신까지 손을 뻗칠 때 벌어지는 사태의 심각성을 종교의 영역에서 보여준 사건이었다고 할 수 있다.

1890년 10월 30일에 공포된 교육칙어는 다음날 문부성 훈령 제8호를 통해 전국의 교육기관에 배포되었다. 우치무라가 촉탁 교원으로 있던 제일고등중학교 — 통칭 '일고' — 의 경우 12월에 천황의 서명이 적힌 친서도 배포되었다. 이를 하사받은 일고에서는 1월 9일 개학에 맞춰 봉독식奉讀式을 치르기로 했는데, 사건은 그 석상에서 벌어졌다. 교원과 학생들이 모두 친서에 경례를 올리는 가운데 양심의 가책을 느낀 우치무라는 '살짝 고개를 숙인 정도'로 대응했던 것이다. 이것이 '경례의 거부'로 받아들여지자 각종 매체를 통해 '불경사건'으로 보도되었다. 결국 상황을 수습하지 못한 우치무라는 2월 3일에 의뢰 해촉으로 일고를 떠나게 되었다.

그렇지만 사건은 우치무라 개인의 문제로만 끝나지 않고 일종의 '종교논쟁'의 양상을 띠게 되었다. 앞서 제정된 제국헌법에서는 '종교의 자유信敎之自由'에 관한 조항도 마련되어 있었는데, 다만 그것은 제국의 "안녕질서를 방해하지 않고 또한 신민으로서의 의무에 위배되지 않는 한에서"(제28조) 보장된 조건부 자유에 불과했다. 우치무라의 행동은 바로 이 조건에 저촉한 사례로 지목되어 '기독교' 자체에 대한 비난을 불러일으켰던 것이다.

당초 기독교 측에서는 칙어에 대한 경례가 '종교적'인지 '예식'인지를 놓고 의견이 분분했다. 만약 예식이었다면 우치무라의 행동은 '종교의 조건'에 위배된 것으로 비난을 받아야 했지만, 종교적 의미가 함축된

제1장 종교와 교육

것이었다면 비난은 '종교의 자유'를 어긴 정부의 몫이었다. 이러한 논의의 배경에는 황실에 관련된 예식을 '비종교적인 것'으로 규정한 일본의 독특한 종교론이 깔려 있었는데, 기독교 측에서도 이를 받아들여 '황실에 대한 충성은 지켜야 한다'는 입장에서 사건을 의논했던 것이다. 그런 의미에서 기독교인들 사이에서도 '국가주의'는 주류적 입장이었다고 할 수 있다.

교육과 종교의 충돌 논쟁은 사건이 이와 같이 수습된 상황에서 불씨를 다시금 크게 키운 측면이 없지 않았다. 1892년 11월 이노우에는 『교육시론』에 실린 기사에서 우치무라 사건을 언급하면서 그것을 기독교 전체의 성격을 드러낸 일로 비판했던 것이다. 이에 앞서 출간한 『내지잡거 속론內地雜居續論』(1891)에서도 이노우에는 우치무라 사건을 언급하고 있었는데, 이 때의 비판은 어디까지나 우치무라 개인을 향한 것이었다.

그러나 『교육시론』의 기사는 도쿄제대 교수로서 칙어에 대한 공식 해설서—『칙어연의勅語衍義』(1891)—까지 쓴 입장에서 '기독교 자체'를 향한 비판을 전개했다. 이 때문에 기사는 큰 반향을 일으켰고 이노우에는 여러 매체를 통해 반론에 응답하는 글들을 써야 했다. 이를 묶어낸 것이 『교육과 종교의 충돌』이었는데, 급하게 조합한 만큼 책의 내용은 정리된 것이 아니었지만 요지는 명료했다. 이노우에는 책 말미에 기독교의 성격을 다음과 같이 요약했다.

첫째 국가를 주축으로 보지 않는다.
둘째 충효를 소중히 여기지 않는다.
셋째 출세간을 중시하고 세간을 경시한다.
넷째 그들의 박애는 묵자[3]의 겸애처럼 무차별적인 사랑을 말한다.

---

3) 묵자(墨子, B.C.479~B.C.381) : 춘추전국시대의 사상가로, 묵가의 창시자이다. '천하(天下)에 이익되는 것(利)을 북돋우고(興), 천하의 해가 되는 것(害)을 없애는(除) 것'을 정치의 원칙으로 보았고, 그러한 정치사상을 실현하는 방법으로

이 네 가지는 서로 맞물리면서 한 가지 성격을 가리키는데, 요컨대 기독교는 '비국가주의적'이라는 규정이 그것이다. 물론 이는 '충효'(교육칙어의 정신)를 섬기는 '국가주의적' 입장에서 만들어진 배타적 이미지에 불과했지만, 이노우에는 이로써 우치무라 사건 때 불거졌던 '국가주의' 문제를 다시금 부각시켰다.

이것이 『교육과 종교의 충돌』이 갖는 첫 번째 특징이라고 한다면, 두 번째로 주목해야 할 것은 '동·서' 구도이다. 이노우에는 위의 네 가지 성격을 '동양의 가르침'과 대비하면서 추출하고 있었는데, 특히 '불교'와 '유교'를 비교대상으로 원용하면서 '서양의 가르침'으로서의 기독교를 규정했다. 기독교에 대한 배타적 이미지도 동서 문명론적 관점에서 도출된 것으로, 그런 의미에서 '종교들의 충돌'은 '문명의 충돌'을 의미하기도 했다. 아울러 이것이 1891년에 개설된 이노우에의 강의 《비교종교 및 동양철학》의 성격과도 병행하는 논의였음을 간과해서는 안 된다.

세 번째로 『종교와 교육의 충돌』에는 이노우에의 '합리주의적' 종교관이 짙게 나타나고 있었던 점 또한 간과할 수 없다. 이 점은 후일 다른 저작들—예컨대 『윤리와 종교의 관계』(1902), 『국민도덕개론』(1912), 『철학과 종교』(1915)—을 통해서 더 명확해지지만, 철학·과학·윤리·도덕 등 인접 개념들과 대비하면서 종교의 장래를 전망했던 그의 관점이 맹아적으로나마 나타나고 있었음을 확인할 수 있다.

10가지 주제를 정했다. '겸애(兼愛)'도 그 중의 하나로 '모든 사람을 차별 없이 사랑해야 한다'는 뜻이다.

제1장 종교와 교육

*** 번역 ***

서문

이 책은 내가 처음부터 쓰려고 기획했던 것은 아니었다. 어느 날 『교육시론』의 기자가 시사문제에 대해 질문하기에 내 의견을 약간 피력했더니[4] 기독교도 중에서 이를 자꾸 공격하는 사람들이 나타났다. 그리하여 결국 한 편의 긴 글을 쓰게 된 것이다. 다시 말해 이는 전적으로 부득이한 사정 때문에 쓰게 된 책으로 일시적인 담화를 펼친 것에 불과하다. 따라서 본문을 장과 절로 나누어 상세하게 논할 겨를이 없었고, 다만 널리 일반사회의 주의를 환기시키고자 했다. 그러므로 인용한 글의 출처는 대부분 생략했고 무엇보다도 의의를 쉽게 이해할 수 있도록 주의했다.

　책의 전반부는 『교육시론』・『교육보지報知』・『일본교육잡지』・『대일본교육회잡지』・『나라의 교육國の教育』・『동양학예잡지』・『천칙天則』・『지바현千葉縣교육잡지』・『이바라키현茨城縣 교육잡지』・『호쿠리쿠北陸 교육』등과 불교 관련 잡지 중에서는 『불교』・『정토교淨土教』・『밀엄교보密嚴教報』・『일종신보日宗新報』・『명교신지明教新誌』・『호교護教』・『불교공론』・『교우잡지』・『전등傳燈』・『활천지活天地』・『법우法雨』・『능인能仁』・『진불교眞佛教』・『군화의 원생軍花の園生』・『삼보총지三寶叢誌』・『사명여로四明餘露』등에 실은 글들을 토대로 작성했다. 이밖에도 유니테리언[p.160] 계열 잡지인 『종교』와 『규슈일일신문』 등에도 실었다.

　후반부는 좀 더 자세하게 논의를 전개할 생각이었으나 다른 일이 생기는 바람에 그 뜻을 관철하지 못했다. 따라서 서술은 간략하게

---

4) 「종교와 교육의 관계에 대한 이노우에 데쓰지로 씨의 담화」『교육시론』제272호, 1892년 11월. 이하에 수록되어 있다. 島薗進・磯前順一 編 『井上哲次郎集』 第9巻, クレス出版, 2003.

16

했고 전반부와 합쳐 하나의 책으로 펴냈다. 내가 예전에 개발사에 보낸 두 편의 글은 세간의 비평에 응답한 것이었는데, 본론에서 누락된 내용을 보완하기에 적합하기 때문에 한두 군데만 고쳐서 이 책 말미에 부록으로 수록했다.

어떤 기독교인이 말하기를 내가 인용한 글은 대부분 기독교 계열의 신문잡지에서 나온 기사가 아니기 때문에 신빙성이 떨어진다고 한다. 하지만 기독교 계열의 신문잡지는 대부분 자신들에게 불리한 기사를 싣지 않기 때문에 입장이 반대되는 기관의 기사에 의거할 수밖에 없었다. 하지만 그 기사가 모두 확실하다고 보기는 어렵기 때문에 요코이 도키오 씨에게 사실 확인을 위탁했고 공평한 기사만 간추려 책 말미에 붙였다.

우치무라 간조 씨의 사건에 대해서는 당초 신문을 입수하지 못했기 때문에 『영지회잡지^{슌智會雜誌}』를 인용했는데, 그랬더니 우치무라 씨는 나에게 한 편의 공개장[5]을 보내왔다.

> 내가 다른 기사에 대해서는 진위를 알 수 없지만 『영지회잡지』에 실린 제일고등중학교 예배사건에 관한 기사는 왜곡이 심하다. 내가 존영^{尊影[6]}을 받들어 경례를 하지 않았다는 것은 완전히 그릇된 내용이다. 배대식^{拜戴式[7]} 당일에는 학생과 교원 모두가 존영을 받들어 예배를 올리라는 명령을 받지 않았다.

---

5) 『교육과 종교의 충돌』 간행 한 달 전에 『교육시론』에 게재된 우치무라의 반론이다. 「문학박사 이노우에 데쓰지로 군에게 보내는 공개장」 『교육시론』 제285호, 1893년 3월 15일. 이하에 수록되어 있다. 『內村鑑三全集』 제2권, 岩波書店, 1980.

6) 메이지 천황의 사진을 높여 부른 말

7) 배대(拜戴)는 받는 것을 낮춰 부른 말로, '교육칙어'(1890)가 공포된 후 문부성은 각종 교육기관에 사본을 송부하여 낭독과 경례를 올리도록 했다. 그 예식을 배대식 혹은 봉독식이라고 한다.

다만 구하라 미쓰루[8] 교감이 우리에게 한 명씩 친필親筆[9] 앞에 나와 예배하라고 했다. 따라서 기사 중에 "그러한 우상이나 문서에는 예배하지 않겠다"고 했다는 것은 내가 한 말이 아니다. 또한 "앞서 저지른 과오를 후회하며"라는 말도 당시 상황을 사실대로 전한 것이 아니다. 나는 교장으로부터 예배란 숭배가 아니라 경례를 의미한다고 들었기 때문에 기꺼이 수행했고 또 앞으로도 할 것이다. 따라서 "결코 진심이 아니다"라는 말은 나의 진의를 전하는 것이 아니다. 그 중에서도 "면직" 운운하는 대목은 가장 비방이 심한 예이다. 기노시타 히로지[10] 교장은 항상 나를 동료로서 예의를 갖추고 대해줬고 나 또한 그에게 악감정을 가진 적이 없다. 나는 간적奸賊으로 추방된 것이 아니다.

나는 여기에 우치무라 씨의 말을 인용함으로써 그에 관한 기사의 오류를 바로잡았다고 생각한다. 나는 항상 사실에 근거하고자 하며 진리는 내가 귀의하는 바이다. 그러므로 고의로 사실을 왜곡하거나 진리를 은폐하는 일은 결코 하지 않는다.

나는 기독교도 중에 지인도 많으며 기독교에 대해 함부로 시비를

---

8) 구하라 미쓰루(久原躬弦, 1855~1919) : 일본의 화학자. 지금의 오카야마현에 있었던 쓰야마번(津山藩)의 의사 집안에서 태어났다. 1870년에 대학남교(大學南校)에 들어갔고 1877년에 도쿄대학 이학부 화학과의 첫 졸업생이 되었다. 화학회 초대회장을 지내다 1879년에 미국 존스홉킨스 대학에 유학했다. 1881년에 귀국 후 도쿄대학 교수로 있다가 1889년부터 제1고등중학교의 교감이 되었다. 우치무라 사건 후 1894년부터는 기노시타 히로지(木下廣次)의 후임으로 교장에 취임했다. 1898년에 교토 제국대학 교수로 초빙되어 일고를 떠났다. 근대 초창기의 일본 화학계를 견인했던 인물로 평가된다.
9) 메이지 천황의 서명이 적힌 교육칙어를 말함.
10) 기노시타 히로지(木下廣次, 1851~1910) : 일본의 법학자. 구마모토번(熊本藩)의 유학자 집안에서 태어났다. 1870년에 대학남교에 들어갔지만, 곧 사법성에 설치된 법률학교인 메이호료(明法寮)로 전학하여 프랑스에서 온 고용외국인 보아소나드(Gustave Émile Boissonade) 밑에서 법학을 배웠다. 1875년에 프랑스로 유학하여 파리대학에서 법학 박사 학위를 받고 1882년에 귀국했다. 귀국 후 도쿄대학 법학부의 교수가 되었고, 1889년 교수직과 겸임으로 제1고등중학교의 교장이 되었다. 우치무라 사건 후 1893년에 문부성의 전문학무국(고등교육기관 관리부서) 국장이 되어 학교를 떠났다. 1897년에는 신설된 교토 제국대학 초대 총장에 국장 겸임으로 취임했다.

가리는 것을 좋아하지 않는다. 이 책은 오늘날 교육방침이 된 칙어와 기독교의 취지가 서로 맞지 않는다는 것을 논했을 뿐, 기독교 자체의 시비를 가리고자 하는 것이 아니다. 요컨대 이 책은 철학적인 문제를 다룬다기보다는 오히려 시사적인 문제를 역사적으로 탐구한 것이다.

나는 기독교의 입장이 칙어와 같지 않다고 보지만 이들이 향후 칙어를 거부할 거라고 주장하는 것은 아니다. 하물며 박해를 말하겠는가. 이는 차원이 다른 문제이다. 다만 거칠게 말하면 기독교는 개인적인 윤리를 유지하는 데에는 효과가 적지 않지만, 국가주의를 단행할 때에는 도리어 우리나라로 하여금 로마의 전철을 밟게 할 우려가 있다는 것이다. 따라서 앞으로는 가능한 한 우리나라 풍속에 동화시켜, 그 비국가적 정신을 배제하고 오로지 개인적 윤리를 유지하는 데에만 힘쓰도록 방침을 취해야 한다. 만약 개인적 윤리를 유지하는 데 그치지 않고 아울러 비국가주의를 단행한다면 공보다 죄가 더 많을 것이다.

내게 반대하는 사람들은 종교를 신학과 혼동하지 말라고 지적한다. 나 역시 양자가 다르다는 것을 안다. 하지만 실제를 보면 신학과 종교는 서로 결부되어 들어왔다. 따라서 순수 이론에서는 양자를 완전히 구별해야 하겠지만, 실제 문제를 논할 때는 서로 결부된 것으로 간주할 수 있다. 따라서 이 책에서는 종종 양자를 구별하지 않고 논할 것이다.

나는 기독교도 중에도 여러 종파가 있다는 것을 알고 있지만 이를 모두 뭉뚱그려서 논할 것이다. 그렇다고 해서 기독교가 국가주의를 취하지 않아서 발생한 폐해가 모든 종파에서 똑같이 나타난다고 보지는 않는다. 그러한 폐해는 보수적인 종파에서 가장 많이 나타나고 진보적인 종파에서는 적게 나타난다. 또한 기독교도라고 하더라도 예수의 실천적 윤리만 지키고 진보적인 정신으로 우리나라에 동화되

제1장 종교와 교육

거나, 인격적인 신을 버리고 이상만을 신으로 삼거나, 미래보다도 현세를 중시하는 사람은 나의 주장에 해당되지 않는다. 그러한 사람도 상당히 많다는 것 또한 틀림없다.

나는 이 책의 전반부를 앞서 여러 잡지에 발표했는데, 기독교도 중에는 자신을 변호하는 식으로 부드럽게 반박한 사람도 있었지만 나를 함부로 비방하고 인신공격만을 일삼는 사람도 있었다. 이들은 '기독교는 국가주의다'라는 점을 논증할 수 없기 때문에 정정당당하게 시비를 다투지 않고, 다만 비방으로 자신의 약점을 보완하려고 하는 것이다. 학설에는 학설로 대응해야 함에도 불구하고 학설을 벗어나 다른 방법을 취한 것은 매우 서투른 방책이다.

또한 어떤 기독교인은 자신을 돌아보지 않고 함부로 남을 탓하는 경향이 있다. 플라톤이 향연을 열어 친구들을 대접할 적에 초대받지 못한 디오게네스[11]는 그 자리에 굳이 들어와 아름다운 담요를 밟고 "나는 이렇게 플라톤의 오만함을 밟는다"고 했다. 이에 플라톤은 "아아, 디오게네스 당신은 더 심한 오만함을 가지고"라고 답했다. 어떤 기독교인의 반박은 곧바로 이때의 디오게네스를 떠오르게 한다.

하지만 기독교도의 논박이 나에게 도움이 된 면도 없지 않다. 그 중 내 잘못에 해당하는 것은 앞으로 시정하겠지만, 그렇지 않은 것은 개가 짖거나 말이 우는 소리와 별반 차이가 없다. 누구라도 늘 칭찬만 받는다면 부유한 집안의 자식이 안일에 빠지듯 끝까지 분발할 동기를 얻지 못할 것이다. 천리를 달리는 말도 채찍이 필요하다고 하는데 사람이라고 어떻게 안 그렇겠는가.

---

11) 디오게네스(Diogenes, B.C.400~B.C.323) : 고대 그리스의 키니코스학파의 철학자. 소크라테스의 제자였던 안티스테네스(Antisthenēs)에게 배웠고 플라톤의 아카데미아학파와 대립했다. 폴리스의 제도나 문화를 인위적인 것으로 보고 자족적이고 동물적인 생활을 지향했기 때문에 견유파(犬儒派)라고도 불렸다. 일광욕을 하고 있을 때 찾아와 소원을 물어본 알렉산드로스대왕에게 햇빛을 가리지 말라고 대답했던 일화로 유명하다.

『마누법전[p.306]』에 "브라만은 항상 존경을 독으로 알고 두려워하며 경멸을 감로로 알고 탐내야 한다"는 말이 있는데, 실로 의미심장하다. 나는 경멸과 모욕을 두려워하지 않는다. 돌멩이도 서로 부딪혀야 불이 생기듯 서로 다른 주장이 충돌하지 않는다면 진리의 빛을 보기 어려울 것이다. 기독교도는 나를 타산지석으로 삼아 자신을 깊이 성찰해야 한다. 만약 나의 주장을 깊이 생각하지 않고 오로지 인신공격만 한다면 매우 비겁한 짓이다. 특히 앞길이 창창한 주장을 단지 과거의 일에만 의거하여 비평한다면 큰 오류를 범할 것이다. 반대론자 중에는 공겸恭謙을 명분으로 내 입을 막으려고 하는 사람도 있는데 나는 이를 옳다고 보지 않는다. 나의 주장은 그들에게는 쓴 약과 같을지 모르나 병을 고치는 효과를 부정할 수는 없을 것이다. 공겸은 인간의 덕목이다. 하지만 늘 공겸만 칭송하는 사람은 심하게 이기적인 사람이다. 사람은 어째서 공겸을 칭송하는가. 타인 모두가 자신에게 공겸하는 것이 자기 자신에게 이롭기 때문이다. 리히텐베르크[12])는 "공겸은 다른 여러 덕을 결여한 사람의 덕목"이라고 말했다. 이는 남이 깨닫지 못한 바를 잘 간파한 말이다. 쇼펜하우어[13])는 "공

---

12) 게오르크 리히텐베르크(Georg Christoph Lichtenberg, 1742~1799) : 독일의 물리학자. 1777년에 리히텐베르크도형을 발견한 사람으로 유명하고, 1778년부터『괴팅겐포켓연감』*Göttinger Taschenkalender*을 발행하면서 많은 자연과학과 철학 논문을 발표했다. 대학시절부터 써왔던『잠언집』*Sudelbücher*이 사후에 출간되면서 쇼펜하우어, 니체[p.174] 등에게 많은 영향을 미쳤다.

13) 아르투르 쇼펜하우어(Arthur Schopenhauer, 1788~1860): 독일의 철학자. 괴팅겐대학과 베를린대학에서 철학을 배웠다. 1819년에 주저『의지와 표상으로서의 세계』를 출간하여 이듬해 베를린대학의 전임강사가 되었다. '세계는 나의 표상이다' 라는 말로 시작하는 그의 책은 데카르트와 칸트의 사상을 이어받은 것으로 평가되며, 그의 철학은 근대유럽의 합리주의적 기술문명에 바탕이 되었다. 칸트의 인식론에서 출발하여 피히테, 셸링, 헤겔 등의 관념론적 철학자를 공격하였으나, 그 근본적 사상이나 체계의 구성은 같은 '독일 관념론'에 속한다. 그는 칸트와 같이 인간의 인식 대상으로서 눈앞에 전개되는 세계는 시간·공간·범주(category), 특히 인과율(因果律)이라는 인간의 주관적인 인식의 형식으로 구성된 표상일 뿐, 그것 자체로서 존재하는 것은 아니라고 주장한다. 표상으로서의 세계 존재는 주관에 의존하므로, 세계의 내적 본질은 '의지' 이며, 세계의 원인으로서의 의지를 맹목적인 '생에 대한 의지'로 주장한다. 그는 무신론자임을 표명하였으며, 19세기 말에 유행하여 수많은 사상가들에게 영향을 끼쳤다.

제1장 종교와 교육

겸은 단지 질투에 대한 방어로서 발명된 것"이라고 했다. 그에 의하면 공겸은 세상사에 밝은 사람이 질투와 시기를 피하기 위해 발명한 방어수단이다. 라 로슈푸코[14] 또한 공겸을 질투와 경멸에 빠질 우려가 있는 것이라고 말하면서 "공겸은 사람의 정신력이 허세로 나타난 것이다. 요컨대 인류의 공겸은 극도에 달하면 실제의 자질보다 더 고상하게 보이려고 하는 욕망이다"라고 했다. 무슨 기이한 논리인가. 괴테[15] 같은 사람은 "비속한 사람만 공겸하다"고 했다. 이 말은 물론 과도하고 어폐도 있다. 그렇지만 깊이 생각한 바를 주장한 사람을 가리켜 공겸하지 못하다고 비난해서는 안 된다.

자신의 생각이 남과 다르지 않다면 굳이 말할 필요가 없겠지만, 만약 남과 다른 견해를 가졌다면 그 차이를 충분히 알려줘야 한다. 이것이 학자의 의무이다. 각자 자주독립의 정신을 가져야 하는 것과 마찬가지로 자부심과 자존심을 갖는 성격 또한 무조건 배척해서는 안 된다. 만약 석가가 정말로 "이 세상에 내가 가장 존귀하다"고 했다면, 그 포부의 위대함은 이루 말할 수 없는 것이다. 공자가 말하기를 "하

한편 그의 사상은 인도 베단타 철학의 영향을 받은 것으로 평가된다. 쇼펜하우어는 1820년대에 동양학자 프리드리히 마이어를 통해 힌두교와 불교를 접하고, 이 종교들의 핵심 교리 속에 자신과 칸트가 도달한 결론과 같은 것이 있음을 깨닫게 되었다. 그는 서양에서 최초로 동양 철학의 세련된 점을 독자들에게 알려준 인물이라고 할 수 있다.

14) 프랑수아 라 로슈푸코(Francois de la Rochefoucauld, 1613~1680) : 17세기 프랑스의 문학가. 파리의 귀족 가문에서 태어나 정계에 투신했지만 배반당하여 저술가로 변신했다. 1665년에 인간심리에 대한 성찰이 담긴 『잠언과 고찰』을 출판했다.

15) 요한 볼프강 폰 괴테(Johann Wolfgang von Goethe, 1749~1832) : 독일의 시인, 극작가. 프랑크푸르트의 부유한 중산층 집안에서 자랐다. 부친의 희망으로 라이프치히대학에 들어가 법학을 배워 변호사가 되었지만, 원래 관심이 있었던 문학으로 활동을 옮겨갔다. 1774년 24세에 소설 『젊은 베르테르의 슬픔』을 발표하여 유럽에 이름을 알리게 되었다. 프랑스혁명기를 살면서 문학활동을 더욱 본격화시켰고, 교양소설 『빌헬름 마이스터의 수업시대』(1796), 서사시 『헤르만과 도로테아』(1797) 등 독일 고전주의 문학의 대표작을 발표했다. 말년에는 청년시절부터 쓰기 시작한 희곡 『파우스트』(제1부는 1808년, 제2부는 1831년)를 완성했다.

늘이 이 문화를 없애려 했다면 후대 사람인 [내가] 이 문화에 참여할 수 없었을 것이다. 하늘이 장차 이 문화를 없애려 하지 않는다면 광匡나라 사람들이 나를 어찌할 것인가"(『논어』「자한편子罕篇」)라고 했다. 이 또한 스스로 무거운 책임을 떠맡은 것을 의미한다. 예수 또한 "나는 하늘에서나 땅에서나 모든 권능을 부여받았다"(「마태복음」[16] 제28장 제18절)고 하며, 또 "천지는 멸망해도 나의 말은 소멸하지 않는다"(「마태복음」제24장 제35절)고 했다. 이 역시 자신을 얼마나 깊이 믿는 말인가. 노자도 "나만 사람들과 달라 어미에게 길러지는 것을 귀하게 여긴다"(『노자』제20장)고 한다. 이는 자신이 홀로 진정한 도를 얻었음을 말한 것이다.

만약 자신의 키가 약간이라도 크면 분명히 남의 머리 위로 튀어나온 자신을 보게 된다. 이와 마찬가지로 자신의 지식이 남을 능가할 때면 스스로 모를 수가 없다. 이 때문에 예로부터 종교가나 철학자나 시인 중에 자부심과 자존심을 논한 사람이 적지 않았던 것이다. 물론 실력도 없이 허세를 부리는 사람은 배척해야 하겠지만, 자부심과 자존심을 갖는다고 무조건 비난해서는 안 된다. 하물며 망언을 퍼부으며 공격할 수가 있겠는가.

나는 기독교의 신자가 아니지만 예수의 가르침 중 받아들이는 것도 있다. 내게 반대하는 사람 중에는 나를 보고 불교 보호에 치우쳤다고 하는 사람도 있지만 나는 불교 신자가 아니며 불교의 가르침 중 받아들이지 않는 것도 있다. 그러나 불교의 가르침 중에는 현묘한 진리도 있다. 쇼펜하우어는 만약 지나支那의 황제나 태국의 국왕 등 아시아의 군주들이 자국에 기독교 선교사를 파견하는 것을 허용한다

---

[16]「마태복음」: 신약성서에 포함된 4가지 복음서 중 하나이다. 「마태오의 복음서」라고도 불린다. 원문에선 「마태전(馬太傳)」. 나머지는 「마가전(馬可傳)」(「마가복음」), 「루카전(路加傳)」(「누가복음」), 「요한전(約翰傳)」(「요한복음」)이다. 각각 예수 그리스도의 말씀과 행적을 전하고 있다. 이노우에는 『교육과 종교의 충돌』에서 앞의 세 가지 복음서를 인용하고 있다.

제1장 종교와 교육

고 유럽 각국에 알리고, 그 대신 유럽에 불교의 포교자를 파견하기로 한다면—물론 서양어에 능통한 인재를 골라서—어느 쪽이 더 실적을 올릴지 매우 재미있는 경쟁을 보게 될 것이라고 했다. 실로 맞는 말이다. 불교 또한 무조건 배척해서는 안 된다. 만약 수천만 승려가 보옥寶玉을 안고 깊은 물에 빠진 상황이 된다면, 나는 심히 불교를 위해 애석할 것이다.

예전에 분트[17] 씨를 만나 담화를 나눌 때 우연히 화제가 윤리학의 어려움에 미친 적이 있었다. 그는 "아아, 또 무슨 걱정인가. 당신의 나라에는 공자의 가르침이 있지 않은가"라고 했다. 이는 물론 잠깐 나온 말에 불과하지만, 한편으로 평소의 생각이 드러난 것이 아니었을까. 공자의 가르침은 오늘날에 적합하지 않은 것도 있지만, 불교와 마찬가지로 무조건 배척해서는 안 된다.

오늘날은 동양과 서양의 각종 철학과 종교를 연구하고 진리를 밝혀야 할 때이다. 처음부터 하나의 종교, 하나의 철학을 절대적인 진리로 간주하면 자신의 위치를 제대로 모를 수 있다. 나의 방침은 단지 동양의 철학과 종교만을 고대 그대로의 모습으로 회복시키려고 하는 것이 아니다. 동서의 각종 사상을 참작하여 한 곳에 녹여 새로운 체계를 만들려는 것이다. 만약 나를 두고 흔히 말하는 국수보존론자와 혼동한다면 큰 잘못이라고 공언한다. 종교 전체에 관한 나의 생각은 별도로 발표할 기회가 있을 것으로 믿고 여기서는 서술하지 않겠다. 이 점 독자들에게 양해를 바란다.

---

17) 빌헬름 분트(Wilhelm Max Wundt, 1832~1920) : 독일의 심리학자, 생리학자, 철학자. 라이프치히대학 교수. 심리학 연구에서 실험실을 설치하여 심리 현상에 대한 실험적 연구를 하고 실험심리학을 주창했다. 그는 심리학을 직접경험 학문이라 정의하고 의식의 내관(內觀)에 따라 분석적으로 포착되는 부분의 기술에 전념했다. 이것은 무의식의 추방을 뜻하며, 또한 물리학이나 생리학과는 다른 심리학의 독자성을 확립하는 주장이기도 하다. 분트의 영향은 근대일본에서도 지대했으며 1897년에 도쿄 제국대학 심리학과 교수 모토라 유지로(元良勇次郎)에 의해 라이프치히를 본뜬 심리학연구실이 설치되기도 했다.

1.1 교육과 종교의 충돌

메이지 26(1893)년 4월 1일
이노우에 데쓰지로

본문

나는 오래전부터 교육과 종교의 관계에 대해 의견을 갖고 있었지만, 매우 중대한 문제이기 때문에 함부로 서술하고 싶지 않았다. 그런데 어느 날『교육시론』의 기자가 찾아와 요즘 구마모토현熊本縣에서 교육과 종교의 충돌이 일어나고 있는데, 칙어의 취지와 기독교는 원래 어울리지 않는 것인지 나에게 의견을 물었다. 이에 평소 갖고 있던 생각을 더는 숨길 수가 없어서 요점만 간략하게 이야기해 주었고 기자는 그 요지를『교육시론』제272호에 실었다. 그랬더니 기독교도는 매우 격분해서 자신들이 주관하는 잡지에 내 의견을 비난하는 글을 실었고 그 중에는 심하게 인신공격을 한 것도 있었다. 요코이 도키오 씨는 『육합잡지六合雜誌』에「덕육에 관한 시론時論과 기독교」라는 글을 실어 주로 내 담화의 요지를 논박했다. 혼다 요이쓰[18] 씨는『교육시론』제276호와 그 다음호에「이노우에 씨의 담화를 읽는다」라는 글을 기고하여 기독교를 위한 변호를 백방으로 펼쳤다. 그 고심을 보건대 본인은 변호를 위해서 쓴 글이 아니라고는 하지만 결국 도리에 맞지 않은 억지 변호를 펼친 것에 불과하다.『도시샤同志社문학』제60호를 보면「칙어와 기독교」라는 글을 실어 내 의견을 비난했다. 군데군데 매도하는 말을 섞어가며 인신공격을 펼치는 그 방식은 스스로 종교

---

[18] 혼다 요이쓰(本多庸一, 1849~1912) : 메이지 시기 일본의 대표적 기독교인으로, 감리교(Methodist) 계열의 목사이자 교육자. 지금의 아오모리현(靑森縣)에 있던 히로사키번(弘前藩)의 무사 집안에서 태어났다. 메이지 유신 후 요코하마로 나와 미국인 선교사 브라운(S. R. Brown)에게 영어를 배우는 동안에 세례를 받게 되었다. 미국 유학에서 돌아온 1890년에 도쿄영화학교(현 아오야마 학원 대학)의 학장이 되었다. 교육과 종교의 충돌 논쟁 당시 기독교와 칙어의 양립을 주장하는 국가주의적 입장에서 반론을 제기했다.

제1장 종교와 교육

가라고 자부하는 사람이 할 짓이 아니다. 『자유기독교』제2권 제5호에서도 「일본의 덕육문제」라는 글을 통해 내 의견을 이러쿵저러쿵 평론하고 불합리한 비난을 펼치는데, 고집 때문에 진리의 빛을 보지 못하는 그 모습에는 진심으로 연민을 느낀다. 이런 종류의 글들에 지금 여기서 일일이 답변할 정도로 한가하지 않다. 또한 이들은 답변할 만한 가치도 없는 글이기 때문에 나는 이 책을 통해 한꺼번에 답변이 되기를 바랄뿐이다.

그렇지만 먼저 서두에서 해명해 두어야 할 일이 있다. 무엇인가. 다름이 아니라 『교육시론』의 기자가 쓴 글은 내 담화의 요지를 잘 서술했지만 오류가 전혀 없지는 않았다. 따라서 바로 이 문제를 언급하려 한다. 원래 언론사에서 속기는 숙련된 기자에게 맡기지만 그럼에도 약간의 오류는 불가피하다. 하물며 정리가 덜 된 논의를 기억에 의거하여 쓴 경우는 어떻겠는가. 그런데 기독교도는 내 의견을 비평할 때 왜 이 점을 조금도 배려하지 않는 것인지 그게 더 이상한 일이다. 나는 지금 여기서 내 말의 뜻이 무엇이었는지 밝힐 것이다. 기독교도는 매우 공평한 태도로 내 뜻을 이해하지 않으면 안 된다. 만약 고집을 버리지 못한다면 똑바로 선 것도 비뚤게 보일 것이다.

내가 『교육시론』기자에게 말한 것은 단지 동양과 서양에서는 도덕의 발달 양상이 다르다는 이야기였다. 양자의 옳고 그름까지 판단한 것은 아니었다. 물론 나는 양자의 옳고 그름에 대해 생각이 있지만, 그때의 담화는 단지 역사적인 사실을 말한 것에 불과했다. 그럼에도 불구하고 비판하는 사람들은 마치 내가 옳고 그름을 판단한 것처럼 논하고 이 점에 대해 평소 말하고 싶었던 자신의 생각을 한꺼번에 쏟아낸 것은 지나치게 경솔한 행동이었다. 그뿐만 아니라 나는 기독교에 대해 할 말이 많았지만 가능한 한 말을 아꼈다. 그런데도 기독교도는 스스로 다가와 내가 아꼈던 말까지 하게 만들었다. 기독교도 역시 분쟁을 좋아하는 사람이 아니라고 말할 수 없는 것이다.

1.1 교육과 종교의 충돌

교육칙어가 공포되었을 때 이에 반항했던 것은 불교도 유교도 또한 신도도 아니었다. 오로지 기독교도만 이에 반항했다. 어떤 사람들은 기독교도는 칙어 자체에 반항한 것이 아니라 칙어에 예배를 올리는 것에 반항한 것이라고 한다. 하지만 이는 표면적인 핑계에 불과하며 내실은 칙어의 취지를 좋아하지 않는 것이다. 기독교도는 모두 충효忠孝를 예로부터 있어온 동양의 도덕으로 간주하고 몹시 싫어한다. 그렇기 때문에 어떤 사람은 발분하여 불경사건을 일으키기도 하고 어떤 사람은 격분하여 선고문을 내걸기도 했던 것이다. 왜 칙어가 나오자 유독 기독교도만 떠들어댔을까. 이유를 알려면 기독교가 의거하는 바에 주목해야 한다.

기독교도 중에는 일본의 풍속에 동화하여 충효의 가르침도 받아들이고 심지어 칙어를 교회에서 가르치는 경우도 있다. 이들은 보수적인 기독교도와 다른 계통이다. 한쪽은 우리나라에 맞지 않는 오랜 기독교 교의를 보존하려 하고, 다른 한쪽은 오랜 기독교 교육을 억지로 우리나라에 맞게 하려고 했다. 요컨대 기독교는 원래 우리나라에 적합하지 않은 종교이다. 그렇기 때문에 우리나라 풍속에 동화할 필요도 생기는 것이다. 만약 기독교가 처음부터 우리나라 풍속에 맞는 종교였다면 어째서 동화할 필요성이 생겼겠는가. 이에 따라 같은 기독교도 중에서도 상반된 종파가 나타난 것이다.

세간의 교육가들은 공평한 눈으로 최근의 사회현상을 살펴봐야 한다. 칙어가 나오자 제일고등중학교에서 불경사건을 일으킨 것은 어떤 사람이었는가. 기독교도가 아니었는가. 메이지 24(1891)년에 발행된『영지회잡지』제83호에는 이러한 담화가 실려 있다.[19]

    제일고등중학교의 촉탁 교사 우치무라 간조는 배대식에서 폐하

---

[19] 여기에 인용된 글이 우치무라가 서론에 인용된 공개장을 통해 반박했던 기사이다.

제1장 종교와 교육

의 칙어와 존영에 경례를 하지 않았다. 그 불손하고 불경함은 이루 말할 수 없다. 무엇보다 증오해야 할 그의 소행이 어떻게 저질러졌는지 처음부터 그 전말을 기술하겠다. 사건의 발단은 올해 1월 9일에 있었다. 학교 개학 첫날 기노시타 교장은 학생들을 윤리실에 소집했고 교원들도 모두 참석한 가운데 작년 12월 폐하께서 문부대신을 통해 하사하신 교육칙어의 봉독식을 거행했다. 그때 교원 우치무라 간조는 다른 사람들이 모두 엄숙하게 경례를 올리는 가운데 혼자 거만하게 있다가 경례까지 거부했던 것이다. 사태의 불손함을 알아챈 학생들은 크게 격분하여 우치무라에게 엄하게 따져들자 그는 만연한 태도로 나는 기독교인이다, 기독교 신자는 이따위 우상이나 문서에 예배하지 않으며 또 예배할 이유도 없다고 답했다. 이에 학생들은 더 격분하여 모두 교장에게 다가가 대처를 요구했고, 교장 역시 덮어 둘 수 없다고 판단하여 우치무라를 심문했다. 이에 우치무라는 같은 교인인 가나모리 미치토모,[20] 기무라 슌키치,[21]

---

20) 가나모리 미치토모(金森通倫, 1857~1945) : 구마모토번(熊本藩)의 무사 집안에서 태어났다. 구마모토 양학교에서 기독교 신자가 되어 1879년에 도시샤 대학 신학과를 졸업했다. 졸업 후 목사가 되어 상경, 구마모토 밴드의 한 사람으로 에비나 단조, 요코이 도키오 등과 함께 활약했다. 『일본 현금의 기독교 및 장래의 기독교』(1891)를 발표하여 자유주의적 신신학(新神學)의 입장을 천명했다.
21) 기무라 슌키치(木村駿吉, 1866~1938) : 일본 해군의 군속, 교육자. 에도막부 직속의 무사 집에서 태어났다. 부친은 에도 말기에 막부에서 해군기술의 도입에 힘쓴 기무라 가이슈(木村芥舟)이다. 1888년에 도쿄 제국대학 이과대학 물리과를 졸업하여 대학원에 진학했는데, 그 즈음에 우에무라 마사히사(植村正久)에게 세례를 받아 기독교인이 되었다. 1889년에 제일고등중학교 교사가 되었는데, 이듬해 우에무라의 이치반초 교회(一番町敎會)에서 함께 지낸 우치무라를 교원으로 추천했다. 이 때문에 우치무라 사건 당시 기무라도 함께 비난을 받아 결국 학교를 떠났다.

나카지마 리키조[22] 등과 함께 협의한 끝에 앞서 저지른 과오를 후회하며 예배를 올리기로 했는데, 그때 마침 우치무라는 질병으로 누워있었기 때문에 대리로 기무라에게 예배를 시키고 자신은 완쾌한 후에 하기로 했다. 그러나 이미 진면목을 드러낸 이상 이제 와서 예배를 한다고 결코 진심이 아니라는 것은 물론, 불경한 소행이 있었던 만큼 그에 상당한 조치가 취해져야 한다는 의견이 학생들 사이에서 불거졌다. 상황이 도저히 수습되지 않자 당초 면직이 결정되었지만, 사정을 감안해 해직이 권고되었다. 이리하여 사건이 마무리되는 듯했지만 그럴 수 없었던 것이 기독교 신자들이 이 사건을 둘러싸고 둘로 갈라졌기 때문이다. 요코이 도키오·다카하시 고로[23] 일파는 예배를 올려도 무방하다는 입장을 취했지만, 나머지 대다수는 불가하다는 입장을 끝까지 견지했다. 이와 같은 갈등은 지금도 끝나지 않았다.

이것이 바로 제일고등중학교에서 일어난 불경사건의 개요이다. 우치무라 씨가 이러한 사건을 일으킨 원인이 전적으로 기독교 신자라는 점에 있음은 의심할 여지가 없다. 기독교는 유일신교로, 신자들은 자신들의 종교에서 받드는 하나의 신 이외에는 아마테라스 오

---

22) 나카지마 리키조(中島力造, 1858~1918) : 메이지 시대 일본의 윤리학자. 어려서 한학을 수업한 후 도시샤 영학교의 제1기생으로 입학하였다. 철학을 배울 생각이었지만 종교색이 강했기 때문에 자퇴하고 1880년 오하이오주의 웨스턴 리저브 아카데미(Western Reserve Academy)를 졸업하고 예일 대학 신학과를 거쳐, 철학과에서 박사학위를 취득했다. 예일 대학 철학사 강사를 거쳐 1888년 영국, 독일로 유학하였다. 1890년에 일본으로 돌아가 제일고등학교 강사를 거쳐 1892년 도쿄 제국대학 문과대학 교수로 취임, '심리학·윤리학·논리학 제2강좌'를 담당했다. 스펜서의 진화론, 밀[p.48]의 공리주의 등 당시 일본의 사상계에서 지배적이었던 조류를 비판하는 한편, 그린(T. H. Green)을 적극적으로 소개하여 이상주의 철학과 자아실현설의 전파에 큰 역할을 했다.
23) 다카하시 고로(高橋五郎, 1856~1935) : 메이지 초기부터 쇼와 초기까지 활약한 번역가이자 영문학자. 니가타현(新潟縣)의 상인 집안에서 태어났다. 한학, 불교를 배우다가 양학을 배우기 위해 상경, 우에무라 마사히사와 알게 되어 요코하마(橫濱)에서 선교사 브라운이 경영하는 학원에 들어갔다. 요코하마 밴드의 일원으로서 세례를 받아 성경 번역에 종사했으며 기독교 평론가로 활동했다. 교육과 종교의 충돌 논쟁 당시에는 우에무라, 오니시 하지메(大西祝), 요코이 도키오 등과 함께 이노우에의 기독교 배척론을 비판했다.

제1장 종교와 교육

미카미[24])도 아미타불도, 어떠한 카미^神도 호토케^佛도 결코 숭경하지 않는다. 유일신교는 마치 주군독재와 같은 것이다. 하나의 신은 일체 만물의 주인으로, 그밖에는 신이 없다고 생각하고 다른 신이 그 영역에 병존하는 것도 허용하지 않는다. 오로지 자신들의 종교에서 받드는 신만 진정한 신으로 알고 다른 종교들에서 받드는 어떠한 신도 진정한 신으로 보지 않는다.

이와 달리 다신교는 공화정치와 같은 것이다. 다른 종교의 여러 신들이 병존하는 것을 허용하는 경우가 많으며 결코 유일신교와 같이 엄격하게 타신 숭배를 금지하지 않는다. 이처럼 유일신교와 다신교는 전적으로 성질을 달리한다. 이 때문에 다신교인 불교는 예로부터 온화한 역사를 이루어 왔지만 유일신교인 기독교는 도처에서 격렬한 변동을 일으켜 왔다. 우치무라 씨가 칙어에 대한 경례를 거부하면서 거만한 태도로 우상이나 문서에 예배하지 않겠다고 말한 원인은 전적으로 그가 신앙을 유일신에 한정한 데 있다. ─나는 지금 여기서 다신교와 일신교에 대해 시비를 가리고 판단을 내리고자 하는 것은 아니다. 단지 불경사건이 일어난 원인을 언급하는 것뿐이다.─

우리나라에는 예로부터 신도의 가르침이 내려 왔기 때문에 신이 많게는 천만을 넘는다. 그런데 그 중 가장 위대한 신인 아마테라스 오미카미는 실로 황실의 조상이시다. 그뿐만 아니라 역대 천황 역시 모두 신으로 숭배되었으며 윤리에 관한 가르침도 황조황종^{皇祖皇宗}이 남긴 유훈으로 간주된다. 이것이 바로 오늘날 우리나라 국체의 위상이다. 그런데 기독교도가 숭경하는 대상은 여기에 있지 않고 다른 것에 있다. 무엇이냐. 바로 유대인이 처음 제창한 신이다. 나는

---

24) 아마테라스 오미카미(天照大神): 일본 신화, 신도의 주신으로 태양의 여신. 또한 일본 황실의 황조신(皇祖神)이자 일본이라는 나라 자체의 의인화로도 여겨진다. 또한 신들의 군주로서, 일본 신화 세계관에서 천상의 나라이자 신들과 영혼의 영역인 다카마가하라(高天原)를 다스린다.

지금 기독교도에게 억지로 신도를 믿으라고 권장하는 것은 아니다. 단지 기독교도들이 국체를 손상시키는 일이 많은 이유를 해석하는 것뿐이다.

그렇지만 이런 이야기를 하면 기독교도들은 다음과 같이 말한다. 우치무라 씨의 사건은 개인의 과실로 일어난 것인데, 그 사례를 가지고 모든 기독교도를 논할 수 있겠는가. 그러나 우치무라 씨의 소행은 결코 개인의 과실이 아니다. 그는 예수의 교의를 굳게 지키는 사람으로, 우리나라의 충신은 아니지만 예수의 충신이라는 점은 의심할 여지가 없다. 우치무라 씨처럼 행동하지 않는 기독교도들은 교의를 다소 굽혀 우리나라 풍속에 동화하려고 하는 사람들이다. 우치무라 씨의 소행이 결코 우연히 아니라는 것은 다른 사례를 참조하면 의문이 풀릴 것이다. 『천칙』 제3편 제6호에서는 다음과 같이 말한다.

> 요즘 들은 바에 의하면, 나고야^{名古屋}의 변호사 중 덕의가로 알려진 아리가^{有賀} 모씨는 기독교 신자로, 다니는 교회에서도 매우 신용이 두터운 사람이었다. 그런데 어느 날 그는 느끼는 바가 있어 단호히 교회를 떠났다고 한다. 그 원인을 물어보니, 지난 달[1880년 11월] 3일의 천장절^{天長節25)}에 교회에서 겁도 없이 우리 폐하의 사진 위에 모^某 나라의 국기를 그린 부채를 걸어 놓은 것을 보고, 그 지나치게 불경스러운 소행을 바로 질책해 부채를 내리게 하고 나서 목사들에게 단단히 충고한 일이 있었다. 그런데 그 후 국회 개원 축제 때도 비슷한 일이 일어났기 때문에 이번에는 교회와 결별하기로 결심하고 떠났다고 한다.

나는 예전에 니콜라이 예배당²⁶⁾에서 우리 천황의 사진을 이루 말할 수 없는 방식으로 심하게 더럽힌 이야기를 들은 적이 있는데,

---

25) 메이지 천황의 생일을 말함
26) 니콜라이 예배당 : 도쿄도 지요다구(千代田區) 간다(神田) 스루가다이(駿河台)에 있는 정교회 성당을 말함. 보통 니콜라이당이라고 불리는데, 정식 명칭은 도쿄부활대성당(Holy Resurrection Cathedral in Tokyo)이다.

제1장 종교와 교육

다른 기독교도들도 비슷한 소행을 저지르는 줄은 몰랐다. 하지만 『천칙』의 기사로 미루어 보건대 기독교도 중에는 우리나라 원수에 대해 상당히 무례한 짓을 저지르는 일이 많은 것 같다. 그 중에는 내 귀에 들어오지 않은 일도 있겠지만 세상 사람들의 감정을 상하게 하는 경우가 종종 있기 때문에 여러 사람의 입을 통해 내 귀까지 들어오는 일도 있다. 『천칙』의 기사는 그 중 일례에 불과하다.

기독교도가 모 나라의 국기를 그린 부채를 우리 천황의 사진 위에 걸어놨다는 것은 아주 사소한 일로 보이지만 유독 기독교도들만 타국의 국기를 그린 부채를 우리나라 지존인 폐하의 사진 위에 올려놓는다. 이는 어떤 동기에서 나온 행동일까. 그것도 한 번도 아니고 두 번이나 일을 저지르는 것은 왜일까. 아리가 모씨가 충고했음에도 불구하고, 그것도 국회 개원을 기념하는 식장에서 일을 또다시 저지르는 것은 어떤 의지의 표현일까. 나는 이에 대해 약간의 해석을 시도하겠다.

무릇 사람이란 자신이 배운 바에 치우치기 마련이며 대개는 이를 피할 수 없다. 국학자가 애국심이 풍부한 것은 모두가 잘 아는데, 뭐가 어찌됐든 일본을 최상으로 여기고 심지어는 '언령이 행복을 가져다주는 나라'[27]라고 칭하면서 일본만큼 언어가 발달한 나라도 없다고 보는 경우도 있다. 한학자는 무엇보다 지나를 으뜸으로 여기고 죽을 때까지 지나만 모방하고 심지어는 자신을 동이東夷라고 부르는 경우도 있다. 불교 신자 역시 지나치게 인도를 경모하는 경향이 있다. 불타가야[28]를 회복하는 정책도 이 때문에 나타난 것으로, 아놀드[29]

---

27) 언령이 행복을 가져다주는 나라(言霊の幸わう国): 『만엽집』에 수록된 가키노모토 히토마로(柿本人麻呂)의 노래에 나오는 구절로, 일본은 말의 영적 힘(언령)으로 행복을 향유하는 나라라는 뜻이 담겨 있다.
28) 불타가야(佛陀伽耶, Bodhgayā): 인도 비하루주 가야시에 있는 불교의 성지. 붓다가 깨달음을 이룬 곳으로 전해진다.
29) 에드윈 아놀드(Sir Edwin Arnold, 1832~1904): 영국의 시인이자 저널리스트.

1.1 교육과 종교의 충돌

씨가 일본의 불교 신자들에게 인도는 당신들의 고향이라고 하면서 불타가야 회복사업을 장려한 것도 이러한 동기에서 비롯된 것이다. 또한 요즘 서양의 학문을 배운 사람들을 보라. 미국에 유학한 사람은 미국을 본국처럼 여기고 굳이 모방할 필요가 없는 것까지 모방한다. 미국의 미신집착에서 부인숭배의 악습까지 무조건 동경하고 우리나라에서도 실천하고자 한다. 영국에 있는 사람은 영국을 찬미하고 프랑스에 있는 사람은 프랑스를 찬미하고 독일에 있는 사람은 독일을 칭송하는 등 모두 자신이 배운 바에 치우치는 경향이 있다. 국학자의 명예는 국학과 성쇠를 함께하고 한학자의 명예는 한학과 성쇠를 함께한다. 만약 국학의 가치를 떨어뜨리면 국학자의 가치 역시 떨어진다. 만약 한학의 가치를 떨어뜨리면 한학자의 가치 역시 사라진다. 그러므로 국학자도 한학자도 모두 자신이 배운 것을 존숭하고 그 가치를 높이려고 한다.

서양의 학문을 배운 사람도—가령 반드시 그 나라에 유학하지 않더라도—대개는 이러한 경향에서 벗어날 수가 없다. 그 중 기독교도의 경우 대부분 국학에도 한학에도 정통한 사람들이 아니다. 만약 처음부터 국학이나 한학에 숙달했다면 기독교로 개종하는 일이 쉽지 않았을 것이다. 아주 간혹 국학이나 한학을 배워본 적이 있는 사람이 기독교를 믿게 되는 경우가 있지만, 그는 국학과 한학에 내재된 철학과 종교를 진정으로 배운 사람이 아닐 터이다. 요컨대 기독교도의 최대 다수는 예로부터 있어온 국학과 한학의 가르침을 받지 못하고 오직 영미의 교육만 받고 성장한 사람들이다. 상황이 그렇다면 이들이 우리나라보다 오히려 영미를 존숭하고 타국의 국기를 그린 부채

버밍엄에서 교사 생활을 했던 그는 1856년에 인도 푸나의 데칸(Deccan) 컬리지 교장으로 부임하였다가 1861년 영국으로 돌아갔는데, 이 때의 경험이 이후 그의 시 세계에 결정적 영향을 미쳤다. 그의 작품으로 가장 잘 알려진 『아시아의 빛』(1879)은 부처의 삶과 가르침을 다룬 것으로, 힌디어를 비롯한 여러 언어로 번역되었다.

제1장 종교와 교육

를 우리나라 천황의 사진 위에 걸어놓는 것도 대체로 이해가 간다. 세간에서 교육자로 자임하는 사람들은 이와 같은 현상을 야기하는 동기를 깊이 성찰해야 한다.

또한 오시카와 마사요시[30] 등 5명이 일찍이 『우편보지신문郵便報知新聞』에 기고한 글을 보면 다음과 같이 말한다.

> 소학교에서 폐하의 존영을 걸고 어린 자제들에게 예배하게 하고 칙어를 쓴 종잇조각에 고개를 숙이게 하는 것은, 물론 이를 종교적인 문제로 논할 수는 없지만, 우리의 교육에 어떠한 이점이 있는지 이해하기 힘들다. 오히려 일종의 미망迷妄 관념을 키우고 비굴한 정신에 익숙해지는 폐해가 있지 않을까 우려된다. 만약 천황을 신이라고 하며 종교적 예배를 명령한다면 우리는 죽을 각오로 저항하지 않을 수 없다.

이 말의 옳고 그름은 젖혀두고 이것이 바로 우치무라 씨가 불경 사건을 일으킨 심정이다. 기독교도는 대부분 외국인 선교사의 비호 아래 성장하기 때문에 애국정신이 심각하게 결여되어 있다. 만약 애국정신이 풍부하다면 칙어에 예배한다고 해서 무슨 문제가 있겠는가. 물론 칙어에 예배만 할 뿐 애국정신이 없는 사람은 논할 가치도 없는 인간이다. 다만 진심으로 애국심이 있는 사람은 나라를 위해 목숨도 바칠 수 있다. 그러니 칙어에 대한 예배를 거절할 일이 있겠는가. 기독교도는 자신도 모르는 사이에 애국심을 잃어버리고 남의 행위를 의심하고 풍속에 거역하고 질서를 문란하게 하고, 이로써 나라의

---

30) 오시카와 마사요시(押川方義, 1850~1928) : 일본의 기독교 교육자. 에히메현(愛媛縣)에 있었던 마쓰야마번(松山藩)의 무사 집에서 태어났다. 혼다 요이쓰와 마찬가지로 요코하마에서 발라(J. H. Ballagh), 브라운 등 미국인 선교사에게 영어를 배우다가 기독교에 입신하게 된 요코하마 밴드의 일인이다. 일본에서 최초로 만들어진 프로테스탄트 교회인 요코하마공회(현 요코하마 해안교회)의 창립에 참여했으며, 이후 미야기현의 도호쿠학원(東北學院)의 설립자가 되기도 했다.

통일을 파괴하려 한다. 나랏일에 있어 이보다 더 큰 문제는 없다. 우리는 일본인으로서 이에 깊이 유의하지 않으면 안 된다.

나는 위에서 기독교도 중 가장 심각한 예를 들어 그것이 어떻게 우리나라에 불리한지를 밝혔다. 스루가다이駿河台에 높고 커다란 건물이 있다. 구름 위로 치솟듯 우뚝 서서 우리 황거를 내려다보는 그 건물이 바로 니콜라이 예배당이다. 이 예배당에서는 애초에 어떤 가르침을 펴는가? 세상 사람들은 여태 주의를 기울이지 않았지만 우리나라 국시國是와 관련된 문제가 있다. 로마가톨릭교에서는 로마교황을 수장으로 보고 러시아에서는 러시아황제를 수장으로 본다. 러시아황제는 러시아제국의 원수일 뿐만 아니라 동시에 러시아의 종교적 수장이다. 우리 일본인 중 한 명이 니콜라이의 가르침에 귀의하면, 그 사람은 러시아제국에 종속하는 것이나 마찬가지다. 10명이 귀의하면 우리나라는 10명을 잃게 된다. 그런데 귀의한 사람이 우리나라 말에 능숙하고 우리나라 사정에 능통하면 우리나라에 불리한 점이 대단히 많다. 그런데도 우리나라 사람들이 환상 속에서 꿈이라도 꾸듯 조금도 이 일을 염려하지 않는다면 이보다 위험한 일도 없을 것이다. 또한 니콜라이 예배당이 세워진 땅은 우리나라로부터 무기한으로 대여했다고 들었다. 예배당은 실로 우리나라의 특혜를 받은 것이다. 그런데 예배당에서 매월 간행하는 『정교신보正教新報』라는 잡지가 있는데, 이를 보면 조금이라도 자신들에게 불리한 주장을 펼치는 사람이 나타나면 누구든 바로 비방하는 일에 열을 올리고 있다. 이는 적까지 사랑하라는 가르침에 완전히 위반하는 것이다.

물론 니콜라이 교파는 다른 기독교도와 위상이 매우 다르기 때문에 이들을 근거로 모든 기독교도를 평론할 수는 없다. 그렇지만 기독교는 서양에서 실천되는 종교이기 때문에 이를 믿는 사람은 자연스럽게 그 가르침이 생겨난 곳을 본국처럼 여기고 오히려 우리나라를 외국으로 보는 경향을 띨 수밖에 없다. 또한 스승으로 섬기는

제1장 종교와 교육

선교사도 서양인이기 때문에 교육받는 동안에 점차 교사의 사상과 감정을 전수받게 되고 결국에는 자신까지 포교를 위해 우리나라에 온 사람인 것처럼 생각하는 모양새를 보인다. 이뿐만 아니라 기독교도는 유일신을 믿으며 그 신 앞에서는 모두가 차등이 없다고 생각한다. 천황도 천민도 동등하다고 보고 오로지 자신이 받드는 신만 지존무상으로 믿는다. 이것이 바로 기독교도들이 성영聖影31) 앞에서 종종 불경스러운 소행을 저지르는 이유이다. 작년(1892) 8월 29일자 『일본신문』에는 다음과 같은 기사가 실렸다.

> 히고肥後 야쓰시로八代에 있는 소학교의 모 학생은 제1교실에 걸린 성영 앞에서 이게 뭐냐고 하면서 부채로 떨어뜨렸다고 한다. 이에 교사는 그 학생을 바로 불러내 왜 그랬는지 꾸짖었다. 그랬더니 거만한 태도로 내가 믿는 전도사는 신 이외에 따로 존귀한 존재는 없다고 했기 때문에 떨어뜨렸을 뿐이라고 답했다. 이 사건은 바로 그 지역에서 커다란 분란을 일으켰고 그 학생은 결국 퇴학당했다고 한다.

또한 작년 10월 12일자 『그림판繪入 자유신문』에는 다음과 같은 기사가 실렸다.

> 헌법이 제정되기 이전 우리나라 감옥集治監에서는 보통 정토진종淨土真宗의 승려가 교회사教誨師로서 약간의 수당을 받고 죄수에게 잘못을 뉘우치게 하는 일을 했다. 그런데 메이지 22(1889)년 2월에 헌법이 제정된 이래 종교는 신앙의 자유로 다루어지게 되었다. 이에 소라치空知 감옥의 감옥장典獄인 오이노우에 데루치카32)는 불교를 폐지하고 기독교인을 교회사로 들여 죄

---

31) 앞서 나온 존영과 마찬가지로 메이지 천황의 사진을 높여 부른 말이다.
32) 오이노우에 데루치카(大井上輝前, 1848~1912) : 메이지 시대 관료. 에히메현에 있던 오즈번(大洲藩)의 무사 집에서 태어났다. 젊은 시절에 유학 간 미국에서 기독교 정신을 습득했다. 귀국 후 홋카이도의 개척 사업에 관리로 관여했으며 1883년부터 내무성 감옥국 소속 관리로 홋카이도의 집치감 건설에 관여하게 되었다. 기독교 정신으로 죄수들에게 인도적 대우를 했던 인물로 알려지나 1894

수에게 잘못을 뉘우치게 했다. 그 경위가 어땠는지는 모르지만, 이어 관제개혁이 이루어지자 홋카이도의 감옥은 가바토樺戸를 본감으로, 소라치·구시로釧路·아바시리網走는 분감으로 재편되었다. 여기서도 역시 오이노우에가 감옥장이 되었는데, 그는 모든 죄수의 교회사를 기독교인으로 지정했을 뿐만 아니라 그 전까지 매년 1월 1일에는 죄수들에게 천황 폐하의 사진을 참배하도록 했는데, 그해부터는 각 분감에 명령하여 사진을 창고에 넣어 참배를 시키지 않았다. 죄수들은 왜 그러는지 의아하게 생각했는데, 모두 기독교 신앙의 결과였다. 다른 사람도 아닌 감옥장이나 되는 사람이 이게 무슨 불경한 짓인가.

　세상 사람들은 이런 일에 일시적으로는 놀라지만 금세 잊어버리고 없었던 일처럼 지나가는 경향이 있다. 하지만 나는 냉철한 지적 탐구심을 가지고 일의 원인을 밝히고자 한다. 앞서 인용한 두 신문의 기사는 우치무라 씨의 불경사건과 근원이 같다. 천황의 사진이나 천민의 사진이나 모두 똑같은 종잇조각으로 본다면 마땅히 숭배의 대상이 아니다. 그러나 성영을 보면 반드시 우리나라 원수라는 생각이 머릿속에 떠오르며 따라서 숭경하는 감정도 일어난다. 이는 사람이라면 느끼는 보통의 감정이다. 나폴레옹의 묘지에 가면 지나가는 사람들 모두가 모자를 벗고 경례하는 모습을 본다. 워싱턴의 묘지에서도 마찬가지라고 들었다. 이것도 이론적으로 보면 비웃음을 살 일이지만 감정적으로 보면 결코 그렇지 않은 면이 있다. 이와 마찬가지로 폐하의 사진을 종잇조각으로 보고 우습게 여기는 일은 이론적으로는 허용할 수 있는 면이 있지만 감정적으로 보면 결코 그렇지 않다. 하나의 사진이 폐하를 대신 나타내고 있는 이상 폐하를 존경하는 마음은 그 사진에도 미치기 때문이다. 친척이나 친한 친구의 사진이나 초상을 벽에 거는 것도, 영웅호걸의 조각상을 거리에 세우는 것도, 유명 인사의 모습을 신문잡지에 싣는 것도, 성현의 필적을 애지중지하는 것도

년에 불경사건을 이유로 면직되었다.

제1장 종교와 교육

모두 그 사람을 경애하고 흠모하는 감정에 기인한다. 진구 황후[33]의 신발이라든지, 프리드리히 대왕의 피리라든지, 석가의 두개골이라든지 그런 물건을 후대의 사람들이 재밌을 정도로 소중히 모시는 것도 옛사람을 추모하는 감정에서 그러는 것이다. 그러한 감정을 조금도 갖지 않는 사람은 없다. 만약 그런 사람이 있다면, 정말로 고상한 인정을 결여한 사람이다. 기독교도도 성서를 소중히 여기지 않는가? 만약 성서를 종잇조각이라 하며 짓밟고 쓰레기장에 던져버린다면 불쾌한 감정을 갖지 않겠는가? 기독교도가 예수를 숭경하는 감정은 예수의 가르침이 적힌 서적에도 미치지 않는가? 국가정신을 갖는 사람이 국주國主의 사진을 소중히 여기는 감정도 이와 다를 바 없다.

또 생각해보라. 십자군은 무엇 때문에 일어났는가? 바로 예루살렘을 되찾기 위해서가 아닌가? 예루살렘은 왜 되찾을 필요가 있는가? 바로 예수가 죽은 곳이기 때문이며 예수는 이미 거기에 없지만 그 땅은 여전히 신령하게 여겨져서가 아닌가? 과연 그렇다면 십자군은 예수와 관련 있는 예루살렘을 추모하는 감정에서 일어났다고 할 수 있다. 국가정신을 갖는 사람이 국주의 사진까지 숭경하게 되는 감정도 바로 이와 다를 바 없다. 그런데 어떤 사람은 성영을 떨어뜨리고 어떤 사람은 성영을 철거하는 등 기독교도들의 행동은 우리나라의 국가정신에 크게 어긋난다. 우리나라에서 국가정신이 발흥함에 따라 세상에서 기독교도를 싫어하는 경향이 커진 이유는 바로 여기에 있다.

또한 기독교도는 사진을 숭배하는 것은 우상 숭배를 의미하기 때문에 못한다고 한다. 하지만 신의 관념을 마음속에 그려내 숭배하는 것도 사진을 보고 그것이 나타내는 사람을 숭배하는 것도 큰 차이

---

33) 진구 황후(神功皇后):『고사기』『일본서기』등 기기신화에 나오는 인물로, 제14대 주아이 천황(仲哀天皇)의 황후로 전해진다. 특히『일본서기』의 기록으로 인해 삼한정벌, 임나일본부설의 기반이 되었다.

가 없다. 하나는 주관적이고 다른 하나는 객관적인 것으로 양자는 여전히 구별되어야 하지만 대상을 숭배하는 마음이라는 점에서는 동일하다. 쇼펜하우어 씨에 의하면 "우상은 나무나 돌 혹은 금속으로 만들어내든지 추상적 개념으로 만들어내든지 간에 모두 동일하다. 만약 자신 앞에 인격적 존재를 만들어 이에 제물을 바치고 이를 부르며 이에 감사한다면 그것 또한 우상 숭배이다. 살아있는 양을 바치는 것도 고개를 숙이는 것도 역시 근본적인 차이는 없다. 어떠한 의식도 어떠한 기도도 단호히 우상 숭배로 봐야 한다." 실로 통쾌한 주장이다. 기독교도는 툭하면 너희들은 우상 숭배고 우리들은 아니라고 분명하게 경계를 세우지만 자세히 들여다보면 본래 그렇게 엄격한 구별은 없다. 기독교도가 진심으로 우상 숭배를 부정한다면 왜 인격적 신을 숭배하는 것도 금지하지 않는가? 자가당착이라고 하지 않을 수 없다. 나는 여기서 우상 숭배에 대한 시비를 가리고자 하는 것은 아니다. 단지 기독교도의 주장에는 정합성이 없다고 말하는 것일 뿐이다.

요컨대 기독교도가 우리 일본인의 국가사상과 배치된다는 것은 이상에서 본 것처럼 사회현상을 통해 서서히 밝혀질 것이다. 이는 결코 억측이 아니다. 그런데 기독교도는 우리 일본인의 국가사상에 반하는 행위를 벌일 뿐만 아니라 부모에 대한 효심을 갖지 않는 사람도 있다. 하지만 이렇게만 말하면 기독교도는 절대로 인정하지 않기 때문에 아래에 일례를 들어 증명하겠다. 『삼보총지三寶叢誌』 제105호에는 「불효한 목사」라는 제목으로 다음과 같은 글이 실렸다.

    야마구치현山口縣 야마구치에 핫토리 쇼조라는 신부[34])가 있다. 그는 늘 친모인 요시코를 천주교로 개종시키지 않으면 신부로서의 이름에 누가 된다고 생각했고 나이든 어머니의 거부도

---

34) 원문은 '목사'로 되어 있지만 천주교라면 문맥상 '신부'가 맞다. 이하 신부로 고쳐 번역했다.

제1장 종교와 교육

서슴치 않고 끈질기게 설득을 시도했다. 하지만 요시코는 원래 정토진종의 열렬한 신자였을 뿐만 아니라 한학을 배운 사람이었다. 그러니 어찌 그러한 사교邪敎에 빠지겠는가. 오히려 쇼조가 외국의 가르침을 믿는 것을 슬퍼했고 결국 병에 걸려 일어나지도 못하는 신세가 되고 말았다. 이에 난처해진 쇼조는 이번에는 수단을 바꿔 전도단체를 통해 나이든 어머니 앞으로 경전과 신학서를 보냈다. 어머니는 쇼조의 잘못된 마음가짐에 분개하며 전생의 깊은 인연을 한탄했는데, 보내온 성서에 대해서는 다음과 같은 노래를 붙이고 전도단체로 돌려보냈다고 한다.

이국에서 만들어진 꽃을 어찌 보겠는가
도요아시하라[35)]의 봄을 만나는 신세는
바로 나지만 야산의 오두막 신세는 아니거늘
길들여지라고 불어대는 바람의 시끄러움이여

    기독교도는 툭하면 종교의 자유를 명분으로 내세워 남의 간섭을 배척하지 않는가? 그런데 자신들은 오히려 남의 신교를 방해하고 횡설수설하며 왜곡함으로써 기독교로 개종시키려고 한다. 위에서 본 핫토리 쇼조는 그 일례이다. 남이 자신의 신교에 간섭하는 것을 싫어한다면서 왜 자신은 남의 신교를 방해하려고 하는가? 이것이 실로 기독교도가 피할 수 없는 자가당착이다.

    그런데 쇼조의 사례에는 반드시 주의를 환기해야 할 점이 있다. 무엇이냐? 다름이 아니라 그가 억지로 개종시키려고 한 사람은 남이 아닌 바로 노년의 친모라는 점이다. 정토진종을 열심히 믿는 어머니를 천주교로 개종시키려고 설득하는 것은 종교의 자유를 명분으로 내세우는 정신에 위반되는 것이 아닌가? 그뿐만 아니라 나이든 어머니가 외국의 종교를 믿는 자식 때문에 슬퍼하고 앓아 누웠는데도

---

35) 도요아시하라(豊葦原) : 일본 기기신화에 나오는 장소로, 신들이 사는 다카마가하라(高天原)와 죽은 자들이 사는 요미노쿠니(黃泉の国) 중간에 있는 것으로 전해진다. 이 노래에서는 곧 죽게 될 신세를 신화적 장소를 통해 표현한 것이다.

싫다는 말도 무시하면서 수단을 바꿔 개종을 권한 것은 과연 효도에 어긋나는 짓이 아닌가? '부모에게 효도하라'는 칙어의 정신에 위반되는 것이 아닌가? 예로부터 있는 동양의 윤리를 조금이라도 아는 사람이면 이런 일에 정확한 판단을 내리기 어렵지 않을 것이다.

또한 한발 더 나아가 생각건대 정토진종의 신자를 기독교로 개종시키려고 한다면 먼저 기독교가 더 우월하다는 점을 증명해야 한다. 그런데 지금까지 들은 바로는 기독교도 중 한 명도 이를 증명한 사람이 없다. 추측건대 쇼조 같은 사람은 정토진종의 교의가 무엇인지 알기도 전에 천주교로 귀의하고, 자신이 믿는 것만 진실이라고 망상하고 그 선입견을 나이든 어머니에게 강요한 것에 불과하다. 그렇지만 어머니의 믿음은 결코 함부로 부정할 수 있는 것이 아니다. 정토삼부경[36] 중에는 고상한 도덕적 가르침이 기술된 내용이 적지 않다. 특히 『무량수경無量壽經』에서 "착한 사람은 선을 행해서 즐거운 곳에서 또 즐거운 곳으로 들어가고 밝은 곳에서 또 밝은 곳으로 들어간다. 악한 사람은 악을 행해서 괴로운 곳에서 또 괴로운 곳으로 들어가고 어두운 곳에서 또 어두운 곳으로 들어간다"고 한 말이나, "사람이 애욕의 바다인 이 세상에 홀로 태어나 홀로 죽으며 홀로 가고 홀로 오며, 괴로운 곳이나 즐거운 곳으로 가야 할 때 스스로 감당해야 하며 대신해 줄 사람이 없다"고 한 말, 또 "몸을 단정히 하고 행실을 바르게 하여 더욱 여러 선을 행하며 자신을 닦고 몸을 청결히 하며 마음의 때를 씻어 내리면 말과 행동이 진실되고 믿음이 있어 표리가 상응한다"고 한 말은 모두 사람을 고상한 도덕으로 인도해 주는 가르침으로, 모든 사람이 이로써 자기 자신의 모자람을 채워야 한다. 또한 『관무량수경觀無量壽經』에 나오는 "마음이 부처를 생각하면 이

---

[36] 정토삼부경(淨土三部經): 정토경에서 기본으로 하는 세 개의 경전으로 『무량수경(無量壽經)』, 『관무량수경(觀無量壽經)』, 『아미타경(阿彌陀經)』을 말한다.

제1장 종교와 교육

마음이 바로 서른 두 가지 모습과 여든 가지 모습을 바로 일으킨다. 이 마음이 부처를 이루고 이 마음이 부처이다. 모든 부처의 바르고 편만한 바다와 같은 지혜는 마음에서 생각을 따라 일어난다"는 말도 얼마나 명문인가? 이러한 가르침을 연구하지 않고 처음부터 기독교보다 낮추어 보는 것은 과연 옳은 짓인가?

핫토리 쇼조의 사례만으로는 부족하겠지만 기독교도 중 조금이라도 명망이 있는 사람이라면 잠시라도 좋으니 공평한 마음을 가지고 동양의 철학과 종교를 연구해야 한다. 그렇지 않으면 결국 다시 핫토리 쇼조와 같은 소행이 나타날 것이다. 쇼조와 반대로 크게 칭찬을 받아야 할 사람이 바로 그의 나이든 어머니다. 그녀가 동양의 가르침을 굳게 믿고 흔들리지 않았던 것을 보면 참으로 여장부라 할만하다. 그뿐만 아니라 그녀가 읊은 노래의 뜻은 동양에는 동양의 가르침이 있으니 외국의 가르침이 반드시 필요한 것은 아니라는 말이다. 이와 같은 용맹한 마음가짐은 마치 지면을 뚫고 나올 기세이며 앞으로 일본의 여성사를 쓸 사람은 결코 이 어머니를 잊어서는 안 될 것이다. 그리고 그녀에게 불효를 저지른 핫토리 쇼조라는 천주교의 신부 역시 영원히 기억되어야 할 것이다.

나는 방관자로서 이와 같은 사회현상을 조용히 관찰하는데, 요즘 들어 기독교도가 우리 일본인의 국가사상에 거역하는 일이 더 빈번해진 것 같다. 그 중에서도 교육계에서 일어나는 충돌은 굉장히 큰 문제가 되고 있다. 작년(1892) 6월 중순 구마모토현의 지사 마쓰다이라 마사나오[37] 씨는 같은 현 아키타군 요코테촌 조코쿠사長國寺에 정장町長과 촌장, 정촌회町村會 회장을 모아 다음과 같이 말했다. "소학교

---

37) 마쓰다이라 마사나오(松平正直, 1844~1915) : 메이지 시대 관료, 정치가. 후쿠이번(福井藩)의 무사 집안에서 태어났다. 메이지 유신 후 내무성 관리를 거쳐 1878년 미야기현(宮城縣) 지사가 되었고 1891년부터 구마모토현으로 자리를 옮겨 지사를 지냈다.

● 1.1 교육과 종교의 충돌

교원에게 금지하는 두 가지 사항이 있다. 하나는 정당과 정치단체에 관여하는 일, 다른 하나는 기독교를 믿는 일이다. 기독교는 외국의 종교로, 결코 믿어서는 안 된다. 소학교 교원은 작년에 하사받은 칙어에 순종해야 한다. 만약 기독교를 믿는 사람이 있다면 가차없이 처분할 것이다." 이는 민간의 학자가 기독교에 대한 의견을 피력하는 것과는 차원이 다른, 행정처분에 관한 것이라고 할 수 있다. 따라서 기독교도가 이에 격분한 것도 이유가 없는 것은 아니다. 그리하여 작년(1892) 7월 25일 기독교와 관련된 분규가 일어났는데, 이에 대해서는 당시의 취조 내용이 아래와 같이 보도되었다.

야마가山鹿 고등소학교 학생이 퇴학을 당한 건에 관하여 다음과 같은 사실을 조사하였다. 같은 학교 학생 4명이 기독교를 믿고 교내에서 다른 학생에게 권유하는 등 수업에 방해되는 일이 있었다. 이에 교장은 해당 학생들을 타이르며, 종교는 각자의 신앙에 맡기고 있으며 원래부터 각자의 마음에 따라야 하는 일이지만 학교에 있는 동안은 수업에 지장이 되기 때문에 졸업할 때까지는 삼가야 한다는 뜻을 전달했다. 이에 학생들은 부모와 상의하고 답변하겠다고 했는데, 교장은 서로 오해하는 일이 없도록 부모를 직접 찾아가 자신의 취지를 전달했다. 그랬더니 세 명의 부모는 교장의 말에 동의하고 학생을 타일렀지만, 한 명의 부모는 결국 교장의 의견을 받아들이지 않았고 학생 또한 교내에서 기독교 권유를 계속했다. 교사들이 칙어의 성스러운 취지를 가르쳤지만 귓등으로도 듣지 않았고 이 때문에 다른 학생들도 은근히 영향을 받아 교사의 말을 듣지 않는 분위기가 조성되었다. 치안 상으로도 학교의 질서가 무너지는 단초가 될 분위기로, 아무래도 그대로 간과하기 어려워졌다. 그래서 부득이 위의 학생 한 명에게 퇴학을 명령했다. 그 학생이 항상 교내에서 성서를 들고 다녔으며 책상 위에 교재와 함께 올려놨다는 사실을 학무 주임인 군리郡吏나 다른 사람들도 인정했다. 결국 이 학생이 교사의 훈계에 공공연하게 반항하고 다른 학생들이 그를 모방하게 되었기 때문에 치안 상 부득이하게 퇴학을 시키게 된 것이다. 이 일이 순사의 밀고에 의해 이루어졌다는 것은 전혀 사실이 아니다.

위의 사건이 일어나자 우에무라 마사히사,[38] 혼다 요이쓰 외 8명의 기독교도는 각 신문사에 공개장을 송부하여 널리 세상에 호소했다. 구마모토 현 지사가 기독교에 관해서 언급한 일이나, 야마가 고등소학교 교장이 기독교 학생에게 퇴학을 명령한 일은 모두 종교의 자유라는 중대한 권리를 침해하고 국민교육의 취지에 위반하는 일이라고 항의한 것이다. 만약 기독교도가 기독교도라는 이유로 교원이나 학생이 되지 못한다면 이는 당연히 부당한 일이다. 또한 만약 기독교 교원과 학생을 기독도교라는 이유로 면직하거나 퇴학시킨다면 이는 한층 더 부당한 일이다. 왜냐하면 그것은 종교의 자유에 완전히 위반되는 일이기 때문이다. 일본의 신민 모두가 헌법에 의해 종교의 자유를 갖게 된 이상 그 사람이 불교 신자이든 신도 신자이든 기독교 신자이든 간에, 다시 말해 어떠한 종교의 신자이든 간에 모두 교원이나 학생이 될 수 있음은 물론이다. 만약 이에 반대하는 의견을 갖는다면 실로 헌법에 위반되는 것이다. 헌법 28조에는 '일본신민은 안녕질서를 방해하지 않고 신민으로서의 의무에 위배되지 않는 한에서 종교의 자유를 갖는다'는 말이 있다. 따라서 일본의 신민이라면 모두 종교의 자유를 갖지만 제한 또한 있다. 무엇이냐. 첫째는 사회의 안녕질서를 방해하지 말아야 한다는 것, 둘째는 신민으로서의

---

38) 우에무라 마사히사(植村正久, 1858~1925) : 메이지 시기 기독교 사상가. 도쿠가와 막부의 가신 집안에서 태어났으나 유신 이후 형편이 어려워져 요코하마로 이주했다. 거기서 미국인 선교사 발라 등에게 영어를 배우면서 최초의 프로테스탄트 교회인 요코하마 공회에서 세례를 받았다. 혼다 요이쓰, 오시카와 마사요시 등과 함께 요코하마 밴드를 대표하는 인물이다. 1887년에 반초잇치교회(番町一致教会, 현 후지미초 교회)를 설립하고 평생 그 교회에서 목사를 지냈다. 1890년에『복음신보(福音新報)』를 창간했으며 1903년에는 도쿄신학사(東京神學社, 현 도쿄신학대학)를 창립했다. 교육과 종교의 충돌 논쟁 당시 이노우에와 첨예하게 대립했던 논자였으며, 1901년에는 자유신학을 대표하는 에비나 단조와 그리스도 논쟁을 벌이기도 했다.

의무에 위배되지 말아야 한다는 것이다. 이토 히로부미[39] 백작의
『의해義解』[40]에서는 다음과 같이 말한다.

> 다만 신앙의 귀의는 오로지 내부의 마음가짐과 관련된 문제라고
> 하지만, 그것이 외부를 향해 예배·의식·포교·연설 및 결사집회
> 등을 이루게 되면 법률 또는 경찰과 관련된 문제가 되기 때문에
> 안녕질서를 유지하기 위한 일반의 제한을 준수하지 않으면 안
> 된다. 그러므로 어떠한 종교도 신의 뜻에 봉사하기 위해 헌법의
> 외부에 서서 국가에 대한 신민의 의무에서 벗어날 권리를 갖지
> 않는다. 그러므로 내부의 종교 자유는 완전하며 조금도 제한을
> 받지 않지만, 외부의 예배포교의 자유는 법률규칙에 의해 필
> 요한 제한을 받아야 한다. 또한 신민 일반의 의무에 복종해야
> 한다. 이것이 헌법이 정한 바 정교政敎의 상호관계를 규정하는
> 경계이다.

이에 의거하여 문제를 생각해보면 신앙의 자유란 어느 선까지 미치는 것인지 알 수 있다. 그렇다면 과연 기독교도는 사회의 안녕질서를 방해하는 경향이 조금도 없을까? 또한 신민으로서의 의무에 위배되는 경향이 없을까? 우치무라 씨의 불경사건 같은 것은 과연 안녕질서를 유지한 결과일까? 우리 모두가 신민으로서 복종해야 할 원수의 사진을 어떤 사람은 떨어뜨리고 어떤 사람은 철거해버리고 혹은 그 위에 타국의 국기를 그린 부채를 걸어놓는 것은 선량한 신민의 징표일까? 또한 학교에서 교원의 명령에 따르지 않고 더구나

---

39) 이토 히로부미(伊藤博文, 1841~1909) : 메이지 일본을 대표하는 정치가. 야마구치현에서 평민 신분으로 태어났지만, 부친이 조슈번(長州藩)의 하급무사 집안의 양자가 된 이후로 무사 신분을 얻었다. 요시다 쇼인(吉田松陰)이 세운 쇼카손주쿠(松下村塾)를 다니면서 유신지사들과 함께 존왕양이 운동에 투신했다. 1871년 이와쿠라(岩倉) 사절단에 참여하면서 오쿠보 도시미치(大久保利通)의 신뢰를 얻어 메이지 정부에서 중심적인 역할을 맡게 된다. 특히 1882년부터 헌법조사로 유럽으로 파견되었고 귀국 후 내각제도를 창설하면서 초대 내각대신으로 취임, 대일본제국헌법의 제정을 주도했다.
40) 1889년에 일본정부가 이토 히로부미의 명의로 낸 해설서『제국헌법황실전범의해(帝国憲法皇室典範義解)』를 말한다.

제1장 종교와 교육

전국에서 교육의 전범典範으로 쓰이는 칙어에 반항하는 학생이란 과연 외부의 규칙을 지키는 사람일까? 기독교도는 단지 종교의 자유를 명분으로 떠들어대지 말고 먼저 기독교도가 근래 우리나라에서 거쳐 온 행적이 어땠는지 돌이켜봐야 한다. 그렇게 한층 더 깊이 문제를 헤아려보니 칙어의 정신과 기독교 사이에는 그 취지를 크게 달리하는 면이 있다. 따라서 칙어를 교육의 방침으로 삼는다면 기독교도는 이에 반항하지 않을 수 없을 것이다. 만약 기독교도로서 칙어에 동의를 표하는 사람이 있다면 그것은 틀림없이 시세가 어쩔 수 없다는 것을 알고 자신의 교의를 약간 굽혀서 우리나라 교육에 기여하려고 하는 사람일 것이다. 칙어에는 종교와 관련된 내용이 조금도 없으나, [굳이 비교하자면] 그 취지는 결코 기독교와 동일하다고 할 수 없다. 이제 하나하나 이 문제의 요점을 말하고자 한다.

교육칙어는 원래 일본에서 행해졌던 일반적인 실천윤리를 명문화시킨 것이다. 그 윤리는 한 집에서 실천하는 효제孝悌부터 시작해서 집에서 마을로 마을에서 읍鄕으로 미쳐 마침내 공동애국共同愛國에 이르러 끝난다. 그 뜻은 일신을 닦는 것도 국가를 위한 일이며 부모에게 효도하는 것도 형제에게 우애로 대하는 것도 결국에는 국가를 위한 일로, 나의 몸은 국가를 위해 바쳐야 하며 군주를 위해 죽어야 한다는 것이다. 이것이 우리나라 사람들이 예로부터 역사적 결합을 이루어 실천해 온 바이다. 앞으로 더욱더 이를 계속하여 각자 신민이 된 의무를 다해야 한다고 가르친다. 특히 칙어에 "나라가 위기에 닥치면 의리와 용기를 가지고 국가를 받들고 하늘과 땅처럼 무궁한 황운을 부익해야 한다"라는 말이 있는데, 이는 국가가 위기에 닥치면 우리나라의 신민이 된 자는 모두 희생물로 바쳐 황운의 융성을 기도해야 한다는 뜻이다. 그러므로 칙어의 취지를 한마디로 표현하면 바로 국가주의이다.

그런데 기독교는 국가적 정신이 심각하게 부족할 뿐만 아니라 이에 위배되는 면이 있다. 그렇기 때문에 칙어의 국가주의와 상충되는 일은 도저히 피하기 어려운 것이다. 기독교 스스로도 국가관념의 결핍을 드러내는데, 신약성서 중 국가에 대해 말하는 부분은 거의 없고 아주 가끔 있어도 공동애국의 중요성을 이야기하는 데까지는 나아가지 못한다. 기독교는 실로 비非국가주의이다. 이 점에 대해서는 기독교도들이 제 아무리 변호해도 소용없을 정도이다. 만약 억지로 변호한다면 말을 끼워 맞춘 것으로 궤변에 빠지지 않을 수 없다. 요코이 도키오, 혼다 요이쓰 두 사람을 비롯하여 나를 반박하는 사람들은 모두 기독교가 국가주의라고 단언할 수 없을 것이다. 만약 그들이 기독교를 국가주의라고 한다면 그것은 기독교의 진의를 모르는 사람들이라고 해야 한다. 기독교가 국가주의가 아니라는 점은 그 전체적 성질로 판단할 수 있다. 기독교는 원래 국가를 주체로 가르침을 세우지 않았다. 다종다양한 국민들 위로 나아가 스스로 만국보편으로 자임하면서 가르침을 폈다. 이것이 바로 기독교가 칙어와 상충되는 까닭이다. 혼다 요이쓰 씨 자신도 "과연 예수는 현세의 나랏일을 명시적으로 언급하지 않았다. 이것이 예수의 진의"라고 한다. 내가 『교육시론』의 기자에게 말한 요지는 바로 이것이다. 예수는 천국을 만들려고 했지만 지상의 국가를 목적으로 삼지 않았다. 그런데 칙어의 가르침은 오로지 지상의 국가에 관한 것으로, 예수가 말한 천국에 관한 것이 전혀 아니다. 또한 생각해보라. 애국주의는 결코 기독교에서 견고한 기초를 이루지 않았다. 그런데 칙어는 애국주의를 환기시키는 정신을 갖는다.

또한 기독교도는 예수가 고금에 차이 없고 동서에 구별 없으며 어떤 국가나 사회에서도 관철되며 어긋나지 않는 도덕을 세웠다고 한다. 그러므로 어떤 나라에 적용해도 어긋나는 일이 없다고 한다. 이는 실로 시대에 뒤처진 기독교도의 궤변으로, 그들은 실로 이밖에는 변호할 근거를 갖고 있지 않다. 하지만 지금 이를 실제에 비추어

제1장 종교와 교육

봐도 기독교의 도덕은 결코 고금에 걸쳐 동서를 통하여 어긋나지 않는다고 할 수 없다. 기독교는 유럽에서 예로부터 조금도 불리한 결과를 초래한 일이 없었을까? 또한 과연 기독교는 현재 유럽에 있는 폐해를 구제하기에 부족함이 없을까? 고금의 상태는 크게 다르기 때문에 결코 기독교는 고금에 차이 없이 균등하게 효용을 이루고 있는 것이 아니다. 기독교가 시세에 따라 자주 변천했던 것은 무엇 때문이겠는가? 가톨릭에 만족할 수 없기 때문에 프로테스탄트가 일어났고, 프로테스탄트에 만족할 수 없기 때문에 유니테리언[p.160]이 일어났다. 기독교가 이와 같이 변천한 것은 고금의 상태가 다르기 때문에 교의를 굽혀 시세에 적응하려고 했던 것이 아니겠는가? 또한 생각해보라. 근래 서구의 윤리학자는 점점 더 기독교를 떠나 별도로 윤리학을 세우고자 한다. 영국의 벤덤·밀[41])·스펜서,[p.198] 독일의 분트·기즈키[p.64]·셸링,[p.310] 덴마크의 회프딩,[42]) 미국의 솔터[43])·코이트[44]) 등 모두 기독교를 윤리의 기초로 삼지 않는다. 만약 기독교가

---

41) 존 스튜어트 밀(John Stuart Mill, 1806~1873) : 19세기 영국의 철학자·경제학자. 아버지 제임스 밀(James Mill)은 같은 학자이자 벤덤의 친구로 공리주의에 심리학적 기초를 제공한 인물이다. 밀은 아버지 밑에서 엄격하게 교육을 받았고 1823년 아버지가 몸담고 있던 영국 동인도회사에 취직하여 30년 이상 봉직했다. 그런 한편으로 연구와 저술활동을 왕성하게 펼쳤는데, 특히 『자유론』*On Liberty, 1859*은 그의 대표작으로 일본에서도 1872년에 나카무라 마사나오(中村正直)에 의해 번역되었다. 이 책뿐만 아니라 밀의 책은 『대의정부론』*Considerations on Representative Government*을 포함해 16차례 메이지 시기에 번역되었다.

42) 하랄 회프딩(Harald Höffding, 1843~1931) : 덴마크의 철학자. 코펜하겐에서 태어났고 1883년에 코펜하겐 대학 철학과 교수가 되어 1915년까지 가르쳤다. 칸트, 쇼펜하우어와 영국 도덕철학의 영향을 받았다. 비판적 실증주의의 입장에서 형이상학과 직관주의에 반대했다.

43) 윌리엄 메킨타이어 솔터(William Mackintire Salter, 1853~1931) : 시카고 대학 철학과 특별 강사이자 윤리 운동(Ethical Movement)의 선구자. 철학에 관한 여러 권의 책과 니체[p.174]에 관한 비판적이고 지속적인 주요 고전의 저자이다. 솔터의 친구이자 동료인 윤리 운동의 창시자 펠릭스 아들러(Felix Adler)는 그를 '윤리 문화의 왕관 보석 중 하나'라고 묘사했다. 1909년 전국 유색인종 발전 협회의 설립을 이끈 전국 니그로 회의의 요구에 다른 윤리 문화 지도자들과 함께 서명했다. 솔터의 책인 『윤리 종교』*Ethical Religion*는 1907년 구자라트에서 요약본을 출판한 모한다스 간디에게 영향을 미쳤다.

44) 스탠튼 코이트(Stanton George Coit, 1857~1944) : 기즈키[p.64]의 제자. 영국의

고금에 차이 없이 효용을 갖는다면 기독교를 떠나 윤리를 세우려는 경향도 나타나지 않았을 터이다. 그런데 오늘날 기독교는 이미 진부한 것이 되었기 때문에 이에 의거해서 윤리를 유지하는 일은 도저히 불가능하다. 그렇기 때문에 진보적 정신이 풍부한 학자는 윤리학의 기초를 기독교 이외에서 찾는 것이 아니겠는가. 과연 그렇다면 어떻게 기독교가 고금에 걸쳐 조금도 어긋나는 일이 없다고 하겠는가. 게다가 그러한 기독교를 가지고 동서를 통틀어 어긋나는 일이 없다고 말하기에 이르러서는, 그 그릇됨을 단호히 알리지 않을 수 없다.

기독교가 이미 모든 나라에서 실천되고 있고 조금도 어긋나는 일이 없다는 것이 증명된다면, 그때서야 비로소 동서를 통틀어 어긋나는 일이 없다고 단언할 수 있을 것이다. 그런데 실제를 보면 기독교는 아직 지나, 조선, 티베트, 태국, 미얀마, 인도, 페르시아, 아라비아 등지에서는 일반적으로 실천되는 종교가 아니다. 이들 나라에서는 기독교 선교사가 아무리 애써 포교를 펼쳐도 아직 충분히 공을 올리지 못하고 있다. 그 이유는 기독교가 이들 나라에 적합하지 않기 때문이다. 기독교도들은 기독교를 고금에 불변하며 동서에 일관된다고 주장하지만 유교, 도교, 브라만교, 불교, 이슬람교 등 모든 교도들이 자신이 믿는 종교를 고금에 불변하며 동서에 일관된다고 주장한다. 그런데 이들 각 종교의 도덕은 일치하는 경우도 있지만 크게 상이한 경우도 있다. 기독교도들 또한 기독교가 유교, 도교, 브라만교, 불교, 이슬람교 등과 같지 않다는 것을 알 것이다. 그런데도 기독교도는 다른 종교를 믿는 사람들이 아무리 자신의 종교가 고금에 불변하며 동서에 일관된다고 주장해도 모두 부정하고 오로지 본인이 믿는 종교만을 고금에 불변하며 동서에 일관된다고 주장한다면, 그것은 실로 심각한 이기주의에 불과하다. 이러한 사상이 만약 이기심에서 나온

윤리 운동의 리더였다. 미국 태생으로 1903년 영국 시민권자가 되었다. 윤리적 사회 조합(the Union of Ethical Societies)을 창설하였다.

제1장 종교와 교육

것이 아니라면 고집에서 일어난 그릇된 의견일 뿐이다.

우리 일본에도 예로부터 일종의 국민적 윤리가 있는데, 그것이 칙어가 나옴에 이르러 교육의 표준이 되었다. 그런데 칙어의 취지는 기독교와 부합하는 것이 아니라 각각 의거하는 근본을 크게 달리한다. 어떠한 기독교도도 기독교와 칙어가 조금도 상충되지 않는다는 말에는 주저할 것이다. 과연 그렇다면 그들이 주장하는 고금에 불변하며 동서에 일관되는 성질이란 어디에 있다는 말인가? 만약 칙어와 기독교의 취지가 같다고 한다면 기독교도의 입장에서도 우리나라에 기독교를 포교할 필요성이 이제 없어질 것이다. 또한 생각해보라. 기독교가 조금도 칙어에 배반되는 요소를 갖지 않는다면 기독교도들은 왜 칙어가 나온 이래 여러 가지 불경사건을 일으켜 우리 일본인의 국민적 감정을 상하게 하는 것일까? 그저 근거 없는 말들로 이치에 어긋난 억지 변호를 펼치지 말아야 한다. 반드시 사실에 비추어 주장을 펼쳐야 한다. 우선 내가 먼저 칙어가 발포된 이래 기독교도가 국가주의에 반한 일들을 밝히겠다. 이를 통해 기독교가 결코 칙어와 부합하는 종교가 아니라는 사실을 알아야 한다. 또한 생각건대 칙어 중에는 "고금에 걸쳐 그릇됨이 없으며 내외에 베풀어 어긋남이 없다"는 말이 있다. 만약 기독교도 고금에 불변하며 동서에 일관하고 칙어의 취지 또한 그렇다고 한다면 양자는 당연히 상충되지 않을 것이다. 그런데 칙어의 취지는 철두철미하게 국가주의인데 반해 기독교는 비국가주의이다. 만약 비국가주의가 고금에 불변하며 동서에 일관하다면 국가주의는 그와 상충되지 않을 수 없다. 만약 국가주의가 고금에 불변하며 동서에 일관하다면 비국가주의는 그와 상충되지 않을 수 없다. 그런데 우리 일본신민은 칙어의 취지를 따라 공동애국을 기도하지 않으면 안 되는 존재이다. 그렇다면 어찌 기독교가 고금에 불변하며 동서에 일관하겠는가?

기독교가 비국가주의라는 점은 예수 자신뿐만 아니라 기독교도 또한 얼마나 국가 관념이 부족했는지를 통해서도 알 수 있다. 테르툴리아누스⁴⁵⁾ 씨는 "나랏일만큼 나의 목적과 동떨어진 것도 없다"고 했다. 그 같은 경우는 진정으로 예수의 교의를 지킨 사람이다. 레게⁴⁶⁾ 씨에 따르면, 성 키프리아누스는 지금과 같은 국가사상을 갖지 않았으며 오로지 다른 세계에서 승리를 거두는 것만을 생각했다. 성 오귀스틴도 "죽을 때는 어떤 나라에 있어도 상관없다. 단지 지배자의 억압으로 믿음을 저버리거나 옳지 못한 일을 저지르지만 않는다면 더 이상 여한이 없다"고 했다. 그 또한 국가사상이 부족했음을 알 수 있다. 이처럼 예수 신자들이 비국가주의에 빠지는 것은 결코 우연히 아니라 전적으로 그 교의를 숭봉한 결과이다. 작년(1892) 1월 12일자 『규슈일일신문九州日々新聞』에 다음과 같은 말이 있다.

> 구마모토 영학교 교장 취임식 석상에서 오쿠무라 데지로⁴⁷⁾라고 하는 교원이 다음과 같은 연설을 펼쳤다고 한다. 우리 학교의 교육방침은 일본주의도 아시아주의도 서양주의도 아니다. 즉 세계적 인물을 키우는 박애세계주의이다. 우리의 안중에는 국가도 외국인도 없다. 운운.

---

45) 테르툴리아누스(Tertulianus, 155~230) : 퀸투스 셉티미우스 플로렌스 테르툴리아누스 또는 터툴리안은 기독교의 교부이자 평신도 신학자이다. '삼위일체'라는 신학 용어를 가장 먼저 사용한 이로 알려져 있으며, 그의 라틴어 문체는 중세교회 라틴어의 표본으로 간주되고 있다.

46) 제임스 레게(James Legge, 1815~1897) : 영국 스코틀랜드 출신의 선교사이자 한학자. 옥스퍼드대학의 교수를 지냈다. 동양의 주요 경전들을 영어로 번역하고 해설과 주해를 달아서 동양철학을 서양에 소개하는 데 큰 공헌을 세웠다.

47) 오쿠무라 데지로(奧村禎次郎, ?~?) : 1892년에 일어난 구마모토 영학교(熊本英學校) 사건의 피해자가 된 교원. 구마모토 영학교는 1888년에 설립된 기독교계 학교로 초대 교장은 에비나 단조였다. 1892년 1월 11일에 2대 교장으로 구라하라 고레히로(藏原惟郭)가 취임했는데, 그 석상에서 오쿠무라는 기독교의 박애주의에 관해 연설했다. 그 내용이 칙어의 정신에 위배된다는 내용의 기사가 『규슈일일신문』에 게재되자 물의를 일으켜 결국 오쿠무라는 구마모토현 지사 마쓰다이라 마사나오의 명령으로 교직에서 해고되었다. 이노우에가 인용한 기사는 사건의 발단이 된 『규슈일일신문』의 기사이다.

제1장 종교와 교육

　　오쿠무라 데지로는 이 연설 때문에 해고되었다. 그가 기독교도였는지 지금도 알 수 없지만 연설의 취지는 기독교도들이 마음속에 품은 생각과 완전히 일치한다. 그런데 기독교도들이 함부로 생각을 공언하지 않는 것은 자신의 지위나 덕망을 잃게 될까 걱정하기 때문이다. 만약 그러한 걱정이 없어지는 날에는 곧장 이구동성으로 비국가주의를 토로할 것이다. 설사 지금까지는 기독교도들이 칙어에 거슬러 공공연하게 비국가주의를 토로한 일이 없었지만, 그 거동에 나타난 양상은 이미 서술한 대로이다. 이 또한 결코 은폐할 수 없는 일이다. 칙어가 발포되기 이전에도 이미 기독교도들이 우리 일본인의 국가적 감정을 상하게 하는 일은 종종 있었다. 지금 그 중 한 예를 들면 『불교』 제10호(메이지 22[1889]년 12월 20일 발행)에 다음과 같은 기사가 있다.

> 교토의 도시샤同志社에서 지난달 3월에 천장절을 맞이하여 축의를 표한 사람은 오로지 학생 한두 명이었다. 교원들은 오히려 축의를 표할 생각이 없고 축의를 지나치게 표한 학생을 불쾌하게 여겨 처벌했다고 한다. 또한 도쿄의 메이지학원은 9월 23일의 추계 황령제皇靈祭[48]) 때 휴업하지 않았다. 이에 학생들이 이의를 제기하자 교장은 결국 천장절과 기원절紀元節[49])만 휴업하기로 정했다고 한다. 또한 이시카와현石川縣에 있는 가나자와金澤 사립여학교에서는 10월 17일의 신상제神嘗祭[50]) 때 휴업하지 않았다. 이에 같은 지역에서 연학회硏學會 회장을 지내는 이노세 후지시게는 여학교 교장 도다 다다아쓰[51])에게 이유를 따져 큰

---

48) 황족의 영혼을 받드는 제사
49) 진무 천황(神武天皇)이 즉위한 날로 정해진 건국기념일을 말함.
50) 매년 이세신궁(伊勢神宮)에서 치러지는 제사로, 아마테라스 오미카미가 천상에서 곡물을 먹은 날에 유래한다.
51) 도다 다다아쓰(戶田忠厚, 1851~1922) : 메이지 시기의 목사. 사이타마현(埼玉縣)에 있었던 오시번(忍藩)의 무사집안에서 태어났지만, 에도막부의 가신인 도다 집안에 양자로 들어갔다. 1877년에 세례를 받아 일본기독일치교회(日本基督一致教會)의 목사가 되어 지바현의 시모우사 오모리교회(下總大森教會)에 부임했다. 1882년에는 도쿄의 다카나와교회(高輪教會), 1905년에는 이시카

1.1 교육과 종교의 충돌

축제일에는 휴업하도록 권고했지만 결국 듣지 않았다고 한다.

기독교도는 오로지 예수의 승천일昇天日이나 탄생일과 같은 날만을 축제일로 보고, 우리 일본인 모두가 축의를 표해야 할 천장절이나 기원절 등 국가의 큰 축제일 모두를 전혀 고려하지 않는다. 기독교도들이 있고 싶은 곳은 지상의 국가가 아니라 예수가 말한 이른바 천국이기 때문이다. 그런데 우리 일본인이 개량과 진보를 기도하는 곳은 바로 지상의 국가로, 예수가 말한 천국이 아니다. 어떤 사람이라도 무엇보다 부강하게 만들고 싶은 것은 자신이 속하는 국가이다. 자신이 속하는 국가를 위하는 생각이 아직 없으면서 만국의 일을 생각한다면 일의 순서가 잘못된 것이다. 하물며 완전히 공상에 비롯된 천국을 우선으로 생각하는 것은 심각한 오류라고 말하지 않을 수 없다. 요코이 도키오는 예수 반대자들을 비난하면서 "그들이 늘 명심해야 할 것은 일시의 사상이나 관습보다 위에 영원한 가르침이 있고 만고의 진리가 있고 움직일 수 없는 하늘의 법칙이 있다는 것이다"(『육합잡지』제125호)라고 했다. 그런데 그가 말하는 영원한 가르침, 만고의 진리, 하늘의 법칙 같은 것은 철학자나 과학자가 날마다 연구해 마지않는 바로 기독교도가 독점할 수 있는 일이 아니다. 그뿐만 아니라 서양에서 철학이 진보하고 과학이 발달함에 따라 기독교가 점점 더 세력을 잃게 된 이유는 전적으로 그 교의가 그릇됨에 있다. 그러니 기독교도는 결코 영원한 가르침, 만고의 진리, 하늘의 법칙 등을 구실로 에둘러 비국가주의를 수입하지 말아야 한다.

기독교를 비국가주의로 보는 것은 나만의 주장이 아니다. 기독교 국가의 학자들도 종종 그러한 주장을 펼쳐왔다. 유명한 철학자 피

와현의 가나자와교회(金澤教會)로 거처를 옮겨 다녔다. 1890년대 초반에 기독교계 학교인 가나자와여학교(현 호쿠리쿠학원(北陸學院))에서 교장을 지냈던 것으로 보인다.

제1장 종교와 교육

에르 벨[52])은 "기독교의 가르침은 강고한 국체에 필요하다기보다는 오히려 유해하다"라고 했다. 루소[53])는 『민약론』[54]) 말미에 기독교가 국가에 해롭다는 점을 상당히 상세하게 논술하고 있다. 그가 말하기를 "대체로 사회의 통합일치를 파괴하는 것은 조금도 가치가 없다. … 기독교는 민심을 국가에 결합시키는 것이 아니라 역으로 민심을 지상의 모든 사물과 함께 국가로부터 분리시킨다. 나는 이보다 더 사회적 정신에 거슬리는 것을 보지 못했다"고 했다. 이는 정말로 기독교에 적절한 말이다. 에른스트 르낭[55]) 또한 기독교가 민심을

---

52) 피에르 벨(Pierre Bayle, 1647~1706) : 프랑스 계몽시대의 철학자. 프랑스에서 태어나 툴루즈의 예수회 학교에서 배웠지만 프로테스탄트에 대한 박해를 피해 스위스로 망명했다. 제네바 대학에서 데카르트 철학과 만나 그의 회의정신(懷疑精神)을 이어받았다. 프랑스로 돌아가지만 다시 박해를 받아 네덜란드로 이주하여 거기서 철학과 종교를 가르쳤다. 1695~1697년에 『역사적 비평적 사전』Dictionnaire historique et critique을 간행하여 도덕・성서해석・신학의 여러 문제를 일신하기 위해 진정한 역사정신, 신랄한 풍자정신을 전개하였다.

53) 장 자크 루소(Jean-Jacques Rousseau, 1712~1778) : 18세기의 계몽사상가. 사후에 일어난 프랑스혁명(1789) 「인권선언」의 사상적 원류로 재발견되어 오늘날까지 명성을 유지하고 있다. 루소는 스위스 제네바에서 태어나 고아가 된 후 프랑스로 옮겼는데, 파리에서 백과전서파와 교류하면서 저술활동을 시작했고 1760년대에 『신 엘로이즈』, 『인간불평등기원론』, 『에밀』 등 대표작을 발표했다. 그는 이성적 문명이 오히려 감성의 퇴보를 불러왔다고 주장하여 '계몽주의를 비판한 계몽주의자'로 불리며, 18세기 계몽의시대에 가장 독창적인 사상가로 평가받는다. 그는 정치철학사에서 매우 중요한 인물로서, 사회계약은 자유와 평등에 기반해야 하므로 국가의 규칙인 법은 '일반의지'를 통해 결정되어야 한다는 인민주권론을 주장하여 민주주의의 이론적 토대를 마련하였고, 이후 이 사상은 프랑스 대혁명에 직접적인 영향을 끼침으로써 민주주의 형성에 지대한 기여를 하였다고 평가된다.

54) 주로 메이지시기 일본에서 루소의 『사회계약론』을 번역한 서명. 나카에 조민에 의한 『민약론』(1874)과 『민약역해(民約訳解)』(1882)가 대표적이며 이외에도 핫토리 도쿠(服部徳)의 『민약론』(1878), 하라다 센(原田潜)의 『민약론복의(民約論覆義)』(1883) 등이 있다.

55) 에른스트 르낭(Joseph Ernest Renan, 1823~1892) : 프랑스의 사상가이자 종교사가. 프랑스 실증주의 대표자의 한 사람이다. 헤브라이어 연구에서 성서 원전의 전통적 해석에 의혹을 품고, 칸트, 헤겔, 콩트에 감화를 받아 셈족의 언어에 대한 연구, 성서학, 종교사 연구 등에 주력했다. 1861년 콜레주 드 프랑스(Collège de France)에 헤브라이어 교수로 취임했다. 1863~1883년에는 『그리스도교 기원사』Histoire des origines du christianisme를 완성했는데, 특히 제1권 『예수전』Vie de Jésus, 1863에서 실증적 관점에서 예수를 역사적 인간으로 논의했다가 커다란 파문을 일으켰다. 한편 1882년에 파리대학에서 했던 강연 «민족이란 무엇인가

지상으로부터 분리시킨다고 논하면서 "기독교도가 자신의 아버지에 반항하며 자신의 나라에 맞서 싸우는 것이 모두 그리스도를 위해서라면 불량한 아들, 불량한 인민임을 칭송받는 것처럼⋯ 국가조직은 신국神國과 적대적인 지위에 있다"고 했다.

 르낭은 철학자로서도 문장가로서도 틀림없이 프랑스 근대의 대가 중 한 사람이다. 아울러 그는 히브리, 시리아, 칼데아, 아라비아 등지의 셈족 언어에 능숙하고 일찍이 『그리스도교 기원사』라는 제목의 일대 저작을 낸 바 있다. 내가 방금 인용한 문장은 그 책 제1권 제19장 중 한 구절이다. 나는 예전에 르낭을 콜레주 드 프랑스의 높은 건물에 찾아가 철학과 종교에 관하여 담화를 나눈 적이 있다. 그때 그에게 "당신은 그리스도교 기원사를 썼는데 기독교를 믿는가?"라고 물었다. 그는 웃으면서 "나는 기독교를 조금도 믿지 않는다. 기독교는 오늘날 이제 믿을 것이 못 된다. 그렇지만 예수의 행적에 관해서는 연구할 필요가 있다. 나폴레옹에 관해서 여전히 연구할 필요가 있는 것과 같다"고 답했다. 르낭은 작년에 세상을 떠났지만 그의 말은 아직도 나의 귓가에 남아있다. 그는 기독교를 믿지 않으면서 그리스도교 기원사를 썼기 때문에 그 글은 정확하고 사람을 일깨우는 점이 적지 않다. 일단 기독교를 믿기 시작하면 고집스러운 신앙의 힘이 이겨 자유로운 탐구 정신이 소멸한다. 그러니 르낭의 한마디는 천박한 기독교도들이 천만 명 모여 하는 말보다 가치가 크다.

 그런데도 우리나라의 기독교도는 툭하면 자신들만 기독교에 정통하고 신학에 조예가 깊은 것 마냥 말하고 자신들이 미신 때문에 눈이 멀었다는 것을 깨닫지 못한다. 기독교에 관한 일이면 무엇이든 남에게 설명하려고 한다. 하지만 나는 아직 우리나라 기독교도 중에

(Qu'est-ce qu'une nation)»는 피히테와 함께 내셔널리즘 연구의 고전으로 알려진다.

제1장 종교와 교육

그렇게 유능한 신학자가 있다는 말을 못 들었다. 예수는 "그러므로 어린아이처럼 자신을 낮출 수 있는 사람이 천국에서 가장 위대한 사람이다"[56)]라고 하며 또한 "무릇 자신을 높이는 사람은 낮춰지고 자신을 낮추는 사람은 높여지는 법이다"[57)]라고 했다. 우리나라의 기독교도는 과연 예수의 말을 잘 지키고 있을까? 오로지 자신만 영원한 가르침, 만고의 진리, 하늘의 법칙을 안다고 공언하는 것은 과연 겸손의 마음에서 나온 말일까? 기독교 신자가 아니면서 기독교를 논하는 사람이 있으면 바로 문외한이라고 부르고 직접적으로는 폄하하지는 않지만 간접적으로는 심하게 모욕하는 것은 과연 스스로를 낮추고 있다고 말할 수 있을까? 하물며 르낭만큼 학식이 있지 않으면서도 스스로 위대한 신학자인 척하는 사람이 있다면 얼마나 가소롭다 할 것인가. 기독교도는 남을 비난하기 전에 먼저 자신의 발밑부터 조심해야 한다. 지금 여기에 다시 미국인의 말을 인용함으로써 기독교에 독실한 사람이 가장 많기로 알려진 미국에서조차 기독교가 국가적 정신이 부족하다고 주장하는 사람이 있다는 것을 증명하려고 한다. 솔터[p.48] 씨는 "예수의 정치적 관념은 내가 경험으로 알 수 있는 모든 일과 가장 기괴하게 반대를 이루고 있다"고 한다. 또한 말하기를 "예수는 국가를 생각하지 않았다. 또한 국가에 대해 이상도 정법도 주지 않았다"고 했다. 이 미국인 학자가 나처럼 기독교를 국가정신에 어긋난다고 보는 것은 결코 우연이 아니다. 모두 역사적 사실에 비추어 과연 그렇다는 사실을 인정하고 그렇게 주장하는 것이다. 우리나라 기독교도가 기독교는 국가주의에 배반하지 않는다고 아무리 변호해도 결코 사실을 덮어버릴 수 없다.

지금 실제로 신약성서 중에서 국가에 관한 자구를 찾아보면, 「마태복음」 제12장 제25절에 "서로 싸우는 나라는 모두 망한다"라는

---

56) 원문에는 출처가 없지만 「마태복음」 제18장 제4절에서 인용된 구절이다.
57) 원문에는 출처가 없지만 「마태복음」 제23장 제12절에서 인용된 구절이다.

말이 나온다. 이 문구는「누가복음」제11장 제17절에도 보이는데, 그 뜻은 어떠한 나라도 네다섯으로 분열되면 멸망한다는 말이다. 하지만 그 정도는 사람이면 누구나 아는 일로, 이 말에서 특별히 국가주의라고 부를 만한 의미는 찾아볼 수 없다. 기독교도가 우리나라의 국가주의에 반하고 민심의 통합일치를 깨뜨리는 그 행적을 보건대, 만약 우리나라에서 기독교를 지금보다 더 왕성하게 진흥시키면 결국 기독교도는 국가를 폐허로 만들 것이다. 뿐만 아니라 예수는 이밖에도 국가에 대해 종종 말하기는 했지만 모두 천국을 의미한다. 우리가 부강하게 하고자 하는 지상의 국가가 아니다. 이곳 대일본제국이 아니다. 이 아름다운 산맥과 호수를 지닌 우리나라가 아니라 완전히 공상 속에 있는 천국을 가리키는 것에 불과하다.「마가복음」제14장 제25절에 "당신들에게 말해두겠다. 신의 나라에서 새 포도주를 마시는 그날까지 나는 결코 두 번 다시 포도 열매로 만든 것을 마시지 않겠다"는 말이 있다. 과연 그렇다면 천국에는 포도주가 있다는 것이다. 인도의 소마, 페르시아의 하오마, 그리스의 디오니소스 즉 바커스, 로마의 리베르를 부추겨서 그곳에 가게하면 반드시 흥취가 흘러넘칠 것이리라.[58] 그렇지만 천국이란 단지 공상일 뿐 칙어의 취지는 거기에 있지 않다. 그런데도『자유기독교』제2권 제5호에서는 "기독교가 어떻게 칙어와 모순되느냐"고 한다. 칙어와 기독교는 도저히 동일시하기 어렵다는 사실을 알면서도 이렇게 말하는 것은 기만이 아닐 수 없다. 또한 모르고 그랬다면 곧 무식을 드러내는 것이다. 한발 더 나아가 이 문제를 생각해보면 지상의 국가란 오히려 진정한 천국이다. 우리가 사는 지구는 억겁의 행성의 하나로,

---

[58] 소마(soma)는 고대 인도의 경전 베다에 제례음료로 나오는 신들의 음료를 의미하며, 조로아스커교에서 제사 지낼 때 쓰는 술인 하오마(haoma)의 어원으로 알려진다. 디오니소스(Dionysos)는 그리스 신화에 나오는 포도주와 풍요의 신을 의미하며, 로마 신화에서는 바커스(Bacchus)로 불렸다. 리베르(liber)는 바커스의 라틴어로 로마신화에서 풍요와 술신을 의미한다.

제1장 종교와 교육

무한한 공간 속에 떠있다. 동서도 남북도 좌우도 상하도 모두 아득한 무한한 공간이다. 천ᄌ은 단지 지구의 위만을 가리키는 것이 아니다. 지구의 아래도 지구의 좌우도 어떠한 방향도 모두 천이다. 요컨대 우리 인류는 모두 푸른 천심으로 행동하는 것이다. 그렇다면 우리는 이미 진정한 천국에 있다. 무엇 때문에 따로 공상의 천국을 필요로 하겠는가.

 기독교도는 또한 기독교는 천국을 바라는 종교지만 그 교의가 어떠한 나라에도 적응된다는 것은 서양의 강대국에서 실천되는 것을 보면 알 수 있다고 말한다. 이는 서양의 사정을 조금도 모르는 데서 생겨난 오해이다. 그도 그럴 것이 겉으로 보기에 서양의 나라들은—터키를 제외하면—모두 기독교 국가이기 때문에 기독교는 국가에 적응하는 것처럼 보인다. 그렇지만 자세히 들여다보면 기독교 국가를 자칭하는 나라에서도 기독교는 결코 충분히 실천되는 것이 아니다. 특히 근래에 들어서는 기독교도들이 아무리 저항을 해도 과학이 신속하게 진보하기 때문에 서양에서 기독교는 그 세력을 더욱더 잃어가고 있다. 단지 고대의 습관으로 아직 형체를 유지하고 있지만, 그 정신은 이미 사라졌다. 비유하자면 마치 탈피한 매미 껍질과 같다. 겉으로는 생명이 있는 것처럼 보이지만 가까이에서 속을 들여다보면 이미 비어 있다. 요즘 우수한 철학자나 과학자들을 보라. 그 중에 진심으로 기독교를 믿는 사람이 몇이나 되겠는가. 영국의 베인[59]·헉슬리[p.247]·

---

[59] 알렉산더 베인(Alexander Bain, 1818~1903) : 스코틀랜드의 철학자이자 교육학자. 밀(John Stuart Mill)을 만나면서 학문에 눈을 뜨게 되었고 앤더슨 대학, 애버딘 대학에서 교수로 지내면서 심리학, 언어학, 논리학, 윤리학 등의 분야에서 활약했다. 저서로『지성과 감각들』(1855),『감정들과 의지』(1859) 등이 있고 퇴임 후에는 철학 학술지『마인드 Mind』를 설립하기도 했다. 심리적 연합 작용 과정을 기초로 인간 의식을 설명하는 연합주의(associationism)를 지지했으며, 감각이나 지각에 대한 질문들은 심리학에 속하는 것이기 때문에 더 이상 형이상학에서 다루지 않아야 한다고 주장했다.

모즐리[60]·스펜서, 프랑스의 텐[61]·리보[62], 독일의 헤켈[p.274]·하르트만[p.524]·피르호[63]·분트[p.24]·뒤부아 레몽[p.284]·셸링, 덴마크의 회프딩 등 모두 기독교 신자가 아닙니다. 이밖에도 기독교 신자가 아닌 철학자와 과학자를 말하자면 하루 종일 걸려도 모자란다. 유명한 비교해부학자 로이카르트[64]는 강의 중에 구약성서를 비웃었다고 한다. 서양의 학자들은 오랜 습관으로 기독교도라고 말하지만 그 마음은 기

---

60) 헨리 모즐리(Henry Gwyn Jeffreys Moseley, 1877~1915) : 영국의 물리학자. 옥스퍼드 대학에서 학사학위를 받고 맨체스터 대학에서 조수로 일하면서 원소의 고유 X선의 진동수와 핵전하 관계(모즐리의 법칙)를 발견했다. 1914년 옥스퍼드 대학으로 돌아갈 예정으로 조수를 그만뒀지만 제1차 대전에 종군하여 전사했다.
61) 이폴리프 아돌프 텐(Hippolyte Adolphe Taine, 1828~1893) : 프랑스의 철학자, 사상가, 비평가, 역사가. 19세기 프랑스 실증주의에서 가장 존경받는 사상가의 한 사람이고, 인간성 연구에 과학적 방법을 가지고 접근했다. 콩트의 실증주의적 방법을 응용해서 과학적으로 문학을 연구했다. 인종, 환경, 시대의 세 요소를 확립하였다.
62) 테오뒬 리보(Théodule-Armand Ribot, 1839~1916) : 프랑스의 철학자이자 심리학자. 프랑스에서 과학적 심리학, 실험심리학을 창시한 인물로 평가된다. 1888년에 콜레주 드 프랑스의 심리학과 교수로 임명되었다. 스펜서의 진화론을 프랑스의 심리학에 도입한 것으로 평가되며 『쇼펜하우어의 철학』(1874)을 저술하기도 했다.
63) 루돌프 피르호(Rudolf Virchow, 1821~1902) : 독일의 병리학자. 프로이센의 슈펠바인 출생. 베를린 대학에서 의학을 전공하여 1843년에 졸업, 1856년에 동대학 교수가 되었다. '모든 병원체는 세포에 의하여 이루어진다'는 주장을 모토로 『세포병리학』(1858)을 저술하여 병리학에 신기원을 이룩했다. 인류학에서는 두개골의 측정, 트로이 전쟁의 발굴유물 등의 연구, 의사학에서는 병원사(病院史)와 매독사의 연구에 공헌했다.
64) 루돌프 로이카르트(Karl Georg Friedrich Rudolf Leuckart, 1822~1898) : 독일의 동물학자. 괴팅겐 대학에서 의학을 배웠고 졸업 후 1855년에는 기센 대학에서, 1869년 이후에는 라이프치히 대학에서 동물학 교수를 역임했다. 내장 기생충의 생활사를 실험적으로 연구하여 기생충학의 기초를 확립했다. 또한 무척추동물의 분류에 관하여 종래 식충류로 총칭되어 온 동물군을 극피동물과 강장동물로 구분한 업적으로 평가받는다.

제1장 종교와 교육

독교를 믿지 않는다. 특히 포이어바흐,[65] 하르트만, 헤켈, 부흐너,[66] 기즈키[p.64], 셸링, 스펜서 등은 공공연하게 기독교를 비판하는데, 그 밖의 학자들은 대부분 기독교를 도외시하고 시비를 가리지 않는다. 그것은 자신의 할머니부터 어머니, 누이동생에 이르기까지 오랜 습관으로 기독교를 믿기 때문이다. 참고로 예배당에 가서 보면 참배자들의 대부분 부녀자가 많다. 남자도 없지는 않지만 대부분 재봉사나 제빵사, 구둣가게나 장식가게에서 일하는 동네 상인들로, 독일이나 프랑스 같은 나라에서 학생이 예배당에 드나드는 것은―신학과 학생을 제외하고는―굉장히 드문 일이라고 한다. 하물며 세상에 알려진 학자가 가겠는가.

학자 같은 경우에는 예배당에서 득을 보는 일이 없을 뿐만 아니라 미신에 빠진 목사의 설교를 듣느라 귀한 시간을 허비할 우려가 있다. 예컨대 목사는 학자에게 배우는 일이 많겠지만 학자는 목사로부터 배울 일이 없기 때문이다. 대학교에는 신학대학이 있고 교수 중에는 저명한 신학자도 있지만, 그 경우도 저명한 이유는 신앙의 힘이 아니라 학술상의 힘을 가리켜 하는 말이다. 달리 말하면 예수의 전기나 기독교의 역사를 쓴 저자나 히브리어 연구자 혹은 종교철학 전문가로서 세상에 알려진 사람은 있다. 그렇지만 오늘날 단순히 신학자, 즉

---

65) 루드비히 포이어바흐(Ludwig Andreas Feuerbach, 1804~1872) : 독일의 철학자. 베를린대학에서 헤겔에게 영향을 받았지만, 인간학의 관점에서 헤겔을 비판했다. 다만 그 비판의 근거 자체가 헤겔의 개념에 의존하고 있다는 점에서 헤겔좌파로 분류된다. 「죽음 및 불사에 대한 고찰」(1830)에서 기독교를 공개적으로 비판했던 인물로도 알려졌다. 이 논문 때문에 교직을 잃었지만 그 입장은 『그리스도교의 본질』(1841)에서도 달라지지 않았다. 일체의 초월성에 대한 신앙을 파기하고 인간이야말로 '최고의 실재적 존재'라고 주장했으며, '신'으로서 숭배된 것 또한 인간의 '유적본질'(類的本質)에 다름이 아니라고 주장했다.

66) 에두아르트 부흐너(Eduard Buchner, 1860~1917) : 독일의 생화학자. 뮌헨의 의학자 집안에서 태어났다. 1888년 뮌헨 대학에서 박사학위를 받은 후 베를린, 브레슬라우, 뷔르츠부르크 각 대학에서 교수를 역임했다. 1896년 발효는 효모 내에 있는 효소의 작용에 의한 것이며, 효모 세포의 생리작용에 의한 것이 아님을 밝힘으로써 발효화학에 신기원을 이루었고, 이 공로로 1907년 노벨화학상을 수상했다. 제1차 대전에 종군하여 전사했다.

예전처럼 신자라는 점만을 가지고 학자들 사이에서 칭송받는 사람은 단 한 명도 없다. 원래 철학이나 과학을 가르치는 대학에서 신학도 가르치는 이유는 오랜 습관에 기인하는 바 큰데, 동양인의 눈으로 볼 때 이는 모순이 심하다. 왜냐하면 철학이나 과학 같은 진정한 과학이란 처음부터 미리 정해진 것을 갖지 않고 우선 파고들어 일종의 법칙을 발견하면 그 진리를 근거로 다른 법칙을 탐구하는 학문이기 때문이다. 그런데 신학은 처음부터 미리 정해진 것이 있다. 무엇이냐? 인격적인 신이 있다고 미리 정하는 것을 말한다. 이와 같은 인격적인 신은 실로 유대인의 공상에서 나왔다. 진정한 과학에서는 결코 이와 같은 기정旣定을 허용하지 않는다. 그러므로 신학은 과학이 아니며 과학의 정신에 전적으로 어긋난다. 신학은 오히려 일종의 미신에서 생겨난 위학僞學이라고 할 수 있는 까닭이다. 쇼펜하우어가 말하기를 "종교적인 사람은 결코 철학에 도달하지 못한다. 그러한 사람은 철학을 필요로 하지 않는다. 진정으로 철학적인 사유를 하는 사람은 종교적인 사람이 아니다. 이들이 가는 길은 굴레羈絆가 없어 위태롭지만 자유롭다"고 했다. 철학과 종교가 합일하기 어렵다는 것은 쇼펜하우어가 말하는 대로이다. 따라서 철학과 신학도 성질을 크게 달리한다는 것도 유추할 수 있다. 헤켈 역시 말하기를 "학술은 신앙이 시작하는 지점에서 그친다. 이 두 가지 인심의 능력은 서로 엄밀하게 구별되어야 하는 것으로, 신앙은 시적 상상력에 연원하는 데 반해 지식은 사물을 알 수 있는 인류의 오성에 연원한다"고 했다. 실로 정확한 주장이다. 이로 보건대 서양 나라에서도 탁월한 식견을 가진 학자는 신학이 철학이나 과학과 양립하기 어렵다는 것을 인식한다.

그런데도 신학대학이 여전히 서양에 존재하는 이유는 무엇일까? 이는 오래된 습관이 일시에 사라지지 않기 때문이기도 한데, 또 하나는 신학을 연구하는 사람이 끊이지 않기 때문이다. 서양에서 신학은

제1장 종교와 교육

이미 진부한 학문이며, 장래가 유망한 사람이 들어갈 학과가 아니다. 이를 아는 사람이 많기 때문에 재산이 많은 사람이나 선견지명의 지혜가 있는 사람은 법학, 철학, 의학 중에서 학과를 선택한다. 그렇지만 극도로 가난한 사람이나 미신에 푹 빠진 사람은 신학대학에 들어간다. 미신에 빠진 사람이 신학대학을 고르리라는 것은 누구나 예상할 수 있겠지만, 가난한 사람이 신학을 배우는 것은 무엇 때문일까? 서양에서는 신학을 배워 목사가 되면 일반사회에서 존경받을 뿐만 아니라 먹고 살기에 편리한 종류의 직업에 취직할 수 있다. 이것이 가난한 학생들이 종종 신학을 배워 목사가 되려고 하는 이유이다. 누구라도 생존을 위해서는 우선 먹고 살아야 한다. 다른 학과에서는 재능이 있는 학생과 경쟁할 일이 많기 때문에 내 몫을 차지하기 어렵지만 미신에 빠진 학생이 많은 신학대학에서는 비교적 용이하다. 그렇기 때문에 무엇보다 살림을 목적으로 신학생이 되는 경우가 적지 않다. 신학대학은 오늘날 여전히 존재하지만 결코 법·철·의 3대 학과만큼 위세가 크지 않다 신학이 부진한 이유는 전적으로 학과의 성질에 기인한다. 만약 앞으로 법·철·의 각 학과가 더 왕성해지면 신학과는 저절로 사라지고 그 학술적인 부분은 철학과의 일부가 될 것이다. 영국에서는 대학 안에 예배장소를 설치하는데, 이는 영국 사람이 원래 고집이 세기 때문이며 또한 대학이 보수적이기 때문이다. 쇼펜하우어는 영국 사람을 평하면서 다음과 같이 말한다.

> 일찍이 주입된 종교 정의의 힘은 능히 양심을 박멸하고 마지막에는 일체의 동정도 인정도 박멸한다. 만약 일찍이 주입된 신앙을 가까이에서 보고 싶다면 영국인을 봐라. 영국인은 다른 모든 인민보다 월등하다. 다른 모든 인민보다 오성, 정신, 판단력, 그리고 강인한 성질을 지녔지만, 단지 그 어리석은 교회신앙을 갖기 때문에 다른 모든 인민보다도 비천하며 따라서 실로 업신여겨야 한다. 그들의 교회신앙은 그 능력 중 마치 고정된 광기 즉 편집광처럼 보인다. 이는 교육을 전적으로 목사에게

맡긴 데서 비롯되었다. 목사는 사람이 어릴 때부터 신학적인 모든 일을 머리에 박아 넣으려고 하고 결국에는 뇌수를 약간 마비시키기 때문에 그 사람은 죽을 때까지 어리석은 고집을 버릴 수 없게 된다. 이 때문에 상당히 오성도 있고 정신도 있는 사람인데 왜 이럴까 의심스러운 경우를 보게 된다.

이 문장을 통해 영국인이 고집 세다는 것을 간파할 수 있어서 매우 통쾌하다. 영국에서는 캠브리지와 옥스퍼드가 가장 유명한 대학으로 알려져 있는데, 전자는 흔히 진보적이며 후자는 보수적이라고 말한다. 하지만 내가 보기에는 둘 다 보수적인 경향이 있는 대학이다. 형이하학적인 학과는 젖혀놓더라도 철학처럼 자유사상을 다루는 학과는—물론 예외는 있지만—대체로 보수적이라고 할 수 있다. 밀, 버클,[67] 루이스,[68] 스펜서와 같은 사람들은 모두 대학 바깥에 있는 자유로운 사상계에서 활약했다. 다윈[69] 같은 경우도 대학에서

---

[67] 헨리 토마스 버클(Henry Thomas Buckle, 1821~1862) : 19세기 영국의 역사가. 부유한 상인 집안에서 태어났으나 병약하여 정규교육을 받지 못했다. 1840년부터 4년간의 여행을 계기로 문명사 연구에 몰두하게 된다. 콩트의 생각에 동의하여 역사의 발전은 지적 진보를 주요한 원인으로 함과 동시에, 민족의 역사 발전이 각각 다른 것은 자연 환경의 영향 때문이라 주장하여 지리적 유물론의 견해를 취했다. 1857년에 간행된『문명사』History of Civilization로 명성을 얻고 1861년에 제2권도 나왔으나 이듬해 중근동에서 열병으로 사망하자 그의 영국 문명사 연구 시리즈는 미완으로 끝났다. 메이지 시기 번역된『영국문명사』(1879) 등 그의 문명사관은 후쿠자와 유키치의『문명론의 개략』(1875)에 많이 반영되었다고 평가된다.

[68] 조지 헨리 루이스(George Henry Lewes, 1817~1878) : 영국의 철학자, 극작가. 1865년『The Fortnightly Review』의 편집자가 되었다. 콩트의 실증주의와 밀[p.48]의 논리학 체계의 영향으로 형이상학을 거부하고 실증주의로 경도된다.

[69] 찰스 다윈(Charles Robert Darwin, 1809~1882) : 영국의 박물학자, 진화론자. 에든버러대학 의학부를 중퇴하고, 케임브리지대학 신학부를 졸업한 후 해군 측량선 비글 호에 승선하여 남태평양의 지질과 동식물을 조사하고 생물 진화의 확신을 얻어 귀국했다. 이후 당대의 생물학 및 영국 농업에서의 품종개량 성과를 개괄하여 생물진화론과 자연도태설을 확립했다. 1858년 왈라스(A. R. Wallace)와 함께 논문을 발표하고 1859년에『종의 기원』을 발표했다. 종교계를 필두로 한 격렬한 비난 공세에 대해 그 자신은 적극적으로 대응하지 않고, 헉슬리 등이 대리해서 변론을 전개했다. 그의 세계관은 유물론적이고 무신론적이지만, 진화론과 종교의 관계에 대해서는 신중한 자세를 취하여 적극적인 발언은 하지

연구를 했으나 위업은 대학 바깥에서 달성했다. 반면 캠브리지와 옥스퍼드 양 대학의 철학과 교수 중 이에 필적할만한 실적을 올린 사람은 지극히 드물다. 이는 보수적 경향이 강하기 때문이라고 할 수 있다. 따라서 영국에서 오늘날에도 여전히 대학 안에 예배장소를 설치하는 이유 하나는 영국인이 대체로 고집이 세기 때문이며, 또 하나는 대학이 보수적이기 때문이다. 우리나라 대학에서 과학이 아닌 신학을 가르치지 않는 것은 우리나라 사람들이 미신에서 탈각한 증거로 만국에 알려야 할 것이다. 단 기독교의 역사에 대한 연구는 학술상 필요한데, 그 학과는 신학으로부터 분리시켜 문과대학에서 가르칠 수 있다.

요컨대 서양에서 기독교는 점차 세력을 잃어 지금은 이제 숨쉬기도 어려울 정도로 근근이 목숨을 유지하는 형편이다. 기즈키[70]는 "기독교가 곧 소멸하려고 한다는 것은 공평한 관찰자라면 모두 의심하지 않는다"고 한다. 그는 베를린대학에서 윤리학을 가르치는 교수로 나와 친분이 깊은 사람이다. 방금 인용한 문장은 그의 저서 『윤리학』 491쪽에 나오는 말이다. 뷔흐너[71]도 "영국의 호적조사에 따르면 한 번도 예배당에 가본 적이 없는 사람이나 또 자신이 무슨 종파인지 어떤 신앙을 갖는지 모르는 사람은 수백만 명에 달한다"고

않았다.
70) 게오르그 폰 기즈키(Georg von Gizycki, 1851~1895) : 독일의 철학자. 1896년에 나카지마 리키조의 이름으로 출판된 『만근(輓近)의 윤리학서』에서 그의 『윤리학개론』 *Grundzüge der Moral*(1884)이 소개되었다. 1875년 프리드리히 빌헬름 대학에서 괴테-라마르크-다윈 진화 이론의 철학적 결과에 대한 논문으로 박사학위를 받았다. 독일의 윤리운동의 주창자 중 한 사람으로 알려져 있다.
71) 루드비히 뷔흐너(Ludwig Büchner,1824~899) : 독일의 의사, 생리학자. 몰레쇼트, 포크트와 함께 19세기 속류 유물론의 대표자. 튀빙겐대학의 강사 역임. 1855년의 저작 『힘과 물질』 *Kraft und Stoff*에서 주장한 유물론 때문에 추방되어 문필 활동에만 종사했다. 물질과 힘의 동일성을 주장하고 또 정신·의식을 뇌의 움직임, 운동의 총칭으로 간주하여 물질로 환원하고, 사회 발전에 생물학에서의 생존경쟁과 진화의 법칙을 적용하여 사회 현상을 자연 현상으로 환원하는 등 극단적인 속류적 기계론을 주장했다.

한다. 그에 따르면 어떤 목사가 런던에서 행인에게 "당신은 예수에 대해서 뭐라도 설명할 수 있느냐"고 물었더니 "나는 그 신사에 대해 전혀 들어본 적 없다"고 대답했다고 한다. 영국은 서양에서 기독교 신자가 가장 많은 곳으로 알려져 있다. 그런데 방금 뷔흐너가 말한 대로라면, 서양 나라들의 상황은 안 봐도 상상이 간다.

또한 서양에는 일종의 무종교파가 있다. 프랑스어로는 이를 'Libre Penseur'라고 부르며 독일어로는 'Frei Gedanke'라고 부른다. 이 파는 원래 프랑스의 볼테르[p.176]·루소, 독일의 슈트라우스[72]·포이어바흐, 영국의 콜린스[73]·흄[74] 같은 사람들 사이에서 일어나 그 후 여러

---

72) 다비트 프리드리히 슈트라우스(David Friedrich Strauss, 1808~1874) : 독일의 철학자. 튀빙겐 대학에서 공부하다가 헤겔을 찾아 베를린 대학으로 옮겼지만, 헤겔이 급사했기 때문에 직접 지도받지는 못했다. 1832년부터 튀빙겐대학에서 헤겔철학을 강의했다. 『예수전』*Das Leben Jesu*(2권, 1835~1836)을 통해 복음서에 기록된 예수 그리스도에 관한 기사는 역사적 사실이 아니라 신앙에 근거한 신화라고 주장했고, 큰 반향을 일으켜 교단에서도 쫓겨났다. 이 책은 헤겔학파 내부에도 분열을 일으켰고 슈트라우스 자신은 좌파의 중심인물이 되었다. 만년에 쓴『낡은 신앙과 새로운 신앙』*Der alte und der neue Glaube, 1872*에서 신앙과의 결별을 표명하고 진화론적 유물론적 관점과 헤겔주의의 종합에 의해 일종의 범신론의 입장을 취했다.
73) 앤서니 콜린스(Anthony Collins, 1676~1729) : 영국의 자유사상가로 이신론을 지지했다. 변호사 집안에서 태어나 케임브리지대학에서 법률을 배웠지만 로크와 친교를 맺으며 자유사상가로 활동했다. 자유로운 이성의 탐구에 의해서 승인된 것만이 진리라고 생각한 그는 종교의 영역에 대해서도 기적, 예언 등을 초이성적인 것으로 부정했다. 신에 대해서도 세계를 창조한 원인으로서만 인정하고 창조된 세계에 대해서는 그것 자체의 필연적 법칙에 따라 전개된다고 보았다. 대표적 저서에『자유사고론』*A Discourse of Free Thinking, 1713*, 『인간의 자유와 필연에 관하여』*Inquiry Concerning Human Liberty and Necessity, 1715* 등이 있다.
74) 데이비드 흄(David Hume, 1711~1776) : 영국의 철학자. 인식론에서는 경험론을, 윤리학에서는 감정론을, 사회사상에서는 계약설을 대신한 자생적 질서론을 주장했다. 1734~1737년 프랑스에 살면서『인성론』*A Treatise of Human Nature*을 집필, 1739년에 제1권「오성편」과 제2권「감정편」을, 1740년에 제3권「도덕편」을 출간했다. 그러나 학계의 반응은 좋지 않았고 이 때문에『인성론』이라는 제목의 최근의 철학적 저작의 개요』*An Abstract of a Late Philosophical Performance, entitled A Treatise of Human Nature*라는 해명 책을 출판하기도 했다. 1741~1742년에는 익명으로『도덕과 정치 논집』*Essays Moral and Political*을 출판했다.

변천을 거쳐 1880년에 이르러 만국자유사상회를 벨기에의 수도 브뤼셀에 설립했고 현재는 각지에 지회를 갖는다. 그 회원수는 아직 밝혀지지 않았지만 벨기에, 프랑스, 스위스, 이탈리아, 독일 등지에 산재하는 것을 보면 필시 수백만 명은 넘을 것이다. 이들 자유사상파는 곧 무종교로, 조금도 기독교를 믿지 않는다.

한편 불교 신자들이 최근 서양에서 늘어나고 있다는 것은 아마도 우리나라 사람들이 전혀 예상하지 못했던 일일 것이다. 나는 일전에 프랑스에 있을 때 콜레주 드 프랑스에서 산스크리트어를 가르치는 교수 푸코[75] 씨와 담화를 나눈 적이 있었다. 그는 "유럽에서도 최근 불교신자들이 굉장히 많아져서 관련 결사가 56개나 된다"고 했다. 같은 시기 올콧[76]이 설립에 관여한 신지학협회神智學協會의 여성회원 블라바츠키[77]는 프랑스 파리에서『Le Lotus(연꽃)』이라는 이름의 불교잡지를 발행했다. 해외의 불교사정을 살핀 제1호를 보니 서양에서 발행되는 불교잡지는 수십 개에 달한다고 한다. 런던에서 발행되는 신문『Daily Telegram』이 1890년에 보도한 바에 따르면 프랑스

---

[75] 필립 에두아르 푸코(Philippe Édouard Foucaux, 1811~1894) : 프랑스의 티베트어 학자. 파리에서 동양학자 뷔르누프(Eugène Burnouf)에게 인도학을 배웠고 헝가리의 동양학자 쵸머(Kőrösi Csoma Sándor)의 업적을 통해 티베트어를 습득했다. 프랑스의 국립 동양언어문화대학에서 티베트어 교수로 있었지만, 1857년에 콜레주 드 프랑스의 산스크리트어 교수로 취임했다.

[76] 헨리 스틸 올콧(Henry Steel Olcott, 1832~1907) : 미국의 언론인, 군인, 변호사. 1875년 신지학협회(Theosophical Society)의 설립에 기여했다. 신지학협회는 19세기 후반의 심령주의(spiritualism)의 유행을 배경으로 설립된 신비주의 단체로, 불교나 힌두교 등 동양의 종교사상을 서양에 소개하는 데 공헌했다. 일본에도 지부가 설치되었고 올콧 자신도 1889년에 일본에 방문하여 불교를 옹호하고 기독교를 비판하는 연설을 각지에서 펼쳤다.

[77] 헬레나 블라바츠키(Helena Petrovna Blavatsky, 1831~1891) : 러시아의 작가. 올콧과 함께 신지학협회의 설립에 참여했던 독일계 러시아인. 젊은 나이에 영매가 되어 유럽, 미국, 이집트 등지를 탐험했다. 그리스도교를 혐오해서 1867년에는 남장을 하고 로마교황에 반항하는 가리바르디의 의용군에 참가해서 부상도 당하기도 했다. 1875년에 올콧과 만나 협회활동에 참여하면서 유물론적 풍조에 맞서는 신비주의적 활동을 펼쳤다. 사기성이 폭로되어 궁지에 빠지기도 했지만『베일을 벗은 이시스』(1877),『신비교의』(1888) 등 저서를 발표했다.

파리에서는 불교의 전파가 활발하게 이루어져서 유명인사 레옹 드 로니⁷⁸⁾도 불교에 관해서 연설을 했다고 한다. 그에 따르면 이처럼 불교가 세력을 갖게 된 이유는 그 교리가 최근 각 학과에서 가르치는 학설에 어긋나는 면이 적고 오히려 학자들이 연구하고 발명한 진리를 내포하는 면이 많기 때문이다. 또한 세상 사람들이 불교에 반론하는 것은 아직 그 심오한 교리를 이해하지 못하기 때문이다. 그렇지만 불교의 교리 중에는 프랑스의 순정철학과 공존하기에는 때때로 이치에 맞지 않는 공리公理가 있으므로 옥석을 잘 식별하여 혹닉되지 않도록 하는 일 또한 필요하다. 이러한 연설에 청중은 크게 감동받았다고 한다. 매일 유명 인사들의 방문이 적지 않은 이유인데, 요즘 파리에서 불교를 믿는 사람은 3만 명을 넘는다. 이 또한 파리만의 일이 아니라 오스트리아의 빈을 비롯하여 유럽 각국의 수도에서 불교 신자들이 차츰 늘어나는 추세에 있다고 한다. 이를 보건대 불교 신자는 유럽에서도 그 수가 결코 적지 않을 것이다. 그런데 불교 신자가 늘어나는 추세는 기독교 신자가 줄어드는 징조와 대조를 이룬다. 어쨌든 기독교는 마치 오래된 가문이 무너지는 것처럼 이미 선배들이 이것저것 수리는 해놨지만 더 이상 어찌할 수 없는 모양새다.

그런데 유럽의 나라들은 기독교가 쇠퇴함에도 불구하고 여전히 번창하고 있으며 강대국들은 더욱더 강해지고 있다. 과연 그렇다면 유럽의 나라들은 기독교로 인하여 강대해진 것이 아니라고 봐야 한다. 미국은 유럽에 비해 기독교가 한층 더 왕성하다고 한다. 그렇지만 그 나라에도 기독교에 만족하지 못한 사람들이 결코 적지 않다. 드레이퍼⁷⁹⁾ 같은 경우 공공연하게 기독교를 공격하는데, 그가 말하

---

78) 레옹 드 로니(Léon de Rosny, 1837~1914) : 프랑스의 민속학자, 언어학자, 일본학자. 콜레주 드 프랑스에서 중국어를 연구하게 된 인연으로 일본어 연구를 개척했다. 1863년 국립 동양언어문화대학에서 일본어를 가르치다 1868년 최초의 일본어 교수로 정식 취임했다. 일본통으로 여러 특사를 대접하는 일을 맡았다.
79) 기데온 드레이퍼(Gideon Frank Draper, 1858~1951) : 메이지에 일본으로 건너

기를 "지어낸 이야기나 사기에 의거한 말들은 모두 전복시켜야 한다. 기만을 구축하고 망념을 전파하는 결사는 존재할 권리가 없다는 것을 명시해야 한다. 신앙은 도리에 의거하여 해석해야 하며 신비는 사실을 능가할 수 없다. 종교는 오랫동안 자연과학理學에 대해 차지했던 그 오만한 자리에서 물러나야 한다. 우리의 사상은 절대적인 자유를 요구한다. 종교자는 자신이 선택한 구역 안에 머물러야 한다는 것을 받아들여야 하며 철학자에 대한 압제를 폐기해야 한다. 철학자는 자신이 강력하고 자신의 동기가 순수함을 알고 있기 때문에 이제는 그러한 간섭을 참지 않을 것이다"라고 했다. 이는 아주 적절한 말이다.

올콧은 인도의 마드라스Madras[현 Chennai]와 미국의 뉴욕에 신지학협회를 설립한 인물인데, 1889년에 일본에 내항했다. 그때 불교청년회에서 연설하면서 "기독교는 망령되어 믿을 것이 못된다. 기독교는 국가의 원기를 쇠퇴시켜 마지막에는 그 나라를 약탈하려고 하는 것이다. 그러므로 오늘날 서양의 문명은 결코 기독교의 힘에 의해 이룩된 것이 아니다. 기독교는 오히려 서양의 문명이 오늘날까지 발달하는 것을 방해해 왔다"(『불교』제4호)고 주장했다. 잉거솔[80] 또한 기독교를 두고 망령된 종교라 부르며 공개 연설에서 종종

와 포교활동을 펼쳤던 미국인 선교사. 요코하마와 홋카이도 하코다테(函館)를 거점으로 활동을 펼쳤다. 나카다 주지(中田重治)에게 세례해 준 사람으로 유명하다. 오래 일본에 살았지만 미일관계가 악화되자 1939년에 미국으로 귀국하여 고향에서 사망했다. 드레이퍼는 완벽주의자였던 것으로 알려져 있으나, 그가 기독교를 비판했다는 사실은 확인되지 않는다. 이노우에가 인용한 말도 신비주의에 대한 비판이나 합리주의적 입장에서 종교를 논한 문맥으로 보인다.

80) 로버트 잉거솔(Robert Green Ingersoll, 1833~1899) : 미국 뉴욕출신의 대표적인 불가지론자이다. 1879년 자기의 형의 무덤 옆에 다음과 같이 애도했다. 행복만이 유일한 선이다. 행복하게 되는 때는 바로 지금이다. 행복한 장소가 바로 여기다. 행복하게 되는 길은 다른 사람들을 행복하게 만드는 것이다

공격했다. 일찍이 우리나라에 온 미국인 모스[81]와 페놀로사[82] 두 사람 같은 경우도 결코 기독교의 신자가 아니었다. 아들러[83] 솔터, 자스트로,[84] 코이트 등은 채닝,[85] 파커,[86] 에머슨[87] 등의 뜻을 이

---

81) 에드워드 모스(Edward Sylvester Morse, 1838~1925) : 미국의 동물학자. 표본채집을 위해 일본에 왔다가 도쿄 제국대학에 '고용외국인'으로 채용되어 2년간 근무하면서 대학의 사회적, 국제적 자세의 확립에 힘썼다. 오모리 패총(大森貝塚)을 발굴하여 일본의 인류학, 고고학의 기초를 세워 '일본 고고학의 아버지'라 불리며, 일본에서 처음으로 다윈진화론을 체계적으로 소개한 인물로도 알려져 있다.

82) 어니스트 페놀로사(Ernest Francisco Fenollosa, 1853~1908) : 미국의 동양미술사가이자 철학자로 메이지 시대의 '고용외국인'이었다. 일본미술을 평가하고 소개한 사람으로 알려졌다. 하버드 대학에서 철학과 정치경제학을 공부하고, 먼저 일본에 와있던 동물학자 에드워드 모스의 소개로 1878년 일본에 와 도쿄대학에서 철학, 정치학, 경제학 등을 강의했다. 미술에 관심도 많았던 페놀로사는 일본에 온 후 오카쿠라 덴신(岡倉天心)과 함께 도쿄 미술학교의 설립에 힘썼고 일본미술을 평가하고 소개한 사람으로 알려졌다. 한편 도쿄 제국대학 철학과에서 철학을 가르쳐 일본에서 근대 철학의 기초를 세우는 데 일조했다. 이노우에도 학부생 시절에 페놀로사의 가르침을 받았다. 저서로『동양미술사강』*Epochs of Chinese and Japanese Art, 1921*이 있다.

83) 펠릭스 아들러(Felix Adler, 1851~1933) : 미국의 윤리학자. 독일의 유대교 지도자 집안에서 태어나 미국으로 이주했다. 1870년 콜롬비아 대학 졸업 후 독일의 하이델베르크 대학으로 진학하여 박사학위를 받았다. 독일에서 신칸트주의의 영향을 받아 신 증명의 불가능성과 도덕의 독립성을 확신했다. 미국으로 돌아간 후 유대교의 지도자가 되는 길을 포기하고 콜롬비아 대학에서 정치사회윤리학부 교수로 지냈다. 1876년 뉴욕에서 윤리문화협회(Society for Ethical Culture)를 설립한 인물로 유명하다.

84) 조셉 자스트로(Joseph Jastrow, 1863~1944) : 미국의 심리학자. 폴란드에서 태어나 1866년에 미국으로 이주했다. 존스홉킨스 대학에서 박사학위를 받고 1888년부터 위스콘신 대학에서 교수로 지냈다. 과학적인 방법으로 진실과 오류를 식별하려고 했다. 착시 현상에 대한 연구로 유명하다.

85) 윌리엄 채닝(William Ellery Channing, 1780~1842) : 미국의 유니테리언[p.160] 운동을 이끌었던 신학자. 1798년에 하버드대학을 졸업했다. 1819년 «유니테리언 기독교»라는 제목의 설교를 통해 유니테리언 운동의 교의를 설명했다 (볼티모어의 설교). 특히 삼위일체설에 반대했고 원죄설에 대해서도 전통적인 해석과 달리 인간의 양심에 신성을 부여하면서 양심의 지시에 따르지 않는 것을 죄라고 했다. 1825년 미국의 유니테리언 협회 설립에 기여했다. 채닝의 사상은 뉴잉글랜드의 초월주의(transcendentalism)에 영향을 미쳤다.

86) 보덴 파커 보운(Borden Parker Bowne, 1847~1910) : 미국의 기독교 철학자. 1876년 보스턴 대학에 철학교수로 취임하여 30년 동안 교편을 잡았다. 실증주의와 자연주의에 반대하는 입장에서 자유신학의 철학적 입장인 인격주의를 지지했다. 주저로『형이상학』(1882)이 있다.

87) 랄프 왈도 에머슨(Ralph Waldo Emerson, 1803~1882) : 미국의 사상가이자 시인.

제1장 종교와 교육

어받아 1878년 이래 미국에 'Society for Ethical Culture'라는 명칭의 윤리학회를 설립했다. 이것이 점차 확대되어 뉴욕, 필라델피아, 세인트루이스, 시카고 네 곳에 지회를 설치했고 더욱더 그 규모를 확장하는 데 진력했다. 1889년부터는 『윤리학잡지』를 발행했고, 그 1년 뒤에는 응용윤리학교를 설립하여 경제학, 종교사, 윤리학 세 과목을 가르쳤다. 이 학회의 취지는 기독교는 이미 진부한 것이 되었으며 오늘날에는 이에 의거할 수 없기 때문에 기독교로부터 완전히 떠나 순수한 윤리로 대신하고자 했던 것이다. 그렇다면 미국에서도 기독교를 오늘날 사회에 적합하지 않다고 보는 사람이 꽤 많다고 할 수 있다.

더 나아가 유럽의 현황을 더 깊숙이 관찰해보면 범죄인이 많다는 것은 실로 놀라운 일이다. 특히 런던과 파리 같은 가장 번화한 도시에서는 거의 매일 밤마다 수많은 범죄자가 나타나는데, 그 중에는 아직 우리나라에서는 들어보지도 못한 잔혹한 범죄자도 있다. 예컨대 화이트채플 살인사건[88] 같은 경우가 그 일례이다. 만약 기독교가 실제로 그 나라에서 실천되고 사회를 개량시키는 효과가 있다면 그 나라는 우리나라보다도 범죄자가 적어야 하지만 실제로는 전혀 그렇지 않다. 오히려 우리나라보다도 훨씬 많지 않을까 싶다. 또한 서양 나라들에서 매춘부는 기독교가 실천되지 않는 나라보다 많지는 않지만 결코 적지도 않다. 훗페 씨의 조사에 의하면 1870년에는 베

보스턴의 유니테리언[p.160] 목사 집안에서 태어나 하버드 대학을 졸업 후 보스턴 제2교회의 목사가 되었지만, 종교의 형식주의에 회의를 느껴 그만두었다. 유럽 등지를 여행하면서 칼라일(Thomas Carlyle) 등과 친교를 맺었고, 칸트 철학과 독일 관념론의 영향을 받았다. 귀국 후 잡지 『자연』 Nature, 1836을 발간하여 뉴잉글랜드의 초월주의 운동을 이끌었다. 1837~1838년 모교에서 했던 강연 «미국의 학자»와 «신학부 강연»은 미국의 문화적 독립 선언이라고도 불리며 이로 인해 급진적 사상가의 지위를 굳혔다.

88) 화이트채플 살인사건(Whitechapel murders): 1888~1891년 영국 이스트엔드오브런던의 빈민가였던 화이트채플 구에서 벌어진 연쇄살인사건을 말한다. 11명의 피해자는 모두 여성이었으며 그 중 대부분이 매춘부였다.

를린에 1만 6천 명, 빈에 2만 5천 명, 파리에 5만 명, 런던에 6만 명, 뉴욕에 3만 명이 있었다고 한다. 쇼펜하우어에 의하면 런던에만 8만 명이 있고, 커훈[89] 씨에 의하면 5만 명이 있다고 한다. 르꾸르[90] 씨에 의하면 파리에는 공창이 아닌 매춘부만 해도 3만 명이 있다고 한다. 어찌됐든 그들 나라의 매춘부의 수는 실로 경악할 수준이다. 이는 기독교가 실제로는 그들 나라를 개량하지 못하고 있는 확실한 증거라고 할 수 있다.

우리나라의 기독교도는 유럽의 상황을 아직 잘 모른다. 자산이 있는 사람이라면 얼른 떠나 그 나라에 가서 꼼꼼하게 상황을 살필 필요가 있다. 어떤 사람은 이미 유럽에 놀러간 적이 있을 것이다. 하지만 유럽사회의 착잡한 상황은 짧은 여행 기간에 살필 수 있는 것이 아니다. 또한 각국의 언어에 능통하지 않은 상태에서 현지에 가봤자 벙어리가 여행하는 것이나 마찬가질 텐데 무슨 성과가 있겠는가. 차라리 누워서 유럽의 사진을 보는 편이 비용이 덜 들 것이다.

이와 달리 그 나라의 선교사들은 자국의 사정을 잘 알면서도 우리나라에 와서 기독교를 전파하는데 이는 대체 무엇 때문일까? 만약 그들이 기독교를 진흥시키고자 한다면 먼저 자국에서나 해야 할 일이다. 그런데 자국에 나쁜 풍습이 있음에도 불구하고 조금도 기독교를 필요로 하지 않는 일본에 온 것부터가 전도된 행동이라고 해야 한다. 만약 그들에게 애국심이 있다면 왜 먼저 자국의 나쁜 풍습을 고치는 데 진력하지 않는가? 우리나라 풍습은 그들 나라보다 결코 열등하지 않다. 우리나라 풍습은 어떤 점에서는 열등한 면이 있을지 모르나 어떤 점에서는 오히려 그들 나라보다 우월하다고 할 수 있다.

---

[89] 패트릭 커훈(Patrick Colquhoun, 1745~1820) : 영국의 통계학자, 치안판사. 영국 최초의 정규 예방 경찰의 창설자이기도 하다.

[90] 샤를 제롬 르꾸르(Charles-Jérôme Lecour, 1823~?) : 프랑스 저자. 『파리와 런던의 매춘, 1789~1871년』 La prostitution a Paris et a Londres, 1789~1871을 저술했다.

제1장 종교와 교육

또한 시각을 달리해서 생각해보면 우리나라 사람이 기독교 국가와 교제하게 되면서 과연 우리나라 풍습이 개량되었는가? 요코하마橫濱나 고베神戶와 같이 기독교 국가의 인민이 자주 왕래하는 곳은 산간벽지의 풍습보다도 훨씬 개량되었는가? 어느 쪽이 순박하고 어느 쪽이 교활한가? 기독교도는 말로만 잘난 척하지 말고 실제를 살펴보고 판단하라. 요코이 도키오 씨는 "제국의 수도 한복판에 위대한 장관의 교회 건립을 허가 받고 산간벽지에 이르기까지 기독교의 설교가 들리지 않는 곳이 없는 오늘날"(『육합잡지』 제144호)이라고 한다. 과연 그럴까? 과연 그렇다면 기독교는 오늘날까지 우리나라 풍습을 얼마나 개량했을까? 우리나라 풍습은 기독교의 동점東漸 이래 얼마나 좋아졌을까? 나는 아직까지 한 번도 수많은 교회와 설교로 우리나라가 이익을 얻은 것을 보지 못했다. 요컨대 기독교는 결코 나라의 개량진보를 이룩하는 데 필요한 것이 아니다. 따라서 유럽의 융성함을 기독교 때문이라고 보는 것 또한 완전히 그릇된 견해이다.

유럽에서도 기독교 이전에 그리스나 로마와 같은 강대한 국민이 있지 않았는가. 어찌 기독교가 유럽 나라들을 강대하게 만든 원인이 겠는가. 데모스테네스[91]의 「필리피카」philippic 이라는 연설문을 읽어보면 그 애국심이 들끓는 모습은 지금도 상상이 된다. 플라톤의 저서 『크리톤』Crito 을 읽어보면 소크라테스조차 애국심이 많았음을 알 수 있다. 또한 타키투스와 키케로[92] 두 사람의 문장을 읽어봐도 로마인

---

91) 데모스테네스(Demosthenes, B.C.384~B.C.322) : 고대 그리스의 웅변가이자 정치가. 당시 그리스에 대해 간섭과 압박을 가하기 시작한 마케도니아의 필립포스 2세를 탄핵한 연설로 민중을 분기시켰다. 위에서 언급된 「필리피카」로 그러한 연설 중 하나이다.

92) 마르쿠스 툴리우스 키케로(Marcus Tullius Cicero, B.C.106~B.C.43) : 로마 시대의 정치가, 학자. 키케로는 귀족 계층에 속하지는 않았고, 귀족들은 원칙적으로 그에게 주요 정치적 역할을 주지 않으려고 했다. 동시대인 폼페이, 율리우스 카이사르와는 달리 키케로는 군인 경력에 관심을 갖지 않았으며, 수사학과 법학을 건실히 다지고 나서 그는 변호사로서의 소질을 충실히 발휘하여 기원전 63년에는 최고 행정직, 집정관이 되었다.

들이 얼마나 애국심이 풍부했는지를 알 수 있다. 애국심은 결코 기독교에 의해 생겨난 것이 아니다. 그뿐 아니라 기독교는 역으로 애국심을 박멸시키는 경향이 있다. 로마인은 원래 용기가 있었지만, 한번 기독교가 땅에 들어오자 그 용기는 금세 사라졌다. 루소도 "제왕이 기독교 신자가 된 이래 명예 경쟁은 폐기되었다. 그리하여 십자가가 로마의 국기를 물리치고 나서는 로마의 용기는 완전히 소멸했다"고 했다. 이는 우리나라 사람들이 가장 염려해야 하는 말이다. 원래 애국이란 자기애를 확충한 것으로, 기독교와 정반대에 자리한다. 기독교는 다른 나라에 있는 모든 사람을 차별 없이 똑같이 사랑하라고 가르치기 때문에 무한한 박애이다. 그러므로 유럽 사람들의 풍부한 애국심은 결코 기독교로부터 얻은 것이 아니다. 기독교도는 자신이 믿는 신을 위해서라면 칼에 베여 죽어도 불에 타 죽어도 어떠한 고통을 겪고도 견뎌내지만 국가를 위해서 죽으려 하지는 않는다. 국가는 임시로 있는 곳이며 천국이 곧 돌아가고자 하는 곳이기 때문이다. 바울[93]이 말하기를 "만약 우리가 현세만을 위하여 그리스도에게 희망을 걸고 있다면 우리는 모든 인간 가운데에서 가장 불쌍한 사람일 것이다. … 만약 죽은 자가 되살아나지 않는다면 무슨 소용이 있겠는가. 내일이면 죽을 테니 먹고 마십시다"[94]라고 한다. 기독교 신자는 이러한 세계관을 갖기 때문에 병사로서는 매우 부적절하다. 이와 관련하여 루소는 이미 『민약론』 말미에서 상세히 논한 바 있다.

---

93) 바울(Paul) : 그리스도교의 사도. 터키의 동남 지역 길리기아의 주도 다소에서 태어난 유대인으로, 그리스 문화의 교육을 받고 로마시민권을 가졌으며 저명한 율법박사 밑에서 배웠다. 처음에는 열렬한 바리사이파였으나 그리스도 교도들을 진압하러 다마스쿠스로 가던 중 신비로운 그리스도의 출현을 경험하고 사도가 되었다. 선교여행으로 로마에까지 발자취를 남긴 '이방인의 사도'로 불린다. 그 과정에서 로마인, 고린토인, 골로사이인 등 전도한 지역의 사람들에게 보낸 편지를 남겼다. 이노우에는 그 중 「로마서」, 「골로새서」, 「에베소서」를 언급하고 있다.

94) 원문에는 출처가 없지만 「고린도전서」 제15장 제19절과 제32절에서 인용한 구절이다.

「마태복음」제5장 제39절에서는 "악인에게 맞서지 말라. 만약 누가 네 오른뺨을 치거든 왼뺨도 내밀어라"라고 한다. 또한 제44절에서는 "당신들의 적을 사랑하고 당신들을 저주하는 자를 축복하고 당신들을 증오하는 자에게 잘 해주고 당신들을 학대하고 박해하는 자를 위해 기도하라"고 한다. 이러한 교의를 믿는 사람들은 어떤 적에게도 칼을 뽑지도 총을 쏘지도 못할 것이다. 유럽 나라들이 종종 전쟁을 일으켜 권리를 다투고 자국의 부강을 기도하는 것은 기독교와 완전히 상반된 동기에 기인한다.

우리나라의 기독교도는 지금의 독일 황제나 대영제국 여왕은 기독교의 독실한 신자라는 점을 생각해보라고 말한다. 그 나라 제왕도 기독교를 믿기 때문에 우리나라 사람도 믿어야 한다는 말이다. 하지만 이 또한 매우 천박한 생각이다. 가령 독일 황제나 영국 여왕이 진심으로 기독교를 믿는다고 하더라도 우리나라에서 고려할 일이 뭐가 있겠는가? 독일 황제도 영국 여왕도 둘 다 일국의 원수지만 학술사회의 으뜸은 아니다. 기독교를 믿든지 말든지 다른 개인과 비교해 경중을 달리하지 않는다. 더구나 유럽 각국에서 제왕이 칙어 가운데 신을 언급하는 것은 대부분 정략상의 필요에 기인한다. 이 점에 대해서는 예로부터 학자들이 종종 지적해왔는데, 최근에도 막스 노르다우[95]가 언급한 바 있다. 제실의 조상 가운데 예로부터 보통 사람과 완전히 다른 존재로 간주되는 조상은 각별하지만, 유럽에서는 결코 그렇게 보지 않는다. 제실의 어떠한 조상도 모두 사람이다. 신이 아니다. 그러므로 인민 중 혹자는 우리 제실의 조상에는 유능한 사람이 있어

---

95) 막스 노르다우(Max Simon Nordau, 1849~1923) : 헝가리 출신의 유대인 소설가, 평론가, 의사. 부다페스트에서 의학을 공부하는 한편 문필활동을 시작했다. 신문기자 생활을 하다 베를린에 이주했지만, 곧 파리로 옮겼다. 평론가 및 소설가로 활동하면서 점차 시오니즘으로 기울어졌다. 저서로『문명인의 인습적 거짓』*Die konventionellen Lügen der Kulturmenschheit*, 1883, 『퇴폐』*Die Entartung*, 1895 등이 있다.

제위에 올랐지만 지금의 제왕은 아무런 공훈도 없을 뿐만 아니라 그저 조상의 은혜를 받아 즉위한 것에 불과하다고 말한다. 자신도 그와 동등한 존재이다. 왜 그에게 나를 젖혀두고 제왕이 될 권리가 있겠는가라고 한다. 그 유명한 사회민정당은 이러한 견해를 가진 정당 중 하나이다. 이 때문에 제실과 교회는 서로 결탁하여 제왕이 칙어를 낼 때에는 신을 존숭해야 한다고 말하고, 목사가 교회에서 설교할 때에는 제실에 경례를 올려야한다고 말한다. 서로가 서로를 받쳐주고 도와줄 필요가 있는 것이다. 특히 제왕은 'Goddess Gnade'[신의 은총]로 즉위했다고 주장함으로써 보통 사람에게는 없는 신령한 성질을 자신에게 부여하려고 애쓰는 습관이 있다. 하지만 기독교로부터 힘을 빌려 제실을 받쳐주는 것을 잘못이라고 주장하는 사람도 없지 않다. 기즈키[p.64] 같은 사람이 그런 경우이다. 기독교도들은 우선 유럽의 사정을 잘 살피고 난 후에 판단을 내려야 할 것이다. 그 나라의 언어도 모르면서 급하게 한번 둘러봤다고 바로 그 나라 전체를 논하게 되면 결코 확실한 결과를 얻지 못할 것이다. 하물며 그 나라에 한 번도 가본 적이 없는 기독교도에 있어서랴.

　또한 생각해보라. 예수는 재화를 매우 경멸하여 재화를 축적한 사람은 천국에 들어갈 수 없다고 했다. 「마태복음」제6장 제19절에서 말하기를 "벌레가 물어뜯어 녹슬고 강도들이 구멍을 파 훔치는 땅에 재화를 쌓지 말라"고 한다. 또한 제19장 제23절 및 제24절에서 말하기를 "부유한 사람은 천국에 들어가기 어렵다. 또한 말하건대 부유한 사람이 신의 나라에 들어가는 것보다 낙타가 바늘구멍에 들어가는 편이 차라리 쉽다"고 한다. 같은 말은 이밖에도 「마가복음」제10장 및 「누가복음」제18장에도 보인다. 만약 서양 각국의 사람들이 진심으로 기독교를 지켰다면 그 어마어마한 부는 어떻게 축적했을까? 특히 부유한 사람은 기독교가 활발하게 실천되는 영미에 가장 많은데 왜일까? 그 중 미국인 같은 경우는 세상 사람들이

제1장 종교와 교육

^{축재적 인민}
'money making people'이라고 부르지 않는가. 그들이 재화를 축적하는 데 얼마나 절실한지 또한 상기해봐라. 그런데 영미의 풍부한 재화는 그 국민을 강대하게 만든 일대 원인이라는 점은 조금도 의심할 여지가 없다. 만약 기독교가 항상 실질적인 세력을 가지고 예수의 말이 모두 다 실천되었더라면 서양 각국은 결코 오늘날과 같은 부강을 누리지 못했을 것이다. 그러므로 서양 각국이 오늘날 부강해진 것은 결코 기독교 때문이 아니다. 기독교는 오히려 국가를 빈약하게 만드는 경향을 가진다는 것을 알아야 한다.

또한 이를 역사적으로 살펴보면 유럽에서 기독교가 성한 시대는 반드시 국가가 성한 시대는 아니다. 특히 기독교 중 정교正敎가 실천된 시대에 국가는 오히려 쇠퇴한 일이 많았다. 기즈키[p.64]는 "우리나라와 관련하여 사람들이 정교가 성한 시대에는 항상 프로이센 왕국이 최하위에 있었다고 하는데 이는 허튼 말이 아니다"라고 했다. 프랑스의 앙리 4세가 1598년에 내린 낭트 칙령[96)]을 1685년에 루이 14세가 폐지했을 때 유능한 프랑스 신민 중 타국으로 흩어진 사람은 40만 명이 있었다. 루이 14세가 다시 정교를 보호했기 때문에 곧바로 40만 명의 유능한 신민을 잃었던 것이다. 스페인의 필립 2세는 신앙심이 깊은 사람이었는데, 그 결과 그의 치세에 스페인의 인구는 200만 명이 줄어들어 이 때문에 국민의 복지는 무너졌다. 버클은 저서 『문명사』 제2권에서 스페인의 쇠퇴는 목사가 늘어났기 때문이라고 한다. 즉 교회의 권세가 강대해졌기 때문에 국민의 지식을 말살시키고 결국 인민을 무학불식無學不識에 빠뜨리게 했다고 자세히 밝혔다. 이 점은 스코틀랜드도 마찬가지로 대단히 유사한 면이 있음을 또한 밝혔다. 기독교도는 도처에 분쟁의 씨앗을 뿌려 종종 박해를 받기도

---

96) 낭트 칙령(Édit de Nantes): 1598년 4월 13일 프랑스의 앙리 4세가 국내의 프로테스탄트에게 신앙의 자유를 인정한 칙령. 이 칙령으로 위그노 전쟁은 정치적으로 해결되었으나 종교적 대립은 그 뒤에도 계속되었다.

했지만 자신과 다른 종교를 믿는 사람을 살해한 숫자는 듣는 사람의 머리끝이 쭈뼛해질 정도이다. 쇼펜하우어에 따르면 300년 동안에 마드리드에서 신교의 차이 때문에 화형에 처해진 사람은 30만 명에 달한다고 한다. 마드리드 이외의 곳에서 얼마나 죽었는지는 아직 그 수를 알 수 없다. 드레이퍼에 의하면 1481년부터 1808년까지 스페인에서 신교의 차이로 34만 명 정도가 처벌을 받았고 그 중 3만 2천 명은 화형에 처해졌다고 한다. 또한 크룩에 의하면 1835년에 스페인에서 일어난 박해 정보가 마드리드 행정부에 보고되었는데, 토르케마다[97] 때문에 10만 5천 2백 85명, 아이스네르스 때문에 5만 천 67명, 디에고 페레즈 때문에 3만 4천 9백 52명이 죽었다고 한다. 그밖에도 감옥에서 죽은 사람이 341만 2백 15명이 있는데, 그 중 3만 천 9백 12명은 화형에 처해졌다고 한다. 대강 합산하면 스페인에서만 봐도 50만 명에 달하는 사람이 그저 완매함 때문에 가족이 학살당한 것이다. 1209년 프랑스의 베이에Béziers에서는 '알비파'[98]의 신자라는 이유로 아르노[99]에게 공격받아 무참하게도 2만 명의 인구가 학살되었다. 그런데 이 일은 전적으로 로마교황이 자초했음을 잊어서는 안 된다. 프랑스의 위그노[100]는 종종 박해를 받아왔는데, 1570년에 이르러 마침내 가장 잔인한 박해를 받았다. 6주 동안에 무려 2만 명

---

97) 토르케마다(Tomás de Torquemada, 1420~1498) : 스페인의 도미니코회의 수도사. 이단자심문소 초대 장관으로 취임하여 재직 기간 중에 수많은 인명을 처형한 것으로 유명하다.
98) 알비파(Albigenses): 발칸반도, 북부 이탈리아, 남부 프랑스 등지를 거쳐 12~13세기에 남부 프랑스 툴루즈 지방의 알비를 중심으로 일어난 이단을 일컫는 말. 마니교적 이원론에 바탕을 둔 교리로서, 선과 악이 영원한 두 원리를 이루며 육체와 물질은 악의 원리에서 온 것으로 배척된다. 따라서 인간은 물질적인 것으로부터 해방되어야 구원을 받을 수 있다고 가르쳤다.
99) 아르노 아말릭(Arnaud Amalric, ?~1225) : 중세 신학자, 수도원장. 베이에 학살로 유명하다. 십자군 전쟁 당시 참된 기독교인과 이단인을 어떻게 구별하느냐는 질문에 "모조리 죽여라, 참된 기독교인은 하나님이 알아보실 것이다"라는 말로 유명하다.
100) 위그노(Huguenot): 16~18세기까지 프랑스에서 칼뱅파로 알려진 프로테스탄트 교도들의 호칭

내지 3만 명이 살해당한 것이다. 그런데 당시의 프랑스 국왕 샤를 9세는 이렇게 심하게 위그노를 박해했는데, 로마교황에게 그 공을 인정받아 라틴어로 위그노의 학살(Hugonotorum strages)이라고 적힌 훈장을 받았다고 한다. 또한 15세기 말부터 마녀라는 이유로 살해당한 사람도 100만 명에 달한다. 이밖에도 기독교 목사가 철학자나 과학자를 학대하여 지식 발달에 지장을 주었다는 것은 우리나라 사람에게는 실로 예상 밖의 일일 것이다. 그런데 정교를 믿지 않는 사람은 학살해야 한다는 말은 지금 19세기에 이르러서도 여전히 존재한다. 프랑스의 저명한 학자인 조제프 드 메스트르[101]는 신학에 열을 올린 사람인데 어떤 러시아인에게 서한을 보내면서 'inquisition'(박해를 뜻함)의 필요성을 주장했다고 한다. 그는 1821년에 이탈리아의 토리노에서 사망했다. 그렇다면 이는 지금부터 71년 전의 일로 결코 오래되었다고 할 수도 없다. 그런데 위에 열거한 박해는 모두 기독교도들 사이에서 일어난 일이다. 다시 말하면 박해자도 피박해자도 모두 기독교도로, 신앙의 차이는 그리 심각한 것이 아니다.

그런데 신앙을 전혀 달리하는 사람에게 기독교도는 훨씬 더 잔인한 박해를 저질러왔다. 무어인[102]이나 유대인이 스페인에게 받은 박해에 대해서는 잘 알려져 있지만 이밖에도 아메리카, 아프리카, 남양군도의 토착민들이 기독교도에게 받은 박해를 자세히 쓰면 어떤 독자도 머리끝이 쭈뼛해지고 소름 끼치지 않을 수 없을 것이다.

---

101) 조제프 드 메스트르(Joseph de Maistre, 1753~1821) : 프랑스의 사상가이자 정치가. 시보아의 명문 집안에서 태어났다. 전통주의를 대표하는 사상가로 프랑스혁명에 반대, 절대왕정과 교황의 지상권을 주장했다. 반계몽주의의 대표적 사상가로, 절대군주정과 교황무류권을 옹호했으며, 기독교에 대한 합리주의적 거부가 프랑스 혁명의 혼란을 초래했다고 논했다. 에드먼드 버크와 더불어, 유럽 보수주의에 중요한 역할을 한 것으로 평가된다.
102) 무어인(Moors): 711년부터 이베리아 반도를 정복한 아랍계 이슬람교도의 명칭. 사하라 사막 서부의 모리타니로부터 모로코에 걸쳐 살며, 아라비아인, 베르베르인, 흑인의 혼혈로 구성된다. 11세기에 북아프리카에서 출현하기 시작하였으나 18세기부터 알려지게 되었다.

하지만 여기서 그 일을 일일이 다 쓸 여유는 없기 때문에 두 세 개만 예를 들고자 한다. 라스 카사스[103])에 의하면 미국에서는 40년간에 천 2백만 명 정도가 살해당했고, 쿠바섬의 토착민의 경우에는 모조리 학살되었다고 한다. 또한 게를란트[104])에 의하면 기독교도는 남아메리카에서 토착민에 대해 잔혹했다고 한다. 특히 '<u>Jesuiten</u>'[105] (예수회) 신자들의 경우 종종 토착민을 잡아와 세례를 받게 했는데, 만약 토착민이 세례를 거부할 경우 이들을 가두고 승낙할 때까지 기다렸다. 캘리포니아에서는 한층 더 심했다. 기독교도들은 스페인의 군인들을 데려와 토착민을 잡기 위해 함정을 놓거나 군대를 파견해 이들을 잡아왔다. 만약 잡아온 토착민이 기독교를 믿지 않으면 먼저 그들을 가두고 굶긴 다음에 고기를 보여주고 기독교로 개종할 경우에는 먹게 하고 아니면 주지 않겠다고 하면서 억지로 개종시키려고 했다. 기독교도는 식민지에서 너무나 포학한 짓을 저질렀기 때문에 북미의 토착민은 기독교를 새로운 사기 수법으로 간주하며 말하기를 "우리는 기독교로 개종할 필요가 없다. 왜냐하면 기독교도는 우리보다 훨씬 더 심각하게 사기, 절도, 폭음을 저지르기 때문이다"라고 했다. 니카라과의 토착민 또한 "기독교도는 노동을 싫어한다. 그들은 도박꾼이며 흉악하고 신을 모독하는 사람들이다"라고 했다. 그런데 기독교도들은 그런 사람은 단지 기독교도 중 선하지 못한 사람일 뿐이라고 답한다. 이에 토착민은 "그렇다면 선한 사람은 어디 있느냐? 우리는 오로지

---

103) 바르톨로메 데 라스 카사스(Bartolomé de las Casas, 1474~1566) : 에스파냐 출신의 성직자이자 역사가로 1510년 주교가 되어 아메리카 대륙 최초의 선교사로 신대륙으로 건너갔다.
104) 게오르그 게를란트(Georg Cornelius Karl Gerland, 1833~1919) : 독일의 인류학자, 지구물리학자. 스트라스부르 대학교의 민족학, 지리학 교수.
105) 예수회 : 가톨릭교회의 남자 수도회. 1534년 성 이냐시오 데 로욜라, 프란치스코 하비에르 등이 파리에서 창설했던 가톨릭 모임이 그 기원으로, 1540년 로마 교황청으로부터 정식으로 인가받았다. 적극적으로 선교활동을 펼쳤는데, 그 범위는 스페인에 의해 점령된 멕시코와 페루에서 대항해시대에 개척된 인도, 중국, 일본까지 포함했다. 페루에서는 잉카의 11대 왕 우아이나 카팍의 궁전을 파괴하고 그 위에 예수회 성당을 짓기도 했다.

제1장 종교와 교육

선하지 못한 사람들만 봤다"고 말했다. 이를 통해 기독교도들이 얼마나 많은 토착민을 학대했는지, 또 얼마나 나쁜 짓을 많이 했는지 짐작할 수 있다. 그 나라 토착민들이 "우리 야만인이 훨씬 더 선량한 인민이다"라고 개탄했던 것도 이상한 일이 아니다. 기타 여러 가지 참혹한 예증은 내가 일찍이 저술한 『내지잡거 속론』[106] 부록 제2에 제시했다.

요컨대 기독교도들이 과거의 역사에서 무참한 일을 저질러 세상이 발달 진보하는 데 미친 지장은 거의 측량이 불가능할 정도이다. 물론 기독교 때문에 이익이 된 일도 많다. 예컨대 중세에 암흑세계라고 할 정도로 학문예술이 쇠퇴했을 때 오로지 교회에서만 이를 보존했던 일, 혹은 수많은 자선적 운동을 펼친 일, 혹은 긴 세월에 걸쳐 개인적 윤리를 유지한 일 등등 모두 기독교의 공으로 알아야 한다. 그렇지만 기독교 때문에 오랜 세월 여러 나라에서 수백 만 명의 생명을 무참하게 잃었던 것을 생각하면 그 이익은 폐해를 보상하기에 부족함을 의심할 여지가 없다. 유럽의 역사에 어두운 사람들은 기독교가 유럽의 역사에 도움이 되었던 일만 굳게 믿고 그 폐해가 어땠는지 생각조차 못한다. 나도 유럽이 기독교 덕분에 수많은 이익을 얻었음을 결코 부정하지 않는다. 다만 그 공과가 상호 보상하지 못함을 말한 것뿐이다. 기즈키[p.64]는 다음과 같이 말한다.

> 기독교가 인류의 복지에 얼마나 많은 기여를 했는지는 물론 말할 나위도 없다. 하지만 신의 말씀을 위해 신단 밑에 수백 만 명 넘게 목을 매달려 죽은 것을 보면… 또한 증오와 대립을 각 국민 안에 발생시켜 또 전쟁을 유발시키고 이 때문에 전국의 인민을 멸살하고 그 문화를 파멸시킨 것을 보면… 과연 그들이

---

106) 『내지잡거 속론(內地雜居續論)』: 1891년에 철학서원에서 출판된 이노우에 데쓰지로의 저작. 이노우에는 그보다 앞서 1889년에 『내지잡거론』을 출판했는데 그 후속본이다. 『속론』에서 이노우에는 우치무라 간조의 사건을 비판적으로 언급하고 있다.

준 폐해는 그들이 준 복지로써 보상할 수 있을지 의심하지 않을 수가 없다.

양자를 비교 측량하면 유럽이 기독교 때문에 이익을 얻은 일보다 오히려 폐해를 입은 일이 많다고 해야 타당할 것이다. 물론 오늘날은 과학의 진보로 기독교도 세력을 잃었고 따라서 왕년의 박해가 또다시 일어날 일도 없을 것이다. 과연 그렇다면 기독교가 세력을 잃은 일은 인류 일반에게 실로 경사가 아닐 수 없다. 그렇지만 기독교는 오늘날에도 여전히 증오와 대립의 씨앗을 도처에 전파하고 있다. 그들은 신학이라고 부르는 일종의 거짓 학문을 가지고 자신과 같은 생각을 갖지 않을 경우에는 이를 모조리 증오하고 때로는 직접적으로 때로는 간접적으로 명예를 무너뜨리고 지위를 빼앗고 각종 공격을 그치지 않는다. 즉 언론이나 글을 통해 여전히 박해를 가하고 있는 것이다. 프리드리히 빌헬름 3세는 일찍이 궁중의 설교사 아일레르트[107])에게 말하기를 "인류의 친구 중 신학자만큼 곤란한 사람도 없다. 신학자만큼 어울려 지내기 어려운 사람도 없다. 그들과 교섭할 때는 어떤 경우에도 대립을 일으키거나 편파를 발생시킨다. 세상 사람들은 흔히 신학적 증오라고 말한다. 이런 종류의 증오는 가장 악질이다"라고 했다. 이 말은 마치 기독교도의 폐해를 말하는 것과 같다. 기독교도는 다소 정략을 달리하여 여러 가지 방법을 써서 은근히 포교를 시도하기도 한다. 또한 여러 가지 수단을 써서 사람에게 개종을 강요하고 타인의 종교의 자유를 침해하는 경우도 적지 않다. 『불교』 제42호에는 다음과 같은 말이 있다.

요즘 기독교를 믿는 청년들은 여럿이 뭉쳐서 각지로 나가 불교

---

107) 룰레만 아일레르트(Rulemann Friedrich Eylert, 1770~1852) : 독일 함(Hamm) 출신의 개신교 설교사이자 주교. 할레 대학교에서 신학박사 학위를 취득한 후 성직자가 되었다. 1806년 궁중 설교사로 임명되었으며, 1818년 프로이센 왕에 의해 개신교 주교에 봉해졌다.

신도라고 거짓말을 하고 불교연설회를 열고 있다. 연설 중에는 청중에서 어떤 사람이 나와 변사에게 어려운 질문을 던진다. 다소 변론을 펼치지만 곧 어려움에 부딪힌 변사는 오히려 기독교를 칭찬하며 스스로 불교를 버리고 기독교를 믿겠다고 맹세하게 된다. 그런데 변사와 질문자는 사실은 같은 편으로, 바로 청중을 기만하여 입교시키는 계략인 것이다. 그 수단이 이루 말할 수 없이 교활하다. 듣자니 최근 기독교 신자들의 수는 해마다 줄어들고 있다고 한다. 이를 만회하려는 계략으로 교활한 수단을 쓰는데 공을 이룰지는 모르는 일이다.

기독교도가 지금까지 해온 일을 역사에 비추어 보니 상상을 초월한 수단을 써서 개종되지 않은 사람들을 입교시키려고 한 일들이 종종 있었다. 그렇다면 『불교』에 보도된 내용 또한 전혀 근거가 없는 이야기라고 단언할 수는 없을 것이다. 원래 동양 나라들은 각자 고유한 종교를 갖는데 오늘날 서양의 선교사가 포교를 위해 들어온 것은 필요 이상으로 증오와 대립을 일으키는 단서가 되었음이 틀림없다. 만약 처음부터 기독교를 동양에 전파하는 사람이 없었다면, 동양의 종교사회는 실로 평온했을 것이다. 그런데 서양의 선교사가 기독교를 동양에 전파하려고 도모했을 때부터 수많은 쟁란이 끊임없이 야기되고 있다. 우리나라의 아마쿠사의 난[108] 지나의 우호교안[109] 등은 모두 기독교 때문에 일어났음을 상기해야 한다. 반면 기독교가 지금까지 동양의 이익을 증진시킨 적이 조금도 없다는 것도 잊어서는 안 된다. 쇼펜하우어는 다음과 같이 말한다.

---

108) 아마쿠사의 난(天草の乱): 시마바라의 난(島原の乱)을 말함. 1637~1638년 규슈 시마바라·아마쿠사 지방에서 일어난 대규모 민란으로, 시마바라 번주(藩主)에 의한 가혹한 조세와 기독교 탄압이 발단이 되어 일어났고 참여한 농민의 대부분이 기독교 신자들이었다.
109) 우호교안(蕪湖教案): 1891년 중국의 안후이성(安徽省) 우호에서 일어난 반기독교 사건. 가톨릭교회에 아이를 빼앗겼다고 호소한 여성이 발단이 되어 주민들이 교회를 습격하여 영국영사관을 포위하는 사태가 벌어졌다.

유럽의 정부는 한결같이 국교의 침해를 금지하고 있지만 그들 자신은 선교사를 브라만교와 불교를 믿는 나라에 파견하는 것을 거리끼지 않는다. 또한 파견된 선교사는 그 나라의 종교를 근본부터 공격하는 데 열을 올려 자신의 지위를 그 사이에 차지하려고 한다. 그런데도 지나의 황제나 하노이의 고관이 선교사를 참수형에 처하자 그 잘못을 떠들어대는 것은 무슨 명분인가.

쇼펜하우어의 이 말은 가장 공평무사하다. 한편 라인[110]에 의하면 일찍이 'Jesuiten' 신자들이 아마쿠사에 와서 기독교를 전파하려고 했던 것은 단지 예로부터 우리나라에 있었던 신앙을 방해하려고 했을 뿐만 아니라 일본을 포르투갈 또는 로마 교황의 영토로 만들려고 했음에 틀림없다. 그렇다면 수많은 기독교도들이 당시 몰살된 것도 그럴 만한 이유가 없었던 것이 아니다. 다시 말해 우리가 먼저 몰살시키려고 했던 것이 아니라 그들이 이미 몰살당할 만한 음모와 밀약을 가지고 있었던 것이다. 요컨대 기독교도는 도처에서 분쟁을 일으킨 폐해가 분명히 있다. 가령 지난 날처럼 박해를 심하게 받는 일이 이제 없어졌다고 해도 언론이나 글을 통해서 분쟁을 일으키고 자신과 생각이 다른 사람의 명예를 훼손시키고 자신과 믿는 종교가 다른 사람을 공격하는 일이 그치지 않을 것이다. 「누가복음」 제12장 제49절에 "나는 이 땅에 불을 던지기 위해 왔다. 나는 불이 타오르기를 원한다"라는 말이 있다. 또한 「마태복음」 제10장 제34절에 "내가 이 땅에 평화를 가져다주기 위해 왔다고 생각하지 마라. 평화가

---

[110] 요한네스 유스투스 라인(Johannes Justus Rein, 1835~1918) : 독일의 지리학자, 작가, 동아시아 여행가. 그가 출간한 책의 제목 페이지에는 'J. J. 라인' 또는 '요한 J. 라인'으로 되어 있다. 기센(Giessen) 대학에서 수학과 과학을 배웠고, 1876년에 마부르크 대학의 지리학 교수가 되었으며, 이어서 1883년 본(Bonn) 대학에서 교수로 임명되었다. 라인은 1874년 1월부터 5개월간 일본에 머물렀고 도쿄의 독일 공사관에 거주하며 칠기(漆器)를 배웠으며 이에 대한 자세한 보고서를 제출한 후 일본 전역을 여행했다. 그는 『일본, 여행과 연구 후에』 *Japan, nach Reisen und Studien*라는 글을 썼는데, 이는 후에 『일본: 프로이센 정부의 비용으로 수행된 여행과 연구』 *Japan: travels and researches undertaken at the cost of the Prussian government, 1884*라는 제목의 영어책으로 번역되었다.

아니라 칼을 던져주기 위해서 온 것이다"라는 말이 있다. 기독교도가 분쟁을 좋아하는 것은 원래 예수의 가르침에 연원하는 것으로, 결코 일시적인 경우가 아니다.

　유럽 나라들이 부강한 것은 기독교가 국가주의에 반하는 것과 전혀 관련이 없다. 기독교는 최근 급속하게 세력을 잃어가고 있기 때문에 지난 날처럼 처참한 역사가 반복되지는 않겠지만 여전히 정신상에서 분쟁을 그치지 않고 있다는 점 또한 위에서 자세히 밝혔다.

　다음으로 충효에 관해서 서술하고자 한다. 예로부터 있어온 동양의 가르침은 모두 충효를 가장 중시하는데, 칙어의 정신도 충효를 최고의 윤리로 간주한다. 그런데 기독교에는 충효의 가르침이 거의 없다. 아주 드물게 관련된 것이 있긴 하지만 그것을 예로부터 있어 온 동양의 가르침과 혼동해서는 안 된다. 예수가 직접 충군의 도를 가르친 적은 결코 없다. 우리나라의 기독교도들은 여러 가지 억지를 써서 기독교에도 충군의 가르침이 있다고 주장하지만 모두 강변에 불과하다. 「마태복음」 제22장 및 「마가복음」 제10장 제17절에 의하면 일찍이 어떤 사람이 예수에게 "카이사르에게 세금을 내도 되냐 안 되냐"고 묻자 예수는 세금으로 납부하는 지폐를 자신에게 보여 달라고 했다. 보여줬더니 예수는 이 초상과 기호는 누구냐고 물었다. 이에 카이사르라고 답했더니 예수는 "그렇다면 카이사르의 것은 카이사르에게 돌리고 하느님의 것은 하느님께"라고 말했다. 이는 우리나라 기독교도가 예수가 간접적으로 충도忠道를 가르쳤다고 주장할 때 증거로 인용하는 일이다. 하지만 이 일은 오히려 예수에게 애국심이 결핍되어 있음을 증명해주는 일화다. 당시 유대인의 나라는 완전히 독립을 상실하여 로마제국의 영토가 되었고 'denarius'라 불리는 로마의 은화도 통용되고 있었다. 이 때문에 유대인 중 비분강개하는 사람들은 유감에 못 이겨 기회가 있을 때마다 로마제국에 저항하여 유대인의 독립을 도모하려고 했다. 이러한 시기에 만약에 예수가 세금을 내지 말라고 했다면 그것은 로마제국에 반역하는 것이며 세금을 내라고 했다면 유대인을 도울 생각이 없는 것이다. 그렇게 생각한 사람이 예수를 시험해보려고 앞서의 질문을 던진 것이다. 그랬더니 예수는 결국 로마제국에 납세해야 한다고 답했다. 만약 예수가 애국지사였다면 워싱턴이 북미의 독립을 도모했던 것처럼 반드시 비분강개하는 지사들을 소집하여 정의의 깃발을 휘날리며 유대인의 독립을 기도했을 것이다. 그렇지만 예수의 주안은 소위 말하는 천국에 있고 지상의 국가에 있지 않았기 때문에 유대인의 나라가 타국의 속령지가 되든 말든 그 여부는 전혀 우려할 사항이 아니었다. 그러므로 냉담하게도 "카이사르의 것은 카이사르에게 돌리고 하느님의 것은 하느님께 돌려라"라고 말했던 것이다. 이 한마디로 애국심이 조금도 없다는 증명에 충분하다. 그런데 요코이 도키오 씨는 『육합잡지』제125호에서 이를 다음과 같이 논했다.

> 예수는 유대의 애국자이다. 그런데 불행하게도 국세가 쇠약하고 자립하지 못했기 때문에 외국에 귀속하게 되었다. 그렇게 된 이상 로마제국이 외국임에도 불구하고 또 우상을 믿는 종교의 나라임에도 불구하고 납세를 해야 한다고 가르쳤다. 하물며 유대인이 독립하여 일천만승의 군주를 모시게 되었다면 어떻게 했겠는가.

예수에게 애국심이 결핍했음은 앞서 설명했듯이 로마제국에 납세하라고 했던 그 냉담한 대답을 보더라도 명백하다. 요코이는 같은 대답을 가지고 예수가 충도를 가르친 증거라고 한다. 그렇지만 단순히 로마제국에 납세하라고 했던 말만 보고 과연 충군주의라고 할 수 있는가. 충군이라 함은 순순히 납세하는 것에만 그치는가? 기독교도의 충군은 이와 같이 단순한 일을 가리키는 것에 불과할까? 만약 순순히 납세만 한다면 어떠한 불경사건을 일으켜도 된다고 할 것인가. 요코이의 변호는 결코 수긍할 수 없다.

더구나 예수가 애국자라는 증거는 이밖에는 하나도 없고 오히려 애국자가 아니라는 증거는 여러 가지 관점에서 증명이 가능하다. 예컨대 위에서 인용한 문장에 따르면 요코이는 유대인의 국세가 쇠약하고 어쩔 수 없었기 때문에 예수는 단지 로마제국에 납세하라는 말에 그쳤지만, 만약 나라가 독립하여 일천만승의 군주를 모셨더라면 충신으로서 많은 공적을 남겼을 것이라고 시사한다. 그렇지만 당시 유대인의 나라에는 헤롯[111])이라 불리는 왕이 있었다. 그렇다면 예수는 이 왕에게 어떠한 충의를 보여줬을까? 헤롯왕은 물론 폭군이었는데 예수는 일찍이 그를 타이른 적이 있었던가? 그를 교정한 일이 있었던가? 혹은 그에게 책략을 바친 적이 있었던가? 공자는 "신하는 임금의 잘못을 바로잡도록 간언해야 한다. 옳지 않은 일이 있으면 마땅히 간언해야 한다"(『효경孝經』「간쟁장諫爭章」제20)라고 한다. 그런데 예수는 일찍이 헤롯왕을 타이른 적이 없었다. 맹자는 "임금이 어려운 일을 실행하도록 권하는 것을 공손恭이라 하고 좋은 정책을 설명하고 나쁜 정책을 막는 것을 공경敬이라 하고 우리 임금은 좋은 정치를 할 수 없다고 하는 것을 도적賊이라고 한다"고 했다. 그런데 예수는 일찍이 어려운 일을 왕에게 권고한 일도 없었고 왕의 사심邪心을 금한 적도 없다.

또한 마융이 『충경忠經』에서 "안에서는 지략을 바치고 밖에서는 정치를 행한다.⋯ 사직을 이롭게 하려 한다면 자신의 몸을 돌아보지 말라"(「백공장百工章」제4)라고 했다. 마융의 이 가르침은 모든 장인에게 충을 세우기 위한 것이었다. 예수는 목수의 자식으로 태어나 자신도 그 일을 한 적이 있었기 때문에 일부러 장인의 충에 관한 구절을 인용한 것이다. 그런데 예수는 장인의 충에 조금도 적합한 사람이

---

111) 헤롯(Herodes, B.C.73~B.C.4) : 로마 공화정 말기부터 로마제국 초기에 유다왕국을 통치했던 왕. 통상 '헤롯대왕'이라고 한다. 로마의 후원으로 왕이 되어 평생 로마의 충실한 속왕으로서 전 팔레스타인의 지배를 위탁받았다. 이방인의 지배에 반항하는 유대인을 공포정치로 탄압하여 증오의 대상이 되었다.

아니었다. 그가 처형당한 것도 충군을 위해서가 아니었다. 요컨대 예수는 결코 충군을 소중히 여긴 사람이 아니었다. 또한 충군을 실행한 사람도 아니었다. 무릇 국가는 융성할 때보다는 오히려 쇠약할 때에 더 충의를 가진 지사를 필요로 한다. 문천상[112])도 "시대가 궁해지면 절개가 밖으로 드러난다"라는 시를 읊었다. 유대인의 나라가 태평무사할 때라면 충의를 가진 신하도 자신의 능력을 발휘할 일이 없지만 예수 때에는 유대국이 로마의 영토가 되었을 뿐만 아니라 헤롯왕은 폭군으로서 학정을 하고 있었다. 충의를 가진 신하에게는 반근착절盤根錯節에 도전할 때가 아니었겠는가? 그런데 예수가 이러한 국사를 완전히 도외시하고 천국에 관해서만 말한 것은 그가 충군을 소중히 여기지 않았다는 증거이다.

또한 만약 우리나라 기독교도처럼 예수가 로마에 납세하라고 한 말을 충도의 가르침이라고 찬미하게 된다면, 그 결과는 크게 두려워하지 않을 수 없다. 만일 지금 우리나라가 불행하게도 타국의 영토가 된다면 우리나라의 비분강개하는 지사들은 반드시 의병을 일으켜 나라의 회복을 도모할 것이다. 그 분투 결전은 타국의 속박에서 벗어날 때까지 멈추지 않을 것이다. 그런데 이때 오로지 기독교도만 냉담하게 "카이사르의 것은 카이사르에게 돌리고 하느님의 것은 하느님께 돌려라"고 말하며 또 외국정부에 납세하는 것을 최상의 충의라고 말할 것이다. 이는 무척 기이한 말이지만 바로 지금 우리나라의 기독교도가 주장하는 바이다. 추측건대 그 결과는 반드시 그들의 말대로는 되지 않을 것이다.

예수의 사도 중에는 주군에 복종해야 한다는 말을 다소 펼친 사

---

112) 문천상(文天祥, 1236~1283) : 중국 남송의 정치가, 시인. 송나라가 원나라에 항복하자 저항하다 체포되었고 쿠빌라이칸이 그의 재능을 아껴 몽고에 전향을 권유했지만 거절하고 죽음을 택했다. 옥중에서 지은 '정기가(正氣歌)'가 유명하다. 이노우에가 언급한 시도 정기가의 한 구절이다.

람도 있다. 그러나 이 또한 결코 예로부터 있어온 동양의 가르침과 혼동해서는 안 된다.「로마서」제13장 제1절부터 제6절에는 다음과 같은 말이 나온다.

> 모든 사람은 위에 계신 분의 권위에 따라야 한다. 왜냐하면 신에 의하지 않는 권위는 없으며 존재하는 모든 권위는 신이 명령한 것이기 때문이다. 따라서 권위에 거역하는 자는 신의 명령에 거역하는 자이다. 거역한 자는 스스로 심판을 불러오게 될 것이다. 대개 유사有司는 선행을 하는 사람에게는 두렵지 않으며 악행을 저지르는 사람에게만 두려운 것이다. 그대는 권위를 두려워하지 않기를 바라는가. 그렇다면 선행을 하라. 그러면 그에게 칭찬을 받을 것이다. 유사는 당신에게 이득을 주기 위한 신의 종이다. 그러나 만약 악행을 저지른다면 그를 두려워해야 한다. 그는 함부로 칼을 쥐고 있는 것이 아니다. 그는 신의 종으로서 악행을 저지른 자에게는 노여움으로 꾸짖기 때문이다. 그러므로 단지 노여움을 피하기 위해서뿐만 아니라 양심을 위해서도 그에게 따라야 한다. 세금을 납부하는 것도 같은 이유에서이다. 그들은 신에게 종사하는 자로서 오로지 그 임무를 준수하고 있기 때문이다.

이는 집권자에게 복종할 필요성을 말한 것으로, 얼핏 보고 급하게 생각한다면 동양의 충군과 같아 보인다. 그렇지만 그 뜻을 자세히 분석한다면 둘 사이에는 큰 차이가 있음을 알 수 있다. 첫째로 바울[p.73]의 말뜻은 집권자는 신의 명령을 받은 사람이기 때문에 순종해야 한다는 것이다. 즉 복종의 필요성은 사회의 질서를 유지하기 위해서라든지 조상 때부터 은혜를 받았기 때문이라든지 혹은 기타 실제 관계에서 생기는 것이 아니라 전적으로 집권자를 신의 명령으로 보고 신에게 복종해야 하기 때문에 그에게도 복종해야 한다고 말하는 것이다. 다시 말하면 집권자 자체에 복종하는 것이 아니라 오로지 신에게 복종할 뿐이다. 만약 집권자를 신의 명령을 받은 사람이 아니라고 가정하게 되면 그에게 복종하라는 말은 결코 하지 않을 것이다.

1.1 교육과 종교의 충돌

그런데 예로부터 있어온 동양의 가르침에서 주군에게 충성하는 것은 신의 명령을 받았기 때문이 아니다. 충은 신민이 마땅히 다해야 한다고 직각적으로 정한 일이다. 따라서 공자는 "군자가 임금을 섬기되 나아가서는 충성을 다할 것을 생각하며 물러나서는 허물을 고칠 것을 생각하여, 장차 임금의 아름다운 미덕에는 순종하고 임금의 악한 점은 바로잡아 주어야 한다"(『효경』「사군장事君章」제21)고 말했던 것이다. 이는 결코 신에게 명령받은 사람이기 때문에 주군에게 잘 종사해야 한다고 말한 것이 아니다.

또한 생각해보라. 바울이 말하는 신은 진실로 유대인의 공상에서 나온 신으로 신도의 신, 유교의 천, 불교의 진여, 도교의 무명無名이나 브라만교의 일체삼분一体三分 등과 성질을 완전히 달리한다. 그렇다면 기독교 이외의 종교가 행해지는 곳의 집권자는 결코 기독교의 신에게 명령받아 그 지위를 얻은 존재로 간주할 수 없다. 그렇다면 기독교도는 이들 집권자에게는 조금도 복종할 이유가 없을 것이다. 예컨대 우리나라의 천황은 수천 년 이래의 황통을 이어받아 일본국민의 원수가 되신 존재로, 조금도 기독교의 신의 은총을 받지 않았다. 만약 기독교도가 바울의 말을 최상의 충으로 여긴다면 우리나라 천황에게는 충의할 마음이 미치지 않을 것이다.

더 나아가 생각건대 바울의 말에는 실제와 배치되는 것도 있다. 예컨대 "대개 유사有司는 선행을 하는 사람에게는 두렵지 않으며 악행을 저지르는 사람에게만 두려운 것"이라는 말이나 "그는 당신에게 이득을 주기 위한 신의 종"이라는 말, 그리고 "그는 신의 종으로서 악행을 저지른 자에게는 노여움으로 꾸짖"는다는 말은 모두 실제로는 반드시 그렇지는 않다. 걸주[113]나 유려[114]처럼 포학무도暴虐無道

---

113) 걸주(桀紂): 중국 하나라의 걸왕과 은나라의 주왕을 가리키는 말로 포학무도의 대명사로 쓰인다.
114) 유려(幽厲): 중국 주나라의 유왕과 여왕을 가리키는 말로 무식하고 포학한 군

한 왕도 예로부터 적지 않았다. 또한 유사 중 가혹하고 바르지 않은 사람을 들자면 밑도 끝도 없다. 유사가 어떻게 선량하겠는가. 특히 로마황제 네로 같은 경우에는 로마에 불을 지른 다음에 기독교도를 방화범으로 만들어 박해했다. 그런데 네로의 소행은 바울의 말과 완전히 배치된다. 성서를 주석하는 사람은 억지 변론을 하여 원문의 뜻을 왜곡하는 경우가 많지만 이 일에 대해서는 말이 궁색한 모양새다. 이는 바울의 말이 진정 맞지 않기 때문이다. 또한 제왕이나 유사를 불문하고 모든 집권자가 신의 은총을 받아 그 자리를 얻은 것이 아니다. 때로는 선조의 유훈에 의해서 때로는 자신의 힘에 의해서 집권자가 되었다. 결코 유대인의 공상에서 나온 신이 그렇게 만든 것이 아니다. 요컨대 바울의 말은 완전히 지나친 미신에서 나온 것으로, 동양의 충군에 관한 가르침과 혼동해서는 안 된다.

또한「골로새서」제3장 제22절에서는 "종이여, 모든 일에 관해서 현세의 주인을 따르도록 해라. 아첨하는 사람처럼 누가 볼 때만 하지 말고 성심으로 신을 두려워하라"라는 말이 있다. 이는 주종의 관계에 대해 가르침을 세운 것으로, 충군을 말한 것이라고 봐서는 안 된다. 자신의 주인에게 종사하는 것은 일가의 사사로운 일로, 일국의 주군을 대하는 것과 동일시해서는 안 된다. 또한 주종의 관계에 대해서도 주인의 명령이라면 무슨 일이든 따라야 한다는 것은 매우 안 좋은 가르침이다. 세상의 주인은 모두가 선량하지는 않다. 따라서 하인에게 사기, 유혹, 저주, 암살, 절도 등을 명령하는 주인도 있다. 실제로 우리나라 장사壯士 중에는 불량한 주인의 불량한 꼬드김을 받들어 수행하는 경우도 있다. 이를 어찌 찬미하겠는가? 그러니 하인이라 할지라도 주인의 명령이라면 무슨 일이든 받들어야 하는 것은 아니다. 이를 두고 동양에는 때로는 간쟁諫爭해야 한다는 가르침이

주의 대명사로 쓰인다.

있다. 이것이 대단히 기독교와 다른 점이다.

그뿐만 아니라 바울[p.73]은 주인에게 종사할 때 신을 두려워하라고 했다. 그런데 신을 두려워하기 때문에 주인에게 종사하는 것은 진정으로 성심을 가지고 주인에게 종사하는 것이 아니다. 왜냐하면 주인에게 종사하지 않으면 안 되는 근거가 오로지 신을 두려워하기 때문이기 때문이다. 우리나라 같은 경우는 기독교가 아직 들어오기 전에는 충실한 신하가 오히려 많았다. 이들이 어떻게 일찍부터 예수의 신에 대해 들었겠는가? 다음으로 베드로[115]의 말을 인용하겠다. 「베드로전서」 제2장[116] 제17절 및 제18절에서는 다음과 같이 말한다.

> 모든 사람을 존경하며 형제를 사랑하고 신을 두려워하고 왕을 존경해야 한다. 종이여, 진정 두려워하는 마음으로 주인에게 복종해야 한다. 선량하고 관대한 주인에게 뿐만 아니라 무자비한 주인에게도 그렇게 해야 한다.

이로 볼 때 베드로[p.91]는 국왕을 존경하고 주인을 따라야 한다고 말하는데, 오로지 선량한 주인에게만 따를 것이 아니라 가혹한 주인에게도 거역하지 말라고 한다. 그런데 이러한 말은 앞서 본 바울의 가르침에도 예수의 가르침에도 없는 말이다. 이는 베드로와 바울 두 사람이 로마제국에서 포교할 때 그 곳의 인정과 풍속을 헤아려 군주에게 복종하고 주인에게 예속해야 한다고 가르칠 필요성을 느낀 데서 나온 말에 불과하다. 즉 우리나라 기독교도 중에서도 충효의 가르침을 억지로 받아들여 우리나라의 풍속에 동화하려고 하는 사람이 있는 것처럼 그들 또한 로마제국의 가르침에 다소 동화했던 것에

---

115) 베드로(Peter the Apostle) : 예수의 12사도 가운데 한 사람으로 초기 그리스도 교회의 중심적 지도자였다. 이노우에가 언급한 「베드로전서」는 신약성서에 포함된 공동서한(Catholic Epistles) 중 하나로, 「베드로후서」도 이에 포함된다.
116) 원문은 '제3장'으로 되어 있으나 내용으로 볼 때 '제2장'의 잘못이다.

불과하다. 그렇지만 단지 주군을 존경하고 복종하는 것만으로 동양의 충군주의와 동일시해서는 안 된다. 동양의 가르침에서는 주군이 현명할 때는 받들고 포학할 때는 말려야 한다. 공자는 "옛날 천자에게 간언하는 신하 7인이 있으면 비록 무도無道할지라도 천하를 잃지 않았다"(『효경』「간쟁장」제20)고 했다. 마융의 『충경』「충간장忠諫章」 제15에서도 "충신이 임금을 섬기는 데 간언보다 좋은 것이 없다"고 한다. 심지어 주군에게 간언해도 주군이 듣지 않으면 목숨을 끊어 다하라고 한다. 『충경』에서는 "간언은 부드러운 말에서 시작하고 항의를 거쳐 끝은 절개를 지키며 죽는 것이다"(「충간장」 제15)라고 한다. ―나는 여기서 오늘날에도 일반 신민이 이러한 일을 해야 할지 말아야 할지를 의논하는 것이 아니다. 단지 역사적으로 보면 동양의 가르침에는 기독교와 크게 다른 점이 있다는 것을 증명할 뿐이다.―

또한 칙어에는 "나라가 위기에 닥치면 의용義勇을 가지고 국가를 받들고 천양무궁의 황운을 부익해야 한다"는 말이 있다. 그 뜻은 우리나라 사람은 모두 국가의 위기에 목숨을 바쳐 황운의 안전을 기도하지 않으면 안 된다는 데 있다. 그런데 예수는 물론 예수의 사도들도 조금도 국가를 위해, 또는 군주를 위해 목숨을 바쳐 그의 안전을 유지하라고 하지 않는다. 이는 그들이 국가 외에 천국이 있다고 믿고 군주 위에 신이 있다고 믿기 때문이다. 그들은 신을 위해서는 기꺼이 목숨을 바칠 수 있지만 국가의 위기에는 냉담하게 방관할 뿐이다. 기독교도는 어떠한 나라가 번창해도 어떠한 나라가 멸망해도 개의치 않는다. 그들은 현세를 경시하고 오로지 자신의 정신을 미래에서 구제받고자 기도하기 때문이다. 이 때문에 우리나라의 기독교도 또한 천황이나 국가제전일에 얼마나 냉담한지는 앞서 인용한 사례를 통해 알 수 있었을 것이다.

또한 우리나라의 기독교도가 자주 불경사건을 일으키는 것을 보면, 그들은 베드로[p.91]가 말한 존왕의 가르침을 지키는 사람들이 아니라는 것도 알 수 있다. 물론 기독교도가 아닌 사람 중에 불경사건을 일으키는 경우도 있다. 그러나 이들은 기독교도와 전혀 다른 동기에서 사건을 일으킨 것이다. 기독교도의 불경사건은 자신들의 교의를 실행함으로써 일어난 것으로, 그들이 기독교도인 이상 다시 저지를 가능성이 있다. 그러니 만약 그들이 일시적으로 순종한 태도를 보여도 그것은 전적으로 사회적 제재를 두려워한 것에 지나지 않는다. 그렇지 않다면 그들은 이름만 기독교도인 것이지 진정한 기독교 신자라고 할 수도 없을 것이다. 요컨대 기독교는 비국가주의이며 공동애국을 소중히 여기지 않는다. 그들은 자신의 주군도 어떠한 나라의 주군도 다 동일시하고 은연히 우주주의를 취한다. 이 때문에 도저히 칙어의 정신과 어울릴 수가 없는 것이다. 어떠한 종교의 신자도 칙어를 거부하지 않지만 기독교도는 스스로 이에 반하지 않을 수 없는 경향을 가진다.

부모를 경애하는 것은 인류에게 필연적으로 나타나는 현상이다. 아직 국가도 없고 주군도 없을 때에 효양^{孝養}의 풍속은 이미 각처에 발달했다. 이를 일일이 역사에 비춰보지는 않았지만 조상숭배가 일반적으로 나타난 사실을 통해 짐작할 수 있으리라. 유대인 같은 경우도 다른 인민과 마찬가지로 옛적에는 효도를 중시했던 것으로 보인다. 구약성서에는 종종 효도에 관한 가르침이 등장한다. 「출애굽기^{出埃及記}」 제20장 제12절에서는 "너의 부모를 존경해라. 그러면 너는 여호와인 너의 신이 주신 땅에서 오래 살 수 있다"고 한다. 이것이 바로 유대교의 십계의 하나이다. 이 말은 「신명기^{申命記}」 제5장 제16절에도 나온다. 또한 「출애굽기」 제21장 제15절에서는 "자신의 아버지 또는 어머니를 치는 사람은 반드시 사형에 처해진다"고 하며 제17절[117])에서는 "자신의 아버지 또는 어머니를 저주한 사람은 반드시

---

117) 원문은 '제7절'로 되어 있으나 내용으로 볼 때 '제17절'이다.

사형에 처해진다"라고 한다. 부모를 소중히 여겼음이 틀림없다. 한편 「레위기」 제19장 제3절에서는 "부모를 존경해라. 나의 안식일을 지켜라. 나는 여호와인 너희의 신이다"라고 한다. 이 또한 부모를 소중히 여기는 의미가 담긴 문장이다. 나는 유대교 중에 효도의 가르침이 있다는 것을 결코 부정하지는 않는다. 그것은 명백한 역사적 사실이기 때문이다. 그렇지만 기독교에 이르러서는 굉장히 달라진 면이 있다. 물론 기독교에서도 효도의 가르침으로 보이는 말이 전혀 없지는 않다. 「마태복음」 제19장 제19절에는 "부모를 존경하라"고 한다. 부모를 존경하는 것은 곧 효도라고 볼 수 있다. 공자도 "요즘의 효는 음식을 잘 제공하는 것을 말한다. 그러나 개나 말도 잘 먹인다. 공경하지 않는다면 무슨 차이가 있겠는가"(『논어』 「위정편爲政篇」)라고 했다. 그렇다면 예수도 공자도 이 점에 관해서는 큰 차이가 없어 보인다.

또한 「마가복음」 제7장에 의하면 유대인이었던 예수의 사도는 오랜 습관에 따르지 않고 손을 씻지 않고 빵을 먹는 것을 보고 예수에게 "왜 당신의 제자들은 옛사람의 전통을 따르지 않고 더러운 손으로 식사를 하는가"라고 힐문했다. 이에 예수는 "너희는 신의 계율을 버리고 전통을 지키는 것이다. 모세는 부모를 존경하라고 했고 또 부모를 저주하는 사람은 사형에 처해야 한다고 했다. 그런데도 너희들은 말한다. 만약 누가 부모에게 '제가 드릴 공양은 corban, 즉 신에게 드리는 예물입니다'라고 하면 된다고 하고 더 이상 부모에게 아무것도 하지 못하게 한다. 이런 식으로 너희가 전하는 전통으로 신의 도道를 폐기하는 것이다"라고 답했다. 이 또한 예수가 간접적으로 효도를 가르친 것으로 볼 수 있다. 바울도 효도의 중요성을 말하지 않았던 것은 아니었다. 「에베소서」 제6장 제1절부터 제4절에는 "아이들이여, 주와 맺어진 자로서 부모를 따르라. 그것은 옳은 일이다. 부모를 공경하라. 이는 약속이 수반된 첫 번째 계율이다. 그렇게 하면 너희들은 행복해지고 지상에서 오래 살 수 있을 것이다. 아버지들이며, 아이들을 화나게 하지 말고 주의 가르침과 훈계로 길러라"는 말이 나온다. 또한「골로새서」제3장 제20절[118]에는 "아이들이여, 모든 일에 관해서 부모를 따르도록 해라. 그것이 주가 기뻐하는 바이다"라는 말이 나온다.

부모의 말이라면 무엇이든 복종해야 한다는 말은 주군의 명령이라면 무엇이든 복종해야 한다는 말과 마찬가지라서, 실제로는 심각한 폐해를 야기하는 일이 없지 않다. 그렇다면 바울의 말은 완벽한 가르침이라고 볼 수는 없다. 그렇지만 위에서 인용한 내용을 볼 때 기독교에도 효도의 가르침이 전혀 없지는 않았다는 것은 확실하다. 그러나 또 다른 관점에서 볼 때 효도는 기독교에게 유지하기가 매우 어려운 것이며 또 그들의 효도는 동양에 예로부터 있어온 가르침과는 매우 다르다는 점을 발견하게 된다. 애당초 예수는 부모에게 냉담했다. 그는 12살 때 이미 그런 징조를 보였는데,「누가복음」제2장 제41절에서는 다음과 같이 전한다.

> 예수의 부친은 매년 과월절[119]에 예루살렘에 올라갔다. 예수가 12세가 된 해에도 축제 관습에 따라 그리로 올라갔다. 그런데 축제가 끝나고 돌아갈 때쯤에 소년 예수는 예루살렘에 그대로 남았는데, 그의 어머니와 요셉은 모르고 일행 안에 있을 거라고 착각하고 하룻길을 갔다. 그러고 나서 친척이나 지인 사이에서 예수를 찾기 시작했지만 안 보이자 찾아다니면서 예루살렘에 돌아갔다. 3일 후 궁전 안에서 교사들 사이에 앉아 그들의 이야기를 듣고 또 질문하고 있는 예수의 모습을 발견했다. … 어머니가 말했다. '왜 그랬냐? 너의 아버지와 나는 놀라서 너를 찾아다녔다.' 그러자 예수가 말했다. '왜 저를 찾으셨어요.

---

118) 원문은 '제7절'로 되어 있지만 내용으로 보아 '제20절'이다.
119) 과월절(過越節): 유월절(逾越節)이라고도 한다. 유대인들이 이집트 신왕국 노예 생활에서 탈출한 사건을 기념하는 절기이다.

제1장 종교와 교육

당연히 내가 아버지의 집에 있을 줄 모르셨나요?'

이로 볼 때 예수는 벌써 어린 시절부터 오로지 신만을 아버지로 알고 친부모에 대해서는 무척 냉담했던 것이 분명하다. 예수의 아버지 요셉은 예수가 어릴 때 사망했지만 어머니도 동생들도 있었다. 예수는 처음 한동안은 아버지의 가업을 이어 목수로 일했지만 신이 곧 아버지라는 확신에 이르자 성격이 크게 바뀌어 완전히 가업을 포기하고 다른 곳으로 떠나버렸다. 이 때문에 예수의 집안이나 고향 사람들은 모두 예수를 사랑하는 마음이 없었다. 에른스트 르낭[p.54] 씨도 예수가 어릴 때부터 친권에 반항하여 가업을 포기한 일을 언급하면서 "부모와의 관계는 그에게 경미한 일이었음은 의심할 여지가 없다. 가족은 그를 사랑하지 않았던 것으로 보이며, 그 또한 가족에 냉담했던 것으로 보인다"고 했다. 예수는 이미 어릴 때부터 일종의 출세간의 관념 때문에 가족과 완전히 떨어졌고 육친관계 같은 것은 고려 대상에서 제외했다. 예수가 카파르나움^{Capharnaum} 시에서 고향인 나자레스로 들어왔을 때도 가족은 예수에 저항하여 예수를 신령으로 간주하지 않았다. 그뿐만 아니라 어머니와 동생은 예수를 보고 미쳐버렸다고 하고 힘으로 잡으려고 했다. 나자레스의 시민들은 예수를 잡아 절벽에서 떨어뜨려 죽이려고 했는데 「마태복음」 제12장 제46절에서는 다음과 같이 말한다.

> 예수가 아직 군중에게 이야기하고 있을 때 그의 어머니와 형제들이 예수와 이야기 하려고 밖에 서있었다. 그래서 어떤 사람이 예수에게 '그대의 어머니와 형제들이 당신과 이야기 하려고 밖에 서 있습니다'라고 알렸다. 예수는 알려준 사람에게 '누가 나의 어머니인가. 누가 나의 형제인가'라고 답했다. 그리고서는 제자들을 손으로 가리키며 말했다. '이들이 나의 어머니, 나의 형제이다. 하늘에 계시는 나의 아버지의 뜻을 행하는 사람은 누구나 나의 형제이고 나의 자매이며 나의 어머니이다.'

같은 말은 「마가복음」 제3장 제31절 및 제35절, 「누가복음」 제8장 제19절 및 제21절에도 보인다. 이들 전설에 의거해 볼 때 예수가 얼마나 육친의 관계에 냉담했는지는 논의가 필요 없을 정도로 명백하다. 또한 예수의 생각에는 아버지인 신 밑에서 사람은 서로 형제자매이기 때문에 육친관계에 있든 없든 간에 정애情愛 상에 조금도 구별을 해서는 안 되는 것이다. 이 점에서 보면 예수의 가르침은 뜻밖에도 묵자의 학문과 부합하는 것으로, 공맹의 가르침과는 입장을 달리한다. 또한 「누가복음」 제11장 제27절 및 제28절에 의하면 어느 날 군중 가운데 한 여성이 예수에게 "당신을 잉태한 몸, 당신에게 빨린 젖은 축복받았습니다"라고 외쳤다. 이에 예수는 "신의 말을 듣고 지키는 자가 더욱 축복받았다"고 답했다. 예수의 가르침에 대한 시비는 일단 제쳐두더라고 예수가 친모에게 냉담했던 것은 역사적인 사실로 볼 수 있다.

예수는 가족을 만들고 일가 단란한 화목함을 만들려고 했던 것이 아니다. 오히려 도처에서 혈육을 분열시켜 서로 간에 불화를 일으키게 만들었다. 「누가복음」 제18장 제28절 내지 제30절에 의하면 예수는 베드로[p.91]에게 "너희에게 말한다. 신의 나라를 위해 집, 부모, 형제, 처자식을 버린 자는 모두 현세에서 몇배로 되받고 내세에서 영원한 생명을 받을 것"이라고 말했다. 그 말뜻은 천국을 위해 부모, 형제, 처자식 모두 버리지 않으면 안 된다는 것이다. 그는 또한 "나보다 부모를 사랑하는 자는 나에게 어울리지 않는다. 나보다 자식을 사랑하는 자는 나에게 어울리지 않는다"(「마태복음」 제10장 제37절)고 했으며, "부모, 처자식, 형제자매, 더욱이 자신의 목숨까지 버리고 내 곁으로 오는 것이 아니면 나의 제자가 될 수 없다"(「누가복음」 제14장 제26절)고도 했다. 이로 볼 때 예수의 가르침은 치국제가治國齊家를 주축으로 하는 공맹의 가르침과 정반대의 것이라고 해도 무방할 것이다. 따라서 칙어의 정신과도 양립하기 어렵다는 것을 짐작해야 한다.

　물론 예수가 오래된 관습을 깨뜨리고 새로운 가르침을 열기 위해서는 엄혹한 주장을 펼치는 것도 부득이했을 것으로 이해된다. 지금의 사람들은 당시의 상황을 헤아려 이를 너그러이 받아들일 수도 있을 것이다. 그렇지만 예수의 가르침은 예수의 말에 있다. 그 말뜻을 당시의 상황을 헤아려 지금에 와서 변경할 수는 없는 것이다. 기독교도가 신봉하는 것은 오로지 특정한 성서이기 때문에 그 중에 과격하고 중정中正을 잃은 가르침이 있을 때에 그 결과는—스스로 깊이 자계自戒하지 않는 이상—반드시 신자의 행동에 나타나게 되어 있다. 핫토리 쇼조가 억지로 나이든 어머니를 천주교로 개종시키려고 하다가 결국 불화를 일으킨 것도 예수의 가르침이 간접적인 원인이 되었다고 하지 않을 수 없다. 요코이 쇼난[120]은 "천주교는 서양에서도 본의로 삼지 않"으며 "단지 우민을 깨우치기 위한 방법의 하나로 겸비할 뿐"(『쇼난유고小楠遺稿』385쪽)이라고 한다. 쇼난은 실로 탁견을 가진 지사였다고 할 수 있다. 기독교도는 여러 가지 수사를 통해 자신의 잘못을 포장하려고 하지 말고 깊이 이 점을 돌이켜 생각해야 한다. 「누가복음」 제14장 제33절에도 "자신의 재산을 모조리 버리는 자가 아니면 나의 제자가 될 수 없다"고 한다. 만약 예수의 말대로 가지고 있는 모든 것, 즉 가옥·가구·재물 등을 버리면 가족은 어떻게 성립할 수 있겠는가? 자손은 어떻게 양육할 수 있겠는가? 치국제가는 결코 예수의 주안主眼이 아니었음을 알아야 한다.

　또한 「마태복음」 제8장 제21절에 의하면 한 명의 사도가 예수

---

[120] 요코이 쇼난(橫井小楠, 1809~1869) : 에도 시대 말기 구마모토번 출신의 유학자이자 정치사상가. 요코이 도키오의 아버지. 실천적 주자학으로서 실학을 제창했다. 1862년에 에도에 올라가 막부의 정치개혁에 관여하였다. 개국론자의 입장에서 조정과 막부의 협력을 추진하는 공무합체운동에 동조했으나 실각하여 구마모토로 돌아왔다. 유신 후 신정부에 참여하지만 보수 존왕파에게 암살되었다.

에게 "주여, 먼저 아버지 장례식에 가게 해주세요"라고 부탁한 일이 있었다. 이에 예수는 "나를 따라와라. 그리고 죽은 자를 보내는 일은 죽은 자에게 맡겨라"라고 답했다. 이 말은 동양의 오래된 가르침과 결코 융합할 수 없다. 공맹의 가르침에서 효도는 부모가 살아있을 때에 한정된 것이 아니라 세상을 떠난 이후에도 한층 더 정중히 해야 할 덕목이다. 『효경』「기효행장紀孝行章」에서는 "돌아가시면 슬퍼함을 다하고 제사에는 엄숙함을 다할 것"이라고 하며 「상친장喪親章」에서는 "살아계실 때는 사랑과 공경으로 섬기며 돌아가시면 슬퍼함으로써 섬기는 것이 백성이 지켜야 할 근본을 극진히 하는 것이다"라고 한다. 이러한 취지를 가졌기 때문에 죽은 부모의 시체를 구렁 속에 던져 버린다면 그 패륜은 심각한 것이다. 『논어』「위정편」에도 "돌아가시면 예법에 따라 장례를 치른다"는 말이 있다. 공자의 이 말은 예수가 "죽은 자를 장사 지내는 일은 죽은 자에게 맡겨라"고 한 말과 완전히 대치된다. 맹자도 "생전에 부모를 봉양하는 것은 큰일이라고 할 수 없고 오직 돌아가신 분을 잘 보내 드리는 것이 큰일이라고 할 수 있다"(『맹자』「이루離婁 하」)고 했다. 그 역시 사후의 효도를 굉장히 중시했다고 할 수 있다.

야스이 솟켄[121] 또한 말하기를 "불교에서 군주와 아버지를 위해 명복을 비는 것은 죽음을 추도하는 뜻이 있기 때문이다. 예수교에서는 죽으면 끊어버리고 다시 기리지 않는 것은 마치 개나 말을 대하는 것과 같다"(「변망辨妄」, 4)고 했다. 이는 불교와 기독교의 차이를 간파한 말로, 그렇다면 예수의 가르침이 동양의 가르침과 크게 다르다는 것 또한 의심할 여지가 없다. 예수는 "나는 이 땅에 불을 던지기

---

[121] 야스이 솟켄(安井息軒, 1799~1876) : 에도 시대 중기의 유학자. 지금의 미야자키현(宮崎縣) 어비번(飫肥藩)의 무사 집에서 태어났다. 에도 막부 직할의 한학 교육기관이었던 쇼헤이자카 학문소(昌平坂學問所)에서 가르치기도 했다. 에도 시대 유학의 집대성자라 불릴 만큼 업적이 많은데, 이노우에가 언급한 『변망(辨妄)』은 1873년 74세 때의 저작이다.

위해 왔다. 나는 불이 타오르기를 원한다"(「누가복음」제12장 제49절)고 했고 또 "내가 이 땅에 평화를 가져다주기 위해 왔다고 생각하지 말라. 평화가 아니라 칼을 던져주기 위해서 온 것이다. 내가 온 것은 아들이 아버지, 딸이 어머니와, 며느리가 시어머니와 멀어지게 하기 위해서이다. 그리하여 집안 식구들이 그 사람의 적이 될 것이다"(「마태복음」제10장 제34절 내지 제36절)라고 했다. 여기에 이르면 예수가 효도를 중시하지 않고 오로지 천국만을 바라봤던 점이 명료해지고 결코 감출 수 없게 된다.

　　기독교의 전체적인 성질로 보면 충효를 중시하지 않는 것은 당연한 일이다. 예수는 주군 위에 진정한 주군이 있다고 하고 친부 위에 진정한 아버지가 있다고 했다. 오로지 신만을 진군진부眞君眞父로 알고 주군과 친부를 가군가부假君假父로 간주했다. 요컨대 신 밑에서는 어떠한 사람도 동등하고 조금이라도 계급이 생겨도 안 된다고 했다. 바꿔 말하면 이는 사회평등주의이다. 르낭 씨는 "예수는 어떻게 보면 무정자無政者이다. 왜냐하면 조금도 국정에 대한 관념을 갖지 않았기 때문이다"라고 했다. 여기에 더하면, 예수는 조금도 가족에 대한 관념을 갖지 않았다. 그러므로 예수가 충효를 소중히 여길 일도 없다. 가령 드물게 효도에 관한 언급을 했다고 해도 그것은 결코 중시해서가 아니다. 사도에게 가르칠 때도 효도를 주축으로 하라고 했던 것은 아니다. 예수가 효도에 관한 언급을 많이 안 한 것은 거기에 주안을 두지 않았기 때문이다. 야스이 솟켄[p.99]은 기독교를 다음과 같이 논한다.

　　　지금 군주와 아버지를 가짜라고 하며 별도로 진짜 군주와 진짜 아버지가 군주와 아버지보다 존엄하다고 하니 예수 때문에 가짜 군주와 아버지에게 죄를 짓는다. 진짜 군주와 아버지를 깊이 사랑하는 것은 천상의 영광을 늘리기 위해서이니 죄를 짓는 것이 깊을수록 영광은 더욱 커진다. 이렇게 백성을 이끌어

> 백성은 다시 두려워하고 꺼리는 것이 없게 되니 내게 이익이 되는 것이 있으면 어떤 일이든 하지 않으랴. 이처럼 그 가르침을 받드니 차라리 군주와 아버지를 배신할지언정 감히 예수의 가르침을 멀리하지 않으며, 차라리 육신이라는 백년의 명을 해칠지언정 감히 천상의 무궁한 영광을 잃지 않는다. 미혹이 여기에 이르면 형벌로도 위협하기에 부족하고 벼슬과 녹으로도 꾀기에 부족하다. 군주이고 아버지인 자들 또한 어찌 어렵지 않겠는가.(「변망」, 2)

숏켄의 말은 기독교의 진실을 잘 파고든 것이다. 기독교 국가의 인민은 널리 기독교의 영향을 받아 충효를 중시하지 않는다. 충은 불어로 'loyauté'라 하고 영어로는 'royalty'이다. 독일어로는 'loyalität'라 하고 이탈리아어로는 'lealtà'라 한다. 그렇지만 이들은 원래 불어의 'loi'(법률)에서 유래한 말로, 순수한 충성이라는 뜻보다 오히려 법률적인 복종이라는 뜻이 강하다. 그뿐만 아니라 이들 나라의 학자들은 예로부터 결코 이 말을 중요한 윤리로 간주하지 않았다. 한편 효는 라틴어 'pietas'에서 유래하며 영어로는 'piety' 불어로는 'piété' 독일어로는 'pietät' 이탈리아어로는 'pietà'라고 한다. 하지만 이 개념은 아직 그 뜻이 막연하여 신앙심, 애국, 우애, 효심 등을 의미한다. 따라서 'pietas'라고 한다고 반드시 효심을 의미하는 것은 아니고 대개는 신앙심을 의미한다. 순수하게 효를 의미하는 단어는 서양에 없다. 이는 그들이 효를 중시하지 않았기 때문이며 효를 의미하는 단어가 필요 없었기 때문이다. 그런데 인도에는 오히려 그런 개념이 있는데, 바로 'vatsalya'이다. 일본은 지나의 효 개념을 받아 길렀기 때문에 자국에서 따로 만들 필요가 없었다. 요컨대 서양에서는 동양처럼 예로부터 충효를 중요한 윤리로 보지 않았다. 서양에서는 한 집안의 구성원은 모두 평등하다. 부자, 부부, 형제, 자매는 법률상에서는 다소 권리를 달리하지만 도덕상에서는 완전히 동등하다. 따라서 모두 서로를 너라고 부른다. 아버지가 자식을 부를 때도 자식이 아버지를

제1장 종교와 교육

부를 때도 모두 너다. 국가의 구성도 예수의 가르침을 순수하게 따르다면 완전히 평등해야 하기 때문에 어떠한 계급도 타파하고 빈부 귀천을 동일하게 해야 한다. 그런데도 오늘날 여전히 군주를 받드는 나라가 있는 것은 실제로는 부득이한 사정이 있기 때문일 뿐이다. 동양에서는 군신, 부자, 부부, 형제, 자매, 노소 등 모두 불평등하기 때문에 복종적이고 위계적인 윤리가 실천되고 있다. 그 중에서도 충효는 예로부터 인륜 중 가장 높은 가치로 여겨졌다. 물론 사회의 상태는 고금에 큰 차이가 있기 때문에 충효의 가르침도 조금도 변경 없이 언제까지나 고대의 풍속만을 본보기로 삼을 수는 없다. 하지만 이는 완전히 별개의 문제이다. 왜냐하면 이 책은 동양의 가르침, 특히 칙어의 정신과 기독교의 취지가 어떻게 다른지 밝히는 것을 주된 목적으로 하기 때문이다.

기독교도는 자기들끼리 결탁하여 별도의 정신적 세계를 갖는 경향이 있다. 기독교 국가는 비기독교 국가를 대할 때 자신들을 'christendom'(기독교계)이라고 총칭하고, 기독교도가 아닌 사람들에 대해서는 현우賢愚나 선악을 불문하고 'pagan'(위신숭배자) 혹은 'heathen'(같은 의미)이라고 총칭한다. 이들을 인류가 아닌 것처럼 경멸하고 자신을 높이고 타자를 비하하는 심각성은 유교가 이단을, 불교가 외도外道를 대할 때와 비교도 안 된다. 사정이 이러니 우리나라의 기독교도는—스스로 우리나라에 동화한 경우가 아니면—우리나라의 불교나 신도 혹은 다른 비기독교 신자보다도 오히려 서양의 기독교도와 친밀한 관계를 이루며 몸은 우리나라에 있으면서도 마음은 그들과 결탁하고 있다. 그들이 국가주의를 기피하는 것도 원인이 여기에 있음을 알아야 한다. 서양 사람들이 타국을 손에 넣으려고 할 때 먼저 기독교를 전파하는 것도 이유가 없는 것이 아니다.

또한 기독교도의 학교에서만 유독 영화英和학교나 불화佛和학교라고 부른다. 왜 반드시 영과 불을 먼저 쓰고 화和를 그 다음에 쓰는

가. 세상에는 영일사전이라는 책이 있는데, 이는 영어를 일본어로 번역했다는 뜻으로 다른 뜻은 없다고 할 수 있다. 그렇지만 학교는 사전처럼 반드시 영과 불을 먼저 쓰고 일본을 다음으로 써야 하는 것이 아니다. 그런데도 우리나라 기독교도가 일영, 일불이라고 하지 않고 영일, 불일이라고 하는 것은 기독교 국가를 중시하는 마음에서 그런 것이다. 속에 간직해 놓은 바가 어떻게 밖으로 나타나지 않을 수 있겠는가. 동기나 작용은 겉으로 드러나지 않는 경우가 많지만 오히려 사소한 일에서 그 흔적을 발견할 수도 있다.

또한 이로부터 생각건대 기독교가 민심을 분리시키는 결과는 나라 일에만 나타나는 것이 아니라 가족에 대해서도 마찬가지다. 만약 자식이 기독교 신자가 되면 친부와 스스로 거리를 두게 되고 오히려 육친관계가 없는 기독교도와 친밀해진다. 믿는 종교가 다르다는 이유로 혈육을 갈라놓는 결과는 도저히 피할 수가 없다. 이상에서 볼 때 순수한 기독교도가 충효를 중시하지 않는다는 것은 누구나 쉽게 이해할 것이다.

기독교도는 또한 충효를 도덕의 기본이 아니라고 한다. 예컨대 여러 가지 분석을 시도함으로써 충효의 가르침을 타파한 것처럼 생각하는데, 이 또한 매우 짧은 생각이다. 나는 요즘 학자 중에서 충효를 윤리학의 기본으로 주장한 사람을 못 봤다. 만약 그렇게 주장하는 사람이 있다면 아직 탐구적 정신을 갖지 못했다고 할 것이다. 하지만 충효가 예로부터 동양의 가르침에서 근본을 이루어왔다는 것은 역사적인 사실이다. 공자가 "효는 덕의 근본"이라고 하지 않았던가. 유자有子122)가 "효제는 인의 근본"이라고 하지 않았던가. 후세의 유

---

122) 유자(有子, B.C.518~B.C.458) : 공자의 제자 중 한 사람인 유약(有若)을 말함. 『논어』학이편에서 '유자'라고 불렸기 때문에 상기 명칭을 썼던 것으로 보인다. 유약은 효, 공경, 의리, 신(信) 등을 유독 강조했으며 공자의 가르침의 근본사상에 충실했다.

제1장 종교와 교육

학자도 충효를 중시했고 칙어의 취지 또한 이와 결코 다르지 않다. 그런데 기독교는 무게를 충효에 두지 않는데, 이것이 동양의 윤리와 크게 다른 점이다.

기독교는 미래를 중시하고 현재를 경시한다. 즉 출세간적 성격이 강하고 세간적 성격이 약하다. 그들의 가르침 중에는 물론 세간에 관한 것도 없지 않지만 그것은 모두 미래를 위한 것이다. 자선을 실천하는 것도 기도하는 것도 모두 자신의 정신을 미래에 구원받기 위해서이다. 그런데 오늘날은 사회, 국가, 교육, 법률, 군사 등 많은 분야에서 개량과 진보를 도모해야 하며 결코 무게를 미래에 두고 있을 때가 아니다. 오늘날에는 예수의 출세간적 가르침보다는 오히려 스토아학파[123)]가 그랬듯이 공식적인 일에 관여해야 한다는 가르침이 긴요하다. 솔터[p.48] 씨는 "고대의 종교는 신에게 기도하는 것을 중시했지만 지금의 종교는 오히려 인류에게 환기하는 바가 적지 않다"고 한다. 기즈키[p.64] 씨 또한 "충성의 감정은 가족 안에 있지 신의 신앙에 있는 것이 아니다"라고 한다. 이들은 모두 기독교에 강한 출세간적 성격은 지금의 사회에는 적합하지 않다는 주장을 펼치고 있는 것이다. 그런데 칙어의 정신 또한 철두철미하게 세간적이며 출세간적 성격을 조금도 갖지 않는다. 이것이 기독교의 가르침과 충돌을 일으키는 원인 중 하나라는 점은 의심할 여지가 없다.

다음으로 기독교의 박애에 관하여 논하고자 한다. 우리나라의 기독교도는 흔히 예수는 박애를 주로 삼는다고 말한다. 그런데 동양에도 예로부터 박애에 관한 가르침이 있다. 바로 공맹의 가르침이 그것이다. 박애라는 말은 『효경』「삼재장三才章」에 나오고 또 범애汎愛라는 말은 『논어』「학이편學而篇」에 나오는데, 널리 모든 사람을

---

123) 스토아학파(Stoicism): 기원전 3세기 아테네의 철학자 제논을 시조로 기원후 2세기까지 이어진 그리스 로마 철학을 대표하는 학파이다. 유물론과 범신론적 관점에서 금욕과 평정을 행하는 현자를 최고의 선으로 보았다.

사랑한다는 뜻이다. 이 때문에 역사적 사실을 탐구하지 않고 섣불리 판단을 내리게 되면 기독교도 공맹의 가르침도 박애라는 점에서는 동일한 것으로 보인다. 하지만 자세히 들여다보면 결코 그렇지 않다. 공맹의 박애에는 순서가 있다. 공자는 "어버이를 사랑하지 않으면서 다른 사람을 사랑하는 것은 이른바 패덕悖德이라 하고 어버이를 공경하지 않으면서 다른 사람을 공경하는 것을 이른바 패례悖禮라고 한다"(『효경』「효우열장孝優劣章」124))고 했다. 이로 볼 때 공자는 박애에 순서를 설정했다. 맹자는 "지혜로운 자智者는 모르는 것이 없지만 지금 맡고 있는 일을 가장 시급하게 여겨야 하고 인자한 자仁者는 사랑하지 않는 사람이 없지만 현명한 사람과 친하게 지내는 데에 힘써야 한다. 요임금과 순임금의 지혜로도 세상 만물을 두루 알지 못한 것은 먼저 급하게 해결해야 할 일이 있었기 때문이고 그들의 인자함으로도 세상 사람을 두루 사랑하지 못했던 것은 먼저 급하게 현명한 사람들과 친해져야 했기 때문이다"(『맹자』「진심盡心 상」)라고 한다. 맹자도 공자와 마찬가지로 박애에 경계藩堺를 설정하고 있었던 것이다. 칙어에도 "박애가 모든 사람에게 미쳐"라는 문구가 나오는데, 이 "미친다"는 말은 맹자가 "우리 집 어른을 어른으로 대우하여 남의 집 어른에게까지 이르게 하며 우리 집 아이를 아이로 대우하여 남의 집 아이에게까지 이르게 한다"125)고 한 것과 마찬가지로 근친으로부터 점차 확장해 나간다는 뜻이다. 즉 이 경우의 박애란 제한이 없는 것이 아니라는 점을 알아야 한다.

공자의 박애주의와 크게 다른 것은 묵자의 겸애주의이다. 그는 다음과 같이 말한다.

만약 천하로 하여금 서로 똑같이 사랑하게兼愛 하고 남을 내 몸

---

124) 원문은 「성치장(聖治章)」으로 되어 있으나 「효우열장(孝優劣章)」의 잘못이다.
125) 원문에는 출처가 없지만 『맹자』「양혜왕상(梁惠王上)」에서 인용된 구절이다.

같이 사랑하게 한다면 그래도 불효하는 사람이 있겠는가. 자식과 아우와 신하를 내 몸 같이 여긴다면 어떻게 자애롭지 않을 수 있겠는가. 불효가 사라지면 그래도 도적이 있겠는가. 그러므로 남의 집 보길 우리 집 같이 한다면 누가 도둑질하겠는가. 남의 몸 보길 내 몸 같이 한다면 누가 도적질하겠는가. 그러므로 도적이 사라지니, 그런데도 대부가 서로 집을 어지럽히고 제후가 서로의 나라를 공격하겠는가. 남의 집 보길 내 집 같이 한다면 누가 어지럽히겠는가. 남의 나라 보길 우리나라 같이 한다면 누가 공격하겠는가. 그러므로 대부가 서로 집을 어지럽히고 제후가 서로 나라를 공격하는 일이 사라지게 된다. 만약 천하로 하여금 서로 똑같이 사랑하게 한다면 나라와 나라는 서로 공격하지 않고 집과 집은 서로 어지럽히지 않으며 도적은 사라지고 군신과 부자가 모두 효도하고 자애할 수 있게 되리라. 이러하다면 천하는 다스려질 것이다.(『묵자』「겸애편 상」)

또한 다음과 같이 말한다.

남의 나라 대하기를 내 나라 같이 하고 남의 집 대하기를 내 집 같이 하며 남의 몸 대하기를 내 몸 같이 하라.(『묵자』「겸애편 중」)

이로 볼 때 묵자의 겸애는 예수의 박애와 마찬가지로 제한이 없으며 말하자면 무차별적인 박애이다. 『회남자』의 「범론훈氾論訓」에 의하면 묵자는 공자의 차별적 박애에 반발하여 일어난 사람이다. 그런데 겸애주의에서는 충효의 도가 성립될 수 없기 때문에 맹자는 양자와 묵자를 배척하는 데 힘을 쏟고 그들을 홍수와 맹수에 비유했다. 그의 말에 따르면 "양주[126)]는 자기만을 위하니, 이는 임금이

---

126) 양주(楊朱, BC 440~BC 360) : 춘추전국시대 위나라의 학자. 그의 저서는 남아 있지 않고 『맹자』, 『한비자』, 『열자』 등에 단편적으로 그의 주장이 인용되어 있다. 특히 『맹자』에서 양주는 자신의 터럭 하나를 뽑아서 세상이 이롭게 된다고 해도 하지 않겠다고 하는 극단적인 위아설(爲我說)을 주장했다고 기술되어 있으며, 그의 위아설은 묵자의 겸애설과 더불어 각각 무군(無君)과 무부(無父), 즉 군주를 부정하는 것과 아버지를 부정하는 것에 해당된다고 비판되고 있다.

없다고 생각하는 것이다. 묵적은 모두를 똑같이 사랑하자고 하니, 이는 아버지가 없다고 여기는 것이다. 아버지도 없고 임금도 없다고 여기면 금수와 다름없다"(『맹자』「등문공滕文公 하」). 만약 맹자가 오늘날 세상을 본다면 일찍이 묵자를 배척했던 것과 마찬가지로 예수를 배척할 것이다. 아니, 오히려 맹자가 일찍이 묵자를 배척했던 것은 이미 예수를 배척한 것이나 마찬가지다. 묵자의 설이 얼마나 예수의 가르침과 닮았는지 이미 지나의 학자가 경종을 올린 바 있다.

나강곽羅江郭127) 씨는 『영해론瀛海論』에서 다음과 같이 말한다.

> 서양의 세 가르침은 한 가지 근원에서 나왔다. 묵적의 본뜻은 승려의 아라비아의 설을 꾸며서 작은 은혜를 인으로 하고 작은 지조를 의라 하여 천하를 똑같이 사랑하고 만물을 두루 이롭게 하자고 했으니, 군신·부자·부모·형제의 윤리가 없이 붕우의 도 한가지로 대하자고 한다. 널리 베풀자고 하고 위사람의 의견에 합하자고 하는 것은 본말과 친소의 도를 모르는 것이다. 예수가 십자가에 못박힘으로써 세상을 널리 구한다는 것은 이른바 정수리에서 발굼치까지 닳아도 천하를 이롭게 하겠다는 것이다. … 최근 사대부가 이익을 중요하게 여기고 의로움을 천시하여 골육친척 사이에도 곡식 한 톨, 옷감 한 필까지 견주고 계산하는 것을 반드시 정밀하게 할지라도 … 우연히 남는게 있으면 널리 베풀어 가난한 사람을 돕는 착한 일 하기를 좋아하고 때로 수천만의 돈을 추렴하여 일찍이 서로 모르던 홀아비·과부·고아·자식없는 사람들을 서로 만나게 하고 친족과 옛친구 가운데 춥고 배고픈 사람들의 엷은 곳을 두텁게 해주며 두터운 곳을 엷게 해주어 성인의 경전에 두드러지게 등지면서 요임금과 순임금도 잘 하지 못한 걱정거리를 스스로 실천했다. 온 세상이 떠들썩하게 칭찬하며 선을 좋아하고 베푸는 것을

---

127) 『영해론』은 1887년 출간된 나여회(羅汝懷)의 책이다. 강곽은 그의 별칭으로 추정된다. 나여회(1804~1880)는 청의 호남성 사람으로 음운학과 훈고학을 좋아했다. 폭넓게 독서하여 경사에 박식하였다고 한다. 참고로 비슷한 시기에 장자목(張子牧)이라는 사람이 같은 이름의 책을 발간하였다.

즐긴다고 여겼다. 이는 묵적의 가르침으로 본래 중국에서 실행
되던 것이고 예수교는 작은 묵자교이다.

　몇 년 전에 우리나라에 찾아온 황준헌128)은 「나카무라 게이우에
게 답하는 서한答中村敬宇書」에서 "저는 전에 묵자를 읽으며 서양의
기술과 기예가 모두 그 안에 들어있다고 생각했습니다.「상동尙同」,
「겸애」,「존천尊天」등의 편에 이르면 예수의 설교나 아메리카의 정
치체제 또한 개괄하고 있습니다"라고 했다. 이들 청나라 사람의 설은
물론 정밀함을 결여하기 때문에 이를 인용한다고 나의 주장을 보강해
주는 것은 아니다. 하지만 청나라 사람에게 이런 견해를 갖게 한 것은
그만큼 예수와 묵자가 서로 닮았기 때문이다. 특히 예수의 박애는
묵자의 겸애와 조금도 차이를 발견할 수 없다. 따라서 예수의 박애는
오히려 겸애로 바꿔 불러야 할 것이다. 나는 기독교 중에도 선량한
사람이 있다는 것을 안다. 여기서는 오로지 예수의 박애와 동양의
박애가 어떻게 그 의미를 달리하는지 논증할 따름이다.

　기독교도는 또한 기독교를 인류적 박애를 주축으로 삼은 종교라고
한다. 세상의 이기주의自利主義를 격파하는 것처럼 과장하지만, 그런
말은 그다지 강하게 주장할 수 있는 것이 아니다. 왜냐하면 기독교
중에도 이기주의가 없지는 않기 때문이다. 신에게 기도하는 것도
자선을 베푸는 것도 모두 자신의 정신이 미래에 구원받고 영원한 쾌
락을 얻기 위해서가 아닌가. 예수는 "기뻐해라. 당신들이 하늘에서
받는 보상은 클 것이다"(「마태복음」제5장 제12절)라고 했다. 기

---

128) 황준헌(黃遵憲, 1848~1905) : 청나라 말기의 정치가이자 외교관. 광동(廣東)
　　에서 출생. 1877년 주일공사가 된 하여장(何如璋)을 따라 일본으로 가서 참찬
　　(參贊)으로 활동했다. 류큐와 조선 문제를 적극적으로 거론했다. 1880년에
　　는 일본에 방문한 조선 수신사 김홍집(金弘集)에게 『조선책략』을 증정하기도 했
　　다. 1882년 미국으로 부임하여, 이후 영국·싱가포르 등지에서 외교관을 지냈다.
　　일본에 체재하는 동안에 중국이 유신을 본받아 혁신해야 한다고 생각하게 되었
　　는데, 이노우에가 언급한 「나카무라 게이우에게 답하는 서한(答中村敬宇書)」
　　(1881)도 그 와중에 주고받은 것으로 보인다.

독교도가 평생 고심하는 것은 미래에 과분한 보상을 얻으려고 하기 때문이다. 하르트만 씨는 "기독교적 세계관은 여전히 충분히 행복을 버린 것이 아니다. 기독교적 고행을 하는 사람이라 하더라도 철두철미하게 이기적이다"라고 했다. 기독교도 중에는 대단한 고행을 실천한 사람도 있다. 레게[p.51] 씨에 의하면 제롬129) 씨는 한 목사가 오로지 보리빵과 탁수만으로 30년을 사는 것을 봤고, 또 한 목사가 동굴에 살면서 하루에 다섯 개의 무화과 밖에 안 먹는 것을 봤고, 또 한 목사가 예수가 재생한 날 Easter외에는 머리를 깎지도 옷을 빨지도 않고 옷이 찢어질 때까지 갈아입지도 않고 두 눈이 멀 때까지 굵고 피부가 바위처럼 변하는 것을 보았다. 알렉산드리아130)의 성 마카리오스Macarius 씨는 6개월간 늪에 누워 나체를 독파리들에게 먹게 했다. 그는 항상 80파운드의 쇳덩어리를 들고 다녔다고 한다. 그의 제자인 성 에우세비오스Eusebius 씨는 150파운드의 쇳덩어리를 들고 다니면서 3년간 마른 우물 속에서 살았다. 성 사비누스Sabinus 씨는 한 달 동안 물속에 있으면서 썩은 곡물 외에는 먹지 않았다. 성 베사리온Bessarion 씨는 40일간 가시밭에서 지냈고 40년간 절대로 눕지 않았다. 성 파고미오Pachomius 씨는 15년간 편안한 자세로 누운 적이 없었다. 성 마르치아노Marcian 씨 같은 경우에는 하루에 한 끼밖에 먹지 않아서 늘 굶는 괴로움을 안고 지냈다. 어떤 날에는 6온스의 식량과 약간의 야채를 먹고 절대 눕지 않았더니 식사 중에 졸음이 와서 음식을 입에서 떨어뜨리는 일도 있었다. 또한 이틀에 한 번 먹는 경우도 있었고 일주일 동안 완전히 단식하는 경우도 있었다. 알렉산드리아의 성 마카리오스 씨는 일주일간 절대 눕지 않고 오로지 일요일에만 약간의 생야채를 먹었다. 또한 존이라는 신자는 3년간 바위에 기대어 기도를 올렸다. 어떤

---

129) 제롬 K. 제롬(Jerome Klapka Jerome, 1859~1927) : 영국의 여행작가. 『보트 위의 세 남자』 Three Men in a Boat라는 작품으로 유명하다.
130) 이집트 북부 알렉산드리아주의 주도.

은둔자는 맹수가 사는 동굴이나 마른 우물 혹은 묘지에서 살았다. 어떤 사람은 모든 의복을 천하게 여겨 맹수처럼 기어 다니며 흐트러진 자신의 머리카락 외에는 몸을 덮지 않았다고 한다. 또한 메소포타미아와 시리아의 일부에 '그레저'라 불리는 한 종파가 있는데, 이들은 일찍이 가옥에 살지도 않고 고기나 빵을 먹지도 않고 평생을 산기슭에서 살면서 초식을 했다고 하니 가축과 다를 바 없었다. 아테네의 성 마르크Marc 씨는 30년간 나체로 사막에 살았는데 머리카락이 몸을 덮어 맹수처럼 되었다.

그밖에도 몸이 청결한 것은 정신이 오염된 증거라며 몸을 씻지 않았던 사람들은 일일이 말하면 끝이 없다. 그 중에는 60년간이나 몸을 씻지 않았던 사람도 있었다. 성 시메온[131] 씨는 끈으로 몸을 묶었다. 그런데 그 끈이 깊이 살에 파고들자 결국 몸이 썩어 악취가 나고 구더기가 꿈틀거렸는데, 그가 움직일 때마다 구더기가 떨어져 그 자리를 채웠다고 한다. 그는 계속 세 개의 기둥을 만들었는데, 그 중 하나는 높이가 60척[132] 둘레가 3척 6촌[133]이 되었다. 그는 그 위에 서서 빠른 속도로 고개를 발밑까지 숙이는 예배를 30년 동안 올렸는데, 옆에서 그 수를 세어 본 사람의 말로는 2244번째 때 힘이 들어 계속하지 못하게 되었다고 한다. 성 시메온 씨는 1년간 한발로 서있었는데, 다른 한쪽 다리에 어마어마한 고름이 생겨 구더기가

---

131) 성 시메온(Saint Simeon Stylites, 390~459) : 기독교 금욕주의자. 세속을 완전히 떠나 하늘 가까이에서 살고 싶은 마음으로 돌기둥 위에 올라갔다. 군중을 피하고자 처음에는 3m 정도 높이의 기둥을 만들어 그 위에서 지냈는데, 이것이 계기가 되어 평생을 기둥 위에서 살았다고 한다. 그가 올라가서 고행 생활을 하던 돌기둥은 모두 네 개였는데, 마지막으로 올라간 돌기둥은 무려 20m 높이에 달했다. 그는 가로세로 2m를 넘지 않는 돌기둥 꼭대기의 좁은 공간에서 눈이 오나 비가 오나 고행 생활을 계속했다. 그를 흔히 성 시메온 스틸리테스(Stylites)라고 하는데, 이 때 스틸리테스란 기둥이라는 뜻으로, 주상고행수행자(柱上苦行修道者)를 일컫는 말이다.
132) 약 18m
133) 약 1m

엄청 많이 나왔다고 한다. 그의 전기를 쓴 사람이 떨어진 구더기를 주워 상처에 다시 넣으려고 했더니 그는 "신이 주신 것을 먹어라"라고 했다.

　이처럼 고행을 실천한 사람들은 극단적인 극기를 보여준 사람들인데, 국가의 안부도 가족의 화복도 모두 포기하고 오로지 자신의 정신이 미래에 구원받기를 원했던 것이다. 그렇다면 하르트만 씨의 말대로 철두철미하게 이기적이다. 우리나라의 기독교도는 물론 이같이 우스꽝스러운 고행을 실천하는 사람들이 아니다. 그렇지만 그들은 흔히 기독교로 개종하면 신령한 생명을 얻는다고 한다. 그 뜻은 기독교가 아닌 사람은 어떠한 종교의 신자도 학자도 모두 신령한 생명이 아니며 오히려 금수나 초목과 같은 존재에 불과하다는 말이다. 이것이 어떻게 극도로 이기적인 견해가 아니겠는가. 또한 생각해보라. 금수가 됐건 초목이 됐건 한 개의 원자가 됐건 모두 신령한 존재이다. 『관윤자』[134]는 "어떤 것도 천天이 아닌 것이 없고 어떤 것도 명命이 아닌 것이 없으며, 어떤 것도 신神이 아닌 것이 없고 어떤 것도 현玄이 아닌 것이 없다. 이미 이와 같으니 사람이라고 어찌 그렇지 않으랴. 사람 모두 천이라 할 수 있고 신이라 할 수 있다"(「일우편一宇篇」)라고 했다. 그러므로 자신과 종교를 달리하는 인류를 모두 신령한 생명이 아니라고 보는 것은 훨씬 더 그 잘못이 심각한 견해라고 해야 한다.

　이상에서 논술한 바를 정리하면 기독교가 동양의 가르침과 다른 점은 다음 네 가지로 요약할 수 있다. 첫째로 국가를 주축으로 보지 않는다. 둘째로 충효를 소중히 여기지 않는다. 셋째로 출세간을 중시하고 세간을 경시한다. 넷째로 그들의 박애는 묵자의 겸애처럼

---

[134] 관윤자(關尹子, ?~?) : 춘추 시대 말기 때 사람. 도가 학파의 한 사람으로 일설에는 주(周)나라 관령(關令) 윤희(尹喜)라고도 한다. 노자의 제자로 노자를 따라 관서 지방으로 간 뒤 소식을 알 수 없다고 한다. 스승의 사상을 발전시며 청정무위(淸淨無爲)를 주장했다. 동명의 저서『관윤자』가 남아 있으나 오대 무렵의 위서로 추정된다.

무차별적인 사랑을 말한다.

　그런데 기독교도는 이런 점은 불교에도 있는데 왜 기독교에 대해서만 논하느냐고 자주 반박한다. 하지만 불교에는 국가와 충효에 관한 가르침이 있기 때문에 기독교와 동열에 놓을 수 없다. 『인왕경仁王經』의 「호국품護國品」 같은 경우가 바로 호국의 가르침을 기록한 것이다. 『금광명최승왕경金光明最勝王經』의 「정법정론품正法正論品」도 왕법치국의 필요성을 설파한 것이다. 『불위우전왕설왕법정론경佛爲優塡王說王法政論經』의 「불위승광천자설왕법경佛爲勝光天子說王法經」과 같은 경우는 오로지 왕법을 논한 것이다. 거기에서 말했다. "부처는 대왕에게 다음과 같이 고했다. 즉 왕이 부모처럼 사랑하고 염려하는 마음으로 대하면 나라 사람들은 자식처럼 충과 효를 가슴에 품을 것이다. 뒤에 대왕이 천자가 되어 어진 마음을 품고 세금을 가볍게 하고 부역을 덜어주고 관청을 세워 직책을 나누고 번다한 일에 힘쓰지 말고 악인을 내쫓고 현명하고 선한 사람을 발탁하면 불충하고 불량한 사람들은 재빨리 멀어질 것입니다. 옛 성왕을 따라 형벌과 살육을 쓰지 말라"고. 또한 『간왕경諫王經』에서는 "왕은 정법에 의하며 절도를 잃지 말아야 한다. 늘 자비로운 마음으로 인민을 먹이고 길러야 하며 충신의 강직한 간언을 받아들이고 아첨하는 말에 의해 백성의 목숨을 잔학하게 죽이는 일이 없어야 한다. 법을 실행하는 법은 마땅히 성인의 도를 베풀어야 하며 백성을 가르치는 것을 선으로 삼아야 한다"라고 한다. 불교는 원래 출세간적 종교이지만 세간의 일에 관한 가르침 또한 겸비한다. 그 외에 『수대나경須大拏經』 『전세전경前世轉經』 『열반경涅槃經』 『화엄경華嚴經』 『법구비유경法句譬喩經』 등에도 왕법치국의 가르침이 나오지만 군부의 은혜를 설파한 것은 『대승본생심지관경大乘本生心地觀經』의 「보은품報恩品」이 가장 절절하다. 거기서는 다음과 같이 말한다.

국왕의 은혜는 복덕이 가장 뛰어나서 비록 인간세상에 태어났으나 자재함을 얻었기 때문에 삼십삼천三十三天의 모든 천자들이 항상 그에게 힘을 주어 늘 보호해주므로 그 나라의 경계와 산하, 대지, 큰 바다의 끝까지 국왕에게 속한다. 한 사람의 복덕이 모든 중생의 모든 복보다 더 뛰어나기 때문이다. 이 큰 성왕聖王은 바른 법으로 교화하여 중생이 모두 안락하게 하니, 비유하자면 세상의 모든 전당殿堂에 기둥이 근본이 되듯이 인민이 풍요롭고 즐거운 것은 왕이 근본이 되어 왕이 있음에 의지하기 때문이다. 또한 범왕梵王이 만물을 낳듯이 성왕은 나라를 다스리는 법을 만들어 중생을 이롭게 하기 때문에 태양日天子이 세상을 비추듯이 성왕은 천하 사람을 관찰하여 편안하고 즐겁게 하기 때문이다.

그러므로 왕이 바르게 다스리지 못하게 되면 인민은 의지할 데가 없고 바르게 잘 다스리면 여덟 가지 큰 공포가 그 나라에 들어오지 못한다. 즉 다른 나라의 침입과 자기 나라 안의 반역과 악귀의 질병과 국토의 흉년과 때 아닌 비바람과 때가 지난 비바람과 일식과 월식, 별들의 변괴가 일어나지 않는다. 사람의 왕이 바른 교화로 인민을 이롭게 하면 이와 같은 여덟 가지 난難이 침범할 수 없기 때문이다. 비유하자면 장자長者에게 오직 아들이 하나만 있다면 사랑함이 비할 데 없어서 밤낮으로 쉬지 않고 어여삐 여기고 이롭게 해주고 항상 편안하고 즐겁게 해주듯이, 나라의 큰 성왕도 이와 같이 중생을 평등하게 보아 밤낮으로 쉬지 않고 외아들 같이 지키는 마음을 쓸 것이다.

이렇듯 임금이 백성에게 십선十善을 닦게 하므로 복덕왕福德王이라고 한다. 만약 10선을 닦도록 하지 않는다면 복덕왕이 아니다. 왜냐하면 왕의 나라 안에 한 사람이라도 선을 닦아 그 지은 복이 모두 7분分이라면 선을 지은 사람은 그 5분을 얻고 국왕은 항상 2분을 얻으니, 왕 때문에 선을 닦았으므로 복과 이익이 같기 때문이다. 10 악업惡業을 짓는 것도 마찬가지로 그 일이 한 가지이기 때문이다. 나라 안의 모든 밭이나 동산이나 숲에서 생산된 물건도 모두 7분으로 마찬가지이다. 만일 사람의 왕이 바른 소견을 성취하여 법답게 세상을 교화한다면 천주天主라고 부를 것이니, 하늘의 착한 법으로 세간을 교화하기 때문이며 하늘의 모든 선신善神과 세상을 호위하는 왕들이 항상 와서 왕궁을 수호하기 때문이다. 비록 인간 세상에 있으나 하늘의 업業을 닦아 행하고, 상을 주고 벌을 주는 마음에 치우침이 없기 때문이다. 성왕의 모든 법이 모두 이와 같으니, 이러한 성주聖主를 바른 법의 왕이라고 한다.

이러한 인연으로 열 가지 덕을 성취한다. 첫째는 능조能照로, 지혜의 눈으로 세간을 비추기 때문이다. 둘째는 장엄莊嚴으로, 큰 복과 지혜로 나라를 장엄하게 하기 때문이다. 셋째는 여락與樂으로, 큰 안락을 인민에게 주기 때문이다. 넷째는 복원伏怨으로, 모든 원수와 적이 저절로 복종하기 때문이다. 다섯째는 이포離怖로, 8난難을 물리치고 공포를 없앨 수 있기 때문이다. 여섯째는 임현任賢으로, 모든 어진 사람들을 모아서 나라 일을 바로잡기 때문이다. 일곱째는 법본法本으로, 만백성이 국왕에게 의지해 편하게 살 수 있기 때문이다. 여덟째는 지세持世로, 천왕天王의 법으로 세간을 지탱하기 때문이다. 아홉째는 업주業主로, 선과 악의 모든 업이 국왕에게 달려있기 때문이다. 열째는 인주人主로, 모든 인민이 왕을 주인으로 삼기 때문이다. 모든 국왕들이 선세先世의 복으로 이러한 열 가지 뛰어난 덕을 성취한 것이다.

대 범천왕과 도리천이 항상 사람의 왕을 도와 뛰어나고 미묘한 즐거움을 얻게 하며 모든 나찰왕과 모든 신들이 비록 몸을 나타내지는 않지만 가만히 와서 왕과 권속을 호위한다. 인민이 여러 가지 불선한 일을 하는 것을 보고도 왕이 제지할 수 없으면 모든 하늘과 신들이 다 멀리 떠나지만 선을 닦는 것을 보면 기뻐하고 찬탄하여 모두 크게 소리쳐 '우리 성왕'이라고 하고 용과 하늘이 기뻐하여 감로의 비를 뿌려서 오곡이 익고 인민이 풍요롭고 안락하다. 모든 악한 사람들을 가까이 하지 않고 널리 세간을 이롭게 하여 모두 바른 교화를 따르게 한다면 여의보배구슬이 반드시 왕의 나라에 나타날 것이니, 왕의 이웃나라가 다 와서 귀순하고 복종할 것이며 사람이나 사람 아닌 것이 모두 칭찬할 것이다. 악한 사람이 그 나라 안에서 역적의 마음을 내면 순식간에 이 사람은 복이 스스로 쇠하고 줄어들어 목숨을 마치면 마땅히 지옥에 떨어지고 축생을 거쳐 모든 괴로움을 고루 받을 것이다. 왜냐하면 성왕의 은혜를 알지 못했기 때문에 모든 악한 반역을 일으켜 이러한 업보를 받기 때문이다. 만약 인민이 선한 마음을 행하여 어진 왕을 공경하여 돕고 존중하기를 부처님께 대하듯이 할 수 있다면, 이 사람은 현재 세상에서 안온하고 풍요로우며 즐거워서 원하는 바가 있다면 마음대로 되지 않는 것이 없을 것이다. 왜냐하면 모든 나라의 왕들은 과거 생에 일찍이 여래의 청정한 금계禁戒를 받았으므로 항상 사람들의 왕이 되어 안온하고 쾌락하기 때문이다. 이러한 인연으로, 어기고 따르는 것에 대한 과보가 모두 메아리 같아서 성왕의 은덕이 넓고 큰 것도 이와 같은 것이다.

또한 부모의 은혜를 다음과 같이 논한다.

부모의 은혜는 아버지에게는 자애한 은혜가 있고 어머니에게는 자비한 은혜가 있는 것으로, 내가 이 세상에서 1겁 동안 머무르면서 말한다 하더라도 다할 수 없을 것이나 이제 너희를 위하여 조금만 연설하겠다. … 세간의 어머니가 자식을 염려하는 마음은 비할 데가 없으니, 그 은혜가 아직 형상으로 나타나지 않은 데까지 미쳐 수태受胎로부터 시작하여 열 달을 마치는 동안 걷고 서고 앉고 누울 때마다 받는 고통은 입으로 다 말할 수가 없다. 비록 즐거움과 음식과 의복을 얻을지라도 사랑스럽게 여기지 않으며 근심하고 염려하는 마음으로 항상 쉴 새 없이 오로지 장차 해산할 것만 생각하며 점점 모든 괴로움을 받아 밤낮으로 근심하고 고뇌한다. 해산이 어려울 때에는 백천 개의 칼로 잡아 베이는 듯하다가 혹 아무렇지 않기도 하니, 만일 고뇌가 없으면 모든 친척과 권속이 기뻐하고 즐거워함이 그지없어서 마치 가난한 여자가 여의주를 얻은 듯하며 그 자식의 울음소리가 음악을 듣는 것과 같다.

어머니 가슴으로 잠자리를 삼고, 좌우 무릎 위는 항상 놀이터가 되며 가슴속의 감로수로 길러주신 은혜는 하늘보다 넓고 어여삐 여기신 넓고 큰 덕은 비할 데 없다. 세상에는 산악보다 더 높은 것이 없지만 어머니의 은혜는 수미산 보다 높으며 세상에는 대지보다 더 무거운 것이 없지만 자비한 어머니의 은혜는 그보다 더 무겁다. 만약 남녀가 은혜를 배반하고 따르지 않아서 그 부모가 원망하는 마음을 내어 어머니가 악한 말을 내뱉으면 아들은 곧 그 말에 따라 혹은 지옥·아귀·축생에 떨어지게 된다. 세상에는 사나운 바람보다 빠른 것이 없지만 원망하는 마음으로 징계하는 것은 그 보다 빠르니 모든 여래와 금강천金剛天과 5통通의 신선들도 구제할 수 없다.

만약 선남자나善男子 선여인善女人이 어머니의 가르침에 의지해서 받들어 따르고 어기지 않는다면 모든 하늘이 호위하고 염려하여 복과 즐거움이 다함이 없을 것이다. 이러한 남녀를 존귀한 천인天人의 종류라고 이를 것이니, 혹 보살이 중생들을 제도하기 위하여 아들이나 딸로 나타나 부모를 이롭게 하는 것이다. 만일 선남자와 선여인이 어머니의 은혜를 갚기 위해 1겁을 지나는 동안 매일 세 때씩 자기의 몸을 베어 부모님께 공양하더라도 하루의 은혜를 갚을 수 없을 것이다. 왜냐하면 모든 남녀가 태胎 속에 있을 때 입으로 젖줄을 빨아 어머니의 피를 마시고 태에서 나온 뒤에도 어렸을 적에 마시는 어머니의 젖은 180곡斛이며 어머니가 맛있는 음식을 얻으면 먼저 그 자식에게 준다. 진귀한 의복도 또한 마찬가지여서 어리석고 비루한 정情과 사랑이 둘도 없다. 옛날 어떤 여인이 멀리 다른 나라에 갔다가 갓난 아들을 안고 긍가하殑伽河를 건너는데, 물이 사납게 넘쳐흘러서 힘에 겨워 앞으로 나아갈 수 없었지만 사랑하는 마음에 버리지 못하고 어머니와 아들이 함께 죽었다. 이 인자한 마음慈心과 선근의 힘善根力으로 말미암아 곧 색구경천色究竟天에 태어나서 대 범왕梵王이 되었다.

이러한 인연으로 어머니에게도 열 가지 덕이 있다. 첫째는 대지大地로, 어머니의 태속에 의지하기 때문이다. 둘째는 능생能生으로, 모든 괴로움을 겪고서 낳기 때문이다. 셋째는 능정能正으로, 항상 어머니의 손으로 5근根을 다스리기 때문이다. 넷째는 양육養育으로, 사시四時의 마땅함을 따라 기르기 때문이다. 다섯째는 지자智者로, 방편方便으로 지혜를 낳기 때문이다. 여섯째는 장엄莊嚴으로, 미묘한 영락으로 꾸며 주기 때문이다. 일곱째는 안은安隱으로, 어머니의 품에 안겨 편하게 쉬기 때문이다. 여덟째는 교수敎授로, 좋은 재주와 방편으로 아들을 지도하기 때문이다. 아홉째는 교계敎誡로, 착한 말로 모든 악을 없애기 때문이다. 열째는 여업與業으로, 가업家業을 아들에게 맡길 수 있기 때문이다. 선남자여, 세상에서 어떤 것이 가장 부자이며 어떤 것이 가장 가난한 것인가? 어머니가 계시는 것을 부자라 하고 어머니가 계시지 않은 것을 가난하다고 하며, 어머니가 계실 때를 한낮이라 하고 어머니가 돌아가신 때를 해가 졌다고 하며, 어머니가 계실 때를 달이 밝았다고 하고 어머니가 돌아가신 때를 어두운 밤이라고 하는 것이다. 그러므로 너희들은 부지런히 더욱 닦아서 부모님께 효도하고 봉양하라. 사람이 부처님께 공양하면 복이 다름없이 평등할 것이니, 마땅히 이와 같이 부모님의 은혜를 갚아야 한다.

충효의 가르침은 불교에서는 이처럼 세밀하다. 기독교가 어떻게 비교가 되겠는가? 이밖에도 충효의 가르침은 『유마경維摩經』・『법화경法華經』・『대집경大集經』・『정법념경正法念經』・『잡보장경雜寶藏經』・『우란분경盂蘭盆経』・『사천왕경四天王經』・『보은경報恩經』・『불사의경계경不思議境界経』・『비내나율毗奈那律』・『미사색율彌沙塞律』 등 도처에 보인다. 『범망경梵網經』(술기상권述記上卷)에서는 "부모와 스승, 승려의 삼보三寶에게 효도하고 순종하는 것은 효도하고 순종하는 지극한 도의 법이다. 효는 계戒라고도 부르며 제지制止라고도 부른다."라고 한다. 단순히 효도만 논한 것으로는 『효자경孝子經』, 『부모은난보경父母恩難報經』, 『부모은중경父母恩重經』 그리고 송나라의 명교대사가 쓴 『효론孝論』 등이 있다. 그 중 『효자경』 같은 경우에는 효도를 가장 절실하게 논하고 있다. 불교에는 이와 같은 가르침이 있었기 때문에 조상숭배가 활발한 우리나라에 적합했던 것이다.

또한 기독교에 의하면 신 밑에 인류는 모두 평등하기 때문에 남녀 사이에도 존비의 구별이 없다고 한다. 즉 사회 평등주의인 것이다. 그런데 일본과 지나에서는 예로부터 남존여비의 풍속이 있어 학자도 이를 창도해왔다. 우리나라의 남존여비의 오래된 풍속은 음양이신陰

陽二神에 관한 신화에서 준거를 찾을 수 있다. 또한 지나에서는 『주역 周易』의 「계사전繫辭傳」에서 "하늘은 높고 땅은 낮으니 건乾과 곤坤이 정해진다" 운운하면서 "건도를 얻어 남자가 되고, 곤도를 얻어 여자가 된다"고 하는데, 남존여비는 공자가 창도했던 내용과도 관련이 있다. 그런데 남존여비의 말은 『열자』의 「천서편天瑞篇」에 처음 나온다. 거기서 "남녀가 다르니 남자가 존귀하고 여자가 비천하므로 남자를 귀하게 여긴다"라는 말이 나온다. 이밖에도 『장자』135)의 「천도편天道篇」에서도 남존여비의 설이 나오고, 또 『회남자』의 「제속훈齊俗訓」에서도 "전욱136)의 법도에 의하면 여자가 길에서 남자를 피하지 않으면 네거리에서 푸닥거리를 하여 부정을 씻는다"라고 한다. 이는 극단적인 사례라고 할 수 있다. 남존여비에 대한 시비는 제쳐두고 그것이 일본과 중국에 예로부터 있어온 풍속이라는 점은 의심할 여지가 없다.

그런데 불교에도 남존여비의 가르침이 있다. 석가는 진심으로 모두 평등하다는 가르침을 세웠고 브라만, 크샤트리아, 바이샤, 수드라라는 네 가지 성姓의 구별을 없애기로 했지만 남녀를 동등하다고 하지는 않았다. 즉 비구와 비구니를 구별하며 비구니를 비구보다 열등한 존재로 자리매김한 것이다. 올덴베르크137) 씨도 그의 『불교론』에서 이에 대해 자세히 논한 바 있다. 불교에서 계율의 수를 보면 남자는 250계인데, 여자는 500계로 두 배나 된다. 이것이 어떻게 남

---

135) 장자(莊子, B.C.369~B.C.286) : 중국 전국시대 송나라의 도가 사상가. 혹은 그의 저서로 알려진 책을 의미한다. 이노우에가 언급한 「천도편(天道篇)」은 제13편으로 포함된다.

136) 전욱(顓頊): 중국 고대의 전설상의 임금. 삼황오제 가운데 한 사람.

137) 헤르만 올덴베르크(Hermann Oldenberg, 1854~1920) : 독일의 인도학 학자. 괴팅겐 대학과 베를린 대학에서 인도학을 배웠다. 1878년부터 베를린 대학에서 산스크리트어를 가르쳤고 1889년에 킬(Kiel) 대학, 1908년에 괴팅겐 대학 교수가 되어 불교학을 강의했다. 대표 저서로 『불타(佛陀)』(1881), 『베다의 종교』(1894) 등이 있다. 이노우에가 언급한 『불교론』은 시기적으로 『불타』였던 것으로 보인다.

녀를 동등하게 다루고 있는 것인가? 또한 『법화경』의 「제파달다품提婆達多品」에서는 "여인의 몸은 때가 묻어 더러워서 불도를 수행하는 그릇이 아닌데 어떻게 보리菩提의 깨달음을 얻을 수 있는가… 또한 여인의 몸에는 다섯 가지의 장애가 있으니, 첫째 범천왕이 되지 못하고, 둘째 제석천왕이 되지 못하고, 셋째 마왕이 되지 못하고, 넷째 전륜성왕이 되지 못하고, 다섯째 부처의 몸이 되지 못한다. 어떻게 여인의 몸으로 빨리 성불할 수가 있겠는가"라고 한다. 불교에는 이와 같이 남존여비의 설이 있다. 이것이 불교가 우리나라에 쉽게 동화할 수 있었던 한 원인이라고 할 수 있다.

불교는 원래는 브라만교와 마찬가지로 만유신교萬有神教의 성격을 가졌는데, 후세에 와서는 다신교처럼 되어 불상의 종류도 수천만을 넘었다. 그렇기 때문에 우리나라 고대의 신화와 조화할 수 있었던 것이다. 특히 신불神佛이 서로 유사했기 때문에 양부습합兩部習合도 일어났고 마침내 본지수적설本地垂迹說138)도 나와 동화의 공을 올릴 수 있었던 것이다. 그렇지만 기독교는 유일신교이기 때문에 불교처럼 우리나라에 쉽게 동화하지 못할 것이 분명하다. 하지만 불교에서는 기독교를 자신의 양분으로 받아들이지 못하는 것은 아니다. 이미 브라만교는 예수 그리스도를 비슈누139)의 화생으로 보고 크리슈나140)라는 이름 지어 불렀다. 베버141) 씨에 의하면 크리슈나라는 이름도 예수의 이름에서 따온 것이다. 불교도도 브라만교도처럼 예

---

138) 본지수적설(本地垂迹說): 일본에서 불교가 융성했던 시대에 나타난 신불습합 사상의 하나로, 신도의 여러 신들을 다양한 불상들의 화신으로 보았다.
139) 비슈누: 인도 신화에 등장하는 신으로, 브라흐마, 시바와 함께 힌두교 3대 신 중 하나다.
140) 크리슈나: 인도 신화에 인물이자 힌두교에서 중요하게 다루어지는 영웅신이다. 비슈누의 8번째 화신으로 간주된다.
141) 알브레히트 베버(Albrecht Weber, 1825~1901) : 독일 역사학자, 베를린 대학 교수. 인도의 자이나교의 역사를 연구했다. 그리스도라는 말이 크리슈나라는 인도의 말에서 왔다고 주장했다.

제1장 종교와 교육

수를 관음觀音이라고 부르기도 하고 세지勢至나 약사藥師의 화신이라고 주장하기도 했다. 또한 구메 구니타케[142)의 「제천의 옛 풍습」은 핫토리 덴유[143)를 따라 아마테라스 오미카미와 기독교의 신을 합일시키고자 했다가 실패한 것이다. 이 또한 방법에 따라서는 불가능한 일은 아니었다. 일찍이 교기법사[144)가 했던 것처럼 비로자나불毘盧遮那佛과 아마테라스 오미카미를 합일시킨 경우를 상기해보면 이해가 갈 것이다. 그렇지만 기독교도 쪽에서 합일을 시도하는 것은—어느 정도까지는 가능하나—가장 어려운 일이 될 것이다. 불교가 처음 일본에 들어왔을 때는 불교에 필적할 만한 철학적哲理的 종교는 물론 없었다. 한학은 이미 있었지만 아직 융성하지는 않았다. 이 때문에 고묘한 철리를 선호하는 사람이나 출세간적 사상을 갖는 사람, 무상의 관념을 지닌 사람 등이 불교를 반겼다. 그리하여 불교는 신속하게 동점東漸할 수 있었다. 그렇지만 오늘날 기독교가 우리나라에 들어온 사정은 불교가 동점했을 때와 크게 다르다. 불교는 철학적 종교로서 기독교보다도 훨씬 더 고상하다. 기독교는 세상 사람들에게 알기 쉬울지는 모르나 무척 천박한 종교이다.

더구나 기독교에 있는 것 중에서 불교에 없는 것은 거의 없고 설사

---

142) 구메 구니타케(久米邦武, 1839~1931) : 일본의 역사학자. 사가번(佐賀藩)의 무사 집안에서 태어나 에도 시대 말기 쇼헤이자카 학문소에서 배웠다. 1871년 이와쿠라 도모미(岩倉具視) 사절단에 동승하여 유럽 각지를 사찰했다. 메이지 정부의 역사편찬 기관인 수사관(修史館)에서 근무하다 수사관이 도쿄제국 대학으로 이관되면서 1888년에 도쿄제국 대학 교수가 되었다. 1892년 「신도는 제천의 옛 풍습(神道ハ祭天ノ古俗)」이라는 논문이 문제가 되어 필화사건으로 와세다대학으로 자리를 옮겼다. 실증주의 역사학의 입장에서 일본의 고대사, 고문서학을 가르쳤다.

143) 핫토리 덴유(服部天遊, 1724~1769) : 에도 시대 중기의 유학자. 핫토리 소몬(服部蘇門). 교토의 직물상 집안에서 태어났지만 가업을 잇지 않았고, 유교, 도교, 불교를 배워 서당을 만들었다.

144) 교기법사(行基法師, 668~749) : 일본의 아스카시대부터 나라시대에 걸쳐 활동한 승려. 민중에 대한 포교를 금지했던 조정에 대항하여 널리 포교활동을 펼쳤고, 쇼무 천황(聖武天皇) 때 그 공적을 인정받아 도다이지(東大寺) 대불 건설의 책임을 맡았다.

있다고 하더라도 그 부족함은 유교나 다른 동양의 철학에서 찾아낼 수 있다. 기독교도는 흔히 이와 반대로 말한다. 예컨대「누가복음」제6장 제31절에서 "당신이 사람들에게 원하는 일을 그대로 사람들에게 해주어라"라고 한 말은 공자가 "자기가 바라지 않는 것을 남에게 베풀지 말라"(『논어』「안연편顏淵篇」)고 한 말과 동일하다는 식이다. 심지어는 예수의 말을 금칙으로 여기고 공자의 말을 은칙으로 치부함으로써 우열의 차이를 만든다. 예수의 말도 공자의 말도 둘 다 실천상의 법칙으로서 도움됨은 물론이다. 그렇지만 예수의 말은 여전히 조심해서 받아들여야 하는 면이 많다. 왜냐하면 인간은 꼭 옳지 못한 시혜를 원하지 않는다고 말할 수 없기 때문이다. 공자의 말은 반면적인 가르침이긴 하지만 위험한 면은 없다. 그밖에 기독교에서 동양의 오래된 종교와 철학을 능가한 면을 찾기는 어렵다. 뿐만 아니라 기독교는 서양에서도 이미 진부한 부류에 속하며 이제 시대에 적합하지 않는 종교로 간주된다. 우리나라에서도 철학이나 과학 등 기독교와 상충되는 학술이 왕성해지고 있기 때문에 절대로 기독교는 불교의 동점처럼 쉽게 우리나라에 전파되지 못할 것이다. 기독교도는 서양에서도 널리 퍼진 기독교가 어떻게 우리나라에 안 퍼지겠냐고 생각한다. 이는 고금의 사정이 크게 다르다는 점을 전혀 모르기 때문에 생기는 오해이다. 기독교가 서양에 퍼진 시대에는 고상한 종교가 전혀 없었다. 그렇기 때문에 일반 인민들의 희망에 잘 대응할 수가 있었다. 또한 당시에는 아직 오늘날과 같은 과학도 없었다. 그렇기 때문에 그들의 신화도 일단은 널리 퍼질 수 있었던 것이다. 그렇지만 오늘날 우리나라의 사정은 그때와 크게 다르기 때문에 고대에 서양에 있었던 역사를 반복하는 일은 없을 것이다.

　나는 이상과 같이 논했지만 그렇다고 기독교를 거절해야 한다든지 전멸시켜야 한다고 주장하는 것은 아니다. 만약 기독교도가 우리나라의 국가주의에 반항하지 않고 되도록 동양의 풍속에 동화하고

제1장 종교와 교육

오로지 개인적 윤리만을 유지하는 데 진력한다면 어떻게 우리나라에 이로울 것이 없다고 하겠는가. 그렇지만 만약 종래의 비국가주의를 단행하여 민심의 통합일치를 파괴한다면 우리나라에 이롭지 못함은 심각하다고 해야 한다. 루소 씨는 기독교도의 진의에 관하여 말하기를 "이 고난의 질곡에서 자유를 얻든 노예가 되든 간에 모두에게 중요한 것은 천당에 들어가는 일이다. 뿐만 아니라 이들이 겸손하게 사는 것도 모두 이를 위해서이다"라고 했다. 이는 실로 명언이다. 레게[p.51] 씨는 일찍이 기독교도가 로마제국에서 비국가주의를 단행한 일을 논하면서 다음과 같이 말한다.

> 기독교도가 애국정신에 대해 갖는 관계는 처음부터 무척 불행했다. 기독교도는 명확한 이유로 유대의 국민적 정신에서 분리되었고, 또 아직 남아있는 로마의 애국심과 대립했다. 로마는 그들에게 반反기독교도의 권세였기 때문에 이를 전복시키는 일은 천년 통치에 필요한 전주곡이었다. 그들은 로마를 신속하게 멸망시키려고 기도했다. 로마의 정신에 반항하여 불법의 단체를 조직했고 과거를 장식한 영웅의 운명을 절망보다 훨씬 더 욕되게 기억했으며 애국심의 표시 혹은 발현인 국민적 행사에 관여하기를 단연코 거절했다. 모든 반역에 쉽게 관여하는 일은 없었지만 그들의 정서를 숨기는 일도 적었다. 그들의 가르침은 인민을 공공생활에 관한 사업과 그에 대한 열망으로부터 가능한 완전하게 떼어내는 것이었다. 그들은 일시적인 국가의 일만큼 자신에게 무관한 일도 없다고 소리높이 외쳤다. 그들은 병기를 갖는 권리를 매우 수상쩍게 여겨 모든 군대의 특질로서 특히 아름다운 것, 이를테면 일체의 자존적이고 유망한 성질을 매우 비非기독적인 것으로 간주했다. 그들의 주소와 이익은 다른 세계에 있다. 그들은 로마가 이미 기독교 국가가 된 이후에도 어떠한 법률 밑에 살아도 전혀 상관없다고 공공연하게 말했다. 극기주의克己主義는 그들의 운동의 최상점으로, 모든 기독교 국가의 열망을 삭막한 생명에 유도하여 일체의 애국심을 극단적이고 절대적으로 거절하는 것을 고상한 이상으로 삼았다. 이것이 로마제국이 멸망한 원인 중 하나였음은 의심할 여지가 없다.

1.1 교육과 종교의 충돌

만약 기독교의 교의를 엄격하게 실천한다면 우리나라는 로마의 전철을 밟을 위험이 있다. 우리나라 사람들이 깊이 반성해야 하는 이유도 여기에 있다. 메지에[145] 씨가 보기에 만약 예수의 교의를 엄격하게 단행한다면 국민은 몰락하고 모든 사회적 관계는 파괴된다. 왜냐하면 지상의 목적을 달성하는 일은 기독교의 정신적 행복과 대치되기 때문이다. 이는 뷔흐너 씨의 저서 『세력 및 물질』 500쪽에 나오는 말이다. 기독교를 비국가주의로 보는 것은 나만의 주장이 아님을 알아야 한다. 타키투스[146] 씨는 "국가는 통일일치를 이루고 유일한 정신을 가지고 지배해야 한다"고 한다. 나라의 통일일치를 파괴하는 것은 무엇이 됐든 위험한 요소로 봐야 한다.

종교는 세상 사람들의 철학이며 철학은 학자의 종교이다. 세상 사람들이 없어지지 않는 한 종교 또한 사라지지 않는다. 특히 고상한 철학이나 과학 등을 이해할 수 없는 사람이나 부녀자에게 기독교는 효과를 가질 것이다. 그렇지만 기독교가 지식의 발달에 따라 세력을 잃는 것 또한 의심할 여지가 없다. 특히 철학이 성하면 종교는 쇠하고, 종교가 성하면 철학이 쇠하는 것은 고금을 통틀어 동일한 현상이다. 쇼펜하우어 씨는 "신학과 철학은 저울의 양쪽 그릇과 같다. 한쪽이 올라가면 다른 쪽은 내려간다"고 했다. 또한 "현존하는 모든 종교는 바로 철학이 가져야 할 제왕의 자리를 뺏을 수 없을 것"이라고 했다. 철학과 종교는 양립하기 어려운 것이다. 단, 철학은 모든 사람에게 보급되기 어렵기 때문에 종교의 생명도 꽤 오래갈 것이며 방법에 따

---

145) 장 메지에(Jean Meslier, 1664~1729) : 프랑스 가톨릭 신부였는데, 사망 후에 그가 무신론과 물질주의를 장려하는 철학 에세이를 쓴 것으로 밝혀졌다. 그 글에서 메시에는 전통적인 기독교의 신뿐만 아니라 이신론자들의 자연종교의 일반적인 신마저도 부정했다.

146) 타키투스(Cornelius Tacitus, 55~120) : 로마시대의 역사가이자 정치가. 도미티아누스 황제의 폭정 시대에 원로원 의원이 되었으며, 97년 네르바 황제 밑에서 최고 행정기관인 콘술(Consul)이 되었다. 한 명이 다스리는 원수 제도에 반대하고 공화제를 이상으로 삼았다. 만년에는 주로 저술에 종사했는데, 『게르마니아』 (98)는 원시 게르만민족의 풍속을 기록한 귀중한 역사서로 알려진다.

라서는 종교가 사람을 이롭게 하는 일도 적지 않을 것이다. 그렇지만 종교는 아동교육에 적합한 것이 아니다. 아동은 아직 종교가 어떠한 것인지, 어떠한 종교를 선택해야 하는지 모르기 때문에 그런 나이에 섣불리 종교를 가르치는 것은 아이들의 종교의 자유를 침해하는 일이 된다. 반드시 아이들이 성장하여 충분한 이해력을 가진 다음에 선택에 맡겨야 한다. 페스탈로치147) 씨가 말하기를 "연애憐愛·신임·감사의 감정과 신속한 복종은 신에게 응용하기 전에 먼저 자신 안에서 발달시켜야 한다. 신을 사랑하고 신에게 감사하고 신을 신임하며 또 신에게 복종하는 경향을 갖기 전에 먼저 사람을 신임해야 한다. 사람에게 복종해야 한다. 눈앞에 보이는 형제를 사랑하지 않는 사람이 어떻게 보이지 않는 천상의 아버지를 사랑할 수 있겠는가"라고 했다. 유치한 사람에게 종교를 가르치는 폐해는 경험이 많은 교육가라면 누구나 통감할 것이다.

　　마지막으로 하나만 더 해야 할 말이 있다. 우리나라의 기독교도는 나의 주장을 타산지석으로 삼아야 함에도 불구하고 오히려 인신공격을 하고 종교인이 입에 담지 말아야 할 말을 써서 의기양양 하는 모습을 보인다. 예수는 "너의 적을 사랑하고 너를 저주하는 자를 축복하고 너를 증오하는 자에게 잘 해주고 너를 학대하고 박해하는 자를 위해 기도하라"라고 하지 않았던가? 우리나라의 기독교도는 이 가르침을 잘 지키고 있는가? 나는 단지 국가적이고 교육적인 문제를 해석하는데 그들이 오로지 개인적이고 인신적인 공격을 하는 것은 비겁하지 않은가? 성실한 변론으로 시비를 다툴 능력이 없기 때문에

---

147) 요한 페스탈로치(Johann Heinrich Pestalozzi, 1746~1827) : 스위스의 교육자. 1746년 취리히대학을 졸업, 빈농을 위한 농민학교를 노이호프를 비롯해 여러 곳에 세워 독자적인 교육방법을 실천했다. 1789년 프랑스혁명의 여파가 스위스로 밀려왔을 때도 고아원을 운영하여 전쟁고아들을 돌보았다. 교육 관련 저작도 다수 남겼다. 저서로『은자의 황혼』(1780),『인류발전에 있어서 자연의 운행에 대한 나의 탐구』(1797),『게르트루트는 어떻게 그의 아이들을 가르치는가』(1801) 등이 있다.

공격으로 초점을 바꾸는 것이다. 달리 말하면 그들이 개인적이고 인신적인 공격을 한다는 것은 시비를 다투는 데 패배한 증거이다. 결과적으로 국가적이고 교육적인 문제를 완전히 잊은 모양이다. 만약 그들이 정정당당하게 학설의 시비를 가린다면 서로 도움이 되는 일도 있겠지만 정당하지도 않은 욕설은 물 흐르는 소리와 같아 나에게 전혀 아픔을 주지 않는다. 오로지 그 추악한 인간성을 불쌍히 여길 뿐이다. 롬브로소[148] 씨에 의하면 광인은 종교인 중에 가장 많다. 극도도 완매하여 진리도 인정도 분별하지 못하게 된다.『마누법전』 제2장 제162절에는 "브라만은 존경을 늘 독으로 알고 두려워하며 경모輕侮를 늘 감로로 알고 갈망한다"는 말이 있다. 나는 기독교도의 헛된 욕설을 들을 때마다 이 말을 떠올리며 스스로를 위로한다. 만약 "양의 외피를 쓰지만 내실은 잔인한 늑대"(「마태복음」 제7장 제15절)로 함부로 욕설을 퍼붓는 사람이 있다면 그 자체로 진정한 기독교 신자가 아님을 고백하고 자론자박自論自駁하는 것이나 마찬가지다. 물론 일일이 반박할 가치도 없다. 큰 송골매는 높이 날아 파리를 잡지는 않기 때문이다.

---

148) 체사레 롬브로소(Cesare Lombroso, 1835~1909) : 이탈리아의 정신과 의학자. 형사인류학파의 창시자. 부유한 유대인 집안에서 태어나 문학, 언어학, 고고학 등 여러 학문을 섭렵하다가 토리노 대학에서 의학을 전공한 뒤 신경정신의학자가 되었다. 1862년에 파비아 대학, 1876년에 토리노 대학의 교수가 되어 정신의학, 법의학, 범죄인류학 등을 가르쳤다. 롬브로소의 연구는 범죄의 요인을 인류학적 관점에서 찾는 방식으로 이루어졌는데, 그는 시체의 두개골에서 비정상적인 지표를 찾아 신체적 유전적 특징과 범죄의 상관성을 입증하려고 했다. 대표 저서로『범죄인론』*L'uomo delinquente, 1876*이 있다.

1.2 종교의 장래에 관한 의견

이연승

*** 해제 ***

이노우에 데쓰지로가 1899년(메이지 32) 『철학잡지』에 개제하였던 이 글은 현재 시마노조 스스무島薗進와 이소마에 준이치磯前順一가 편찬한 『이노우에 데쓰지로집井上哲次郞集』의 제3권에 실려 있다. 이노우에는 40대 중반 즈음에 이 글을 발표한 후, 종교와 관련하여 여러 편의 논문과 저서를 발표하였는데, 특히 1932년(쇼와 7)에 저술한 『메이지 철학계의 회고』에서 스스로 서술한 자신의 종교관 역시 이 글의 주장과 거의 차이가 없다.[149] 이노우에는 메이지 시대에 있었던 두 차례의 '교육과 종교의 충돌' 논쟁에서 핵심적인 인물인데, 이 글은 그 두 번째 논쟁을 일으켰던 계기가 되었다. 이 글의 주된 내용을 간략하게 소개해보자면 다음과 같다.

저자는 이 세계에 다양한 종교들이 병존하고 있다는 현상에서 출발하여[서론], 유교·불교·기독교·신도 등 당시 일본의 종교 현황은 모두 쇠락의 길로 접어들었음을 지적하고[2장], 나아가 당시 일본의 교육계는 서양 학술의 영향을 받아 지육智育은 진보하였으나 덕육德育은 오히려 퇴보한 상황이라고 진단한다[3장]. 그는 불교·기독교·유교의 장단점을 논하면서 그 어떤 종교도 일본에 절대적인 이익이 되지 않으며 그 자신의 세계관과 인생관으로서 만족스럽지 않을 뿐 아니라, 교육계에

---

[149] 예를 들면, 「종교의 본체에 대하여」, 「도덕 및 종교에 대하여」, 「종교혁신의 전도(前途)」, 「국민교육과 종교교육」, 「종교와 윤리의 관계」 등 종교에 관한 많은 논문을 발표하였고, 1902년에는 『윤리와 종교의 관계』, 1915년에는 『철학과 종교』 등의 단행본을 출간하였다. 比較思想史研究會編 『明治思想家の宗教觀』 東京: 大蔵出版, 1975, p.284·296.

채용할 수 없다고 말한다[4장]. 5장 이하에서 본격적으로 이노우에의 독특한 종교관이 드러난다. 그는 범천梵天 · 여래如來 · 갓God · 천제天帝 등 기존의 종교들에는 많은 신적인 실재가 있으므로 총체적으로 보자면 다신교라고 할 수 있는데, 그 공통점[150]을 모은다면 유일한 '신적인 실재'를 상정하는 종교가 가능해진다고 하며, 이러한 종교는 오직 윤리적인 성격만을 띨 것이라고 말한다[5장]. 그는 인간의 마음에 일체의 경험을 넘어서는 평등무차별의 실재계로부터 오는 선천적으로 내재되어 있는 음성이 있는데, 이를 근본으로 하는 윤리는 소아를 버리고 대아에 따르며 여러 종교에 공통적인데, 이야말로 당시 일본 교육계의 결함을 보충할 수 있는 것이라고 말한다[6장]. 이노우에는 당시의 모든 종교들은 특정 시공간에서 형성된 것으로 충분히 보편적일 수 없는데, 장래의 종교는 모든 종교의 실재에서 공통점을 취한 보편적인 것으로, 오직 윤리적 의미만을 가지는 유일한 종교die Religion여야 한다고 주장한다. 그렇게 되기 위해서는 종교의 '혁신'이 필요한데, 일본은 이 '혁신'을 이루기에 가장 적절하다고 말한다[7장]. 인류 보편의 유일한 종교의 당위성과 필연성을 담보한 '장래의 종교' 개념은 '일본주의'와 상호 모순이 아닐 수 없다. 그러나 철두철미한 국가주의자이자 민족주의자였던 이노우에는 양자 사이에 아무런 모순이 없음을 강변하면서, 일본주의 역시 필연적이라고 주장한다[8장]. 마치 이 억지스러움을 완화하려는 듯 그는 지구에 사는 인류라는 인간의 보편적 조건을 상기시키면서, 인간이라면 일회적인 생명의 의미를 생각하고 세계의 진면목과 인생의 목적을 깨달아야 하는데, 이를 위하여 참된 장래의 종교, 즉 참된 윤리가 필요하다고 말한다[결론].

이 글에 나타난 이노우에의 종교에 대한 사고에서 몇 가지 중요한 특징이 나타난다. 이토 도모노부伊藤友信는 이노우에가 장래의 이상적인 종교에 대한 구상의 기반이 그의 철학에 있었다고 하면서 '현상즉실재론'

---

150) '공통점'이라고 번역한 본문의 원어는 '계합점(契合點)'인데, 일치점 · 부합되는 점 등의 의미가 있으나 이 글에서는 모두 공통점이라고 번역하였다.

제1장 종교와 교육

과 더불어 '진화론적 발상의 영향'을 지적하였다.[151] 물론 이 글에 '현상즉실재론'이라는 용어가 직접 나타나는 것은 아니지만, 종교에 대한 논의를 전개할 때 이노우에는 종종 '본체'와 '현상'을 구별하여 논의한다. 또한 종교의 '진화'라는 용어도 이 글에는 직접 나타나지 않지만, "여러 종교는 변형하고 합일하여 오직 하나의 보편적 종교가 되리라는 것을 예상하기 어렵지 않다"라는 그의 확신에서 진화론의 영향을 분명히 감지할 수 있으며, 그가 말한 종교의 '혁신'은 '진화'의 다른 표현이라고 하겠다.

역자가 보기에 이 글에서 이노우에가 지속적으로 '교육'의 문제를 염두에 두고 종교에 대한 사고를 전개하고 있다는 사실은 매우 흥미롭다. 이노우에는 분명히 독일 유학 기간 동안에 인류의 종교적 현상을 학문적으로 탐구하는 '종교학'의 존재를 알게 되었고, 유교·불교·기독교·신도·힌두교·이슬람교 등을 '종교'라는 범주에 넣고 논의하고 있다. 그러나 여전히 그의 '종교'에 대한 이해에는 릴리전religion의 번역어로서의 유類 개념과 '가르침'이라는 전통적의미의 '교敎'가 중첩되어 있었던 것으로 보인다. 근대 이전의 교육은 대체로 종교적 교육이 근간을 이루었고, 종교宗敎란 '으뜸이 되는 가르침'에 다름 아니었다.[152] 이노우에는 '종교'라는 개념이 한자문화권에서 형성되었던 시기, 강렬한 민족국가 의식을 가진 인물로서, 종교의 장래를 순수한 학문적 입장에서 논의하기보다는 당시 일본의 상황에서 요구되는 '종교의 장래'에 대하여 논의했던 것

---

151) 이토 도모노부(伊藤友信)의「井上哲次郎の宗敎觀」은『明治思想家の宗敎觀』의 제4장 哲學者の宗敎觀의 일부이다. 그는 이노우에가 주장하는 이상교(理想敎)가 진화론적 발생에 영향을 받았던 점은「종교혁신의 전도(前途)」라는 글에 보다 명확하게 나타난다고 말한다.『巽軒講話集第二篇』博文館, 1903, pp.292-293.
152) 장석만은 교(敎)와 종교(宗敎)의 개념이 매우 다른 의미적, 역사적 맥락을 가지고 있으므로 그 차이를 인식하는 일이 중요하다고 지적하였다. 그는 '종교'의 전통에서는 종교·세속·미신의 삼분법이 유지되며, 국가 주도의 계몽적 교육은 일반인을 대상으로, 신자의 교육은 종교기관이 담당하는 반면, '교'의 전통에서 교육이 이루어지는 경우에는 이런 구분이 나타나지 않는다고 하였다. 장석만,『한국 근대종교란 무엇인가?』, 모시는사람들, 2017, pp.81-84.

이라고 생각한다. 이와 맞물려서 나타나는 또 다른 중요한 점은 그가 종교의 장래를 논의하면서도 실제로는 종교의 독자적 영역을 인정하고 있지 않다는 사실이다.[153] '장래의 종교와 일본주의'라는 제목을 가진 이 글의 8장에서 말하는 '장래의 종교$^{die\ Religion}$'는 결국 종교가 아닌 윤리인 셈이고, 아직 유일한 장래의 종교가 나타나지 않은 현실 세계의 여러 종교들은 '일본주의'의 하위에 존재하면서 일본주의의 제재를 받아야 한다는 것이다. 그가 생각하는 이상적인 장래의 종교는 곧 윤리였고, 철학이었으며, 학문이었다고 해도 과언이 아니다. 아울러 이노우에게 '일본주의'는 당시 존재하던 모든 종교를 넘어서는 절대적인 가치를 지닌 세계관이었다는 점에서 가히 '종교적'이었다고 말할 수 있다.

---

153) 이노우에가 종교의 독자적 영역을 인정하지 않고 있다는 점에 대한 이노우에 엔료(井上圓了)와 가토 히로유키(加藤弘之)의 비판에 대해서는 『明治思想家の宗教觀』, pp.194-295를 참고할 수 있다.

제1장 종교와 교육

*** 번역 ***

서론

종교는 어떤 종교든 참으로 생명을 가진다. 수많은 생령生靈154)을 지배하는 이상 종교에는 틀림없이 심원한 의미가 없을 수 없다. 특히 성인이 내려준 교훈을 근본으로 하여 일어나 수천 년의 긴 시간을 거치면서 더욱 광휘를 발산하는 것에 어찌 원인이 없겠는가. 그런데 성인의 교훈이 서로 일치한다면 그들 사이에 어떤 곤란함도 없겠지만, 서로 반드시 합일하는 것은 아니어서 결국 종교적 권위authority155)의 차이를 낳는다. 다양한 종교가 병존하면서 서로 용인되지 않는 것도 여기에서 기인한다고 할 수 있다. 그렇다면 이들 종교는 장래에 어떻게 될 것인가? 내가 최근 이 일에 관하여 조금 생각해 본 바가 있어서 얼마간 그 요점을 서술하고자 한다. 그런데 종교가 관여하는 바는 너무 넓으므로 먼저 일본 국내의 일을 가지고 논하겠다. 그래도 귀착하는 바는 본래 종교 전체와 무관하다고 할 수 없다.

현재 종교의 상태

종교의 장래를 논하기에 앞서 종교의 현 상태를 고찰할 필요가 있다. 현재 상태는 은연중에 장래의 경향을 지시하기 때문이다. 오늘날 우리나라에 있는 종교를 세어 보면 네 가지가 있다. 즉 유교·불교·기독교·신도이다. 유교는 본래 종교라고 하기 어렵지만 형식은 종교와 다르지 않다. 그래서 일단 종교로서 논한다.

(1) 유교 : 도쿠가와 시대에 성황을 이루었던 유교도 메이지 유신 이후 갑자기 세력을 잃었고, 오늘날에는 특히 운이 심하게 쇠했다.

---

154) 모든 살아있는 것을 포함하는 개념으로, 생명체뿐 아니라 영적인 존재들도 두루 포함하는 의미로 사용되었다.
155) 본문에는 '聖權(authority)'이라고 되어 있다.

본래 종교는 인간에 의해 존재하는 것이다. 그런데 지금의 유자儒者 중에 도道로써 자임하는 사람이 과연 몇 명이나 있을까? 겨우 두세 사람의 쇠잔한 노유老儒가 있다고는 하지만 참으로 날은 저물었는데 길은 멀다는[156) 느낌이다. 이러한 노유에게 어떻게 무겁고 큰 희망을 걸 수 있겠는가! 그렇다면 젊고 명민한 사람 중에 이어 일어나는 자가 있을까 기대해본들 그림자조차 보이지 않는다. 정말로 이와 같다면 유교는 이미 말기에 접어들었다고 해야 한다. 뒤에 유교가 다시 세력을 회복하여 우리나라의 정신계를 석권한다는 것은 생각도 할 수 없는 일이다.

(2) 불교 : 다음으로 불교는 어떠한가 하면, 불교 역시 단지 잔해를 남기고 있을 뿐 그 모습은 참으로 기진맥진하여 죽음에 접해 있는 것과 마찬가지이다.[157) 불교가 우리나라에서 일어난 것은 사람에 의해서다. 쇼토쿠 태자[158) · 구카이[159) · 사이초[160) · 호넨[161) · 신란[p.356] ·

---

156) "日暮途遠"의 출전은 『史記』 「伍子胥傳」이다.
157) 신도국교화 정책에 따라 신불분리(神佛分離) 정책이 내려지고, 이 여파로 폐불훼석(廢佛毀釋)이 전개되었던 상황을 가리키는 듯하다.
158) 쇼토쿠 태자(聖德太子, 574~621/622) : 일본 아스카시대의 황족이자 정치가였던 우마야도 황자(廐戸皇子) 또는 우마야도 왕(廐戸王)에 대한 후세의 호칭이다. 12계(十二階)의 관위와 17개 조 헌법을 제정하는 등 일본 정치체제를 확립하였으며, 독실한 불교 신자로서 일본에 불교를 보급시켜 융성시킨 인물이었다.
159) 구카이(空海, 774~835) : 일본 헤이안시대의 승려. 진언종(眞言宗)의 개조. 804년 견당사(遣唐使)를 따라 당으로 가, 청룡사의 혜과(惠果)에게서 밀교를 배워와 진언종을 개창했다. 일본인이 가장 추앙하는 고승으로, 활동하던 당대에도 사가 천황(嵯峨天皇)으로부터 '어대사(御大師)'의 직위를 받을 만큼 명망이 높았다. 저서로는 『삼교지귀(三敎指歸)』, 『십왕심론(十往心論)』, 『변현밀이교론(辨顯密二敎論)』 등이 있다.
160) 사이초(最澄, 767~822) : 히에이산(比叡山)에서 일본 천태종을 확립한 승려. 시호는 덴교 대사(傳敎大師). 13세 때 승려가 되어 802년 천황에게 칙명을 받아 당(唐)에 가 천태산의 행만(行萬)에게 천태의 가르침을 받았다. 또한 선, 보살계, 밀교 등도 배우고 귀국했다. 지극히 절충주의적인 천태종의 가르침을 일본에 도입했다.
161) 호넨(法然, 1133~1212) : 정토종을 개창하고, 독립된 불교 일파로 성장시킨 승려로, '나무아미타불(南無阿彌陀佛)'이라는 염불을 외는 것만으로 구원에 이를 수 있다는 전수염불(專修念佛)을 설파하면서 일반 서민의 폭넓은 지지를 받았다. 아미타불을 믿는 것만으로 극락왕생할 수 있다는 그의 관념은 서민

제1장 종교와 교육

니치렌[162] 등은 모두 덕과 학식이 높은 뛰어난 불교의 승려로서, 불교의 기염은 이들에 의해 떨쳐졌다. 그러나 도쿠가와 시대에 이르러 크게 그 정신을 잃었고 유신 이후에는 완전히 문명의 뒤안에 남겨져, 세력의 쇠퇴는 말할 것도 없고 남은 생명까지도 없어질 것 같은 상황이다. 그런데도 이를 회복할 만한 적절한 사람이 없다. 근래 불교계의 소식이라면 하나같이 퇴패頹敗에 관한 것이다. '큰 집이 한 번 기울면 [다시 살아나기 힘들다]'大家一傾는 것은 오늘날 불교의 모습을 말하는 것이다. 불교가 살아 움직이는 사회의 중심에서[163] 세력을 점하는 것은 떨어지는 해를 중천으로 되돌리는 것보다 어렵다는 것을 알아야 한다.

(3) 기독교 : 다음으로 기독교의 상황을 일별하자면, 기독교 역시 쇠미하고 부진하다. 한때 우리나라의 정신계를 풍미하려는 기세가 있었으나, 갑자기 권세가 무너지면서 일보전진 십보후퇴하는 식으로 결국에는 사회의 일각에 국한되어 자가당착의 의혹 속에서 고민하고 있다. 기독교가 서양의 여러 나라에서처럼 우리나라에서도 다른 종교들과 병존하는 것은 도저히 바랄 수 없다. 기독교가 기세가 막히고 시들게 된 것은 우연히 생긴 일시적인 일이 아니라, 심원한 뜻이 그 가운데 있다. 기독교가 한 번 퇴보한 것은 영원히 퇴보한 것이다.

사회와 멀어져 있던 종래 귀족 불교와는 완전히 달랐다. 그는 다른 부처를 공경하는 일이나 다른 수행법도 존중하라는 관용적인 태도를 지녔으며, 올바르게 생활하기만 한다면 불교의 생활 계율에 집착하지 않고 자유롭게 믿어도 된다고 여겼다.

162) 니치렌(日蓮, 1222~1282) : 일본 가마쿠라 시대의 승려. 가마쿠라 불교의 종지(宗旨)의 하나였던 니치렌종(日蓮宗)의 종조(宗祖)로, 법화경을 중시하라고 가르쳤다. 사후 고코곤 천황(後光嚴天皇)으로부터 1358년에 니치렌 대보살(日蓮大菩薩)로 추증되었으며, 근대에 들어 다이쇼 천황(大正天皇)이 다시 1922년에 입정대사(立正大師)라는 시호를 추증했다.

163) 원문은 이렇게 되어 있으나 다소 어색하다. 전후 맥락을 고려하여 이해해보자면, 불교가 다시 현실사회에서 중심적인 역할을 하기는 불가능하리라는 의미라고 생각된다.

(4) 신도 : 다음으로 신도의 현황을 고찰하자면, 속신도俗神道164)는 대개는 미신일 뿐이라는 것은 본래 말할 것도 없다. 그러나 우리 민족의 조상교祖先敎로서는 잠복되어 있는 위대한 세력이 있다고 본다. 그런데 세상의 지식인들은 이것을 종교 영역 바깥에 놓는 것이 좋은 방책이라고 주장한다. 신도가神道家 스스로도 그것이 좋다고 하며 그 방침을 받아들이기에 이르렀다. 그러므로 신도가 종교로서의 세력을 점차 잃어가는 것은 어쩔 수 없는 일이다.

앞에서 서술한 것과 같이 우리나라에서 종교는 모두 쇠락과 폐망의 길로 몰리고 있어, 앞으로 영원히 우리 민족의 정신계를 지배할 만한 것은 하나도 없다. 이것이 우리나라의 종교 현황이며 너무나도 분명한 눈앞의 사실이다.

현재 교육계의 결함

우리나라에서 종교는 모두 쇠퇴하고 있기 때문에 국민교육에 어떤 영향력도 미치지 못한다. 국민교육이 모두 종교를 떠나 그 자체로 하나의 영역을 이루는 것은 본래 당연한 것으로, 우리나라 국민이 이루어낸 진보라는 것은 분명하다. 지금 그 이유가 무엇인지 논할 여유는 없지만, 어쨌든 교육과 종교는 반드시 분리되어야 하는 것으로서 결코 양자를 혼동해서는 안 된다. 일단 종교와 분리된 국민교육은 영원히 그러해야 한다. 그런데 나는 교육계에 분명히 하나의 결함이 있다고 생각한다. 그것이 무엇인지 잠시 논해보자. 우리나라에서 과거의 교육은 유교와 불교였다. 이 두 교는 모두 고대로부터 전승된 종교적 권위에 의해 세워져, 이렇게 해야 한다거나 이렇게 하면 안 된다고 명령적으로 교훈을 내린다. 그리하여 사람들에게 이것을 믿

---

164) 『고사기(古事記)』・『일본서기(日本書紀)』그밖의 고전에 직접적 근거를 가지고 있는 것은 아니고, 유교・불교에 의하여 습합, 구성된 신도를 말한다. 히라타 아쓰타네(平田篤胤)의 명명에서 시작되었다.

고 이것에 따르고 이것을 행하게 하는 효력을 가졌다. 그런데 유신 이래 서양의 학술을 수입하게 되자 누구나 다 과거의 학술을 모두 진부하다고 여기고 싫어하며, 특히 명령적인 교훈과 같은 것은 거의 냉소에 부쳐버린다.

　이는 한번은 거치지 않으면 안 되는 상황으로서 본래 이상할 건 없다. 그런데 점차 세월을 쌓아가면서 더욱 그 방향으로 나아감에 따라, 본래 서로 기약하지 않았지만 결국 사람들이 모두 서양의 학술에 기이한 결함이 있다는 것을 자각하기에 이르렀다. 그 결함은 무엇인가? 지육智育은 도쿠가와 시대를 훨씬 넘어 진보하였음에도 불구하고 덕육德育은 이에 수반되지 않았다. 단지 수반되지 않았을 뿐 아니라 반대로 점차 퇴보하였고, 오히려 도쿠가와 시대보다 떨어지는 듯이 보인다는 것이다. 식자들 가운데 혹자는 이에 대해 생각하는 바가 있어 덕육을 게을리 하면 안 된다고 하면서 점차 덕육을 중시하는 경향을 나타냈고, 전국 각지 모든 학교에서 윤리를 가르치게 되었다. 그런데도 덕육이 끝내 떨쳐 일어나지 않는 것은 무슨 이유인가? 지육智育을 받는 자는 명령적인 교훈을 조금도 믿을 수 없기 때문이다. 그래서 윤리학을 강의하면서 이론을 가르치게 된다. 이 때문인지 덕육은 점점 위축되어 고양되지 못한다. 윤리학은 도덕적 행위를 대상으로 성립한 학과로서 규범적이라는 점에서 자연과학과는 구별되어야 하지만, 지식적인 과학이라는 점에서는 동일하다. 윤리에 관련된 사항은 윤리학을 통하여 배울 수 있지만, 단지 배웠다는 것만으로 반드시 행하는 것으로 이어지지 않는다. 사람들에게 배워 얻은 것을 행하게 하는 동기는 인식에 있지 않고, 인식을 초월하는 선천적 내용에 있다. 그래서 지식적인 학과인 윤리학에 의하여 덕육을 실시한다는 것은 단지 미술이라는 것을 이해시키면 미술은 저절로 할 수 있게 된다고 생각하는 것과 같다. 그 어리석음은 참으로 따라갈 수 없다고 할 것이다. 서양 각국에서는 프랑스와 스위스를 제외하고는 여전히 기독교를 교육에 채용한다. 그리하여 기독교가 아무리 세력을 잃었다고 해도 지금 그들 나라에서 덕육의 근원을 이룬다는 것은 분명하다. 그런데 우리나라에서는 저 나라들의 모든 지식적 학과를 수입했지만 기독교만은 채용하지 않았다. 그리하여 지식적 학문분과의 진보는 뚜렷하지만, 덕육은 이를 따라가지 못한다. 요컨대 이미 유교와 불교를 버렸고 기독교도 채용하지 않았다. 이 때문인지 교육의 영역에서 한 가지 결함을 낳았다. 바꿔 말하면 사람들에게 행하게 할 덕육의 기본을 잃었다. 그렇다면 기독교를 취해야 하는가? 혹은 유교나 불교를 흥하게 해야 할까? 이것이 오늘날 교육계가 나아갈 길을 가로막고 있는 하나의 커다란 의문이라고 할 수 있다.

각 종교의 장점과 단점

각 종교를 비교·고찰해보려고 하는데, 참으로 각 종교들의 장단점과 시비를 정하기 어렵다. 그래도 실제로 보자면 이해득실이 매우 분명한 점이 있다. 이하에서 요점을 들어서 논하겠다.

(1) 불교 : 먼저 불교의 장점은 무엇인가?

①불교가 우리나라에 전파되어 이미 천여 년이라는 오랜 시간을 거쳤다는 것은 물론 그 장점 중 하나라고 할 수 있다. 불교는 본래 외국에서 수입된 것이지만, 이미 오늘날에는 누구도 불교를 외국의 종교라고 여기지 않고 오히려 우리나라 종교라고 생각한다. 이처럼 불교가 우리나라 사람들에게 와서 완전히 길들어져서 이 땅에 깊이 뿌리를 내릴 수 있었던 것이 정신적인 면에서 기득권을 갖게 된 이유이다.

②불교의 또 다른 장점으로 볼 수 있는 것은 이론이 풍부하다는 점이다. 물론 수많은 기괴한 설화들도 혼입되었지만, 정미한 이론과 고상한 관념은 순정철학純正哲學이 되기에 부족함이 없어서, 속세의

제1장 종교와 교육

구구한 의혹에 대답해주니 참으로 통쾌한 점이 있다.

그러나 불교에는 단점도 있다.

ⓐ불교는 취지가 모호해서 이해하기 어렵다. 이것은 종교로서 대단히 불리한 점이다. 불교를 어떻게 이해할 수 있을까? 그 취지는 대장경에 실려 있다고 한다. 대장경은 일만 권에 달하는 많은 분량의 책으로, 이것을 통독하는 것은 보통 사람이 바란다고 해도 가능한 일이 아니다. 설사 경전을 다 읽었다고 해도 경전 외에 불서佛書가 실로 몇 만이나 되는지 알 수 없으므로, 여전히 불교의 취지를 분명히 알았다고는 할 수 없다. 사실 불교는 누구라도 평생 분명하게 알 수 있는 성질의 것이 아니다. 그렇다면 불교의 불편함 역시 크다고 해야 할 것이다.

ⓑ그런데 불교의 단점에는 또 이것보다 더 큰 것이 있다. 무엇인가? 불교는 철두철미한 염세교厭世敎로서 비관주의에 의하여 세워졌다. 불교도들은 걸핏하면 불교는 염세교가 아니라고 변호하지만, 불교가 염세교라는 것은 도저히 부정할 수 없다. 불교가 염세교라는 것은 단지 석가 자신의 사적에서 볼 수 있을 뿐 아니라, 그 경론의 오묘함은 이 세계가 미망이고 고통이 가득하며 인생은 참으로 찰나적임을 보여주는 데에 있다. 불교는 이처럼 염세적인 종교이다. 그러므로 사회의 발달 진보와 상호 배치되지 않을 수 없다.

ⓒ이밖에 또한 불교의 단점으로 꼽아야 하는 것은 금욕주의라는 점이다. 본래 사람의 정욕은 일단 방기하면 그 한계를 알 수 없는 것으로, 상상할 수 있는 폐해는 모두 여기에서 일어난다. 그러므로 억제하여 한도를 지키지 않으면 안 된다. 그런데 정욕의 폐해를 두려워하여 육체적인 욕망을 없애고 ^{Kasteiungen}165) 모든 정욕을 없애는 것

---

165) 본문에는 '육욕여살(肉欲厲殺)'이라고 되어 있다.

은 이른바 쇠뿔을 바로잡으려다 소를 죽이는 격이다. 사람이 사람인 이상 정욕이 없을 수 없다. 정욕이 있다는 것은 그가 사람이기 때문이다. 이런 까닭에 정욕은 없애야 하는 것이 아니라, 다만 제한하여 인도人道에 부합하게 해야 한다. 그런데 석가 자신은 처자와 권속의 인연을 끊고 완전히 독신이 되어 자신의 가르침을 펼치기 시작했다. 이와 같이 처자와 권속의 인연을 단절하는 것은 후세의 모범으로 삼을 만하지 않다. 불교는 필경 살아서 영화를 누리는 길을 단절하고 사멸의 영역으로 인도하는 종교이다.

(2) 기독교 : 그렇다면 기독교는 어떠한가? 역시 장점이 없지는 않다.

①기독교가 서양 문명국의 종교라는 사실이 하나의 장점이라는 것은 분명하다. 우리나라 사람들 상하 모두가 서양의 문물을 수입하고 일제히 서양을 막 숭배하기 시작하려는 때에, 기독교는 서양 여러 나라의 종교이며 그런 나라에서 실제로 덕육의 근원이라는 것을 설명하면 순풍에 돛을 올린 듯한 형세가 아닐 수 없었다.

②그래도 나는 기독교에서 이보다 더 큰 장점을 발견한다. 그것은 다름 아니라 이해하기 쉽다는 것이다. 물론 기독교의 교리와 역사 등을 잘 알게 되는 것도 쉽다고 할 수는 없지만, 기독교의 본지는 복음서Evangelien에 있고 복음서는 단지 네 권의 소책자로서[166] 이것을 이해하는 것은 어렵지 않다. 특히 우리말로도 번역되어 있어서 누구라도 기독교의 원천을 접하고 알 수 있다. 어쨌든 기독교의 요지를 이해하는 것은 불교에 비하면 훨씬 쉽다고 할 수 있다. 이것이 사회 일반에 보급하기 쉬운 이유이다.

③기독교도 상당히 염세적인 데가 있다. 아마도 유대교보다 한층 염세적일 것이다. 그래도 불교만큼 심하지는 않다. 그리고 금욕주

---

[166] 신약성서의 마태복음·마가복음·누가복음·요한복음을 말한다.

의에 관하여 말하자면 불교가 도저히 미치기 어려운 것이 있다.[167] 예수는[168] 일부일처의 종교를 세웠다.[169] 즉 정욕을 끊어 없애지는 않고, 정욕을 제한하는 법을 세워서 후인에게 인륜을 바르게 하는 근본의 도를 알게 하고자 했다.

그러나 기독교에도 단점이 있다.

ⓐ기독교는 인격적인 신이 있고, 그 신은 의지를 가지고 사람의 일에 간섭하는 존재라고 한다. 이와 같은 사상은 도저히 오늘날의 과학과 서로 용납될 수 없다. 과학은 오직 인과 관계만 인정하며, 그 밖에 다른 불가사의한 일이 있다는 것을 인정하지 않는다. 기독교가 서양에서 과학의 진보에 역행하고 나날이 쇠퇴하는 상황을 보이는 까닭은 실로 여기에 있다.

ⓑ기독교는 또 우리나라에서 일종의 특이한 곤란함에 직면할 수밖에 없다. 우리 민족의 생존 및 번영生榮은 고대로부터 전승되어온 조상교祖先敎의 정신에 의해 촉진되었다. 기독교는 유일신의 신앙으로 우리 민족의 정신에 대항하려 한다. 유일신은 전제정치에서의 군주와 같이 동등한 유권자를 포용하는 것이 불가능하다. 하물며 보다 우수한 존재는 어떻겠는가![170] 그러므로 우리 민족으로서는 기독교

---

167) 저자는 금욕주의라는 점에 있어서는 불교가 도저히 기독교를 따라갈 수 없다고 말하고 있다. 다시 말하면, 기독교는 인간의 욕망을 적절하게 제어하고자 한다는 면에서 적절한 금욕주의라고 한다면, 불교는 모든 정욕을 없애고 가족 간의 관계조차 끊어야 한다고 주장한다는 점에서 지나치다고 판단하고 있다.
168) 원문에는 '기독(基督)'이라고 되어 있다. 기독이란 본래(Christ)의 음역으로, 사전적인 의미는 ①예수 그리스도(Jesus Christ) ②예수처럼 완전하고 이상적인 사람 ③보통 'the Christ'를 뜻하며, 구약 성서에서 예언된 구세주로 결국 '예수'를 말한다. 저자가 사용하는 '기독(基督)'이라는 말은 대체로 예수, 즉 인간 예수와 예수 그리스도를 포함하는 뜻으로 보인다. 따라서 문맥에 따라서 '예수' 혹은 '그리스도'라고 번역하겠다.
169) "예수가 일부일처의 종교를 세웠다"고 표현되어 있으나, 저자가 하려는 말은 "기독교는 일부일처의 종교다"라고 이해하는 것이 타당할 것이다.
170) 신도에서 천황의 지위를 가리키는 것이 아닌가 추측된다.

를 수용하면 갑자기 자가당착에 빠지지 않을 수 없다. 우리 민족이 생존하고 번영하는 한 기독교는 결코 우리나라에서 세력을 드러낼 수 없다. 요컨대 우리 민족의 생존과 번영은 기독교의 주장과는 영원히 충돌을 면치 못한다.

(3) 유교 : 그렇다면 유교는 어떠한가? 유교 역시 몇 가지 장점이 있다.

①먼저 괴이하고 허황된 요소가 없다는 것이 가장 주목된다. 불교든 기독교든 신기하고 괴상하며 불가사의한 설화가 많아 도저히 미신을 벗어날 수 없다. 그런데 유교에는 원래 이러한 미신이 혼입되지 않았다. 공자 자신이 일체 괴이하고 허황된 것을 거절하며, 감히 억측에 의해 망령되게 논하지 않도록 했다. 이로써 유교는 단연 다른 종교보다 우수한 성질을 얻게 되었다.

②또 유교가 세간적이라는 것은 현저한 장점이라고 할 수 있다. 유교가 말하는 바는 사후세계幽冥界에 관한 것이 전혀 아니고, 각자 평소의 행위에 관한 것이다. 그래서 실제에 적절하다는 것은 말할 필요도 없다. 공자 자신에 대해 고찰해보면 역시 한층 더 명료하지 않은가! 공자는 세속적인 가족을 이루었고, 석가처럼 처자와 권속을 버리지 않았다. 또 예수처럼 독신도 아니었다. 한 가정의 아버지로서, 즉 친족의 관계를 유지하면서 그 가르침敎을 천세 뒤까지 드리웠다. 공자의 성격이 온후하고 위엄이 있는 것, 올바르고 결점이 없는 것, 이는 참으로 교육가의 모범이라고 할 수 있다.

③오래된 것으로 말하자면 불교보다도 오래되었다. 단지 불교보다 오래되었을 뿐 아니라, 또한 불교보다는 우리나라 사람들의 정서情에 조화되기 쉽다. 이로써 유교가 종교[171]로서는 이미 하등의

---

171) 원문에는 '유교'라고 되어 있으나 문맥상 '종교'가 맞다고 생각하여 이렇게 번역하였다.

제1장 종교와 교육

세력도 없는 것 같지만, 그 정신은 은연중에 보급되어 여전히 어느 정도 생명력이 있다는 것을 결코 부정할 수 없다.

그러나 유교도 역시 단점이 있다.

ⓐ유교는 개인적 윤리, 즉 사덕私德을 논하는 데에는 매우 적절하지만 본래 공공적인 정신은 결핍되어, 국가 또는 민족의 생존 및 번영과 발달상에서의 윤리에 대해 말하지 않는다. 요컨대 사회적 윤리에 결여된 바가 있다. 군신·부자·부부·형제·붕우의 관계에 대한 설명은 본래 사회적 윤리의 시작이지만 단지 그 시작에 그칠 뿐, 사회에 대한 덕의德義라는 큰 문제에는 미치지 않는다. 예를 들면, 의용봉공義勇奉公이나 공의공덕公義公德이라는 면에서는 후인들이 배울 수 있는 것이 거의 없다. 지나인[172]이 국민으로서 단결해야 하는 이유의 중요성을 모른다는 그 사실은 여기에 기인한다.

ⓑ유교에는 또 다른 단점이 있다. 유교는 탐구적 정신이 결핍되어 있다. 즉 이렇게 하라거나 이렇게 하지 말라고 가르쳐 보여주기는 해도 지식적 탐구를 장려하지 않는다. 지식적 탐구를 장려하지 않을 뿐 아니라 반대로 이를 폄하한다. 예를 들면 의학·수학·동식물학과 같은 것은 모두 백가의 학이라고[173] 천시되었고 이 때문에 발달이 비교적 늦을 수밖에 없었다. 주자朱子[174]와 같은 사람은 다소 탐구의

---

172) '지나(支那)'·'지나인(支那人)'이라는 표현은 일본에서는 메이지 시대 이후, 특히 청조의 붕괴가 밝혀진 19세기 말경부터 이 지역 전체를 총칭하는 개념 혹은 민족 개념으로 학술적으로 사용되기 시작하였고, 메이지 중기까지는 청국(淸國), 청국인(淸國人)이라는 용어가 사용되었다고 한다.

173) 이 맥락에서 백가의 학이란 짐작컨대 전통적인 중국의 도서분류 방법인 경(經)·사(史)·자(子)·집(集)에서의 자학(子學)의 범위를 가리키는 것으로 보인다. 즉 경학·사학·문학을 제외한 모든 학문 분야를 포함하는 것이라고 생각된다.

174) 주희(朱熹, 1130~1200) : 중국 남송의 유학자. 이름은 희(熹), 자는 원회(元晦), 호는 회암(晦庵). 주자는 존칭이다. 19세에 진사에 합격하여 관계(官界)에 들어갔으며 그 전후에 유학 외에 불교, 도교도 공부하였다. 24세에 이연평(李延平)과 만나 그의 영향 하에서 주렴계, 장횡거, 정이천, 정명도의 설을 종합 정리하여 '성즉리(性卽理)'로 상징되는 주자학으로 집대성하였다. 이들의 글을 발췌하여, 여조겸(呂祖謙)과 함께 『근사록(近思錄)』을 편찬했고, 이는 성리

필요를 알았던 것 같지만, 대체로 말하자면 유교는 윤리적 수련을 주로 하며 탐구적 정신은 결핍되어 있다. 이 점에서 논하자면 유교는 사람들을 우원함에 흐르게 하는 폐단을 면치 못한다.

ⓒ이밖에 간과할 수 없는 단점이 또 있다. 무엇인가? 유교가 약한 나라弱國의 종교라는 것이다. 우리나라 사람들은 지나를 이겼고 지나를 열등하다고 생각한다. 지금은 서양에 동화하고자 하는 시기이므로, 서양의 것은 모두 귀중하게 여기고 지나의 것은 천하게 여기고 멸시하는 것은 실로 도도한 세상의 풍조이다. 그러므로 지나에서 연원한 유교도 이 영향을 면할 수가 없다. 본래 유교의 진가는 이런 이유로 줄어든다고 생각하지 않지만, 한학漢學175)의 퇴보와 더불어 유교도 역시 반드시 그 세력을 잃지 않을 수 없다. 이것 역시 유교에 속하는 하나의 단점이라고 볼 수 있다.

이와 같이 각 종교를 비교하고 대조해 보았는데, 모두 장점도 있고 단점도 있다. 우리나라에 절대적으로 이익이 있다고 할 것은 하나도 없다. 또한 내가 아무리 이런 종교를 믿으려고 해도, 나의 세계관과 인생관에 비추어 보건대 만족할 수 있는 것이 없다. 본래 어떤 종교에도 다소는 취할 만한 점이 있음은 말할 것도 없지만, 오직 하나의 종교를 받들고 우리 신념의 전부를 거는 일은 결코 할 수 없다고 하겠다. 어떤 종교도 이처럼 불완전하므로 이들을 취해서 우리 교육계의 결함을 보충할 수 없다. 만약 무리해서 이들 종교를 우리 교육계에 채용하려고 한다면, 그 폐해는 매우 심각하여 다시는

학자들이 가장 중시하는 텍스트 중의 하나가 되었다. 그는 『논어』와 『맹자』 그리고 『예기』의 한 편이었던 「대학」과 「중용」을 한데 모아 '사자(四子)'로 간행하고, 이를 우주적 원리인 리(理)와 이것이 인간의 본성에 내면화된 성(性)을 중심으로 재해석함으로써 성리학의 기본 텍스트로 만들었다. 사서는 원대부터 청이 무너질때까지 학교 교육과 관리선발시험에 공식적인 교재가 되었다.

175) 한학(漢學)이란 전근대, 특히 에도시대 일본에서 중국으로부터 전래된 한적(漢籍)·중국 사상·한시문(漢詩文)에 대한 연구와 학문을 가리키는 용어로, 주로 국학(國學)·난학(蘭學)에 대해서 이용된다.

제 1 장 종교와 교육

복구할 수 없다는 것을 알아야 한다.

각 종교의 근원에 있는 공통점

유교든 불교든 기독교든 이 종교들은 역사를 달리하여 발달해 왔으므로 모든 종교는 각각 특수한 성질을 가졌고, 이로 인하여 신도들은 걸핏하면 서로 배척한다. 외부에서 보면 나는 옳고 저들은 틀렸다고 하는 점에서는 모두 같다. 만약 그들이 일단 여러 종교의 근본에 있는 공통점을 간파할 수 있다면, 그들의 미망은 홀연히 꿈에서 깨어나듯 흩어져 사라지고 심경은 황홀하여 끝없이 넓은 별세계를 잠깐 엿볼 수 있으리라. 원래 여러 종교가 어떻게 일어났는가 하는 역사적인 고찰은 잠시 접어둔다. 오늘날 여러 종교는 현재 어떠한 근원을 가지고 있는가? 바꿔 말하면 어떠한 기초에 의해 성립했는가? 이 점에 대해 고찰할 필요가 있다.

　　내가 보기에, 오늘날 여러 종교는 모두 실재實在라는 관념을 근원으로 한다. 만약 실재라는 관념이 없다면 어떤 종교도 바로 의미 없게 될 것이다. 요컨대 오늘날의 여러 종교가 아무리 서로 차이가 있다고 해도, 실재의 관념을 근본으로 하여 건설되었다는 점에 있어서는 한 가지이다. 얼핏 생각하면 실재라는 관념은 각각의 종교에 따라 매우 다를 것 같지만, 찬찬히 생각해보면 사실 매우 가깝다는 것을 알게 되고 결국 일치하는 것이 있음을 깨달을 것이다. 실재 그 자체는 언어로 묘사될 수 있는 것은 아니다. 또 문자로 서술할 수 있는 것도 아니다. 참으로 마음에서 마음으로 전달되는 것이다. 그런데 실은 세계관 및 인생관의 궁극적인 지점으로서 모든 도의道義가 반드시 여기에서 연원하기 때문에 어떠한 모습이든 언어와 문자로 표현하지 않으면 안 된다. 표현할 수 없는 것을 억지로 표현하고자 하므로, 각각 그 보는 바에 따라서 단지 겨우 근사치의 관념을 언어와 문자로 표현한다. 그러므로 언어와 문자로 표현된 실재는 여러 종류이지만,

모두 실재의 관념을 가지고 여기에 이른 것이다. 표상의 특수함은 사람의 우연한 상황이 그렇게 만드는 것이고, 실재 자체의 차이를 나타내는 것은 아니다. 실재는 하나이고 단지 실재의 관념을 얻은 것을 다양하게 말로 표현했을 뿐이다. 실재라는 관념이 아무리 많아도 포괄하여 이것을 요약하자면 셋으로 나눌 수 있으니, 다음과 같다: ①인격적^{persönlich} ②만유적^{pantheistisch} ③윤리적^{ethisch}

대체로 사람은 어떠한 일에 관해서도 자신을 표준으로 삼아 추측하는 경향이 있기 때문에 세계의 실재도 인격적으로 표현된다. ①브라만교에서는 실재를 범천梵天이라고 부르고 이를 두 가지로 표현한다. 하나는 브라흐마라고 하고, 하나는 브라흐만이라고 한다. 브라흐마라는 것은 인격적인 범천이고, 브라흐만이라는 것은 비인격적인[176] 범천이다.[177] 즉 전자는 개체를 이룬 신령으로 표상된 것으로 가지각색 구체적 성질을 띠며, 후자는 만유적인 본체로 표상된 것으로서 완전히 추상적이다. 브라만교의 철학에서 말하는 범천은 후자를 의미한다. 그리하여 범천을 고등범천$^{param\ brahma}$ 과 열등범천$^{aparam\ brahma}$ 으로 나누며, 양자의 구별을 명확히 한다.

②불교에도 브라만교와 매우 유사한 것이 있다. 실재를 인격적으로 표상하여 이를 타타가타^{Tathāgata}, 즉 여래如來라고 칭한다. 또 만유적으로 표상하여 진여^{Tathatva} 라고 한다. 즉 세계의 실상이다. 여래는 단지 인격적으로 표상될 뿐 아니라 계급을 초월하여 신인동형적^{Anthropomorphisch} 으로 표상되고, 결국에는 물상物象으로 표현되기에 이른다.

③기독교에서는 실재를 인격적으로 표상한다. 소위 '갓^{God}'은 개

---

[176] 원문에는 '無人格的'이라고 되어 있다.
[177] 범천(梵天)은 산스크리트어 브라흐마(Brahmā)의 음역이다. 브라흐만은 힌두교에서 우주의 통일적 최고 원리이며, 브라흐마는 브라흐만이 인격화(人格化)되면서 우주를 창조한 최고의 남성신으로 탄생한 것이다.

체로서 의지를 가지며 보이지 않는 곳에서 인류의 화복을 좌우하는 존재이다. 그러나 실재를 만유적으로 표상하는 것은 기독교의 정신에 없다. 본래 철학 방면에서는 조르다노 브루노[178]나 스피노자[p.574]처럼 순수한 만유신교를 주장하는 사람도 없지는 않지만, 기독교는 결코 그렇지 않다. 기독교에서 실재는 도저히 인격적이지 않을 수 없다. 유대교도 이 점에서는 기독교와 다름없다.

④유교에서는 실재를 인격적으로 표상하는 일이 고대부터 있었다. 경서經書에 천제天帝라거나, 상제上帝라거나, 단순히 천天이라는 것도 모두 의지를 가진 개체로서 인간의 일에 간섭할 수 있는 존재로 표상된다. 지금 일일이 증거를 들 여유는 없지만, 그것은 이미 명료하다고 할 수 있다. 그런데 또 실재를 만유적으로 표상하는 경우도 있다. 즉 『주역』에서 말하는 태극太極은 세계의 본체로서 모든 현상이 그로 인하여 생긴다. 그런데 모든 현상은 끝내 태극을 떠날 수는 없다.

이를 보면, 실재를 인격적으로 표상한다는 한 가지에서는 각 종교가 모두 일치한다. 그러나 만유적으로 표상하는 것은 브라만교·불교·유교에 공통되지만 오직 기독교는 예외에 속한다. 이미 이 사실을 분명하게 한 이상은 이에 대해 더 논술할 것이 있다. 무엇인가? 실재를 인격적으로 표상하는 것은 아직 고상한 철리를 이해하지 못하는 유치한 일로, 지식의 발달에 도저히 동반되기 어렵다. 왜냐하면 인격적인 관념은 단지 각종 미신을 야기하는 경향을 면할 수 없을 뿐 아니라, 피할 수 없는 논리상의 곤란함에 필연적으로 봉착한다. 그 중요한 점을 들어본다.

---

178) 조르다노 브루노(Giordano Bruno, 1548~1600) : 이탈리아의 도미니코회 수사로 철학과 수학에 조예가 깊었다. 죽음 앞에서도 스스로가 가진 우주론적 신념을 지키고 기존 기독교에 대한 비판을 행하다가 화형을 당해 지식의 순교자로 평가받는다. 현재 근대 합리론의 시원적 개념을 제공한 인물 중 한 사람으로 인정되고 있다.

첫째, 인격적 실재는 반드시 개체를 이루지 않으면 안 된다. 만약 개체를 이루지 않는다면 이는 본래부터 인격적이라고 말할 수 없다. 그러므로 인격적 실재는 반드시 개체를 이룬다. 그러면 개체는 어떠한 개체인가? 내가 통상 개체라고 칭하는 것은 모두 형체를 가진 것이다. 그러나 인격적 실재에 형체가 있다는 것은 생각할 수 없다. 그러므로 오직 추상적으로 표상하여 이를 하나의 정신이라고 말하지 않으면 안 된다. 그런데 나의 경험에 의하면 정신은 오직 형체에 붙어서 존재하는 것이다. 형체를 떠나서 홀로 정신만 존립하는 것은 무엇으로 증명할 수 있는가? 어떤 증명도 없이 단지 가정하는 것은 그 사람의 상상에 지나지 않으며, 본래 진리라고 말할 만한 것이 아니다.

둘째, 세계의 현상은 모두 인과율$^{Gesetz\ der\ Causalität}$로 규정되고, 그 어떤 것도 원인-결과의 관계에서 벗어날 수 없다. 그러므로 세계 안에는 요괴가 없다. 사람을 요괴라고 하는 일은 있을 것이다. 그래도 여기에는 반드시 무언가 물리적 해석이 있어야 한다. 모든 과학은 실로 인과율을 기초로 하여 성립하는 것으로, 조금이라도 일반성을 무효가 되게 한다면 우리의 세계관은 바로 확실성을 잃어버리게 된다. 그런데 인격적인 실재는 의지에 따라 세상 일을 좌우하고 물리적 진행$^{physische\ Vorgänge}$ 이외에도 또 예상치 못한 원인을 이루게 된다. 그러므로 오늘날의 과학적 사상과는 서로 용납될 수 없다.

셋째, 인격적 실재가 개체를 이루는 이상은 그 위치^{Localität}가 없을 수 없다. 왜 그런가? 이러한 실재는 세계의 어딘가에 있고, 세계의 안인지 또는 세계의 밖인지, 어쨌든 세계와 동일체는 아니므로 위치가 없을 수 없다. 정신은 공간성을 초월한다고 해도 인간의 정신은 인간의 두뇌 안에 있다. 이처럼 인간이 아닌 정신도 머무르는 장소가 없을 수 없다. 그러나 [인격적 실재의 장소는] 도저히 확정할 수 없다.

인격적 실재는 오늘날 여러 종교의 공통점이지만 이와 같은 곤란함이 있기 때문에 이미 유지하는 것이 불가능하다. 설사 어떻게 변호해도 오늘날의 과학과 인격적 실재를 조화시키는 것은 조금도 희망이 없다고 할 수 있다. 사정이 이미 이와 같은 이상, 오늘날 여러 종교가 아직 약간의 생명을 가지는 이유는 실재의 인격적인 측면이 아니다. 달리 종교가 효험성을 지탱할 수 있는 이유가 있을 것이다.

그렇다면 만유적 실재는 어떠한가? 브라만교·불교 및 유교에서는 오늘날에 이르러 만유적인 실재를 논하지만, 기독교에서는 만유적 실재를 논하는 것이 본래의 면목이 아니다. 그러므로 기독교의 가치는 결코 여기에 있지 않다고 단언할 수 있다. 또 브라만교·불교 및 유교에서 논하는 바의 만유적 실재라는 관념은 철학사에서는 매우 흥미로운 사실이지만, 종교로서 효력이 있는 이유는 여기에 있지 않다. 만유적 실재를 논할 때는 반드시 널리 경험세계에 관해 여러 증명을 들어 이와 같은 본체가 있다는 것을 추론하지 않을 수 없게 한다. 이렇다면 이는 오히려 철학이지 종교의 본령이 아니다. 본래 만유적 실재라는 관념은 종교의 교의를 지탱하는 데에는 상당한 힘이 있지만 결코 종교에 필수인 것은 아니다. 그래서 기독교와 유대교는 만유적 실재 없이도 종교일 수 있는 것이다. 요컨대 오늘날의 여러 종교가 아직 약간의 생명을 가지는 것은 만유적 실재라는 관념에 있다고는 결코 생각할 수 없다. 종교의 공통점이 만유적 실재에 있지 않음은 기독교와 유대교에는 해당되지 않는다는 것으로부터 알 수 있다.

나는 지금부터 윤리적 실재에 대해서 고찰하도록 하겠다.

①브라만교에서는 범천과 개인이 서로 불가분의 관계에 있다. 단지 불가분의 관계를 가질 뿐 아니라 실제로 피차 일체가 되어 구별이 없다. 범천은 이 세계의 실재이다. 그런데 범천은 내 몸에 있다. 만약 미망을 타파하고 나를 돌아보면, 나의 정신이 곧 범천이다. 그러므로 나의 정신을 가리켜 "이것이 곧 너이다"라고 말하고, 또

"나는 곧 너이다"라고 말한다. 이와 같이 나의 정신이 범천이라는 것을 인식하고 이것과 합일하는 것을 해탈이라고 한다. 그러므로 사람의 미망과 깨달음은 오직 이 안에 있는 범천을 인식하는 것과 그렇지 않은 것에 있다. 요컨대 브라만은 실재를 내재적$^{immanent179)}$으로 파악하고, 인생의 모든 일은 이에 의해 좌우되어야 한다고 한다. 이 점에서 말하자면 이것을 윤리적 실재라고 해도 안 될 것은 없다.

②불교에서 여래는 추상적으로 말하면 진여실상眞如實相으로서 세계의 실재이지만, 또 각자의 정신에 있다. 천 사람이 있으면 천의 여래가 있고, 만 사람이 있으면 만의 여래가 있다. 또한 한 조각의 달이 만 갈래의 물에 비치는 것과 같이 사람마다 각각 불성이 있다. 역사적 여래는 이미 지나갔다. 철학적 여래에는 과거, 미래, 현재가 없다. 지금 여기에 각자의 안에서 빛을 발하며 존재하는 것, 이를 여래라고 한다. 여래를 밖에서 구하는 것은 속인俗人의 행위이다. 여래는 내 마음 안에서 인식해야 하는 것으로, 이를 현상의 방면에서 본다면 수많은 것 같아도 사실 오직 하나이다. 이른바 만법일여萬法一如이다. 개체주의$^{principium\ individuationis}$를 초월하여 단지 한 몸의 여래이다. 이것이 각자의 내부에서 진아로서 인식된다. 이처럼 나의 내부세계의 여래는 일체작법一切作法의 중추이다. 그러므로 이것을 윤리적 실재라고 칭해도 되지 않을까?

③기독교에서는 실재가 내 마음 안에 있다고 한다. 이른바 천국이 마음에 있다는 것은 실재를 외계에서 구해서는 안 된다는 뜻은 아니다. 사복음서 안에서도 특히 요한복음은 내재적인 취지를 분명하게 말로 표현한다. 예를 들면 "내가 아버지 안에 있고, 너희가 내 안에 있으며, 내가 너희 안에 있다"$^{180)}$고 하듯이, 실재와 개인이 서로

---

179) 원문에는 '內容的'이라고 되어 있다.
180) "그날에는 내가 아버지 안에 있고, 너희가 내 안에 있으며, 내가 너희 안에 있다는 것을 너희가 알리라." 요한복음 14장 20절. 본문에는 희랍어로 표기되어

관계가 있다는 것을 보여준다. 신은 외계에서 구할 수 없다. 신은 오히려 내 마음 안에 있다. 일념一念이 겉으로 드러나지 않은 사이에 묘하게 시비를 가리는 것과 같은 느낌이 있다. 이를 신의 음성이라고 한다. 슐라이어마허[181]와 로체[182] 등이 양심^{Gewissen}을 신으로 삼는 것은 연원하는 바가 없지 않다. 기독교에서 윤리적 행위의 기초는 내 마음 안에 거하는 신의 음성에 있다.

④ 유교에서 하늘^{天}과 사람은 상호 밀접하여 불가분의 관계이다. 하늘은 사람의 부모이고 사람의 마음은 곧 사람에게 있는 하늘이다. 하늘과 사람은 대세계와 소세계와 같다. 그러므로 "만물은 다 나에게 갖추어져 있다萬物皆備於我矣"[183]라고 말한다. 하늘은 사람의 윤리적 모범이지만 만약 이것을 밖에서 구한다면 막연하여 본받기 어렵다. 만약 이것을 안에서 구한다면 분명히 내 마음 안에 있게 된다. 성性

있다.
181) 프리드리히 슐라이어마허(Friedrich Ernst Daniel Schleiermacher, 1768~1834) : 독일의 신학자, 철학자. 근대 프로테스탄트 신학의 기초를 놓은 인물로 평가되며, 주요 저서인 『그리스도교 신앙』에서 그리스도교 교리를 체계적으로 해석했다고 평가받는다. 1799년 일종의 신앙고백서로 쓴 「종교에 관해서: 종교를 비판하는 지식인들에게 하는 연설」에서 종교란 '우주에 대한 느낌이자 직관' 혹은 '유한자 안에 있는 무한자에 대한 감각'이며, 그리스도교는 그 느낌에 개별적인 형상을 부여한 것이라고 정의한다. 즉 종교는 인식이나 도덕의 문제가 아니라 심정의 문제로서, 사고와 존재의 통일로서의 무한자(우주, 신)에 대한 '절대의존의 감정'이야말로 종교의 본질이라고 설명한 것이다. 슐라이어마허의 양심(Gewissen) 개념은 메이지 시기 일본에서도 자주 원용되는데, 이노우에 데쓰지로 역시 그의 양심 개념을 빌려와 신을 설명하면서 브라만교·불교·그리스도교·유교로부터 '인천합일(人天合一)'이라는 공통점을 추출한다.
182) 루돌프 헤르만 로체(Rudolph Hermann Lotze, 1817~1881) : 독일의 심리학자, 생리학자, 철학자. 라이프치히 대학 교수. 심리학 연구에서 실험실을 설치하여 심리 현상에 대한 실험적 연구를 하고, 실험심리학을 주창했다. 그는 심리학을 직접경험 학문이라 정의하고, 의식의 내관(內觀)에 따라 분석적으로 포착되는 부분의 기술(記述)에 전념하였다. 이것은 무의식의 추방을 뜻하며, 또한 물리학이나 생리학과는 다른 심리학의 독자성을 확립하는 주장이기도 하다. 저서에 『논리학』·『소우주』·『독일 미학사』·『형이상학』 등이 있다.
183) 모든 것은 내 안에 다 갖추어져 있다는 뜻으로 출전은 다음과 같다. "萬物皆備於我矣. 反身而誠, 樂莫大焉. 强恕而行, 求仁莫近焉" 『맹자』「진심(盡心) 상」

이라는 것·인仁이라는 것·성誠이라는 것·명덕明德이라는 것·지선至善이라는 것은 모두 사람에게 있는 천天을 의미한다. 누구나 스스로 마음 안에 하늘을 가지고 있다. 진실로 하늘과 합일하고자 한다면 합일할 수 없는 때는 없다. "인이 멀다고 할 것인가!仁遠乎哉"184)라는 말이 바로 이것이다. 진실로 이것과 합일하면 즉 나의 본체는 곧 하늘이다. 나의 본체가 하늘이라는 것을 알고 이와 합일하는 것이 실로 공문孔門이 전수하는 심법心法으로 유교의 윤리는 이를 기초로 하여 세워졌다.

⑤ 신도神道에서는 특수한 신神은 고대에 있다고 해도, 신앙상에서 말하자면 이는 다만 내 마음의 거울에 비추어져映寫 존재한다. 즉 내 마음이 청정하여 오점이 없는 곳, 이것이 바로 신이 머무는 곳이다. 그곳에서의 경敬·성誠·인仁이 바로 우리가 기도하는 신이다. "모르는 사이에 받는 신의 가호는 정직을 근본으로 한다"冥加以正直爲本185)고 하고, "모름지기 정직한 정수리를 비추어야 한다"須照正直頂고 하는 것도 모두 이것이다. 속된 말로 "정직한 머리에 신이 산다"라고 하는 것도 바로 이것이다. 도쿠가와 시대에 이르러 요시카와 고레타리186)·헨무이 등이 신도의 신을 내재적으로 설명하는 시도를 했다. 특히 헨무이는 인천합일人天合一을 주장했는데, 대체로 정밀하다고 할 수 있다.

이와 같이 대조하고 고찰해봤는데, 오늘날 여러 종교가 아무리

---

184) 인(仁)은 멀리 있는 것이 아니므로 인을 실행하면 곧 인이 이루어진다는 뜻으로 출전은 다음과 같다. "仁遠乎哉? 我欲仁, 斯仁至矣"『논어』「안연」

185) 『倭姫命世記』라는 책의 "神垂以祈祷為先, 冥加以正直以本"라는 구절에서 유래했다. 그 의미는 '신의 은혜를 받기 위해서는 사람으로서 기도가 첫째이고, 신려(神慮)가 더해지려면 사람으로서 정직하게 하는 것이 근본이다'라는 것으로, 기도와 정직으로 신의 은혜를 받을 수 있다는 것이다. 이것이 스이카(垂加) 신도 수행의 경지라고 할 수 있다.

186) 요시카와 고레타리(吉川惟足, 1616~1695) : 에도 시대의 신도가. 요시카와신도(吉川神道)의 창시자. 1682년 막부의 신도방(神道方)이 되었고, 저작으로 『일본신도학칙(日本神道學則)』·『신기요편(神祇要編)』등이 있다.

제1장 종교와 교육

차이점을 갖는다고 해도 근원에 있어서 하나의 공통점을 갖는다는 것은 재삼 분명하다. 브라만교든 불교든 기독교든 유교든 모두 인천합일人天合一을 바라는 것으로서, 그들이 역사적인 종교로서 아직 얼마간이라도 생명을 가지는 이유는 실로 이 점에 있다. 애초에 오늘날 여러 종교의 가치는 과연 어디에 있는가? 인격적 실재를 설정하는 것은 조금이라도 철학사상이 있는 자라면 믿을 수 없다. 또 만유적 실재를 설정하는 것은 다소 흥미가 없지는 않으나, 이는 근본적으로 철학자의 연구에 양보해야 하는 것으로 종교처럼 언제까지나 일정한 세계관을 지속하는 것은 오히려 지식의 진보를 방해하는 폐단이 없지 않다. 다만 인천합일을 설정하고 윤리의 근원을 내 마음 안에 세우는 것은 종교를 효용 있게 하는 바탕이다. 본래 여러 종교의 가치는 세도인심世道人心을 돕는다는 점에 있다. 그리하여 여러 종교는 실로 세도인심을 도울 수 있는 근원을 가지고 있다. 단지 범천이니 여래니 갓God이니 천天이니 하는 것, 이들을 표상寫象하는 방법은 반드시 하나가 아니다. 그래도 이와 같은 관념을 낳는 근거에 이르면 다시 어떤 차이도 없음을 볼 수 있다.

효력을 발휘할 윤리주의

인류의 도덕적 행위를 대상으로 하는 분과학문을 윤리학이라고 한다. 윤리학은 단순히 앎에 관한 분과학문이 아니라 행함에 관한 분과학문이다. 즉 도덕이 무엇인가를 알고자 할 뿐 아니라 또 어떻게 하면 도덕을 행할 수 있는가를 보여준다. 그런데 윤리학은 방법 여하에 따라서는 단지 앎에 관한 학문이 될 수도 있다. 단지 될 수 있을 뿐 아니라 또 이미 그렇게 되었다고 할 수도 있다. 윤리학은 사람의 행위 목적 및 이에 도달해야 하는 방법의 학으로, 자연과학과 같지 않다. 자연과학은 곧바로 자연현상을 포착하여 연구하는 것이다. 그런데 최근 윤리학을 자연과학과 같이 객관적 방법에 의해 윤리적 사실을 연구하는 것으로 오해하여 윤리법^{Sittengesetz}과 자연법^{Naturgesetz}을 혼동하고, 결국 윤리학을 단순히 앎에 관한 학문으로 만들어버렸다. 단순히 앎에 관한 학문이 된 윤리학으로 종교를 대신하여, 이로써 덕육을 장려하려고 하지만 애당초 어려울 것이다. 도덕적 행위에 관한 가장 중요한 점은 마음 안에서 느낀다는 데 있다. 마음 안에서 느끼는 그 감각은 모든 도덕적 행위의 중추로서, 윤리적 관념이 그로 인하여 발생한다. 마음 안에서 느끼는 것이 의지意思를 불러일으키고 겉으로 드러나서 모든 도덕적 행위가 된다.

그런데 마음 안에서 느끼는 바가 있는 것을 무시하고, 오히려 행위의 법칙을 외부에서 구할 때는 아무리 사려를 다해도 결국 실행은 일어나지 않는다. 그 이유는 무엇인가? 외부의 규정은 항상 피할 수 있는 기회가 있다. 외부의 규정을 피할 수 없을 때는 이것에 따라야 하지만, 피할 수 있을 때는 하등의 효력도 없다. 그러므로 어떠한 학설도 외부에서 귀납하여 확정하는 것은 반드시 이 안에서 느끼는 것과 조화되지 않기 때문에 실행상 효력이 적고, 또 정신의 자기충족^{Selbstbefriedigung}을 가져오는 것도 불가능하다. 예를 들면 공리주의$^{utilitarianism 187)}$와 같이 이해득실의 계산에 의해서 행위의 법칙을 정하면, 단순히 외부의 이해득실에 이끌리기 쉬우므로 안에서 느끼는 것과 상호 배치될 수 있다. 이 안에서 느끼는 것은 조금도 이해득실에 관한 것이 아니기 때문에 아무리 이익이 많아도 반드시 이를 유쾌하다고 하는 것은 아니다. 바꿔 말해 이 안에서 느끼는 바는 모든 이해득실을 초월하는 것이다. 그러므로 만약 이익으로 행위를 규정한다면, 느끼는 바는 행하는 바를 비난하여 도저히 자기충족을 구할 수가 없다.

그 까닭은 처음부터 근본적으로 잘못된 견해를 가졌기 때문이다.

---

187) 본문에는 '利用主義'라고 되어 있다.

본래 마음 안에서 느끼는 바가 바로 도덕이 존재하는 곳이다. 이것을 뒤집으면 바로 윤리적 관념이 전도된다. 옳고 그름正邪이 갈리는 곳은 실로 간발의 차이도 용납하지 않는다. 이 안에서 느끼는 것을 무시해서는 안 된다. 이는 실로 선천적으로 내재되어 있는 음성으로서, 처음으로 나의 혼돈세계에서 싹튼 것이다.[188] 일체의 경험을 초월하는 평등무차별의 실재계에서 오는 것이다. 각각 개체가 된 소아의 의지로 인하여 일어나는 것이 아니라 소아의 뜻보다 앞선, 일체가 융합된 무한의 대아로부터 오는 음성이다. 이 대아의 음성은 홀로 있을 때 귀에 속삭이는 음성이다. 한밤중 암흑 속에서 들어야 하는 음성이다. 사람으로 하여금 치욕 혹은 회한의 생각을 일으키는 음성이다. 이 대아의 음성에 거스르는 것은 바로 소아의 음성으로, 그것은 전적으로 하나의 정욕 즉 사욕에서 온다. 대아의 음성에 따르는 것은 선이고 소아의 음성에 따르는 것은 악으로, 선악이 나뉘는 바는 분명하여 맑은 하늘에 뜬 밝은 태양과 같이 의심의 여지가 없다. 만약 이 안에서 느끼는 바를 근본으로 하여 자신의 행위를 규정하면 반드시 내외일치의 결과를 가져온다. 모든 외물은 자신을 중심으로 하여 돌아간다는 느낌이 없으면 안 된다. 이와 같다면 외부의 이해득실과 같은 것은 모두 넓은 하늘에 흘러가는 뜬구름과 다를 바 없다. 이렇다면 자신이 하는 바는 자신이 느끼는 바와 조화하고, 비로소 자기충족Selbstbefriedigung 을 얻으며 적연부동寂然不動하여,[189] 어떠한 큰 일을 만나도 구름이나 연기가 눈앞을 지나가는 것에 불과하게 된다.

외부로부터 귀납된 윤리적 규정은 내외에 틈이 생기는 폐단을 면하지 못하지만, 내부로부터 시작되어 나오는 도덕 공부工夫는 이와

---

188) 본문에는 붕(萠)으로 되어 있는데 맹(萌)의 오류라고 생각되어 이렇게 번역하였다.
189) 고요함에 이르러 아무런 움직임도 없는 상태를 말한다. "易无思也, 无爲也, 寂然不動, 感而遂通天下之故. 非天下之至神, 其孰能與於此?"『주역』「계사전(繫辭傳) 상」

같은 폐단이 없다. 대체로 자신이 저지르는 죄악은 자신이 스스로 돌이켜 생각해보면 밝은 태양이 비치는 것처럼 분명하게 눈앞을 비춘다. 이른바 "은미한 것보다 더 잘 보이는 것은 없고, 미세한 것보다 더 잘 드러나는 것은 없다莫見乎隱, 莫顯乎微"190)라는 말은 이를 가리킨다. 자신이 저지른 죄악은 이처럼 가려서 숨길 수 없다. 설사 이를 은폐한다고 해도 계속되면 문득 그 행위에 모순을 낳는다. 일단 은폐한 것은 결국 드러나게 될 것이다. 밀실 안에서 속삭인 것을 사람들은 길거리에서 전하고, 암흑 안에서 저지른 짓은 사람들이 공중公衆에게 고할 것이다. 조만간 일이 생기면 그 사람은 썩은 나무처럼 별안간 쓰러질 것이다. 선악의 성쇠, 옳고 그름의 흥망이 반드시 드러나지는 않는 것 같아도, 사실은 잠깐 멈춰 서서 기다리는 것보다 빨리 드러난다. 그러므로 이것을 알게 되었을 때 재빠르게 잘못을 고쳐서 수렴성찰收斂省察하고 자신의 본체로 돌아간다. 내부의 대아의 음성에 따라 자신의 모든 행위를 규정할 필요가 있다.

　이와 같다면 타인이 자신의 은미함을 알아도 알지 않아도 상관없이 내외일치를 도모한다. 자신이 하는 것과 자신이 느끼는 것을 합일시키면 비로소 어떤 자가당착도 없이 결국은 마음에 꺼리는 것 없는 개운한 경지에 도달할 수 있을 것이다. 여기에 이르면 참으로 봉황이 천 길 높이 날아오르는191) 기상이 아닐 수 없다. 만약 내외의 틈이 있다면 진정한 도덕적 행위를 희망할 수 없다. 타인은 자신이 은미한 곳에서 하는 일을 알 수 없다고 생각하고, 타인의 견문이 미치지 않는 곳에서 불선을 행한다. 오직 지교智巧에 의해서 외면을 장식하고 법률의 틈을 빠져나가 착한 사람처럼 꾸미는 데에 힘쓰게 된다. 이것이 바로 위선자이다. 이처럼 위선자가 점차 증가하는 것은

---

190) "道也者, 不可須臾離也, 可離非道也. 是故君子戒愼乎其所不睹, 恐懼乎其所不聞. 莫見乎隱, 莫顯乎微, 故君子愼其獨也."『예기』「중용」
191) 이 문구의 출처는「조굴원부(弔屈原賦)」의 "봉황은 천 길 높이 날다가, 성인의 빛나는 덕을 보고 내려간다(鳳凰翔于千仞兮, 覽德輝而下之.)"는 구절이다.

제1장 종교와 교육

전적으로 우리 안에서 느끼는 것이 두려워할 만한 힘을 갖고 있다는 것을 모르기 때문이다. 진실로 고민할 만한 일이다.

위선자라도 안에서 느끼는 것을 잠시 듣는다면 반드시 이상한 고통이 없을 수 없다. 소아가 저지르는 죄악은 대아 앞에서 명명백백해서 조금도 덮을 수 없다. 그래서 저들 위선자들은 다른 사람이 자신의 마음속을 알까 두려워하고 늘 감추려는 고통을 품고서 행동하는 자로서, 어찌할 바를 모르고 나날이 다달이 쫓기는 궁벽한 상태에 빠질 수밖에 없다. 이는 실로 스스로를 밀어서 나락의 바닥에 던지는 것이다. 이 같은 위선자는 지식을 주로 하는 윤리학에 의하여 구원되지 못한다. 윤리학은 오히려 그들에게 다양한 구실을 주는 도구가 될 우려가 있다. 만약 그들이 내부에서 느끼는 것에 따라야 할 필요를 알고, 완전히 마음을 고쳐서 대아와 합일하게 되면, 내외의 간극은 이로써 갑자기 사라지고 원융무애圓融無碍의 경계에 도달할 수 있게 된다. 즉신성불卽身成佛이나 번뇌즉보리煩惱卽菩提라고 하는 것이 바로 이것이다. 선천적으로 내재되어 있는[192] 음성을 근본으로 하여 성립한 윤리는 모든 인생의 암흑면을 비추는 가르침이다. 장차 다가올 악마에게 조금의 그림자도 내주지 않는 가르침이다. 아무리 은미한 곳에서도 사람으로 하여금 죄악을 저지를 곳이 없도록 하는 가르침이다.

종교의 효력을 잡은 사람은 인생 유일의 열쇠를 쥐고 일어난 것이다. 그러므로 억만의 인심을 지배하고, 천세 뒤까지 영향을 미칠 수 있다. 지식을 주로 하는 윤리학은 감화력이 미약하여 도저히 종교에 비할 수 없다. 종교에는 상주불멸常住不滅[193]의 진리가 있으니, 이것이 근원임을 알아야 한다. 상주불멸의 진리는 다름이 아니라 선천적으로

---

192) 원문에는 '先天內容'이라고 되어 있는데, 이를 '선천적으로 내재되어 있는' 이라고 번역하였다.
193) 변함없이 영원히 존재한다는 뜻이다.

내재되어 있는 음성이다. 선천적으로 내재되어 있는 음성은 모든 종교가 일어나는 근거이다. 석가는 이 음성을 듣고 일어나 결국 불교의 기반을 세웠고 예수는 이 음성을 듣고 일어나 결국 기독교의 근원을 열었으며, 공자는 이 음성을 듣고 일어나 유교의 시초를 이루었다. 오직 이 음성을 근본으로 하는 윤리만이 사람들에게 실행하도록 하는 효력이 있다는 것은 불을 보듯 분명하다. 선천적으로 내재되어 있는 음성은 바로 대아의 음성이다. 정욕을 유발하는 것은 소아의 음성이다. 소아의 의념을 버리고 대아의 목적에 따르는 것을 선이라고 하고 의라고 한다. 이에 반하는 것을 불선이라고 하고 불의라고 한다. 소아는 대아에 비하면 사라져 없어지려고 할 정도로 미미하다.

그러므로 소아에 따르는 자는 참으로 평범한 사람으로서 외롭게 고립되고, 암흑에서 암흑으로 옮겨가며 결국은 소멸하지 않을 수 없다. 오직 대아에 따르는 자는 그 용기가 실로 헤아릴 수 없다. 이는 무한의 대아를 가지고 미미한 소아를 대하기 때문이다. 사자의 거센 기세는 바로 이 때문이다. "비록 천만 명이 있더라도 내가 가서 떳떳하게 맞서겠다雖千萬人吾往矣"[194]라는 용기가 이 때문이다. 신神 아래에서는 다른 두려움이 없는 마음은 이 때문이다. 대아에 따른다면 사리사욕 때문에 가려진 것이 없기 때문에 선과 악, 옳고 그름의 차별이 분명하게 눈앞에 드러나서 다시는 조금의 그림자도 남기지 않으며, 마음의 광명은 태양과 장대함을 견주기에 충분할 것이다.

그래서 옛 성인은 모두 이 마음에서 얻는 진지眞知를 광명에 비유했다. 「대학」에서 '명덕明德'이라고 하는데,[195] 그 '명明'이 바로 마음의 광명이다. 브라만교에서는 범천을 광명이라고 하고 일월성신에서 불에 이르기까지 모두 범천의 광명을 얻어서 광명을 발하는

---

194) 昔者曾子謂子襄曰 '子好勇乎. 吾嘗聞大勇於夫子矣. 自反而不縮, 雖褐寬博, 吾不惴焉. 自反而縮, 雖千萬人, 吾往矣.'『孟子』「公孫丑(上)」
195) "大學之道, 在明明德, 在親民, 在止於至善."『예기』「대학(大學)」

존재라고 한다. 불교에서 여래는 곧 대광명이므로, 여래의 법신을 광명편조光明徧照라고 한다. 예수는 스스로를 광명에 비유하여 내가 곧 세계의 빛이니, 나를 따르는 자는 암흑 속을 걷지 않고 생명의 광명을 얻는다고 했다. 또 대아에 따르는 자는 자기충족Selbstbefriedigung을 얻으며, 자기충족에 의해 얻는 쾌락은 인생 최대의 쾌락으로서 어떠한 쾌락도 이것에 필적할 수 없다.

옛 성인은 소아의 정욕을 버리고 이와 같은 최대의 쾌락을 얻었다. 공자는 이해득실 밖에서 여유롭게 즐기는 바가 있었다. 즉 "즐거움에 근심을 잊는다樂以忘憂"196)라고 하고, "즐기는 자만 같지 못하다不如樂之者"197)라고 하는 말들은 모두 대아와 조화하여 자득한 바를 즐긴 것이다. 브라만교에서는 범천을 묘락妙樂, Wonne이라고 한다. 『베단타경』(1.1.10)에 "묘락으로 이루어진 것(the Self)은 지고한 아트만이다"198)라고 말한다. 불교의 극락, 기독교의 천국은 모두 대아에 의해 얻는 최대의 쾌락을 이른다.

그러므로 옛 성인의 학맥은 오직 대아에 따른다는 점에 있음을 알아야 한다. 그런데 저들 위선자들은 이것을 모르고, 오직 소아에 따라 소지小智에 의지하여 시시각각 위험에 가까이 다가간다. 그 상태는 장님이 낙담하여 울면서 깊은 연못에 가까이 가는 것과 다르지 않다. 일단 소아를 버리고 대아에 따른다면 꿈에서 깨는 것과 같아서 비로소 인도의 올바름으로 돌아올 수 있게 된다. 요컨대 선천적으로 내재되어 있는 음성을 근본으로 하는 윤리, 즉 소아를 버리고 대아

---

196) 葉公問孔子於子路, 子路不對. 子曰, "女奚不曰, 其爲人也, 發憤忘食, 樂以忘憂, 不知老之將至云爾."『논어』「술이(述而)」
197) "知之者不如好之者, 好之者不如樂之者"『논어』「옹야(雍也)」
198) 여기서『베단타경』이란『브라흐마 수트라』Brahma-sūtra를 말하며, '1.1.10'이라고 되어 있는 것은 가장 일반적으로 사용되는 샹카라(Śaṅkara)의 주석본에 따르면 '1.1.12'에 해당된다. 샹카라 주석의 영어 번역본에 따르면 이 부분의 내용은 "지복(至福)으로 이루어진 자아(the Self)는 지고한 아트만이다"라고 풀이된다.

에 따르는 윤리는 실행에 가장 효력이 있는 입장으로서 여러 종교에 공통되는 점이다. 따라서 모든 종교의 형체를 떠나서 우리 교육계의 현재 상황의 결함을 보충할 수 있는 것은 이러한 윤리를 두고 다른 데에서 구할 수 없다.

종교가 취해야 할 장래의 변형

현재의 종교들은 모두 역사의 어느 시대에 세계의 어떤 곳에서 특수한 형세에 의해 주조되어 일어난 것으로서, 형성된 시대와는 다른 시대 혹은 다른 곳에서 그 상황에 적응해야 하는 특수성을 가지고 있다. 바꿔 말하면 오늘날의 종교들은 모두 각각의 역사적 조건을 가지는 것으로서, 세계 각국에 공통된 신앙이 될 수 있을 정도로 보편적인 것이 아니다. 모든 종교의 신자들은 각각 그들이 믿는 바를 옳다고 하지만, 외부에서 본다면 어떤 종교의 편도 들 수 없다. 각 종교가 서로 입장을 바꿔보면 자신을 옳다고 하는 정신은 조금도 다를 바가 없다. 오늘날과 같이 여러 종교가 병존하니, 가령 그 가운데에 유일신교도 있지만 여러 종교를 하나로 모아 본다면 다신교에 다름 아니다. 즉 범천梵天이 있고 여래如來가 있고 갓God이 있고 천제天帝가 있다. 이와 같이 종교계에 다양한 신령이 있는 이상, 오늘날의 종교는 다신교의 모습을 이룬다고 할 수 있다. 그런데 만약 여러 종교의 근원에서 공통점을 모은다면 진정한 유일신교唯一神敎는 여기에서 비로소 성립될 수 있다. 그런데 이러한 유일신교는 오직 윤리적 의의를 가질 뿐이며, 조금도 인격적인 요소를 취하지 않기 때문에 오늘날의 철학 및 자연과학과 병존하여 어떤 모순도 없다.

또 생각해보면 브라만교는 근본적으로 브라만 종족의 종교로서 브라만 종족의 외부로 전파할 수 있는 성질의 종교가 아니다. 그러므로 브라만교는 민족적인 종교이다. 그런데 석가가 일단 출현하자 혁신적으로 변화하여 보편적 종교가 되었으니, 바로 불교이다.

불교는 어떤 인종에도 보급할 수 있는 성질의 종교다. 유대교 역시 브라만교와 마찬가지로 유대 인종의 종교로 유대인 아닌 자가 유대교를 믿을 수 있는 것은 아니었다. 그런데 또 예수가 일단 나타나자 혁신적으로 변화하여 보편적인 종교가 되었으니, 바로 기독교이다. 기독교는 불교와 마찬가지로 어떠한 인종에게도 보급될 수 있는 성질의 종교이다. 따라서 불교와 기독교는 모두 보편적 종교이다. 유교 역시 마찬가지로 보편적인 종교다. 그런데 비교적 그렇다는 것일 뿐이다. 불교든 기독교든 유교든 모두 분명 보편적인 종교이지만, 이들 여러 종교가 아직 병존하는 이상은 서로 배척하고 각자 자신이 옳다고 주장하는 일을 면하지 못하니 어떤 것도 절대적으로 보편적은 아니다. 다만 과거의 민족적 종교보다는 확실히 보편적이다. 그래서 이들이 보편적이라고 하는 것은 단지 비교적 그렇다고 말할 뿐이다. 만약 여러 종교의 근원에서 공통점을 포착한다면 진실로 보편적인 종교가 여기에 비로소 성립할 수 있다.

세계의 대세를 보면 모든 역사적 종교는 나날이 다달이 세력을 잃어가고 있다. 불교·기독교·유교를 막론하고 쇠퇴는 눈앞의 사실이며 도저히 부정할 수 없다. 누군가 영웅호걸이 나타난다고 해도 오늘날 여러 종교를 가지고 구시대의 성황을 회복하는 것은 태산을 끼고 북해를 건너는 것보다 어렵다고 해야 할 것이다.[199] 동서고금의 시세時勢가 이미 달라졌고, 상황도 역시 같지 않다. 종교 역시 변화하지 않으면 안 된다. 오늘날 여러 종교가 쇠퇴하고 있다는 것은 변형하고 있다는 것을 의미한다. 여러 종교가 우연히 가지게 된 특수성은 점차 가치를 잃고 있다. 그렇다고 해도 종교가 의거하여 일어난 근본적인 취지主義는 본래 상주불멸의 것으로 인류와 함께 존재한다. 인류가 존재하는 한 조금의 성쇠도 있을 수 없다. 그러나 종교의

---

199) '태산을 끼고 북해를 건너다(挾太山以超北海)'라는 표현은 『孟子』「梁惠王(上)」에 나온다.

형식은 때와 장소와 지위^{時處位}에 따라 변화하며, 또 변화하지 않을 수 없다. 그런데 종교의 형식이 쇠퇴하는 것을 보고 종교의 정신도 같이 쇠퇴한다고 여긴다면 이는 매우 잘못된 견해이다. 세상 사회의 관계가 점차 밀접해지고 있다. 참으로 세계일가^{世界一家}라는 관점이 생겨난 때에 오직 종교만이 특수한 성질을 지속할 수 있겠는가. 종교들이 세월이 감에 따라 가속적으로 급격히 쇠퇴하고 있는 것은 변형하여 다른 상태가 되기 때문이다. 즉 각각의 특수성을 잃고 합일하여 보편적인 것이 되어가기 때문이다. 석가나 예수 혹은 공자와 같이 특수한 성인의 가르침으로 종교를 지속하던 때에는 종교는 참으로 보편적이 되기 어려웠다. 종교는 개인의 관계를 부가하여 누구의 가르침이라고 해야 하는 것이 아니다. 종교는 상주불멸의 진리를 기초로 하여 성립해야 하는 것이며 결코 개인의 가르침이 아니다. 종교는 실로 인류가 다 함께 인정해야 할 모든 행위의 원리에 다름 아니다. 오늘날 여러 종교의 근원에서 공통점을 취하여 이를 변형하여 보편적 종교로 만든다면, 이는 본래 누구의 종교라고 말할 수 없고 인류 일반에게 공통되는 것이다. 이와 같이 된다면 모든 종교를 융합·조화하여 조금도 대립하는 바가 없고, 석가·예수·공자 등의 근본적 사상은 저절로 그 안에 존재함을 알 수 있다.

본래 종교는 어디에 있는가? 종교는 사람을 떠나서 객관적으로 존재하는 것이 아니다. 단지 사람의 두뇌 안에 있다. 따라서 동서 국민의 교류가 해마다 빈번해짐에 따라 여러 종교 역시 뒤섞여서 어지럽게 서로 경쟁하여 결국 융합과 조화를 촉진하고 그 결과로서 변형된 종교가 배태될 수 있다는 것은 본래 말할 것도 없다. 이것을 역사적으로 증명하자면, 인도에서는 브라만교와 이슬람교^{回回敎}가 합하여 '시크'라고 하는 종교[200]를 배태하였다. 기독교와 브라만교가

---

[200] 시크교는 15세기 인도 펀자브 지방에서 이슬람교와 힌두교의 영향으로 창시된 종교이다. 힌두교, 불교, 자이나교와 같은 다르마 계통의 종교로 구분된다. 중세

제 1 장 종교와 교육

합하여 '브라모 사마지'[201]라고 하는 종교를 배태하였다. 또 서양에서는 기독교와 자유사상이 합체하여 '유니테리언'교[202]를 산출하였다. 오늘날 세계의 주요한 여러 종교들은 우리나라에 모여, 서로 조화하고자 하는데 아직 완전히 서로 조화하지는 못하고 서로 배척하고자 하는데 아직 완전히 서로 배척하지는 못한다. 혹은 서로 조화하고 혹은 서로 배척하며 변화무쌍한 모습은 끝이 없고, 서로 뒤섞이고 어울려서 뭔가 그 안에서 배태하는 것이 생기려는 상황은 지식인들

인도의 폐습을 개혁하려는 움직임을 보이며 널리 전파되었다. 시크교도 특유의 머리 위 둥그렇게 칭칭 두른 터번 파그리(pagri)는 그들의 상징이다.

[201] 1828년 람 모한 로이가 인도 캘커타에서 설립한 개신교와 유사한 힌두교 내의 일신교 운동이다. 영국의 직접 통치를 받던 인도에서는 일부 지식인들을 중심으로 영국의 지배에 저항하는 민족운동이 전개되었는데, 특히 람 모한 로이를 비롯한 힌두교 지도자들은 브라흐마 사마지 운동(브라모 사마지 운동, '브라만의 모임' 이라는 뜻)을 전개하여 종교적, 사회적 개혁을 추진하였다. 그들은 순수 힌두교 교리로의 복귀를 주장하며 힌두교의 우상 숭배를 배격하였고, 또한 카스트제를 반대하고 인도인의 교육 확대와 여성 권리 신장하며 일부다처제와 사티(남편이 죽으면 부인을 화장하는 인도 풍습) 등 악습 타파를 강조하였다. 초기에는 종교운동으로 시작하였으나 점차 사회개혁 운동으로 전개되었다.

[202] 유니테리어니즘(Unitarianism)은 이성의 자유로운 활용을 강조하는 종교운동으로서, 대체로 하느님이 한 위(位)로만 존재한다는 견해를 갖고 있으며, 그리스도의 신성과 삼위일체 교리를 부인한다. 유니테리언주의의 현대적 뿌리는 16세기 프로테스탄트 종교개혁으로 거슬러 올라가는데, 그 당시 자유주의적이고 급진적이며 이성주의적인 개혁자들은 플라톤이 강조했던 이성과 하느님의 단일성을 부활시켰다. 유니테리언 운동은 스코틀랜드와 아일랜드에서는 그다지 많은 호응을 얻지 못했다(영국). 미국 유니테리언주의는 18세기의 부흥 운동을 받아들이지 않았던 뉴잉글랜드 회중교회에서 서서히 발전했다. 유니테리언주의가 미국 중서부지역으로 보급되면서 유니테리언주의의 종교적 기초는 그리스도교와 성서가 아닌 인간의 열망과 과학적 진리로 대체되었다(미국). 영국과 미국의 유니테리언주의 분파들은 1825년에 각각 영국 유니테리언 협회와 미국 유니테리언 협회를 조직했다. 1961년 미국 유니테리언주의자들은 미국 만인구원론자 교회 조직에 흡수되었다. 만인구원론자 교회와 유니테리언주의는 자유주의적 이상주의의 역사를 공유하고 있다. 대부분의 유니테리언주의자들과 만인구원론자들의 교회정치는 회중교회 형태이며, 예배 형식은 프로테스탄트 전통에 기초를 두고 있으나, 분파마다 매우 다양하다. 일본에 유니테리어니즘이 소개된 것은 1880년대 중반이다. 특히 후쿠자와 유키치(福沢諭吉)의 후원으로 미국 유니테리언 협회에서 냅(Authur May Knapp)이 파견된 1887년을 시작으로, 1890년에는 호크스(H. W. Hawks)가 파견되어 일본에서도 협회가 만들어졌다. 동년 3월에는 기관지『유니테리언』이 창간되었고 이것이 1891년에『종교』로 개간되었다.

● 1.2 종교의 장래에 관한 의견

이 은밀하게 인정하는 바이다. 동서 나라들은 이처럼 많지만 여러 종교가 변형하여 새롭게 후속자^{繼續者}를 산출하는 일은 우리나라가 가장 적절하다. 다만 인도에서도 여러 종교가 잡거하는 상태는 우리나라와 유사하지만, 그 나라의 종교사상은 염세적이고 불건전한 성질을 띠고 있다. 이는 실로 망국의 종교로서 장차 크게 흥하고자 하는 국민의 종교는 아니다. 예로부터 개인에 대해 "건전한 정신은 건전한 신체에 있다^{mens sana in corpore sano}"고 하듯이, 국민에 대해서도 역시 그렇다고 할 수 있다. 즉 우리나라 국민은 건전한 체격을 가지고 유교·불교·기독교와 같은 여러 종교들을 모두 담금질하여 한 덩어리로 만들었고, 깊이 숙고하여서 거의 막다른 곳에 다다랐다. 그래도 수많은 세인은 우왕좌왕하며 여러 갈림길 앞에서 진리를 찾지 못한 채, 단지 의념을 품을 뿐으로 무엇을 따라야 하는지 알지 못한다. 거의 암흑 속을 더듬는 상황이다. 그런데도 아직 한 사람도 방침을 제시하고 저들을 이끌어서 올바른 길로 돌아가게 할 수 있는 자가 없다. 이로 인하여 우리 사상계는 일시에 완전히 혼돈에 빠지게 되었다. 사람들은 목적이 과연 어디에 있는지를 알지 못한다. 주야로 다만 오리무중에서 방황하고 있다. 사태가 이미 이와 같은 이상, 조만간 어떠한 이변이 틀림없이 있을 것이다. 이를 역사에서 증명하자면, 옛 사람들은 종교의 혁신^{reformation}이라는 흔적을 남겼다. 지금은 이 일이 우리나라에 필요하지 않은가. 이는 우리가 깊이 고찰해야 하는 바이다.

혁신이라고 하면 누구나 루터[203]의 혁신을 상기하겠지만, 석가

---

[203] 마틴 루터(Martin Luther, 1483~1546) : 로마 가톨릭교회의 부패에 반기를 든 독일의 종교개혁자. 본래 아우구스티노회 수사였던 루터는 로마 가톨릭교회의 면죄부 판매를 회개 없는 용서이자 거짓 평안이라고 비판했으며, 믿음을 통해 의로움을 얻는다고 주장했는데, 이는 개인 구원의 새 시대를 열어주었다. 면죄부 판매를 비판한 루터는 1517년 95개 논제를 게시함으로써 당시 면죄부를 대량 판매하던 도미니코회 수사이자 설교자 요한 테첼에 맞섰다. 1520년 교황 레오 10세로부터 모든 주장을 철회하라는 요구를 받았지만, 오직 성경의

제1장 종교와 교육

및 예수가 한 사업도 역시 혁신에 지나지 않는다. 석가는 브라만교를 혁신하였고 기독은 유대교를 혁신하였다. 어떤 시대는 혁신을 요구한다. 혁신이 없으면 나아갈 수 없는 때가 있다. 종래의 종교가 점차 형식으로 흐르고 활기가 침체됨에 따라 여러 가지 폐해를 낳았다. 그 극단은 결국 사람들의 귀의와 신앙을 이어가기에 부족하게 되었다. 이러한 경우에는 뭔가 근원에서 쇄신할 수 있는 변동이 있어야 한다. 석가든 예수든 모두 그 시세의 대표자가 되어 종래의 종교를 일변하여 혁신의 공을 이루었다. 그러나 그들이라고 해도 종교의 정신을 박멸하지는 않았고, 다만 종교의 형식을 변경시킨 것뿐이었다. 지금은 넓은 세계에서 종교의 형식을 어떻게든 변경해야 할 시기에 놓인 듯하다. 구미 여러 나라에서 윤리적 수련^{ethical culture}의 결사가 일어나는 것에서 바로 그 징후를 볼 수 있다. 그런데 우리나라에서 혁신의 시기에 대해서는 한층 더 절박함을 느낀다. 다양한 종교가 병존하며 각각 그 신조를 주장하여 민심을 사분오열시키는 경향이 있다. 우리나라의 사상계는 도저히 이것을 견딜 수 없으므로, 결국 융합조화의 움직임이 나오지 않을 수 없다. 즉 여러 종교는 변형하고 합일하여 오직 하나의 보편적 종교가 되리라는 것을 예상하기 어렵지 않다.

본래 종교의 본체는 인류의 행위를 규정하는 원리로서, 실천윤리의 근본주의와 다를 바가 없다. 이렇게 종교의 본체는 상주불멸하고 광대무변하며 모든 인간사의 관건이다. 이를 종교라고 이름붙이는 것은 반드시 정당하다고 말할 수는 없다. 종교라는 명칭은 애매할 뿐만 아니라 너무나 협소하다. 종교의 본체는 종교라는 이름이 지시하는 것보다 훨씬 광대한 것이다. 우리는 보통 브라만교·불교·유대

권위를 앞세우면서 성서에 어긋나는 가르침들을 거부하였다. 1521년 보름스 회의에서도 마찬가지로 신성 로마 제국의 황제인 카를 5세로부터 같은 요구를 받았으나 거부함으로써 결국 교황에게 파문당했다. 그는 라틴어로 되어 있던 성경을 독일어로 번역하여 기독교 신앙의 대중화에 기여하였다.

교·기독교·회회교 등을 종교라고 하는데, 사실 이들 종교와 정도는 다르지만 성질은 같은 것이 그 이전부터 있었다. 종교라는 이름은 종교의 원시적 형식인 일체의 숭배를 포괄하기에 부족하다. 참으로 종교라는 이름은 고금을 관통하여 만고불멸하는 인류 행위의 근본주의가 어떤 시대에 취한 특수한 형식을 이른다. 종교란 이와 같은 근본주의를 총칭하는 이름으로서는 너무나 협소하다. 종교가 종래의 역사적 특수성을 탈각하고 일단 변형하여 오늘날의 시세에 적응할 수 있는 합리적인 것이 될 수 있겠는가? 그렇다면 이미 이것을 종교라고 부를 수 없다. 혹은 윤리적 종교라고 해야 할까? 아니면 종교적 윤리라고 해야 할까? 또는 완전히 다른 명칭을 붙여야 할까? 나는 아직 어떠한 명칭이 가장 적당한지 모르겠다. 어쨌든 종교란 명칭은 너무 협소하여 앞으로의 변형을 다 포괄할 수 없다는 것을 안다. 그래도 달리 다른 적당한 명칭을 발견하지 못해서 잠시 종교라는 명칭을 빌려 쓰는 것에 불과하다. 어쨌든 종교의 역사적 특수성은 하루라도 빨리 타파해야 한다. 이것을 완전히 타파하지 않는다면 변형된 보편적 종교를 발휘할 수 없다. 여러 종교$^{\text{die Reilgionen}}$의 차이는 역사적인 특수성을 타파함에 따라 점차 소실되고, 남는 것은 공통점을 기초로 하여 세워진 유일한 종교$^{\text{die Religion}}$이다. 이 유일한 종교는 사람들에게 선을 행하도록 하는 효력을 가지며, 어떠한 사회에도 적응할 수 있다.

장래의 종교와 일본주의

현재 여러 종교가 차츰 융합, 조화하여 장래의 종교를 배태해야 한다는 것은 이미 말했다. 이 종교가 일본주의와 충돌하는 일이 없을까 생각해보면, 결코 충돌하는 일은 없다. 본래 일본주의는 일본 민족의 자주적 정신을 발휘하고, 우리나라 사람들이 열국이 경쟁하는 사이에서 의거할 수 있는 방침을 알려주기 때문이다. 사람은 누구라도 국민의 구성원이자, 동시에 세계의 구성원이다. 일본주의는 일본인이 일본 국민의 한 구성원으로서 취해야 할 방침을 제시하는 것에 지나지 않는다. 종교는 세계의 구성원으로서의 각자를 규율하는 것이다. 그러므로 그것과 이것과는 양립하여 조금도 상호 모순되지 않는다. 혹은 종교만 있다면 일본주의는 불필요하다고 생각하는 사람도 있겠지만, 사실은 결코 그렇지 않다. 일본주의는 일본 민족 자위自衛의 주장이다. 만약 이것이 없다면 일본 민족의 전도는 위험하다. 일본주의는 각 개인에게 자존을 위해 자신을 지키고 기르기를 게을리 하지 말라고 말하는 것과 같다. 개인은 그 누구를 막론하고 자신을 지키고 기르기를 게을리 하지 않아야 하지만, 국민은 반드시 그렇지는 않다.[204] 다양한 종교가 분쟁할 때는 오류가 없음을 보증할 수 없다. 특히 우리나라의 현 상황에 대해 이를 생각할 때, 실로 국민의 자위에 유해한 사상을 전파하려는 시도도 많다.[205] 이것이 일본주의가 일어나지 않을 수 없는 이유이다.

결론

앞에서 종교의 장래에 관한 의견은 대략 서술했다. 이제 마지막으로 우리 인류의 생명이 어떠한지를 고찰해보자. 망망한 하늘에 작은 별이 하나 있다. 이것을 지구라고 한다. 지구의 표면은 불규칙하여 산도 있고 물도 있는데, 그 사이에서 꿈틀거리며 움직이는 것을 사람이라고 한다. 사람은 우주 사이에 있다. 실로 사라질 것 같을 정도로 작다. 그런데 사람이라는 존재는 바쁘게 오로지 이익을 좇으며, 활기차게 왔다가 갑자기 떠난다. 그 생명은 참으로 하루살이와 같이 잠깐 사는 존재임을 도저히 면하지 못한다. 그래도 사람에게 이

---

204) 각 개인은 자신을 지키고 길러나가기를 게을리해서는 안 되지만 한 사람의 국민으로서는 때로 국가를 위하여 희생할 수도 있다는 함의를 가진 것으로 보인다.
205) 예컨대 기독교의 경우 전 인류에 대한 사랑을 강조하는데, 이노우에 데쓰지로가 보기에 이는 일본의 운명에 대해서는 오히려 위협적인 요소로 작용할 가능성을 내포하고 있으므로 일본주의가 반드시 필요하다고 주장하는 것으로 보인다.

생명은 오직 한 번뿐이다. 아직 태어나지 않았다면 나는 없다. 이미 죽었다면 나는 없다. 내가 있는 것은 잠시지만 천 년에 한 번이다. 그런데 사람은 모두 어리석어서 그 생명의 의미를 생각하지 않고, 그저 속세 안에서 취한 듯이 살다가 꿈꾸듯이 죽어간다. 결국 세계의 진면목眞相을 깨닫지 못하고 또 인생의 목적을 알지 못한 채, 금수와 무리 짓고 초목과 함께 썩어가니 또한 심히 가련하다. 이렇게 볼 때 석가·예수·공자와 같은 성인들은 일찍이 세상에 태어나 각자 가르침을 펼쳐서 세상 사람들에게 의지할 바를 알도록 했다. 그들의 말은 본래 서로 같지 않지만 선천적으로 내재되어 있는 음성을 근본으로 하여 인심을 움직이게 하는 것은 매한가지이다. 그런데 후인이 지교智巧에 기대어 성인의 가르침의 진면목을 가려서, 결국 세상 사람들로 하여금 암흑 속에서 길을 잃도록 만들었다. 성인의 가르침은 결국 심법心法이다. 즉, 이 마음 안에서 느끼는 것을 근본으로 하여 성립한다. 도덕의 기초는 이 마음 안에서 느끼는 바에 있다. 모든 권리와 의무 같은 것은 본래 법률에서 나오는 것으로서 참된 도덕이 아니다. 참된 도덕은 권리, 의무와 같은 교환적 관념을 초월하는 것이다. 세상의 학자들은 의심하지 말라. 선성先聖과 후성後聖이 아주 오랜 세월 동안 전해 내려온 비결은 오직 이 마음이 느끼는 것을 근본으로 하는 데에 있음을! 나는 일찍이 종교가 무엇인지 의문을 가지고 연구한 지 꽤 오래되었다. 최근에 어렴풋이 마음에 얻는 바가 조금 있는 듯하다. 이 글에서 기술한 바는 그 대강에 불과하다.

1.3 독립자존주의의 도덕을 비판함

이혜경

*** 해제 ***

메이지초기의 실용주의와 평등주의를 기조로 한 서양화노선의 대표 이론가를 후쿠자와 유키치라 한다면, 메이지20년대 즉 1880년을 전후해 유교주의와 국가주의로 선회한 노선을 대표하는 이론가는 이노우에 데쓰지로라고 할 수 있다. 후쿠자와는 자유주의, 공리주의를 일본에 정착시켜야 한다고 생각했다. 「독립자존주의의 도덕을 비판함獨立自存主義の道德を論ず」은 후쿠자와의 게이오의숙에서 교육용으로 발간한 『수신요령』에 촉발되어, 이노우에가 후쿠자와의 자유주의를 '독립자존주의'라고 부르며 비판한 내용이며, 1901년 출간된 『손헌논문2집巽軒論文二集』에 실렸다. 『이노우에 데쓰지로집井上哲次郎集』 제3권에 수록되어 있다.

이노우에도 언급하고 있듯이 "독립자존은 개인주의의 다른 이름이며, 자유주의의 별칭이다." 그런데 이 글에서 이노우에는 자유, 평등 등을 비판하면서, 실제로 사회에서 주장되는 정치적인 맥락을 갖는 자유주의, 평등주의 등을 비판의 대상으로 하는 것이 아니라, 자유와 평등이라는 언어가 갖는 극단적 내용을 가정하고 그에 대해 비판한다. 가령 '독립자존' 또는 '자유'란 누구에게도 복종하지 않는 것이고 누구의 이론도 수용하지 않는 것이며, '평등'이란 어떤 능력 차이도 부정하는 거라고 해석하는 식이다.

후쿠자와는 유학을 의무교육에 도입하려는 주장을 저지하기 위해 유교도덕의 유해성을 넘어 도덕교육 무용론을 주장하기도 했다. 도덕은 시세時勢에 따라 정해지는 것이라는 점을 강조하기 위해서였다. 이노우에

1.3 독립자존주의의 도덕을 비판함

는 후쿠자와처럼 "도덕을 변화하는 것이라고 하는 극단은 결국 도덕이란 없다는 것으로 귀결"한다고 공격한다. 변화를 인정하면 결국 각자의 자의만이 남기 때문이라는 것이다.

그러므로 이노우에의 결론은, 후쿠자와가 주장하는 자유주의, 평등주의, 개인주의 등을 가진 사람은 "그 사람의 자멸로 귀결되든가, 그렇지 않으면 사회질서를 파괴하는데 이를 수밖에 없다"는 것이다. 그의 해석대로라면 자유주의자들은 사회의 어떤 법률이나 규칙에도 복종하기를 거부할 것이기 때문이다. 그 사회는 법률도 없고 도덕도 없는 아노미 상태가 될 것이기 때문이다.

나아가 이노우에는 동양의 불교는 독립자존을 기초로 이루어졌고, 서양의 독립자존주의보다 훨씬 월등한 것이므로 굳이 서양의 독립자존을 수입할 필요가 없다고 말한다. "불교의 독립자존은 대아大我 즉 절대아에 대해 말하며, 후쿠자와의 것은 소아小我 즉 상대아"에 대해 말하기 때문이다. 육체는 참된 자아가 아닌데, 후쿠자와는 육체를 자아라고 주장하면서 육체의 욕망과 자유를 추구한다고 비판한다. 그는 "개인은 개체이면서 동시에 절대의 방면을 갖는다"고, 자아의 이해에도 '현상즉실재론'을 적용한다. 현상즉실재론은 현상과 실재 둘 다의 존재성을 인정하면서, 편의에 따라 현상을 중시하기도 하고 실재를 중시할 수도 있다. 이노우에는 도덕에 변화하는 점과 변화하지 않는 점이 모두 있다는 점도 현상즉실재론으로 설명한다. 현상의 도덕은 변화하지만 실재의 도덕은 변화하지 않는다는 것인데, 변화하지 않는다는 것으로 도덕이 사회를 비롯한 집단을 위한 것이라는 점을 든다. 그리하여 도덕은 변화하기 마련이라고 하는 후쿠자와의 주장은 현상 차원의 것으로 전락한다. 또한 현상즉실재론으로 소아와 대아의 병존을 설명함으로써, 이노우에는 소아에 집착하지 말고 대아 즉 사회 전체로 확대된 자아를 보라고 요구하게 된다.[206] 즉 후쿠자와가 문명사회를 정착시키는 기초로 생각한 개인주의는 육체뿐인 소아에 집착하는 일로 일축된 것이다. 이노우에가 개인주의와 자유주의를 얼마나 싫어했는지 혹은 두려워했는지 엿볼 수 있는 비판 방식이다.

---

206) '현상즉실재론'에 대해서는 이 책의 제2부 '현상즉실재론[p.191]' 참조.

1.3 독립자존주의의 도덕을 비판함

*** 번역 ***

근래 후쿠자와^{福澤[p.534]} 옹이 『수신요령』29조를 제정하고,[207] 독립자존을 주요 주장으로 삼았다. 이를 통해 종래의 도덕을 변화시키려고 도모한다. 도덕은 관여하는 바가 중대하고, 이를 시작에서 잃으면 끝내는 다시 구제할 수 없다. 옹의 제자들은 걸핏하면 실천궁행이 중요하다고 부르짖는데, 만약 그 주의가 잘못된 것이라면 실천궁행도 오히려 해가 된다. 악인도 그 악의를 실천궁행한다. 실천궁행이 숭상할 만한 것은 단지 옳은 주의일 때 뿐이다. 그러므로 지금 독립자존이 도덕주의로서 어떠한 가치를 가지는지를 밝은 빛 앞에 드러내고자 한다.

본론 상

우리나라의 도덕이 과거에 복종주의 한쪽으로 기울었던 것은 감출 수 없는 사실이다. 이는 본래 유교의 영향에서 나온 것이 많지만 또 인류가 한번 지나야만 했던 단계라고 할 수 있다. 인문이 점점 진화해서 새로운 국면에 이르러서는 어떻게 복종주의에 기울 수 있겠는가. 도덕 역시 사회의 여타 상태와 함께 변화할 필요가 있다는 것은 말할 것도 없다. 이때 후쿠자와 옹이 독립자존주의를 외치며 천하 사람들과 함께 서로 이끌어 최대 행복으로 나아가고자 하는 것은 참으로 좋다. 그러나 독립자존을 유일한 도덕주의로 삼는 것이 과연 타당한가? 도쿠가와 시대의 극단적인 복종주의를 교정하기 위해 독립자존을 제창하는 것은 괜찮다. 그러나 오늘날에는 이미 그러한 극단적인 복종주의는 없다. 그렇다면 또 무엇을 교정하려는가? 다만 충효의 가르침은 여전히 국민교육의 골자이다. 만약 이것을 극단적인 복종주의의 존속에 불과하다고 한다면, 옹이 독립자존을 제창하는 취지 또한 역시 이해할 수는 있다.

---

207) 『수신요령(修身要領)』은 1901년 7월 25일, 게이오의숙(慶應義塾)이 편집하고 발간한 교훈집이다. 후쿠자와가 아니라 그의 제자와 아들이 편집한 것이라고 한다.

제1장 종교와 교육

　독립자존이란 본래 어떤 것인가? 개인이 자신의 권리를 보전하고 자유의 발달을 도모하고 타인에게 억압되지 않는 것을 독립자존이라고 한다. 그러므로 독립자존은 개인주의의 다른 이름이며 자유주의의 별칭이다. 개인주의가 꼭 안 된다는 것은 아니다. 자유주의 역시 대단히 좋다. 그러나 먼저 첫째로 독립자존의 실행이 어떤 것인지를 고찰해보자. 독립자존을 도덕주의로 삼는 이상은 이를 실행해야 한다. 실행하지 않으면 단지 쓸모없는 말空文일 뿐이니, 어떤 이익이 있겠는가. 평소의 동작, 말, 행동이 모두 독립자존으로 관철되어야만 한다. 이렇게 되면 복종의 필요는 조금도 없는 것과 마찬가지이다. 그러나 실제 사회의 상태는 이를 허용하겠는가? 회사에 들어가면 회장이나 사장이 있다. 또 사칙社則이 있다. 우리는 사원으로서 여기에 복종해야 한다. 학교에 들어가면 교장이 있고 교칙이 있다. 우리는 직원이나 학생으로서 여기에 복종해야 한다. 배에 타면 선장이 있고 선칙船則이 있다. 우리는 승객이거나 선원으로서 여기에 복종해야 한다. 교회에 가면 장로가 있고 교조가 있다. 우리는 신자로서 여기에 복종해야 한다. 군대에 들어가면 장교가 있고 군율이 있다. 우리는 병졸로서 장교의 명령이나 군율에 복종해야만 한다. 만약 병졸이면서 복종하지 않는다면 군대는 하루도 성립하지 않는다. 군대가 성립하지 않으면 국방은 입지가 무너진다. 얼마나 위험하겠는가. 회장이나 사장, 교장, 선장, 장로, 장교 등도 모두 각자 복종해야 할 것이 있다. 우리는 실제 사회의 어디에서 모든 복종을 떠날 수 있는가?

　크게 말하면 군주가 있고 국법이 있다. 우리는 신민으로서 여기에 복종해야 한다. 미국이나 프랑스는 공화정체의 나라지만 대통령이 있고 국법이 있다. 국민은 여기에 복종해야 한다. 어떤 해악도 침묵으로 인내하며 마치 노예처럼 복종하고 조금도 내 권리의 신장을 도모하지 않는 것은 비굴함 때문으로, 이는 본래 내가 취하지 않는 바이다. 그러나 나의 권리가 침해되지 않는 범위에서 복종하는 것은

1.3 독립자존주의의 도덕을 비판함

미덕이다. 복종은 사회의 안녕질서를 보호하고 유지하기 때문이다. 본래 나쁜 사회에서는 복종이 반드시 필요하지 않다는 것은 말할 필요도 없다. 그러나 나쁘지 않은 사회에서 복종은 하루도 없어서는 안 된다. 독립자존이 유일의 도덕주의가 된다면 사람의 일생을 일관하여 실행할 수 있어야만 한다. 그런데 복종 없이 사회는 하루도 성립할 수 없다. 사회가 성립하는 것은 복종이 있기 때문이다. 만약 정말로 독립자존을 실행하려고 하면, 그 사람의 자멸로 귀결되든가 그렇지 않으면 사회질서를 파괴하는 데 이를 수밖에 없다. 복종이라고 하면 조금 어폐가 없지는 않다. 내가 복종이라고 하는 것은 노예의 의미가 아니고, 많은 사람이 공동으로 일치하는共同一致 공순恭順의 덕을 말한다. 바꿔 말하면 공공의 정신을 말한다. 만약 절대적 의미에서 독립자존을 실행하면 도덕은 개인의 신체와 생명을 훼손하는 데에까지 이를 수 없다. 과연 그렇다면 헌신적 사업은 어떻게 이룰 수 있는가? 도덕은 개인 이상의 것에 관계하므로, 개인은 이를 위해 신체와 생명을 희생으로 바칠 수 있다. 즉 예수나 소크라테스처럼 자기 몸을 죽여서 인을 이루는 것殺身成仁은 과연 무엇을 위한 것인가? 깊이 생각해볼 일이다.

그래서 눈을 돌려 도덕이 일어나는 원인을 주의해서 볼 필요가 있다. 인류는 각자 개별적으로 떨어져서는 어떤 발달도 이룰 수 없다. 반드시 상호 관계를 맺는 존재이다. 상호 관계는 어떻게 일어나는가? 혈족의 관계가 있다고 해도 단지 이뿐이라면 아직 소원한 사람을 연결할 수 없다. 그러나 이것 외에도 분업division of labour 이 필요하므로 인류는 상호 관계를 맺지 않을 수 없다. 분업은 진보의 시초發軔이다. 왜냐하면 인생에 필요한 사물은 이에 의해 정교해지기 때문이다. 그런데 분업을 통해 결합한 인류의 상호 관계는 유기적 단체가 되면서 점차 증대한다. 이를 사회라고 한다. 인류는 본래의 성질상 사회를 조직하지 않을 수 없는 존재로, 종래 이를 사회적 생물social being 이라고

제1장 종교와 교육

부른 것이 참으로 옳다고 할 수 있다. 사회에는 여러 가지가 있다. 모든 공동단체는 모두 사회이다. 그러나 실권을 가진 최상의 사회는 국가이다. 우리는 모두 국가 아래에 있고, 이른바 국민을 이룬다. 바꿔 말하면 국가라고 하는 사회에 속한다. 그러므로 개인과 사회 사이에 중대한 관계를 낳는다. 개인은 절대적으로 개체를 이루는 것처럼 생각할 수도 있지만 사실은 절대로 그렇지 않다. 개인은 단지 상대적으로 개체를 이루는 데 불과하다. 개인의 신체는 무수한 세포로 이루어진다. 각 세포는 모두 개체를 이루지만 집합해서 개인의 신체인 개체를 이룬다. 마찬가지로 각 개인은 집합해서 사회를 이룬다. 개인의 신체가 유기체인 것처럼 사회도 역시 유기체이다. 개인과 사회를 비교하면 그 사이에 다소의 동이가 없지 않지만 대체로 가장 비슷하다. 스펜서,[p.198] 쉐플레,[208] 릴리엔펠트[209] 등이 인체와 사회를 대조한 것도 이유가 없지 않다. 요컨대 개인은 사회의 한 성분으로 단지 상대적으로 개체를 이루는 데 불과하다. 즉 사회와 떨어질 수 없는 밀접한 관계에 있다. 만약 개인이 참으로 개체를 이루고 독립하여 홀로 행동할 수 있다면 도덕은 전혀 쓸모없어질 것이다. 그러나 어떻게 해도 개인은 절대적 의미에서 독립하여 홀로 행동할 수 없다. 사회와 떨어질 수 없는 밀접한 관계가 있을 수밖에 없다. 그리하여 도덕이라는 것이 생긴다. 도덕은 개인과 사회의 관계에서 연원한다.

도덕에 소극과 적극의 두 방면이 있다. 사회의 복지를 증진하고

---

[208] 알베르트 쉐플레(Albert Schäffle, 1831~1903) : 독일의 경제학자이자 사회학자. 콩트(Comte)와 스펜서(Spencer)에게 영향을 받았다. 그의 책,『사회적 본체의 구조와 생활』(1875~78)은 사회적 본체의 구조, 생명, 조직이 생물학적 육체에 비유된다고 주장하며, 사회유기체 연구의 총체적인 접근을 강조하였다. 사회를 체계의 측면에서 분석을 시작하는 데 중요한 공헌을 했다. 그러나 그의 사후에 출판된『사회학 개요』(1906)에서는 생물학적 비유를 포기했다.

[209] 파울 폰 릴리엔펠트(Paul von Lilienfeld, 1829~1903) : 러시아의 사회학자.『장래의 사회과학에 관한 고찰』*Gedanken über die Sozialwissenschaft der Zukunft, 1873~81*에서 극단적인 생물학주의의 입장에서 사회를 유기체 그 자체로 보는 철저한 사회유기체설을 주장하였다.

● 1.3 독립자존주의의 도덕을 비판함

목적을 조성하는 것은 적극적 방면이다. 사회의 목적에 복종해서 복지를 손상하지 않는 것은 소극적 방면이다. 그러므로 소극적 방면에서는 복종의 도덕을 알아야 한다. 어떠한 시대에도 보통은 소인은 다수고 군자는 소수이다. 군자는 소극적 도덕을 닦아야 할 뿐 아니라 더욱 나아가 적극적 도덕을 행해서 그 천직을 온전히 하는 것을 게을리 하지 말아야 한다. 그런데 소인은 정욕에 유혹되어 적극적 도덕은 고사하고 소극적 도덕도 닦지 못한다. 여차하면 소극적 도덕에 등을 돌리고 인생의 암흑면에서 사회의 건전성을 좀먹는 경향이 있다. 소수의 군자는 훈계할 필요가 없어도 다수의 소인은 훈계하지 않을 수 없다. 이것이 복종주의가 도덕상 중대한 취지를 갖는 이유이다.

독립자존을 말한다면, 단지 신체의 독립자존을 숭상할 뿐만 아니라 정신의 독립자존을 숭상해야 한다. 양자를 대조해서 생각해보면 정신의 독립자존은 신체의 독립자존보다 한층 긴요하다. 그 이유는 설사 신체는 독립해도 정신이 독립하지 않으면 도저히 정신 면에서 노예를 면하지 못하기 때문이다. 만약 정신이 일단 독립하면 신체의 독립은 그 결과로서 반드시 실현되기 때문이다. 그렇다면 정신의 독립자존을 과연 실행할 수 있을까? 상대적 의미에서 실행할 수 있어도 절대적 의미에서는 실행할 수 없다. 그런데 만약 독립자존을 유일의 도덕주의로 삼으면 이로써 일생을 일관해야만 한다. 이것이 어렵다고 하는 것이다. 본래 우리의 정신은 분명히 개인적이지만 그 내용은 전혀 개인적이라고 할 수 없다. 우리의 지식 중 우리 스스로 증명하여 확정할 수 있는 것은 비교적 적고, 많은 것을 견문에 의해 얻는다. 즉 타인이 경험한 결과에서 나오는 것이 많다. 참으로 정신의 개인적 독립을 이루려고 하면 모든 권위^{authorities}[210]를 나의 정신계에서 내쫓아버리고 나 자신의 독특한 견해를 유일한 권위^{authority} 로

---

210) '권위'로 번역한 부분은 이노우에는 "證典"이라는 용어를 사용하면서 "authorities"를 병기하였다.

제1장 종교와 교육

삼아야 한다. 진정 독립자존으로 도덕주의를 삼는다면, 반드시 이를 종국에까지 논구해서 여기에 이를 수밖에 없다. 독일의 니체[211] 씨는 극단의 개인주의를 제창하고 이를 실행하는 데 힘썼다. 그러나 그는 도저히 실행할 수 없는 것을 실행하려고 했다.[212] 그래서 결국 이 때문에 정신병에 걸려 다시는 회복할 수 없는 몸이 되었다. 독립자존주의의 실행자로서는 니체[p.174]가 있으며, 이로써 그 결과가 어떤지를 알 수 있다. 어떤 권위도 취하지 않는 독립자존은 위험하다. 반드시 수많은 권위를 취하지 않을 수 없다. 그런데 권위를 취한다는 것은 정신상의 복종을 의미한다. 예를 들면 다윈[p.63]의 설을 근거로 하는 것은 다윈[p.63]의 설에 복종하는 것이다. 이러한 정신상의 복종을 모두 없애는 것은 불가능하다. 그러나 만약 단지 복종만 있고 독립이 없으면 완전히 정신상의 노예로서 어떤 식견도 없이 결국 백치가 될 것이다. 그러므로 정신에서는 독립과 복종은 양립할 수 있으며 한쪽만을 버릴 수 없다. 복종 없는 독립이나 독립 없는 복종은 모두 주의로서 취할 만하지 않다.

후쿠자와 옹은 스스로 독립자존을 제창했지만, 과연 정신상의 독립자존을 실행했는가? 독립자존이라고 하는 이상은 나 자신을 최상의 권위로 삼아 고인의 설에 의거하지 않고 일가의 견해를 내야만

---

211) 프리드리히 니체(Friedrich Wilhelm Nietzsche, 1869~1900) : 독일의 철학자. 실존철학의 선구자라고 불린다. 어려서부터 주변의 인정을 받았고 십대에 벌써 자서전을 쓸 준비를 했으며, 음악에 심취했던 그는 『비극의 탄생』을 써 바그너에게 바치지만 바그너가 기독교 예술을 추구하자 결별을 선언한다. 『의지와 표상으로서의 세계』를 읽고 이것은 쇼펜하우어가 자신을 위해 써놓은 책이라고 말하며 깊이 빠져들었다. 니체[p.174]가 직접 불교나 힌두교의 영향을 받았다기보다는 쇼펜하우어를 통하여 간접적으로 접했다고 할 수 있다.

212) 1903년 발간된 『철학사』에서 칼 포얼랜더(Karl Vorländer)는 니체[p.174] 철학의 발전단계를 3단계로 구분하면서 『차라투스트라는 이렇게 말했다』(1883) 이후 니체[p.174]가 제1단계에서와 같은 '개인주의'적 입장으로 다시 선회했으며, 니체[p.174]의 이 귀족주의적인 개인주의는 무정부주의적 색채를 띤다고 평가하였다. 포얼랜더의 니체[p.174]관은 당시 독일 지성계의 일반적 평가를 반영하고 있는데, 이노우에의 니체[p.174]관도 이러한 평가와 궤를 같이 하는 것으로 보인다.

● 1.3 독립자존주의의 도덕을 비판함

한다. 그런데 독립자존이라는 주의는 과연 그러한가? 루소[p.54] 씨는 이미 개인 권리의 평등을 제창하고 독립자존의 뜻을 논파했다. 뒤의 학자로 개인 권리의 평등을 제창하는 자는 모두 독립자존을 의미한다. 옹은 이들 서양학자의 설에 복종하고 이를 독립자존이라고 번역한 것이다. 과연 그렇다면 이를 정신상의 독립자존이라고 할 수 있을까? 옹은 독립자존하는 사람은 스스로 사유하고 판단하는 지력을 가져야 한다고 말하지만, 독립자존이 스스로 사유하고 판단한 결과라고 할 수 있을까? 이 점에서 보면, 누구도 간과할 수 없는 현저한 자가당착이 있음을 알 수 있다. 그러나 단지 자가당착이 있다고 해서 그 논리의 부정합을 탓하는 것은 아마도 옹에 대한 무리한 요구일 것이다. 다만 이러한 자가당착은 독립자존이라는 것이 절대적으로 이루어질 수 없음을 의미하므로 특히 이를 지적하여 세상 사람들의 주의를 끌고자 한다.

독립자존의 주장도 비평적 정신을 가지고 대한다면 어떤 위험도 없을 수 있지만 세상 사람들 다수는 스스로 그 시비를 정하지 못한다. 단지 풍조가 가는 데로 따라서 부화뇌동하는 경향이 있으므로 저들의 과실을 미리 방지할 준비가 있어야 한다. 복종 없는 독립자존을 하층에 선전하면 반드시 파괴적 운동이 될 것이다. 이를 서양에서 증험해보면, 루소의 권리평등설은 몽테스키외[213]의 자유주의와 볼테

---

213) 샤를-루이 드 스콩다 몽테스키외(Charles Louis de Secondat, baron de La Brède et de Montesquieu, 1689~1755) : 프랑스 계몽시대의 정치학자로, 그의 저서는 프랑스 부르주아 혁명의 지도자들에게 대단히 많은 영향을 미쳤다. 그는 영국의 사상, 특히 로크의 영향을 받아 절대군주제를 격렬하게 비판하고 국가의 기원, 법의 본성을 설명하고자 하면서 '자연적'인 기초 위에서 사회개혁의 계획을 세웠다. 정부의 형태로서 입헌군주제를 최선으로 생각하고, 삼권분립·양원제 의회를 주장했다. 그가 자연과 사회를 동일시했던 것은 중세적인 신의 섭리로 사회를 설명하는 것과는 완전히 대립한다. 지리적 유물론을 주장하여, 일국 인민의 도덕적 특징, 법의 성격, 정부의 형태 등은 기후·토지·영토의 넓이 등에 의해 규정된다고 했다. 몽테스키외의 『법의 정신』De l'esprit des lois은 가 노리유키(何禮之)가 『만법정리(萬法精理)』(1875~1876)로, 스즈키 유이치(鈴木唯一)가 『율례정의(律例精義)』(1875)로 번역 출판하였다.

르[214]의 회의주의에 도움 받아 은연 중에 프랑스의 인심을 풍미하고,
결국 Liberté, Eglitée, Fraternité를 외치는 소리가 되어 미증유의 소란
인 대혁명을 야기했다. 대혁명의 원인은 여러 가지 있지만 루소의
학설이 큰 원인이 된 것은 도저히 부정할 수 없다. 대혁명은 본래
이상에 불과하다. 루소의 학설을 사회에 실행한 것이다. 거울은 멀리
있지 않다. 프랑스의 혁명을 보라. 복종 없는 독립자존은 사회의
기초를 뒤흔드는 씨앗에 불과하다.

 독립자존은 각 개인을 평등하게 본다. 즉 루소의 권리평등설과
조금도 다르지 않다. 그런데 이러한 평등권은 어디까지 정확한가?
사회는 차별과 평등의 양 방면을 갖는다. 차별 가운데 평등이 있고,
평등 가운데 차별이 있다. 차별과 평등은 표리나 좌우처럼 밀착하여
떨어지지 않는 관계이다. 이는 또한 '현상즉실재'의 이치와 멀지 않
다. 자연계의 존재에는 귀천의 구별이 없고 존비의 차이가 없다. 인류
역시 자연계의 존재로 보면, 인류에게 어떤 귀천이 있는가? 어떤 존
비가 있는가? 즉 각 개인은 평등하다는 관념이 나오지 않을 수 없다.
그러나 인류는 의사를 갖는다. 의사의 작용이 어떤가에 의해 동작과
말과 행동에 심대한 차이가 생긴다. 그러므로 사회의 상태에 대해서
말하면 인류는 결코 평등하지 않다. 각 개인이 모두 같지 않다. 어떤
사람은 재주가 많고 어떤 사람은 무능하다. 어떤 사람은 선량하고
어떤 사람은 흉악하다. 실로 천차만별로 두 사람도 완전히 같을 수

---

214) 볼테르(Voltaire, 1694~1778) : 본명은 프랑수아마리 아루에(François-Marie Arouet)로 필명 볼테르로 널리 알려진 프랑스의 문학가이자 철학자. 프랑스 혁명은 보지 못했지만 계몽주의 운동을 이끌었던 선구자로 평가된다. 파리에서 태어나 살롱을 다니면서 문학에 관심을 갖게 된다. 법률가가 되기를 원했던 부친의 반대를 무릅쓰고 쓴 비극『오이디푸스』Oedipus, 1718로 젊은 나이에 유명해졌다. 한편 디드로(Denis Diderot)의『백과전서』에도 참여하여 철학자로서도 명성을 떨쳤다. 반봉건적 풍자 때문에 두 차례 체포되어 생애의 대부분을 외국에서 보냈고, 런던 체재 중에 로크의 철학과 뉴턴의 물리학에 영향을 받았다. 또한 무신론자는 아니었지만 종교적 광신주의를 강하게 비판하여 가톨릭교회에 맞서기도 했다. 사회적으로는 반봉건, 철학적으로는 경험론, 종교적으로는 이신론의 입장이었다고 할 수 있다.

없다. 그러므로 사회는 불평등의 상태를 드러낸다. 이는 몽환이 아니라 현실이다. 공화정체의 나라에서도 참된 평등은 행해지지 않는다. 설사 누구나 똑같이 대통령이 될 권리가 있다고 해도 실제로는 누구나 대통령이 될 수 없다. 보통사람보다 탁월한 사람이 이 자리를 맡는다. 즉 능력 있는 사람과 능력 없는 사람의 차는 인류가 도저히 면할 수 없다. 능력 있는 사람과 능력 없는 사람에게 이에 상응하는 위치를 주는 것, 이것이 참된 정의이며 사회의 안녕질서도 이에 의해 유지된다. 진화론에 의하면 분화^{differentiation}는 필연의 결과이다. 사회의 상태가 복잡해지고 점차 분화되어가는 것이 진화이다. 평등으로 복귀하는 것은 역행이다. 만약 분화의 상태를 타파하여 평등으로 복귀하려고 하는 사람이 있다면, 이는 진화의 이법을 모르고 자연의 법칙에 반항하는 자이다. 그렇다면 그 어리석음은 참으로 따라갈 수 없는 사람이다. 루소는 단지 평등 방면만을 보고 차별 방면을 잊었다. 참으로 생각이 얕은 견해라고 할 수 있다. 평등을 실행한 결과가 어떠한가? 결국 프랑스 대혁명이 일어나 가공할 사회의 무질서를 드러냈다. 지금 복종을 멸시하고 단지 독립자존을 제창해도 역시 판단 없이 루소를 흉내 내는 것에 불과하다. 이를 하층에 선전하면 그 결과가 어떤가는 어찌 미루어 알지 못하겠는가.

지금 『수신요령』을 보면, 복종의 중요함을 서술하지 않았지만 복종에 관한 곳이 두세 곳 있다. 이미 독립자존으로 주의를 삼으면서 또 복종의 중요함을 버리지 못한 것은 본래 자가당착이지만, 이를 꼭 추궁하는 것은 아니다. 단 오직 독립자존 하나만으로는 도저히 안 된다는 것을 드러낸 것은 가장 주의할 점이다. 복종이 없으면 29개조도 누가 받들겠는가. 각자 보는 곳에 따라 마음대로 도덕을 확정하는 것이야말로 참으로 독립자존이라고 말해야 하기 때문이다.

또 『수신요령』은 주로 세상의 소인을 깨우치기 위해 발표된 것이지만, 소인은 소아와 마찬가지인지라 독립은 불안하다. 설사 독립해도 위험하다. 특히 정신상의 독립은 저들에게 가장 바라기 어렵다. 그러므로 종교도 타력他力이 아니라면 저들을 구원할 수 없다. 만약 소인에게 독립자존을 가르친다면 그 결과는 어떠하겠는가? 아마도 저들은 이를 강퍅하고 불손한 것이라고 오해하여 주제를 모르고 잘난 척하는 폐해를 낳을 것이다. 이는 오히려 심각하게 개의할 일이 아니나, 달리 걱정해야 할 일이 있다. 독립자존은 본래 주아주의主我主義215) 즉 이기주의로 기울기 쉽다. 그래서 이것으로 소인을 이끌면 그들은 오히려 사욕을 키울 구실을 얻어 도덕에 반하는 결과를 낳지 않는다고 보장할 수 없다. 주아 혹은 이기는 가르치지 않아도 소인은 알뿐만 아니라 당당하게 여기로 나아가 법도의 밖으로 도망할 자가 적지 않다. 그러므로 저들에게는 사욕을 제어하는 것을 가르쳐야만 한다. 설사 이를 가르쳐도 어길 염려가 있다. 하물며 주의를 가지고 저들을 주아·이기의 방침으로 이끌면 어떻겠는가. 실로 제방을 무너뜨려 홍수를 이끄는 것과 같다고 할 수 있다.

본론 하

독립자존의 주장과 연대하여 발생한 중대한 문제가 있다. 즉 덕교德教는 인문의 진보와 함께 변화를 예상한다는 것이다. 그 취지를 상술하면, 인문은 점점 진화해왔고 시세가 이미 변화하고 환경 역시 같지 않기 때문에 고대의 도덕은 오늘날에는 적합하지 않다, 오늘날에는 오늘날의 도덕이어야 한다, 즉 복종주의는 고대의 도덕이고 오늘날은 독립자존으로 도덕주의를 삼지 않을 수 없다고 그들은 생각한다. 도덕은 시세에 의해 환경에 따라 변화한다고 가정하는 것이다. 도덕은 과연 그렇게 변화하는 것인가?

도덕이 일정하지 않은 것은 사실이다. 노예매매는 그리스 시대에

---

215) 글자 그대로 해석하면 '나'를 가장 중요하게 생각하는 주의인데, 'egoism'을 번역했으리라 짐작된다. 즉 '주아'와 '이기'는 'egoism' 번역의 다른 버전일 것이다.

는 단지 잘못이 아니었을 뿐만 아니라 오히려 적당한 일로 여겨졌다. 플라톤조차도 이를 잘못이라고 하지 않았다. 아리스토텔레스는 노예를 얻기 위한 전쟁 역시 도에 맞는다고 했다. 그러나 지금은 일반적으로 노예매매는 부덕이라고 하게 되었다. 복수는 어떤 시대에는 크게 찬미되었지만 지금은 국법에 어긋나서 전혀 칭송되지 않는다. 아니, 오히려 부덕의 행위가 되었다. 도덕은 이처럼 시대에 따라 차이가 있을 뿐 아니라 장소에 따라 다르다. 충효 관념은 동서가 같지 않은 현저한 예이다. 또 경례敬禮는 도덕심의 발현이다. 그런데 경례의 법이 어떻게 장소에 따라 다른가 보자.

> 일본에서 키스는 외설스럽다고 하지만 서양 각국에서는 모두 공공연하게 한다. 때에 따라 경례가 되기도 한다. 특히 어른의 손이나 다리에 키스하는 것은 경례가 된다. 일본인은 머리를 숙여서 경례한다면, 지나인은 양손을 서로 잡고 이를 들어올리는 것을 경례로 삼는다. 일본인은 서양인과 마찬가지로 모자를 벗는 것을 경례로 하지만, 지나인과 조선인은 모자를 벗지 않고 모자를 쓰는 것을 경례라고 한다. 또 뉴질랜드인은 서로 코끝을 비비는 것을 경례로 한다. 치타공의 산간에 사는 종족은 '우리에게 키스하라'고 하지 않고 '우리의 냄새를 맡으라'고 한다. 말레이시아인·피지인·동강종족과 같은 폴리네시아인들은 어른과 대화할 때 앉아서 하는 것을 통례로 하지만, 말라쿨라Malakula의 주민은 거위처럼 꽥꽥거리는 것을 경례의 표시로 삼는다. 또 닐기리산의 토다족은 오른손을 펼쳐 얼굴 위로 들어 엄지를 콧대에 대는 것을 공경의 예를 표하는 법으로 한다. 그런데 바타비아에서는 어른과 담화할 때 등을 돌리는 것을 경례로 삼는다. 이 풍속은 콩고와 기타 두세 곳에서 발견된다. 혹은 에스키모인은 경례의 표시로 코를 잡아당긴다.[216]

기타 경례에 관한 풍속의 같은 점과 다른 점은 다 열거할 겨를이

---

[216] 원문에서, 인용문처럼 단락 바꾸고 들여쓰기 했으나 출처는 표기하지 않음.

없다. 그런데 단지 경례에 그치지 않는다. 도덕이 장소에 따라 다르다는 것은 도저히 부정할 수 없는 사실이다. 그런데 이에 의해 도덕은 모두 변화하는 것이라고 할 수 있을까? 변화하는 것은 단지 도덕을 실행하는 수단방법이 아닐까? 만약 도덕이 항상 변화하는 것이며 결코 고정불변의 것이 아니라고 하면 이는 실로 중대사이다. 왜냐하면 도덕을 변화하는 것이라고 하는 극단은 결국 도덕이란 없다는 것으로 귀결하기 때문이다. 도덕이 과연 고금에 따라 다르다면 우리는 어떻게 도덕을 확정할 수 있는가? 어떤 사람은 말할 것이다. 일본은 유신을 하나의 단계로 한다면, 유신 이전은 복종주의 도덕이 행해졌다고 할 수 있고, 유신 이후는 독립자존의 도덕을 취해야 한다고. 그러나 유신 이후에는 복종주의가 조금도 행해지지 않는가? 누가 그렇게 대답할 수 있는가? 그러나 잠시 유신 이후는 독립자존의 도덕을 취했다고 해보자. 그렇다면 이 도덕은 앞으로 언제까지 취해야 하는가? 도덕이 변화하는 것이라면 이미 다른 이념을 취해야만 한다. 그렇다면 언제 다른 주의를 취해야 하는가? 그 시기와 주의는 누가 정하는가? 사실 누구도 정할 수 있는 성질의 것이 아니다. 단지 각자 생각대로 도덕주의를 정하는 것 외에는 없다. 이 때문인지 도덕은 주관적으로 되어 조금도 일정한 주의 없이 참으로 '일정하지 않음'contingent 을 면할 수 없다. 또 도덕이 시대에 따라 변화하지 않을 수 없다면 또한 장소에 따라 변화하지 않을 수 없다. 그렇다면 어떤 장소는 어떤 주의라고 정해야 한다. 이 역시 도저히 가능한 일이 아니므로 도덕을 일정하지 않은 것으로 귀결하게 할 뿐이다. 이는 필경 도덕이 없다고 하는 것과 다르지 않다. 요약하면 도덕은 변화하는 것이라는 말은 도덕을 부정하는 것으로 귀결한다. 그리스의 소피스트는 ^(즉 궤변가) 이미 인식을 주관적인 것이라고 했다. 따라서 도덕도 일정하지 않은 것이라고 했다. 즉 도덕이 변화한다는 것은 소피스트가 일찍이 제창한 바이다. 작은 소책자이기는 하지만 슈펭글러의 철학사라도 일독했다면 오늘날에

1.3 독립자존주의의 도덕을 비판함

소피스트의 설을 재연하는 실수는 없었을 것이다. 소피스트의 취지를 메이지의 오늘날 고취하리라고는 정말 꿈에도 생각지 못한 일이다. 또 도덕은 변화하는 것이라고 주장하면서 자신의 도덕주의가 30년 동안 조금도 변화하지 않았다는 것은 기이한 관점이 아닐 수 없다.

도덕에 변화가 있다는 것도 단지 도덕을 실행하는 수단과 방법의 변화일 뿐, 도덕 근저의 정신과 목적은 만고불변이고 동양과 서양에 일관하며 시대나 장소에 따라 조금도 변화하는 것이 아니다. 도덕에는 차별과 평등의 양 방면이 있다. 변화하는 것은 단지 차별적 도덕으로, 이를 초월하여 영원히 변화하지 않는 평등적 도덕이 있음을 알아야 한다. 도덕은 개인과 사회의 관계에서 연원하는 것으로, 그 목적은 필경 사회 일반의 복지를 증진하는 데 있다. 도덕의 실행에는 여러 가지 설명이 필요하지만 사회 일반의 복지를 증진하는 일이 도덕의 종국적 목적이라는 것은 확실하다. 그런데 시대나 장소에 따라 변화한다고 할 때의 도덕은 도덕을 실행하는 수단과 방법으로, 도덕의 목적 자체에 관한 것이 전혀 아니다.

시험 삼아 논해보자. 노예매매도 그리스 때에는 반드시 유해한 것은 아니었다. 오히려 그 노동력에 의해 당시의 문명을 돕고 보충할 수 있던 일도 많았다. 그러나 오늘날에는 노예가 필요 없을 뿐 아니라 인류 일반에 귀중한 도덕심을 차마 해칠 수 없다. 그래서 당시 노예매매를 옳다고 하는 마음도 오늘날 이를 그르다고 하는 마음도 사회의 복지를 증진하려는 점에 있어서는 조금도 차이가 없다. 복수 역시 고대에는 사회를 위해 유익했다. 한편에서는 조상교의 기초를 공고히 하기 위해 한편에서는 살인의 야만적 풍습을 막기 위해 이를 장려할 필요가 있었다. 망령되게 아버지와 형을 죽이는 일을 허용하면 사회는 어떻게 안전을 얻겠는가. 그러므로 아들과 동생이 제 손으로 죄를 꾸짖어 죄에서 도망할 수 없음을 보여주었다. 그러나 오늘날 법률도 정비되었고 경찰도 치밀하므로 이미 복수의 필요는 없다. 감

제1장 종교와 교육

히 복수를 도모한다면 오히려 사회에 해가 된다. 당시 복수를 옳다고 하는 마음도 오늘날 복수는 그르다고 하는 마음도 사회를 위한 것은 완전히 같다. 그러므로 도덕의 목적에 관해서는 어떤 차이도 없다. 충효의 관념이 동양과 서양이 같지 않은 것도 도덕의 목적의 차이를 의미하는 것은 아니다. 단지 동양에서는 충효의 도덕을 중시하고 서양에서는 반드시 그렇지는 않다는 것에 불과할 뿐이다. 또 경례를 표하는 방법이 장소에 의해서 심한 차이가 있는 것은 경례 자체의 차이를 의미하는 것은 전혀 아니다. 경례는 한결같이 경례이다. 어떤 방법에 의해 경례를 표현할지 그 방법이 반드시 똑같지는 않다. 그러나 모두 존경의 뜻을 표현한다는 점에서는 어떤 차이도 없다.

하물며 도덕 그 자체랴. 도덕이 변화한다고 하는 것은 단지 그 차별적 방면을 본 것이다. 도덕이 변화하지 않는다고 하는 것은 단지 그 평등적 방면을 본 것이다. 어느 쪽도 도덕의 한 방면을 본 것으로, 아직 그 진상을 간파했다고 할 수 없다. 도덕은 변화하는 차별적 방면과 변화하지 않는 평등적 방면을 갖는다는 것을 알아야 한다. 단지 차별적 방면만을 보고 도덕은 변화한다고 하면 그 폐해는 결국 소피스트처럼 도덕의 근저를 빼앗고 사람을 의혹의 두려움에 방황하게 할 것이다. 단지 평등적 방면만을 보고 도덕은 변화하지 않은 것이라고 한다면, 거문고 기둥을 아교로 붙이는 것처럼[217] 물정에 어둡게 되어 조금도 변통을 모르게 된다. 이는 모두 도덕에 관한 편견에서 일어난 잘못된 견해임을 알아야 한다.

만약 도덕이 변화하는 것이라면, 단지 시대에 의해 같고 다름이 있을 뿐 아니라 장소에 따라서도 같고 다름이 있어야 한다. 과연 그렇다면 고대의 도덕은 오늘날에 적합하지 않는 것처럼 서양의 도

---

217) 『史記』「염파인상여열전(廉頗藺相如列傳)」에 나오는 이야기이다. 거문고의 기러기발을 아교로 붙여놓으면 연주를 할 수 없다. 고지식해서 융통성이 없는 사람을 비유하는 말이다.

1.3 독립자존주의의 도덕을 비판함

덕은 동양에 적합하지 않아야 한다. 그런데 후쿠자와 옹은 도덕은 변화하는 것이라고 하면서 루소와 같은 서양학자가 제창한 주의를 취해서 바로 우리나라에 주장하는 것은 역시 간과할 수 없는 현저한 자가당착이 아닌가. 참으로 독립자존 주의를 관철하려 한다면 스스로 서양도덕도 아니고 고대의 도덕도 아닌 오늘날 우리나라에 적합한 신규의 도덕주의를 제창했어야 했다. 그렇지 않다면 도덕은 변화하는 것이라는 취지에 부합하지 않음을 어찌할 것인가.

또 생각해보면 과학은 일정불변의 법칙 없이는 성립할 수 없다. 그런데 도덕적 행위를 대상으로 하는 과학이 있다. 즉 윤리학이다. 만약 도덕이 단지 변화하는 것뿐으로 결코 고금을 관통하고 동서를 관통해서 변하지 않는 근저를 갖지 않는다면 윤리학은 어떻게 성립하는가? 윤리학이 아직 화학이나 물리학처럼 확정되지 않았다는 것은 사실이다. 그러나 그 연구는 최근에 정밀해지고 있다. 그런데 기존 상식에 의거하여 너무나 쉽게 그 성립을 부정하려고 하는 것은 참으로 장님이 뱀을 두려워하지 않는 것과 같이 대단히 무모하다고 할 수 있다. 윤리에 관한 중대한 문제가 너무나 간단하게 상식에 의해 결정된다면 과학은 모두 쓸모없는 것이 된다. 과학적 정신이 이미 발흥한 오늘날 윤리학의 현재 모습이 어떤가에 관계없이 독단적으로 도덕은 변화하는 것이라고 하여 세상 사람들에게 기탄없이 선전하는 것은 과학을 모멸하는 것이 아니고 무엇이랴.

또한 독립자존주의는 루소의 권리 평등의 다른 이름에 불과하므로 본래 새로운 주장이 아니다. 18세기 이후 학자들은 잘 알고 있다. 우리나라에서도 조금 철학을 하는 자라면 누가 이 일을 모르겠는가. 그러나 이제 와 과장되게 이를 주장하는 것은 왜인가? 그 뜻은 대개 동양 고래의 복종주의는 잘못되었으므로 이를 독립자존주의로 바꿔야 한다고 하는 데 있다. 즉 독립자존이라는 것은 고래 동양의 도덕에는 없었다고 하는 것이다. 그러나 이는 완전히 동양의 도덕이

제 1 장 종교와 교육

어떤지 구명하지 않았기 때문에 일어난 잘못된 견해이다.

독립자존 사상은 이미 불교에 있다. 불교는 독립자존을 기초로 하여 이루어졌다고 해도 안 될 것 없다. 불교에서 모든 중생은 불성을 갖추고 있다고 한다. 이는 각자 평등한 본성을 갖는다는 뜻이므로, 본래 귀천과 존비의 차별을 인정하지 않는다. 즉 그 주의는 독립자존임을 알 수 있다. 이른바 유아독존 역시 독립자존 주의에 다름 아니다. 그러나 불교의 독립자존은 대아 즉 절대아에 대해 말하며, 후쿠자와 옹의 것은 소아 즉 상대아에 대해 말한다는 차이가 있다. 그러므로 불교 쪽이 훨씬 깊다. 또 유교의 만인동성설萬人同性說은 추노학파에 의해 논파되어 누구라도 성인이 될 수 있다고 하며, 이 방향을 향하여 나아가는 것을 권고한다.[218] 그 정신은 바로 독립자존이다. 특히 맹자의 설과 루소 씨의 설은 자연스럽게 암합하는 바가 있는 것은 기이한 점이라고 할 만하다. 『에밀』을 보라. 『사회계약설』을 보라. 동양의 옛 학자라고 해도 어떻게 독립자존 주의를 모르겠는가! "순은 어떤 사람이며 나는 어떤 사람인가? 하려는 바가 있으면 또한 이와 같다"[219]라고 하고, 또 "부귀도 타락시킬 수 없고 빈천도 움직일 수 없고 위력과 무력도 굴복시킬 수 없다. 이를 대장부라고 한다"[220]고 하는 말들은 모두 독립자존의 정신을 말한 것이다. 오직 권리사상만이 아직 충분히 발달하지 않았을 뿐, 평등 관념과 독립자존의 정신은 이미 있다. 그러나 여기에 치우치지 않았을 뿐이다. 요컨대 독립자존 주의는 동양에서는 수천 년 동안 행해졌다. 이제 와 루소 씨 무리의 찌꺼기를 핥으면서 독립자존을 서양에서 수입하는 일은 참으로

---

218) 추노학파는 공자와 맹자의 유학을 말하는데, 이들에게 '만인동성설'이라는 개념은 없다. 공자는 본성에 대해 "본성은 가까운데 습관에 의해 멀어진다"는 말을 했을 뿐이고, 맹자가 "사람의 본성은 선하다"고 주장했다. 맹자는 인의예지의 덕을 갖출 바탕을 사람은 모두 갖추고 있다고 했으므로, 이를 '만인동성설'이라고 해석한 듯하다.
219) "舜何人也, 予何人也. 有爲者, 亦若是." 『맹자』 「등문공(騰文公)」
220) "富貴不能淫, 貧賤不能移, 威武不能屈, 此之謂大丈夫" 『맹자』 「등문공」

1.3 독립자존주의의 도덕을 비판함

'요동의 돼지'[221]라 할 만하다. 또 진리는 동서에 의해 나뉘는 것이 아니므로 서양의 독립자존만이 옳고 동양의 것은 그렇지 않다고 말할 수 없다. 과연 그렇다면, 이제 와서 독립자존을 제창해서 동양 고대의 도덕을 변하게 한다고 할 수 없다. 하물며 동양 고래의 독립자존은 한층 심원한 취지를 가짐에랴. 또한 예로부터 충효의 가르침은 단지 복종주의를 언명하는 것으로서 복종의 수단 방법은 고금에 같고 다름이 없을 수 없지만, 복종이라는 것은 사회에 의해 성립하므로 도저히 제거할 수 없다. 그러므로 독립자존을 창도한다고 해서 복종주의가 완전히 쓸모없게 되는 것은 아니다. 이로써 보면 지금 갑자기 도덕을 변화하는 것이라고 하는 말은 '소피스트'의 설과 마찬가지로, 완전히 피상적으로 보는 것에 불과하다는 것을 알아야 한다.

남은 이야기

독립자존주의에 근거를 두고 제정된 『수신요령』의 내용에 대해 그 이해득실을 자세하게 보면 역시 다소 말할 것이 있다. 그러나 이들은 본래 말단이다. 꼭 구구절절 입 아프게 말할 필요가 없다. 그러므로 나는 단지 그 주의인 독립자존이 도덕상 어떠한 가치를 가졌는가를 보여주고, 이어 도덕에 변화하는 방면과 변화하지 않는 방면이 있는 것을 밝혔다. 만약 그 중대함을 안다면 어느 쪽이 가볍고 어느 쪽이 무거운지 미루어 알 수 있을 것이다. 마지막으로 『수신요령』 전체의 성질에 대해 두세 가지 비평을 하려고 한다. 『수신요령』은 대략 인생에 반드시 필요한 사건을 열거한다. 그러나 이는 단지 교묘하게 고안된 처세술^{Lebensklugheit}일 뿐이다. 마음心意을 연마하고 덕성을 함양하는 근본에 이르면 어떤 열쇠도 없이, 참으로 부족하다고 할 수

---

[221] 요동시(遼東豕) 또는 요시(遼豕)라고도 한다. 『후한서』「주부전」(朱浮傳)에서 유래한다. 견문이나 학식이 적은 사람이 우연히 흔하지 않은 광경을 보고 기이하게 여기고 특별한 일로 해석하는 경우를 이른다. 지식이 얕고 어리석은 사람을 조롱하는 말이다.

있다. 도덕적 행위는 항상 드러나 외부에 있는 것이라고 할 수 없다. 머릿속에서 사유하는 일이 이미 도덕적 행위에 속한다. 그러므로 도덕적 행위를 논하려면 먼저 정신계에서의 의지가 어떤가를 물어야 한다. 즉 의지가 어떠해서 도덕적일 수 있는가를 고찰해야 한다. 여기에서 우리는 비로소 도덕적 행위의 연원에 접하게 되는 것이다. 이러한 문제를 두고 단지 처세법을 논하는 것도 어쨌든 편벽된 기교로 흐르기 쉬워, 내외일치의 열매를 맺기를 기대할 수 없다. 도덕적 행위의 순서를 말하면 사상은 첫째, 언어는 둘째, 동작은 셋째이다. 만약 사상이 이미 도덕적이라면 필연의 결과로 언어도 바르게 되고 동작도 바르게 된다. 그러나 만약 도덕적 행위가 머리에서 시작한다는 것을 모르고 단지 처세법을 논하고 오직 동작만을 바르게 하는 데만 힘쓴다면, 사상이 반드시 바르게 되는 것은 아니며 언어가 반드시 바르게 되는 것은 아니다. 허위와 가식에 빠지는 것을 면하지 못한다. 이른바 위선hypocrisy은 내외일치의 결여에서 일어난다. 이는 처세법을 논하는 자들이 가장 경계해야 할 점이다. 참된 덕을 닦는 방법은 정신의 깊은 곳에서 시작한다. 그러므로 안으로는 광명을 얻고 외부의 먼 곳까지 투철함을 얻는다. 여기에 이르면 모든 동작 운위는 거의 의도를 거치지 않고 저절로 도에 부합하는 감이 있다. 『수신요령』은 조금도 이점에 대해 지시하는 바가 없다. 그러므로 독립자존을 말해도 그 폐단으로 흘러 내적인 덕을 잃을 염려가 있다. 과연 그렇다면 『수신요령』이 어떤 내적인 덕도 보여주지 않는 것은 분명 하나의 결점이라고 할 수 있다.

또 『수신요령』은 독립자존을 설하지만 인생의 목적은 과연 어디에 있는지를 명시하지 않는다. '최대행복'을 인생의 목적으로 삼는 듯하다. 그러나 최대행복의 영역으로 나아가려면 우리는 본래 어떤 것을 희구해야 하는가? 금전인가? 명예인가? 권리인가? 즐거움인가? 이는 보통 사람이 가장 헤매기 쉬운 바이므로 명시해야만 한다. 특히 금전에 관한 욕심은 가장 경계해야 한다. 옛 성인은 모두 금전 밖에 별도로 고상한 것이 있다는 것을 가르쳤다. 예수가 말하지 않던가. "좀먹고 녹슨다. 도둑이 들어 훔쳐 가는 곳인 땅에 재물을 쌓아두지 말라. 좀먹고 녹슨다. 도둑이 훔쳐 가지 않는 곳인 하늘에 재물을 쌓아야 한다. 너희의 재물이 있는 곳에 마음도 있어야 하기 때문이다"222)라고. 또 "부자가 천국에 들어가는 것은 어렵다. 부자가 신의 나라에 들어가는 것보다 낙타가 바늘구멍을 통과하는 것이 오히려 쉽다"고도 했다. 예수는 본래 부자가 아니다. 또 부자가 되려고 하지도 않았다. 금전 밖에 별도로 고상한 것이 있음을 알았기 때문이다. 석가와 공자도, 또 소크라테스도 모두 부자가 아니다. 석가는 가비라성Kapilavastu 의 태자였지만 스스로 태자의 지위와 권세, 권위, 위세, 명망 등을 해어진 구두를 버리듯이 버리고 하찮은 걸식승이 되어 도를 찾아 산과 들을 헤맸다. 이는 금전보다 고상한 것이 있음을 알았기 때문이다. 탐욕은 세 가지 독 가운데 하나라고 하며 이를 물리친 것 역시 이유가 없지 않았다. 공자 역시 조금도 빈부에 뜻을 두지 않았다. 그러므로 진陳과 채蔡 사이에서 궁벽하게 되었어도 도를 행하기 위해 관리의 길을 희망한 일은 있지만 불의한 부귀는 뜬구름처럼 보았다. 오히려 거친 음식을 먹고 물을 마시고 팔을 굽혀 이를 베개로 삼는 것을 즐겼다. "재화를 천시하고 덕을 귀하게 여긴다"는 것은 이 때문이다. 만약 성인의 눈으로 보면, 돈이 아무리 많아도 참으로 먼지와 같아 조금도 귀하지 않은데 어떻게 열망하겠는가. 성인의 정신은 수천 년을 지나 점점 광명을 발한다. 후인의 정신을 지배하는 것은 단지 그 내적인 덕에 의할 뿐, 조금도 금전의 힘을 통해 여기에 이르지 않았다. 본래 보통사람으로 올바른 의무를 다하고 재산가가 되는 것은 잘못이 아니다. 그러나 금전을 희구하는 욕심은 색정과 마찬가지로 사람을 사악한 길에서 헤매기 쉽게 한다. 이를 경계하지

---

222)「마태복음」6장.

않는 것 역시 『수신요령』의 일대 결점이라고 하지 않을 수 없다.

　이를 더 논해보자. 도덕에 관한 후쿠자와 옹의 근본적 오류는 이 작은 오척의 몸을 본위로 삼은 데 있다. 즉 소아에 구애된 데 있다. 육체는 우리 안의 비아非我로서 진아眞我가 아니다. 육체를 존중하여 독립자존을 말하는 것은 나라고 할 만한 진정한 뜻을 파악할 수 없었기 때문이다. 나에 대한 관념이 명석하지 않으면 도덕상의 관념은 결코 철저할 수 없다. 진아는 이른바 대아로서, 현상을 초월한 것이다. 즉 일체를 융합조화한 세계의 실재이다. 개인은 개체이면서 동시에 절대의 방면을 갖는다. 그런데 단순히 소아로서 볼 뿐, 조금도 소아 이상으로 나갈 줄 모르면 자아Ichheit에 집착한 속견에 불과하다. 자아에 집착하면 독립자존도 결국 단지 어리석게 혼자 잘난 척 하는 것일 뿐, 도저히 사물에 구애되지 않을 수 없다. 참으로 대아와 합일하고 대아의 정신으로 소아를 규율하고, 그리하여 현상계에 처하는 자는 결코 사물에 구애되는 일이 없다. 도덕을 실행하는 데는 관직에 있는지 재야인지를 묻지 않아야 한다. 관직에 있지 않으면 안 된다고 하고 재야가 아니면 안 된다고 하는 것은 모두 구애됨이 있는 것이다. 즉 관직에 있는가의 여부가 마음을 구애하는 것이다. 만약 재야에 있다고 해서 관직에 있는 이는 잘못이라고 하면 이미 편협하다. 관직에 있다고 해서 재야에 있는 것을 잘못이라고 하는 것과 마찬가지이다. 벼슬의 유무에 의해 구애되는 것 역시 아직 철저하지 않기 때문이다. 만약 철저한 도덕적 관념을 가진 자라면 사물 때문에 조금도 구애되지 않는다. 나아가야 할 때는 나아가고 물러나야 할 때는 물러나, 단지 있는 곳에 따라 도덕을 실행할 뿐이다. 어떤 편협함도 없을 것이다. 이 점에서 보면 옹의 도덕사상은 명철함을 결여한 바가 있음을 알 수 있다.

　또 옹이 『수신요령』에서 충효를 말하지 않고 단지 독립자존을 말한 것은 분명히 교육칙어敎育勅語와 서로 배치된다. 처음부터 교

1.3 독립자존주의의 도덕을 비판함

육칙어와 서로 배치된다는 것을 자각하고 나온 것임은 의심의 여지가 없다. 과연 그렇다면, 구태여 이설을 표방하여 칙어를 멸시하는 혐의가 없지 않다. 후쿠자와 옹 일파가 주장하기를, "수신도덕의 가르침은 먹거리와 같다. 물론 먹거리는 인생에 꼭 필요하지만 그 먹거리가 꼭 한 종류에 한정되는 것은 아니다"라고 말했다. 그 말은 일단 일리가 있는 것 같지만 역시 깊이 생각하지 않아서 생긴 잘못된 견해에 불과하다. 우선 도덕의 가르침을 먹거리에 비유하는 것은 반드시 적절한 비유^{analogy}가 아니다. 도덕의 가르침은 인식처럼 내용의 실질이 아니라 행위 방법을 보여주는 것이기 때문이다. 윤리학을 규범적 과학$^{normative\ Wissenschaft}$이라고 하는 것도 이 때문이다. 그러므로 도덕의 가르침은 오히려 위생법에 비할 수 있다. 그러나 잠시 도덕의 가르침을 먹거리에 비유하여 이를 논하면, 먹거리가 획일적이 아니라 여러 종류가 있다고 해도 독이 있는 가르침만은 허용할 수 없다. 독이 있는 가르침은 복어처럼 사회의 정수를 부식시킨다. 그러므로 어떤 먹거리를 주어도 괜찮다고 할 수 없듯이 어떤 도덕의 가르침이라도 허용할 수 있다고 할 수 없다. 본래 『수신요령』은 복어와 같지 않다. 몇 개 조는 아주 유익하기도 하다. 그러나 독립자존이라는 것은 그 응용의 결과가 어떠한가에 따라 복어보다도 심하게 해로운 독을 만들어내지 않는다고 보장할 수 없다. 나는 역아易牙[223]처럼 먹거리를 다루는 기량을 가지지 않았지만 평소에 도덕의 가르침에 조금 마음을 기울이는 자로, 불손함을 돌아보지 않고 감히 이 글을 지어 세상의 복잡다단함을 마주하여 한탄하는 사람들에게 고하는 이유이다.

---

223) 중국 춘추 시대 제나라 사람으로, 환공의 요리사였다. 환공이 늘 새롭고 기이한 음식을 원하자 나중에는 자기 자식을 죽여 요리를 만들어 바쳤다고 한다.

덧붙이는 말

내가 이 글을 발표하고 난 이후 후쿠자와 옹 문하의 두세 사람이 잡지에 나의 비평에 대해 이러쿵저러쿵 언론에 발표했지만, 나는 아직 여기에 응답할 정도의 필요를 느끼지 못한다. 나는 이 사람들에게 나의 비평을 반복해서 정독할 것을 간절히 바란다. 해답을 연역할 수 있는 것은 모두 그 안에 있기 때문이다. 또 이들에게 고한다. 참으로 정신상의 독립자존을 믿는다면 반드시 옹의 설을 맹종해서만은 안 된다. 스스로 자신의 두뇌로 사유하라. 반드시 크게 얻는 것이 있을 것이다. 설사 옹의 문하 사람이라고 해도 사유하는 것이 완전히 옹과 같다는 것은 결코 있을 수 없는 일이다.

제 2 장

현상즉실재론

2.1 내 세계관의 먼지 한 톨

이혜경

*** 해제 ***

「내 세계관의 먼지 한 톨我世界觀の一塵」은 1894년 '철학회'에서 발표되고, 바로 이어 그 기관지인 『철학잡지』(89호)에 실렸다. 『명치철학사상집』[1])에 수록되어 있다. 제목 안의 '일진一塵'은 불교용어로, 물질의 최소단위를 말한다. '일진법계一塵法界'는 극소한 것 즉 '일진'이라도 지혜의 눈으로 보면 그 안에 법계法界 즉 전우주가 포함되어 있음을 안다는 뜻이다. 이노우에 데쓰지로가 자신의 세계관을 간단하게 소개하지만 우주 전체를 소개하는 것이라는 의미를 담았다고 짐작된다.

    이노우에는 동양과 서양의 철학을 종합해 구성한 자신의 세계관을 '현상즉실재론'이라고 불렀다. 그는 현상즉실재론을 다룬 몇편의 글을

---

1) 瀨沼茂樹 編 『明治哲学思想集』 築麻書房, 1974.

시차를 두고 발표했는데 「내 세계관의 먼지 한 톨」은 그 첫 번째 글이다. 첫 번째 작품이라는 점에서 그 논리의 전모가 드러나지는 않았으나, 그가 사유한 원형을 보여주는 글이다. 현상과 실재가 불교 논리인 '즉'으로 연결되어 있다. 현상이 우리에게 보이는 세상이라면 실재는 우리 주관과 상관없이 객관적으로 있는 세계이다. '현상즉실재'의 글자 그대로의 풀이는 '우리에게 보이는 세상이 곧 객관적으로 있는 세계이다'라는 의미이다. 무슨 뜻일까?

이 글의 첫머리에서 그는 세계관의 필요와 철학의 역할에 대해 논한다. 그에 의하면 세계관은 안심입명安心立命을 얻기 위해 필요하고, 철학은 안심입명을 얻으려는 학문이다. 그러므로 철학은 세계관을 세워야 한다. 이노우에는 차례대로 여러 세계관들을 검토해나간다. 먼저 세계관은 우리가 진리를 인식할 수 있다고 전제해야 세울 수 있다. 그래서 그는 진리를 인식할 수 없다고 보는 회의론을 일단 논의에서 배제한다. 진리를 인식할 수 있는 세계관을 그는 크게 관념론과 실재론으로 나눈다. 그에 의하면, 관념론은 주관과 별개의 객관이 없다는 입장이고, 실재론은 주관과 별개의 객관이 있다는 입장이다. 그는 실재론을 선택한다. 그는 실재론을 또 과경적過境的 실재론과 현상즉실재론으로 나눈다. 과경적실재론은 실재가 현상과 별개로 존재한다는 것이고, 현상즉실재론은 현상과 실재가 분리되지 않는다는 입장이다. 그는 현상즉실재론의 입장이다. 현상즉실재론에는 현상 외에 실재가 없다는 실증주의도 있으나, 이노우에가 주장하는 것은 현상과 실재가 한몸이라는 현상즉실재론이다.

주관과 주관이 낳은 현상만 있고 별도의 객관은 없다는 입장이 관념론이므로, 현상즉실재론의 '현상'은 관념론에서 말하는 세상의 모습이다. 실재론은 주관뿐만 아니라 주관과 별개의 실재도 있다는 입장이다. 그러므로 현상즉실재론은 통상적으로 서로 대립하는 인식론인 관념론과 실재론을 '즉'으로 연결해 놓은 것이다. 이 세계관을 구성함으로써 이노우에는 한편에서는 현상만이 존재하는 것 전부라고 주장하는 실증주의를 부정하

● 2.1 내 세계관의 먼지 한 톨

고, 한편에서는 존재하는 것은 우리의 주관뿐이라고 주장하는 관념론을 부정하여, 이 둘을 종합하려는 의도를 드러낸다. 이리하여 실증주의가 자연과학이 다루는 대상 또는 현실을 절대화하는 것을 반대하고자 한다. 또한 극단적 관념론이 현실을 미망으로 여기는 것을 반대하고자 한다. 이 세계관은 독일관념론 특히 칸트의 관념론을 모델로 삼고, 칸트와는 달리 현상과 실재를 '즉'으로 연결한 것이다. 현상은 자연과학적 인식의 대상이고 실재는 주객 미분의 존재 전체이므로 깨달음으로서만 접근할 수 있다.

이 글에서는 관념론과 실재론 일반에 대한 설명이 주를 이루고, 현상즉실재론이 어떤 내용을 가진 것인지는 충분히 설명되지 않는다. 또한 현상즉실재론의 예로 적합하지 않은 설명도 등장한다. 가령 그는 현상을 팔다리와 이목구비에, 실재를 세포에 비유하는데, 이 비유에 의하면 실재와 현상의 관계는 원자와 원자들의 합성체가 된다. 그러나 인식을 초월한 곳에 있는 실재는 그러한 것일 수 없다.

칸트를 비롯한 독일관념론철학을 모두 '유심론'으로 분류하는 것 역시 상식과는 다르다. 일단은 그가 인식론과 존재론을 혼동해서 사용하기 때문일 것이다. 그러나 현상즉실재론이 모델로 삼고 있는 독일 관념론과 현상즉실재론의 차별점을 부각시키기 위한 의도에서 나온 오해일 수도 있다. 깨달음에 의해 실재에 다가간다고 하는 생각은 불교에서 가져왔지만, 주관 밖의 실재가 부여하는 각종의 인상을 인식한다는 인식론은 그대로 독일관념론, 특히 칸트에서 온 것이기 때문이다. 글의 서두에서 실재론과 관념론이 모두 진리를 얻을 수 있는 입장이라고 하는 데서, 둘을 모두 인식론으로 파악하고 있는 것으로 보이는데, 바로 이어서 관념론에 대해 "실재하는 것은 단지 주관뿐이라고 하는 생각이다. 이는 일원론으로, 관념론이다"라고 하는 것을 보면, 존재론으로 설명하고 있다. 나아가 "유심론은 객관세계라는 것은 우리가 만든 것, 즉 주관의 결과라고 말하며, 결국은 객관의 실재를 부정"하는 것이라고 설명하는 것을 보면, 관념론과 유심론을 같은 의미로 규정한다. 그러나 그 자신은 "관념론의 한 부분은 필연적으로 유심론이다. 관념론이 모두 유심론은 아니지만 많은 경우 유심론이 된다"고 구분해서 사용할 작정이었다. 그러나 어떻게 다른지에 대해서는 더 이상 설명하지 않는다.

*** 번역 ***

오늘 내가 택한 주제는 상당히 큰 주제라서, 이에 대해 논해야 할 것이 한없이 많기 때문에 대략을 말할 수밖에 없다. 먼저 철학의 성격부터 이야기하자. 철학은 과학과 성격이 상당히 다르다. 어떤 점에서 철학이 과학과 다른지 여러 가지 열거할 사항이 있지만, 먼저 철학은 [존재] 일반에 관해 연구하는 학문이다. 전문학처럼 겨우 일부분만을 연구하는 학문과는 크게 다르다. 그 점에서 말하면 철학은 전문학이라고 할 수 없는 모습을 보이나, 앞에서 말했듯이 일반에 관해 연구하는 학문이라고 하면 철학 외에는 없다. 오직 철학만이 일반을 탐구하므로, 그 점에서는 역시 전문학이라고 해야 한다. 그러나 철학이 오직 그 점에서만 다른 과학과 다르다는 것은 아니다. 철학은 안심입명安心立命을 요구하는 학문이다. 그 점에서 철학은 또한 과학과 크게 다르다. 화학이나 물리학 혹은 대수학이나 기하학 등 각 분과의 학문이 있는데, 이런 학문은 안심입명을 얻는 일을 목적으로 하지 않는다. 그런데 철학적 고찰은 궁극적으로는 역시 안심입명에 있다. 그 점이 다른 학문과 크게 다른 점이다. 그런데 안심입명을 얻으려면 세계관이 있어야 한다. 세계관을 갖기 위하여 철학이라고 하는 연구가 세상에 생겨났다. 그래서 먼저 철학이라는 학문이 어떤 것인고 어떤 연구가 그 안에 포함되는지, 그에 대해 말하면서 시작해 보겠다.

철학을 크게 나누면 방법의 연구와 재료의 연구가 있다. 물론 철학의 구분 방법은 여러 가지 있지만, 지금 내가 논하려고 하는 것의 편의상 이렇게 구분한다. 방법의 연구란 논리학이다. 재료의 연구는 셋으로 나눌 수 있다. 첫째는 진, 둘째는 선, 셋째는 미이다. 진이란 지식의 영역이다. 선이란 의지의 영역이다. 미란 감정의 영역이다. 진을 연구하기 위해 순정철학[p.342] 純正哲學이 일어났다. 바꿔 말하면 이론철학이다. 그것을 또 나누면 마음心意을 연구하는 부분과 물질을

제2장 현상즉실재론

연구하는 부분, 실재를 연구하는 부분으로 나누듯이, 점차 세밀하게 나눌 수 있다. 선을 연구하는 학문은 윤리학과 정치학政理學의 둘이다. 미를 연구하는 학문은 미학이다. 윤리학·정치학·미학 이 셋이 실천철학이라고 불리며, 이론철학과 상대해 있다. 그런데 이론철학 부분에 의거하지 않으면 세계관을 구성할 수 없다. 물론 지금까지 보면 진·선·미 셋 가운데 어느 하나에 의거해 안심입명을 얻으려는 사람도 종종 있다. 단지 지식에만 의지해 안심입명을 얻으려는 자,^{가령 많은 철학자} 단지 의지에만 의지해 안심입명을 얻으려는 자,^{가령 많은 종교가} 혹은 단순히 감정에만 의지해 안심입명을 얻으려는 자^{가령 많은 시인}가 있어서 다양하다. 그러나 오늘 말하려는 것은 오직 순정철학에 관한 것이다.

왜냐하면 순정철학 즉 이론철학 부분에만 근본적인 문제가 있기 때문이다. 즉 예전부터 완전히 상반된 두 설이 있다는 것이다. 하나는 진리는 도저히 우리가 도달할 수 없는 것이라는 설과, 하나는 진리는 우리가 도달할 수 있는 것이라는 설이다. 진리는 도저히 얻을 수 없다는 것은 회의설이다. 회의파를 제외한 그 밖의 철학은 모두 진리는 얻을 수 있다는 쪽에 속하는데, 이를 크게 나누면 둘 중 하나이다. 즉 하나는 관념파이며 다른 하나는 실재파이다. 만약 도저히 진리라는 것에 도달할 수 없다면 순정철학은 성립할 수 없다. 단지 비평만이 성립한다. 만약 도저히 진리에 도달할 수 없다면 적극적으로 하나의 세계관을 구성하려는 일은 성립할 수 없다. 이에 관해 지금 하나하나 자세하게 논하려는 것은 아니다. 나는 진리에 도달할 수 있다는 쪽이다.

앞에서 말했듯이 진리를 얻을 수 있다고 하는 쪽은 관념파와 실재파 둘로 나뉜다. 관념파와 실재파는 어떤 점이 다른가? 물론 관념파 안에 여러 분파가 포함되어 있으며 실재파에도 여러 분파가 포함되어 있다. 그러나 지금 그에 대해 자세히 말할 여유는 없다. 다만 두 개의 학파로 나뉘는 요점을 말하자면 결국은 객관세계에 대한 관념에서 두

2.1 내 세계관의 먼지 한 톨

파가 갈린다. 어떻게 객관세계에 대해 두 파가 갈라지는가? 하나는 객관세계가 실재하며, 우리 주관과 다른 것으로 스스로 주관 밖에 실재하여 그것이 우리에게 여러 가지 인상을 주는 본체라고 한다. 다만 그 객관적 실재가 무엇인가 하는 것에 대해서는 여러 설이 있다. 요컨대 주관 밖에 주관과 다른 것이 별도로 실재한다는 것이 실재파의 생각으로, 이른바 실재론이다. 다른 하나는 객관이라는 것이 결코 우리 주관과 다른 것이 아니며 객관은 결국 우리 주관의 결과이고 우리 주관에서 객관이 생기며, 또 우리 주관을 제외하고 별도로 객관이 실재하는 것이 아니고 실재하는 것은 단지 주관뿐이라고 하는 생각이다. 이는 일원론으로, 관념론이다. 관념론 가운데도 여러 파가 있지만 오늘 자세한 것을 논할 여유는 없다.

또한 실재론에도 여러 실재론이 있지만, 지금 내가 논하려고 하는 데에 필요한 것은 둘로 나누어 설명하면 알 수 있을 것이다. 그 둘을 구별하면 하나는 현상즉실재론現象卽實在論이라고 하면 알 수 있을 것이다. 현상즉실재론에는 주관 외에 객관으로서 여러 현상이 존재하는데, 그 현상이 그대로 실재로서 그 현상을 제외하고 별도로 실재가 있지 않다는 것이다. 다른 하나는 과경적실재론過境的實在論이다.[2]

---

[2] 과경적실재론(過境的實在論)은 transzendenter Realismus의 번역어인 듯하다. 칸트는 '경험에서 비롯하지 않은 채 경험을 가능하게 하는' 혹은 '경험 가능성의 조건과 관련된'이란 의미를 갖는 '선험적'(transzendental)이란 용어를 도입하면서 이와 대비하여 이 용어와 출처가 같고 그 이전까지는 서로 혼용되던 'transzendent'란 용어를 "인식 내지 경험의 한계를(경계를) 넘어서는"이란 의미로 사용하였다. 여기서 '경계를 넘는다'는 의미의 '過境的'은 (transzendent)의 번역으로 생각된다. 한편 이 두 용어의 구분은 칸트가 『순수이성비판』을 집필하는 과정 중에 이루어진 것으로 보인다. 그래서 예를 들어 이 구분이 분명하게 이루어지지 않았을 때 썼을 것으로 추정되는 『순수이성비판』 초판의 '4번째 오류추리' 부분에서 칸트는 시간과 공간을 인간의 감성능력과 무관하게 그 자체로 존재하는 것으로 보는 입장을 'transzendentaler Realismus'라고 칭하고 있다. 물론 (transzendenter Realismus)의 의미로 쓴 것이다. 이에 반해 실체로서의 물자체와 현상의 경험적 실재성을 모두 인정하는 칸트 자신의 입장은 "transzendentaler Idealismus"라 칭하면서 현상의 경험적 실재성을 인정하는 자신의 입장을 경험적 실재론이라고도 규정한다. 『순수이성비판』 A368-372 참조.

제 2 장 현상즉실재론

과경적실재론에서는 객관세계에 지식의 대상으로서 각종의 현상이 있는데 그 현상은 실재가 아니고, 실재는 현상과 떨어져 별도로 스스로 존립한다. 현상즉실재론은 현상과 실재를 동일시하고 과경적실재론은 현상과 실재를 동일시하지 않는다. 이렇게 구별하면 알기 쉬울 것이라 생각한다. 그런데 현상즉실재론에도 또 두 종류가 있다. 첫째는 다만 현상만이 실재이며 현상과 구별된 별도의 실재라고 할 것은 결코 없다고 하는, 즉 실증주의實驗派와 같은 것이다. 둘째는 이론상으로는 현상과 실재는 분별해서 사유할 수 있지만, 실제로는 동체불리同體不離이자 이원일치二元一致라는 것이다. 가령 물건과 원소처럼, 물건을 가리켜 바로 원소라고 할 수 없지만 어떤 물건이라도 모두 원소로 이루어졌고 원소는 물건이고 물건은 원소라는 의미에서 현상즉실재라고 하는 것이다. 이 둘을 혼동해서는 안 된다. 내가 취하는 주장은 두 번째의 현상즉실재론으로, 과경적실재론이 아니다.

우선 현상즉실재론과 관념론의 차이는 어디에 있는가? 이미 앞에서 말해서 대략 알고 있겠지만 그래도 이에 대해 약간 상세히 말해보겠다. 우리의 지식 대상은 객관세계의 모든 현상이다. 그것은 지식과는 다르며, 객관적으로 실재함으로써 우리에게 각종의 인상을 준다. 그런데 관념론은 우리의 주관적 현상 외에 실재하는 것은 조금도 없다는 사고이다. 거기에 현상즉실재론과 관념론의 근본적 차이가 있다. 그러나 과경적실재론과 혼동해서는 안 된다. 과경적실재론은 현상 외에 현상과 떨어져 별도로 실재하는 것이 있으며, 그 실재가 현상의 근본이고 현상은 실재가 아니라고 하는 사고로서, 현상은 과경적실재가 드러내는 것이라고 보는 것이 통례이다. 스펜서[3]의 생각도

---

3) 허버트 스펜서(Herbert Spencer, 1820~1903) : 영국의 철학자, 사회학자. 교사 집안에서 태어났으나 부친의 방침으로 주로 가정에서 교육 받았다. 개인의 한정된 경험으로는 사물의 본질까지 이르는 것은 불가능하다고 하면서 불가지자(不可知者, the Unknownabel)를 인정했다. 그는 불가지론의 입장을 취하는 동시에 종교 성립의 필요성을 인정했다. 또한 다윈[p.63]에서의 진화의 의미를 생물뿐 아니라 세계 전체로 확대·적용하여 사회진화론을 주장한 것으로 유명하

역시 이 부류이다. 그러나 현상즉실재론은 모든 현상은 현상이면서 동시에 실재이며, 현상 외에 현상을 떠나 별도로 실재가 있다고 하지 않는다. 그런데 이 관념을 명료하게 하는 것이 다소 어렵다. 어렵지만 얼마간의 예를 들면 명료하게 되지 않을까 생각한다. 내 말은 객관적 현상이란 물론 우리에게 드러나는 측면에서 이름 붙인 것이지, 우리의 감각을 떠나 우리에게 드러난 그대로라고 할 수는 없다는 것이다. 예를 들면 각종의 색이라는 것은 다만 우리 쪽에 각종의 색으로 보이는 것으로, 저쪽에서 객관 그 자체가 각종의 색으로 되어 있는 것이 아니라 단지 광선이 움직이고 있는 것이다. 다만 광선이 움직이는 강약의 정도가 각종의 색이 되어 우리에게 드러나는 것이다. 또한 여러 성질도 역시 우리에게 드러나는 대로 객관적으로 실재하는 것은 아니다. 우리 신체의 구조가 다르면 감각 역시 달라질 수밖에 없다. 지금까지 단단하다고 생각했던 것도 내 근력이 강해지면 무른 것이 될 수밖에 없다. 지금까지 무르다고 생각했던 것도 내 근력이 약해지면 단단한 것이 될 수밖에 없다. 요컨대 우리에게 그러한 각종의 색, 각종의 성질을 감각으로 부여하는 것이 객관적으로 실재한다. 그 현상과 그 실재는 분리해서 성립하는 것이 아니다. 현상이 있는 곳에 실재 역시 있으므로, 실재와 현상은 전혀 떨어지지 않는다. 가령 실재는 세포와 같고 현상은 이목구미 사지백체를 가진 신체와 같아서, 신체를 떠나 별도로 세포가 있는 것이 아니며 세포를 떠나 별도로 신체가 있는 것이 아니다. 그러므로 현상 자체가 바로 실재라고 하는

다. 1860년부터 36년에 걸쳐 간행된 『종합철학체계』 *The Synthetic Philosophy*(전 10권)는 생물학·심리학·사회학·윤리학 등을 다룬 대작으로, 각 분야에서 진화 (evolution)의 원리를 밝혔다. 스펜서의 사회진화론은 메이지 일본에서 널리 수용되었으며 '적자생존(survival of the fittest)' 개념과 함께 동아시아 전체로 보급되었다. 메이지 시기 일본에서 번역서가 20여종 넘게 발간될만큼 일종의 스펜서 붐이 일었다. 특히 스펜서의 *Social Statics*은 『사회평권론(社會平權論)』(1881)으로 번역되어 자유민권운동가들의 교과서로 베스트셀러가 되었다. 스펜서는 가네코 겐타로(金子堅太郎)와 만나 당시 메이지 일본에 '보수적 충고'를 준 것으로도 유명하다.

제2장 현상즉실재론

생각이다. 그러나 그 부분에서 옛날부터 사람들의 관념이 다르다. 그래서 같은 실재론 안에 두 가지 구별을 세우고, 그 안에서 또다시 소분한 것이다.

유심론: 관념론의 한 부분은 필연적으로 유심론이다. 관념론이 모두 유심론은 아니지만 많은 경우 유심론이 된다. 지금까지 철학의 역사를 보면 대개 유심론에 기울어 있다. 유심론은 객관세계라는 것은 우리가 만든 것, 즉 주관의 결과라고 말하며, 결국은 객관의 실재를 부정한다. 객관이라는 것은 실재하는 것이 아니고, 실재하는 것은 오로지 우리 마음뿐이라는 것으로 귀결하는 경우가 많다. 역사상에서 보면 오늘날까지 이러한 세계관이 세 번 정도 일어났다. 세 번, 먼 곳에서 일어났다. 하나는 그리스이다. 파르메니데스[4]부터 유심론적 경향이 시작되었고 끝내는 플라톤에 이르러 대성되었다. 하나는 독일이다. 칸트[p.339]에 의해 환기된 그 관념은 헤겔[p.566]에 이르러 극에 달했다. 하나는 인도이다. 우파니샤드[p.300]에 의해 처음으로 유심적 관념이 야기되어 베단타파에 이르러 대성되었다. 이 외에도 유심론적 경향을 가진 것이 상당히 있으나, 이 세 나라에서만큼은 아니었다.

그리스에서는 유심론이 일어나기는 했지만 또한 그에 반대하는 세계관도 여럿 일어나 유심론적 세계관만이 철학의 장을 전적으로 차지하고 있던 것은 아니다. 독일에서는 유심적 세계관이 상당히 세력을 갖고 있었다. 칸트는 선천유심론과 경험실재론을 조화하려고 시도했다.[5] 그러나 역시 귀결하는 바는 유심론이다. 물 자

---

4) 파르메니데스(Parmenides, B.C.515?~?) : 고대 그리스의 철학자, 엘레아학파의 시조. 존재와 비존재, 존재와 사유라는 철학의 중대문제로 출발했다. 이성만이 진리이며 이에 반해 다수·생성·소멸·변화를 믿게 하는 감각은 모두가 오류의 근원이라 주장했다.

5) 이노우에가 '선천유심론'과 '경험실재론'으로 번역한 칸트의 원어는 각각 'transzendentaler Idealismus'와 'empirischer Realismus'로 보인다. 지금은 각각 '선험적 관념론'과 '경험적 실재론'으로 번역된다. 통상 칸트는 이노우에가 말하는

체^{Ding an sich6)}라는 것은 마치 그의 체계에서는 쓸모없이 방해만 되는 것⁷⁾과 같은 지위를 점했다. 그래서 피히테^[p.310]가 그것을 제거해버리고 단지 주관적 유심론을 조직했고, 셸링^[p.310]은 어느 정도 칸트나 피히테의 세계관과 다른 세계관을 가지고 있지만, 역시 다분히 유심론적 경향이 있다. 그래서 종래 셸링의 철학을 객관적 유심론이라고 불렀다. 헤겔, 쇼펜하우어^[p.568] 등의 철학은 어느 정도 정립 방식이 다르지만, 역시 양쪽 다 유심론이다. 독일에서는 유심론이 실제로 큰 세력으로 한때 학문사회를 지배했던 상황이었다. 그러나 다행히 근대에 이르러 실물궁리實物窮理의 학이 성하게 되어 실재파의 세력이 크게 일어났다. 그 외에 각종 역사상의 현상으로부터 반동세력이 힘을 얻어 오늘날에 이르러서는 유심론이 홀로 독일 철학 사회를 점유하고 있지는 않다. 그 규모가 크게 달라진 것이다.

인도에서는 유심론이 대부분을 점하고 실재론은 거의 없다. 베단타와 같은 것은 유심론을 극단까지 밀고 간 것이다. 그 결과가 어떤 상황에 이르렀는가 하면, 객관세계라는 것은 마치 없는 것과 같다. 세계는 꿈이고 환영이며, 세계가 존재한다고 생각하는 것은 우리의 잘못이며, 단지 우리 정신의 미망에 의해 이 세계가 존재한다. 다만 있는 것은 우리의 마음뿐이며, 주관만이 실재하고 그 외에는 어떤 것도 없다는 결과가 되었다. 이것이 점차 다른 학문에도 영향을 미

것처럼 선험적 관념론과 경험적 실재론을 조화한 것이 아니라 'empiricism'과 'rationalism' 즉 경험론과 합리론을 조화했다고 평가되며, 그 결과 칸트의 철학은 스스로 "선험적 관념론"이며 "선험적 관념론은 경험적 실재론"이라고 한다. 이노우에는 이 글에서 '관념론'과 '유심론'을 구별해 쓰기는 하지만, 구별 기준을 제시하지 않을 뿐 아니라, 칸트의 'Idealism'을 '유심론'이라고 번역한다. 통상 관념론은 인식론의 용어로 실재론과 대립하며, 유심론은 형이상학적 용어로 유물론과 대립한다.

6) 칸트의 용어로 통상 '물 자체'로 번역된다. 칸트는 현상과 구분되는 실재를 "물 자체"라고 부르면서 "인식의 한계를 넘어서 현상의 배후에 존재하는 어떤 것"인데 이에 대해서 우리는 어떤 것도 알 수 없기에 함구해야 한다고 말한다.

7) '쓸모없이 방해만 되는 물건'은 '無用의 長物'을 번역한 것이다. "而其他聖人千言万語, 擧皆爲無用之長物." 『어맹자의(語孟字義)』하.

제2장 현상즉실재론

치고 또 사회에도 영향을 미쳤다. 어떤 상황이 되었는가? 세계라는 것은 원래 없기 때문에 이 세계의 학문 역시 조금도 확실한 것은 없고 충분한 가치를 갖는 학문이 아니며, 자연과학은 아무런 가치도 없다. 모든 것은 미망을 근거로 이루어졌기 때문이다. 진실을 탐구하는 학문은 없으므로 가치를 가질 리 없다는 것이다. 그래서 자연과학은 전혀 흥하지 않았다. 그리하여 사회에서는 다음과 같은 관념을 야기했다. 즉 사회라는 것은 미망 안에 있으며, 사회라는 것을 벗어나는 것이 인도철학의 목적으로, 사회를 버리고 다른 세계를 찾으며, 이 세계는 우리의 세계가 아니고 우리의 세계는 밖에 있다는 사고가 생겼다. 우리 신체는 없는데, 단지 무명無明[8])때문에 있다고 생각한다. 그리하여 이러한 관념으로 인해 사회를 조직하는 사고가 대단히 결핍되고 국가를 일으킨다는 사고가 없다. 전체적으로 이 세상 안에서 개량과 진보를 도모하는 사고가 정말로 희박하다. 그 희박함은 모두 이 철학의 관념에서 생긴 것이다. 이러한 인도철학의 관념이 꽤 널리 일반화되었다. 지식이 극히 결핍된 보통 사람까지도 모두 고상한 철학을 연구할 수 있었던 것은 물론 아니지만, 인도에서는 의외로 이 철학의 관념이 널리 퍼져있다. 철학자들은 또 현교와 밀교[9])의 둘로 나누고, 현교 영역에서 고상한 철학적 관념을 편의에 따라 쉽게 풀어 널리 퍼지도록 힘썼다. 유심론은 이처럼 옛날에 적어도 세 곳에서 일어났는데, 인도의 베단타는 실로 심각한 결과를 가져왔다. 유심론이라는 것은 내가 반대하는 학설이다.

나는 실재적 세계관을 갖고 있다. 유심론도 그 안에서 여러 학파로 나뉘지만, 대체로 공간·시간·인과라는 것이 결국은 우리의 주관에서 생긴다고 한다. 이들은 결코 객관적으로 실재하는 것이 아니며

---

8) 무명(無明)은 무지(無知)를 의미하는 불교 용어로, 사물의 이치·진리에 대한 무지를 뜻한다. 12연기(緣起)의 첫머리에 위치하여, 모든 번뇌의 근본이며 모든 악업(惡業)의 원인으로 지목된다.
9) 원문에서는 공개교(公開敎)와 내비교(內秘敎)라는 표현을 썼다.

우리 마음의 영역이라는 것이다. 모든 현상을 규정하는 공간·시간·인과를 주관이 낳는다는 주장을 점차 미루어 가면, 결국은 세계는 없고 나의 마음만이 있다는 것으로 귀결한다. 그런데 이 점에서 실로 곤란한 일이 있다. 공간과 시간에 대해 한 가지 말해보자.

공간과 시간이 우리의 주관적 작용 즉 주관적 변동 때문에 변화하는 일은 없다. 이에 대해서는 여러 논증할만한 점이 있지만, 깊이 잠들어 꿈도 꾸지 않는 때를 생각해보자. 이때에는 우리의 주관적 작용이 쉬고 있다. 그러나 그렇다고 공간과 시간이 객관적으로 변동하는 것은 아니다. 바꿔 말하면 주관적 작용이 멈춰있다고 해서 공간과 시간이 그와 동시에 객관적으로 소멸하는 것은 아니다. 또 인과라는 것은 모든 객관적 현상의 변동을 규정하는 규율이고 그 규율로서 개괄한 것은 우리 추상의 결과로, 단지 우리 주관에 있을 뿐 객관에는 없다. 그러나 어떤 특수한 경우에도 현상은 상호 필수의 인과적 관계를 갖고 있다. 이와 같은 필수의 인과적 관계는 객관적인 것이다. 가령 지금 여기에 마차 한 대가 동쪽에서 서쪽으로 달리고 있다면, 그것을 관찰하기 위해서는 역시 동쪽에서 시작해 점차 서쪽으로 이동하면서 마차의 경로를 따라야 한다. 이를 거꾸로 해서 먼저 서쪽에서 시작해 점차 동쪽으로 이동하면서 관찰할 수는 없다. 즉 필수의 인과적 관계는 객관적으로 있다. 만약 그것이 전혀 주관적이라면 어느 쪽에서 봐도 마음대로 관찰이 가능해야 한다. 공간·시간·인과는 우리에 앞서 객관적으로 실재하고 있으나, 지식은 모두 후천적으로 우리의 경험에 의해 얻는다. 공간의 관념, 시간의 관념, 인과의 관념이라는 것은 선천적으로 우리 머리 속에 있는 것이 아니다. 그것은 단지 우리가 경험을 쌓아 얻은 결과이지만, 그 경험에 앞서 이미 이들이 객관적으로 실재해야만 한다. 특히 최근의 진화론자는 다음과 같은 방식으로 공간과 시간을 설명한다. 즉 다음과 같다. 공간과 시간은 우리의 경험에 의해 얻을 수 있다. 어떤 경험에 의해 얻는가 하면, 공간의 연장延長은 우리가 손을 뻗어 경험한다. 그렇게 수많은 공존俱在에서 추상하여 결국 공간이라는 관념을 얻는다. 마찬가지로 사물의 현상이 계속 존재繼在함을 경험하여 시간이라는 관념이 생긴다는 것이다. 이 점에서는 나는 조금도 이의가 없다. 내 생각도 같다. 나 역시 공간과 시간이라는 관념을 얻는 것은 경험에 의해서라고 생각하므로 진화론자에 동의한다.

그런데 진화론자는 공간과 시간을 해석하면서 단순히 공존과 계속 존재함의 둘에 의해 설명하는 데 그친다. 그러나 단순히 손을 뻗어 물체의 연장을 경험하는 것, 또한 현상이 계속 존재함을 경험하는 것, 이에 의해 공간과 시간의 객관적 실재를 설명할 수 있는 것은 아니다. 이미 연장을 경험하고 계속 존재함을 경험하는 일은 공간과 시간을 예상하고 있다. 연장이라는 것은 공간 안에 어느 정도 점령하는 바가 있다는 것을 말하므로, 연장 자체가 공간을 예상하지 않으면 가능하지 않다. 게다가 이미 시간을 예상하고 있으므로 일체의 경험에 앞서 이미 공간과 시간이라는 것이 있어야만 한다. 그렇지 않으면 도저히 해석할 수 없다. 또한 인과라는 객관적 관계 역시 인과라는 관념을 우리 주관에 생기게 한다. 우리에게 그러한 관념을 생기게 하는 객관적 현상이 외부에 있어야 비로소 생긴다. 인과라는 관념은 우리에게만 있고 거기에 부합하는 객관적 실재가 없다는 식으로는 도저히 생각할 수 없다. 요컨대 공간·시간·인과라는 것을 유심론자는 모두 주관이 만들어내는 거라고 하지만, 나는 결코 그렇게 생각하지 않는다. 이들은 모두 객관적으로 실재하며 주관의 결과가 아니다. 주관에 앞서 실재하는 것이다.

이상에서 보았듯이 철학사에서 보면 세 곳에서 같은 관념론이 일어났고 결국은 유심적 세계관을 이루었다. 이는 결코 건강한 세계관이 아니다. 그리하여 근본적 오류가 있다. 실제로 확실하고 건강한 세계관은 전적으로 실재론이다. 특히 현상즉실재론이다. 그러나 실재론 안에는 여러 철학파가 있다. 그래서 혹은 실재론을 유물론과 동일한 것으로 간주하는 사람도 있을지 모르겠다. 그러나 그것은 옳지 않다. 유물론은 주관과 객관을 일원적主客一元으로 보지만 역시 실재론이다. 객관의 실재를 예상하고 있기 때문이다.

그러나 실재론이 반드시 유물인 것은 아니다. 그 점은 크게 주의 해야 한다. 유물론자는 세계의 일을 도저히 해석할 수가 없다. 공간·시간이라는 것을 물질이라고 할 수는 없기 때문이다. 그래서 유물론자의 대부분은 공간·시간을 설명하지 못하고 뒷전으로 밀어놓는다. 그것을 설명하기 시작하면 유물론은 참으로 곤란하다. 물질 밖에 공간·시간이라는 전혀 다른 것이 실재하게 되면 유물론이라고 할 수는 없다. 세계가 물질만으로 성립하는 것이 아니게 되므로 거기에 이르면 유물론은 크게 궁색해진다. 또 연장이 없는 주관적 현상, 특히 지식을 유물론 측에서 해석하는 일은 도저히 성공하리라고 생각되지 않는다. 물질은 모두 연장적이다. 그런데 연장이 없는, 공간적 자유를 갖는 마음의 현상이 있는 이상, 참으로 유물론으로 이를 모두 해석하는 일은 도저히 불가능하다.

유물론은 한 가지 대단한 공을 세우기는 했다. 즉 관념론이 점점 유럽에서 발달하여 객관세계는 없고 실재하는 것은 단지 정신뿐이며 주관만이 있다고 하는 극단으로 달렸다. 그리하여 경험적 사실을 경멸하고 자연과학을 도외시할 뿐 아니라 심하게 배척하여 점차 폐해를 낳게 되자 유물론자가 왕성하게 일어나 그 약점을 타격하여 그 폐해를 바로잡은 점은 실로 통쾌하다고 하지 않을 수 없다. 그러나 유물론자는 아무래도 물질계 표면만을 연구하므로, 바꿔 말하면 연장적 현상만을 연구하므로, 결국 표면의 연구에만 머물러 있다. 지금까지 유물론자 중에 종국적으로 현묘한 경지에 들어간 사람은 없다. 모두 피상론자이다. 그래서 우리가 취할 입장은 유물론이 아니다. 그것을 하나씩 설명하다보면 다른 문제로 옮겨가지 않을 수 없는데,

제2장 현상즉실재론

우리는 유물론도 유심론도 주장하지 않는다. 다만 [현상즉실재론도] 일원론은 일원론이다. 이 얘기는 여기까지 해두자.

또한 [실재론을] 진화론과 혼동해서는 안 된다. 진화론은 물론 실재론이다. 실재론 가운데 하나로 역시 객관적 현상의 실재를 예상하고 있으므로, 진화론자 가운데에도 각종 동이가 있는 것은 분명하지만 대부분 실재론이라는 점은 분명하다. 진화라고 해도 실재하는 객관적 현상의 진화를 의미하므로, 객관적 현상이 베단타파가 믿는 것처럼 미망이고 비실재라면 법칙理法이라는 것은 없어진다. 진화론은 실재론이지만 실재론은 진화론의 영역보다 넓다.

진화론에 꼭 반대하는 것은 아니다. 여러 현상의 발달을 설명할 때는 역시 진화론처럼 설명할 수 있다. 그러나 진화론은 세계관을 구성하는 데 충분하지 않다. 왜냐하면 진화론은 근본적인 실재를 이미 처음부터 예상하고 그것을 해석하지 않는다. 그래서 물질이 무엇인지에 주의하지 않는다. 물질이라는 것은 처음부터 물질로서 자명한 것처럼 가정하고 처음부터 말단만을 연구한다. 철학은 근본을 가정하고 그 말단을 연구하는 것이기보다는, 말단에서 근본으로 거슬러 올라가 점점 더 앞으로 나아가 큰 근본을 연구하려는 학문이다. 만약 하나의 근본을 가정하고 점점 더 말단으로 간다면 철학연구의 방법과는 전혀 반대이다. 진화론에서 진화하는 것이 무엇인가 하면 객관적 현상의 진화라고 해야 한다. 객관적 현상은 무엇인가 하면 물질이라고 대답하는데, 그 물질은 무엇인가 하면 물질은 물질이라는 대답에 그치고 만다. 그래서 결국 표면 연구에 그치고 깊고 심원한 경지에는 도달하지 못한다.

순정철학의 영역은 단지 연장적 물질이라는 것을 가정하고 그 현상만을 연구하는 것으로는 도저히 만족할 수 없다. 만약 물질을 물질이라고 가정하고 그 현상만을 연구한다면 그것은 자연과학이다.

Natural Sciences에 지나지 않는다. 물론 우리가 과연 물질을 한층 깊이 연구할 수 있는지, 우리는 물질 자체를 도저히 알 수 없지 않은가 하는 생각이 들 수 있다. 그것 역시 순정철학의 영역에 들어가는 단서이다. 과연 연구할 수 있는지 없는지는 역시 연구해보지 않으면 알 수 없다. 그렇게 해서 각양각색의 곤란한 문제에 봉착한다. 그리하여 점점 순정철학의 영역에 들어가고 그렇게 되면 결코 가정으로 만족할 수는 없다. 가정으로 만족하여 단지 그 말단만을 연구해가는 것은 자연과학의 일이지 순정철학의 일이 아니다.

또한 진화론은 모든 존재가 진화한다고 한다. 진화에 의해 이 세계를 해석하려고 한다면 공간·시간도 해석해야 한다. 공간·시간은 지금까지 어떻게 진화해왔는가? 또 지금부터 앞으로 어떻게 진화할 것인가? 공간·시간이 진화하리라고는 도저히 생각할 수 없다. 공간·시간에 대한 우리의 관념이 진화한다고 해도, 객관적으로 실재하는 공간·시간이 진화한다고 하는 것은 가능하지 않다. 공간·시간은 없다고 해야 하는가? 그렇다면 점점 더 곤란에 빠진다. 공간·시간은 원래 없는 것으로 결국 우리 주관의 결과에 불과한 것인가? 그렇다면 진화론자 본래의 위치는 실재론자인데 이번에는 또 근본부터 바꿔서 유심론자 쪽으로 옮겨가야 한다. 그렇게 되면 자신의 본래 입각점에서 완전히 반대쪽으로 들어가 그 결과는 처음에 의도했던 것과 완전히 달라질 수밖에 없다. 또 진화론은 허다한 일을 해석하지 않고 젖혀두고 있으며, 진화론으로 해석할 수 없는 일이 있는데도 해석할 수 있는 것처럼 가정하고 단지 해석할 수 있는 부분만을 연구한다고 하지 않을 수 없다. 실재론은 진화론과 모순되지 않지만 진화론의 영역보다 더 넓은 영역을 점할 수 있다. 그래서 더욱 다른 것으로 이 부분을 설명할 수 있지만, 물론 자세히 설명하는 것은 오늘 글의 목적이 아니다.

실재론이 가장 합리적인 세계관이라는 것은 가장 모순 없이 진리를 해석할 수 있다는 뜻이다. 진리는 실재론에 의거하여 세울 수 있다. 진리가 어떤 것인가 하는 것은 여러 학자들이 대대적으로 연구하는 바이다. 여기에서 자세하게 논할 여유는 없지만 한 가지 두드러진 것을 우리의 입각점에서 말하면, 진리는 주관과 객관의 대응對應이다. 즉 우리가 경험에 의해 얻은 개념과 객관세계의 어떤 현상 관계와의 대응이다. 만약 유심론의 입각점에서 볼 때 진리라는 것이 무엇인지에 어떻게 대답하는가 하면, 단지 우리의 사상에 의해 이것이 진리라고 생각한다는 것 외에 진리라고 정하는 기준은 없다. 진리가 과연 진리인가 아닌가를 확정할 수 있는 표준이 없다. 내가 매번 그렇게 생각한다는 것 외에는 없다. 그러나 단지 내가 생각하는 것만으로 그것이 진리라고는 도저히 할 수 없다. 유심적 세계관의 결과가 항상 객관세계의 경험적 사실과 모순되는 이유 또한 이 점에 있다.

　이 점은 지금까지의 철학사의 사실에 비춰볼 때 대단히 명료하다. 우리가 가진 지식은 모두 경험에서 얻는다. 경험 이외에서 얻은 지식은 우리의 입각점에서 하나도 허용되지 않는다. 모두 경험에 의해 얻은 것이다. 그러나 경험은 특수한 경험이다. 모두 우리가 경험하는 것은 특수의 경험일 수밖에 없다. 특수한 경험에 의해 얼마간의 표상寫象을 얻는다. 그런데 우리의 내면 작용에 의해 그것을 결합하여 추상하고, 그렇게 개념을 얻을 수 있다. 그 개념이 우리의 지식을 이룬다. 그 개념은 본래 모두 경험세계에서 경험에 의해 얻은 결과이므로, 그것이 과연 옳은가 아닌가는 이를 객관세계의 현상에 비춰볼 수밖에 없다. 만약 많은 특수한 별을 경험하고 별이라는 개념을 얻었다면, 그 개념의 옳고 그름은 객관적으로 실재하는 별에서 따질 수밖에 없다. 선천적인 개념이나 선천적인 지식은 사람에게는 조금도 없다는 주장이다. 그러나 그러한 일을 지금 자세하게 논할 여유는 없다.

다만 여기에서는 경험에 의해 얻은 지식의 응용에 대해 모두 세 가지 고찰이 필요하다. 첫째는 경험에 의해 얻은 지식은 이미 경험한 영역에서만 응용할 수 있다. 경험의 밖에서는 응용할 수 없다는 것이다. 둘째, 경험에 의해 얻은 지식은 단지 이미 경험한 영역에 머무는 것이 아니라 아직 경험하지 않은 영역에도 응용할 수 있다. 경험하지 않은 영역이지만 경험할 수 있는 영역이라는 것이다. 셋째, 경험에 의해 얻은 지식을 전혀 경험할 수 없는 영역, 즉 과경적過境的으로 적용할 수 있다는 것인데, 여기에는 대단히 곤란한 점이 있다.

첫 번째 고찰은 성립할 수 있다고 생각되지 않는다. 이미 경험한 영역에 적용한다고 했지만, 이미 경험한 것이 경험된 그대로 남아 있는 것은 아니다. 모두 바로 변화해버린다. 모든 현상은 잠시도 멈추지 않고 변화하고 있다. 공간적·시간적으로 멈추지 않고 변화하고 있다. 온갖 재료의 변동을 일으켜 잠시도 그대로 남아있지 않는다. 만약 이미 경험한 영역에만 적용할 수 있다고 한다면 우리의 확실한 지식이라는 것은 성립하지 않는다. 그래서 회의파로서는 거기까지 밀고 가서 도저히 확실한 지식을 얻을 수 없으며 진리는 없다고 한다. 그러나 어떠한 회의파도 수학의 공리單元[10])와 같은 자명한 것에 이르면 저절로 패배하지 않을 수 없다. 둘과 둘을 합하면 넷이 된다는 것은 아무리 인간 지식의 확실함을 의심해도 도저히 부정할 수 없다. 또 나 자신의 실재는 아무리 회의하는 자라 해도 부정할 수 없다. 회의파는 그 자신이 이미 지식이라는 것을 예상하고 있다. 그가 모든 지식은 확실하지 않다고 할 때, 그는 자신의 지식을 표준으로 하고 있다. 만약 그것이 진리라면 역시 자신의 지식을 예상하고 있는 것이다. 모든 지식은 옳다는 것이 진리라고 회의파는 주장한다. 이

---

10) 이노우에는 자신이 편집출판한 『哲學字彙』(1884), p.13에서 'axiom'을 '單元'(數)이라고 번역했다. 공리(公理)로 번역되는(axiom)은 논리학이나 수학 등의 이론체계에서 증명할 필요없이 자명한 진리로서, 가장 기초적인 근거가 되는 명제이다.

제2장 현상즉실재론

경우에는 스스로 주장하는 진리 외에는 모두 비진리가 된다.

두 번째 경험적 영역에 응용할 수 있다는 것이 우리가 취하는 입장이다. 경험적 영역은 우리가 경험할 수 있는 영역이다. 또한 경험하지 않았다고 해도, 이미 우리가 많은 경험을 쌓아 얻은 결과는 아직 경험하지 않은 영역에 응용할 수 있다. 우리의 모든 지식, 모든 법칙, 모든 진리라는 것은 모두 과거의 경험 결과를 실제에 응용한 것이다. 우리는 법칙을 의심하지 않는다. 우리는 둘과 둘을 합하면 넷이 되는 것을 의심하지 않는다. 시종 그것을 증명해가는 것은 아니지만, 이미 그러한 의심은 하지 않는다. 언제라도 반드시 같은 결과를 낳는다는 것은 단순히 아마도 그럴 것이라는 개연설이 아니라 확실한 지식으로서 우리가 갖고 있다. 모든 인류는 죽는다. 당연히 죽을 수밖에 없다는 것은 누구도 의심하지 않는다. 모든 현상이 원인·결과의 관계를 갖고 있다는 것은 의심하지 않는다. 그런 것을 우리가 진리로서 확실한 지식이라고 하는 것은 많은 경험에서 얻은 지식은 역시 아직 경험하지 않은 경험적 영역에 응용할 수 있다는 사고이다. 모두 그것을 예상하고 있다. 다수의 아니 무수한 경험에 의해 그렇게 늘 어떤 경우에도 모순되지 않는, 일찍이 단 한 번의 반대에도 만난 적이 없는 주관과 객관 사이의 대응. 그것만이 우리가 진리라고 하는 것이다. 이른바 법칙 — 과학상의 법칙들은 그러한 객관과 주관 사이의 항상적인 대응^{對合}이다. 회의파는 혹 그것은 지식이 아니라고 말하지만, 만약 그것이 지식이 아니라고 한다면 우리의 지식은 없어져 버린다. 우리가 지식이라고 하는 것은 그러한 것을 가리키는 것이다.

세 번째의 경험 이외에 응용하는 것이 가능하다는 생각은 도저히 오늘날 취할 수 없는 주장이다. 과경적 응용이라는 발상은 전적으로 옛 사람의 잘못이다. 우리가 자신의 그림자를 뛰어넘을 수 없는 것처럼, 우리가 경험에 의해 경험의 영역에서 얻은 경험은 경험이 아닌, 경험과 전혀 다른 영역 — 만약 그러한 영역이 있다면 — 에 응용할 수 없다. 그것은 종류가 전혀 다른 것이다. 각종의 상상은 할 수 있지만 그것은 지식은 아니다. 지식과는 전혀 다른 것이다.

그런데 다음과 같은 의심이 일어날 수 있다. 만약 그러한 사정이라면 일반적 가치가 있는 지식이라는 것은 과연 얻을 수 있을까. 혹은 그러한 일은 전혀 없는 것일까 하는 의심이 생길 것이다. 일반적으로 가치가 있는 지식은 다른 것이 아니라 우리의 무수한 경험으로 얻은 결과로, 그렇게 단 하나의 반대도 만나지 않은 지식, 그것 외에는 일반적으로 가치 있는 지식은 없는 그런 것이다. 만약 이것이 절대적인가 하면, 그것은 절대적이라는 언어의 의미에 달려있다. 또한 과경적으로는 상대적인 것도 경험적 영역에서는 절대적이다. 우리의 경험적 영역에서는 둘에 둘을 합하면 넷이 되는 것은 절대적이라고 해야 한다. 그러나 우리의 경험적 영역과는 전혀 다른 영역의 일을 상상한다면 그것도 전혀 달라지므로, 그때는 일반적 가치를 갖는 지식은 없다.

이번에는 무수한 거리를 두고 있는 항성의 세계를 상상하고 그 세계에도 둘에 둘을 합하면 넷인가 묻는다면, 그것은 우리 경험의 영역을 벗어난 것으로 우리는 그것에 긍정도 부정도 할 수 없다. 우리는 이러한 지식을 갖고 있지 않다. 만약 그러한 점에서 논하는 날이 되면 우리에게는 절대적 진리라는 것은 하나도 없는 것이 된다. 그러나 그것은 도저히 우리가 연구할 수 있는 것이 아니라고 할 수 있다. 우리의 경험적 세계에서는 결코 이렇게까지 [둘 더하기 둘이 넷이라는 것에] 반하는 현상을 만나지 않는다. 여기에서 앞으로도 이에 반대되는 현상을 만날 일은 아무리해도 생각되지 않으면 그 점에서는 절대적이라고 말할 수 있다. 절대적이라고 하는 것은 무엇을 가리키는 것인가에 의해 크게 달라진다. 과경적으로 말하면 절대적인 진리는 없다. 경험적으로 말하면 절대적 진리는 있다. 그것은 절대적이라는 언어의 의미에 달려있다. 그래서 결국은 실재론 측에서는

제 2 장 현상즉실재론

이 세계는 주관이 만든 결과가 아니다. 베단타파가 말하는 것처럼 세계는 미망이며 세계는 없으며 단지 있는 것은 정신만이라는 것이 아니다. 정신 외에 정신과 다른 실재가 객관적으로 있어서, 그것이 우리에게 각종의 인상을 부여한다.

　베단타파는 다음과 같은 예를 들었다. 여기에 새끼줄이 떨어져 있는 것을 내가 잘못해서 뱀이라고 생각한다. 그리고 나서 또 그것이 새끼줄이라는 것을 알게 된다. 이렇듯이 이 세계는 꿈과 같다고 생각한다. 지금은 진실의 세계라고 생각해도 죽어보면 결국 꿈과 같은 것이고 미망이었다는 것을 깨닫는다. 혹은 죽지 않아도 해탈하면 세계의 미망을 깨닫는다. 그런데 실재론 측에서 말하면 그것은 비교를 잘못한 것으로, 우리가 진실이라고 하는 것은 단지 인과관계를 가지고 있는 것에 한한다. 인과율을 벗어난 모든 것은 진실이라고 하지 않는다. 객관세계의 모든 현상은 이전도 무한하고 이후도 무한히 인과율에 의해 규정된다. 그것만이 진실이라고 할 수 있는 것으로 그 외에 진실이라고 할 수 있는 것은 없다. 새끼줄을 보고 뱀이라고 오해하다 홀연 미망임을 깨닫는 것은 왜인가 하면, 인과율에 상응하지 않기 때문이다. 처음 보았을 때에는 뱀이라고 생각했지만 뱀이라는 원인이 있으면 뱀의 움직임이라는 결과가 있어야 한다. 움직인다든지 문다든지 하는 일이 있어야 한다. 그런데 잠시 보고 있어도 움직이지 않고 물지도 않으므로 이것은 뱀이 아니라는 것을 알게 된다. 즉 인과의 관계가 맞지 않은 것을 발견하고 미망이었음을 알게 된다.

　이 세계는 시작도 없고 끝도 없이 인과율에 의해 지배된다. 만약 인과율에 의해 지배되지 않고 우리가 유일의 진리라고 하는 것이 미망이라고 한다면 결국에는 베단타파처럼 극단의 유심론이 될 수밖에 없다. 그리하여 북방의 불교도 베단타파와 대동소이한 유심론이다. 그러나 전적으로 옛사람의 잘못된 생각에서 일어난 세계관이라고 나는 생각한다. 오직 실재론만이 우리가 오늘날 취해야 할 확실하고 건강한 세계관이라고 생각한다.

제 2 장 현상즉실재론

2.2 현상즉실재론의 요령

이예안

*** 해제 ***

이 글은 1894년 1월 25일과 2월 26일의 양일에 걸쳐 철학회에서 강연한 내용을『철학잡지』에 논설로 게재한 것이다. 논설은 2회에 걸쳐 123호 (1897년 5월)와 124호(같은 해 6월)에 게재되었다.[11] 제목이「현상즉실재론의 요령」과「현상즉실재론」으로 약간 다르지만 123호 글 말미에 "미완", 124호 글 모두에 "이어서承前"라고 표기되어 있으며 논의가 이어지고 있는 점으로부터, 전편과 후편으로 구성된 한 편의 글로 이해할 수 있다.『이노우에 데쓰지로집井上哲次郎集』9권에 수록되어 있다. 124호의 논설 말미에 "미완"이라고 표기되어 있어 후속 논의가 예고되어 있지만 이는 실현되지 않은 것으로 보인다.

　　이 글은 총 45쪽 분량으로「제1장 총론」,「제2장 실재의 관념」,「제3장 주관상의 논거」,「제4장 객관상의 논거」,「제5장 논리상의 논거」로 구성되어 있다. 이노우에는 논의 전제로 동서양에서 형성 및 전개되어온 주요 철학사상을 크게 유심론과 실재론으로 이분하고 이들로는 충분하지 않다고 비판한다. 그런 다음에 자신의 독자적인 철학 입장으로서 현상즉실재론을 선언한다. 여기에 이 글의 집필 목적이 있다. 다만 이 글에는 현상즉실재론이 제기된 맥락이 잘 드러나 있지 않은데, 관련해서 1901년「인식과 실재의 관계」및 1915년『철학과 종교』의 설명을 통해 보다 분명하게 이해할 수 있다. 즉 이노우에는 실재론에 관한 기존의 두 가지 입장으로, 현상만이 실재라고 주장하는 소박한 실재론과 실재와 현상이

---

11) 원문에는 1897년 5월『철학잡지』13권 123호로 기재되어 있는데 오기로 보인다.

2.2 현상즉실재론의 요령

분리된 것이라고 주장하는 이원적 실재론을 언급하면서 이들을 불충분한 것으로 비판한다. 그리고 이들과 다른 입장으로, 실재와 현상을 동일물의 두 방면이라고 하는 현상즉실재론을 세계 해석을 위한 완전한 철학 입장으로 주장하고 있다. 이러한 현상즉실재론의 주장은 그의 철학사상의 전개 과정에서 크게 변하지 않고 이어진 것으로 보인다.

　이 글 「현상즉실재론의 요령」에 따르면, 현상은 주체가 어떤 대상의 어떤 상태를 인식한 결과로 얻어지며 시시각각 변화하여 모두 다른 모습으로 발현된다. 실재는 애초에 인식의 대상이 아니라 관념으로서 머릿속에 있으며 모든 현상에 관통되어 있는 평등이며 무차별이다. 하지만 동시에 현상과 실재는 근원적으로 하나이다. 즉 실재와 현상은 세계의 양면을 이루는바 어느 방면에서 고찰하는가에 따라 현상 또는 실재의 한 방면만 파악된다. 그런데 이 방법으로는 세계를 완전히 이해하지 못한다고 이노우에는 지적한다. 그럼 실재 관념을 어떻게 얻을 수 있는가? 실재와 현상을 어떻게 하나라고 할 수 있는가? 이 물음에 대해 이노우에는 객관적으로 현상을 고찰하는 자연과학의 방법에 의거함과 동시에, 그로부터 보다 세계의 깊은 곳에 진입하여 주체의 직접적인 내면적 고찰에서 자증自證하여 얻는 철학의 방법에 의거함으로써 실재 관념을 획득할 수 있다고 주장한다. 세계의 양면으로서 실재와 현상을 파악할 때 이 둘을 하나라고 할 수 있는데, 다양한 모습으로 일시적으로 나타난 현상이 사라지는 지점을 포착하여 방면을 바라보는 입각점을 바꿔볼 때 실재 관념을 얻게 된다는 것이다. 여기에 현상즉실재라는 공식이 성립한다. 한편 이 글 후반부에서 특징적인 것은 인간 정신을 심적 현상과 심적 실재의 보합이라고 말하면서, 심적 현상에 관해 당시 자연과학의 성과를 집요할 정도로 끌어와 설명하고 있는 점이다. 즉 심적 현상의 발생과 소멸에 관해 시각·청각 등의 감각과 외부 자극의 관계로 설명하고 이것이 개인의 신체 구조 및 뇌수의 성질에 의해 달라지지만, 그 근저에 있는 심적 실재는 하나로 귀결된다고 한다. 또한 이러한 실재 관념은

제 2 장 현상즉실재론

생물, 동물, 광물을 포괄한 자연계를 궁극적으로 일원적으로 파악하는 이해에서도 굳건하다.

　이노우에 데쓰지로의 현상즉실재론은 한편으로 동시대 비슷한 세계관을 구성한 이노우에 엔료의 논의에도 영향 받으면서, 기본적으로 송학, 대승기신론, 독일 관념론, 진화론이라는 복잡다단한 사상의 결합으로 구상된 것이라고 평가받고 있다. 이에 더하여 그의 현상즉실재론은 생리학, 심리학, 생물학, 물리학 등 과학연구 성과에도 크게 기대어 전개된 것이라 할 것이다. 또한 「현상즉실재론의 요령」은 미완이지만 이노우에의 철학사상이 명료하게 서술된 '기념비적 논문'으로 평가받는다. 그의 현상즉실재론은 관련 주제로 처음 발표된 1894년 「내 세계관의 먼지 한 톨」부터 1897년 「현상즉실재론의 요령」을 거쳐 1901년 「인식과 실재의 관계」에 이르기까지 1890년대에 본격적으로 전개되었다. 1890년대는 바로 이노우에가 독일 유학에서 귀국하자마자 도쿄제국대학에서 철학 강의를 담당하는 한편, 『칙어연의』와 『교육과 종교의 충돌』 집필을 통해 국가주의 입장에서 국민교화를 제창하기 시작한 시기이다. 그의 현상즉실재론이 칙어의 세계관, 국민도덕, 종교 등을 이해하는데 어떻게 적용되는지 생각해볼 필요가 있다.

2.2 현상즉실재론의 요령

*** 번역 ***

제1장 총론

예로부터 동서양에서 발생한 철학체계는 종류가 많지만 중요한 경향은 두 파로 나눌 수 있다. 유심론Idealismus 과 실재론Realismus 이 그것이다. 특히 근래 철학계의 논쟁은 양자의 시비 여하를 둘러싸고 대립했다. 유물론Materialismus 혹은 실험론Positivismus 도 학자가 왕왕 주장하지만 이들은 모두 실재론의 일파에 속한다고 볼 수 있다. 내가 간단하게 유심론, 실재론이라고 말했지만 유심론에도 많은 분파가 있고 또 실재론에도 분파가 적지 않다. 중요한 것을 들자면 유심론에는 비평적Kritischer 유심론, 주아적Egoistischer 유심론, 객관적Objektiver 유심론, 절대적Absoluter 유심론, 선천Transcendentaler 유심론이 있다. 실재론에도 경험적Empirischer 실재론, 선천 실재론, 유심적 실재론Idealrealismus 이 있다. 이와 같이 여러 분파가 있으니 유심론이든 실재론이든 일괄적으로 논할 수 없다. 즉 유심론과 실재론의 경쟁은 예로부터 철학계의 중요한 경향이므로 맥락이 매우 단순한 것 같지만 실제로는 그렇지 않다. 똑같이 유심론이라 말하고 똑같이 실재론이라 말해도 그 안에는 여러 분파가 있으므로 각 분파에 속하는 자는 각자가 이해하는 바를 가지고 상대를 배격하고 자신만 진리인양 주장해 의견이 분분하여 소란이 그치지 않는다. 그 모습을 보건대 군룡이 출몰하여 구름 모양이 변환하는 가운데 하나의 옥구슬을 다투는 것과 같다. 나는 그 가운데에서 어떤 입장을 취할 것인가?

단도직입적으로 요점을 말하겠다. 나는 내 실력이 허락하는 한 스스로 철학적 고찰을 하려 노력했으며 아울러 동서양의 중요한 철학체계를 연구해오면서, 예전부터 현상즉실재론Identitätsrealismus 이 유일하게 적확하다는 걸 알았지만 아직 발표하지 못했다. 예전에[12]

---

12) (원주) 1894년 6월 23일 철학회에서 「내 세계관의 먼지 한 톨」이라는 제목으로

제 2 장 현상즉실재론

한번 이 문제에 관해 약간 서술한 적이 있지만 여전히 내 사상을 펼치지는 못했다. 그 후 다시 내 사상의 시비 여하를 여러모로 고찰하고 반대론에도 귀를 기울였다. 내 사상이 과연 핵심을 찔렀는지 아닌지 오랫동안 생각해보면서 점점 더 적확하다는 확신이 들었다. 이에 비로소 그 요령을 서술하고 싶어졌다. 여기에 서술하는 내용은 실로 10여년의 연구를 거쳐 도달한 결과이며 하루아침에 졸속으로 생각한 것이 아니다. 그렇기에 현상즉실재론을 근본으로 하는 주의는 변하지 않을 것이다. 하지만 지금도 여전히 연구 도중이며 향후 기약할 점도 적지 않으므로 지엽적인 점에서는 다소 변경될 수도 있다. 하지만 근본부터 완전히 변하는 일은 거의 생각할 수 없다. 현상즉실재론은 즉 원융실재론[13]이며 선학들이 일찍이 창도한 적 없는 것으로 여기에서 처음으로 이 주의를 서술한다. 물론 부분적으로는 나의 주의와 유사한 견해가 전혀 없었다고는 할 수 없지만 서술의 방법과 체계가 근본적으로 다르다는 것을 알 수 있을 것이다.

제2장 실재의 관념

2.1

실재라는 명칭은 예로부터 철학자가 관용적으로 사용해 왔지만 그것이 지시하는 대상이 반드시 일치하는 것은 아니다. 양극단을 들어 논하자면 그 차이가 매우 크다. 실재는 인식할 수 있는 것이 아니므로,

---

현상즉실재론의 주의를 연설했다. 그 글은 『철학잡지』 제89호에 게재했다.

13) 원융실재론(圓融實在論, Einheitlicher Realismus). '원융'은 불교 용어로 각각의 사물이 그 입장을 보전하면서 일체가 되어 상호 융합하여 지장이 없는 것을 가리킨다. 화엄 교학에서는 보살이 수행하여 증득해 가는 단계를 항포문(行布門)과 원융문(圓融門)의 두 문으로 나누어 설명하는데, 각기 다른 차별적인 항포문으로 전개되면서도 모두가 하나 되는 원융문으로 회통되어 중생이 곧 부처인 화엄 세계의 수행법으로 연결된다고 본다. 이노우에 데쓰지로는 도쿄대학 재학 시 스승인 하라 단잔(原坦山)에게 배운 불교에서 힌트를 얻어 현상즉실재론(원융실재론)을 제창했다고 한다.

만약 인식으로 이를 파악하려 하면 막막하여 그림자도 찾을 수 없다. 하지만 실재는 관념으로서 머릿속에 있으므로 완전히 이를 부정하면 황홀하게 마음에 비춰든다. 이런 까닭에 철학 연구는 단순히 경험의 경계에만 한정 짓지 않고 어떤 방법에 의해서든 이 실재의 관념을 명료하게 하려 노력했다. 혹은 실재를 인식의 대상으로 삼아 마치 실재가 현상계에 있는 것처럼 간주하고 본체학^{Ontologie}이라고 부르는 학문분야를 연구하려 시도했다. 하지만 이 학문분야는 칸트에 의해 성립할 수 없음이 논증된 이후 근본적으로 파괴되었다. 그럼에도 실재 관념은 부정되지 않았다. 실재 관념을 긍정하지 않으면 세계 및 인생의 해석은 우리의 지식욕을 채우지 못하며, 또 인생 행위의 기본도 실재에 의해 설명하지 않으면 만족스러운 결과를 가져오지 못한다.

그런 까닭에 설사 실재 그 자체는 인식할 수 없다고 하더라도 어떻게 실재에 대한 관념을 얻을까, 실재를 무엇으로 간주해야 할까, 어떻게 실재와 관계할까를 논구하는 것은 철학의 중요한 직분에 속한다. 아니, 오히려 유일한 직분이라고 하는 것이 맞겠다. 왜냐하면 이를 제외하고 철학에 고유한 직분을 발견하지 못했기 때문이다. 그러나 실재 그 자체는 인식할 수 없기 때문에 만약 현상과 분리한다면 실재 관념을 명료하게 할 단서를 갖지 못 한다. 설사 내가 스스로 사유하여 실재를 내부에 얻었다 해도 이를 타인에게 전달할 방법이 없다. 그렇기 때문에 실재 관념은 현상에 관해 철저히 고찰하고 현상이 사라지는 곳에서부터 입각점을 바꿔 도달할 수 있다.[14] 이 점에서 현상

---

[14] 원문은 "是故に實在の觀念は現象に就きて徹底せる考察をなし, 其の還没する處より一轉して到達を得べきなり" 직역하면 "그렇기 때문에 실재 관념은 현상에 관해 철저히 고찰하고 현상이 환몰(還没)하는 곳에서부터 일전(一轉)하여 도달할 수 있다." 이 문장은 이노우에 데쓰지로의 현상즉실재론의 기본 구조를 이해하기 위해 중요하며, 이하에서 유사한 표현이 반복되어 나온다. 그런데 '환몰'이라는 단어는 그의 조어로 보이며, 당시에도 현대에도 일반적으로 사용되지 않은 용어로 대응하는 번역어를 찾기가 어렵다. 그러므로 그의 논의

제 2 장 현상즉실재론

의 고찰은 결코 철학의 범위 밖에 있지 않다. 하지만 현상을 정당한 연구 대상으로 삼아서는 안 된다. 특히 오로지 이것만 가지고 연구 대상으로 삼는 것은 철학의 직분을 오해한 것이다. 철학은 현상의 고찰을 도외시하지 않지만 이는 오직 그 목적에 도달하기 위한 방편·수단·단계일 뿐이며 그 목적은 최종적으로 실재 관념을 명확하게 하는 데 있다.

2.2

만약 단지 경험적으로 세계를 고찰한다면 오직 현상만 있다. 현상을 총괄한 것이 즉 세계이다. 현상을 배제하고서는 어떤 것도 인식할 수 없다. 나의 인식은 전부 현상에 의거해 얻고 또 오로지 현상에만 응용할 수 있다. 즉 현상에 관한 모든 단정斷定의 소양이 된다. 하지만 보통의 경험에 의해 얻은 인식은 반드시 확실하다고 말할 수 없다. 오로지 과학적 연구에 의해 얻은 것만이 확실하게 믿을 수 있다. 그렇기 때문에 이와 같은 입각점에서 말하자면 오로지 과학적 연구에 의해 얻은 인식을 재료로 철학을 건설해야만 한다. 이는 콩트[15] 씨가

에 따라 풀어서 번역했다. 그에 따르면 변화하며 각양각색의 상태로 드러나는 현상은 실은 본원적이며 상주불변하는 실재가 인식의 대상을 통해 드러나는 것일 뿐이다. 이로부터 '현상이 환멸하는 곳'이란 곧 현상이 막 사라지려는 곳인 동시에 실재에 맞닿는 곳을 의미하며, '환멸'을 '사라지다'로 번역했다. 또한 여기에서 현상과 실재는 동일하며 어떤 방면에서 바라보는가에 따라 각각을 부를 뿐이라고 하므로 '일전하다'를 '입각점을 바꾸다'로 번역했다.

15) 오귀스트 콩트(Auguste Comte, 1798~1857): 프랑스의 철학자, 실증주의의 창시자. '사회학'이라는 용어를 처음으로 만들었다. 인지(人知)의 역사적 발전에 '세 단계'를 세워, 1) 초자연력, 즉 신에게 모든 현상의 기원을 귀착시키는 '신학적 단계'; 2) 신학적인 단계의 변용으로 추상적 형이상학적 본질에 모든 현상의 기초를 구하는 '형이상학적 단계'; 3) 마지막으로 '실증과학의 단계'를 주장하였다. 콩트는 실증과학의 단계에서만 세상의 모든 것이 제대로 설명된다고 생각했고, 실증과학 정신으로 무장한 산업 엘리트들이 사회를 이끌어야 한다고 생각했다. 콩트의 사상은 과학의 정신이 자연물에서 벗어나 인간의 삶에까지 확장되는 데 결정적 기여를 했다. '공리주의', '실용주의' 등의 윤리학 사상 역시 그의 실증적이고 사회 지향적인 생각에 기초를 두고 있다. 그의 실증주의 철학은 메이지 시기 일본에서도 밀[p.48]의 철학과 함께 자주 원용된다.

● 2.2 현상즉실재론의 요령

취하는 입장과 관련된다.

 하지만 나는 도저히 이와 같이 한쪽으로 쏠린 사상에 만족할 수 없다. 왜냐하면 나는 특수한 현상 외에, 무한한 보편성인 실재 관념을 가지고 있기 때문이다.[16] 환언하자면 과학적 연구에 의해 현상계에서 얻은 인식과는 완전히 본원을 달리하는 관념이 있기 때문이다. 만약 또 단순히 사색적으로 세계를 고찰한다면 의지할 유일한 것은 내가 직접 내부에서 얻은 의식뿐이다. 외계에서 온 인식은 모두 간접적이며 의심해야 하며, 아니 오히려 미망迷妄으로 부정해야 한다. 데카르트[p.566] 씨처럼 내부의 직접적 의식을 기초로 하여 철학을 건설하고, 베단타 학파[17]처럼 세계를 미망으로 보고 부정하며 오로지 직접 내부에서 얻은 실재 관념만을 진실로 삼는다. 데카르트 씨는 유심적 경향을 갖지만 물질의 존재를 부정하지 않았다. 베단타 학파에 이르러서는 콩트 씨와 정반대의 입장에 선다.

 하지만 나는 도저히 이와 같이 극단으로 치닫는 주의에 만족할 수 없다. 왜냐하면 이와 같은 세계관은 분명 내가 일상에서 체험하고 있는 경험적 사실과 모순되기 때문이다. 바꿔 말하면 나는 단지 현상계를 진실의 세계로 삼아 행동할 뿐만 아니라, 또 현상계에서 얻은 지식을 진실로 삼는 것이 올바름을 잘 알고 있기 때문이다. 이상에서 든 두 종류의 세계관은 모두 편견에 빠진 것이며 단지 진리의 반쪽을 가지고서 전부를 가졌다고 생각한다. 만약 양자를 하나로 합하여

---

16) 이노우에는 Unendliche Allgemeinheit를 '무한의 통성(無限の通性)'이라 불렀지만 이 낯선 개념으로는 의미 파악이 거의 불가능하므로 여기에서는 단어의 의미에 충실한 쪽을 선택해 '무한한 보편성'으로 번역했다.

17) 베단타 철학은 인도의 정통 육파철학(六派哲學, shad darshana) 가운데 하나이다. 바른 지식·직관·개인적 경험을 통해 진리를 깨닫고 절대신 브라만(Brahman, 梵)을 인식하는 것을 목표로 하는 철학파다. 근본경전 중 하나인『우파니샤드[p.300]』에 근거해 절대자 브라만을 인식함으로써 해탈에 이른다는 교리가 학설의 근간이다. 또 모든 현상세계는 환영(幻影)이며 개별적 영혼인 아트만(Atman, 我)과 브라만은 다르지 않다고 강조한다.

제3의 지위에서 세계를 해석할 수 있다면 적확하리라는 것이 쉽게 예견된다.

2.3

그리하여 많은 철학자는 이미 그와 같은 입각점에서 철학을 건설했다. 실재와 현상의 관념은 사람마다 다르지만 양자를 내세워 세계를 해석하는 철학자 중 많은 수는 그렇게 하지 않을 수 없는 것이다. 하지만 그들은 세계를 실재와 현상으로 나누고 실재는 현상의 이면에 있으며 현상을 생성하는 근원이고, 현상은 실재가 특수한 상태로 표현되어 성립한 것이라고 한다. 그들이 이와 같이 실재와 현상의 양자를 병립하여 세계를 해석하는 것은 지당하지만 양자를 나누어 별개 세계로 간주하고, 단지 별개 세계로 보는 데 그치는 것은 세계해석Welterklärung 을 하다가 만 것이다.

왜냐하면 만약 완전히 다른 두 종류의 세계가 있어 병립한다고 한다면 내 지식을 통일하는 경향은 이윽고 나를 추동하여 어느 쪽이 원본적이며 어느 쪽이 파생적인가 결론짓게 할 것이다. 결국 그들 대다수는 상주불변常住不變의 실재를 세계의 근본으로 삼고 이에 의해 표현된 변화하는 일시적 현상을 세계의 파생적 상태로 삼을 것이다. 하지만 이와 같은 견해를 세울 때는 도저히 해석할 수 없는 난문이 앞길을 가로막을 것이다. 그게 무엇이냐? 다름 아니라 현상은 어떻게 실재로부터 발생하는가? 그 발생의 순서, 방법 및 이유를 구명해야 할 것이다. 그런데 이에 관해서는 수없이 상상을 해볼 수는 있지만 진정으로 정확한 해석을 할 수는 없다.

하지만 만약 그들이 고찰하는 데 그치지 않고 더 나아가 생각해본다면 실재와 현상은 궁극적으로 동일한 세계이다. 현상이 실재로부터 생긴 것이라고 말하기보다는 현상 그 자체가 즉 실재이다. 실재와

2.2 현상즉실재론의 요령

현상은 내가 추상하여 이들을 구별하지만 원래 한 몸이 두 모습으로 나타난 것이다. 같은 몸이므로 분리될 수 없으며 근원적으로 다르지 않다. 현상을 떠나 실재 없으며 실재를 떠나 현상 없으니 양자는 합일하여 세계를 이룬다. 세계는 내게 두 모습으로 표상된다. 나는 객관적으로 경험하여 이를 현상으로 표상하고 또 주관적으로 생각하여 이를 실재로 표상한다. 세계는 이와 같이 양면을 가진다.

만약 세계를 현상으로서 고찰하면 이는 세계를 한 방면에서 고찰한 것이다. 만약 세계를 실재로서 고찰하면 이 또한 세계를 한 방면에서 고찰한 것이다. 어느 쪽이든 오로지 한 방면에서 세계를 고찰하면 전혀 다른 한 방면을 망각하는 편견에 빠진다. 세계는 양방면을 아울러 고찰하여 비로소 진상을 얻을 수 있다. 만약 현상의 방면에서 세계를 고찰하면 차별을 근저로 삼는 까닭에 실재는 현상과 같지 않다. 만약 실재의 방면에서 세계를 고찰하면 무차별을 근저로 삼는 까닭에 현상은 실재와 다르지 않다. 이 둘은 세계를 어떻게 고찰하는가에 따라 다르다고 말할 수도 있고 같다고 말할 수도 있다. 이와 같이 세계를 고찰하여 해석할 때 비로소 지식욕을 충족시킬 결과를 얻을 것이다.

나는 이러한 입각점에서 현상즉실재론을 유일하며 적확한 세계관으로 삼는다. 이 세계관은 원융상즉圓融相卽주의를 취하는 까닭에 이를 또한 원융실재론이라 부른다. 만약 이 입각점에서 예로부터 내려오는 철학을 강구하면 여러모로 상반되는 각 사상을 해석하여 왜 그런지를 이해할 수 있을 것이다. 현상즉실재론은 단지 두세 가지 점을 들고 급하게 시비를 논할 수 없다. 왜냐하면 여러 복잡하게 얽힌 사상이 상호 관계하고 합일하여 조직된 것이기 때문이다. 특히 처음에 다른 철학과 매우 동떨어져 보이는 것도 귀착하는 바를 잘 보면 그리 차이가 없는 것도 있다. 하지만 처음에는 다른 철학과 매우 유사해 보이는 것도 차츰 논점을 따라가 보면 결국 크게 다른 것도 있다. 이런 연유로 현상즉실재론에 대해 무언가 말하고자 한다면 근저부터 그 주의를 이해해야 한다.

2.4

현상즉실재론은 예로부터 내려오는 철학과 마찬가지로 실재 관념을 명확하게 하는 일을 정당한 직분으로 삼는다. 그런데 이미 앞의 절에서 설명한 것처럼 세계는 어떻게 고찰하는가에 따라 현상과 실재가 동일하다고도 또 동일하지 않다고도 말할 수 있다. 만약 현상의 방면에서 보면 실재는 현상과 같지 않다. 현상은 차별이지만 실재는 무차별이다. 현상은 변화적이지만 실재는 상주한다. 현상은 인식할 수 있지만 실재는 불가지다. 현상은 내가 객관 세계에서 경험하는 바이며 실재는 내가 직접 내부에서 자증自證하여 얻는 바이다. 요컨대 현상은 유형이며 실재는 무형이다. 그렇기 때문에 현상은 형이하이며 실재는 형이상이다. 그렇기 때문에 철학의 연구 목적은 형이상인 실재의 관념을 명확하게 하는 데 있다.

그런데 모든 자연과학은 단지 형이하인 현상을 연구하며 실재가 어떤지 조금도 묻지 않는다. 그렇기 때문에 만약 자연과학처럼 단지 현상만을 연구하여 이에 의거해 세계를 해석할 수 있다고 한다면 현상과 다른 실재는 결국 부정된다. 콩트 씨가 현상 이외에 일체를 부정한 것도 역시 근거를 자연과학에서만 취했기 때문이다. 실재 관념은 현상 연구에 의해 도달할 수 없는 것은 아니지만 자연과학의 방법은 그 목적을 성취하는 데 충분하지 않다.

그렇다면 어떻게 하면 가능한가? 철학의 방법에 의거할 수밖에 없다. 즉 자연과학의 범위를 넘어 한층 더 고원한 착안점에서 세계의 심원한 곳에 진입해야 한다. 그렇기 때문에 철학과 자연과학 사이에는 결코 혼동하면 안 되는 근본적 구별이 있다. 그런데 때때로 자연과학을 유일한 철학처럼 사유하며 혹은 철학을 단순히 자연과학을 합일한 것처럼 사유하는 것은 양쪽의 직분이 무엇인지를 간파하지 못 하고 완전히 혼동한 잘못된 견해에서 나온 것이다. 이와 같이 오로지 자연과학만을 인정하는 것은 철학의 성립을 거절하는 것이므로 철학연구의 근본적 사상과 충돌한다.

그러나 순정적으로 말하자면 실재는 현상을 떠나 별개로 존립하지 않는다. 실재는 현상에 의탁해 있으며, 현상은 실재에 의거해 있다. 양자는 궁극적으로 동일하며 서로 갈라져 둘이 될 수 없다. 이처럼 실재 관념과 같은 것도 현상을 연구함으로써 얻을 수 있다. 이런 까닭에 일체의 현상은 자연과학 연구의 대상이자 동시에 철학 연구의 대상이다. 다만 철학은 자연과학보다 한층 심원한 곳에 진입하고자 한다. 자연과학은 특수한 변화물을 연구하지만 철학은 특수한 변화물에 관하여 상주불변의 실재를 추구한다. 그런데 나는 애초에 어떻게 실재 관념을 얻는가? 그 실재 관념은 어떤 것인가? 또 왜 실재를 현상과 동일하다고 해야 하는가? 이하에서는 세 가지 방면 즉 첫째 주관상, 둘째 객관상, 셋째 논리상에서 논구하려 한다.

제3장 주관상의 논거

3.1

만약 내가 객관적으로 고찰하여 널리 외계에서 특수한 현상에 대해 실재를 인식하려 한다면, 즉 오로지 특수한 현상만을 강구할 뿐 더 나아가 입각점을 바꿔 심원한 곳에 진입하는 것을 모르고, 단지 현상이 현상인 바에 머무르면서 실재를 파악하려 한다면, 처음에 이것이 옳은지 그른지 사이에서 의심해도 종국에는 결코 허용할 여지가 없음을 알게 될 것이다. 이것이 실재를 부정하고 단순히 현상을 현상으로서 허용하는 학파가 일어난 연유이다. 하지만 이와 같은 고찰은

제2장 현상즉실재론

객관적인 한쪽 편에 국한된 것이며 게다가 단순히 표면상에 그치므로 세계의 진상을 간파하는 경지에 이르지 못했다. 후에 서술하겠지만, 실재 관념은 객관적 고찰에 의해서 얻을 수 있을지라도 꼭 우회적 방법에 의거해 외계에서 구할 필요는 없다. 각자는 어떠한 찰나에도 내부에서 이를 직관할 수 있다.

하지만 만약 한번 명료하게 실재 관념을 파악하고 그게 어떤 것인지 서술하려 하면 실재는 본디 인식 대상이 아니기 때문에 도저히 분명하게 눈앞에 묘사해 낼 수 없다. 만약 억지로 이를 파악하려고 노심초사하면 그 그림자는 점차 멀어지고 이윽고는 막연해져서 흔적도 찾아볼 수 없게 된다. 그래서 이를 부정하려 하면 실재 관념은 또 금세 무한한 보편성으로서 내부로부터 마음속心頭에 떠오른다. 오로지 내면적 직관에 의해 이를 표상할 수 있으며, 지력적 탐구에 의해 이를 파악할 수 없다. 이런 까닭에 실재 관념 그 자체를 특수한 현상의 경우처럼 여러 측면을 형용하여 사람들에게 전달할 방도가 없다. 하지만 실재 관념이 어떻게 마음속에 떠오르는가에 관해서는 한층 자세하게 서술할 논의가 있다.

나는 때로는 희열하고 때로는 걱정하고 슬퍼하는 등 각종의 심적 현상이 있다. 하지만 이들 각종 심적 현상은 어떤 상태에서는 일시에 소실되어 무차별로 돌아가기도 한다. 예컨대 오직 홀로 정좌하여 어떤 일도 사유하지 않을 때처럼 마음의 바다心海가 평온하여 어떤 염려도 일으키지 않으며 평소의 잡념은 사라져 평등하게 되기 때문이다. 가령 수면 시에도 몽상을 제외한 일체 마음의 현상은 흔적을 감추어 또한 어떠한 차별도 없다. 그밖에 현기증, 졸도 등의 순간에도 역시 그러하다. 만약 어떠한 찰나에도 스스로가 고의로 심적 현상을 멈추어 무차별로 돌아가게 하려 한다면 돌아가게 할 수 있을 것이다. 이들 경우는 모두 심적 현상을 일으킬 능력이 근본적으로 소실된 것이 아니다. 그렇기 때문에 곧 다시 이를 일으키는 것이 어렵지 않다. 하지만 이와 같이 각종 심적 현상이 있지만 어떤 상태에서는 무차별로 돌아갈 수 있기 때문에, 그런 까닭에 실재 관념은 저절로 마음속에 떠오르게 된다. 하지만 만일 이를 파악하려 하면 마음의 파도心海波를 일으켜 금세 평온을 깨고 실재 관념에서 멀어지게 된다. 또한 실재는 무차별이기 때문에 특수한 현상처럼 인식 대상이 되지 않는다. 그렇기 때문에 도저히 분명하게 눈앞에 그려낼 수 없다.

3.2

단지 심적 현상만을 가리켜 정신이라고 말하면 아직 나의 정신에 있는 관념 전부를 포함하지 못한다. 심적 현상은 필시 단절과 연속을 가진다. 심적 현상을 곧장 정신 상태로 사유할 수 있다고 할지라도, 역시 그 근저가 되어 단절과 연속이 없는 상주하는 심적 실재의 관념을 가지고 보합補合하지 않으면 안 된다. 이와 같은 경향은 어떠한 근거도 없이 단순한 미망에서 생긴 것이 아니라, 반드시 그렇지 않으면 안 되는 합리적 근거가 있어서 생긴 것이다. 정신은 내게 심적 현상으로서도 사유되지만 또 심적 실재로서도 표상된다. 바꿔 말하면 한쪽에서는 차별이지만 또 한쪽에서는 무차별이라고 봐야 한다. 이 양자를 보합하여 유일로 삼음으로써 비로소 정당한 정신 관념을 얻을 수 있다.

 하지만 심적 현상은 특수한 성질을 가지므로 이를 인식할 수 있지만, 심적 실재는 단지 무한한 보편성으로서 표상할 수 있으며 정확하게 마음속에서 파악할 수 없다. 그렇기 때문에 나는 그 차이가 있는 점에 대해 추상하여 양자를 구별할 것이다. 하지만 이는 내가 단지 연구상 편의를 위해 마련한 것에 불과하다. 나는 추상적으로 양자를 구별하지만 사실을 말하자면 완전히 합일하여 아무 구별도 없다. 추상적으로 구별하고, 그 구별된 관념에 상당하는 구별이 실제에서도 역시 있다고 하는 것은 종종 철학사에서 반복되어온 잘못된

제 2 장 현상즉실재론

견해이다. 만약 심적 실재를 부정하고 단지 심적 현상만을 긍정하며 정신이 다름 아닌 심적 현상이라고 한다면, 애초의 예상이 잘못되었기 때문에 결국 궁핍한 결론에 이를 것이다. 왜냐하면 심적 현상이란 차별이 있기 때문에 차별의 종국적 실재는 필경 수많은 단순한 심적 현상에서 이를 인식하는 수밖에 없기 때문이다. 그렇기 때문에 이와 같은 견해를 가지는 자는 혹은 단순한 특수한 감정을 종국의 실재로 삼는다.

하지만 만약 단순한 특수한 감정이 종국의 실재라면 이들은 어떻게 합일할 수 있겠는가? 특수한 감정은 어떻게 사유해도 결국 특수하지 않은가? 환언하면 특수한 감정은 각각 분리되어 상호 연결이 없지 않은가? 그렇다면 인격의 성립을 부정하지 않을 수 없다. 인격의 성립을 부정한다고 쳐도 기억에 대해서는 어떻게 해석할 것인가? 연상파聯想派18)와 같은 것은 심적 현상에만 의거해 심리를 강구하려는 것인데, 이 점에 이르러서는 어떤 해석도 하지 못한다. 단지 괴이하다고 경탄할 뿐이다. 그 출발점에서 심적 실재를 부정하고 단순히 심적 현상만을 긍정하며, 이에 의거해 정신에 관한 의문을 해석하려 했기 때문에 도저히 해석할 희망이 없고, 경탄으로 문제를 처리해버리는 것과 같은 결과를 가져올 수밖에 없다. 대체로 심리학이 철학을 건설할 유일한 학문분과라고 생각하는 자는 필시 심적 현상의 한쪽에 구속되어, 더 나아가 입각점을 바꿔서 심적 실재의 방면에서 고찰할 줄을 모른다. 그래서 심적 실재를 부정하는 경향이 생기는 것이다. 심적 실재의 방면에서 고찰하는 것은 완전히 심리학의 범위 밖의 일에 속하기 때문이다. 환언하면 심리학의 직분에 충성하는 이상은 심적 현상을 떠날 수 없기 때문이다. 철학은 심리학처럼 고찰을 심적

---

18) 연상파(聯想派). 17세기 영국에서 형성된 심리학파. 연상심리학이란 어떤 관념에서 다른 관념이 생기는 심적 현상의 형성 과정을 설명하는 심리학으로, 모든 정신 현상이 관념 및 다른 심적 요소의 연합에 의하여 생기는 것으로 보며 이 연합을 정신 작용의 주축으로 본다.

현상에 한정하지 않고 심리학과 비교하면 한층 고원한 지위에서 고찰하여 세계 해석을 시도한다. 그렇기 때문에 심리학이 철학에 재료를 공급하는 일은 있어도, 심리학에서 해석하지 못 하는 것은 철학에 의해 보완해야 한다. 철학에서 정신은 단지 심적 현상일 뿐만 아니라 동시에 심적 실재이기 때문이다.

3.3

내가 심적 실재의 관념을 얻는 것은 이미 제1절에서 말한 것처럼 심적 현상이 어떤 경우에 사라져 무차별로 돌아가는 일이 있다는 것을 파악하고, 인식할 수는 없어도 무한한 보편성으로 표상할 수 있기에 가능하다. 하지만 만일 내가 한번 사라져 무차별로 돌아간 상태로부터 각성하여 이를 추상追想할 수 없으면 끝이다. 만일 이를 추상할 수 있으면 반드시 무한한 보편성의 관념을 환기할 수 있다. 또 만일 이를 원한다면 곧장 의지력에 의해 심적 현상을 멈출 수 있다. 그렇기 때문에 어떤 시점에서라도 무한한 보편성의 관념을 과연 얻을 수 있는지 아닌지를 시도할 수 있다. 이와 같이 해서 얻어진 무한한 보편성 관념이 곧 심적 실재 관념이다.

하지만 심적 현상은 심적 실재를 떠나 있는 것이 아니다. 오직 그 특수한 상태를 심적 현상이라고 부를 뿐이다. 심적 실재는 모든 특수한 상태를 통해 있다. 간단하게 말하면 심적 현상과 심적 실재는 동일하다. 동일한 정신을 나는 때로는 심적 현상으로 사유하고 때로는 심적 실재로 표상한다. 심적 실재의 한쪽에서 고찰하면 피아의 차별은 소멸하고 하나의 큰 바다로 돌아가는 느낌이 있지만, 우리가 생존하는 이상 심적 현상이 없는 사람은 없으며 심적 현상은 사람으로 하여금 개인적 느낌을 갖게 하는 근저인 것을 알아야 한다.

제 2 장 현상즉실재론

3.4

앞 절에서 심적 현상은 심적 실재를 떠나서 있지 않다고 말했다. 그렇다면 이제 거꾸로 심적 실재는 심적 현상을 떠나서 있지 않다고 말할 수 있는가? 이미 동일한 정신을 심적 현상으로 사유하고 또 심적 실재로 표상하는 이상, 즉 양자를 보합하지 않으면 적확한 정신의 관념은 얻을 수 없다고 하는 이상, 결론은 그렇게 된다. 하지만 심적 현상을 떠나 심적 실재가 없다고 한다면, 심적 현상이 발현하는 동안에는 심적 실재를 추대할 수 있지만 심적 현상이 멈춰있는 경우에는 심적 실재를 부정하지 않을 수 없다. 과연 그렇다면 내가 갖는 심적 실재 관념은 무언가 근저를 가지는지 아닌지 의혹이 생긴다.

하지만 이는 심적 실재에 광의와 협의의 차이가 있기 때문에 일어나는 것으로 조금도 이상하게 생각할 일이 아니다. 협의로 해석하면 심적 실재는 단지 심적 현상을 지탱하는 것을 의미하므로 심적 현상이 멈춰있는 경우에는 이를 부정할 수 있지만, 광의로 해석하면 심적 실재는 심적 현상을 생기게 하는 본원의 의미가 되므로 심적 현상이 멈춰있는 경우에도 이를 부정할 수 없다. 그렇다면 실재는 현상을 떠나 존재한다고 할 것인가? 어찌 그러겠는가. 심적 현상을 생기게 하는 것은 개인의 신체 구조, 특히 뇌수의 성질이며 또 이 자극의 원인은 외계에 있는 만물이다. 간단히 말하면 자연현상이다. 이처럼 자연현상의 실재는, 즉 광의로 해석한 심적 실재이다. 엄밀히 말한다면 이 경우에는 이를 심적 실재라 말하는 것은 정확하지 않다. 실재는 세계의 실재이다. 주관과 객관의 구별이 없다. 그렇기 때문에 특히 '심적'이라는 단어로 이를 규정하여 '물적'과 구별해서는 안 된다.

하지만 실재 관념은 주관에서도 도달할 수 있으며 또 객관에서도 도달할 수 있다. 따라서 주관에서 도달할 수 있는 실재를 심적 실재 _{즉 주관적 실재}

라고 하고 객관에서 도달할 수 있는 실재를 물적 실재^{즉 객관적 실재}라고 한다. 논의의 편의를 위해 둘을 구별한다. 하지만 이와 같은 구별은 실재 그 자체에 있는 것이 아니라 실재 관념에 도달하는 방면이 어떠하냐에 있다.

3.5

실재 관념은 누구라도 시간과 장소에 관계없이 곧장 내면적 고찰에 의하여 도달할 수 있기 때문에 직접적이다. 이를 외계에서 얻은 인식과 비교하면 가장 확실하다. 외계에서 얻은 인식은 반드시 어떤 매개가 있어야 하기 때문에 모두 간접적이다. 이미 간접적인 이상 어떻게 그것이 과연 정확한지 아닌지 알 것인가? 왜냐하면 내가 의지하는 매개는 의심할 점이 없지 않기 때문이다. 그런데 내 뇌 속에서 직접 표상하는 바는 아무리 이를 부정하려 해도 그럴 수 없다. 이를 사실이라고 허용하지 않을 수 없다. 지금 실재의 관념은 내가 내면적 고찰에 의해 도달하여 곧장 뇌 속에 표상할 수 있기 때문에 이를 심계心界의 사실로 보아 어떤 의심도 하지 않는다. 이것이 가장 확실하다고 하는 이유이다.

 이로써 예로부터 직각적으로 내부에서 얻은 바를 가지고 유일의 진정한 인식으로 보고 이에 근거하여 세계관을 건설한 자가 종종 있었다. 데카르트 씨가 그러하다. 스피노자^[p.574] 씨 역시 이 점에서 데카르트 씨와 다르지 않다. 인도에서는 베단타 학파가 적절한 예시이다. 베단타 학파의 고찰에서는 세계는 미망이다. 진실한 것은 오로지 브라만이다. 이와 같은 세계관은 본디 주관의 한 방면에 치우쳤지만 그렇게 주관의 한 방면에 치우친 이유는 본디 치우칠 수밖에 없는 근거가 있기 때문이다. 자세하게 말하면, 주관적으로 고찰하여 직접 내부에서 표상하는 바가 가장 확실하며 그것이 사실이라는 것에 어떤 의심도 없기 때문이다. 명확하지 않은 일에 대해서는 증명을

제 2 장 현상즉실재론

요구한다. 하지만 충분히 명확하며 조금의 허점도 없는 일에 대해서는 어떠한 증명도 요구하지 않는다. 그 사실 자체가 증명보다 분명하기 때문이다. 지금 태양이 밝고 하늘이 맑은데 누가 밝은 태양의 존재 여부를 증명하라고 하겠는가? 실재 관념도 그러하다. 누구라도 심계에서 직접 표상하는 바를 얻기 때문에 그 존부에 대해 증명을 요구하지 않는다. 즉 증명을 넘어서 있다고 할 것이다.

하지만 실재 관념은 각자 태어나면서 가지는 것이 아니다. 바꿔 말하면 관념으로서 선천적으로 성립하지 않는다. 경험을 쌓아 지식을 연마해 현저한 정신적 발달이 없으면 실재 관념을 얻을 수 없다. 실제로 아동의 경우는 아직 내가 말하는 실재 관념을 가지는 데 이르지 못했다. 설사 이를 증명해도 이해할 준비가 되어 있지 않다. 야만인蕃民19) 중에 열등한 경우는 아동과 마찬가지로 특수한 구체적 관념이 있을 뿐 실재와 같이 광대한 추상적 관념은 없다. 만약 그들이 다소 정신적 발달을 이루었다고 가정하면 정도에 따라 다소 실재의 모습을 띠는 열등한 관념을 얻게 될 것이다. 이처럼 관념은 점차 발달 정도를 더하여 이윽고 내가 말하는 실재 관념이 될 수 있을 것이다. 그렇다면 실재 관념을 발생시키는 경향이 깊이 인성에 뿌리내리고 있음은 부정할 수 없다.

하지만 실재 관념은 사람 신체가 발달함에 따라 저절로 발달하지 않는다. 턱수염과 구레나룻은 성년이 되면 저절로 생긴다. 하지만 실재 관념은 반드시 그렇지 않다. 실재 관념을 얻으려면 현저한 정신적 발달이 요구되기 때문이다. 정신이 현저한 발달을 이루면 반드시

---

19) [원주] 존 러벅[p.543] 씨는 최하등의 야만인조차 천상(天上)의 실재를 믿는다고 주장하는 것은 완전히 실제와 모순된다고 하면서 여러 예시를 들어 논술했다 (*Pre-historic Times*, pp.575–581; *Origin of Civilization*, pp.208–213). 다윈[p.63] 씨도 야만인 중에는 일신(一神) 혹은 다신의 관념이 없고, 또 이를 말로 표현할 언어조차 없는 경우가 있다고 말했다. *Descent of Man*, vol.1, pp.142–3. 또한 뷔흐너 씨의 *Kraft und Stoff*, S, 203-414를 참고하라. 야만인은 인격신 관념도 없으며, 하물며 평등무차별인 실재 관념에서는 더욱 그러하다.

실재 관념에 도달할 것이다. 어떻게 실재를 표상할 것인가는 사람에 따라 다르지만 실재 관념에 도달한다는 점에서는 차이가 없다. 그러므로 현저한 정신적 발달을 이룬 국민 중에는 반드시 철학적 연구가 일어난다. 그로부터 얻은 실재 관념을 규명하여 이에 의거해 세계를 해석하려는 것이다. 그런데 철학의 방법은 자칫 주관적으로 치우치는 경향이 있는데 그 이유는 내가 직접 내면적 고찰에 의해 실재 관념에 도달할 수 있기 때문이다. 실재 관념은 어떠한 증명도 요구하지 않는 직접적 확신[20]이다. 누구라도 이미 정신적 발달을 이룬 이상은 심계에서 명석하게 자증自證할 사실이다. 하지만 실재는 특수하지 않기 때문에, 차별이 아니기 때문에, 일절 속성을 가지지 않기 때문에 그 관념은 망막하여 파악할 수 없다.

그러므로 각자가 이를 표상할 때에 같은 결과를 내는 것은 매우 어렵다. 특히 각자가 주관적으로 실재 관념을 얻어 직접 내부에서 자증할 뿐 이를 객관적 대상에 준거하여 타인에게 그것이 진리의 근원임을 변증하지 못한다. 그러므로 나는 객관상의 논거를 요구한다. 만약 내가 객관적 대상에 대해 과학자와 마찬가지로 연구를 하고 더 나아가 차별이 사라지는 곳에서 입각점을 바꿔 실재 관념에 도달할 수 있다면, 이 둘을 대조함으로써 비로소 주관과 객관을 초월한 실재 관념을 공통적으로 명석하게 할 수 있을 것이다.

---

20) 直接理證, Unmittelbare Gewissheit. 이노우에는 『增補改訂 哲学字彙』(井上哲次郎, 有賀長雄 增補, 東洋館書店, 1884),『英独仏和 哲学字彙』(井上哲次郎, 元良勇次郎, 中島力造 共著, 丸善, 1912)에서 'Immedate certainty 直接理證'으로 번역한바 있다. 'Unmittelbare Gewissheit'는 헤겔의『정신현상학』을 출처로 하며 일반적으로 '직접적 확신'으로 번역된다.

제4장 객관상의 논거

4.1

객관 세계는 내가 감각에 의해 지각하는 바의 현상으로부터 성립한다. 이와 같은 현상은 다름 아닌 감각기관의 대상이다. 감각기관 중에 내가 현상을 인식할 때 가장 효력이 있는 것은 시각, 청각, 촉각이라고 한다. 우선 시각의 대상에서 고찰의 단서를 찾아보겠다. 시각의 대상은 어떠한 것도 색채가 없는 것이 없다. 다만 색채에 무수한 차별이 있다. 나는 이에 의해 특수한 대상을 인식할 수 있다. 하지만 무수한 색채는 상주불변이 아니다. 지금 푸르게 보이는 것도 조금 상태가 변하면 금세 누렇게 된다. 아주 조금 누렇다고 생각하는 것도 또 조금 지나면 다른 색으로 변하는 일도 있다. 이외에 어떤 색채도 금세 드러났다가 또 금세 숨어버리는 걸 반드시 보게 된다. 이 물건은 검다든지 저 물건은 하얗다든지 일정한 색채가 있는 것이 아니다. 색채는 진짜 잠시 머무르는 것이며 시시각각 변한다. 무상無常함의 예를 든다면 색채보다 현저한 것이 없다.

　그런데 색채는 아무리 복잡해도 어떤 상태에서 사라져 무차별이 된다. 나는 그 사라져 무차별이 되는 곳에서 입각점을 바꿔 현상의 이면에 진입하여 객관적 실재 관념에 도달할 수 있다. 색채가 무차별로 사라지는 것은 각자가 언제나 경험하는 바이지만 특히 이 점에 주목하여 철학적 고찰을 할 필요를 모를 뿐이다. 나는 단지 무형의 추리에만 의거하지 않으며, 경험적 사실에 관해 논증하고자 한다. 지금 눈앞에 무수한 색채가 있어도 이는 실제로는 하나의 백색광에서 분기된 것이다. 광선분석법에 의해 태양광을 분석하면 하나의 백색광은 금세 분기하여 적색, 등황색, 황색, 청색, 녹색, 감색, 도라지색桔梗色의 일곱 가지 색 및 기타 중간색이 된다. 그런데 이와 달리 뉴턴[21] 씨의 실험법에 의해 일곱 색의 원판을 회전시키면 일곱 가지 색은 금세 사라져 하나의 백색이 된다. 다만 그 백색은 차차 불결해진다. 각색의 배당은 인공적으로는 도저히 완전하게 할 수 없기 때문이다. 광선은 이와 같이 어떤 상태에서는 하나의 백색이 되며 어떤 상태에서는 여러 색채가 된다. 최종적으로는 단지 상태 여하에 달렸을 뿐이다.

더 나아가 생각하면 물리 실험에서는 또 하나의 백색이 존재한다. 이와 같은 백색은 태양 광선이 있기 때문에 생긴다. 그런데 지금 태양 광선도 같이 제거한다고 생각해보라. 그런 경우에는 백색도 흔적을 감춘다. 일체의 색채는 금세 사라져 무차별로 돌아가게 된다. 특별히 우회적인 실험법이 필요한 게 아니다. 굳게 창문을 닫고 광선이 실내에 들어오는 것을 막으면 지금까지 실내에 나타났던 색채는 소멸하여 일체 무차별이 된다. 먹구름이 하늘을 뒤덮은 밤에는 어떤 색채를 구별할 수 있겠는가? 더욱이 나의 신체 상태를 바꿔놓고 생각하면 한층 분명해 질 것이다. 시험 삼아 두 눈을 감으면 설사 대낮이라도 일체의 색채는 차별을 잃게 된다. 하지만 나는 각종 색채의 개념을 가지고 있기 때문에 이와 비교하여 색채의 결핍에 불과한 암흑도 하나의 색채로 생각하는 경향이 있다. 하지만 만약 완전히 시각을 잃은 맹인이 된다면 어떨까? 더 이상 어떤 색채도 비교할 수 없을 것이다. 그래도 여전히 과거의 경험의 결과로서 색채 개념을 가진다고 할 것인가? 더욱이 태어나면서부터 맹인인 사람을 생각해보면 그가 어떻게 색채 개념을 가지겠는가? 내게 색채의 세계로 보이는 그 동일한 세계가

---

21) 아이작 뉴턴(Sir Isaac Newton, 1643~1727) : 영국의 수학자, 물리학자, 천문학자. 수학에서는 미적분법을 창시하고, 물리학에서는 뉴턴역학의 체계를 확립했다. 초기 연구는 광학분야에서 두드러졌다. 1672년 왕립협회에 『빛과 색의 신이론(新理論)』이라는 연구서를 제출하였는데, 그 내용은 백색광이 7색의 복합이라는 사실, 단색(單色)이 존재한다는 사실, 생리적 색과 물리적 색의 구별, 색과 굴절률과의 관련 등을 논한 것이었다.

그에게는 어떤 색채도 없는 무차별 세계로 생각될 것이다. 하지만 나의 세계와 그의 세계가 세계인 것에는 차이가 없다.

4.2

앞 절에서는 시각에 관해 말했다. 이는 청각, 후각, 미각 및 촉각에 관해 말해도 같은 결과가 나올 것이다. 즉 음성의 경우는 순식간에 생겼다가 순식간에 사라지는 등 변환變幻이 매우 심하여 어떤 음성일지라도 길게 상태가 지속되지 않는다. 그 일시적인 머무름이 색채처럼 눈에 띄게 보이지 않는다고 할지라도 실은 그다지 다르지 않다. 그런데 한번 음성에 관해 철학적 고찰을 시작해보자면 홀연히 일어난 것은 어디에서 온 것인가, 소멸하는 것은 어디로 가는가라는 의문이 생긴다. 하지만 이는 단지 음성에 관한 잘못된 생각에서 생긴 의문이다. 음성이 음성으로서 사라지고 또 오는 것은 있어도, 처음에 일어나는 것이 어떤 특정한 곳에서 오는 것이 아니며 소멸하는 것도 어떤 특정한 곳으로 사라지는 것이 아니다. 단지 실재의 어떤 상태가 나에게 음성으로 지각되는 것이다. 만약 이러한 이치를 잘 이해한다면 아직 일어나지 않은 곳에서부터 거슬러, 혹은 소멸하는 곳에서부터 진입하여 실재 관념에 도달할 수 있을 것이다.

또한 음성이 얼마나 일정하지 않은지를 주의할 필요가 있다. 음성은 어떤 것도 일정하지 않다. 청각의 기관을 변경하든 청각의 대상을 변경하든 음성은 그 때문에 변경되지 않는다. 만약 청각 기관을 결여하면 일체의 음성은 허무로 돌아간다. 완전히 결여되지 않더라도 손상이 있다면 음성을 청취하는 데 얼마간의 이변을 피할 수 없다. 또 청각 기관은 건전해도 대상에 이변이 있다면 음성 역시 동일한 상태를 유지할 수 없다. 대상은 동일해도 어떤 상태에서는 음성을 발생시키고 다른 상태에서는 음성을 발생시키지 않는다. 바꿔 말하면 대상의 어떤 상태는 내게 음성으로 청취되며 다른 상태는 그렇지 않다. 그러므로 내가 음성으로 청취하지 않는 경우에는 음성이 될 수 있는 상태는 아직 현존하지 않고 현존하는 것은 오직 다른 상태 뿐이므로, 청각에 있어서는 어떠한 차별도 없다. 그런 까닭에 나는 이 점에서 입각점을 바꿔 실재 방면을 향할 수 있다. 후각 및 미각은 더 설명하지 않아도 이에 준하여 자연히 이해할 수 있으리라. 다만 촉각은 그렇게 명료하지 않다. 하지만 역시 예외는 아니다.

나는 어떤 대상을 가리켜 견강하다고 말하고 다른 대상을 가리켜 유연하다고 말한다. 하지만 그렇게 견강이라 말하고 유연이라고 말해도 모두 일정한 성질로 대상에 부속된 것이 아니다. 만약 내 자신의 체격에 이변이 생긴다면 촉각 하나만 어떻게 동일할 것인가. 가령 열 배의 힘을 얻었다고 하자. 예전에 견강하다고 했던 것도 지금은 오히려 유연할 것이다. 아이가 견강하다고 한 것이 성인에게는 반드시 그렇지 않은 것도 체격의 차이에서 온다. 만약 대상을 변경하면 견강은 유연이 되고 유연은 견강이 된다. 어떤 일정한 성질도 인정할 수 없다. 일반적으로 천지간에 존재하는 모든 물체 중에 형상을 변경할 수 없는 것은 없다. 금석류도 특정 온도의 열과 만나면 모두 유동체가 된다. 더욱 열을 가하면 모두 기체가 될 것이다. 이와 반대로 가스와 같은 기체도 열을 내리면 유동체가 되며 더 나아가 고형체가 된다. 이와 같은 일은 아직 실험을 완전히 마치지는 않았지만 이미 실험한 것에 의해 추론하면 이론상 당연하다. 대상이 이와 같이 어떤 모습으로도 변한다면 내가 확정하여 견강 혹은 유연하다고 결코 말할 수 없다. 지금 나는 얼음과 접촉하여 견강하다고 하지만 온도가 올라가면 얼음은 금세 물이 된다. 그러면 나는 이를 유연하다고 할 것이다. 하지만 만약 여기에 열을 가하면 금세 증발하여 기체가 될 것이다. 그러면 더 이상 촉각으로 지각할 수 없다.

제 2 장 현상즉실재론

　즉 대상의 어떤 상태가 내게 건강 또는 유연 등의 우유성偶有性[22])으로 지각되며 다른 상태는 촉각이 되지 않는다. 다시말해 촉각에서 보면 이를 무차별이라고 말해야 할 것이다. 이와 같이 현상이 무차별로 사라지는 곳에서 실재 관념 여하를 연구해야 할 것이다.

4.3

　더 나아가 색채 및 음향 등에 관해 고찰하고자 한다. 이미 제1절에서도 말했듯이, 태양광은 백색이지만 분기하여 각종 색채를 드러낸다. 즉 적색, 등황색, 황색, 청색, 감색, 도라지색 및 그 중간색이 그것이다. 그런데 이와 같은 색채는 애초에 어떻게 생긴 것인가? 광선은 하위헌스[23]) 씨가 논증한 바와 같이 에테르精氣[24])의 파상적 진동顚動에 의한다. 에테르는 단지 태양과 지구 사이에 충만할 뿐 아니라, 어떤 물체에도 투과하여 세계 중에 없는 곳이 없는 비가시적인 것이다. 태양 및 기타 발광체는 이 에테르가 파상적 진동을 일으켜 이에 의해 시각을 자극한다. 바로 여기에서 색채 감각이 성립한다.

　그런데 색채에 각각 종류가 있는 것은 순전히 에테르의 파상적 진동에 각각 장단이 있기 때문이다. 적색 물체는 단지 적색만을 흡

---

22) 우유성(偶有性). 어떤 사물의 본질이나 본체적인 것이 아니라 우연히 그때 그 사물에 생긴 성질. 우성(偶性), 우유적 속성이라고도 한다. 『철학자휘』(1884)에서는 다음과 같이 정의하고 있다. "Accident 奇遇, 機運, 變故, 偶有性(論)" 원문은 '偶性'

23) 크리스티안 하위헌스(Christiaan Huygens, 1629~1695) : 네덜란드의 수학자, 물리학자, 천문학자. 망원경 개발, 토성의 환과 위성 발견, 원 운동에서 원심력의 법칙 연구, 추시계의 제작, 진자를 포함한 일반적 진동 시스템 연구 등으로 알려져 있다. 특히 진자 이론을 전개할 때는 현대에 '에너지 보존의 원리'로 알려져 있는 생각을 적용했다. 광학에서는 '빛의 파동설'을 발표했다. 에테르 개념을 도입한 파동 전파의 설명으로 '하위헌스 원리'를 세워 반사굴절, 복굴절 등 광학 현상을 이론적으로 밝혔다.

24) 에테르(Aether)는 근대 물리학 혹은 천문학에서 빛의 파동적 성질을 설명하기 위해서 필요한, 빛을 전달하는 매질로서 제안된 물질이다. 이러한 에테르 개념은 하위헌스에 의해 도입되었으나, 마이컬슨–몰리 실험으로 에테르가 존재하지 않음이 밝혀졌다.

수하여 이로써 나의 시각을 자극한다. 그렇기 때문에 적색 물체로 지각된다. 기타 어떤 색채의 물체도 그 특수한 색채를 흡수함으로써 성립한다. 그러므로 특수한 색채는 다름 아니라 에테르의 파상적 진동의 장단에 특수한 정도가 있기 때문에 생긴 것일 뿐이다. 그렇기 때문에 특수한 색채는 색채라고 하여 단지 색채라는 한쪽 측면에서 고찰하고 이를 그렇게 일정한 상태에 제한할 수 있는 것이 도저히 아니다.

한번 입각점을 바꿔 고찰해보면 내가 평소 시각에 의해 색채라고 한 것은 사실 에테르의 파상적 진동에 불과하기 때문이다. 요약하자면 색채는 다름 아닌 운동이기 때문이다. 또 음향에 대해 말해도 다르지 않다. 음향은 공기의 파상적 진동에 의해 생기기 때문에 나는 청각에 의해 그 고저와 강약을 판별하고 각종 특수 명칭을 부여하지만, 사실을 말하자면 모두 공기의 파상적 진동일 뿐이다. 결국은 공기의 파상적 진동일 뿐이므로 음향 역시 같을 수 없다. 클라드니[25] 씨가 실험한 바에 의하면 악기의 아름다운 음은 종류 여하에 따라 정합적인 운동 상태를 나타낸다. 다른 말로 설명하자면 내 청각에 아름다운 음이란 다른 측면에서는 공기가 어떤 일정한 형상에 정합하는 운동에 불과하다. 색채는 에테르의 파상적 진동에 의해 음향은 공기의 파상적 진동에 의해 생기기 때문에 그 매개하는 물질은 같지 않다. 하지만 그 원인은 매한가지로 운동일 뿐이다.

그렇기 때문에 색채가 아무리 다양해도 음향이 아무리 다양해도 모두 유일의 운동으로 돌아가지 않는 것은 없다. 운동은 내가 인식

---

[25] 언스트 클라드니(Ernst F. Chladni, ,1756~1827) : 독일의 물리학자. 특히 음향학에 조예가 깊어 '음향학의 아버지'로 불린다. 막대, 현(弦) 등의 진동을 실험적으로 연구하여 고체에서의 음의 빠르기를 측정하고, 또 오르간 파이프에 공기를 넣고 기체 내의 음의 속도를 측정하였다. 1809년 판(板)의 진동에 관한 유명한 '클라드니의 도형(圖形)'을 발견했다. 저서『음향학』으로 알려져 있으며, 20여 년간 유럽 각국을 방문하여 음향학을 강의하기도 했다.

하는 바라고 하지만 이미 세계에서 광범한 현상이며 비교적 실재에 접근한 것이다. 그렇기 때문에 내가 일체의 음향을 환원하여 운동이라고 부르는 유일의 현상에 귀결시킬 때는, 이미 세계의 근본과 멀리 떨어지지 않았다는 걸 알 것이다. 만약 이미 이와 같은 경계에 도달했다면 여기에서 더 나아가 입각점을 바꿔 세계의 심원한 곳에 진입하여, 유형의 현상을 완전히 떠나 단지 사유하여 표상할 수 있는 실재 관념에 도달하는 것은 어렵지 않다.

4.4

색채든 음향이든 모두 감각기관으로 지각하는 바의 것은 모두 현상의 어떤 상태이다. 실재 그 자체는 내가 인식할 수 있는 바가 아니라고 하더라도 현상의 상태는 내게 특수한 지각으로 감수된다. 하지만 만약 그 상태가 일변하면 지각으로 오지 않는다. 이에 관해 논해보자. 광선이 극도로 강대할 때는 눈이 완전히 부셔서 색채를 식별할 수 없다. 음향 또한 극도로 강대할 때는 귀가 완전히 막혀서 성조를 식별할 수 없다. 또 광선 및 음향이 극도로 미약할 때는 감각할 수 없다. 하지만 색채나 음향의 원인이 되는 운동이 없는 것은 아니다. 다만 그때그때 지나치게 강대 혹은 미약하여 내가 감각을 받아들일 수 있는 색채나 음향이 되지 않을 뿐이다. 만약 탄력 있는 막대를 진동시키면 진동이 1초에 8회가 되기 까지는 어떤 음향도 청취할 수 없다. 8회에 달하면 최저도의 음성을 청취할 수 있다. 만약 진동의 횟수를 늘려 점차 빠르게 하면 음성도 따라서 높아진다. 만약 진동이 1초에 2만 4천 회가 되면 더 이상 청취할 수 없다. 만약 어떤 방법에 의해 그 종적 진동을 횡적 진동으로 변형하고 또한 점차 빠르게 하여 진동이 1초에 4830억 회가 되면 빛, 즉 적색 광선이 비로소 생긴다. 그런데 그 진동이 점차 빨라짐에 따라 적색에서 변하여 등황색, 황색, 청색, 녹색, 감색, 도라지색이 된다. 만약 진동이 1초에 7270억 회가 되면 더 이상 빛을 지각할 수 없다. 하지만 운동은 여전히 멈추지 않으며 이로부터 화학적 작용을 일으키게 된다. 이로 보건대 일체의 색채도, 일체의 음향도 모두 운동이며 단지 그 정도 여하에 따라 차이가 있다는 점 역시 틀림없다.

하지만 한발 더 나아가 고찰해야 할 것이 있다. 바로 열, 빛, 전기, 자기鑛氣의 상호 관계에 관해서다. 열은 옛사람들이 상상한 것과 같이 물체에서 쏟아져 나오는 유동물이 아니라 물체의 입자의 진동이다. 그런데 열에 온도를 가하면 빛이 된다는 것을 누구라도 이해하고 있다. 그렇다면 자기와 전기는 어떤가? 자기는 전기로부터 생기며, 전기는 자기로부터 생긴다. 이 둘 사이에 밀접한 관계가 있으며 상호 변하여 생긴다. 그런데 전기는 또한 제베크[26] 씨가 증명한 바와 같이 열에 의해서 생긴다. 그런데 전기는 또 번쩍이는 화광火光을 내뿜는다. 이에 의해 화학적 작용을 일으키며 그 결과로 열과 빛을 생성하기에 이른다.

이러한 과학적 사실을 고찰하면 열, 빛, 자기, 전기와 같은 것도 모두 서로 그 상태를 교환할 수 있으며 모두 운동에 다름없다. 그런데 내가 운동이라고 부르는 바의 것은 과연 무엇인가? 운동은 애초에 종국적인 것이 아니다. 왜냐하면 이미 공간, 시간, 물질, 에너지勢力[27]라는 네 요소를 예상하기 때문이다. 어느 운동도 한 방향에서 다른 방향으로 움직이기 때문에 공간 속에서 일어나며, 공간을 예상하지 않으면 어떤 운동도 생각할 수 없다. 또 어느 운동도 발생점에서 소멸점까지 움직이는 데 다소의 경과를 필요로 하기 때문에 필연적

---

26) 토마스 제베크(Thomas J. Seebeck, 1770~1821) : 독일의 물리학자, 의사. 1821년 제베크는 두 물체가 접합했을 때 각각의 온도가 달라 전류가 생기는 현상을 발견했다. 이를 제베크 효과(Seebeck effect)라고 부른다. 제베크 효과는 열전 효과의 대표적인 현상으로, 열전 효과는 열을 흘렸을 때 발생하는 전기적 현상 또는 전기를 흘렸을 때 발생하는 열적 현상을 말한다

27) "Energy 勢用, 勢力, 元氣, 氣力"(『철학자휘』, 1912)

으로 시간을 예상할 수밖에 없다. 그런데 공간과 시간이란 일체의 현상을 규정하는 도식이며 운동의 내용이 아니기 때문에 잠시 이를 접어둔다 해도, 물질과 에너지는 운동 관념의 요소가 되어야만 한다.

그런데 물질에 대해서는 적어도 세 종류의 견해가 있다. 첫째는 기술적重學的[28])으로 고찰하여 사멸한 재료로 에너지가 없는 것으로 보며, 둘째는 역학적으로 고찰하여 물질을 에너지로 보고 에너지 외에는 재료가 없다고 하며, 셋째는 물질을 생물의 성질을 가진 것으로 고찰하여 물질이 에너지와 결합하여 분리할 수 없다고 한다. 이러한 여러 설들의 시비 여하를 단정하는 것은 유보하고, 만약 물질이 사멸한 재료이며 어떠한 에너지도 가지지 않는 것이라면 운동은 어떻게 생길 수 있는가? 운동의 사실이 현존하는 이상은 반드시 에너지를 예상해야 한다. 에너지는 운동을 발생시키는 본원에 부여하는 명칭이기 때문이다. 이와 같이 보면 색채, 음향, 열, 빛, 자기, 전기 내지 화학적 작용 및 기술적 에너지에 이르기까지 모두 에너지를 본원으로 한다. 바꿔 말하면 동일한 에너지가 각종 상태가 되어 발현하는 것이다. 그리하여 내가 평소에 특수한 현상이라고 생각한 것은 실은 단일한 에너지임을 알게 된다. 바로 이 점에서 상호 규정하는 상대적 입장으로부터 환원하여 점차 세계의 실재에 가까이 다가가는 것이다.

더 나아가 이를 에너지보존법칙[29])에 의해 고찰하면 한층 명석한

---

28) 이노우에의 용어인 重學은 Mechanics의 번역어이다.(『철학자휘』, 1912). 1878년 8월 문부성 간행 『백과전서』에 의하면 '중학'은 지렛대, 도르레, 경사면, 나선 등의 원리 및 기계부품의 구조, 구동 등에 관계되는 내용을 가리킨다.

29) 에너지보존법칙(Gesetz der Erhaltung der Energie). 에너지보존법칙은 닫힌 물리계에 작용하는 알짜힘이 0이면, 그 물리계의 총에너지는 시간에 따라 변하지 않고 일정하다는 법칙을 말한다. 물리계의 총에너지는 빛에너지, 열에너지, 소리에너지, 전기에너지, 화학에너지, 핵에너지, 중력에너지, 탄성에너지, 생물에너지 등 모든 형태의 에너지를 포함하는 것으로, 근본적으로는 퍼텐셜에너지(또는 위치에너지)와 운동에너지, 그리고 정지에너지(또는 질량에너지)로 나타낼 수 있다. 원문은 "勢用保存律"

개념을 얻게 될 것이다. 에너지보존의 사실은 이른30) 씨, 줄31) 씨 두 사람에 의해 정확하게 증명되었다. 만약 1파운드 물의 온도를 화씨 1도 올리면 1파운드 무게의 물체를 약 772피트 들어 올릴 수 있다. 그러면 약 772피트 들어 올려진 1파운드 무게의 물체에 온축된 에너지는 이를 내릴 때 열로 변성하여 1파운드의 물의 온도를 약 화씨 1도 올릴 수 있다. 이러한 사실에 의거해 고찰하면 에너지는 단지 어떤 상태에서 다른 상태로 옮겨가는 일은 있어도, 결코 소실되지 않는다. 그렇기 때문에 에너지는 증가하지도 감소하지도 생성되지도 소멸되지도 않으며 세계에 충만한 무수한 현상은 최종적으로는 그 특수한 상태에 불과하다.

그런데 더욱 한층 깊이 들어가서 애초에 에너지는 어떤 것인가를 고찰하면 도저히 해석할 수 없는 것임을 알 것이다. 에너지는 만유의 본원이라고 부를 수 있으며 비교적 실재에 가깝고 더 이상 어떤 분석도 허용하지 않는다. 에너지는 무엇이라고 규정할 수 없으며 어떤 현상도 에너지를 예상한다. 에너지는 세계를 지배하며 실로 세계의 근원이다. 그런 까닭에 만유는 에너지에 의해 관통되며 정합된 일체一體를 이룬 것이라고 생각할 수 있다. 만약 이와 같은 에너지 관념으로부터 다시 입각점을 바꿔 세계의 이면에 도달한다면 내가 말하는 실재 관념을 어렵지 않게 얻을 수 있다. 특히 최근 더욱 정밀해진 소용돌이 이론32)은 자연계의 절대적 순일성을 지시하며 분명

---

30) 귀스타브 이른(Gustave Adolphe Hirn, 1815~1890) : 프랑스의 물리학자, 천문학자, 수학자, 엔지니어. 열 에너지와 기계 에너지의 등가성을 입증하고 초기 열역학 발전에 기여했다. 이외에 토성의 고리의 기원과 화학적 구성 연구, 마찰 공학 분야 등에 공헌했다.
31) 제임스 줄(James P. Joule, ,1818~1889) : 영국의 물리학자. 열역학 제1법칙(에너지보존법칙)의 창설자이며, 전류의 발열작용에 관한 법칙(줄의 법칙)을 발견하였다. 또한 오늘날 열의 일당량이라 하는 비례상수를 실측하였으며, 톰슨과 공동연구로 '줄톰슨효과' 등의 업적을 남겼다.
32) 소용돌이 이론(旋渦論, Wirbeltheorie). 모든 운동이 본질적으로 원형 또는 소용돌이로 구성되었다고 본 데카르트의 기본 전제에 따라, 하위헌스(C. Huyghens)

내 논의의 근저를 확정하는 경향이 있다.

4.5

동물계와 식물계를 고찰하면 위에서 서술한 바를 더욱 확정할 수 있다. 다윈[p.63] 씨의 진화론에 의하여 각종 동물 혹은 각종 식물이 발달의 역사에서 근본적인 차이가 있는 게 아니라 단지 길게 연장된 세월 사이에 점차 분화해온 것이라는 점이 명료해졌다. 하지만 다윈[p.63] 씨는 동물과 식물이 모두 유일한 생명의 근원生原에서 유래했다고는 단언하지 않았다. 그가 말하길 "내 생각에 동물은 많아도 네다섯 종의 조상에서 유래한다. 식물은 마찬가지거나 혹은 이보다 적은 수에서 유래한다." 다윈[p.63] 씨는 또한 "이 논의를 더욱 밀고 나가면, 일체의 동식물이 어떤 유일한 원형에서 왔다는 신념에 도달한다"고 말했다.

그가 이와 같이 논의한 결과, 일원진화론Mono-Pyhletische Theorie 과 다원진화론Polyphyletische Theorie 의 두 가지 설이 대립하여 일어났다. 하지만 일원진화론의 세력이 점차 커진 경향이 있다. 헤켈[p.274] 씨는 이 파의 대표자라 할 만하다. 하지만 그의 논의는 왕왕 대담한 억측이 섞여 있어서 비난을 받았다. 그의 논의는 시비 여하는 차치하고 동식물 사이에 확연한 구분을 세우기 어려운 것이 사실이다. 예컨대 일체의 원생물Protozoa 과 같은 것은 최하등 생물로서 동물인지 식물인지 분명치 않다. 특히 아메바[33]나 버티비우스[34]와 같은 것은 모두 단순한

는 더 정확한 소용돌이 모델과 수학적으로 개발된 최초의 중력 이론을 설계했다. 헬름홀츠에 따르면 소용돌이는 다양한 종류의 매듭에 해당하며, 이를 발전시켜 윌리엄 톰슨(William Thomson)은 당시 모든 공간에 퍼져 있다고 가정된 물질인 에테르가 안정적인 소용돌이를 지탱하고 있다고 추론했다.

33) 변형충아강(amoebaea, 變形蟲亞綱). 원생동물, 위족아문, 근족충강의 1아강으로, 아메바목(Amoebida)및 유각 아메바목(testacea)의 2목이 있음.

34) 버티비우스(Bathybius). 영국의 과학자 토마스 헉슬리가 북대서양 심해의 진흙에서 채취했다고 하는 아메바와 유사한 가공(架空)의 원시생물. 독일의 진화론자인 헤켈의 이름을 따서 버티비우스 헤켈리(Bathybius Heekelii)라 명명하기도 했다. 이후의 조사에 의해 이것이 단순한 화학변화로 생긴 물질임이 판명되어

2.2 현상즉실재론의 요령

원생물이며 이른바 원형질^{Protoplasm} 즉 원연질元軟質[35]로 이루어졌다. 대개 이들 원생물은 때로는 식물로 분류하고 때로는 동물로 분류한다. 특히 헤켈은 동식물 외에 별도로 원생계[36]를 두고 이들 원생물을 포함하려 했다. 그가 예전에 발견한 수천 종의 라디오라리엔[37] 같은 것도 모두 원생계에 속한다.

하지만 동식물 외에 별도로 원생계를 두는 것은 결국 성공하지 못했다. 그 이유는 동식물 2계가 있으면 단지 2개의 계를 구별하는데 어려움이 있지만, 만약 더하여 원생계를 그 사이에 두면 3개의 계를 구별하는 어려움이 있다. 바꿔 말하면 동식물 2계만을 둘 때는 곤란함이 단지 한 곳만 있지만, 원생계를 두게 되면 곤란함이 두 곳에 있게 된다. 이와 같이 곤란함이 늘어나는 것은 학술을 위해 취할 바 아니기 때문이다. 설사 원생계를 두지 않아도 동식물계 사이에 있는 곤란함을 없애는 것은 당연히 어렵다. 동식물 2계를 구별하여 이 연구에 종사하는 것은 단지 편의상이며 동식물 2계는 원래 분명히 구분되지 않는다. 만약 동물도 식물도 아닌 원생물류를 더하면 시간도 부족할 것이다. 슐라임필츠[38]와 같은 것도 하나의 예로 봐야할 것이다. 요컨대 동물계와 식물계는 어떤 분명한 구분도 없고 점차 변천하며 그 경계라고 정할 수 있는 것은 전혀 없다.

헉슬리도 잘못을 인정했다.
35) 사코드(sarcode). 원생생물의 원형질(protoplasm).
36) 원생계(Protistenreich). 헤켈이 주장한 생물 삼계통설에서 동물계와 식물계 이외에 단세포생물을 원생물질으로 분류하여 정의한 것.
37) 라디오라리엔(Radiolarien). 방산충(放散蟲). 원생생물의 일군이며 주로 바다의 플랑크톤으로 출현하는 단세포생물.
38) 점균류(Schleimpilze, Mycetozoa). 동물과 균류의 특성을 결합한 단세포 유기체의 분류군.

4.6

하지만 더 나아가 동식물 2계와 광물계 사이에도 분명한 구분이 없음을 알아보자. 헤켈 씨는 최하등 유기체인 모네렌[39]은 동식물 2계와 광물계의 중간에 있으며 광물계와 분명한 구분이 없음을 알아야 한다고 했다. 그는 자연계를 해석할 때 완전히 일원론을 취하여 진화론의 입각점에서 이를 증명하려고 시도했다. 그가 동물·식물·광물 3계를 통해서는 어떤 분명한 구분도 없다고 하며 일원적으로 자연계를 해석한 것은 진정 통쾌하다.

하지만 학문이론에 관해서는 급하게 단정 지어서는 안 된다. 급하게 단정하면 예상 밖의 오류에 빠진다. 그렇기 때문에 한 발짝 나아갈 때마다 과실이 없도록 해야 한다. 생물과 광물 사이에는 결코 간과할 수 없는 차이가 있다. 첫째, 생물은 내부에서 발달하여 점차 생장하는 성질이 있다. 그런데 광물은 그렇지 않고 단지 외부에서 부가하여 증대한다. 둘째, 생물은 어떤 먹거리를 취하여 이를 동화시키는 힘이 있다. 그런데 광물은 결코 그렇지 않다. 셋째, 생물은 스스로 재생하여 종류를 증식시키는 능력이 있다. 그런데 광물은 분열은 해도 재생은 못 한다. 그 차이도 최종적으로는 근본적이지 않다는 것이 잘 이해되리라 예상되지만, 오늘날까지는 아직 이들 차이를 제거하기에 이르지 못했다. 일체를 포괄하는 세계관을 구성하기 위해서는 자연계가 일원적이 되기를 기대한다.

하지만 이와 같은 기대는 종종 사실의 단정을 틀리게 하기도 한다. 따라서 차이가 현존하는 생물과 광물을 굳이 일원적으로 고찰하려고 해서는 안 된다. 하지만 한층 근본적으로 고찰한다면 차이의

---

[39] '모네라'는 자연계의 생물을 나누는 분류에서 헤켈이 식물, 동물, 극미동물, 원생생물에 덧붙여, 원생생물의 하위로 새롭게 제안한 분류이다. 헤켈은 Moneren/Moneres(독일어)으로 불렀고, 영어로는 Monera/Monerans 이다. 이 분류는 현재는 사용되지 않는다.

2.2 현상즉실재론의 요령

현존에도 불구하고 생물과 광물은 어떤 구별도 없음을 알 수 있을 것이다. 애초에 유기물을 구성하는 것은 무엇인가? 세포^{Cellen}가 그 것이다. 세포는 4종의 화학적 원소 즉 탄소·수소·산소 및 질소로 성립하며, 피부·뼈·힘줄·살 또는 가지·잎사귀·줄기·뿌리와 같이 대개 동식물의 형체는 모두 이를 성분으로 삼는다. 요컨대 일체의 유기물은 탄소, 수소, 산소, 질소의 네 가지 원소로 성립한다. 그런데 이들 화학적 원소는 모두 광물계에 속하며 분리하면 각 무기물이며 단지 합일하여 유기물을 이룰 뿐이다. 이런 이유로 화학적 원소의 결합으로 이를 고찰하면 생물과 광물 사이에 근본적인 차이가 있다고 할 수 없다.

헉슬리[40] 씨는 "생존계를 조성하는 물질은 무기계를 형성하는 물질과 동일하다"고 했다(*On the Origin of Species*, p.17). 또 "유기와 무기 양계 사이에 친밀한 관계가 있다. 그 차이는 근본적인 구분에서 생기는 것이 아니라 오히려 동일한 에너지가 각종 결합 및 배당을 하는 것에서 생긴다"(같은 책, p.19.)고 말했다. 유기물이 어떻게 무기물인 원소를 그 주위에 흡수·동화하여 생존을 이루고, 또 유형체가 용해할 때에는 점차 분리하여 본래의 원소로 돌아가는지를 생각하면, 생물과 광물 사이에 어떤 근본적 차이도 가정할 여지가 없다. 그렇다면 동물계든 식물계든 광물계든 우리는 각종 구분을 두고 일반적으로는 그 사이에 일정한 차이가 있는 것처럼 생각하지만, 실은 자연

---

[40] 토마스 헉슬리(Thomas Henry Huxley, 1825~1895) : 영국의 생물학자, 진화론자. 런던대학에서 의학을 배운 뒤 군인으로 파견된 호주에서 생태조사를 했고 1859년 왕립 광산학교 교수가 되었다. 1860년 옥스퍼드에서 열린 영국 학술협회 총회에서 전년에 발표된 다윈[p.63]의 『종의 기원』을 놓고 반대론자들과 논쟁을 벌인 일로 열렬한 진화론 지지자로 알려졌다. 그러나 다윈[p.63]의 점진주의적인 자연선택 이해에는 논의를 달리했다. 다윈[p.63]이 분명히 밝히지 않았던 인간의 기원에 대해서도 진화론을 적용, 인간을 닮은 네안데르탈인의 화석연구를 기초로 인간이 진화의 과정에서 생긴 것임을 주장하였다. 그는 철학적으로 흄의 입장에 서서 우리의 인식을 의식에서의 경험에 한정시키고 이것을 낳는 원인에 대해서는 아무도 알 수가 없다는 '불가지론'을 주장하였다. 불가지론이라는 용어도 그가 처음 사용했다.

계에서는 어떤 근본적 차이도 없다는 것이다. 이와 같이 일원적으로 자연계를 고찰하면 이미 무차별의 실재 관념에 접근한 것이다. 즉 비교적 실재에 도달한 까닭에 더욱 일체의 차별을 초월하면 여기에서 진정으로 내가 말하는 실재 관념을 얻는 데 이를 수 있다.

4.7

위에서 서술한 바에 의해 이미 명료한 것처럼 세계는 내가 객관적으로 고찰하면 색채, 음향 및 제반 우유성偶有性 등으로 표상된다. 이를 현상이라 한다. 그런데 이와 같은 현상은 단지 내가 그렇게 감각하는 데 불과하며, 세계의 실재 그 자체도 역시 이와 같을 것이라고 결론 내릴 수는 없다. 바꿔 말하면 세계의 실재가 나에게 발현될 때는 반드시 이와 같은 현상으로 발현되지만 내 감각을 떠나면 자연히 달라지지 않을 수 없다.

시험 삼아 객관적 현상에 대해 고찰하자면 색채, 음향 및 제반 우유성 등 모두 다른 한층 단순한 상태로 환원하여 사유할 수 있다. 이 점에서 추론하면 한발 더 나아가 일체의 차별을 환원하여 세계를 무한한 보편성으로 사유할 수 있다. 또 객관적 현상에 관한 각종 구분과 같은 것은 보통 감각으로는 이와 같이 선천적으로 일정한 것처럼 간주하지만 실은 자연에 존립하지 않는다. 단지 편의를 위해 구분할 필요가 있지만 구분이 분명하게 있는 것처럼 사유하는 것은 완전히 잘못된 견해이다.

이런 이유로 자연계는 궁극적으로 일원적으로 고찰해야 할 것이다. 이는 근래 과학이 증명하는 바이며 특히 철학상으로 보완해야 할 점이 적지 않다. 왜냐하면 일원적으로 자연계를 고찰하는 것을 옳다고 하는 이상 비교적 실재에 가까이 다가간 것이기 때문이다. 하지만 자연과학은 본디 자연현상을 연구 대상으로 삼기 때문에 자연현상을 통일하는 진리의 규명을 목적으로 하지만 자연현상을 넘어 벗어나는 일은 굳이 하지 않는다. 이런 까닭에 형이상과 형이하를 관통하는 근본주의를 연구하여 세계관을 건설하는 것은 철학의 직분이며 과학의 직분이 아니다. 그렇기 때문에 과학자[41),42)]는 종종 과학의 한계 영역을 두고 함부로 그 이상 돌진하지 않는다. 그들이 한계 영역이라고 하는 것도 혹은 후일이 되어 규명되는 일이 없지는 않지만, 역시 인식에 의해 과학 범위 내의 사실이라고는 도저히 할 수 없는 일이 있다. 세계를 해석하기 위해서는 단순히 인식에만 의거해서는 안 된다. 인식은 현상을 규명하는 유일한 능력이라고 하지만 실재는 인식의 대상이 아니기 때문이다. 현상계에 대해 얻은 인식은 인식의 대상이 아닌 실재의 관념으로 보합하지 않으면 내 지식욕을 충족시킬 세계관은 바랄 수 없다.

하지만 이와 같은 것은 철학의 범위 내의 일이며 과학의 범위 외에 속한다. 이것이 과학 이외에 철학이 독립하는 연유이다. 요컨대 철학은 현상계를 초월하는 실재 관념으로써 현상계를 보합하고, 이에 의해 원만한 세계 해석을 시도할 수 있다. 또한 객관적 고찰로부터 실재 관념에 도달하는 순서를 간략하게 말하면, 색채 혹은 음향이 한층 단순한 운동으로 표상될 수 있기 때문에, 기타 모든 현상도 무언가 한층 단순한 상태로 환원될 수 있기 때문에, 또 일체 연장되는 것은 혹은 물질로서 혹은 에너지로서 비교적 단순한 위치에서 표상될 수

---

41) (원주) 예를 들어 뒤 브와 레이몽 씨는 물질과 에너지의 실재 및 의식을 과학의 한계 영역으로 삼았다. Die Grenzen des Naturerkennens 자연과학의 한계. 그리고 그 후 세계의 일곱 가지 어려움을 꼽았다. 첫째, 물질 및 에너지의 실재. 둘째, 운동의 본원. 셋째, 생명의 기원. 넷째, 자연계의 의장(意匠). 다섯째, 단순한 감각의 기원. 여섯째, 합리적 사상 및 이와 밀접한 관계를 가지는 언어의 본원. 일곱째, 의사의 자유 Die sieben Welträthsel가 그것이다.

42) 에밀 뒤 브와 레이몽(Emil du Bois-Reymond, 1818~1896) : 독일의 생리학자. 신경활동 전위의 발견자이자 실험적 전기 생리학의 개발자. 진화론으로 전향한 최초의 독일인 교수인 한편, 라이벌인 헤켈과 달리 자연 선택에 대한 기계론적 해석을 지지했다.

제2장 현상즉실재론

있기 때문에, 이 점에서 더욱 말하자면 자연현상의 전부 즉 객관세계와 같은 것 또한 한층 단순한 일원一元으로 환원하여 이를 객관적 실재로서 표상할 수 있다. 내가 이와 같은 우회적인 객관적 연구에 의해 도달하는 바의 객관적 실재는 내가 직접 내부에서 자증할 수 있는 주관적 실재와 아무런 차이도 없으며, 모두 본디 오로지 세계의 실재라고 말할 수 있는 것이며 객관, 주관에 의해 분별할 수 있는 것이 아니다.

4.8

객관적 고찰에 의해 어떻게 실재 관념에 도달할 수 있는가는 대략 서술하였다. 그래도 지금 다시 특수한 예증을 들어 취지를 분명하게 하고자 한다. 우리는 통상적으로는 세계가 각자에게 같은 모습으로 표상되는 것처럼 생각한다. 하지만 정밀하게 말하면 결코 그렇지 않다. 두 사람이 세계에서 동일한 표상을 가지는 일은 있을 수 없다. 왜냐하면 두 사람이 동일한 성정, 상태 및 환경에 있는 일은 없기 때문이다.

    생리적으로 논해보면 각자의 같고 다름이 더욱 심한 것을 알게 된다. 예컨대 색맹Achromatopsie 의 경우는 일체의 색채 또는 특수한 색채를 식별하지 못한다. 홈그렌[43] 씨에 의하면 색맹은 남자는 천 명 중 30명, 여자는 천 명 중 3명의 비율이니 의외로 세간에 많다. 이에 비견할 만한 감각기관의 차이는 헤아릴 수 없이 많다. 하지만 가장 심한 것을 들자면 맹농아盲聾啞에 비할 것이 없다. 만일 맹농아와 같

---

[43] 프리티오프 홈그렌(Alarik Frithiof Holmgren, 1831~1897) : 스웨덴의 물리학자, 생리학자. 1875년 스웨덴 웁살라에서 발생한 증기기관차 정면충돌 사건의 원인이 기관사의 색각 이상이라고 결론을 내렸다. 1877년 출판한 『색맹과 철도 및 선박의 관계』는 유럽 각국에 번역되어 철도종사자, 선원, 군인, 경찰관, 의사, 교원 등의 직종에 색맹검사를 도입하는 근거가 되었다. 그가 고안한 '홈그렌 색맹검사'는 현재에도 사용되고 있다.

이 중요한 감각기관을 결여하면 세계를 표상하는 데 나와 다른 점이 없을 수 없다.

시험 삼아 생각해보자. 만약 내가 오관 외에 한두 가지 중요한 감각기관을 더 가진다면, 혹은 오관보다 적은 감각기관을 가진다면, 세계는 내가 표상하는 바와 큰 차이가 있으리라고 충분히 예상할 수 있다. 이와 같은 일은 결코 있을 수 없기에 가정할 가치도 없다고 말하지 말라. 실제로 나보다 적은 감각기관을 가진 맹농아가 있다. 그리고 그들과 비교하면 나는 다수의 감각기관을 가졌다. 이로부터 나는 이 감각기관의 존재 여부에 따라 어떤 의미 있는 사실을 고찰할 수 있는지를 논하고자 한다. 만약 내가 시각이 결여되었다면 일체의 색채는 내가 감각할 수 없기 때문에 그 표상하는 바의 세계는 일체의 색채를 결여한 세계가 된다. 만약 청각을 결여했다면 일체의 음향도 함께 잃을 것이다. 만약 다른 감각기관을 결여했다고 가정하면 더욱 현상에 관한 감각이 줄어들어 이윽고[44] 어떤 감각도 가지지 않게 될 것이다. 그런데 그들이 표상하는 색채, 음향 등을 결여한 세계는 내가 표상하는 색채, 음향 등이 있는 세계와 분별되지 않는다. 본디 동일한 세계이다. 다만 나와 그들은 감각기관이 다르기 때문에 표상하는 바도 따라서 같지 않게 된다.

만약 극단적으로 말하면 일체의 감각기관을 결여한 경우, 이는 실제로는 있을 수 없는 일이지만 일단 그렇게 가정한다면, 어떤 표상도 감각하는 일 없이 세계는 무차별이 될 것을, 나는 감각기관을

---

[44] (원주) 莊子 應帝王篇 말미에 말하길 "남해에 숙(儵) 제왕이 있고 북해에 홀(忽) 제왕이 있으며 중앙에 혼돈(渾沌) 제왕이 있었다. 어느 날 숙과 홀이 혼돈의 땅에서 함께 만났는데, 혼돈이 그들을 매우 잘 대접하였다. 숙과 홀이 혼돈의 은덕에 보답하려고 함께 상의하여 이렇게 말했다. "사람들은 모두 일곱 개의 구멍이 있어 보고 듣고 먹고 숨 쉬는데, 이 혼돈만은 없으니, 시험 삼아 구멍을 뚫어줍시다." 하루에 한 구멍씩 뚫었더니 칠일 만에 혼돈이 죽어버렸다. 장자는 현상을 비(非)로 보고 벗어나 실재의 경계에 들어감으로써 이상으로 삼았기에 이 비유가 있는 까닭이다.

구비하기 때문에 세계를 차별로 표상하는 것이다. 바꿔 말하면 내가 실제로 객관적으로 차별의 세계로 고찰하는 바는 다른 상태에서는 완전히 무차별로 표상한다. 즉 이것과 저것은 동일한 세계이며 동일한 세계를 때로는 차별로 때로는 무차별로 뇌 속에 그려내는 것이다. 따라서 이와 같은 경험을 집적한 결과 세계는 동시에 차별이며 또 무차별이라는 결론이 된다. 이는 실로 현상즉실재론이 기인하는 바이며 그 근본은 오직 주관상으로만 있는 것이 아니라 객관상으로도 있음을 알 수 있다.

4.9

그래도 나는 세계가 동시에 차별이며 무차별이라는, 즉 현상이며 실재라는 취지를 누구든지 잘 표상하여 이해할 수 있도록 적절한 예를 들어 명석하게 제시하고자 한다. 지금 여기에 책상이 있다. 이 책상은 원자로 구성되어 있다. 따라서 곧 원자라고 말해도 좋다. 하지만 원자로 이루어진 것이 이 책상만이 아니기 때문에 그렇게 말하는 것은 적절하지 않다. 그렇다면 일체의 객관적 대상은 모두 원자로 이루어졌다고 말하면 적절할 것이다. 그러므로 어떤 특수한 대상도 특수한 대상으로 인식됨과 동시에 모두 마찬가지로 원자이다. 특수한 대상으로 이를 보면 번잡하다. 종국의 원자로 이를 보면 순일하다. 즉 이 책상과 같은 것도 한 개의 책상인 동시에 원자이다. 즉 이를 보면 양면이 있다. 다름 아닌 번잡과 순일이 그것이다.

세계에서도 역시 이와 같이 차별로 보면 번잡하며 무차별로 보면 순일하다. 또 세포와 유기체의 관계를 고찰하면 현상과 실재의 관계를 이해하기 좋을 것이다. 지금 한 개의 동물 혹은 한 개의 식물을 들어 말하자면 이들은 모두 마찬가지로 세포로 이루어졌다. 하지만 각각 특수한 명칭이 있으며 또 특수한 지체支體에 눈, 귀, 코, 입 혹은 가지, 잎사귀, 줄기, 뿌리 등의 명칭이 있다. 만약 이를 세포로 보면 일체의 유기체는 서로 어떤 차별도 없다. 하지만 이루어진 모습에서 보면 각각 특성이 있으며 혼동할 수 없는 점이 있다. 하지만 세포를 떠나 별도로 유기체는 없으며, 유기체를 떠나 별도로 세포는 없다. 유기체와 세포는 동일하면서 차이가 있다. 차이가 있지만 동일하다. 그렇기에 그 진상을 말하면 이와 같은 모순되는 관계를 가진다.

세계도 역시 그러하다. 현상과 실재의 양쪽 방면에서 고찰할 필요가 있다. 현상과 실재는 내가 추상하여 이를 구별하지만 실제로는 이를 갈라 둘로 나눌 수 없다. 현상이 있는 곳이 즉 실재가 있는 곳이다. 내가 평등의 방면에서 표상하는 바의 실재는 차별의 방면에서 고찰하는 바의 현상과 합하여 하나가 된다. 그리하여 현상즉실재의 관념은 확정되며, 양자를 준별하면서 어떻게 잘못된 견해로 인도하는지는 쉽게 추론할 수 있다. 하지만 나는 논리상 한층 더 정확하게 나의 지론을 증명함으로써 마침내 그 요점을 제시할 수 있을 것이다.

제5장 논리상의 논거

5.1

이미 주관상의 논거와 객관상의 논거를 서술했지만 더 나아가 논리상의 논거를 들어 보완한다면, 우리가 실재 관념에 도달하는 과정을 이해하는 데 도움이 될 것이다. 다음 3개 항목으로 나눠 서술하겠다. 즉 첫째 사물의 관계, 둘째 사물의 같음과 다름, 셋째 사물의 근본에서 논거를 지적하겠다.

첫째, 사물의 관계에서 논증하겠다. 우리는 통상 사물에 차별을 두고 이들은 모두 이미 이와 같이 정해졌다고 생각하지만, 한차례 입각점을 바꿔서 다른 상태에서 고찰하면 일체의 관계는 결코 일정하지 않다. 예를 들어 상하, 좌우와 같이 결코 일정한 것은 없다. 내 머리 위를 가리켜 위라고 해도 지구가 돌면 지금 머리 위라고 하는 곳은 다리 밑이 된다. 좌우도 몸이 회전하면 그에 따라서 위치가 변경된다. 동서남북 방위는 사물의 관계를 규정하는 데 중요하지만 이 역시 애초에 일정하지 않다. 지구는 그 축을 회전하며 동시에 태양 주위를 회전한다. 이와 같다면 어느 방위를 가리켜 동서남북이라고 할 것인가? 특히 태양계 자체도 망망한 천공大空 중에서 위치를 변경하면서 존재한다. 하지만 어느 방위로 이동한다고 말하기 어렵다. 망망한 천공에서 방위가 일정한 것이 아니기 때문이다. 춘하추동의 계절도 방위와 마찬가지로 중요한 관계이며 보통 감각의 근거가 된다. 하지만 이 역시 조금도 일정하지 않다. 북반구에서 여름이라는 시기는 남반구에서 겨울이다. 겨울과 여름이 반대이다. 그리고 적도 바로 밑에서는 여름만 있다. 기타 어떤 사물의 관계든 모두 일정한 성질이 있지 않다. 단지 사람들이 경우에 따라 이를 규정하고 그렇게 상정하는 관계에 의해 통상적으로 감각을 제약하는 것이다. 하지만 만약 일단 이들 일체의 관계는 모두 본디 부정되어야 한다고 본다면 곧 무차별의 관념을 얻을 수 있다.

5.2

다음으로 사물의 같음과 다름에서 이를 논증하겠다. 우리는 통상 각종 사물을 비교하고 고찰할 때 때로는 같다고 하고 때로는 다르다고 말한다. 같다고 하거나 다르다고 하거나 모두 그와 같이 일정한 것처럼 생각하지만 한번 정밀하게 검토해보면 예전에 같다고 하거나 다르다고 한 것은 반드시 그렇게 분명하게 규정할 수 없는 것임을 알게 될 것이다. 지금 어떤 객관적 대상에 대해 말한들 과연 어떤 것이 같다고 할 수 있을까? 한 개의 사과를 들어 다른 사과와 같다고 할 것인가? 이 두 개의 사과는 별개의 것이다. 동일한 사과가 아니다. 설사 잠시 한눈에 보고 아무리 서로 비슷해 보여도 자세히 관찰하면 크기, 무게 등에서 형상, 향미 등에 이르기까지 전혀 동일하지 않다.

이와 마찬가지로 어떤 대상을 들어 논하더라도 반드시 어떤 차이가 있으며 완전히 동일한 것이라고 할 수 있는 경우는 전혀 없다. 단 두 개의 대상이라 할지라도 모든 점에서 서로 일치하는 일은 있을 수 없다. 설령 한 개의 돌은 전과 후에 걸쳐 동일한 것 같지만 이 역시 절대적으로 그렇지는 않다. 왜냐하면 시간적 및 공간적 변경을 피할 수 없을 뿐만 아니라 미세한 점에서 첨가와 마모 또한 피할 수 없기 때문이다. 이미 제4장에서 논했듯이 일체의 현상은 변화잠유變化暫有의 보편성을 가지므로 어떻게 동일한 상태를 지속할 수 있겠는가? 단지 A와 A는 같다고 말해도 이는 단지 추상적으로 그렇다고 말할 뿐이다. 즉 관념에서는 차이가 없다.

하지만 구체적으로 말하자면 이 A와 저 A는 별개이며 같다고 말할 수 없다. 예컨대 문자로 써서 표현한 2개의 A는 서로 차별되는 2개의 A이며 도저히 동일한 A가 아니다. 그렇기 때문에 세계에서 일체의 경험적 대상은 모두 차별이 있으며, 상호 유사하다고는 말할 수 있지만 상호 같다고 말할 수는 없다. 하지만 나는 이와 같이 일체를 같지 않다고 보는 것과 동시에 상호 간에 공통점이 있음을 인식한다. 지금 2개의 사과를 들어 비교할 때 저것과 이것이 완전히 동일하지 않다고 본다. 하지만 저것과 이것을 다른 여러 대상과 구별하여 이를 똑같이 사과라고 부른다. 이는 다름 아닌 그 사이에 부정할 수 없는 공통점이 있기 때문이다. 만약 일체의 유기물에 대해 말하면 이들은 개체^{Imdividuum}로 상호 다르다. 하지만 종^{Art}으로서 보면 같고, 종으로는 다른 것도 류^{Gattung}로는 같고, 류로는 달라도 속^{Ordunung}으로서는 같고, 속으로는 달라도 부^{Klasse}로는 같고, 더 나아가 유기물의 명칭으로 부른다면 일체는 그 안에 포함된다. 이는 단지 유기물에 관해서만 말할 수 있는 것이 아니라 무기물을 아울러 말해도 공통점을 가지는 한 점에서 부정할 수 없다. 만약 내가 물질이라고 말하는 것처럼 광범위한 명칭을 사용하면 유기와 무기의 구별이 없고, 일체의 유형을 포함할 수 있다.

　내가 평소에 늘 사용하는 보통명사는 모두 허다한 사물에 공통되는 것이다. 이와 같이 보통명사를 사용해 부르는 것은 그 사물 자체에 공통점이 있기 때문이다. 세계 중에 있는 현상으로 상호 어떤 공통점도 없는 것은 단 하나도 없다. 단지 이것과 저것 사이의 공통점에 다소 정도의 차이는 있다. 하지만 전혀 공통점이 없는 일은 없다. 그렇기 때문에 나의 경험적 대상은 결코 완전히 같을 수 없지만 또 완전히 다를 수도 없다. 반드시 무언가 그 사이에 공통점이 있다. 그렇기 때문에 나는 현상, 물상, 대상, 만유 혹은 존재 등과 같이 광범위한 명칭 아래 일체를 망라하고 모든 것을 묶을 수 있다. 요컨대 세계 속에 같음과 다름이 양립하고 병존한다. 같음은 무차별이고 다름은 차별이다. 차별은 현상이며 무차별은 실재이다. 나는 이와 같이 사물의 같음과 다름에서 실재의 관념에 도달할 수 있다.

5.3

　특수한 현상을 해석할 때 우리는 어떤 방법을 취해야 하는가? 이제 이 점을 고찰할 필요가 있다. 애초에 해석이란 무엇인가? 해석은 특수한 현상을 설명하는 데 허다한 현상에 공통되는 점을 통해 할 수밖에 없다. 그런데 만약 더 나아가 그 해석에 의문을 품자면 무언가 법칙이라고 부르는 것에 의거해 해석의 해석을 해야 한다. 만약 더 나아가 그 법칙을 해석할 필요가 있다면 이로부터 한층 광범위한 법칙을 발견하여 그 근거를 제시하는 수밖에 없다. 그렇기 때문에 자연과학은 많은 법칙을 확정하여 이미 확정된 특수한 법칙을 한층 광범위한 법칙에 의해 해석하고 모든 방대하고 번잡한 현상을 단순한 법칙에 종속시키는 것을 그 임무로 한다.

　이와 같이 지식의 합일을 요구하는 것은 인간마음의 자연스러운 경향이며 내 이성이 그렇게 만드는 바와 관계있다. 법칙은 수많은 현상에 보편이며 불변적인 것이므로 혹은 이로써 유일한 실재로 삼는다. 하지만 어떠한 법칙도 절대적으로 보편이 되는 것은 아니다. 예를 들어 진화율이나 중력율과 같이 자연계를 해석하는 데 필요한 법칙이라고 하더라도 이에 의해 일체를 해석할 수 없다. 예를 들어 공간과 시간과 같은 것, 물질 혹은 정신 그 자체와 같은 것 혹은 에너지와 같은 것을 어찌 이들 법칙에 의해 해석할 수 있겠는가? 또한 법칙이 아무리 보편적이라고 하더라도 허다하게 병존하는 이상은 여전히 현상계를 떠나지 않은 것이며 당연히 절대적이지 않다. 무언가 일체의 현상계를 해석할 종국의 최대 원리主義가 필요하다. 다름 아닌 평등무차별의 실재가 그것이다. 실재는 내가 이를 인식할 수 없어도 내가 내부에서 직관하는 바이며, 또 객관적으로 고찰하여 도달할 수 있는 바이다. 지금 이를 긍정하면 세계는 해석할 수 있으며 이를 부정하면 세계는 의문투성이가 된다. 현상즉실재론은 모든 난점을 풀어 설명하므로 어느 방면에서 봐도 선명한 생각이 들게끔 한다.

(미완)[45]

---

45) 원문 그대로이다.

제 2 장 현상즉실재론

2.3 유물론과 유심론에 대한 실재론의 철학적 가치

김정희

*** 해제 ***

이 글은 1910년 10월 『철학잡지哲學雜誌』에 실린 글로, 1915년 간행된 『철학과 종교』안에 수록되었다. 1894년에 발표된 「내 세계관의 먼지 한 톨」에서 시작해 「현상즉실재론의 요령」(1897), 「인식과 실재의 관계」(1901)에 이르는 '현상즉실재론'을 주제로 한 글 중 하나이다. 앞의 글들이 인식론적 관점에서 현상즉실재론을 다뤘다면, 이 글은 존재론의 지평에서 실재론을 다룬다. 이노우에는 이 글에서 기존의 모든 존재론을 유물론과 유심론으로 크게 나누고, 실재론 즉 자신의 현상즉실재론은 이 둘을 통합하는 원리라고 주장한다.

그는 현상즉실재론을 주장하기 위해 우선 유물론과 유심론을 극단적인 대립 형태로 세운다. 그에 따르면 유물론은 오직 물질만 있다고 주장한다. 이는 인간 인식활동의 주체인 정신을 부정한다는 점에서 인식론과 존재론의 측면에서 문제가 있다. 이노우에는 특히 유물론이 가치론의 측면인 도덕과 종교를 등한시한다고 비판한다. 유물론의 다음에 나타나는 유심론은 반대로 정신만 있다고 주장함으로써 물질 현상을 설명하지 못하는 문제가 있다고 비판한다.

유물론과 유심론은 각각 물질과 정신을 대표하는 양극단으로서 진리의 한 측면을 담당할 뿐으로 불완전한 진리이다. 이처럼 진리의 절반이 아니라 진리의 전부를 하나의 철학 체계로 세우고자 하는 것이 실재론이다. 실재론은 물질과 정신의 둘을 통일하는 하나의 근본원리를 주장하는 철학으로, 근본원리가 곧 실재이다. 이노우에는 네겔리[p.285] 등 당대

2.3 유물론과 유심론에 대한 실재론의 철학적 가치

자연과학자들의 성과를 예로 들어 의식과 물질을 관통하는 하나의 원리가 있음을 논증한다.

실재는 현상에 대해 있다. 현상은 크게 정신 현상과 물질 현상 둘이 있는데 이들의 근본원리인 실재는 이들 현상과 같을 수 없기 때문이다. 즉 실재는 현상의 존재 근거(시원)로서 현상에 앞서 있다. 이노우에는 철학사에서 이러한 실재론이 다양하게 있지만, 철학적으로 가치가 있는 실재론은 인식론적 측면에서는 현상즉실재론이고 존재론적 측면에서는 원융실재론이라고 주장한다. 그에 따르면, 원융실재론은 현상의 존재 근거인 본체가 현상의 운동 원리로서 작동하는 실재론이다. 그리고 이러한 본체는 생물이 마치 무질서에서 질서로, 분열에서 통합의 상태로 진화하듯이 목적론적 성격을 갖는다. 이노우에는 본체의 목적을 신의 의지와 다르며, 인격의 완성과 같은 것으로 설명한다. 요컨대 원융실재론은 현상이 본체의 목적에 근거해서 변화한다는 철학이다. 이는 이노우에가 실재를 정지적 존재(스피노자)로, 현상에 작용하는 맹목적 존재(쇼펜하우어)로, 혹은 불가지적 존재(스펜서)로 설명하는 것을 비판한 곳에서 명확히 보인다.

이노우에는 원융실재론을 통해 하나의 실재에 근거해서 정신과 물질을 융합하고 조화롭게 함으로써 정확하고 건실한 세계관과 인생관을 세우고자 한다. 그런데 그의 원융실재론은 독선 혹은 하나의 이데올로기로 흐를 위험이 있다. 이는 일본의 근대불교가 원융실재론을 이해한 방식에서 보인다. 이노우에가 원융실재론의 이론적 근거를 정확히 어디에 두었는지 따져 보아야 하지만, 원융실재의 원융은 원래 중국불교의 개념이다. 원융은 중국의 대표적 종파불교인 천태종과 화엄종이 사용한 용어로 각각의 개별적 현상이 완전히 서로 녹아들어서 다른 현상적 사물들과 완벽하게 조화를 이룬 것으로 인식되는^{perceived}, 궁극적 실재의 상태⁴⁶⁾를 가리킨다. 이 정의에서 주목해야 할 것은 먼저 현상의 원융의 근거로서 '궁극적 실재'의 의미이고, 다음은 '인식'이다.

먼저 불교에서 궁극적 실재는 공空이다. 다시 말해 서로 다른 개별적 현상이 원융한 것은 개별적 현상이 공이기 때문이다. 공은 현상의 모든 존재가 서로 의존해서 존재하므로 자기 고유의 본성自性 즉 독립적인 형이상학적 실체가 없다空는 의미이다. 공에 따르면, 현상적 개별자들의 차이는 '-에 대해 성립하는 상대적 모습'일 뿐이다. 그리하여 현상의 개별자들은 각각 다르지만, 이들은 고집할 고유한 본성이 없어 서로 걸림 없이 원만하게 하나로 융합한다. 이를 현상의 원융한 참된 모습, 즉 원융실상圓融實相이라고 한다.

현상의 원융은 깨달은 자佛가 인식하는 진리의 세계를 가리킨다. 부처는 현상의 존재들의 보편적 원리인 공을 깨달았기 때문에 현상을 원융하게 본다. 중생은 공을 모르기 때문에, 현상의 차이에 집착하여 현상의 원융을 보지 못한다. 불교에서 원융은 중생과 부처의 대립이 있고, 자기 존재의 변화 즉 깨달음에 이르기 위한 수행을 전제한다.

그러나 공을 형이상학적 원리로 주장하면, 원융은 전혀 다르게 해석된다. 다시 말해 현상의 존재들은 공이라는 하나의 존재 원리에서 나왔기 때문에 서로 다르지만 걸림 없이 완벽하게 조화를 이룬다는 것이다. 이는 원융실재에 대한 이노우에의 주장에서 보인다. 실재에 대한 그의 질문은 현상을 존재하게 하는 시원인 형이상학적 사유에서 출발하기 때문이다. 그에 따르면 실재는 현상의 물질과 정신의 시원이자 본체이다. 물질과 정신의 현상적 차이는 하나의 본체에서 서로 융합하고 조화를 이룬다. 이노우에의 원융은 깨달은 자가 인식하는 완전한 세계가 아니라, 형이상학적 실재에 근거해서 성립한다.

---

46) Robert E. Buswell and Donald S. Lopez, eds. *The Princeton Dictionary of Buddhism* (Princeton: Princeton University Press, 2014), p.1041

2.3 유물론과 유심론에 대한 실재론의 철학적 가치

이 경우 불교가 주장하는 자기 존재의 변화는 성립하기 어렵다. 이노우에는 이러한 원융실재에 근거해서 정확하고 건실한 세계관과 인생관을 세우려고 하는데, 이때 현상의 차이는 모두 허구로 부정되고 실재만 남아 신비주의로 나가거나, 반대로 진리의 현현으로서 현상의 차이 그대로가 절대적으로 긍정될 수 있는 위험이 있기 때문이다. 여기서는 보편적 평등을 위한 사회적 의미의 개혁이나 개인의 자율적인 정치 참여를 정당화하는 세계관과 인생관은 성립하기 어렵다. 오히려 실재와 세계관의 관계가 전도하여, 당대의 세계관에 근거해서 실재를 해석함으로써 권위주의를 정당화하는 이데올로기로 작동할 수 있다. 이러한 모습은 불교의 원융실상에 근거해서 선불교의 깨달음을 신비적 직관으로 설명한 스즈키 다이세쓰[47]나 제국주의 첨병 역할을 한 근대일본불교의 모습에서 볼 수 있다.

---

[47] 스즈키 다이세쓰(鈴木大拙, 1870~1966) : 메이지 시기 불교학자. 일본 이시카와현 출신. 본명은 스즈키 데이타로(鈴木貞太郎), 다이세쓰(大拙)는 법명이다. 임제종 출신으로 서양에 선(禪)과 불교를 알린 세계적인 불교학자이다. 와세다대학교의 전신인 도쿄전문대학교에서 중국어, 산스크리트어, 팔리어 및 유럽어를 공부하고, 가마쿠라의 엔카쿠지(圓覺寺)에서는 샤쿠슈엔(釋宗演)으로부터 선을 배웠다. 1897년 미국에 간 후, 불교 경전의 영역에 앞장서 1900년 『대승기신론』을 영역하고, 「선과 일본문화」라는 논문을 통해 선을 서구 사회에 알리기 시작했다. 그는 선불교의 수행 목표를 깨달음(悟)이라는 점을 강조하면서 깨달음을 '지적, 논리적 이해와는 다른 직관적 통찰'로 정의한다. 그에 따르면 선은 말로 분석될 수 없는 사적이고 개인적인 영역으로, 선의 깨달음은 동아시아 신비주의로 연결된다. 스즈키는 교토학파로 평가되기도 하지만 공식적인 회원으로 활동을 하지는 않았다.

제 2 장 현상즉실재론

*** 번역 ***

여기서는 유물론과 유심론에 대한 실재론의 철학적 가치에 관해 말하겠다. 이는 자세히 말하면 상당히 길어지므로 지금은 주로 실재론의 입장을 명확히 하는 것을 목적으로 하여 이 둘의 관계의 대강을 서술하겠다. 유물론과 유심론이라는 두 철학적 주장은 철학사에서 꽤 중대한 입장으로 이에 대한 비평의 요점을 먼저 간단히 들어보겠다.

고금의 철학을 개괄하면 철학사상은 두 개의 커다란 계통으로 구별할 수 있다. 원래 철학의 계통은 매우 복잡하지만 개괄하면 고금을 통해 두 개의 커다란 계통이 있음을 자연스럽게 알 수 있다. 이는 서양철학에 한정하지 않고 동양철학 또한 같다. 철학사상의 두 계통은 곧 유물론과 유심론의 대립이다. 유물론과 유심론은 모두 하나의 관점으로서 이외에도 이와 병행하는 여러 가지 대립이 있다. 이 대립을 여기서 조금 들어보면 아래와 같다.

1. 유물론 — 유심론
2. 경험론 — 유리론
3. 감각론 — 지능론
4. 적극론 — 선험론
5.   과학 — 종교

이런 식으로 유물론과 유심론이 대립하고, 마찬가지로 경험론$^{Empirismus 48)}$과

---

48) 인식과 지식의 근원을 오직 경험에서만 찾는 철학적 입장 및 경향을 가리킨다. 그리하여 초경험적 존재나 선천적인 능력보다 감관과 내성(內省)을 통하여 얻는 구체적인 사실을 중시하여, 전자도 후자에 의해 설명된다는 사고방식이며, 지식의 근원을 이성에서 찾는 합리론(유리론)과 대립된다. 철학이론으로 경험론은 고대철학에서 이미 있었지만, 이 경향이 유력해진 것은 과학의 발전과 더불어 경험적 사실이 중시되고, 또 인식론이 철학의 중심 과제가 된 근대 이후의 일이다. 이 경향은 토머스 홉스를 거쳐 존 로크에 이르러 르네 데카르트의 생득관념설(生得觀念說, nativism)을 비판하여 모든 인식을 경험을 통해 설명함으로써 명확해진다.

● 2.3 유물론과 유심론에 대한 실재론의 철학적 가치

유리론^{Rationalismus 49)}이 대립한다. 즉 경험론은 유물론과 병행하고, 유리론은 유심론과 병행한다. 감각론^{Sensualismus 50)}과 지능론^{Intellekualismus 51)} 역시 병행한다. 이런 식으로 자연스럽게 무리를 이룬다. 또한 적극론^{Positivismus 52)}과 선험론^{Transcentalismus 53)}이 대립한다. 마지막으로 과학과 종교가 대립한다. 이처럼 나열하다 보면 더 많이 나올 수 있다. 이처럼 한쪽에 같은 종류가 있고 다른 한쪽에 역시 다른 종류가 있어, 두 가지 사상의 조류가 보인다. 이는 고금의 철학사에 관통한다. 이는 상당히 주목해야 할 일이다.

제임스[54)]도 이러한 두 종류 사상 계통이 병행한다고 인정하여

---

49) 17세기의 데카르트, 스피노자, 라이프니츠[p.290] 등과 같은 유럽대륙의 철학자들에 의해 전개된 철학의 총칭. 유리론(唯理論) 또는 주리론(主理論)이라고도 한다. 인간의 본질은 이성이며, 인간의 이성은 또한 신의 이성의 일부라고 보았다. 인간의 모든 확실한 지식은 생득적(生得的)이며, 명증적(明證的)인 원리로부터 유래하거나 그것의 필연적 귀결이라고 주장한다. 따라서 후천적 감각경험으로 말미암은 지식은 모두 혼란하고 불확실하다고 본다.

50) 경험론의 일종이다. 감각론에서는 이성을 감각과 대등한 독립된 인식의 원천으로 보지 않고, 이성의 판단이나 추리 등의 능력은 오직 감각적 지식을 2차적으로 분석하고 종합한다고 본다. 극단적으로는 이성도 감각의 한 변형에 불과한 것이라고 주장한다. 감각론은 이와 같이 하나의 인식론으로 일정한 존재론에 근거를 두는 것이 보통인데, 특히 유물론에 근거를 두는 경우가 많다.

51) 주지주의를 가리킨다. 인간의 마음은 지(知)·정(情)·의(意)로 구성되었다고 보고 이 중에서 지적인 것, 즉 지성·이성·오성(悟性)이 지니는 기능을 감정이나 의지의 기능보다도 상위에 있다고 보는 입장이다. 감정을 상위에 두는 주정주의(主情主義:情緖主義)나 의지를 상위에 두는 주의주의(主意主義)와 대립된다. 또한 인식이 감관(感官)에 의한 것이 아니라 이성에 의해서 생긴다고 보는 합리론(合理論)도 넓은 뜻의 주지주의이에 속한다고 할 수 있다.

52) 실증주의를 말한다. 경험적 사실 이면(裏面)에 존재하는 초경험적·형이상학적 실재를 부정하고, 어디까지나 과학적으로 실증할 수 있는 것만을 참된 지식으로 인정하려는 사상, 혹은 입장이다. 실증주의는 가치(value)의 문제는 배제하고 오직 사실을 바탕으로 하여 관찰과 실험으로 현상(現象)간의 관계와 법칙을 연구하는 것이 특색이다. 이러한 사상은 19세기 사회학(社會學)의 개척자로 알려진 콩트에 의해 처음 시작되었다. 그 후 실증주의는 1920년대 후반 빈 학파의 통일과학 운동에 의해 논리실증주의로 발전했다.

53) 경험의 선천적 제약에 관한 칸트의 학설이다. 선험론은 경험에 대한 선천적인 계기라고 할 수 있는 공간·시간·범주 등의 적용 가능성이나 그 타당성에 관한 인식을 그 연구 대상으로 한다.

54) 윌리엄 제임스(William James, 1842~1910) : 미국의 심리학자. 빌헬름 분트와 함께 근대 심리학의 창시자로 일컬어진다. 1878년 시작하여 12년간의 저술로 완

제 2 장 현상즉실재론

「실용주의」라는 논문의 서두에 여러 가지로 나열해 보인다. 앞서 든 것과 같지 않지만 역시 두 계통으로 나눈다. 제임스는 유물론 쪽을 tough minded라 부르는데 경파硬派의 의미이다. 이에 대해 유심론 쪽을 tender minded 즉 연파軟派라고 부른다. 그런데 제임스처럼 경파와 연파라고 하면, 처음부터 유심론 쪽은 나약하다고 폄하하는 듯하여 적절하지 않다. 따라서 이러한 이름을 붙이지 않고 유형파와 무형파로 하고자 한다.

전자는 유형파^{유물론 쪽}, 후자는 무형파^{유심론 쪽}로 나누는 편이 좋다고 생각한다. 유형파 쪽에는 유물론, 경험론, 감각론, 적극론, 그리고 과학이 있다. 무형파 쪽에는 유심론, 유리론, 지능론, 선험론과 종교가 있다. 이외에도 있지만, 이런 식으로 두 종류의 사상 계통이 고금의 철학사를 관통한다는 점에 주목해야 한다.

본래 철학사를 보면 사상이 실로 지극히 복잡해 보이지만 넓게 보면 이러한 계통이 옛날부터 완연하게 있었음이 보인다. 유물론과 유심론은 이러한 대립하는 사상 계통의 하나로, 유물론은 유형파를

성한 『심리학 원리』 The Principles of Psychology, 1890는 의식의 유동적인 성질에 주목하여 J.로크 이래로 의식을 정적(靜的)·요소적인 것으로 보는 사고방식을 개혁하였다. 의식은 단편적이지 않을 뿐만 아니라 '사슬'이나 '기차'로 표현될 수도 없으며 의식은 끊임없이 흐르는 강의 흐름과 같다고 보았다. '의식의 흐름(Stream of Consciousness)'이라는 용어를 처음 사용하였다. 『프래그머티즘』 Pragmatism, a New Name for Some Old Ways of Thinking, 1907에서는 어떠한 관념이든지 그것을 믿는 자에게 효용이 있다면 그러한 한에서 그것은 진리라고 하는 설을 주장하였고, 『근본적 경험론』 Essays in Radical Empiricism(1904~1905년경 발표, 사후 1912년 간행)에서는 경험이 바로 실재(實在)이며 세계는 물질도 정신도 아닌 '순수경험(純粹經驗)'으로 이루어졌다고 주장했다. 미국에서 최초로 실험심리학 연구소를 창설하여 실용주의 개념을 연구하고, 분트(Wundt) 등의 구조주의에 반대해 기능주의를 확립했다. 그의 이러한 입장은 미국의 실용주의와 부합하여 미국 심리학의 특징으로 자리매김하게 된다. 끊임없이 변화하는 일련의 의식의 본체를 인격적 의식이라고 주장하여, 인격 문제의 중요성을 내세워 미국 인격심리학의 출발점이 되었다. 스승으로서 교육학자 존 듀이, 심리학자 에드워드 손다이크 등을 지도했으며 미국을 방문한 지그문트 프로이트, 카를 융을 만나기도 하였다. 위의 저서 이외에도 『믿고자 하는 의지』 The Will to Believe, 1897, 『종교적 경험의 다양성』 The Varieties of Religious Experience 등을 남겼다.

2.3 유물론과 유심론에 대한 실재론의 철학적 가치

대표하고 유심론은 무형파를 대표한다. 여기서는 이를 제외한 나머지는 자세히 말하지 않겠다. 오늘의 주제가 아니기 때문이다. 지금은 단지 유물론과 유심론에 대해 말하는데, 그 지위에 대해 먼저 명확히 하고 나아가 이들을 논의하겠다.

먼저 유물론에 대해 비평하기에 앞서 유물론이 무엇인지를 말해야 한다.

유물론은 물질만을 긍정한다. 있는 것은 물질뿐이다. 물질 이외에 어떤 것도 인정하지 않는다. 세계는 물질이나 물질의 결과로 성립한다고 해석하는 것이 유물론의 입장이다. 유물론에는 오랜 역사가 있어 여러 발전과정을 설명할 필요가 있지만 지금은 이것이 목적이 아니므로 모두 생략하고, 유물론이라는 철학적 견해가 철학으로서 어떤 것인지를 말해 보겠다.

유물론은 철학의 발전사에서 말하면 가장 오래된 철학이다. 유심론보다 먼저 일어났다. 우선 철학의 기원은 무형의 정신에 관한 연구에서 시작한 것이 아니라 외계의 물질계에 관한 연구에서 시작했다. 이는 서양과 동양이 모두 같다. 처음부터 무형의 정신 연구에서 철학을 탐구했다고 말할 수 없다. 이는 오랜 뒤의 일로 처음은 먼저 유형의 물질계 연구에서 시작했다.

그리스에서는 이 세계가 어떤 물질에 근거해서 성립하는지 어떤 원리로 이 세계가 만들어지는가와 같은 연구에서 시작했다. 물이 원리라든지 혹은 불이나 공기가 원리라든지 먼저 이런 유형의 것에서 시작하여 점차 무형의 것으로 나아갔다.

인도철학 역시 처음은 유형에 근거해서 세계를 해석했다. 흙·물·불·바람·공기라는 원소로 세계를 해석한 것이 처음이다. 세계가 흙에서 성립한다고 주장한 이들이 지론사地論師이다. 물을 세계의 원리로 삼은 이들이 복수론사服水論師·불은 화론사火論師·바람은 풍선

제2장 현상즉실재론

론사風仙論師·공기는 구력론사口力論師이다. 이처럼 흙·물·불·바람·공기의 원소에 근거해서 세계를 해석하는 학파가 나타났다. 그러므로 우선 우주를 물질적으로 해석한 것이 철학의 시작이다. 이는 유심론 쪽이 아니고 유물론 쪽이다.

그러나 유물론이라는 이름은 아직 생기지 않았다. 유물론이라는 이름이 생겨날 리가 없다. 철학의 시작은 우선 외계의 유형의 것에서 탐구하기 시작해서 세계의 원리를 유형의 것에서 찾았다. 뒤에는 점점 무형의 것이 되지만 시작은 유형의 것이었다. 그러므로 철학의 발전사에서 보면 유물론 쪽이 유심론보다 더 오래되었다. 가장 먼저 일어난 사고이다.

유물론 쪽이 유심론보다 이해하기 쉽고 세속에도 통용되기 쉽다. 세계는 물질로 이루어졌다고 하는 편이 세속인들도 이해하기 쉽다. 유심론과 비교할 때 그렇다는 것이다. 유심론 쪽은 그렇지 않다. 세속에서 통용되기 쉽지 않다. 유물론도 점점 자세히 들어가 탐구하면 복잡해지지만, 세상 사람들은 처음부터 그만큼 회의적인 생각이 없으므로 유물론 쪽이 유심론보다 비교적 이해하기 쉽다. 그래서 세간에서 받아들이기 쉽다. 유심론 쪽은 아무래도 에둘러 말하는 느낌이 있다.

이에 더해 유물론이 유심론보다 세상에서 영향력을 얻기 쉬운 경향은 고대부터 있었지만, 어떤 의미에서 근세적이기 때문이다. 근래 과학자 중에 점점 유물론을 주장하는 자가 있다. 근세의 유물론자 중에는 실로 과학자가 많다. 과학자만 있는 것은 아니지만 과학자가 많다. 대부분의 유물론자는 과학자이다. 특히 근세 독일에서 유물론을 주장한 사람으로 루드비히 뷔흐너[p.64], 칼 포크트[p.270], 몰레쇼트[55]

---

55) 야코프 몰레쇼트(Jacob Moleschott, 1822~1893) : 네덜란드의 생리학자, 속류 유물론자. 하이델베르크대학 교수였지만 무신론자라는 이유로 1854년 추방되었다. 이후 취리히와 로마 등에서 대학교수를 역임했다. 사상이 뇌피질의 인에서

● 2.3 유물론과 유심론에 대한 실재론의 철학적 가치

등이 있다. 또 순수 유물론자는 아니지만 유물론자로 간주할 수 있는 자로 헤켈이 있다.

이들은 모두 자연과학자이다. 자연과학이 세력을 점점 얻어가는 지금, 자연과학자 중에서 유물론을 주장하기도 하니 자연과학을 존중하는 정신이 유물론을 존중하는 쪽으로 옮겨가는 것이다. 따라서 유물론은 세상에서 떠받드는 경향이 상당히 있다. 그러나 유물론은 철학으로 보면 부족하고 불완전한 초보의 사고이다. 유물론은 완전히 오류라고 말할 수는 없지만 철학으로서는 결코 충분하다고 할 수 없다. 참으로 초보의 사고이다.

철학사의 측면에서 말해도 유물론 쪽이 먼저 나타난 것이다. 유물론이라는 이름이 없어도 유물론과 같은 성질을 가진 이론이 먼저 일어났다. 그리고 점점 철학이 진보하면서 유심론이나 다른 이론이 일어났다. 유심론은 분명히 유물론보다 뒤에 일어났기 때문에 한층 더 진보한 철학이다. 철학 발전사의 측면에서 보아도 유물론은 초보인 것이 분명하다. 역사의 측면에서 보지 않더라도 오늘날 유물론과 유심론의 대립에서 생각해도 유물론은 초보의 이론이다. 철학으로서 아직은 전혀 고도의 이론이 아니다.

이제 유물론에 대해 비평해 보겠다. 자세히 하려면 상당한 시간이 요구되므로 간단히 요점만을 들겠다.

첫째, 유물론에 관해 비평하자면 도대체 물질이란 무엇인가라는 점이 가장 먼저 일어나는 의문이다. 유물론자는 세계가 물질이나 물질의 결과로 성립한다고 말하지만 이 물질 자체는 무엇일까? 물질 자체에 관한 연구도 과학에서 점점 성취되어 점차 세밀해지고 있다. 이전에는 물질은 원자로 성립해다고 생각했지만 지금은 하나의 원자

나온다고 주장함으로써, 의식 활동을 생리학에 귀속시키는 유물론을 주장했다.

제2장 현상즉실재론

보다 훨씬 미세한 물질인 전자로 귀착되었다. 그러나 어디까지 가도 마찬가지이다.

원자가 전자가 되어 한층 미세한 것으로 귀착했다고 해도 아직 물질 그 자체에 관한 해석은 아니다. 어디까지나 물질은 역시 베르거[56]가 일찍이 이에 대해 유심론적으로 생각했듯이 관념이나 감각에 불과한 것은 아닌가 하는 의문이 생긴다. 즉 물질이란 우리의 정신적 감각 ― 우리 자신의 감각이 아닐까, 물질이라는 것이 과연 우리 자신의 감각이 아니라면 우리 자신의 감각을 제외하고 따로 어떤 것이 있는가 하면 유물론자의 입장은 오늘에 이르러서도 여전히 그것을 증명하지 못하고 있다.

우리는 이것이 단단한지 부드러운지 또 눈으로 보아 색이 있다든가 형상이 있다든가 하는 색채, 형상, 성질 등의 집합을 물질이라고 말한다. 그런데 이러한 색채, 형상, 성질 등은 모두 우리 자신의 감각에 지나지 않는다. 우리 자신의 감각을 제외하고 물질이라고 부를 수 있는 것이 어디에 있는지 있다면 어떤 것이 있는지 물으면, 유물론자 쪽은 이에 대해 어떤 설명도 하지 못한다. 이 의문에 대해서는 역시 유물론자가 충분히 증명해야 하므로 그 책임은 지금도 남아 있다. 그러나 이는 매우 어려운 일이다.

실제로 유물론자로 알려진 가토 히로유키[p.569] 박사의 경우 빈번히 유물 운운할 때, 이 물질이란 과연 무엇인지, 당신이 말하는 물질은 무엇인지 물어봤더니 이는 매우 두려운 문제라고 답했다. 두렵다는 것은 모르기 때문이다. 물질이라는 알지도 못하는 것에 토대해서 아는 척 우주와 인생을 논하니 일단 '물질이란 과연 무엇인가'라는

---

56) 요한 베르거(Johann Erich Von Berger, 1772~1833) : 덴마크에서 태어난 독일의 철학자. 1814년에 키일대학 천문학 교수, 후에 철학 교수 역임. 셸링과 그 일파로부터 영향을 받았고, 이후 헤겔로부터도 영향을 받았다. 그는 낭만주의자로서 범신론적인 자연철학을 주장했다.

2.3 유물론과 유심론에 대한 실재론의 철학적 가치

근본적인 문제를 제기하면 곧 굴복해 버린다. 아무리 해도 여기에는 답할 수 없는 것이 남는다.

둘째, 물질은 정신을 예상한다. 물질을 세우려면 어쨌든 정신이라는 것을 먼저 세워야 한다. 인식 순서에서 말하면 정신 쪽이 먼저 있다. 즉 물질은 정신에 의지해서 알 수 있다. '이것은 이러한 사물이다'라는 형태로 아는데, 아는 주인공은 정신이다. 물질을 물질로 인식할 때는 필연적으로 정신을 예상해야 한다. 그래서 정신 쪽이 물질보다 앞선다. 적어도 의식이라는 것을 예상해야 한다. 우리가 무엇이든 알 수 있을 만큼의 의식이라는 것을 인정해야 한다.

의식이 명확하지 않으면 물질도 명확하지 않다. 물질인지 뭔지 알 수 없게 된다. 물질을 물질로 인식하는 것은 우리의 정신이고 우리의 의식이다. 물질보다 먼저 의식을 세우지 않으면 물질이라는 존재도 인식할 수 없다. 이렇게 보면 여기에도 유물론의 난점이 있다.

셋째, 물질이란 결국 우리의 관념이다. 우리의 관념이 아니라면 무엇이라고 할 수 있을까? 즉 물질이란 넓게 개괄해서 파악하고 있는 것이다. 우리 자신이 개괄한 관념이다. 물질이란 단지 추상화를 통해 개관한 관념에 지나는 것은 아니겠는가.

넷째, 유물론은 다음과 같은 점에서 대단히 장점이 있는 것처럼 보인다. 외계의 사물을 연구하고 이로부터 점차 철학적 고찰을 수행할 때에는 반드시 유물이어야 하며 물질 이외는 없다는 결론에 도달한다. 즉 객관적 사물 곧 외부의 사물에서 연구를 시작해서 점차 이러한 결론에 도달한다. 유심론자처럼 단지 마음 안에서 고찰한 것이 아니라 외계 물질에서 연구를 시작해서 마침내 유물에 귀착한다. 정확한 객관법에 근거해서 유물에 귀착한 것이지 결코 주관법에 근거해서 얻어진 불명확한 것이 아니다. 이처럼 방법의 측면에서 유물론의 장점을 주장할 수 있다.

제 2 장 현상즉실재론

　이러한 장점이 있다고 해도 무방하지만 또한 객관법은 단지 정신계에서 고찰한 것보다 정확하게 무엇인가에 의해 옳다고 하지만 이는 역시 어디까지나 주관에 의해 밝혀야 하는 것이다. 주관 없이 객관만으로 성립하지 않는다. 객관적으로 연구하여 그것의 옳고 그름을 밝힐 때 무엇에 근거하는가, 역시 의식에 근거할 수밖에 없다. 최종적으로 이것의 옮음을 인정하는 것은 우리의 의식이다.

　의식이 최후의 준거가 된다. 아무리 정확한 기계로 측정해도 기계만으로는 충분하지 않다. 기계에 근거해서 인식하는 자가 있어야만 한다. 인식하는 자는 의식이며 정신이다. 따라서 객관법의 장점은 분명히 있지만 그것만으로는 충분하지 않다. 객관법의 장점으로 주관법을 경시하며 유물론의 장점을 특별히 주장하는 것은 등잔 밑이 어둡다는 것을 모르는 태도이다.

　다섯째, 우리의 의식은 부정할 수 없다. 어쨌든 의식이 있다는 것은 인정해야 하는데 의식이란 연장이 있는 확장하는 물질과는 다르다. 확장하는 물질과 같은 것으로 볼 수가 없다. 따라서 외계에서 연구를 시작해서 인간 신체에 관한 생리적 연구가 성립해도 이 생리 상태에 근거해서 바로 의식계의 사실에 대해 추측할 수 없다. 생리 상태와 의식적 사실은 반드시 같다고는 할 수 없기 때문이다. 여기에 생리적 연구에서 바로 의식을 추측할 수 없는 이유가 있다. 의식과 생리작용이 완전히 같다고 증명되면 생리 작용에서 바로 의식계의 일로 결론 지을 수 있지만, 의식과 생리 작용은 다르다. 그러므로 생리 작용에서 의식의 일을 결론짓는 것은 비약이다. 같은 성질이라고 증명되지도 않았는데 대충 넘겨짚어 생리 작용에서 바로 의식계의 일을 결론짓는 일은 너무 지나치게 도를 넘어선 것이다.

　유명한 유물론자인 포크트[57]는 다음처럼 말한다. 간단히 그 의

---

57) 칼 포크트(Karl Vogt, 1817~1895) : 독일의 자연과학자, 19세기 속류 유물론의

미를 말하면, 우리 사상과 뇌수의 관계는 정확히 담즙과 간의 관계와 같고 또 소변과 신장의 관계와 같다. 즉 뇌수의 작용으로 사상이 생긴다. 이는 간에서 담즙이 나오는 것과 같고 신장이 소변을 만드는 것과 같다. 이렇게 소변과 사상을 대비했다.

이 사람은 꽤 계략가로 유심론자를 조롱하기 위해 유물론의 입장에서 '사상이라고 하면 뭔가 대단히 고상한 것처럼 생각하지만, 이건 뇌수의 정교한 기관이 작용한 결과로 나온 것이다. 신장이 작용한 결과로 소변이 나오는 것과 같다'라고 말한 것이다. 과연 이는 세간이 받아들이기 쉬운 말로 언뜻 보면 능숙한 비유로 보인다. 뇌수라는 정교한 기관이 사상을 낳는 것은 우리의 위장이 음식물을 소화하는 것과 같아서 거기에 소화작용이란 것이 있다. 그런 면에서는 상당히 닮았다. 신장이 소변을 만드는 것과도 비슷하다.

비슷하지만 단순한 유추일 뿐 정확한 추론은 결코 아니다. 신장이 소변을 만드는 것은 유형의 물질에서 유형의 물질이 나오는 것이다. 유형의 측면에서는 이렇게 유추해도 어려움은 없다. 물질적인 방면에서는 이렇게 말할 수 있다. 신장이라는 유형의 물질에서 소변이라는 유형의 물질이 나온다는 것은 타당하지만 뇌수라는 유형의 물질에서 사상이라는 무형의 것이 만들어진다고 볼 수는 없다.

둘은 서로 다르다. 사상은 무형이며 의식계의 일이다. 간에서 담즙이 나오는 것은 유형의 물질에서 유형의 물질이 나오는 것으로 이는 물질적 원인에서 물질적 결과를 추론한 것이므로 조금도 문제가 없다. 하지만 물질적 원인에서 정신적 결과를 추론하는 것은 위험

대표자. 기센과 베를린대학에서 의학을 배우고 1847년 기센대학 교수가 되었으나, 이후 스위스로 망명하여 제네바대학의 지질학, 동물학 교수를 역임했다. 1854년 괴팅겐의 자연과학자 집회를 계기로 생리학자 바그너(Rudolf Wagner)와 논쟁했다. 여기서 그는 "뇌수와 사상의 관계는 간장과 담즙, 신장과 소변의 관계와 거의 같다"라고 주장했다. 이는 속류 유물론의 기계론적 특징을 잘 보여주는 예이다.

제 2 장 현상즉실재론

하다. 같다고 한다면 같음을 증명해야 한다. 이를 증명하지 않은 채로 전혀 다른 방면의 것을 혼동해서 이처럼 주장해서는 안된다. 그것이야말로 참으로 콩과 보리를 구분하지 못하는 어리석음이라고 해야 한다. 의식과 물질의 차이는 중요하지만 이에 관해서는 잠시 뒤에 말하겠다.

유물론에는 앞에서 말한 난점이 있다. 이러한 난점 외에도 유물론의 결과가 실제에서도 결함이 많은 것을 보면 이론상에서 어딘가 결점이 없을 수 없다고 생각한다. 유물론이 미술, 문예, 도덕, 종교 등에 미친 영향을 보면 그 결과는 살풍경하다. 종교의 경우, 유물론은 이를 완전히 부정한다. 종교와 유물론은 양립할 수 없다. 앞에서 들었던 표에서 봐도 알 수 있다. 종교는 유물론의 반대쪽에 있으므로 양립하지 않는다. 그래서 유물론을 주장하는 사람은 종교를 근본적으로 부정해버린다. 종교를 존립하지 못하게 만든다.

종교가 존립하기 위해서는 무형의 것을 세워야 한다. 종교의 근저는 무형이다. 신은 무형의 존재이다. 따라서 가토 히로유키[p.569] 박사 같은 유물론자는 '빨리 신을 보여 봐'라고 말한다. 보여 달라고 해도 무형의 존재이므로 보일 수 없다. 즉 양립하지 않는다. 이처럼 유물론의 결과를 보면 미술, 문예, 도덕, 종교 등은 매우 살풍경하다.

미술, 문예는 잠시 두고 도덕과 종교를 보면 알 수 있다. 종교는 근본적으로 부정한다. 뷔흐너, 헤켈도 모두 종교를 부정한다. 헤켈은 유신론을 향해 전쟁을 선포하고 싸우고 있다. 이는 당연한 일이다. 유물론에는 무형의 존재 즉 물질 이외를 허용할 이유가 없기 때문이다.

도덕은 어떤가 하면 유물론의 도덕은 상당히 살풍경하여 도덕에 관심이 없어진다. 흥미가 없다. 이쪽에서는 대체로 이기주의나 쾌락주의가 된다. 유물론은 오직 물질 외에는 없다. 육체를 주로 하므로

2.3 유물론과 유심론에 대한 실재론의 철학적 가치

유물론의 결과는 자연히 육체의 만족이다. 아무래도 이기주의, 쾌락주의가 되어 도덕이라는 관념을 낮춰보게 된다.

가토 히로유키[p.569] 박사의 경우도 일본에서 이기주의와 쾌락주의를 제창한다. 유물론을 주장하면 아무래도 이기주의와 쾌락주의가 될 수밖에 없다. 이기주의에는 약간의 진리가 있지만 도덕으로서는 지극히 살풍경하다. 이기주의란 도덕적으로는 가장 가치가 낮다. 숭고한 정신적 가치를 전혀 수반하지 않기 때문이다. 이러한 결론이 자연스럽게 나온다.

예로부터 있어 온 덕교德教[58]와 종교는 모두 유물론이 아니다. 유교, 불교, 그리스도교와 같은 도덕과 종교도 유물론이 아니다. 어쨌든 유물론에서 나온 도덕은 매우 살풍경해진다. 또 종교는 아예 없게 된다. 그래서 유물론은 뭔가 이론으로서도 매우 불완전한 면이 있다. 그 결과를 보면 뭔가 결점이 있을 수밖에 없다고 생각한다. 헤켈도 도덕을 말하지만 그 도덕은 지극히 살풍경하다. 참으로 도덕에 대해서는 힘쓰지 않는다. 참으로 무력하다. 그리고 종교를 부정한다. 헤켈은 종교를 근본적으로 부정하는데 그렇게 해버리면 역시 사람은 감복하지 않는다. 이 점에 대해서는 아무래도 감복할 수 없는 면이 있다.

무엇을 감복할 수 없냐고 하면 우주의 일을 전혀 해석할 수가 없다. 자연과학이 발전했다고 해도 아직 우주의 일을 다 해석하지 않았다. 또 아무래도 우주의 일은 완전히 해석할 수 없을 것이다. 우주는 무한이다. 인간의 노동은 유한이다. 인류가 대를 이어 우주의 일을 해석하려고 해도 그때그때 인류의 노동은 역시 유한하다. 이에 반해 우주는 무한이다. 무한인 우주를 완전히 해석하는 것은 도저히

---

58) 글자 그대로의 뜻은 '덕의 가르침'이라는 의미인데 이노우에는 '도덕 체계'라는 의미로 썼을 것이다. 이노우에는 뒤에서 '덕교와 종교'를 '도덕과 종교'로도 쓰고 있다.

제2장 현상즉실재론

불가능하다. 이 지점에서 다음과 같은 일이 발생한다. 완전히 해석할 수 없으므로 이 우주에 대한 신념을 정해야만 한다고. 어쨌든 매듭을 짓지 않으면 정신의 위안이란 얻을 수 없다. 우주와 인생에 대해 생각하면 정신에 불안이 생긴다. 완전히 다 해석할 수 없기 때문이다.

헤켈[59)]이 대단히 진보한 사상으로 세계와 인생에 대해 해석한 듯하지만 부족하다. 아직 부족하다. 헤켈이 쓴 『자연의 조화사[p.506]』란 책이 있다. 이는 진화론에 관한 책이다. 인간은 어떤 식으로 생겨났는지 동물은 어떤 식으로 진화해 왔는지를 설명한다. 어떤 측면에서 보면 조화의 역사처럼 보이지만 진정한 조화라고 할 수 없다. 헤켈은 인간의 탄생을 자연발생론 generatio equivoca 으로 해석한다. 인간은 어떤 특정한 시기에 발생했어야만 했다. 그 이전의 지구는 불덩어리여서 생명체가 도저히 살 수 없었으므로 인간도 생활할 수 없었기 때문이다. 태양에서 떨어져 나온 불덩어리였으므로 이러한 곳에 인간이 살 수 있을 리가 없다. 인간 따윈 도저히 살 수 없는 곳이었지만, 지금은 살고 있다. 그러므로 인간은 어떤 특정한 시기에 발생했을 수밖에 없다. 이렇게 자연발생론을 주장했다. 요컨대 인간은 어느 시대에 발생했다는 주장이다.

또 헤켈에 따르면, 유기물과 무기물 사이에 진정한 구별은 없다. 동물과 식물은 일체를 이루고 있다. 동물과 식물 사이의 구별은 엄밀

---

59) 에른스트 헤켈(Ernst Heinrich Haeckel, 1834~1919) : 독일의 생물학자, 철학자, 예나대학 교수. 다윈[p.63] 주의를 일찍이 받아들여 열성적인 지지자가 되었으며 진화론의 보급에 힘썼다. 진화론이나 스피노자 철학에 서서, 정신과 물질, 생물과 무생물의 통일성을 주장해 독자적 유물론인 '일원론'(Monismus)을 제창하였다. 이 주장은 널리 보급되어 신봉자들에 의하여 '독일 일원론자 협회'가 결성되었다. 그의 유물론, 무신론에는 일관되지 않은 점이 있으나 관념론과 종교를 격렬히 공격하여 자연과학의 유물론을 옹호, 관념론자나 교회로부터 반격을 받았다. 생물학자로서는 개체 발생이 계통 발생을 반복한다는 '발생 반복설'을 주창하여 큰 영향을 주었으나 지나치게 단순화했다는 비판도 있었다. 당시 가토 히로유키[p.569]는 헤켈의 진화론을 받아들여 인생관, 우주관이 전적으로 변화했다고 말한 바 있을 정도로, 그의 진화론은 일본을 넘어 동아시아에 많은 영향을 주었다.

2.3 유물론과 유심론에 대한 실재론의 철학적 가치

하지 않다. 동물계에서 점차 식물계로 이어져 있다. 이처럼 동물과 식물이란 유기체에서 또 무기체로 이어져 있어 우주는 일체를 이루고 있다. 엄밀히 말해 진정한 구별은 없다. 그러므로 유기체는 무기체에서 점차 발생한 것일 수밖에 없다.

여기에서 발생이라고는 했지만 가령 유기체가 무기체에서 발생했다고 해도 인간이 살 수 없었던 시대가 있었고, 이후에 살 수 있게 되어 점차 인간이 발생했다고 해도 이는 아직 그 시원을 설명한 것은 아니다. 인간의 발생을 말할 때는 그 근원이 있어야 한다. 아직 그 근원을 설명하지 못하고 있다. 왜냐하면 이 지구가 설령 불덩어리였어도 그 안에 인간과 같은 존재가 발생할 수 있는 근원을 품고 있어야 한다. 지구가 점차 차가워져 인간이 살 수 있게 된 뒤에 인간이 발생했다고 해도 이는 그때 갑자기 발생한 것이 아니라 인간이 발생할 수 있는 근원을 불덩어리 안에 품고 있어야 한다.

또 불덩어리가 태양에서 떨어져 나왔다 해도 태양은 어디에서 왔는가? 최초의 시작에 관한 설명이 없다. 태양은 만물이 생긴 근원은 아니다. 이러한 근원에 관해 설명하지 않으므로 조화의 역사라고 해도 만물이 처음 생긴 근원에 관한 해석은 아니다. 그래서 조화의 역사라고 해도 우주의 기원을 모두 해석한 것은 아니다.

헤켈은 진화론자인데 진화는 운동이자 그 이상의 것이다. 세계 만물의 변화에는 일정한 법칙이 있음을 보고 이를 진화율로 규정한다. 그래서 진화는 운동이자 그 이상의 것이다. 그런데 이 운동부터가 어디에서 왔는가? 어떻게 운동이 일어나는가? 인류는 물론이고 모든 유기물에는 활동이 없을 수 없다. 활동은 자연에 부여된 내부에서 나오는 것이다. 활동은 모든 유기물에 있는데 활동은 운동이다. 운동의 연원은 어디에 있는가? 진화라는 것도 운동인데 운동의 처음은 어디에 있는가? 어떻게 운동이 이 세상에 발생했는가? 헤켈은 이에

제2장 현상즉실재론

대한 해석을 조금도 시도하지 않는다.

해석이 가능할 리가 없다. 특히 진화론 그중에도 헤켈의 진화론은 공간을 조금도 해석할 수 없다. 어떻게 공간이 진화했는가? 이것이 천년만년 진화하면 어떻게 될까? 공간을 가리켜 이러한 모습이라고 말하지 않는다. 이처럼 말할 수 없는 것은 문제로 삼지 않고 제외한다. 가토 히로유키[p.569] 박사의 경우 여러 가지를 논의하지만 공간의 문제는 거론하지 않는다. 공간에 관해서는 한마디도 하지 않으니 결국 이를 문제로 삼지 않는다.

그런데 공간, 시간, 운동, 물질 — 이러한 것들은 애초에 어떻게 나타났을까? 모든 사물의 기원을 추구해보면 도저히 해석할 수 없는 것이 있고 또 충분히 해석할 수 있을 것 같지도 않다. 이 지점에서 어떻게든 정신상의 위안을 얻어야만 하는 문제가 생기는데 바로 여기에서 종교가 성립하게 된다. 헤켈이 모든 일을 해석한 듯이 보여도 어딘지 부족한 면이 있다.

종교는 우주와 인생에 관해 하나의 가설을 세우고 거기에 정신의 거처를 정하는 것이다. 하지만 대신 종교에는 위험한 측면이 있다. 학문적 원리^{學理}를 통해 천명되지 않은 것에 궁극적 근거를 두므로 미신이 되기 쉽다. 종교에는 미신이 꽤 많다. 그렇지만 종교는 우주 현상을 완전히 해석할 수 없다는 바로 거기에서 어쨌든 우주와 인생의 거처를 정하려고 하는 그때 성립한다. 따라서 종교의 필요성은 지속될 것이다. 이는 헤켈 같은 사람이 종교와 맞서 그 뿌리를 파괴하고 일소해버리려고 해도 역시 최후에는 부족함이 남는 이유이다. 부족한 것은 결국 이것이다. 이 일은 이 정도로 해두자.

다음은 유물론에서 유심론으로 넘어가겠다. 유심론은 유물론보다 훨씬 진보한 철학적 사고이다. 유물론으로는 만족할 수가 없다. 우주와 인생을 탐구하다 보면 결국 외부 세계에서 방향을 바꿔 내부

2.3 유물론과 유심론에 대한 실재론의 철학적 가치

세계로 향하게 된다. 내부 세계로 옮겨간 결과 유심론이 된다.

그런데 자연과학자들은 자연스럽게 유물론으로 경도된다. 왜냐하면 외부 세계의 물질을 연구하기 때문이다. 과학자는 모두 유물론자라고 할 수 없지만 외부 세계의 물질을 연구함으로써 자연스럽게 유물론으로 기우는 경향이 있다. 그런데 철학자는 반드시 그렇지는 않다. 여러 가지로 사색하고 연구하여 외부 세계의 물질에서 전환하여 내부 세계로 들어와 자기 성찰적이 된다. 여기에서 비로소 유심론이 일어난다.

유심론은 어디에나 있다. 동서양 할 것 없이 철학이 발달한 곳에서는 반드시 유심론이 일어난다. 유심론이 일어나야 비로소 철학은 철학다워진다. 철학이 심원해지기 위해서는 유심론까지 나아가야 한다. 유심론이 되면 세속적 견해를 타파하여 철학의 심원한 관문을 열게 된다. 유물론은 너무 초보적이다. 철학으로서 아직 세속성을 못 벗어났다. 유심론이 되면 세속적 견해를 타파하고 고상한 정신세계의 관문을 열어서 대단히 장대하고 심원한 철학사상을 이루게 된다. 그래서 유심론은 철학에서 아주 유쾌한 관점이다. 동양과 서양 모두 역사에 등장한 심원하고 광대한 철학은 거의 유심론이다.

여기서 말한 유심론은 여러 가지 철학 계통을 포함한다. 유심론은 유물론처럼 단순히 취급할 수 없다. 그 종류가 상당히 많다. 여기서는 모든 유심론을 논할 수도 없고, 그럴 여유도 없다. 이는 한 번에 할 수 있는 일이 아니므로 여기서는 극단적으로 치우친 유심론, 즉 유물론과 대립하는 유심론을 들어 비평하는 데 그치고자 한다.

극단적으로 치우친 유심론은 보통 주관적 유심론^{Der subjektive Idealismus}이라고 한다. 이것도 해석하기에 달렸지만, 대략 협의의 유심론이다. 이를 유아론^{唯我論60)}이라고도 한다. 여기서는 주관적 유심론 혹은

---

60) 독아론(獨我論, Solipsismus)이라고도 한다. 라틴어의 solus(오로지 하나)와

제2장 현상즉실재론

유아론으로 불리는 협의의 유심론만을 들어 비평하고자 한다. 이는 정확히 유물론에 대치한다. 즉 있는 것은 정신뿐이다. 물질이라고 불리는 것도 결국 우리의 정신세계에 속한다. 정신을 떠나 따로 물질이란 없다. 결국 있는 것은 정신뿐이다. 정신 이외에 어떤 것도 없다. 일체는 정신 안에 포함된다. 경험도 결국은 자아의 경험으로 이를 넘어서지 않는다. 경험은 결국 자아의 상태에 지나지 않는다. 이처럼 사고한다.

이러한 유심론에는 다음과 같은 난점이 있다. 첫째, 물질을 예상하지 않고 정신만을 세우는 것은 상당한 어려움이 있다. 물질이란 항상 정신과 함께하기 때문이다. 우선 우리 인간에게는 신체가 있다. 신체는 물질이 아닌가? 신체가 있어야 정신의 작용이 있다. 물질을 떠나 정신이 있다고 생각하는 사람도 있지만 이는 단지 상상이다. 실제로 정신작용은 육체라는 물질이 있고서 비로소 있다. 또 우리는 물질계에 머물면서 즉 디디고 있는 물질에 의지하고 지탱해 주는 물질에 근거해서 정신작용은 가능해진다. 그리하여 물질을 예상하는 것은 필연이다. 물질 없이는 사상이란 있을 수 없다고 바로 생각할 수 있다.

아무리 있는 것은 정신뿐이라고 생각해도 실제 생활에서는 물질을 예상할 수밖에 없다. 모든 실제 생활은 정신 감각에 지나지 않는다. 외부 세계의 물질은 정신 감각에 지나지 않는다고 해도 우리가 음식을 먹을 때 감각을 먹고 있다고 생각할 수는 없다. 먹거나 밟거나 할 때 역시 정신과 다른 물질이 있다. 유심론자라고 해도 평소 실생활에서

---

ipse(자신)에서 만들어진 말이다. 즉 오로지 자기 자신 하나뿐이라는 의미이다. 모든 주관적 관념론이 철저하게 자신의 입장을 추진해 나가면 자기 자신의 의식만이 있을 뿐이라는 결론, 즉 유아론에 빠지게 된다. 그 대표적 인물로 버클리를 들 수 있다. 주관적 관념론은 감각적 경험을 기초로 하여 출발하고 거기에서 감각에 나타난 것만 존재하는 것이고 따라서 본래 존재하는 것은 이같이 감각하고 있는 자기뿐이라는 입장을 취하고 있기 때문에, 유아론에 불과하다.

● 2.3 유물론과 유심론에 대한 실재론의 철학적 가치

이 정도는 예상한다. 예상하지 않을 수 없다. 이론적으로는 유심이라고 주장해도 실생활에서는 역시 물질을 예상한다. 여행할 때도 정신세계를 여행하고 있다고는 생각하지 않는다. 이론상 아무리 유심을 외쳐도 여행할 때는 역시 물질계의 행동을 취하고 있다고 생각한다. 어쨌든 이러한 예상을 하지 않을 수가 없다.

둘째, 객관적 실재$^{\text{Die objektive Realität}}$가 필연적으로 예상된다. 자기 정신에 대해 객관적 실재를 세우지 않으면 아무리 해도 모든 사상을 제대로 세우지 못한다. 자기 정신 이외에 실재하는 객관세계가 있다고 가정하지 않으면 모든 사상이 부정함에 빠져 결국 불합리하게 된다. 그래서 실제로 자기 정신 이외에 무엇인가 자신에게 저항하는 것이 있다. 외부 세계에서 자극을 주고 또 이쪽에서 나가려고 하면 반대하는 것이 있다. 이것이 객관적 실재의 긍정을 촉구한다. 그것이 무엇인지는 다른 문제로 어쨌든 그러한 것이 실재한다고 인정하지 않고서는 사상에 결함이 생긴다. 그리하여 객관세계가 개인의 정신에 앞서 있다는 것은 부정할 수 없다.

정신계란 우선 자기 정신이 토대가 된다. 타인의 정신은 간접적이다. 그래서 아무래도 자기 정신 외에 토대가 될 것은 없다. 그런데 자신이 태어났을 때 이미 세계는 있다. 이미 있는 세계 안에 태어나고 자신이 죽은 이후에도 세계는 무너지지 않고 남는다고 누구나 생각한다. 이를 부정할 수는 없다. 즉 객관세계는 자기 주관과 관계없이 독립해서 자신보다 앞서 있다. 또 자기보다 이후에까지 존재한다고 생각하게 되면 유심론은 커다란 난점에 직면한다.

셋째, 정신은 연장이 없다. 확장하지 않는다. 정신은 무형으로, 물질처럼 연장이 없다. 그런데 유심이라고 주장하면, 연장이 있는 물질 또한 정신에서 생겼다고 해야 한다. 어떻게 연장 없는 정신이 연장이 있는 물질을 낳을 수 있는가? 어떻게 이를 설명할까?

제2장 현상즉실재론

넷째, 유심이라고 하면 어쨌든 이 세계에 두 가지 성질이 있음을 설명해야만 한다. 설령 외부 세계를 정신의 산물로 보더라도 외부 세계와 내부 세계라는 두 세계의 구별이 있다. 보통은 자신의 내부 세계를 정신계로 하고 외부 세계는 물질로 보지만 정신 이외의 물질을 인정하지 않고 유심으로만 세계를 보면 하나의 정신계에 외부 세계와 내부 세계라는 두 세계가 있게 된다. 이 두 세계는 어떻게 생겼는가? 하나의 정신에서 두 개의 세계가 생겼다면 두 세계의 분열은 어떻게 생겼는가? 정신의 자기분열의 원인은 무엇인가? 왜 이러한 일이 일어나는가? 이를 설명해야만 한다.

다섯째, 유심론은 자연과학의 입장과 어긋난 성질을 갖는다. 유심론은 외부 세계의 물질도 정신의 산물로 보기 때문이다. 정신의 산물로 보면 과학자가 한 일도 정신계의 일이 되어버린다. 과학자는 이를 물질로 연구해서 점점 유익한 결과를 내고 있다. 이를 정신의 산물로 보는 것은 과학자의 입장과 일치하지 않는다. 유심론자의 주장에는 상당히 좋은 점도 있지만 과학자가 근세에 이룬 성공에는 미치지 않는다. 과학자가 물질세계를 연구한 이래 상당히 유익한 결과를 낳았다는 점을 생각하면 이에 부합하지 않는 입장을 유지하기는 매우 어렵다.

이러한 난점이 있지만 유심론은 유물론과 달리 미술, 문예, 도덕, 종교의 측면에서는 대단히 좋은 결과를 낳는다. 이 방면의 결과는 유물론보다 훨씬 좋다. 모든 미술과 문예 등의 역사에서 말하면 유물론은 그 정도로 뛰어난 결과를 아직 내지 못했지만 유심론적 세계관과 인생관을 수반한 쪽에서는 대단히 위대한 발전을 이룬 것으로 보인다. 또 도덕과 종교의 측면에서도 좋다. 유심론과 종교는 어딘가 상통하는 부분이 있다. 그래서 유심론은 이상적인 도덕과 조화하기 쉽다.

2.3 유물론과 유심론에 대한 실재론의 철학적 가치

그러나 유심론이 지나치면 실제 생활에서 상당히 심한 폐해가 보인다. 지나치게 치우친 유심론은 자연과학을 비하하는 경향이 있다. 나아가 사회도 경시한다. 사회를 경시하여 하찮은 것으로 보고 떠나려는 경향도 있다. 극단적인 경우가 그렇다. 또 생활을 경시하여 인간의 생활보다 좀 더 높은 것으로 향하려는 경향이 있다. 이러한 폐단을 뚜렷하게 드러낸 것이 인도의 유심관이다.

인도의 브라만교와 불교는 극단적인 유심론적 세계관을 갖는다. 이 가운데 특히 브라만교의 철학, 곧 베단타 철학[p.221]은 정말로 심하다. 그리하여 인도에서는 전혀라고 할 정도로 자연과학이 발전하지 않았다. 천문이나 의술이 조금 있었지만 서양의 과학과 비교도 할 수 없다. 그리고 사회를 경시하고 떠나려는 정신이 성행한다. 그리하여 생활을 가벼이 여기고 극락왕생이라는 방식으로 어딘가 이 세계 밖으로 가고자 하는 즉 현실 세계를 가벼이 여기는 정신이 성행한다. 이는 역시 극단적인 유심론적 세계관 및 인생관에서 유래하지만 그 결과는 좋지 않다. 그 결과는 역시 망국에 이르게 된다. 현실의 발전을 바라지 않기 때문에 그렇다. 서양철학에서도 극단적 유심론은 여러 가지 폐해가 있지만 지금은 하나하나 열거할 여유가 없다.

이상에서 우선 유물론과 유심론을 대조해서 논했고, 다음으로 실재론實在論에 대해 조금 서술하겠다.

실재론이란 어떤 것인가? 이 세계에는 정신과 물질 둘이 있어서 이 둘 중 하나를 택하여 각각 근본원리로 삼아 세계와 인생을 설명하는 것이 유물론 및 유심론이다. 간단히 그림으로 나타내면 아래와 같다.

제 2 장 현상즉실재론

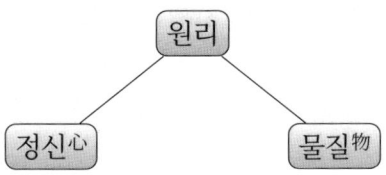

정신계와 물질계, 간단히 말하면 심心과 물物이다. 정신의 측면을 택하여 근본원리로 삼아 세계관과 인생관을 세우면 유심론이고 물질의 측면을 택해 근본원리로 삼으면 유물론이다. 이러한 두 종류의 사상 경향이 역사를 통해 나타나 있다. 그러나 이것만이 아니다. 이와 다른 견해가 있다. 그것이 실재론Realismus 이다. 이는 정신과 물질의 둘을 제3의 원리에 의해 통일하는 철학이다. 물과 심 둘을 결부시키는 하나의 근본원리를 세운다. 그 근본원리가 곧 실재이다.

실재에 대해 현상이 있는데 현상에는 정신적 현상과 물질적 현상이 있다. 이러한 두 종류의 현상을 일관해서 근본원리 즉 실재가 있다. 이를 제3자로 보지만 이는 단지 추상화한 것으로 사실 셋은 하나이다. 실재는 물과 심의 두 방면을 일관한다고 봐야 한다. 그리하여 어느 한쪽에 치우치지 않는다. 정신에도 물질에도 치우치지 않고, 유물론이나 유심론처럼 한쪽으로 치우치지도 않는다.

실재론은 역사적으로 유물론과 유심론보다 뒤에 일어났다. 유물론이 먼저 일어나고 다음으로 유심론이 일어났다. 유물론과 유심론의 두 경향을 조화하여 대성한 것이 실재론이다. 역사적인 순서로 말하면 실재론이 마지막이다. 인류사상의 자연스러운 경향이다.

서두에서 말했듯이, 철학사에는 유형파와 무형파의 두 사상 경향이 있다. 두 사상 경향이 서로 견제하며 싸워 온 것이 철학사이다. 그런데 두 사상 경향은 분명히 물질과 정신의 두 방면을 대표한다. 즉 사상의 양극단으로서 각각 진리의 한 측면을 담지해 왔다. 두 방면을 합해서 하나의 철학 체계를 완성하려 한 것이 곧 실재론이다.

2.3 유물론과 유심론에 대한 실재론의 철학적 가치

실재론은 지금까지 양극단이 되어 싸워온 두 방면의 진리를 하나의 철학 체계 안에 수렴한 것이다. 진리의 절반이 아니라 진리의 전부를 하나의 철학 체계 안에 완성하고자 하는 것이 실재론의 입장이다.

실재론에도 여러 가지가 있지만 그 종류를 서술하거나 그 역사를 서술하는 것은 지금의 목적이 아니다. 다만 실재론에도 정신과 물질 즉 물과 심 둘을 하나의 실재로 융합하고 조화함으로써 정확하고 건실한 세계관과 인생관을 세우려고 하는 것이 있다. 이것이 현상즉실재론現象卽實在論이다. 현상즉실재론이란 주로 인식론적 측면에서 말한 것이다. 이를 본체론적으로 말하면 오히려 원융실재론圓融實在論이라고 하는 편이 좋을 것이다. 이에 대한 설명은 지금 충분히 할 수 없지만 실재론의 입장이 가장 공평하고 엄정하다는 것을 보여주기 위해 다음과 같은 점을 밝혀둔다.

물과 심 둘을 연구하다 보면 다음과 같은 점을 알게 된다. 먼저 인간은 정신과 물질 양쪽을 갖는데 세계도 또한 그러하다. 세계 안에 인간이 있으므로 신神과 같은 존재를 세우지 않더라도 세계에 정신적 측면이 있음을 부정할 수 없다. 심지어 종교가들은 신이라고 부르며 세우기도 하므로 더욱 그러한 측면이 있다고 할 수 있다. 그런데 유심론과 유물론 비평에서도 알 수 있듯이 물질 쪽을 세우면 정신 방면에서 곤란한 점이 생긴다. 정신의 입장에서 비평하면 유물론은 아무래도 결함이 보인다. 그런데 유심론도 역시 물질의 입장에서 비평하면 상당히 곤란해진다. 이는 둘이 모두 어느 한쪽으로 치우쳐 있다는 증거이다.

누구라도 보통은 물질이 있다는 것만은 의심하지 않는다. 상식적으로 의심하지 않지만 그렇다면 정신은 무엇인가? 헤켈은 정신을 대단히 넓게 설명한다. 의식은 중추 기관이 있어야 비로소 있는 것이라고 한다. 그런데 정신은 어떤 사물에도 존재한다고 설명한다.

제2장 현상즉실재론

그런데 물질 본위에서 보면 상당히 곤란한 문제는 정신이 어떻게 생겼나 하는 것이다. 즉 근래 과학자가 어렵게 여기는 문제는 의식의 기원인데, 이는 정신의 문제이다.

의식이란 사실이다. 사실로 보지 않으면 자연과학은 성립하지 않는다. 의식이 사실이 아니라면 그 어떤 것도 대상으로 삼을 수 없다. 의식은 최후의 사실이다. 그런데 의식이란 어떻게 우리에게 있는가? 어떻게 일어났는가? 이는 실로 유물론자들이 입을 막는 문제이다. 헤켈은 중추 기관이 있고 난 후 비로소 의식이 있다고 하지만 중추 기관이 없어도 정신이 있다면 의식도 있어야 한다. 그래서 이는 헤켈 한 사람의 생각이다.

다른 학자, 예를 들면 에밀 뒤부아 레몽[61]은 전혀 다른 생각을 가졌다. 의식이란 물질의 측면에서 곧바로 추측해서 해석할 수 없다. 의식계는 물질계와 별개이다. 우리의 의식에 나타나는 것은 단순히 생리작용에 의해서만 해석할 수 없다. 예를 들면 근육운동이라든지 신경운동과 같은 생리작용과 뇌수에 나타나는 상상이나 사상과 같은 다양한 심리적 작용은 전혀 다르다. 의식계의 현상과 물질계의 현상을 혼동하면 안된다. 의식은 어떻게 생겼는가? 이를 물질의 성질이라든가 아니면 물질의 결과라고 하는 것은 억측에 지나지 않는다. 어떤 이유로 물질의 결과라고 하는가? 어떻게 물질에서 의식이 나올 수 있는가? 이를 설명해야 한다.

의식의 기원은 지금까지 학자가 참으로 고민하는 부분이지만 근세

---

61) 에밀 뒤부아 레몽(Emil Heinrich Du Bois-Reymond, 1818~1896) : 독일의 생리학자. 프랑스 고등학교에서 교육을 받았다. 베를린 대학에서 처음에는 철학을 공부했으나 이후 자연과학에 관심을 보여 화학·물리학·수학을 연구하고 나아가 뮐러(Johannes Peter Müller) 밑에서 생리학을 전공하였고, 뮐러 사후 베를린 대학 생리학 교수 자리를 이어받았다. 유물론자이면서 물질의 본질이나 실재의 궁극적 근거는 인식할 수 없다는 불가지론의 입장을 주장하였다. 저서에는 『자연 인식의 한계에 대하여』(1882), 『우주의 일곱 가지 수수께끼』(1882), 『동물 전기에 관한 연구』(1848~1884) 등이 있다.

2.3 유물론과 유심론에 대한 실재론의 철학적 가치

학자의 연구에 따르면 의식은 어느 시대에 홀연히 생긴 것이 아니다. 아무래도 아니라고 보아야 한다. 의식은 어느 시대에 홀연히 생긴 것이라고는 생각할 수 없다. 의식은 점점 추구해보면 유기물만이 가지고 있는 것은 아니다. 그리고 유기물에 있어도 인간만이 아니고 식물에도 의식이 있다고 보아야 한다. 초목에도 역시 의식은 있다. 그 정도가 한참 낮을 뿐이다. 보통 의식이라고 말하지 않을 정도로 낮은 의식이다. 그런데 식물만 아니라 점점 무기물까지 거슬러 가도 아주 낮은 정도의 의식이 있을 것이라는 결론에 도달한다. 의식이 어느 시기에 홀연히 생겼다고 하면 도저히 설명이 안된다. 이는 당연하다. 왜냐하면 사실이 그렇지 않기 때문이다.

네겔리[62]는 상당히 재미있는 연구를 한 사람이다. 과학자이지만 철학적인 문제에 접근했다. 헤켈처럼 극단적인 논자는 아니고 비교적 착실하게 논단한 사람이다. 네겔리에 따르면, 모든 물질은 감정을 갖는다. 즉 의식을 갖는다. 감정이 있으면 역시 의식은 있다. 본래 밀치는 힘拒力과 당기는 힘引力은 감정이다. 이는 인간의 증오와 사랑에 해당한다. 인간에게는 애증의 감정이 있다. 사랑은 인력이고 증오는 척력이다. 이와 마찬가지로 물질에도 척력과 인력이 있다. 인간에게 남녀 사이의 연애는 상당히 강해서 어쨌든 끝까지 해내게 된다. 부모가 막아도 하고 친구가 말려도 반드시 해낸다. 허락하지 않으면 강에 뛰어들거나 철도에 뛰어들어 죽어도 저세상에서 함께

---

[62] 카를 네겔리(Carl Wilhelm von Nägeli, 1817~1891) : 스위스의 식물학자. 1840년 제네바 대학 졸업. 드 캉돌에게서 식물학을 배웠다. 베를린 대학에서 헤겔에게 자연철학을, 예나대학에서 슐라이덴에게 세포학을 배웠다. 취리히 대학·프라이부르크 대학·뮌헨 대학 교수를 역임하였다. 식물학의 여러 분야에 걸쳐 연구했는데, 특히 세포학 분야에서 많은 업적을 쌓았다. 동식물의 세포를 연구하는 과정에서, 생명의 기본단위는 세포가 아니라 세포보다 더 작은 결정(結晶) 비슷한 단위를 주장하고 이를 마이셀(micelle)이라고 명명했다. 마이셀이 모여 유전질(idioplasm)을 형성하여 유전단위로서 활동한다고 주장했다. 이를 근거로 1884년 『기계론적·생리학적 진화론』을 발표하여 생물 진화에 대한 학설을 제창하였다.

제2장 현상즉실재론

하려고 한다. 그렇게 간절해진다. 마찬가지로 물질이 합쳐지는 것 역시 아무도 막을 수 없다. 강제로 막으면 엄청난 파열을 초래한다.

밀치는 힘과 당기는 힘은 역시 감정이다. 감정은 우리 인간의 육체를 조직하고 있는 세포^{Cell}에 있다. 즉 세포를 조직하고 있는 원자에 감정이 있어서, 원자에 있는 감정이 모여 세포의 감정 상태를 이룬다. 우리 인간은 수많은 세포로 이루어져 있으므로 오늘날은 이를 세포국^{Cellenstaat}이라고 한다. 백 명의 사람이 있으면 백 명의 세포국이 있다. 세포가 모여 국가처럼 개인을 이루고 있다는 것이다. 하나하나의 세포의 감정이 모여 한 개인의 감정이 생긴다. 즉 우리가 어떤 사람이 싫다거나 귀엽다고 하는 것은 무수한 세포의 집합 작용의 결과라고 할 수 있다. 세포를 떠나서 어떤 것도 가능하지 않다. 한두 개의 세포가 아니라 무수한 세포의 욕망이 모여서 한곳으로 향하는 것이다. 이처럼 감정의 근원이 유기체의 세포에 있고 세포에 있는 감정의 근원은 이를 조직하고 있는 세포의 원자에 있다고 한다. 네겔리[p.285]는 우리 인류의 감정을 원자에서 찾는데, 그것은 대단히 재미있는 생각이다.

의식은 아주 희박한 상태로 무기물에도 있다. 모든 무기물과 유기물을 엄밀하게 구분하는 것은 세속의 견해이다. 대강의 구별은 과학적으로 세워야 하지만 그 구별은 결코 엄밀한 의미를 갖지 않는다. 차별의 방면에서 보면 물론 구별이 있지만 또 평등의 방면이 있다. 차별과 평등은 어디에나 있어서 한쪽은 차별의 방면이고 다른 한쪽은 평등의 방면이다.

2.3 유물론과 유심론에 대한 실재론의 철학적 가치

이처럼 두 방면이 있어 이를 함께 고려해야 한다. 차별의 방면에서 보면 유기체와 무기체는 본래 다르다. 유기체는 몸의 내부에서 발전한다. 무기체는 이에 반해 밖에서 물질이 더해져 발전한다. 예컨대 결정체란 것도 밖에서 물질이 모여 생긴다. 그런데 결정체도 역시 하나의 개체를 이루고 있다. 인간이 개체를 이루는 것과 같은 이치이다. 인간은 세포가 모여 개체를 이루는데 결정체는 무기물의 원소가 모여 개체를 이룬다.

또 네겔리[p.285] 가 말했듯이 결정체 또한 인간과 같은 유기체와 마찬가지로 자식이 있다. 자식은 인간뿐만 아니라 다른 동물에도 있지만 네겔리는 결정체에도 자식이 있다고 한다. 무슨 말인지 생각해 보면 과연 결정체에도 자식이 있다. 결정체는 무기물이 모여 하나의 개체가 되므로 그 크기가 대체로 정해져 있다. 어느 정도에 이르면 더는 커지지 않고 남은 물질은 또 다른 작은 결정체를 만든다. 이 결정체에 다시 외부에서 물질이 더해져 점점 커지면 앞의 결정체와 같은 크기가 된다. 즉 부모처럼 된다. 그 작은 결정체가 자식이다. 인간도 신체 에너지가 남아 자식이 된다. 같은 이치이다. 영양이 넘쳐 체력이 왕성할 때 자식이 생기고 그렇지 않을 때는 자식이 생기지 않는다.

조금 주제를 벗어났지만 의식은 발달한 인간에게 비로소 생긴 것이 아니라 훨씬 이전부터 의식이 생기는 근본이 있다고 봐야 한다. 그렇다면 물질세계는 모두 의식이 있는가? 이런 식으로 말하면 보통 사상의 혼란을 초래하지만 그래도 아주 희박한 정도로 물질에도 의식이 있다고 봐야 한다. 우리는 그 물질을 영양분으로 삼아 발전하여 점점 의식을 고도로 발전시켜 왔다. 의식을 발생시키는 근본은 상당히 먼 곳에 있다. 결코 어느 시기에 홀연히 나타난 것이 아니다. 그 점에서 말하면, 의식계 즉 정신계는 물질계와 병행한다.

제 2 장 현상즉실재론

　세계는 한편으로는 물질계지만 또 한편으로 보면 의식계이다. 물질계와 의식계는 하나의 우주활동에 의해 운용되고 있다. 나는 이 활동에는 목적이 있다고 본다. 목적적 활동이 세계를 일관하고 있다. 한쪽은 물질계이고 한쪽은 의식계 즉 정신계이다. 여기서 말하는 우주의 목적은 옛날의 목적론과 같은 사고는 아니다. 옛날의 목적론은 신이 세계의 모든 것을 처음부터 결정해 놓았고 그것이 차례로 전개되어 신이 정한 대로 진행해 간다. 장수와 요절, 부자와 가난은 모두 신의 명령으로 정해진 일로 차례차례 그대로 이루어진다고 생각했다.

　이러한 생각은 진화론으로 붕괴했다. 도저히 성립하지 않는다. 그런데 진화론은 일정한 목적을 지향하고 있다. 단순한 상태에서 복잡한 상태로 향하고, 분열 상태unintegrated state에서 통합상태integrated state로 향하며, 무질서에서 점차 질서의 상태로 향한다. 달리 말하면, 불완전에서 완전으로 향한다는 것이다.

　스펜서는 그렇게 말한다. 진화는 점차로 완전을 향해 가는 작용이다. 그런데 도덕의 측면에서는 완전을 이상으로 삼는다. 도덕의 측면에서 신칸트학파[63]는 완기설完己說[64]을 세워서 자아의 완전을

---

[63] 19세기 말에 이르러 지나친 유물론에 대한 반성의 소리가 높아지자, 학자들은 물질로 환원할 수 없는 정신의 의미를 또다시 논의하기 시작하였다. 이러한 새로운 움직임 중에 그 철학적인 거점을 칸트에서 구하려는 경향이 있었고, 이를 신칸트학파라고 하였다. 그들은 칸트의 비판주의를 더욱 철저히 하는 동시에, 이를 모든 문화영역에까지 널리 확대하여 적용하려고 하였다. 이 학파는 순수논리와 순수윤리의 개념 확립에 공헌한 H.코엔과 P.나토르프로 대표되는 마르부르크학파와 가치와 문화의 문제를 주로 다룬 W.빈델반트와 H.리케르트로 대표되는 서남 독일학파의 둘로 나뉜다.

[64] 토마스 그린(Thomas Hill Green, 1836~1882)의 'perfectionist ethics'의 번역으로 보인다. 그린은 칸트와 헤겔의 영향 아래에 성립하는 영국 이상주의를 대표한다. 그는 윤리에 관한 이상주의적 접근을 통해 완벽주의적 자아 실현이론(a perfectionist theory of self-realization)을 주장한다. 이노우에는 이를 '자아실현설'이라고도 불렀는데, 1890년대 초 일본은 그린의 자아실현설을 중등 교과서에 수용하면서 완기설로 표기하기도 했다. 신칸트학파의 대표자인 독일의 P.나토르프(1854~1924)는 규범적 교육을 주장했다. 그 특징은 도야(Bildungs)란 용어로 말할 수 있다. 도야란 예술가가 여러 소재에 일정한 형식을 주어 작품을 완성하듯이, 혼연한 소재에 특정 질서를 부여함으로써 사물을 그 본래에 있어야

기약한다. 이는 인간이 의식적으로 진화의 목적과 빨리 합일하는 행동을 취하는 것이다. 인간의 행동은 실로 복잡하지만 궁극적으로는 인격 수양, 인격 발전과 같은 형태로 인격의 완전을 기약한다.

완기설은 윤리학자가 의식적으로 세운 학설이지만 우주활동 또한 불완전에서 완전을 향해 가는 것으로 스스로 일정한 질서가 있다. 원래 정해진 방침이 있다. 정해진 방침이 있음을 확정한 것이 진화론이다. 진화론은 이를 증명한 것이다. 우주의 활동은 난잡하지 않다. 이런 의미에서 나는 우주에 목적이 있다고 말한다. 어디까지나 이러한 의미의 목적으로 옛날의 목적론과 아주 다르다. 그렇게 변천과 추이를 통해 우주의 목적적인 활동이 일관해서 진행된다. 여기에 정신과 물질의 두 방면이 있다. 이 우주론을 오늘 자세히 설명할 여유는 없어서 다른 날에 양보하고 지금은 다만 실재론의 입장을 설명하는 것에 그치겠다.

지금까지의 실재론을 보면 실재론의 입장을 갖는 철학자는 적지 않다. 주요한 인물을 들면, 서양철학사에서는 옛날에는 아리스토텔레스, 근세에는 스피노자[p.574]가 있다. 아리스토텔레스는 그리스철학의 끝 무렵에 나와 마지막으로 대성한 사람이다. 그의 철학은 그때까지의 철학적 경향을 대성하여 가장 공평한 관점에 설 수가 있었다. 그러나 그때까지는 정신과 물질 둘이 대립한다는 생각은 충분히 발달하지 않았다. 그래서 유심론도 아직 근세처럼 제대로인 유심론이 성립하지는 않았다. 플라톤 철학은 유심론이지만 오히려 관념론이라고 해야 할 것으로, 후대의 유심론과는 상당히 다르다. 근세철학에 이르러서는 처음부터 정신과 물질의 대립 및 조화가 커다란 문제가 되었다. 이로부터 점점 더 실재론이 문제가 된다.

할 완전성에까지 이르게 하는 것이다. 이러한 완기설에 따른 교육은 인간이 본래 있어야 할 당위 개념을 전제하고, 형식을 통해 당위로서의 완전을 완성하는 과정이다.

제 2 장 현상즉실재론

　스피노자의 철학은 실재론이다. 스피노자는 Substantia라는 본체로 정신과 물질을 통일했다. 스피노자 철학은 실재론으로서 상당히 뛰어난 점이 있지만 본체를 아무래도 활동적으로 생각하지 않았다는 점이 가장 곤란한 부분이다. 실재 자체는 불생불멸이므로 보통 정지적靜止인 것으로 생각하지만 현상 방면에서 보면 이를 활동적으로 생각해야만 한다. 스피노자가 정신과 물질을 본체로 통일한 것은 대단히 뛰어나지만, 본체를 활동적으로 보지 않는 점은 아쉽다.

　마침 이후에 스피노자의 사고와 같은 철학을 세운 사람이 있으니 쇼펜하우어[p.568] 이다. 헤르바르트[65]가 라이프니츠[66] 사상을 답습했듯이 쇼펜하우어도 스피노자의 사고를 답습했다. 그러나 쇼펜하우어는 본체를 의지로 보았다. 의지는 활동적이고 동적이다. 쇼펜하우어가 우주의 실재를 활동적으로 본 것은 매우 좋지만 그의 실재론은 여러 가지 곤란한 점이 있다. 첫째, 의지를 맹목적인 것으로 본다. 맹목이란 매우 나쁘다. 우주의 활동은 한편에서 보면 물질적이지만 한편에서 보면 정신적, 혹은 바꿔 말하면 의식적이다. 그래서 맹목적일 수 없다. 쇼펜하우어의 가장 커다란 문제는 그 세계관이 병적이라는 것 말하자면 염세와 비관의 색채를 갖고 있어 우리의 세계관, 인생관으로 용납하기 어렵다는 것이다.

　하르트만은 셸링, 헤겔, 쇼펜하우어 등의 사상을 하나로 합해서 무의식적 실재를 세운 철학을 주장한다. 그러나 이러한 무의식은 오

---

[65] 요한 헤르바르트(Johann Friedrich Herbart, 1776~1841) : 독일의 철학자·교육학자. 교육의 목표를 윤리에 두고 교수법의 단계를 확립하는 등 체계적인 교육법을 확립했다.

[66] 고트프리트 라이프니츠(Gottfried Wilhelm Freiherr von Leibniz, 1646~1716) : 독일의 수학자, 물리학자, 철학자, 신학자. 신학적, 목적론적 세계관과 자연과학적, 기계적인 세계관과의 조정을 기도하여 단자론에서 '우주 질서는 신의 예정 조화 속에 있다'라는 예정 조화설을 전개하였다. 수학에서는 미적분법을 확립하여 후세에 큰 공헌을 하였다. 저서에 『형이상학 서론』, 『단자론』등이 있다.

2.3 유물론과 유심론에 대한 실재론의 철학적 가치

늘날 통하지 않는다. 앞에서 말했듯이, 오늘날 의식의 의미는 대단히 넓다. 다만 우리 인간의 의식은 고도로 진화했을 뿐이다. 강해지고 분명해지는 만큼 의식의 발전이 있다. 처음에는 모호하다. 어릴 때는 멍하기 때문이다. 의식이 있기는 하지만 발달해 있지 않으므로 멍하다. 아무리 어려도 의식은 있다. 아동심리학 전문가인 쿠스마울[67]의 연구에 따르면, 태아조차도 의식이 있다. 이뿐만이 아니다. 앞에서 말했듯이 네겔리[p.285]의 주장에 따라 생각하면 무기체에도 역시 의식이 있다고 보아야 한다. 그러므로 실재를 무의식으로 보는 것은 타당하지 않다. 의식의 높고 낮음을 구별할 수는 있지만 무의식이라고 할 수는 없다. 실재는 의식적이라고 보아야 한다.

스펜서는 불가지적^{不可知的}이라는 것을 세웠다. 이 점은 헤켈[p.274]과 대단히 다르다. 헤켈은 물질 이외에 어떤 것도 세우지 않았다. 대단히 노골적이고 살풍경하다. 그런데 스펜서는 진화론에서는 결코 끌어낼 수 없는 것을 세웠다. 즉 불가지적^{the Unknowable}이라는 것이다. 불가지적이란 진화론과 관계없다.

불가지적이라는 말이 다윈[p.63]의 진화론에서 어떻게 나올까? 둘은 완전히 다르다. 진화의 법칙은 단지 알 수 있는^{可知的} 세계에서만 작용하는데, 스펜서는 그 이상으로 불가지적인 것이 있다고 생각했다. 이는 스펜서가 헤켈보다 철학자로서 한층 더 깊이 파고 들어갔기 때문이다. 어쨌든 불가지적인 실재를 세웠다. 그렇지만 이 실재가 정신과 물질의 두 세계를 통일한다고 말하지는 않는다. 단지 이면에 우리의 힘으로는 어떻게 해도 알 수 없는 실재가 있다고 말할 뿐이다. 이는 뭔가 두렵고 이상한 것으로 보일 수 있다. 그러나 스펜서의

---

67) 아돌프 쿠스마울(Adolf Kussmaul, 1822~1902) : 독일의 내과의사로, 당대의 대표적인 임상의였다. 그는 1877년 아동의 학습장애와 관련해서 "보는 능력, 지능, 말하는 능력이 온전하지만, 글을 읽을 수 없는 글자맹(text blindness)이 존재하는 것 같다"라고 말하면서 '단어맹(word blindness)'이라는 용어를 처음으로 사용했다.

제2장 현상즉실재론

실재는 우리가 생각하는 원융적 실재는 아니다. 현상즉실재와 같은 사유는 아니다.

이처럼 지금까지 실재론이 상당히 많이 주장되었지만 아무래도 만족할 만한 실재론을 발견할 수는 없다. 실재론적 사유는 동양철학에도 얼마간 있다. 불교에도 얼마간 유사한 것이 있지만 오늘날의 생각과 크게 다른 부분도 있다. 이에 대해서 지금 자세히 논의할 여유는 없지만 어쨌든 실재론이란 유심론과 유물론의 두 철학의 장점을 취하고 있으므로 둘 모두와 관계 있다. 그리하여 유물론의 장점과 유심론의 장점이 이 안에 모두 있다. 만약 이것이 어느 쪽으로 기울면 유물론이나 유심론이 된다. 정신적 경향이 우세하면 유심론이 되고, 물질적 경향이 우세하면 유물론이 된다. 어쨌든 어느 쪽으로든 기울어지기 쉽지만 그래서는 안된다. 양쪽을 공평하게 조화해서 둘의 장점을 모두 갖는 것은 실재론밖에 없다. 이것이 철학으로서 최종적 입장이다.

실재론에도 여러 가지가 있지만 가장 완전한 것을 나는 원융실재론, 혹은 현상즉실재론이라고 하겠다. 지금은 그 내용을 말하는 것이 목적은 아니다. 다만 실재론이 유물론과 유심론에 대해 갖는 가치를 분명히 하는 데서 논의를 마치겠다.

● 2.3 유물론과 유심론에 대한 실재론의 철학적 가치

그리하여 우주의 지속적 성장의 필연성이 나타나므로 나는 실재의 생명[생활]을 말해야 한다. 그리하여 새로운 빛 속에서 우리가 지구에서 발견한 생명이 보일 것이다. 이 생명은 우주와 같은 방법으로, 물질과는 반대로 진행한다. 요약하면, 직관이 지성에 더해질 것이다.

—베르그송[68]

---

[68] 앙리 베르그송(Henri Bergson, 1859~1941) : 프랑스의 철학자. 1878년 프랑스 엘리트들의 집합소인 파리 고등사범학교(ENS)에 입학해서 프랑스 정신주의, 스펜서의 진화론 철학, 과학철학 등에 관심을 갖고 몰두했다. 30세에 파리 소르본 대학교에서 철학박사 학위를 받았다. 콜레주 드 프랑스의 철학 교수, 아카데미 프랑세즈 회원, 국제연맹 국제협력위원회(유네스코 전신) 의장을 역임하고, 레지옹 도뇌르 명예 훈장과 노벨 문학상을 수상하였다. 그의 대표적 저서로는 박사학위 논문이자 그의 철학의 요체인 지속 이론을 정초한『의식에 직접 주어진 것들에 관한 시론』(1889), 기억의 지속을 통해 물질과 정신의 관계를 규명한『물질과 기억』(1896), 생명의 약동에 의한 창조적 생성의 우주를 그려 보인『창조적 진화』(1907), 인류의 미래에 대한 준엄한 통찰과 열린사회로의 도약 가능성을 역설한『도덕과 종교의 두 원천』(1932) 등 그의 핵심 사상을 보여주는 4대 주저가 있다. 그의 생명주의는 다이쇼 시기 일본의 '다이쇼 생명주의' 붐에도 영향을 주었다고 평가된다. 그의 철학이 주목되었던 것은 이른바 칸트 철학에 대한 반감에서 비롯되어, 칸트의 철학이 생명 문제나 형이상학을 억압해 왔던 것에 대한 반동으로서 베르그송 철학에 기대가 있었다.

제3장

동양철학

3.1 동양의 철학사상에 대하여

김정희

*** 해제 ***

1894년 『일본대가논집日本大家論集』 제4호에 발표된 이 글은 동양철학 사상 중 불교와 인도 정통 육파철학을 다룬다. 이노우에는 독일 유학 후 (도쿄)제국대학 정교수로 부임하자마자 바로(1891) '비교종교 및 동양철학' 강좌를 개설한다. 1897년까지 계속된 이 강좌에서 이노우에가 다룬 범위와 이 글에서 소개하는 동양철학의 범위는 불교와 정통 육파 철학으로 겹친다. 이 강의 이후, 이노우에는 에도시대 유학사 강의를 시작함으로써 중국철학과 인도철학에 일본철학까지 보태 그가 생각하는 동양철학 전체를 대략 갖추게 된다.

그가 인도철학에 관심을 가진 이유는 독일에서의 경험에 따른 것으로 보인다. 그는 쇼펜하우어를 비롯한 유수의 독일 철학자들이 불교와

제3장 동양철학

인도철학에 관심을 가진다는 사실을 특필한다. 특히 독일 관념론의 '실체' 관념을 불교나 인도철학에서 발견하고 고무되는데, 이는 서양만이 철학을 독점하지 않음을 보여주는 증거로 보였기 때문이다.

이 글에서 이노우에는 베다에 근거한 인도 정통철학의 성립 과정을 개략적으로 밝히고 인도 정통철학의 특징을 베다의 존숭, 염세적 태도, 물질과 정신의 불멸, 윤회와 인과율에 대한 믿음, 해탈의 추구로 요약한다. 이러한 특징을 인도 정통철학을 대표하는 베단타 학파를 통해 보여준다. 그에 따르면, 베단타 학파의 철학은 변화하는 현상세계의 근원으로서 범천梵天을 불변의 본체로 주장한다. 그는 베단타 철학의 범천이 정신현상과 물질현상을 통일하는 근원적 진실체를 세우는 서양의 '선천유심론'과 닮았다고 평가한다.

불교는 베다 경전에 근거해서 성립하는 인도 정통철학, 즉 브라만교에 대해 이단으로 성립했다고 그 성립 배경을 설명한다. 즉 인도 정통철학이 카스트 중 사제 계급인 브라만을 중심으로 성립한 것에 반해 불교는 왕과 무사 계급인 크샤트리아 출신인 석가가 창시한 종교로 그 근원에서 차이가 있다. 이러한 차이에도 불구하고, 이노우에는 불교가 인도 정통철학의 특징을 거의 벗어나지 않는다고 이해한다. 즉 불교는 윤회와 인과율에 근거하고 염세적이며 해탈을 추구하는 종교이다. 한편 불교의 근본 가르침인 인과율은 과학에서 증명한 원리라고 주장하며 이 인과율이 갖는 윤리적 의미를 기독교의 신의 의지와 대비해서 설명한다. 특히 대승 불교가 해탈을 영원불멸의 본체와 합일로 주장하는 것은 베단타 철학의 해탈과 같다고 설명한다. 그에 따르면, 인도의 정통철학과 불교의 해탈이 근거하는 본체는 서양철학의 선험유심론에서 말하는 진실체와 유사하다. 이러한 비교를 통해 그는 동양철학에도 서양철학에 뒤지지 않는 심오한 철학이 있고, 그리하여 서양철학만이 아니라 앞으로 동양철학에 관한 연구도 필요함을 밝힌다.

불교와 인도철학에 대한 이노우에의 설명은 지극히 개괄적이고 초보적이어서 오늘날의 관점에서 보면 많은 부분에서 오해가 보인다. 문제는 그의 오해가 지금까지도 통용되고 있다는 점이다. 이러한 오해는 특히 불교의 해탈에 관한 편견에 여전히 작동하고 있다. 불교는 인도철학의 한 부분으로, 인도 육파철학과 함께 해탈을 최고선으로 추구한다. 인도철학에서 해탈은 자유, 혹은 인격 완성의 추구이다. 완성은 현상의 불완전을 전제함으로써 성립한다. 그런데 인도철학이 현상의 불완전함을 괴로움으로 정의하는 것은 현상을 허무로 보아 부정하기 위한 것이 아니라, 해탈을 최고선으로 주장하기 위한 방법론적 회의의 성격이 강하다. 마치 병을 앓는 환자가 낫기를 바라면 병을 건강한 상태에 대해 불완전함으로 세우고 이를 치유하기 위해 병에 관해 정확히 알아야 하는 것과 같다.

이노우에는 불교를 인도 정통철학에 대해 이단으로 분류하면서도 그 사상은 브라만교와 다르지 않다고 평가한다. 이러한 평가는 그 자체로 상당히 모순적이다. 불교의 창시자인 석가모니는 불교의 인과율, 즉 연기법을 정통철학이 해탈의 근거로 주장한 영원불변의 범천과 양립할 수 없는 현상의 원리로 주장하기 때문이다. 그리하여 석가모니의 인과율에 근거하는 한 불교에서 해탈은 현상을 초월한 세계의 본체와 명합冥合을 가리킨다는 주장은 성립할 수가 없다. 불교가 인도 정통철학에 대해 이단인 이유는 석가모니의 출생이 크샤트리아 계급에 있지 않고 진리에 대한 이해가 브라만교와 다르기 때문이라고 할 수 있다.

제3장 동양철학

번역

오늘은「동양의 철학사상에 대해」라는 제목으로 내 생각을 조금 서술할 예정이다. 여기서 동양의 철학사상이라고 해도 너무 일이 커서 동양 일반을 다 다루는 것은 도저히 불가능하다. 그래서 먼저 인도철학 사상에 관해 서술하겠다. 인도철학의 흥기를 먼저 서술하고 점점 앞으로 나갈 예정으로 아주 거칠게 정리하겠다.

인도에는 아주 오래전부터 베다[1]라는 경전이 있어 인도에서 가장 오래되었다. 하나하나 자세히 설명할 여유는 없지만, 베다 경전은 기원전 2천 년에서 1천 년 사이에 성립했다. 오늘날에는 책으로써 인도와 유럽에 전해지고 있다. 기원전 2천 년에서 1천 년이라고 하면 아주 오래된 것으로 그 시작은 지금으로부터 약 4천 년[2] 전이다. 일본의『고사기古事紀』[3]가 아무리 오래되었다고 해도 이에 비할 수는 없다.

베다는 후세에 이르러 여러 가지 주석들이 더해져 결국 대단히 광대해졌다. 베다는 문자적 의미字義에서 세 가지로 세우는 사람 혹은 네 가지로 세우는 사람이 있다.[4] 베다의 본문은 점점 후세에

---

[1] 베다(Veda)는 인도철학의 근원으로, 산스크리트어 동사 어근인 vid-(알다)의 파생어로 '지식' 또는 '지혜'를 뜻한다. 인도유럽어족의 한 갈래인 아리아인들이 B.C. 1500년 무렵 유럽대륙에서 인도로 이주 정착하는 오랜 과정을 기록한 역사서로 베다는 이들의 다양한 종교적 의례 및 우주와 인간에 대한 사유를 담고 있다.

[2] 본문에는 40년으로 잘못되어 있다.

[3] 일본에서 가장 오래된 문헌으로 알려져 있으며 덴무(天武) 천황(678~686)이『고사기』편찬을 기획하여 서기 712년 정월에 완성했다. 모두 3권으로, 상권은 일본 신(神)들의 이야기, 중·하권은 초대 진무 천황에서부터 628년, 즉 제34대 스이코 천황에 이르는 계보(系譜)와 천황과 황태자들을 중심으로 한 이야기이다. 한문과 일본어를 혼용하였으며, 한자의 음과 훈을 따서 일본의 고어를 적어 문장이 매우 난해하다.『고사기』는 어문학과 역사학뿐만 아니라 신화학·고고학·민속학·문화인류학 등 여러 분야에서 연구하고 있다.

[4] "자의에 따른 베다의 종류는 세 가지 혹은 네 가지로 나뉜다"라는 이노우에의 말이 무엇을 가리키는지 명확하지 않다. 현존하는 베다의 분류는 내용에 따른 방식과 체계에 따른 방식 두 가지가 있는데 자의에 관한 이노우에의 설명을 보면

이르러 여섯 개 부분5)으로 나뉘는데, 이는 언어의 변화로 경전의 본문을 해석하기 어려워지자 후세 사람들이 베다의 본문에 주석을 덧붙이게 되었고 이것이 시대가 지나면서 또 이해하기 어려워지자 다시 주석을 덧붙이는 식으로 변천한 것이다. 자의字義가 세 가지 혹은 네 가지라고 할 때, 네 가지는 첫째 챤다스,6) 둘째 만트라스,7) 셋째 브라흐마나스,8) 넷째 수트라스9)이다.10)

후자를 의미하는 듯하다. 즉 이노우에는 "자의"를 베다에 대한 주석과 관련해서 설명하는데, 이는 체계와 관련이 있기 때문이다. 현존하는 베다를 내용에 따라 분류하면, 베다는 『리그베다』·『사마베다』·『야주르베다』·『아타르바베다』의 4종류를 가리킨다. 다음으로 체계에 따른 분류는 상히타, 브라흐마나, 아란야카, 우파니샤드[p.300]의 4단계를 가리킨다. 4단계에서 상히타는 각 베다의 중심 부분이자 맨 처음에 온다. 주로 신들에 대한 찬가, 기도 등을 의미하는 만트라로 이루어진다. 브라흐마나는 사제를 위한 의례를 설명한 부분으로 상히타를 이루는 만트라의 의미와 사용법에 대한 해석이다. 브라흐마나의 다음에 오는 아란야카는 숲으로 들어간 은자들을 위한 수행을 설명한 부분으로 만트라의 상징적 의미와 사용법에 대한 해석이다. 는 베다의 가장 마지막에 오는 것으로, 인간과 우주에 대한 다양한 철학적 사유를 볼 수 있다. 이처럼 베다를 구성하는 네 단계의 체계는 중심 내용인 상히타에 대한 주석으로 성립한다는 점에서 이노우에가 말한 "자의"가 이에 해당한다고 볼 수 있다. 실제로 네 단계 중 아란야카는 에 포함하여 세 가지로 분류하기도 한다. 하지만 아래에서 이노우에가 "자의"에 따른 베다의 네 종류로 언급한 용어들이 이들과 달라 그가 말한 "자의"가 정확히 어떤 의미인지 단정하기 어려운 부분이 있다.

5) 여섯 부문이 무엇을 의미하는지 명확하지 않지만, 베당가를 가리키는 듯하다. 밑에 나오는 챤다스는 베당가의 한 부문이기 때문이다. 베당가는 베다의 가르침을 보완하고 유지하기 위해 등장한 6가지 부수 학문체계로, 시크샤(음성학), 챤다스(음률학), 칼파수트라(제식학), 니루크타(어원학), 비야카라나(문법학), 조티샤(점성학, 천문학) 등 6개로 구성된다.

6) Chandas : 베당가 중의 하나인 챤다스는 음률학으로, 음의 길이나 음조에 관한 연구이다.

7) Mantras : 베다의 네 가지 체계 중 첫 번째 상히타(본집)에 해당하는 것으로 상히타의 내용이 신에 대한 찬가나 기도문을 가리키는 만트라로 이루어져 있어 만트라라고 부르기도 한다.

9) Sutras : 고대 인도에서 베다의 이해를 위해 만든 강요서로, 이는 암송을 위해 단문으로 압축된 독특한 산문체로 편찬되었다. 베다를 전승하는 학파들이 이용했는데, 후에는 이들 학파 이외의 철학과 학예 학파도 자신들의 교리의 강요서에 이 문체를 이용하였고 또한 이를 수트라라고 했다. 불교에서는 석가의 설교를 후세에 전하기 위한 문장·어구, 즉 경교(經敎)·경법(經法)을 의미하며, 넓게는 경전(經典)을 가리킨다.

10) 이노우에가 자의에 따라 베다를 세 가지 혹은 네 가지로 분류한다고 할 때 자의의 의미가 명확하지 않다. 그가 베다의 네 가지로 말한 챤다스, 만트라스, 브라흐마

제3장 동양철학

만트라스는 첫 번째인 챤다스보다 수백 년 뒤에 생겼다. 대개 언어가 변하는 데에는 적어도 수백 년이 걸리기 때문이다. 브라흐마나스는 만트라스보다 수백 년 뒤에 생겼다. 또 수트라스는 브라흐마나스보다 수백 년 뒤에 생겼다. 그런데 세 번째 주석이라고 간주하는 브라흐마나스부터 일종의 철학이 일어났다. 베다의 본문에서 한층 더 심원한 의미를 찾고, 그 경향이 점점 철학사상으로 발달했다. 이를 우파니샤드^{Upanisad}11)라고 한다. 우리말로 하면 비밀경秘密經이다. 이러한 철학적 문학이 크게 자랐다. 언어의 변천이 상당히 많아서 그 종류가 145종이다. 우파니샤드의 이름을 하나하나 여기서 말하면 여러분이 놀랄 것이기 때문에 이 중에서 유명한 것으로 『챤도기야 우파니샤드』, 『브르하드아란야까 우파니샤드』 정도이다. 이러한 우파니샤드 철학이 145종 정도 있다. 이들 모두 오늘날까지 전해지지는 않지만, 이 중에는 상당히 중요한 것이 전해지고 있어 우리가 오늘날 읽을 수 있다. 이를 보면 참으로 심원한 철학사상이 여기저기 산재해 있다. 마치 태초의 근원에 가까이 간 느낌을 일으킨다.

독일의 유명한 철학자인 쇼펜하우어[p.568]는 를 통해 인도의 철학사상을 알았고, 또 프랑스의 앙크틸 두페롱12)은 를 페르시아어에서 라틴어로 번역했다. 이때 가 최초로 유럽에 전해졌다. 쇼펜하우어는 이를 읽고 크게 감동했는데 이는 독일의 철학 사상 자체가 의 철학사상과 굉장히 부합했기 때문이다.

본래 인도인은 유럽인과 같은 인종으로 아리안 인종에 속한다.

나스, 수트라스의 용어는 그 범주를 달리하기 때문이다. 챤다스와 수트라스는 베다의 이해를 위한 보조 학문체계인 베당가에 나오는 용어라면, 만트라스와 브라흐마나스는 베다의 구성 체계에서 나오는 용어이기 때문이다.
11) 우파니샤드는 베다의 구성 체계에 따른 베다의 분류 중 네 번째로 우주의 원리에 대한 심오한 사상과 베다 해석 방식을 담은 것으로 철학적으로 가장 중요하다. 베다의 궁극이란 뜻으로 베단타(Vedanta)라고도 한다.
12) 앙크틸 두페롱(Anquetil Duperron, 1731~1805) : 최초의 프랑스인 인도학자. 인도 관련 자료들에 관심이 많아 많은 인도 자료들을 수집, 번역했다.

● 3.1 동양의 철학사상에 대하여

　같은 아리안 인종이 혹은 인도로 혹은 페르시아로 혹은 유럽으로 들어가 여기저기 흩어진 것으로, 기원을 거슬러 가면 같은 인종이다. 같은 인종은 같은 철학사상을 낳는 경향이 있다. 그래서 독일 철학자가 철학을 연구하고 자신의 사상과 인도 철학자의 사상이 서로 맞아떨어진다고 느꼈던 것이다.

　로부터 여러 철학이 인도에서 무성하게 일어났다. 그 철학자의 수는 참으로 많아서 분명하게는 알 수가 없다. 그러나 한때 철학이 대단히 융성한 시대가 있었음은 분명하다. 그 철학의 가지 수에 대해서는 여러 주장이 있어 96파였다고 하기도 하고 95파였다고 하기도 한다. 또 당시의 철학을 13파, 16파 혹은 20파로 나누는 사람도 있다. 이외에도 여러 분파로 나누는 사람이 있다. 이러한 철학 중에서도 가장 중요한 분파는 6파[13]에 불과하다. 6파란 첫째 니야야학파,[14] 둘째 수론학파,[15] 셋째 승론학파[16], 넷째 요가학파,[17] 다섯째

---

13) 인도철학 중 정통철학으로 브라만교의 기본 성전인 베다를 어떤 의미에서든 진리로서 인정한다. 6파는 각각의 성립연대도 서로 다르고 그 성립과 의존하고 있는 경전의 편찬 연대에도 차이가 있다.
14) 산스크리트어 nyāya는 정리(正理)의 의미로 논리학을 체계적으로 정립한 학파이다. 가우타마(Gautama)가 1~2세기에 창시했다. 인간의 괴로움의 원인은 그릇된 인식이므로, 그릇된 인식을 제거하고 계율을 지키고 요가 수행을 하면 해탈에 이른다고 한다. 올바른 인식에 이르는 추론의 방법으로 오지작법(五支作法)을 주장한다.
15) 샹키야 학파라고도 한다. 카필라(Kapila)가 B.C.4~3세기에 창시한 이 학파는 정신적 원리와 물질적 원리의 이원론에 입각한다. 전자는 순수 정신으로서의 아트만 또는 푸루샤(puruṣa)이다. 이는 개아(個我)로서 다수이지만 상주불변(常住不變)이다. 후자는 근본 물질인 프라크리티(prakṛti)이다. 이는 곧 자성(自性)으로 현실 세계가 전개되는 질료인(質料因)이다. 이들 두 원리가 섞여지면서 고(苦)가 생기는데, 고에서의 해탈은 지(智)에 의해 이뤄진다고 주장한다.
16) 바이셰시카(vaiśeṣika) 학파라고도 한다. 카나다(Kaṇāda)가 B.C.2~1세기에 창시했다. 모든 현상은 실(實)·덕(德)·업(業)·동(同)·이(異)·화합(和合)의 육구의(六句義)에 의해 생성되며, 해탈에 이르기 위해서는 이 여섯 가지 원리를 이해하고 요가 수행을 해야 한다고 한다.
17) B.C.4~3세기에 성립된 학파로, 요가 수행으로 해탈에 이르는 것을 목표로 함. 파탄잘리(Patañjali)가 지은 『요가수트라』 yaga-sūtra에 의하면, 요가는 마음 작용의 소멸을 뜻한다. 마음 작용의 소멸에 이르기 위해서는 호흡을 조절하여 마음의 평온을 유지하는 수행을 거듭 되풀이하고, 대상에 대한 탐욕을 떠나야

미맘사학파,[18] 여섯째 베단타 학파[19]이다. 6파 철학이 모두 똑같이 중요하지는 않다. 그 가운데 3파가 철학으로서 가장 가치가 있으니 수론파, 승론학파, 베단타 학파 셋이다. 가장 심원하고 유원幽遠한 철학 체계는 베단타 학파이다.

　베단타 학파에 대해 충분히 논의할 여유는 없지만 요점을 말하면 베단타 학파는 본래 베다의 바른 맥락을 이어 일어나, 범천梵天을 세계의 본체로 간주한다. 범천은 통상 일본에서 생각하듯이 하나의 몸을 가진 신을 의미하지 않는다. 형상이 없는 추상적인 세계의 본체를 가리킨다. 세계의 본체인 범천에서 이 세계가 생겼다고 하는 사고이다. 여기 있는 것은 형상으로 드러난 것現象 즉 현상세계로 이를 미혹의 세계라고 한다. 여기 있는 것은 모두 신의 현상으로 소멸을 벗어날 수 없다. 제행무상이란 이를 말한다. 모든 것은 한순간도 멈추지 않고 변천한다. 생기면 죽고 죽으면 생기면서, 끊임없이 변하는 것이 현상세계이다. 변하는 것은 세계의 본체가 아니다. 세계의 본체는 절대 변화하지 않는다. 변화하지 않는 것 이것이 범천이다. 범천은 곧 정신이다. 즉 우리의 정신과 이 범천을 동일체라고 생각한다. 이 생각이 오늘의 동양 불교에도 들어와 있으므로 특히 주의해야 한다. 그러나 자세히 서술할 수는 없다.

　　　한다고 한다. 괴로움의 원인은 주관과 객관의 결합에 있고, 삼매(三昧)에 의해 주관이 객관을 떠나 독존하게 된 상태를 해탈이라고 한다.
18) 자이미니(Jaimini)가 B.C.2~1세기에 창시했다. 이 학파의 목적은, 베다에 규정된 제식(祭式)을 고찰 정리하고 실행하는 데 있다. 이들에 따르면, 베다는 일체를 초월한 절대이며, 베다의 말은 원초적으로 존재하는 영원불변한 실체이다. 말은 가끔 발성을 통해 드러나지만, 발성이 소멸한 후에도 말은 소멸하지 않고 영원히 존속하며, 말과 대상의 결합 관계는 개인의 주관을 초월하여 불변이다. 그러므로 베다에 규정된 제식은 인간이 실행해야 할 의무, 곧 법(dharma)이며 그것을 실행하면 번영을 누리고 해탈에 이른다.
19) 베단타 학파는 바다라야나(Bādarāyaṇa)가 B.C.1세기에 창시했다. 베단타는 베다의 끝부분(antā)이라는 뜻으로 우파니샤드[p.300] (upaniṣad)를 가리킨다. 를 기반으로 하여 브라만교의 잡다한 교리를 정리한 학파. 우주의 최고 원리인 브라흐만(brahman, 梵)이 모든 현상을 창조하고 전개하며, 인간은 브라흐만을 바르게 알고 요가 수행을 통해 브라흐만과 합일함으로써 해탈에 이른다고 한다.

또 자세한 것은 여러분이 특별히 연구하지 않으면 전혀 이해할 수 없으므로, 여기서는 모든 브라만 철학에 공통되는 점을 들어보겠다. 첫째, 모든 철학 학파는 베다를 믿는다. 베다에 대해 좀 더 가까운 예를 들면 이해할 수 있을 것이다. 일본인과 중국인이 경서를 귀하게 여기듯이, 바로 그렇게 인도인은 베다를 존중한다. 그리스도교도가 성경을 존중하듯이 회교도가 코란을 존중하듯이 인도 사람은 이 베다를 오늘에 이르기까지 존중하므로, 이것이 가장 중요한 경전이다. 모든 철학 학파는 베다를 존숭한다. 이 중에는 베다와 약간 거리를 두는 학파도 있기는 하지만, 이들 또한 공공연히 베다를 반대할 수는 없다. 베다를 신앙하는 세력이 너무나 강해서 함부로 반대하면 위험해지므로, 이러한 철학 학파도 겉으로는 역시 베다를 존중할 정도이다. 먼저 이 점은 모든 인도철학에 공통된다고 해도 무리가 없다.

둘째, 모든 철학은 염세적이다. 바로 앞에서 베단타 학파의 관념을 말했듯이 모든 인도철학은 이 현상세계를 우리의 낙원으로 간주하기에 부족하다고 본다. 현상세계는 고통의 세계이고 이 세계는 싫어해야 할 세계로 이 현상세계 밖에서 우월한 세계를 찾고자 한다. 그리하여 모두 염세적인 성질을 갖는다고 한다.

셋째, 모든 철학 학파는 모든 물질이 상주불멸常住不滅이라고 확신한다. 모든 물질은 '증가하지도 감소하지도 않으며 생기지도 소멸하지도 않는다不增不減不生不滅'는 것은 모든 철학 학파의 공통적 인식이다. 넷째, 이와 마찬가지로 정신의 상주불멸을 확신한다. 정신현상은 다양하게 나타나 변화하지만 정신 자체는 절대 소멸해 버리는 것은 아니라고 생각한다.

다섯째, 모두 윤회를 믿는다. 윤회란 죽은 후에 정신이 여러 생물로 옮겨 간다는 사고방식이다. 여섯째, 모두 인과를 믿는다. 인과 관념과 관련된 것이 선악의 응보이다. 세계의 조직은 인과에 의해서 성립한다는 사고방식이다. 이는 모든 철학 학파에 공통적이다. 일곱째, 모든 철학 학파의 목적은 같다. 무엇이냐면 즉 해탈로 이 세계를 벗어나 다른 세계로 들어가는 것을 추구한다. 고통 많은 이 세계를 벗어나는 것이다. 인도의 철학 학파 모두는 어떻게 하면 고통 많은 이 세계에서 벗어날 수 있을지 연구했다. 그 목적은 완전한 해탈을 얻는 데 있다. 이 점에서 저들은 일치한다. 이들 철학 학파에서 고통의 의미가 무엇인지 말했지만, 마지막으로 하나 더 설명해야 할 것이 있다. 즉 불교이다.

불교는 당시에는 오히려 이단이었다. 불교 쪽에서는 이들 브라만 철학을 모두 외도라고 부른다. 그런데 인도에서는 지금 거론한 철학 학파가 오히려 정통이었다. 즉 베다에 근거해서 일어난 철학 학파이다. 불교는 그렇지 않아서 당시에는 이단이었다. 불교가 어떤 점에서 이단이었는지 조금 서술하겠다.

이를 서술하기 위해서는 먼저 간략하게 설명해야 할 일이 있다. 인도에서는 모든 국민이 넷으로 나누어 있다. 쉽게 말하면 귀족, 사족, 평민 같은 것인데 그 구별은 훨씬 엄중하다. 태고로부터 지금까지 줄곧 매우 엄중하게 세워진 구별이어서 앞으로도 좀처럼 쉽게 없어지지는 않을 것이다. 그 구별을 영어로 caste라고 한다. 네 종류란 첫째 브라만, 둘째 크샤트리아, 셋째 바이샤, 넷째 수드라로 이 구별은 태고로부터 내려 온 것이다. 어떻게 이런 구별이 생겼는지 지금 일일이 말하기는 복잡하지만 네 종류의 구별 중 가장 비천한 것은 원래 인도 토착민이었다. 아리안 인종이 인도에 들어오기 전부터 그곳에 살던 토착민이다. 이후 인도에 들어온 사람 가운데 다시 세 종류의 구별이 생겼다. 그리하여 앞의 셋과 네 번째는 그 관계가 상당히 다르다. 앞의 셋의 관계에는 친밀함이 있다. 승리한 쪽의 인종 안에서 생긴 구별로 어떤 사람은 단지 종교상의 규칙만을 지키고 어떤 사람은 전쟁을 수행하고 어떤 사람은 장사만 하는 식으로, 자연스럽게 사회의 분업이 법으로 성립한 것이다.

　종교의 규칙을 지키는 사람은 스스로 브라만 일파를 이뤘다. 전쟁을 하는 자는 크샤트리아라고 칭하며 세상을 지배하는 몸이 되었다. 바이샤는 상업에 종사하게 되었다. 그리고 정복된 토착민은 가장 경멸받고 가장 천시되는 부류에 들어갔다. 즉 수드라로 일본에서 말하면 에타穢多20)의 지위로 전락한 것이다.

　종교상의 규칙은 브라만 일파가 줄곧 이어받아 지켜왔다. 그래서 자연스럽게 브라만 계급만이 종교의 규칙을 수행할 수 있었는데 이 구별이 상당히 엄중해졌기 때문이다. 인도 국민의 성질에 종교적 사상이 대단히 풍부했기 때문에 브라만이 최상의 지위를 점하게 되었다. 그러다 끝내 다른 사람들을 무섭게 억압하게 되었는데, 브라만과 필적할 만한 자는 크샤트리아뿐이었다. 이들은 군사권을 잡고 있어 세상을 지배하는 데에 최상의 지위를 점하고 있었기 때문이다. 크샤트리아만이 브라만에 반대할 만한 세력을 가졌다. 그리하여 브라만과 크샤트리아 사이에 투쟁이 일어났다. 그러나 결국 브라만이 커다란 세력을 가지고 적을 호되게 몰아갔다. 브라만이 크샤트리아 종족 대부분을 인도 중앙에서 전멸시킬 정도였다. 전해지는 말에 따르면, 몇 번이나 피의 강이 인도 중앙에 생길 정도였다.

　이는 역사적 사실로 전해졌다기보다 여러 옛날이야기 속에 흔적을 남기고 있다. 그리하여 종교상의 일은 브라만만 이어받고 크샤트리아 종족은 대부분 전멸할 지경에 이르러 크게 그 세력을 잃었다. 이후에 나온 사람이 누구였냐면, 석가이다. 석가는 브라만 종족이 아니고 크샤트리아 종족이다. 크샤트리아 종족은 결코 사람을 가르칠 수 없다. 브라만에게는 많은 법전이 있는데 이 중 가장 중요한 것은

---

20) 에도시대에 존재하던 사농공상의 하위에 위치한 천민계급을 이른다. 신분·직업·주거가 고정되어, 가죽 가공·사형집행·죽은 말이나 소의 처리 등을 담당했다.

마누법전[21]이다. 이 법전에 따르면, 브라만 이외는 결코 종교의식을 집전할 수 없고 종교 교육도 할 수 없다. 그런데 석가는 크샤트리아 종족 출신이다. 그러므로 완전히 브라만교 밖에서 일파를 열었는데, 석가는 결코 군사력에 의지해서 브라만에 반대하지 않았다. 그는 자기 홀로 얻은 종교 사상을 통해 반대했다.

석가가 당시 인도 중앙에서 일으킨 대변동을 말해보겠다. 앞에서 말했듯이 인도에서는 베다를 이상할 정도로 존숭했다. 베다는 부동의 지위를 가진 최상의 경전이었다. 이에 반대한 사람이 석가이다. 석가는 베다를 저버리고 따로 최상의 가르침을 세우려고 했다. 그래서 불교는 브라만 쪽에서 보면 물론 이단이다. 브라만 안에서 일어난 철학 학파와 완전히 다르다. 석가가 남긴 참으로 위대한 업적은 크샤트리아에서 일어났다는 사실이다. 이는 역사적으로 상당한 의미를 함축한다. 브라만이었다면 그 정도로 커다란 세력을 이루기가 쉽지 않았을 것이다. 크샤트리아 종족에서 일어났다는 점이 다행이었다. 그리고 이 점에서 석가가 성취한 업적은 예수의 업적과 상당히 비슷하다.

예수가 일어난 곳은 팔레스타인으로 고대부터 유대교가 행해지고 유대교의 승려가 있던 곳이었다. 그런데 예수는 결코 승려 출신이 아니라 보통 집안 출신이었다. 아버지는 목수였다. 목수의 아들이면서 마침내 위대한 종교적 관념으로 일대 변동을 일으켰다. 석가 역시 브라만 출신이 아니라 보통 집안 출신이다. 예수는 당시 종교였던 유대교에 반대했다. 유대교는 그리스도교가 일어나면 소멸할 수밖에

---

21) 『마누법전』(Code of Manu) : 인도의 고법전. 기원 전후 2세기의 저작. 브라만의 일상생활의 규범, 나아가서 모든 인민의 사회규범과 왕의 직무에 관한 기술한 책이었는데, 이들을 계승해서 체계적으로 상세하게 규정해서 운문으로 쓰고, 인류의 시조 마누가 얘기한 것으로 가탁했다. 모두 12장 2684시구로 이루어졌고, 사성제도와 4주기 제도를 골격으로 하여 브라만의 특권적 신분이 강조되고, 바르나에 의한 차별을 여러 곳에 언급해서 그들의 신분적 이익의 확립과 유지를 의도했다.

없었다. 유대교가 조직을 가졌던 동안에는 예수는 충분히 세력을 가질 수 없었다. 둘의 사상이 달랐기 때문에 가장 격렬한 변동을 가져온 것이다. 석가도 마찬가지이다.

인도에서 종교란 베다에 근거한 종교와 철학이었다. 베다와 다른 종교를 제창한 사람이 석가였다. 그런데 석가가 가르친 학설도 역시 브라만 철학자와 공통점이 있었다. 앞에서 지적했던 모든 점이 같다는 것은 아니다. 윤회설, 해탈설, 전체적으로 염세적 경향이 있는 주장 등은 다른 브라만 철학 학파와 다르지 않다. 또 물질 불멸설도 브라만 철학 학파와 공통된다.

물질 불멸설과 윤회설, 이 두 가지는 불교에서 상당히 중요한 점이다. 불교는 물질 불멸과 인과설, 둘을 기초로 하여 세워진 종교이다. 만약 이 둘이 성립하지 않으면 오늘날 불교는 스스로 무너질 것이다. 그런데 물질 불멸은 최근 학술이 진보함에 따라 의심할 수 없는 진리로 밝혀졌다. 모든 물질은 소멸하지 않는다. 참으로 소멸하는 물질은 하나도 없다. 소멸하는 것은 모두 현상이다. 단지 현상이 여러 가지로 변화하는 것이다. 소멸한다고 생각하는 것은 완전한 미혹이다. 하나의 분자라도 소멸할 수 없다. 한 알의 모래, 한 톨의 쌀처럼 미세한 것도 결코 사람의 힘으로 만들어 낼 수 없다. 이들은 모두 여러 물질이 변화한 하나의 상태로 진정한 의미로 생긴다고 할 수 있는 것은 하나도 없다. 생기는 것이 불가능하듯 소멸도 불가능하다. 한 톨의 먼지조차 없앨 수 없다. 현상세계는 여러 가지로 형태가 변할 뿐이다. 형태의 변화를 가리켜 생멸이라고 한다. 또 현상이라고 한다. 그런데 사실 모든 것은 불생, 불멸, 부증, 불감이다. 증감이란 결국 생멸과 같은 것이다. 증감이 얼마쯤 생멸이다.

인과에 의해 불교를 세웠다. 인과가 무너지면 불교도 역시 무너질 수밖에 없다. 특히 불교의 진리는 인과에 근거해서 성립한다. 단지 물질세계의 현상을 해석할 때만 인과가 기본이 되는 것은 아니다. 윤리를 해석할 때도 역시 인과가 기초가 된다. 인과가 없다면 불교는 윤리를 세울 수 없다. 선악의 응보를 말할 수 없어 윤리가 성립하지 않으면 불교는 어떠한 효능도 가질 수 없다. 종교라는 효능도 소멸해 버릴 수밖에 없다.

그런데 인과는 오늘날 학술에 의해 누구도 반대할 수 없는 진리가 되었다. 일체는 모두 원인이 되고 결과가 되어 필연적 연관을 이루고 있다. 하나의 원인이 있으면 또 이에 앞서는 원인이 될 결과가 있어야 하며, 결과 또한 그 이전에 결과가 될 원인이 있어야 한다. 이런 식으로 인과는 앞뒤로 무한히 연관해 있다. 이러한 인과의 연관 속에 일체가 있다. 이는 물질세계만이 아니다. 심상心象의 세계도 인과의 거침과 미세함[22])에 의해 지배된다. 우리 마음속의 여러 변동 역시 절대로 인과의 지배를 벗어날 수 없다. 모두 훨씬 전부터 여러 원인이 이어져 하나의 결과가 작동하며, 그 결과는 또 다른 결과를 낳는 원인이 된다. 이러한 식으로 서로 연관돼 있다.

불교에 대해 오늘날 학자가 주의해야 할 점은 실로 이 물질의 불멸과 인과설이다. 이 둘에 의해 가르침 전체를 세웠다. 이 점은 그리스도교와 다르다. 그리스도교는 정확히 그 반대이다. 그리스도교에는 물질의 불멸이 아니라 오히려 물질의 생멸을 가르친다고 보아야 한다. 이 세계는 신이 만들었으므로 세계에 시작이 있다고 간주하기 때문이다. 신이 이 세계를 만들었다고 봐야만 한다. 오늘날 사람들은 여러 가지 설명을 덧붙여 지금에 맞게 난점을 피하고자 하지만 원래의 생각은 역시 신이 세계를 만들었다는 것이다. 그러므로 양자의 차이는 의심할 수 없는 사실이다.

또 인과설도 마찬가지이다. 불교로서는 인과를 벗어난 현상이란

---

[22]) 거침과 미세함은 각각 표층과 심층, 의식과 무의식을 가리킨다고 할 수 있다.

결코 없다. 그리스도교 쪽에서는 인과를 벗어난 것이 없으면, 신이 이 세계에 간섭하는 일은 일어날 수 없다. 신이 인과를 벗어나 이 세상에 간섭하는 이유는 무엇일까? 그리스도교의 신은 인간적인 신이다. 인간적 신은 신교神敎에는 더더욱 없다. 인간적 신 관념은 지극히 미숙할 때의 관념으로 몽매의 사고, 어린아이의 사고, 여성의 사고이다. 그리스도교와 불교의 주장 모두가 오늘날의 학술에 부합한다고는 단언할 수 없다. 이들은 수천 년을 지나온 종교이므로 오늘날의 학설에 모두 적합한 것은 아니다. 또 앞뒤가 모순되지는 않지만 분명히 할 수 없는 것이 있다. 이들 하나하나를 논의할 여유는 없고 단지 그 요점이 무엇인지를 통해 불교와 그리스도교의 차이를 분명히 할 뿐이다.

불교는 석가가 세상을 떠난 뒤 적어도 두 개로 나뉘었다. 석가가 가르친 원래의 열반설에 여러 가지 해석이 더해졌다. 석가도 이를 분명하게 하나의 고정된 의미로 가르쳤다고 단언하기 어렵다. 그리하여 후세의 학자들이 이에 해석을 더하게 되었다. 이를 또 하나하나 들면 아주 번잡해지지만 그래도 크게 나누면 어떤 이들은 석가의 열반을 허무의 의미로 해석했다. 이들은 남방의 소승교이다. 그런데 이에 대한 다른 주장도 있다. 남방의 소승교에서 말하는 열반도 결코 부정적인 것이 아니며 단순히 정욕을 없앤다는 의미로 해석하는 학자도 있다. 하지만 전체적으로 보면 허무적 경향이 있다고 말할 수 있다. 이와 상당히 다른 해석을 한 것이 북방 불교이다.

북방 불교에서도 또한 열반에 대한 이해는 일정하지 않다. 다양하지만 전체적 경향은 완전히 허무로 보지는 않는다. 현상세계에 대한 이해는 허무이지만 다른 의미에서 말하면 허무가 아니어서 세계의 본체와 명합冥合한다는 것이다. 세계의 본체를 진실체라고 하는데 이와 하나가 되고자 한다. 그런데 이 진실체를 물질적으로 해석하지 않는 형이상의 사고방식이다. 이를 오늘날의 학술 용어로 표현하면

제3장 동양철학

선천유심론先天唯心論이라고 할 수 있다. 현상세계는 모두 꿈에서 본 것으로 참으로 존재하지 않고 모두 소멸해 버리는 제행무상이라고 한다. 참으로 존재하는 것은 세계의 본체이고 이 세계의 본체에서 여러 현상이 나타난다. 그리하여 참으로 존재하는 것은 진실체뿐이며 이 밖의 것은 참된 존재가 아니다. 이에 이르면 결국 베단타교와 같아진다. 단지 베단타교는 진실체를 범천으로, 불교는 범천 대신 진여眞如[23)라고 부를 뿐이다.

세계의 본체인 진여는 즉 여래[24)로, 뒤에는 나무 불상이 되거나 금불상이 되거나 여러 가지로 표현된다. 하지만 원래의 뜻은 철학적 관념, 추상적 관념일 뿐이다. 선천유심론은 유럽에서는 칸트, 쇼펜하우어의 세계관이다. 이 둘이 귀결하는 곳은 북방 불교와 같다. 이 세계관은 옛날 플라톤의 사고와 상당히 가깝다. 그리고 피히테[25), 셸링,[26) 헤겔[p.566] 도 불교의 유심론과 상당한 공통점을 가진다. 또

---

23) 산스크리트어의 tathatā, tattva의 한자 번역어. 있는 그대로의 모습, 진실한 존재방식을 의미하는 불교 용어. '여(如)라고도 번역된다. 즉 무상(無常), 무아(無我)하고 괴로운 것이 인생의 '진실한 모습'이며, 연기(緣起)하고 있는 이 세계가 틀림없는 '있는 그대로의 모습'이라고 하는 의미에서 '진여'라고 부른다.
24) 부처를 이르는 10개의 이름 가운데 하나. 산스크리트어 타타아가타(tathāgata)의 역어로 타타아가타는 지금까지의 부처들과 같은 길을 걸어서 열반의 피안에 간 사람 또는 진리에 도달한 사람을 의미한다. 그리하여 여래는 '여실히 오는 자', '진여(眞如)에서 오는 자'라는 뜻으로 진여세계에서 와서 진여를 깨치고 여실한 교화활동 등의 생활을 한 뒤에 사라져 가는 이로서, 부처와 같은 뜻을 가진 말이다.
25) 요한 피히테(Johann Gottlieb Fichte, 1762~1814) 독일 고전철학의 대표자 중 한 사람. 작센 주 랑메나우 출신. 청년 시절 프랑스 혁명에 깊이 공감하고 칸트 철학을 공부하였다. 1794년부터 예나 대학 교수와 베를린 대학 초대 총장을 역임. 나폴레옹 점령하에서 『독일 국민에게 고함』(1808)을 출판했다. 그는 물자체를 불가지로서 남긴 칸트 철학의 이원론적 분열을 주관적 관념론으로 철저화함으로써 극복하고자 했다. 세계의 전개를 자아(das Ich)의 활동 그 자체의 움직임에 의한 것이라 보고 이 자아의 활동을 '사행(事行)'이라 불렀다. 주저 『전지식학의 기초』(1794)를 출판, 대학에서 그를 무신론자라고 비난하며 무신론 논쟁이 일어나자 베를린으로 이주했다(1799). 『독일 국민에게 고함』은 민족주의의 시작으로도 일컬어질 정도로 유명하다.
26) 프리드리히 빌헬름 요제프 셸링(Friedrich Wilhelm Joseph Schelling, 1775~1854) : 독일의 철학자. 루터 교회의 목사였던 아버지의 영향으로 신학교에서 교육을

한 진실체를 언급한 측면에서 보면 스피노자[p.574]의 실체,27) 하르트만[p.524]의 불각,28) 스펜서[p.198]의 불가지29)와 같은 취지이다.

그러므로 북방 불교의 세계관에는 일종의 심원한 진리가 함축되어 있다고 단언할 수 있다. 그런데 우리의 철학적 사고방식과 반드시 같지는 않고 여러 점에서 다르다. 그러나 한편으로 어떤 점에서는 서로 근접해 있다. 그러므로 동양의 철학은 충분히 연구할 가치가 있다. 특히 불교 문헌이 고색창연하게 그 안에 진리를 함유하고 있다는 점은 충분히 유용한 연구 주제이다. 또 일본에서 철학이나 종교와 같은 것은 점점 필요해질 것이다. 즉 오늘날의 학술에 의해 조직된 철학과 모순되지 않는 종교가 오늘날의 교육을 받은 사람에게 필요해질 것이다. 하지만 이러한 방침은 동양 고래의 철학과 종교를 연구하지 않으면 결코 충분한 효과를 보기 어려울 것이다. 그러므로

받았다. 젊은 시절부터 철학에 관심을 가져 저서를 발표했고, 피히테, 헤겔과 함께 독일관념론을 대표하는 한 사람으로 꼽히게 되었다. 셸링은 자아철학 비판으로 피히테와 입장을 달리했고, 스피노자의 영향을 배경으로 자연과 자아의 통일을 시도했다. 예나 대학의 교수가 된 이후의 저서, 예컨대『초월적 관념론의 체계』System des transzendentalen Idealismus, 1800 등을 통해 그러한 사상을 체계화했는데, 신비주의적 색채가 농후해지자 후일 헤겔과도 대립하게 되었다. 정신으로 나타나는 절대자(絶對者)에 관해서는 선험적 관념론이 성립한다고 주장하며, 신비적인 지적 직관의 대상인 예술철학을 최고봉에 놓았다. 또 자연으로 나타나는 절대자에 관해서는 자연철학(自然哲學)이 성립한다고 하여, 이것을 극히 신비적이고 관념론적인 형태로 체계화했다.

27) 스피노자는 유일한 신 또는 총체로서의 자연을 실체라고 불렀다.
28) 하르트만이 세계의 근원으로 주장한 무의식의 정신을 가리킨다. 무의식의 정신은 쇼펜하우어의 '의지'(意志)와 유사한 것이다. 하르트만은 헤겔의 변증법을 자연과학의 진화론적 견해에서 벗어나 보다 발전한 것으로 보고, 이 진화 상태로부터 해방되는 것이 진화의 궁극적 목표라고 보았다. 인간에게 있어서 개인의 현세·내세적 행복이나 사회 변혁을 통해 얻어지는 행복 등 모든 행복의 추구가 불행의 근원이며, 그러므로 행복의 추구로부터 벗어나 고뇌 없는 상태에 도달해야 한다고 주장하였다. 따라서 그의 주장은 철학적으로든 사회적으로든 희망을 제거하는 반동적인 것으로 평가할 수 있다.
29) 사물의 본질, 본체, 혹은 실재 그 자체를 인식하는 행위가 불가능하다는 입장. 인지, 혹은 영지(靈智)를 뜻하는 그노시스(gnosis)에 대해 이를 반대하는 입장을 아그노시스(agnosis), 불가지론이라 한다. 19세기의 실증주의자 헉슬리, 스펜서 등이 처음 사용한 말로 알려져 있다.

제3장 동양철학

철학이나 종교에 뜻이 있는 사람은 서양철학과 종교만을 연구해서는 부족하다. 역시 동양의 철학과 종교도 충분히 연구해야 할 가치가 있다는 점에 유의해야 한다. 이러한 이유로 오늘은 중대한 점만을 조금 들어 논의했다.

3.2 에도유학 삼부작: 서론과 결론

이혜경

*** 해제 ***

일찍부터 일본문화가 서양문화에 필적하는 것을 넘어 우월하다는 의식을 갖고 있었던 이노우에는 독일 유학을 마치고 제국대학에 정교수로 부임하자마자, 유학 전 잠깐 강의했던 '동양철학사' 강의를 이어갔다. 처음 7~8년 동안에는 '비교종교 및 동양철학'이라는 강좌에서 베단타 철학과 불교를 다루고, 1897년부터는 에도유학사를 다루기 시작한다. 에도시대의 양명학, 고학, 주자학을 다루는 강의는 1905년까지 이어지고, 이후 동양철학 강의는 무사도, 국민도덕으로 옮겨간다. 1897년부터 1905년 사이에 강의된 에도유학사는 거의 동시에 『일본양명학파의 철학』(1900), 『일본고학파의 철학』(1902), 『일본주자학파의 철학』(1905)으로 출간된다.

이 번역선집의 「서론」 가운데 "에도유학 삼부작" 항목에서 소개된 대로 이노우에의 에도유학 해석은 일본근대로 이어지는 전사로서 양명학을 부각시키려는 의도가 있었으며, 근대성을 가진 양명학과 대비되어 전근대의 관학으로서 주자학이 배치되었다. 고학은 일본인의 독창적인 비판정신이 두드러지는 학문으로 평가되었다. 그처럼 전체적인 구도 속에서도 이노우에는 각각의 학파에 대해 긍정적인 평가와 함께 단점을 지적한다.

이노우에는 헤이안시대의 유학에 대해서는 훈고학으로서 몰취미, 몰정신의 학문으로 철학적 사유는 없었다고 낮게 평가한다. 에도시대 주자학의 등장을 문예부흥(이노우에의 용어로는 문학부흥)에 비유하는 것을 보면, 헤이안시대를 서양의 중세에 필적한다고 생각한 것이다. 주자학이 일상을 단정하게 영위할 수 있도록 온건한 도덕을 전파했다는 점에서, 이노우에는 주자학을 높이 평가한다. 일상의 것으로 흔하고 평이하므로 그 가치를 폄하하기 쉬우나, 일상을 지키는 것이므로 결코 없어서는 안되는 가치가 있다고 이노우에는 강조한다. 그러나 온건한 이념인만큼 변화를 추동할 성격의 것은 아니었으니, 주자학의 의미는 에도시대에 한정하는 것으로 자리매김된다.

변화를 지지하고 추동할 이념은 양명학의 몫이 된다. 옳다고 여기면 바로 실천하는 양명의 실행력은 에도시대에는 억압받았지만 자유정신의 근대에는 일본근대를 열고 이끌어갈 평민의 정신이라고 평가된다. 지적 수련에 의해 단련되는 것이 아니고 내적인 판단에 의지한다는 점에서 주관적이라는 단점이 있지만, 사실은 양명학의 이 주관성은 단점이면서 동시에 강점이다. 특히 1900년이라는 이 시점은 일본이 중국과의 전쟁에서 승리하고 본격적으로 제국으로 발돋움하려는 때였다. 전쟁터에서 목숨을 돌아보지 않고 싸우는 정신은 바로 이러한 양명학의 정신이었고, 당시의 일본에 절실하게 필요한 것이었다. 이노우에는 주관적이라는 단점이 바로 실천으로 달릴 수 있게 해준다고 강조한다.

고학은 주자학의 경전해석을 비판하며 독자적인 해석을 했다는 점에서 일본인의 비판정신을 드러내는 것이었다. 이노우에는 이러한 비판정신이 제대로 발휘되었으면 사상의 독립을 이루고 나아가 "국민의 철학"이 되었을 것이라고 아쉬워한다. 고학은 끝까지 비판정신을 발휘하지 못하고 공맹학이라는 산을 넘지 못했기 때문이다. 이노우에는 유학의 틀을 벗어나지 못한 점을 고학의 단점으로 지적한다.

이 세 '철학사'는 기존의 유학사 서술에는 적용되지 않았던 이른바 근대적 역사 서술의 방법으로 다뤄진 책이었다. 즉 유학의 밖에서 객관적인 시각으로, 발전사의 관점에서 학파의 역사적 전개를 다뤘다. 근대에

● 3.2 에도유학 삼부작: 서론과 결론

집필된 전근대의 역사와 사상사는 모두 사가의 근대적 시각에 의해 구성되고 서술된다. 그런 점에서 에도유학에 대한 '최초'의 근대적 서술인 이노우에의 삼부작이 갖는 영향력은 막대하다. 이노우에의 시각이 어떤 것이었는가를 파악하는 것이 가장 중요하다고 하겠다.

제3장 동양철학

*** 번역 ***

일본양명학파의 철학 — 서

동양철학사는 내가 1880~1881년경부터 편찬을 시도했던 것으로, 지나철학에 관한 것이나 인도철학에 관한 것도 여러 권의 책을 이루어 책장을 가득 채웠지만 아직 정비되지 못한 것이 많아서 이를 세상에 발표하려면 아직도 십 년 안팎의 시간이 필요하다. 그런데 오랜 세월에 걸쳐 아무 연구의 결과도 내지 못하면 사람들은 혹 내가 일을 덮었다고 의심할까 염려된다.[30]

1880년 관명으로 프랑스 파리에서 개최된 만국동양학회에 가서 "일본 철학사상의 발달"을 발표했다. 귀국 후 점점 일본철학에 관한 역사적 연구의 필요를 느껴, 어느 정도 덕교德教의 연원을 밝히고 학파의 관계를 탐구하는 일에 힘썼다. 그 원고가 쌓여서 상자를 채우기에 이르렀다. 그 가운데 양명학에 관한 것은 별도로 하나의 책이 되었다. 이것을 『일본양명학파의 철학』[31]이라고 이름 붙이고 초고 그대로 세상에 발표하니, 대가의 질정을 바란다.

국민적 도덕심은 발달·진보하는 것이고, 또 발달·진보해야 하는 것임은 말할 필요도 없다. 그러나 결코 한 세대의 산물이 아니다. 그것이 근원을 둔 곳은 대단히 멀어서, 실로 천세 만세 전해진 것이다. 필부가 이를 뒤집는다는 것은 생각도 못할 일이다. 만약 우리나라의 국민적 도덕심이 어떤 것인가를 알려면 국민의 심성을 주조하고 도야해 온 덕교의 정신을 깨달아야 한다. 바로 이 책이 서술하는 일본양명학파의 철학과 같은 것에 바탕을 둔 것이 아니겠는가.

메이지유신 이래 세상의 학자는 혹은 공리주의를 창도하고 혹은

---

30) 이를 보면, 이노우에가 '동양철학'이라고 생각한 것이 지나철학, 인도철학, 그리고 일본철학이었음을 알 수 있다.
31) 1900년 東京 富山房에서 출판되었다. 저본으로 사용한 것은 1932년 출간본.

이기주의를 주장하였고, 그 결과가 미친 바는 결국 우리 국민의 도덕심을 파괴하려는 것이다. 이는 본래 그 학문이 철저하지 못하기 때문이지만, 또한 국가의 원기를 꺾고 풍습과 교화風敎의 정수를 좀먹지 않은 적이 없다. 공리주의는 국가경제주의로서는 본래 가능하다. 그러나 이것을 개인에 관한 유일의 도덕주의로 삼을 수는 없다. 왜냐하면 그 경우 도덕은 타율적으로 되어 심덕을 양성하는 효과가 조금도 없기 때문이다. 공리주의는 사람을 사욕으로 이끄는 가르침으로 우리 나라에서 종래 신성시했던 심덕을 더럽힌다. 공리주의는 짜임새 있게 고안해 낸 이론이지만 덕교로서는 취할 만하지 않다. 또한 이기주의는 참으로 유해무익의 궤변에 지나지 않는다.

그런데도 세상에는 정말 다양한 공리주의 혹은 이기주의를 고취하여 우리 국민의 도덕심을 근저에서 박멸하려는 사람들이 있다. 이것이 내가 이 책을 수정하는 날을 기다리지 못하고 초고 그대로 발행하는 이유이다. 우리 국민의 도덕심은 심덕의 보편적인 것으로서 심덕은 실로 동양 도덕의 정수라 할 만하다. 이 책은 동양철학사 가운데 겨우 솥 다리 가운데 하나에 지나지 않지만[32] 심덕이 무엇인가를 세계 만국에 발양하는 수단이 되기를 바란다.

1900년(메이지33) 9월 24일
이노우에 데쓰지로 씀

---

[32] 그가 '동양철학사'라고 부르는 에도시대 유학사를 '솥 다리'라고 하는 것을 보면, 이 시점부터 『일본양명학파의 철학』을 비롯해 『일본고학파의 철학』, 『일본주자학파의 철학』을 출간할 계획이었음을 알 수 있다.

제3장 동양철학

일본양명학파의 철학 — 서론

17세기 초 도쿠가와德川 씨가 일본을 평정하자[33] 우리나라의 문화 발전文運은 갑자기 왕성해졌다. 후지와라 세이카[34]가 주로 주자학을 창도하고, 하야시 라잔[35]이 이어 일어나 역시 주자학을 고취했다. 그러자 천하가 그 분위기를 따랐고 주자학은 세찬 기세로 점차 그 근저를 공고하게 하려 했다. 이때에 만약 이것과 대항하여 병치하는 것이 없었다면 우리 나라의 유교철학은 도도하게 단지 이 한 방향으로 기울어 바로 결정화하여, 편벽·고루하고 완강하고 미혹·망령되어 전혀 활기를 잃은 죽은 학문이 되고 말았을 것이다. 그러나 다행히도 주자학의 발흥과 함께 이에 반대하는 고학古學이 크게 기염을 토했을 뿐 아니라 주자학紫陽과 궤도를 달리하는 양명학 역시 의외의 곳에서 빛을 발하며 서광을 드러내어 단조로운 한 방향의 폐단을 타파할 수 있었다.

그러나 양명학은 갑자기 재액을 만난다. 주자학을 숭배하는 하야시 라잔이 도쿠가와 씨에게 초빙되어, 주자학은 삼백 년간 관부의 교육이념이 되었다. 그리하여 양명학은 처음부터 하야시 가의 시기와 의심을 사서 간세이寬政[36] 이후는 점점 억압되었다. 이리하여 관부에 있는 자들은 요강姚江의 설[37]을 공공연하게 제창할 수 없었다.

---

33) 도쿠가와 이에야스(德川家康, 1543~1616)가 지금의 도쿄인 에도(江戶)에 에도막부를 세우고 에도시대(1603~1868)를 연 사실을 가리킨다.
34) 후지와라 세이카(藤原惺窩, 1561~1619) : 에도 시대 초기의 유학자로, 일본 근세유학의 비조로 불린다. 7세에 불가에 입문하여 선과 한학을 배웠다. 1590년 조선통신사로 일본을 방문한 허성(許筬)과 교류하면서 주자학에 경도된다. 이후 임진왜란 때 포로로 일본에 끌려간 강항(姜沆)과 교류하면서 유학에 대한 이해가 심화되었다. 주자학을 위주로 하였으나 양명학도 수용했다.
35) 하야시 라잔(林羅山, 1583~1657) : 에도 시대 초기 주자학파 유학자. 후지와라 세이카의 추천으로 도쿠가와 가의 선생으로 발탁된다. 1632년 에도에 사숙(私塾) 학문소(學問所)와 공자묘를 갖춘 선성전(先聖殿)을 세웠다. 이 사숙에서 많은 문인을 배출했으며, 이는 후대 쇼헤이코(昌平黌)의 기초가 되었다.
36) 1789~1801년까지의 기간.
37) 요강은 중국 저장성(浙江省)에 흐르는 강 이름이다. 양명학의 창시자 왕양명

심하게는 양명학을 모반의 학이라 하여 뱀과 전갈처럼 꺼리게 되었다. 그러나 양명학이 모반의 학이 아니라는 것은 말할 필요도 없다. 다만 주자학이 관부의 교육이념이었기 때문에 양명학은 주로 민간의 학자에 의해 주장되어 저절로 관과 민의 구별이 생겼고, 양명학은 거의 평민주의와 같이 되었다. 주자와 양명 두 사람의 학문은 본래 그 주의를 달리하는데, 관과 민의 차이가 있다. 어떻게 알력이 없을 수 있겠는가. 사실이 이를 증명한다. 양명학은 관부의 권세에 의해 배척되고 위축되어 뻗어갈 수 없었다. 지금 우리는 피차 자유의 사상계로 돌진하고 있다. 이러한 때 양명학의 역사적 발달을 연구하고 250년의 억울함을 푸는 일은 학술계의 일대 쾌거가 아니겠는가.

먼저 양명학은 본래 어떤 것인지 일별해 보자. 양명학은 명대의 위인 왕양명[38]이 주장한 것으로, 주자학과 서로 용납하기 어렵다. 다음에 그 현저한 차이점을 들어본다.

(1) 주자학은 박학博學에 의해 덕행의 법을 얻기를 기대한다. 양명은 선구자인 육상산陸子[39]과 마찬가지로 덕행을 먼저하고 학문을 뒤로한다. 아니, 덕행 자체가 유일한 학문이다. 주자의 학문 공부는

즉 왕수인이 저장 사람이어서, 요강의 학은 양명학을 가리키는 말이다.

[38] 왕수인(王守仁, 1472~1529) : 중국 명대 중기의 사상가, 정치가. 자는 백안(伯安), 호는 양명(陽明). 보통 왕양명이라고 불린다. 절강성 여요(餘姚) 사람으로 1499년에 진사가 되었다. 왕양명은 만물의 일체와 우리의 모든 행위의 표준인 마음이 곧 리(理)라고 하는 '심즉리설(心卽理說)'과 이른바 도(道)이며 천리(天理)인 양지(良知)를 우리의 본성으로 자각해야 한다는 '치양지설(致良知說)', 물(物)과 심(心)이 서로 떠나서 존재할 수 없는 것처럼 지(知)와 행(行) 또한 분리할 수 없는 것이라는 '지행합일설(知行合一說)'을 주장하였다.

[39] 육상산(陸象山, 1139~1192) : 중국 남송(南宋)시대의 유학자. 이름은 구연(九淵)이고 상산은 호이다. 강서성 금계(金溪) 사람이다. 동시대의 주자의 학설을 비판하면서 후에 양명학으로 발전하는 육학(陸學)을 정립했다. 그의 주장의 핵심은 '심즉리'(心卽理)이다. 사람과 천지 만물은 모두 무궁한 '우주' 가운데 있다고 보고, 이로부터 우주는 하나의 리(理)로 충만해 있으며, 인간의 경우는 마음이 곧 리라고 했다(심즉리). '심즉리'를 통해 그는 마음(心)을 성(性)과 정(情), 도심(道心)과 인심(人心), 천리(天理)와 인욕(人慾)으로 구별한 주자의 학설에 반대하였다.

귀납법에 비할 수 있고 양명의 것은 연역법에 비할 수 있다.

(2) 주자는 리理와 기氣를 세계의 근본원리로 삼고 이에 의해 세계를 해석하고자 한다. 그래서 그 세계관은 이원적으로 리기이원론理氣二元論이라 할 수 있다. 이에 반해 양명학은 둘로 나눌 수 없다고 하며 동체불리同體不離를 주장한다. 그래서 그의 세계관은 일원적이며, 이를 리기합일론理氣合一論 또는 리일원론理一元論이라고 할 수 있다.

(3) 주자는 심心에 리와 기의 두 방면이 있다고 하고, 양명은 심이 바로 리라고 한다. 오직 심이 밝혀지면 리는 자명하게 안다고 한다. 그러므로 양명에게서는 외부의 일을 널리 연구하여 리를 밝힐 필요가 없다. 요점은 오로지 이 마음을 밝히는 데 있을 뿐이다.

(4) 주자학은 리를 분명히 하는 데는 많은 경험을 거치는 것이 필요하다고 하므로 그 경향은 경험론적이다. 양명은 진정한 지식은 단지 이 마음에 있다고 하므로 그 경향은 관념론唯理論이다.

(5) 주자는 먼저 알고 뒤에 실행한다고 하는데, 양명은 지행의 선후를 말하지 않고 지행합일을 주장한다. 그러므로 주자는 이론學理을 중시하고 양명은 실행을 숭상한다는 차이가 있다.

이를 보면 주자학과 양명학은 일장일단이 있어 어느 쪽으로 정하기 어렵다. 그러나 주자학은 박학다식한 선비를 잘 배출하지만 여차하면 사람을 고루하고 우원하고 부패하게 하는 폐단이 있다. 이에 반해 양명학은 왕왕 천박하다는 흠을 면하기 어렵지만 학자로 하여금 단도직입單刀直入하여 정곡을 얻도록 하는 일에서는 확실히 주자학보다 뛰어나다. 시험 삼아 도쿠가와 시대의 유교사를 고찰해 보라. 주자학파 가운데에는 때로 위인이 없지는 않지만 고루하고 우원하고 부패한 사람 역시 적지 않다. 이에 반해 양명학파는 사람은 비교적 적지만 인물은 비교적 많고, 정말로 고루하고 우원하고 부패했다고 할 수 있는 사람은 거의 없다. 즉 나카에 도주,[40] 미와 싯사이,[41] 나카네 도리,[42] 가스가 센안[43]과 같은 사람들은 모두 행동거지가 볼만한 사람들이다. 또 구마자와 반잔,[44] 오시오 주사이,[45] 사쿠마 쇼잔,[46] 요시다 쇼인, 사이고 다카모리와 같은 사람들은 모두 사공事功을 볼만한 사람들이다. 요강의 학파에 접한 사람을 보면 실로 인재가 두드러지게 많다. 과연 그렇다면 양명학이 인물 도야에 공이 있다는 것은 결코 의심할 수 없다. 이것이 그 역사적 발달을 서술하여 그 맥락이 있는 곳을 알리고 그 정신의 참모습이 어떤 것이었는지를 탐색할 필요가 있는 이유이다. 지금은 도의道義가 땅에 떨어지고 수많

---

40) 나카에 도주(中江藤樹, 1608~1648) : 일본양명학의 개조이다. 태어난 곳인 오미노구니(近江國: 현재 시가현)의 성인, 즉 오미성인(近江聖人)이라고 불렸다. 주자학에서 시작해 차츰 양명학의 영향을 받았으며, 그 이론이 무사뿐만 아니라 농민, 상인, 기술자 등에게까지 넓게 침투했다.

41) 미와 싯사이(三輪執齊, 1669~1744) : 에도 중기의 유학자. 처음에는 사토 나오가타(佐藤直方)에게 주자학을 배웠으나, 나카에 도주(中江藤樹)의 책을 읽고 양명학으로 경도되었다.

42) 나카네 도리(中根東里, 1694~1765) : 에도 시대 중기의 승려. 13세에 출가하여 선종의 승려가 되었다. 19세에 오규 소라이(荻生徂徠)에 입문하여 환속했다. 그러나 소라이학에 의문을 품게 되고 주자학에 경도되었으나, 주자학에도 만족하지 못하고 양명학으로 전환했다.

43) 가스가 센안(春日潛庵, 1811~1878) : 에도 시대 말기부터 메이지 초기까지 활동한 유학자, 정치인. 나라현이 설치되면서 초대 지사를 맡기도 했다. 주자학을 배우고 이어 양명학도 배웠다.

44) 구마자와 반잔(熊澤蕃山, 1619~1691) : 나카에 도주의 문하에서 양명학을 배웠다. 오카야마번(岡山藩) 번주의 신임을 받아 번정(蕃政)에 참여하였으나, 후에 막부와 정치적 견해를 달리하면서 관직에서 쫓겨났다.

45) 오시오 주사이(大鹽中齋, 1793~1837) : 에도 시대 유학자. 통칭 오시오 헤이하치로(大鹽平八郎)로 불린다. 독학으로 양명학을 배우고 자택에 세심동(洗心洞)이라는 사숙을 열었다. 1837년 계속되는 기근에 근본적인 대책을 요구하며 문인, 민중을 이끌고 '오시오헤이하치로 난(亂)'이라 불리는 봉기를 주도했다. 봉기는 당일 진압되었으나 화재로 오사카의 5분의 1이 불탔다고 한다.

46) 사쿠마 쇼잔(佐久間象山, 1811~1864) : 에도 시대 말기의 유학자이자 병학자. 주자학에 경도된 상태로 에도에 유학하여 사토 잇사이(佐藤一齊)의 문하에 들어갔으나, 사토가 은밀하게 양명학을 신봉하고 있는 것에 불만을 품고 경서 수업은 참여하지 않고 문장 짓는 수업만 받았다고 한다. 아편전쟁을 계기로 네덜란드어를 배우고 서양의 지식을 습득한 뒤 사숙을 열어 총포술과 병학을 가르쳤다.

은 세상 사람들은 기로에서 헤매고 있다. 이때에 만약 선배의 행위와 심술心術을 거울로 삼는다면 때에 맞게 뜻을 세우는 의지처를 얻을 자 없겠는가.

일본양명학파의 철학 — 결론

양명학은 일단 나카에 도주에 의해 창도된 이래 면면이 명맥이 끊이지 않았다. 그 사이에 때로 관부의 억압을 받기도 했지만 인물을 배출한 점에서는 오히려 주자학보다 뛰어나다. 어떠한 종류의 인물이 양명학에 의해 배출되었는가는 앞에서 서술한 것을 보면 알 것이다. 단지 주요한 학자만을 들어도 이십여 명을 넘는다. 학문 또는 사공으로 세상에 드러나지 않은 자는 한 사람도 없다. 이를 보면 역사적 연구는 결코 그 노고를 보답 받지 않은 적이 없다. 단 내가 간과한 것이 있을까 그것이 유감일 뿐이다. 그런데 아마도 간과한 것이 없을 것이다. 미시마 주슈[47]가 일전에 학사회원에서 「진사이학仁齋學 이야기」를 발표했는데, "진사이학은 양명의 기학氣學에 연원을 두고 있다"고 하면서, 마치 이토 진사이[48]를 양명학파 사람처럼 논했다. 그러나 이는 잘못된 견해이다. 천지가 일원기一元氣라고 하는 설은 한나라 이래의 것으로, 이토 진사이가 이를 주장했다고 해서 꼭 양명에 근원을 두고 있다고 할 수는 없다. 하물며 이토 진사이는 양명을 배척하지 않았는가. 그는 다음과 같이 말했다.

『학사회원잡지』 제18편의 8을 보라.

---

[47] 미시마 주슈(三島中洲, 1831~1919) : 에도 시대 말기부터 다이쇼시대의 한학자. 도쿄 고등사범학교 교수, 도쿄 제국대학 교수 등을 역임하였다. 니마쓰(二松)학사대학(學舍大學)의 전신인 한학숙(漢學塾)인 니마쓰학사(二松學舍)의 창립자, 대동문화협회(大東文化協會)의 초대 이사장이었다. 본명은 쓰요시(毅)이며, 통칭 데이이치로(貞一郎)로 불린다.

[48] 이토 진사이(伊藤仁齋, 1627~1705) : 에도 시대 고의학(古義學)의 창시자. 교토의 호리카와(堀川)에 고의당(古義堂)이라는 학교를 열었다. 주자학의 경전 해석을 폐기하고 직접 텍스트를 실증주의적으로 검토하는 방법을 도입했는데, 이로써 유학에 섞여든 선이나 노장사상의 불순물을 제거하겠다는 의도가 있었다. 고의학은 교토를 중심으로 전국으로 퍼져나갔고, 이토 진사이 사후 그의 장남 이토 도가이를 비롯해 자손들이 대대로 고의당을 이었다.

왕양명은 또한 견문과 학지學知를 의견이라고 여기고, 양지양
능良知良能을 참된 지라고 여겼다. 양지양능을 참된 지라고 여긴
것은 그럴듯하다. 그러나 견문과 학지를 의견으로 여긴 것은
불씨의 견해와 같다. (『고학선생문집古學先生文集』권5)

이로써 그 입각점이 어디에 있는지 알 수 있을 것이다.

혹은 주순수49)를 양명학파 사람처럼 말하는 경우가 있는데 이 역
시 대단히 의심스럽다. 주순수가 안도 세이안50)을 향해 "나는 다른
장기가 없다. 단지 '오로지 성'一誠뿐이다"라고 말한 것은 약간 치양지
설致良知說과 닮았지만, 꼭 그렇다고는 할 수 없다. 성誠을 다하는 것은
본래 『중용』에 나오는 말이다. 또한 그가 분명하게 양명의 병폐를 지
적하는데 어떻게 양명파의 사람일 수 있겠는가. 후지타 유코쿠51)와
그의 아들 후지타 도코52)는 둘 다 구마자와 반잔을 추모하고 얼마간
구마자와 반잔에게서 얻은 바가 많다. 후지타 유코쿠는 일찍이 「구
마자와시게츠구전熊澤伯繼傳」을 지어 그 사람됨을 칭송했다. 후지타
도코에 대해서는 요코이 쇼난이 평하기를 "그 사람은 입담이 호쾌

---

49) 주순수(朱舜水, 1600~1682) : 명말청초의 유학자. 이름은 지유(之瑜). 절강성 출신. 명에 출사했으나 명의 멸망의 위기를 구하고자 해외로 나가 도모했으며 나가사키에 머물렀다. 미토 번주(水戶藩主) 도쿠가와 미쓰쿠니(德川光圀)의 부름으로 미토번의 에도 번저로 가서 사망할 때까지 극진히 우대되었다. 제자로 『대일본사』편찬으로 알려진 아사카 단파쿠(安積澹泊)가 있다. 일본과 동남아 등지를 유랑하며 명조의 회복을 위해 애쓰다가 1659년 일본에 귀화하였다. 안도 세이안(安東省庵)이 그에게서 배웠다.

50) 안도 세이안(安東省庵, 1622~1701) : 에도 시대 전기의 유학자. 교토에 유학하여 주자학을 배우고 번에 돌아와 번유(藩儒)가 되었다. 자신의 박봉을 쪼개 스승인 주순수(朱舜水)를 원조했다고 한다.

51) 후지타 유코쿠(藤田幽谷, 1774~1826) : 후기 미토학(水戶學)의 중심인물 중 한 사람. 후지타 도코의 아버지. 존왕양이를 주장하여 에도 시대 말 미토학의 기초를 놓았다.

52) 후지타 도코(藤田東湖, 1806~1855) : 후지타 유코쿠의 아들로 무사이며 미토학자. 미토학의 대가로서, 모토오리 노리나가(本居宣長)의 국학을 대폭 받아들여 존왕의 절대화를 도모하는 한편, 각자가 적극적으로 국가의 대사에 주체적으로 참여할 것을 촉구하여 요시다 쇼인(吉田松陰)으로 대표되는 존왕양이파의 사상적 기초를 놓았다.

하고 의론이 대단히 정밀하며 학문의 취지는 구마자와 반잔, 유아사 조잔53)과 같은 무리이며, 정주류의 궁리窮理를 싫어하고 오직 사실에 마음을 두는 모습"이라고 했다. 이로써 후지타 부자의 학풍을 알 수 있다. 그러나 바로 양명학파 안으로 넣는 것은 성급하다. 오히려 미토水戶학파54) 사람으로 논하는 것이 타당하다.

또한 라이 산요55)에 대해서도 한마디 해 두겠다. 그는 다음과 같이 『왕양명집』을 읽었다는 시를 지었다.

유학을 공부하는지 불교를 공부하는지는 논하지 말자. 爲儒爲佛姑休論
내가 좋아하는 문장은 옛날 음이 많다. 吾喜文章多古聲
북쪽의 땅은 호기롭고 역성은 험하다. 北地粗豪歷城險
모두 양명선생을 연구한다. 盡輸講學老陽明

또 다음과 같은 「주회암의 화상」이라는 제목의 시가 있다.

한악을 달리니 호랑이가 바람을 일으킨다. 韓岳驅馳虎嘯風
사서에만 힘을 쓰다 활력을 소모했다. 四書獨費畢生力
오랜 세월 활시위를 당겨 과거의 표적을 노리니, 一張萬古科場鵠
무수한 영웅들이 이 안으로 떨어졌다. 無數英雄墮此中

---

53) 유아사 조잔(湯淺常山, 1708~1781) : 에도 시대의 고문사학파의 학자. 핫도리 난카쿠(服部南郭)와 다사이 슌다이(太宰春台)의 가르침을 받았다.

54) 미토학(水戶學)은 미토번의 제2대 영주인 도쿠가와 미쓰쿠니(德川光圀, 1628~1700)의 『대일본사(大日本史)』 편찬사업을 통해 형성되었다. 천황에 대한 존경을 견지하면서 주자학을 기본으로 하는 일본사연구에 중점이 있었다. 뒤에는 국학(國學)의 영향을 받아 막말 존왕양이사상의 진원지가 되었다. 후지타 유코쿠(藤田幽谷, 1744~1826)와 후지타 도코(藤田東湖, 1806~1855) 부자, 아이자와 세이시사이(會澤正志齋, 1782~1863)가 그 대표적 인물이다. 후기 미토학은 이전까지 따로 제창되어 왔던 존왕과 양이를 논리적으로 연결하고, 일본국가체제를 표현하는 '국체'라는 말을 처음으로 사용했다. 아이자와의 대표적 논저인 『신론(新論)』은 '국체론'을 본격적으로 다룬 최초의 작품이다.

55) 라이 산요(賴山陽, 1781~1832) : 에도 시대 후기의 유학자, 역사가, 시인. 비토 지슈(尾藤二洲)에게 배웠다. 역사학에 관심이 많아 『일본외사(日本外史)』, 『일본정기(日本政記)』 등을 지었으며, 막부 말기의 존왕운동에 큰 영향을 끼쳤다.

그는 주자를 대단히 폄하하고 양명을 칭송한다. 그러나 단순히 문장가로서 양명을 좋아한 것에 불과하다. 그 학문이 어떤가에는 조금도 상관하지 않았다. 일찍이 오시오 주사이와 교제했어도 왕학王學[56] 때문에 그런 것은 아니다. 그 밖에 가이바라 에키켄[57]·니야마 요시나가[58]·오쓰카 다이야[59]·마쓰자키 하쿠케이松崎伯圭·고가 세이리[60]·오하시 도쓰안[61] 등은 모두 처음에는 양명姚江을 숭배하다 뒤에는 주자紫陽에게 돌아갔다. 또한 오카다 지쿠안岡田竹庵은 처음에는 양명의 학을 좋아하다 뒤에 일변하여 불문에 귀의했다. 그러므로 이들은 모두 양명학파에 들어갈 수 없다.

양명학의 뿌리를 말하면 명의 양명에게서 나왔지만, 일본에 들어오고 바로 일본화하여 그 자체로 일본적 성질을 띠게 되었다. 두드러진 사실을 들어보면 신도와 합일하는 경향이 있다. 확충해서 말해보면 국가적 정신을 근본으로 하는 추세가 있다. 나카에 도주는 이미 이 징후를 드러냈고 구마자와 반잔도 "학문은 유학도 배우고 불학도 배워 도리를 풍부하게 하고 마음을 넓게 해야 하나, 빌려줄 수도 없고

---

56) 양명학을 가리킨다. 이노우에는 양명학과 왕학을 호환적으로 사용한다.
57) 가이바라 에키켄(貝原益軒, 1630~1714) : 에도 시대 전기의 유학자. 교토에 유학하여 본초학과 주자학을 공부하였다. 고향 후쿠오카로 돌아와 다이묘가의 교사로 일하거나 다이묘 가문의 족보, 번의 역사 등에 종사했다.
58) 니야마 요시나가(二山義長, 1623~1709) : 에도 시대 전기의 유학자. 자는 하구요(伯養). 처음에는 불교를 좋아하다 뒤에 양명학에 기울었으나, 결국은 의문을 품고 주자학으로 귀의했다.
59) 오쓰카 다이야(大塚退野, 1678~1750) : 에도 시대 중기의 유학자. 처음 주자학을 배웠으나 장년이 되어 양명학으로 전향했다. '실천궁행(實踐躬行)'을 강조했다.
60) 고가 세이리(古賀精里, 1750~1817) : 에도 시대 중기의 유학자. 교토와 오사카에 유학한 뒤에 주자학을 존숭하게 되었다. 1791년 사가번(佐賀藩) 번후를 따라 에도에 가 번신(藩臣)으로서 처음으로 쇼헤이코(昌平黌)에서 경학을 강의했다. 시바노 린잔(柴野栗山), 비토 지슈(尾藤二洲)와 함께 간세이 삼박사(寬政の三博士)로 불렸다.
61) 오하시 도쓰안(大橋訥庵,1816~1862) : 에도 시대 후기의 유학자. 존왕양이 사상가. 사토 잇사이(佐藤一齊)에게 유학을 배웠다. 양명학을 배척하고 주자학을 신봉하며 과격한 양이론을 주장하였다.

빌려올 수도 없는 우리 신도를 세워야 한다"고 하면서 신도가 근본이어야 함을 소리 높여 주장했다. 오시오 주사이 역시 이세(伊勢)의 대묘(大廟)62)를 깊이 숭경하며 난을 일으켰을 때 깃발에 덴쇼코타이 신궁(天照皇太神宮)이라고 썼다. 오쿠노미야 조사이63)가 신도와 왕학의 일치를 도모한 일 역시 우리의 주의를 요하는 바이다.

요컨대, 양명학이 일본화한 것은 의심할 수 없는 사실이다. 신도와 합일하는 경향은 단지 현저한 하나의 징후에 지나지 않는다. 일본의 양명학은 신도와의 관계 외에도 그 자체로 일본적 경향이 있다는 것을 부정할 수 없다. 일본인은 본성이 단순한 것을 좋아한다. 그런데 학으로서는 양명학보다 단순한 것이 없다. 단순하고 단도직입적(簡易直截)이라는 것이 정말 맞는다. 이 때문에 일본인이 양명학에 접하자마자 그 본성이 그 학설에 맞서서 서로 기꺼이 받아들이고 서로 융해하여 하나가 되어, 담담한 활기를 안으로 쌓아 일에 적용해서 발하는 것이 번갯불과 같이 사람들의 눈을 현혹하는 것이 있었다. 일본 양명학파의 인물을 일별하면 추측할 수 있을 것이다. 지나에서도 양명학파의 사람은 빼어난 아름다움이 왕왕 두드러진다. 그러나 일본의 양명학파는 실로 활발한 사적을 이루고 혁혁한 흔적을 남겨 지나의 양명학파보다 훨씬 뛰어나다. 이로써 일본 양명학파의 역사적 연구는 재미가 적다고 할 수 없다.

다만 양명학파 사람은 저서가 많지 않고 이론 역시 결핍되었다. 그리하여 철학으로서 이것을 보면 너무 양도 적고 깊이도 얕다. 그러나 실행에 도움이 될 만한 사람이 많다는 것은 단연 의심할 바가 없다. 양명학파 사람의 논저는 대단히 적지만 그들의 행장(行狀)은 저

---

62) '이세(伊勢)의 대묘(大廟)'는 이세신궁(伊勢神宮)의 별칭이다.
63) 오쿠노미야 조사이(奧宮慥齊, 1811~1877) : 에도 시대 말기의 유학자. 사토 잇사이(佐藤一齊)에게 양명학을 배웠다. 메이지 유신 후에는 고치번(高知藩)에서 이타가키 다이스케(板垣退助)가 주도한 번정개혁(藩政改革)에 관여하고, 애국공당(愛國公党) 결성에도 참가했다.

서를 대신할 수 있는 것으로 저서보다도 오히려 사람에게 가르치는 것이 많다. 지행일치가 그들의 주의인 바, 그들은 아는 바를 실행한다. 그러므로 그들의 행장은 그들이 아는 바를 발현한 것이며 실로 그들의 논저를 대신하기에 족하다. 이 때문에 그들의 행장은 충분히 학자들이 연구할 가치가 있다.

그러나 왕학 역시 폐해가 없는 것은 아니다. 왕학은 주관적으로 기울기 쉽다. 주관적으로 기우므로 객관적 사실을 경시하고 여차하면 바로 감정으로 치달아 자신을 망치는 자가 있다. 그 이유는 무엇인가? 도덕은 주관적으로 원만한 경계에 달할 수 있다. 그러므로 왕학자는 치양지致良知 공부에 의해 주관적으로 원만한 도덕을 실현하기를 도모하며, 단지 이 한길로 달린다. 그리하여 주관적으로 말하면 실로 우아하고 아름답다. 나카에 도주는 말할 것도 없고 미와 싯사이나 나카네 도리라고 해도 그 심경이 정결하고 순수하다는 것은 좀처럼 경시할 수 없는 일이다. 그 외의 왕학자라고 해도 문명의 지식 면에서는 경시할 수 있어도 오직 그 심덕 한 점에서는 영원히 후인의 존경을 받기에 족하다.

그러나 도덕은 단순히 주관적으로만 완전을 구할 수 없다. 객관적으로도 완전해야 한다. 객관적으로 완전하려면 객관적 지식을 개발하는 것 만한 것이 없다. 객관적 지식은 모두 우리에게 우리가 어떤 상황 또는 어떤 시세時勢에 응해 처신할지를 가르친다. 주관적인 도덕을 진보하게 하는 것 역시 객관적 지식이다. 주관적으로는 선이어도 그 선을 행위로 실현하는 데는 그 상황과 시세를 알아야만 한다. 그런데 상황과 시세란 계속 변하는 것이다. 그래서 객관적 지식이 필요하다. 객관적 지식에 의해 선을 실현하는 방법을 개량할 수 있으며, 이로써 도덕 역시 진보할 수밖에 없다. 그러므로 도덕을 실행하는 데에는 주관적 공부와 객관적 지식을 함께 가져야만 한다. 즉 심법과 학술 모두를 필요로 한다. 만약 그 하나를 결여한다면 이는 새의 한쪽 날개를 잃는 것과 같다. 그런데 왕학자는 주관적 일방으로 치우치므로 객관적 지식을 거부하고 도덕을 진보하게 하는 이치를 모른다. 우리가 왕학에서 도저히 좌시할 수 없는 바는 여기에 있다.

그러나 단점이 있는 곳이 바로 장점이 있는 곳이다. 왕학자가 객관적 지식을 구하지 않고 주관적 일방에 기우는 것은 옳지 않지만 이는 결심을 하는 데는 적절한 방법이다. 내 마음을 돌아보아 한 점 부끄러움 없으며 정도를 가고 정의에 의한다면 무엇을 두려워하랴, 모든 불선과 불의를 배척하고 나의 도덕을 실행할 뿐이다. 이렇게 사유하고 결심한다. 이리하여 때때로 상황과 시세를 돌아보지 않고 산을 뽑고 바다를 뒤집을 듯한 일도 못할 것이 없다. 시부이 다이시쓰[64]는 "믿어 지키고 실행하여 어기지 않는 데는 양명가를 넘는 것이 없다. 야마자키 안사이[65]는 그다음이고 오규 소라이가 그다음이다. 의지해도 유감으로 여기지 않고 배척해도 보복하지 않는 자는 오직 하야시 라잔의 무리이다."(『독서회의讀書會意』권중卷中)라고 말했다. 양명파의 실행이 다른 학파보다 우월하다는 것은 사실이다. 지금 윤리학 연구는 점점 일어나고 있다. 그러나 윤리설윤리학은 혹은 이기라고 하고 혹은 이타라고 하고 혹은 실현이라고 하고 혹은 완성이라고 하여, 서로 착종하며 하나로 정해지지 않는다. 후생들이 점점 배울수록 점점 혼란스러운 감이 없지 않다. 이로써 윤리학에 조예가 깊다고 평가되는 자도 득도得道라는 한 점에서는 고인에게 부끄럽지 않을 수 없다.

---

64) 시부이 다이시쓰(澁井太室, 1720~1788) : 에도중기의 한학자. 린케(林家)에 입문하였다. 주자학을 중심에 두면서도 관용적인 학풍으로 사쿠라번(佐倉藩)에서 교육에 힘썼다.

65) 야마자키 안사이(山崎闇齊, 1619~1682) : 에도 전기의 유학자, 신도가. 불가에 출가했으나 유학으로 전향해 환속한 뒤, 불교를 이단으로 비판했다. 주자학 신봉의 입장에 서서 기몬학파(崎門學派)를 열고 수많은 제자를 배출했다. 또한 요시다(吉田) 신도와 주자학을 결합한 스이카신도(垂加神道)의 창시자이기도 하다.

그러므로 이론의 연구를 필요로 하는 것과 동시에 심덕의 연마를 필요로 해야 한다. 그리하여 심덕의 연마라는 일에 관해서는 왕학 또한 후생에게 도움이 되지 않겠는가. 왕학은 선禪이 유교와 합일하여 배태된 것으로, 선과 마찬가지로 동양에 특이한 일종의 심법이다. 이러한 심법은 유도柔道와 비슷하다. 유도는 완력에 응용된 심법이다. 심법은 정신계의 유도이다. 유도는 서양에는 없고 심법도 서양에 없다. 서양에 전혀 없다고 말할 수는 없지만 어쨌든 우리나라에서와 같은 심법은 없다고 할 수 있다. 서양의 윤리는 심덕의 연마를 주로 하는 것이 아니라 지적 탐구를 주로 한다. 바꿔 말하면 지적 탐구에 의해 도덕주의를 확정하고 뒤에 실행하려고 한다. 이 둘은 합일해야 하며 치우치거나 폐기해서는 안 된다. 만약 이 둘이 합일하면 동서양 도덕의 장점을 한 덩어리로 하여 고금에 없었던 위대한 도덕을 실현할 수 있을 것이다. 서양의 문명은 처음에는 동양에서 수입되었다고 생각한다. 그 문명은 점차 만연하여 결국 미국에 이르고 미국을 횡단하여 서해안을 떠나 결국 우리 나라와 접촉하게 되었다. 이에 마치 전기가 음극과 양극이 서로 접촉하듯이 동서양의 도덕이 갑자기 충돌하는 모습을 보인다. 이는 장차 도덕을 배태하려고 하는 징후에 불과하다.

일본고학파의 철학 — 서

나는 메이지 30년(1897) 이후 종래 일본의 철학을 역사적으로 서술함으로써 앞으로의 철학과 계통적으로 연결되도록 하고자 했다. 먼저 『일본양명학파의 철학』을 저술해서 1900년에 세상에 발표하였다. 그 후 바로 야마가 소코,[66] 이토 진사이, 오규 소라이 등 고학파古學派 계통을 탐구하여, 2년에 거쳐 대략 탈고하게 되었다.[67] 그리하여 이를 인쇄에 부쳐 같은 관심의 학자들이 나눠 읽기를 바란다. 이 책을 쓰면서 어느 정도 미력을 다했다고 생각하지만 아직 결점이 있을 것이라는 두려움이 있다. 독자가 편지로 가르쳐 준다면 반드시 훗날 보정하는 노력을 아끼지 않을 것이다. 그렇다면 나만 행복한 일이겠는가.

이 책은 고학파의 철학을 주로 서술하므로 초상을 삽입하는 일은 본래 의도하지 않았다. 그러나 우연히 야마가 소코, 이토 진사이, 이토 도가이,[68] 오규 소라이의 초상을 얻었다. 그런데 모두『선철상전先哲像傳』[69]에 실린 것과 같지 않았다. 그래서 이를 삽입하게 되었다. 그 가운데 야마가 소코의 초상은 도노사키 가쿠[70] 씨가 기증한 것이다. 이토 진사이와 이토 도가이의 초상은 백작 마쓰다이라 나오아키[71] 씨

---

66) 야마가 소코(山鹿素行, 1622~1685) : 에도 시대 전기의 고학파 유학자, 병학자. 9세에 하야시 라잔의 문하에서 주자학을 배웠고, 군사학, 신도, 노장 등에도 정통해 박학으로 유명했다. 44세에 고학의 입장임을 천명하며 주자학을 비판했다.

67) 井上哲次郎『日本古学派之哲学』富山房, 1902.

68) 이토 도가이(伊藤東涯, 1670~1736) : 이토 진사이(伊藤仁齋)의 장남으로 아버지를 이어 사숙 고의당(古義堂)을 운영했다. 아버지, 동생들과 함께 고의학(古義學) 융성의 기초를 닦았다. 아버지가 남긴 책을 편집하고 간행하는 데 힘쓰는 한편『훈유자의(訓幼字義)』라는 스스로의 책도 남겼다.

69)『선철상전(先哲像傳)』은 하라 도쿠사이(原德齋, 1800~1970)가 1845년, 에도 시대 유명한 학자들의 초상을 모아 간략한 전기를 덧붙여 출간한 위인전이다.

70) 도노사키 가쿠(外崎覺, 1859~1932) : 메이지 전기의 유학자. 1892년 '스가루(津輕) 고도서 보존회'를 설립했다. 뒤에 문부성 유신자료조사원을 역임했다.

71) 마쓰다이라 나오아키(松平直亮, 1865~1940) : 일본근대의 농업경영자, 정치가.

의 증여이다. 오규 소라이의 초상은 오쓰키 후미히코[72] 씨가 소장한 그림에 의한다. 이토 진사이와 이토 도가이의 초상은 대개 호리카와 문인이 그린 것이며, 오규 소라이의 초상은 다이라 세이인 平世胤[73](즉 가부라기 바이케이)이 그린 것이다. 도노사키 씨와 마츠다이라 씨 두 사람의 호의에 감사한다. 또 오츠키 씨가 소장한 그림을 사용하도록 허락해 주어 감사한다.

인쇄는 이미 끝났지만 아직 보태고 고치고 할 부분이 적지 않다는 것을 알았다. 그러나 스스로 만족할 때까지 수정하는 일은 하루아침에 할 수 있는 일이 아니다. 그래서 일단 초고 그대로 발행한다. 근소하나마 학계의 결함을 보충한다는 것으로 스스로 위로를 삼는 바이다. 글자를 바꿔 쓴 오류는 낙엽과 마찬가지로 찾는 대로 쓸어버리지만 또 남아 있을 것이다. 아직 쓸어버리지 못한 것이 있으면 다른 날을 기다려 일소하기를 기대할 뿐이다.

1902년(메이지 35)년 8월 19일
이노우에 데쓰지로 씀

1882년 가쿠슈인에 입학하였으나 1884년 자퇴하였고 이후 정치학, 한학, 영어 등을 개인 교사에게 배웠다. 1904년 귀족원 백작 의원 보궐선거에서 당선되었다. 일본 고도카이(弘道會) 회장, 이즈모(出雲) 육영회 회장, 육영회 총재, 제실 박물관 고문 등을 지냈다.

72) 오쓰키 후미히코(大槻文彦, 1847~1928) : 일본근대 국어학자. 메이로쿠샤(明六社) 회원. 제국학사원회원. 사전 편찬자, 언어학자로 유명하다.

73) 다이라 세이인(平世胤, 1749~1803) : 에도 시대 나가사키파(長崎派) 화가. 본명은 가부라기 바이케이(鏑木梅溪).

제3장 동양철학

일본고학파의 철학 — 서론

가마쿠라鎌倉 시대74)부터 일본열도에 점점 전쟁이 많아졌다. 특히 겐코元弘75)・겐무建武76) 무렵부터 완전히 난세가 되어, 도도한 천하에 오직 무武가 있다는 것을 알 뿐 문文이 있음을 몰랐다. 한 시대 문학의 권한을 모두 오산五山77)의 승려들 손에 맡기기에 이르렀다. 지금 그 상황을 생각해 보면 서양의 암흑시대를 방불케 하는 감이 없지 않다. 그러나 도쿠가와 씨에 이르러 해를 거듭한 병란이 완전히 조용해지고 기운이 바뀌어 갑자기 문학의 부흥, 즉 르네상스78)를 촉진했다. 이런 탓인지 유교를 연구하는 자가 연이어 배출되어 주자학과 양명학은 각각 일파를 이루게 되었다. 이때에 별도의 기치를 올리고 새롭게 일파를 열어 급작스럽게 이채를 발하는 것이 나타났다. 그것이 바로 고학파이다.

문학부흥은 오랫동안 황폐화되었던 문학의 기운을 다시 환기했는데, 그 추세는 단순히 계승하는 데 머문 것이 아니라 문학 기운이 다시 환기된 이상 여기에서 일전하여 더욱 진보한 새로운 방면을 열어야 했던 것은 필연의 결과일 것이다. 이른바 고학파가 이와 같은 필연의 결과로서 일어난 것은 분명하다. 왜냐하면 고학은 고대의 학으로 복귀하는 것을 도모하기 때문에 새로운 것을 열 만한 창견이 조금도

---

74) 12세기 말에서 1333년까지, 막부가 가마쿠라(현 가나가와켄 가마쿠라시)에 있었을 때를 가리킨다. 본격적으로 무가(武家) 정권에 의한 통치가 시작된 시대이다.
75) 1331년부터 1334년까지의 연호.
76) 1334년부터 1336년까지의 연호.
77) 오산(五山)은 정부가 최상의 사찰에 주지를 임명하는 관제 사찰이다. 남송시대 정부가 특별한 보호와 관리를 위해 선종의 절에 설치한 것이 시초이며, 일본에서는 1253년 교토(京都) 중심으로 임제종(臨濟宗) 다섯 개의 선사를 정했다. 그래서 '교토오산(京都五山)'이라고도 한다.
78) 당시 이노우에가 르네상스를 '문학부흥'으로 번역했음을 알 수 있다. 일본에서 '문학'은 소설이나 시 등의 장르를 가리키는 외에, 인문학을 지칭하기도 한다. 현재에도 한국의 인문대학에 해당하는 일본대학의 단과대학은 '문학부'인 경우가 많다.

없는 것 같지만, 사실은 결코 그렇지 않다. 만약 고대의 학은 옳고 바른데 반해 후세의 학은 극심한 오류에 빠져 있다면, 후세의 학의 잘못된 견해를 간파하여 발길을 고대의 학으로 돌릴 필요를 제창하는 것은 새로운 면목을 여는 것이 아니고 무엇이겠는가. 고학은 글자 그대로 고대의 학이지만, 또한 한편에서 보면 새로운 학 즉 신학新學이라고도 할 수 있다.

송학 이후 세상의 학자들은 주자를 받들지 않으면 양명을 받들어 두 사람의 견해에서 벗어나는 자가 없었던 즈음, 대담하게도 그 오류를 갈파하여 일어난 것은 지나인이 아니라 일본인이었다. 먼저 주자학의 범위를 벗어나 초연하게 고학으로 돌아간 이는 야마가 소코와 이토 진사이이다. 두 사람의 견해는 약속하지 않았는데도 은근히 일치한다. 거의 동시에 수사洙泗79)의 연원으로 거슬러 올라갈 필요를 간파했다. 그러나 야마가 소코가 먼저 그 학설을 발표하고 이토 진사이가 그 뒤를 이었다. 그러므로 역사상의 순서도 여기에 따라야 한다. 다만 야마가 소코가 출판한 저서는 막부 때문에 절멸되었으므로 세상에 많이 전하지 않는다. 따라서 야마가 소코의 고학파에 대해 아는 자도 거의 없다.

이에 반해 이토 진사이의 저서는 사후에 거의 모두 출판되어 세상에 널리 전파되었다. 그러므로 영향 역시 얕다고 할 수 없다. 이리하여 세상에서 고학파를 논하는 사람도 야마가 소코에 대해서는 말하지 않고 오로지 이토 진사이로 비조를 삼는다. 오규 소라이도 야마가 소코의 고학은 언급하지 않고, 고학을 논할 때는 이토 진사이를 거론한다. 이는 이토 진사이의 저서에 의해 자극받고 결국은 고학으로 바꿨기 때문이다. 요컨대 야마가 소코와 이토 진사이와 오규 소라이,

---

79) 중국의 수수(洙水)와 사수(泗水)를 말한다. 공자가 이 근처에서 학생들을 가르쳤다고 한다. 그래서 '수사(洙泗)의 학'이라고 하면 공자의 학문을 가리킨다.

이 세 사람은 고학파의 대표자로 가장 탁월한 사람들이다. 그런데 각자 삼인 삼색이다. 이는 모두 고학을 표방하면서도 합해서 하나가 되지 않는 이유이다. 삼인 삼색이란 야마가 소코는 병학자^{兵學者}로서 유학을 탐구하여 유학과 병학을 합하여 한 덩어리로 만든 경향이 있다. 이토 진사이는 군자의 태도를 취하고 오로지 개인적 도덕의 실행을 도모하는 경향이 있다. 오규 소라이는 주로 공리주의를 주장하고, 문학자와 정치가의 자격을 구비한 경향이 있다. 그러므로 이 세 사람은 고학파 가운데서도 또한 저절로 세 파를 이룬다. 다만 야마가 소코는 고학에 관한 학설을 조술한 것이 적어서 이토 진사이나 오규 소라이와 같은 강대한 고학파를 이루지 못했다.

고학파는 야마가 소코, 이토 진사이, 오규 소라이 할 것 없이 모두 한결같이 실천주의^{活動主義}를 주장하여 송유의 정적주의^{寂靜主義}에 저항했다. 이것은 일본 민족 특유의 정신으로서, 이 점에서는 오늘날에도 조금도 다르지 않다. 오늘날 학리에 비춰서 생각해 보면 고학파의 학설에서 비난할 만한 점이 적다고 할 수 없지만, 후인을 경계하고 깨우치는 데 충분한 점은 종종 있다. 특히 일본민족 특유의 정신을 가지고 있는 점은 고금의 거리가 있음에도 불구하고 한줄기 마음이 상통한다. 말없이 통할 때의, 몸이 춤추고 피가 끓는 통쾌함이 있다.

일본고학파의 철학 — 결론

고학은 문학부흥(즉 르네상스)의 결과로 일어난 연구로서, 결국은 직접 공자의 뒤를 잇겠다는 향상적 진보로서 문학부흥에 의해 우리 나라의 학자가 일거에 후세 학문의 오류를 간파한 것에 뿌리를 두고 있다. 이는 단지 유교에 대해 그렇게 얘기할 수 있을 뿐 아니라 의학이나 국학에 대해서도 역시 복고의 정신이 아닌 것이 없었다. 의학에서는 고토 곤잔[80]·야마와키 도요[81]·요시마스 도도[82]의 무리들이 복고를 제창했고, 국학에서는 가다노 아즈마마로[83]·가모노 마부치[84]·모토오리 노리나가 등의 무리가 복고를 제창했다. 마찬가지로 유교에서도 야마가 소코·이토 진사이·오규 소라이의 무리가 복고를 주장했다. 이들은 우리 나라 사상발전의 순서에서는 확실히 일보 전진한 사람들이다. 이처럼 복고의 학을 총칭하여 고학이라고 하지만, 어떤 의미에서는 오히려 신규의 학이다. 비토 지슈[85]가 "이토와 소라이의 무리는 모두 자칭 고학을 한다. 이른바 옛것이란 정주를 따르지 않는데 붙은 이름이다. 그 설은 모두 신기해서 옛것이라고 할 만한 것이 없었다"(『소찬록素餐錄』)라고 하는 것도 역시 이 때문이다. 적어도

---

80) 고토 곤잔(後藤艮山, 1659~1733) : 에도 시대 의사. 후한말의 장중경(張仲景)의 실증적 정신으로 복귀하려는 고방파(古方派)를 대표하는 의사이다.

81) 야마와키 도요(山脇東洋, 1706~1762) : 에도 시대 의학자. 금지되어 있는 인체 해부를 막부의 의관으로서 일본에서 처음 시행하고 그 기록을 발표했다. 신식 실험주의의 선구자. 일본근대의학의 단서를 열었다고 평가된다.

82) 요시마스 도도(吉益東洞, 1702~1773) : 고방파(古方派)를 대표하는 한방의. 『상한론』을 중시하면서 그 안의 음양오행설은 후세에 들어간 내용이라 간주하여, 관념론으로 배척하였다. 일본근대의학 중흥의 단서를 열었다고 평가된다.

83) 가다노 아즈마마로(荷田春萬, 1669~1736) : 에도 시대 중기의 국학자, 가인(歌人). 가모노 마부치(賀茂眞淵)·모토오리 노리나가(本居宣長)·히라타 마쓰타네(平田篤胤)와 함께 4대 국학자로 불린다.

84) 가모노 마부치(賀茂眞淵, 1697~1769) : 에도 시대 중기의 국학자. 가다노 아즈마마로(荷田春萬), 모토오리 노리나가(本居宣長), 히라타 마쓰타네(平田篤胤)와 함께 4대 국학자로 꼽힌다.

85) 비토 지슈(尾藤二洲, 1745~1814) : 에도 시대 후기 유학자. 시바노 리쓰잔(柴野栗山), 고가 세이리(古賀精里)와 함께 간세이(寬政)의 3박사로 불린다.

제3장 동양철학

송유 이래의 폐해를 일소하고 수사의 연원으로 거슬러 올라가는 중요함을 갈파한 것이 어떻게 신규가 아니겠는가.

그러나 고학은 종국적인 것은 아니다. 왜인가? 공자는 본래 성인으로 인정될 만해서 영원히 후인의 품성수양에 도움을 주는 바가 있지만 지와 덕이 공자에서 완성됐다고 할 수는 없다. 설사 실제로 지와 덕에서 공자보다 뛰어날 수 없다고 해도 그것이 표상하는 바는 공자의 지와 덕보다 뛰어난 사람이 있다는 것이다. 바꿔 말하면 이상으로서 공자보다 뛰어난 인격을 구성할 수 있다. 야마가 소코, 이토 진사이, 오규 소라이의 무리가 송유의 인물과 학문을 비평하고 나아가 이로부터 높고 큰 이상을 구성할 수 있는 것은 칭송해야만 하는 부분이지만, 왜 동일한 정신으로 공자의 인물과 학문을 비평하지 않는가? 오늘날 시점에서 말해 보면, 공자의 인물과 학문도 송유의 것과 마찬가지로 비평해야 할 점이 많다. 공자도 '후생가외後生可畏'라고 했다. 이는 후생의 진보를 헤아릴 수 없다는 것을 예상하고 논파한 것이다. 그런데 과연 후생은 두려워할 만한가? 만약 공자를 맹신해서 숭배를 일삼는다면 어떤 두려워할 만한 것이 있겠는가.

지와 덕은 공자가 사사롭게 가진 것이 아니다. 공자의 인물과 학문도 가차 없이 비평하고 공자라는 특수한 인격 이외에 이상적인 지와 덕을 추구해야 한다. 학은 진리를 연구하는 것을 목적으로 한다. 진리는 공자보다 귀하다. 그러므로 진리에 의해 공자를 비평하는 것을 옳다고 여겨야 하고, 공자의 말에 의해 진리를 논정해서는 안 된다. 요컨대 학으로서는 공자에 복귀하는 것보다 오히려 진리를 구명하고 이에 의해야 한다. 만약 이러한 일이 진행됐다면 반드시 유교의 범위를 초탈하여 사상 독립의 단서를 열고 국민 철학의 기초를 이룩했을 수도 있다. 그런데 야마가 소코, 이토 진사이, 오규 소라이의 무리가 비교적 비평적인 정신을 가졌음에도 불구하고 단지 공자로 복귀하는 데에 그치고 결국 그 이상 나아가지 못한 것은 유감이다.

3.2 에도유학 삼부작: 서론과 결론

고학파의 사람은 소라이 일파를 제외하면 모두 공자를 이상으로 삼는다. 모두 품성을 수양하여 공자처럼 되기를 희망한다. 소라이는 성인이 되는 학은 잘못이라고 논했지만 역시 성인의 도를 발휘하는 것을 임무로 삼았다. 이 역시 바로 공자의 뒤를 따르려는 것이다. 야마가 소코, 이토 진사이, 오규 소라이 할 것 없이 고학파 사람의 눈에는 인격으로서 공자보다 위대한 자는 없다. 이리하여 모두 복고를 도모했다. 그러나 오늘날 이것을 생각하면 위대한 인격은 오직 공자에 한정되지 않는다. 석가도 있고 예수도 있고 소크라테스도 있고 기타 칸트, 다윈[p.63] 등 여러 사람이 있다. 시험 삼아 이들 인격을 비교하고 고찰하면 반드시 장점과 단점이 있음을 발견할 것이다. 그러므로 이들 수많은 위대한 인격에서 장점을 추상하여 섞어서 한 덩어리로 만들고, 이를 가지고 이상적 인격으로 삼는 것이 최선이다. 사적 인격은 아무리 위대해도 반드시 어떤 단점이 있다. 이는 역사적 사실로서, 바꿀 수 없다.

다만 이상으로서는 이러한 단점을 제거하고 생각할 수 있는 가장 원만한 인격을 구성할 수 있다. 공자의 성인됨은 본래 부정할 수 없지만 과학사상을 갖지 못한 점, 권리사상을 갖지 못한 점, 또 자유진보의 관념이 부족한 점, 논리사상과 철학사상이 결핍된 점 등은 이상적 인격에 비하면 이를 모두 결점으로 넣지 않을 수 없다. 만약 오로지 전념하여 공자를 숭배하고 공자를 유일의 이상으로 삼고 동작, 말과 행동 모두 공자를 본받으려고 하면, 반드시 단점도 같이 모방하여 앞다투어 인습의 습속을 이루고 결국 다시 누습을 타파하지 못하는 데 이를 것이다. 유교가 행해진 결과로 동양문명이 모두 그 결점을 실현해온 것은 오늘날 너무나 현저한 사실이다. 이에 의해 오직 공자만을 앞으로의 이상적 인격으로 삼을 수 없다는 것은 미루어 알 수 있다. 만약 예로부터 역사적 인격 가운데 이를 논해 보면 공자처럼 결점이 적은 사람은 거의 다른 데서 찾을 수 없을 것이다. 그러나 이를 추상화하여 구성한 이상적 인격에 비한다면 역시 결점을 지적할 만한 것이 많다는 것을 알게 될 것이다.

　추상적 관념이 빈약한 사람은 구체적인 이상을 필요로 한다. 구체적 이상을 필요로 하는 한은 공자처럼 역사적 인격을 취할 수밖에 없다. 그러나 공자와 같은 역사적 인격을 유일의 이상으로 삼을 때는 단지 과거를 돌이키게 되므로 보수적이고 퇴보적이 되기 쉽다. 공자와 같은 인격을 실현하려고 하면 실현되어야 할 상태는 이상으로서 오히려 장래에 있지만, 실현하려는 이상은 과거의 역사적 인격이다. 그리하여 오로지 과거의 역사적 인격을 이상으로 삼아 이에 근접하려고 하며, 그 결과는 진보적이 아니고 필연적으로 진보에 역행하게 된다. 후세에는 누구라도 놓인 상황이나 시세 등이 공자의 경우와 같지 않기 때문에 공자처럼 될 수 없다. 단지 조금이라도 공자와 닮은 곳이 있으면 이상의 얼마간을 실현했다고 할 수 있을 뿐이다. 이처럼 된다면 고대를 뛰어넘어 전진하는 일은 생각도 할 수 없다. 지나 문명이 한 걸음 나가고 열 걸음 퇴보하는 길을 밟아 해가 갈수록 퇴락하고 가라앉는 것은 실로 여기에 연원이 있다고 할 수 있다.

　이상은 추상적으로 장래에 있어야 한다. 이를 이상적인 이상이라고 한다. 추상적 이상은 과거의 역사적 인격의 장점을 모아 새롭게 우리 두뇌 안에서 그려낸 것이다. 이처럼 그려낸 이상은 본래 과거에 있었던 적이 없다. 단지 우리 두뇌 속에 있을 뿐이다. 그러므로 이를 실현하는 것은 단지 장래에 있을 뿐이다. 그런데 이상은 인식과 함께 진화하며 경험과 함께 발전하기 때문에, 이를 실현할 수 있는 때는 없다. 만약 이를 실현했다고 한다면 진화발전은 종결될 것이다. 그러나 이를 실현할 수 없기 때문에 진화발전에 제한은 없다. 바꿔 말하면 이상은 과거에 있지 않고 영원히 미래에 있다. 단지 영원히 미래에 있는 이상일 뿐이다. 그리하여 최고 최대의 이상이 될 수 있다. 이에 의해 보면, 고학파의 견해가 전도된 것이라는 것은 참으로 불을 보듯 분명하다.

　그러나 한 가지 더 주의해야 할 점이 있다. 무엇인가? 이토 진사이는 사단四端과 사덕四德(즉 인의예지)을 나누고, 사단을 내부적인 것으로 사덕을 외부적인 것으로 하여, 사단을 채우고 길러 사덕에 합일한다고 한다. 그러나 나미카와 덴민[86]은 사단과 사덕은 합일하며, 사단은 즉 사덕이고 사덕은 즉 사단이라고 하여 둘로 나눌 수 없다고 논한다. 덴민의 견해는 맹자의 뜻을 얻은 것이고, 이토 진사이의 견해는 맹자의 뜻이 아니다. 그러므로 맹자의 사단사덕설의 견해로서는 나미카와 덴민이 옳고 이토 진사이는 그르다. 이는 본래 말할 필요도 없는 사항이다. 그러나 만약 맹자를 떠나 논한다면, 이토 진사이는 이미 심원한 윤리상의 문제에 조금 접촉한 것이다. 그가 내부적이라고 하는 것은 칸트[87]가 말하는 '준칙格法'[88]에 해당하며, 그가 외부적이라고 한 것은 칸트가 말하는 '도덕적 이법Moralische Gesetze'에 해당한다. 그리고 이

---

86) 나미카와 덴민(並河天民, 1679~1718) : 에도 시대 중기의 유학자. 이토 진사이(伊藤仁齋)의 문인이었지만, 이토 사후 그가 주장한 설을 비판하고 형과 함께 새로운 학설을 주창했다.

87) 이마누엘 칸트(Immanuel Kant, 1724~1804) : 근대 계몽주의를 정점에 올려놓았고 독일 관념철학의 기반을 확립한 프로이센의 철학자이다. 『순수이성 비판』에서 칸트는 전통적인 형이상학과 인식론을 공격하고 있으며, 칸트 자신이 그 분야에 공헌한 점을 부각시키고 있다. 그가 만년에 출간한 다른 주요 저서에는 윤리학을 집중적으로 다룬 『실천이성 비판』과 미학, 목적론 등을 연구한 『판단력 비판』이 있다. 그는 종래의 경험론 및 독단론을 극복하도록 비판철학을 수립하였다. 인식 및 실천의 객관적 기준을 선험적 형식에서 찾고, 사유가 존재를, 방법이 대상을 규정한다고 하였다. 도덕의 근거를 인과율이 지배하지 않는 선험적 자유에서 찾고, 완전히 자유로운 도덕적 인격의 자기 입법을 도덕률로 삼았다. 그는 도덕적 인격을 목표로 하면서도 자의적인 '한 사람의 의욕과 다른 사람의 의욕이 자유의 보편원칙에 따라 합치될 수 있는 여러 조건'을 법이라 생각하였다. 칸트에게 내적 자유의 실현 수단인 법은 외적 자유를 제한하는 강제를 본질로 한다는 점에서 도덕과 엄격히 구별되었다.

88) 이노우에는 칸트의 'Maxime'을 '格法'으로 표기했는데, 오늘날에는 '준칙'이라는 번역어가 많이 사용된다.

제3장 동양철학

양자는 이율배반^{Antinomie}으로 끝내 합일될 수 없다.[89] ^{자세한 것은 *Der Kritik der praktischen Vernunft* S.119를 보라.}

도덕적 행위를 창시하는 근원에 대해, 종래 이를 내부적이라고 보는 것과 외부적이라고 보는 두 가지가 있다. 내부적이라고 보는 것은 즉 자율^{Autonomie} 을 근저로 하며, 외부적이라고 보는 것은 타율^{Heteronomie} 을 근저로 한다. 그런데 이토 진사이는 자율과 타율을 조화하려 한 경향이 있다. 바꿔 말하면 도덕상의 이율배반을 제거하려고 노력한 사람이다. 나미카와 덴민은 사단과 사덕을 합일시키고 논리상의 모순은 일소했지만 아직 도덕상의 이율배반을 제거하지는 못했다. 오규 소라이는 오직 타율만을 인정하고 자율과 타율의 관계가 어떤가에는 생각이 미치지 않았다. 그러므로 도덕상의 이율배반에 관한 문제는 이토 진사이에 의해 시작되었다고 해도 아직은 해결되지 않고 남아 있다. 그러나 오늘날 메이지 시대가 되어 윤리학 연구가 점차 일어나려고 한다. 자율과 타율의 논의 역시 앞으로 시끄럽게 학계를 움직일 것이다.

도덕이라는 사실은 홀로 자기에만 관한 것이 아니라 또한 자기

---

[89] 칸트에 따르면, 그가 정언명령이라 명명한 최고의 도덕법칙은 객관적인 법칙이고, 준칙은 우리가 행위할 때 따르는 주관적 원칙이다. 칸트는 우리가 자유의지에 따라 ('자율적'으로) 저 도덕법칙을 지킬 의무를 우리에게 부과하고 이 의무에 대한 존중심에서 행동할 경우만을, 즉 '도덕적 준칙'에 따라서 행한 행위만을 도덕적 행위라고 규정한다. 이노우에는 여기서 '주관적'을 '내부적'으로, '객관적'을 '외부적'으로 표현한 것으로 보인다. 그런데 "이 양자는 이율배반으로 끝내 합일될 수 없다"는 이노우에의 서술은 칸트의 입장에 대한 설명으로는 타당하지 않다. 칸트의 도덕철학의 핵심은 정언명령과 우리의 행위준칙의 합치에 대한 요청이다. 이노우에는 칸트가 '실천이성의 이율배반'이라 부른 것을 준칙과 도덕법칙 간의 관계에 대한 설명으로 오해하고 있는 듯하다. '실천이성의 이율배반'은 도덕법칙에 따른 행위(덕)와 행복 간의 관계에 대한 설명이다. 이노우에가 인용하고 있는『실천이성비판』제2권 제2장에서 칸트는 도덕성과 행복은 인간의 행위를 통해 실현 가능한 최고선의 두 요소로서 서로 필연적으로 원인-결과의 관계로 연결되어 있는 것으로 생각할 수 있어야 하는데, 행복을 추구하려는 욕망이 반드시 도덕적 행위의 원인인 것도 아니고, 도덕적 준칙에 따라 행위한다고 해서 그 결과가 반드시 행복을 가져오는 것도 아니라는 점을 지적하면서 이 둘의 성립 불가능성과 이 이율배반 문제에 대한 해법을 논하고 있다. (『실천이성비판』A204 이하 참조)

이외의 동류同類에 관한 것이기도 하다. 자기와 자기 이외의 동류는 현상으로서는 차별되어도, 과경적過境的[90] 실재에 의해 이를 보면 본래 어떤 모순도 없다. 그러므로 자기에게 있는 것은 또한 동류에게도 있고, 동류에게 있는 것은 또한 자기에게도 있다. 주관적으로 자기에게 있는 도덕은 객관적으로 동류에게 있는 도덕과 합일할 필요가 있다. 합일하는 이유는 바로 인도人道가 존재하기 때문이다. 여기에 이르면 진사이의 모순은 거의 불처럼 분명하다고 할 수 있다.

---

90) 칸트는 "인식의 한계를(경계를) 넘어서는"이라는 의미로 'transzendent'이라는 단어를 썼는데, 이노우에는 이를 '경계를 넘는다'는 의미에서 '過境的'으로 번역했다고 생각된다. 이노우에는 '과경적실재론[p.197]'은 현상 배후에 현상과 별개의 실재를 상정하는 실재론이라고 정리했다. 井上哲次郎「我世界觀の一塵」『哲學雜誌』89, 1894; 瀬沼茂樹編『明治哲学思想集』明治文學全集 80, 築麻書房, 1974 참조.

제3장 동양철학

일본주자학파의 철학 — 서

나는 1900년에 『일본양명학파의 철학』을 세상에 내놓고, 이어 1902년에 『일본고학파의 철학』을 세상에 내놓았다. 이로써 우리 나라의 양명학파와 고학파의 학파·학풍·학설 등을 소개하는 데 힘썼다. 그런데 또한 우리 나라 주자학파의 변천이 어떠한가를 천명하지 않으면 도쿠가와 시대에 가장 세력을 점했던 중요한 철학파의 연구가 아직 정비되었다고 할 수 없다. 그래서 1902년 9월부터 순정철학純正哲學[91]에 힘을 쏟는 한편에서, 별도로 우리 나라 주자학파의 역사적 연구를 시작하였다. 대략 3년을 지나 올해 9월에 이르러 차츰 그 개요를 서술하였다. 이에 이를 탈고할 수 있었다.

이에 모아서 한 권으로 만들어 『일본주자학파의 철학』[92]이라고 제목을 붙여 후잔보富山房 출판사에서 출간하게 되었다. 인쇄는 이미 이루어졌는데, 다시 이를 고찰해 보니 주자학파는 호리카와파堀川派[93] 이외의 고학파나 양명학파와 비교하면 조금 온건하고 중정을 얻었다는 감이 있다. 특히 교육이념으로 삼으면 유교의 여러 학파 가운데서 가장 위험이 적은 것이 된다. 다만 정적주의靜寂主義에 빠지는 것과 같은 위험이 적지 않다. 주자학을 개괄하면, 사람을 온량하게 하고 공손하게 하며 또한 독실하게 한다. 간단하게 말하면 사람으로

---

[91] 이노우에는 '순정철학'을 'pure philosophy'에 대응시키면서 다음과 같이 설명한다. "철학은 諸과학이 資給하는 재료를 통합하고 그로써 천지가 유행하는 가운데에서 스스로 변화하지 않는 것이 있음을 탐구하는 학이다. 즉 모든 변화가 의거해서 일어나는 본원을 稽査하는 학이다. 이처럼 넓게 총체와 관련된 철학을 순정철학(퓨어필로소피)이라고 하고, 일사일물에 나아가 철학법에 의해 진리를 탐구하는 학도 철학에 속한다. 심리, 윤리, 논리 등의 여러 학들이 그것이다."(井上哲次郎『西洋哲學講義』, 1883;『井上哲次郎集』第1卷, p.2) 이 설명에 의하면 불변의 '실재'를 탐구하는 것으로 'metaphysic' 즉 형이상학에 상응하는 용어라고 생각된다.
[92] 井上哲次郎『日本朱子学之哲学』富山房, 1905.
[93] 호리카와파(堀川派)는 이토 진사이(伊藤仁齋)가 연 고의학(古義學)를 가리킨다. 이토 진사이가 교토의 호리카와(堀川)에 고의당(古義堂)을 열었기에 붙여진 이름이다.

하여금 군자가 되게 한다. 주자학은 공리주의와 완전히 상반되며 오로지 인격완성을 기약한다. 주자학파의 도덕주의는 지금의 이른바 자아실현설과 비록 형식상으로는 다르지만 그 정신에 있어서는 거의 동일한 궤도를 밟는 것으로, 영국 신칸트학파의 그린[94]·뮤어헤드[95] 등이 말하는 바와 왕왕 부절을 맞춘 듯하다.

즉 도덕주의는 고금을 통하고 동서를 관통하여 변하지 않는 것이 있음을 알 수 있다. 본래 주자학파의 학설이 모두 옳다거나 적확하다고 하는 것은 아니다. 오늘날 보면 잘못된 견해와 잘못된 생각이 많다는 것은 말할 것도 없다. 그럼에도 불구하고 그 가운데 영원불변한 도덕주의가 있다는 것은 부정할 수 없다. 주자학파는 이처럼 영원불변한 도덕주의를 취해서 성립한 것이므로, 사람으로 하여금 갑자기 귀를 멀게 하는 화려한 태도에서 나오는 것이 아니다. 그러므로 그 말이 여차하면 평범함으로 흐르기 쉽다. 그래서 사람들은 혹 이를 경시하는 경향이 없지 않다.

그러나 이에 반해 주자학파가 공급하는 것은 인생에 하루도 없어서는 안 되는 것임이 분명하다. 주자학파가 주장하는 것은 또한 평지를 가리켜 이를 보여주듯이 하나도 기괴한 일이 없다. 이에 반해 위험하고 또한 중정을 얻지 못하는 이설異說은 기산奇山이 우뚝 솟아 하늘 높은 곳에서 뛰어난 것같이 사람의 시선을 끌지만 결코 평범하지 않다. 사람이 평소에 밟으며 이용하는 것은 결코 이와 같은 기산이

---

94) 토마스 힐 그린(Thomas Hill Green, 1836~1882) : 영국 헤겔학파의 철학자. 옥스퍼드 대학교수. 칸트와 헤겔의 영향 아래, 경험론·진화론·자연주의 윤리론을 비판하고, 인식의 근원으로서 보편적 절대의식을 상정했다. 비판적 자유주의자로서 인간의 행위가 선을 지향하는 동기에 근거함을 강조하고 자아실현설(self realization)을 주장했다.

95) 존 헨리 뮤어헤드(John Henry Muirhead,1855~1940) : 영국의 철학자, 경제학자. 글래스고 대학, 런던 대학의 교수를 거쳐 버밍엄 대학에서 철학과 경제학을 강의했다. 케어드(Edward Caird)의 영향을 받은 영국의 신헤겔주의 철학의 대표자로 지목되며 영국 이상주의(British idealist)자로서 도덕·사회·정치 등 여러 영역에 관한 저작을 남겼다.

아니라 오히려 평평한 평지일 뿐이다. 그러므로 세상에 이 책을 읽는 자들은 주자학파의 학설이 천편일률 단조로운 것을 보고 이 때문에 감히 모멸하지 않기를 바란다. 주자학파의 학설에 관해 우리가 배워야 할 것이 적지 않지만 실행할 도덕에 이르면 우리가 배워야 할 것은 더욱 많다. 특히 후지와라 세이카, 하야시 라잔, 기노시타 준안,[96)] 안도 세이안[p.323], 무로 규소,[97)] 나카무라 데키사이,[98)] 가이바라 에키켄 등은 인격이 맑고 높고 품성이 순결한 우리 나라 주자학파의 대표자들이라 할 만한 사람으로, 말할 것도 없이 영원히 후세에 도덕적 모범을 보이기에 충분한 사람들이다. 지금은 러일전쟁이 이미 종결을 고하고 우리 나라의 위력과 영광이 크게 세계에 발양됨에 따라 구미의 학자는 점점 우리 나라가 강대한 이유를 구명하고자 한다. 이때에 도쿠가와 씨 삼백 년간 우리 나라의 교육이념이 되어 국민도덕의 발전상에 위대한 영향을 미친 주자학파에 대한 역사적 연구를 어찌 하루라도 늦출 수 있겠는가. 세상 학자들로서 덕교에 뜻이 있는 사람들은 깊이 이를 생각할 일이다. 내가 느낀 바를 약간 서술함으로써 서를 삼는다.

1905년(메이지 38) 11월 23일
이노우에 데쓰지로 씀

---

96) 기노시타 준안(木下順庵, 1621~1699) : 에도 시대 전기의 유학자. 후지와라 세이카의 제자인 마쓰나가 세키고(松永尺五)에게 배웠다. 1682년 에도막부의 유관(儒官)이 되어, 5대 쇼군 도쿠가와 쓰네요시(德川綱吉)의 시강(侍講)이 되었다. 막부의 편찬사업에 종사했다. 주자학에 기본을 두고, 고가쿠(古學)에도 열심이었다.

97) 무로 규소(室鳩巢, 1658~1734) : 에도 시대 중기의 주자학자. 기노시타 준안(木下順庵)에게 주자학을 배웠다. 훗날 아라이 하쿠세키(新井白石)의 추천으로 막부의 유관이 되었으며 요시무네의 시강(侍講)이기도 했다.

98) 나카무라 데키사이(中村惕齊, 1629~1702) : 에도 시대 전기의 주자학자, 초목학자. 독학으로 주자학을 배우고 천문지리, 도량형에서 음률까지 정통했다고 한다.

3.2 에도유학 삼부작: 서론과 결론

일본주자학파의 철학 — 서론

유교는 오진應神 천황 15~16년[99])에 백제를 경유해 처음 우리 나라에 수입되었다. 헤이안 시대에 이르러 경서와 제자류를 연구하는 자들이 점점 많아졌고, 특히 스가와라 우지[100])와 오에 우지[101])는 유교로 일가를 이루고 문하에서 많은 사인士人을 배출했다. 그러나 당시 유교는 대단히 성황을 이루었지만 철학적인 고찰은 조금도 단서를 열지 못했다. 불교에 관해서는 구카이처럼 다소 철학적인 사고의 결과를 서술하는 자가 없지는 않았으나 유교에 관해서는 단순히 한위漢魏[102])의 고주에 의해 경서와 제자류의 뜻을 말하는 것에 그칠 뿐, 스스로의 두뇌에 의해 철학적 사고를 한 것보다는 오히려 형식적으로 해석하고 이해하고 전승하는 데 힘썼다. 한위의 학자는 힘을 훈고에 쓰고 경의 뜻을 해석하는 일을 주로 하고 주말周末의 학자처럼 스스로의 두뇌로 철학적 고찰을 한 것은 아니다. 헤이안 시대의 학자는 이처럼 몰정신 몰취미의 훈고학을 먼저 수용하고 경서와 제자류를 연구했다. 이와 같으니 어떻게 눈빛이 종이 뒤까지 뚫을 수 있겠는가. 사상의 원천을 자신의 내적 세계에서 개척할 수 있겠는가. 철학적 고찰이 끝내 개시되지 못한 이유를 미루어 알 수 있다.

헤이안 시대에서 가마쿠라 시대에 이르기까지 유교는 차츰 쇠퇴했고 가마쿠라 시대 이래 나라 안에 전쟁이 점점 많아져서 무사를 숭상하고 문사를 가볍게 여겨, 철학사상을 배태하기에는 가장 불리했다.

---

99) 책에는 '應仁'으로 오식되어 있다. 오닌(應仁)은 1467~1469년의 연호이다. 오진(應神) 천황의 즉위연대는 특정할 수 없으나, 백제와의 관계를 참작하여 대략 4세기 말로 짐작한다.
100) 스가와라 우지(菅原氏)는 스가와라(菅原)를 씨명(氏名)으로 하는 씨족.
101) 오에 우지(大江氏)는 오에(大江)를 씨명(氏名)으로 하는 씨족.
102) 중국의 동한(東漢) 말과 위조(魏朝)를 합한 시기를 말한다.

특히 겐코元弘[103]·겐무建武[104] 무렵 즉 14세기부터 전반적인 난세가 되어, 이후 게이초慶長[105] 연간 즉 17세기 초, 도쿠가와 이에야스가 나라의 패권을 잡을 때까지 270여 년간 학문은 가장 쇠미하여 떨쳐 일어나지 못했다. 문학계의 황폐함은 이때보다 심한 때가 없었다. 이것이 우리 나라의 "암흑시대"이다. 주자학의 기원은 실로 이 암흑시대에 있다. 암흑시대를 거쳐 도쿠가와 초에 이르러 밝게 빛났으며, 평화의 서광과 함께 문학부흥(르네상스)은 날개를 펼치고 순식간에 위세를 떨쳤다. 이리하여 이 문학부흥의 선구로서 크게 인심을 격동하고 감화시킨 것이 주자학이다. 주자학을 도쿠가와 시대의 철학사상을 일으킨 주동자라고 칭하는 것도 결코 과언이 아니다. 여기에서 먼저 주자와 주자학의 지위를 일별해 보자.

주자의 이름은 희熹이고 자는 원회元晦·중회仲晦이다. 호는 회암晦菴이며 고정考亭이라고도 한다. 그 밖에 많은 별호가 있다. 남송의 건염 4년 9월에 연평의 우계에서 태어났다. (즉 기원 1130년) 우계는 지금의 복건성에 있다. 경원 6년 3월에 병사했다. (즉 기원 1200년) 71세였다. 독실하고 박학한 것으로는 비할 데가 없다. 베를린의 빌헬름 쇼트 씨는 학사회원에서 주자에 대해 논하면서, 그를 "polyhistor(박학가)"라고 칭했다. 참으로 타당하다고 할 수 있다. 주자는 일찍이 관에 종사해서 각종의 직에 복무했으며 그 전후로 상주한 것이 수십 회에 이른다. 직언을 꺼리지 않았다. 그러나 많은 경우 의론은 우원하고 시무에 적절하지 않았다. 그는 본래 정치가가 아니라 철두철미 도학의 스승이다. 도학의 스승으로서 그 감화의 위대함은 거의 공자에 필적한다. 그의 학문은 지나와 조선 그리고 우리 나라에 길이 영향을 미쳤다. 후세 그를 받들어 일어난 자들은 모두 다 헤아릴 수도 없다. 유교 가운데 여러

---

103) 겐코(元弘)는 1331~1334년의 연호.
104) 겐무(建武)는 1334~1336년의 연호.
105) 게이초(慶長)는 1596~1615년의 연호.

학파가 있어도 아직 그 일파의 세력을 뛰어넘을 학파는 없다. 주자는 저서가 대단히 많아 쌓으면 사람 키를 넘는다. 그러나 그의 학설은 주로 경經의 주해와 어류 및 문집이다.

주자와 주자학의 지위를 분명하게 하기 위해 지나의 학문 변천을 고찰해 보자. 지나의 학문은 주말周末부터 송까지 세 번 변했다. 주말의 학문은 지나 건국 이래 처음으로 빛을 발한 것으로 사상의 참신함, 기상의 활발함, 의론의 기발함은 지금도 위대한 것으로 볼 수 있다. 당시의 사상은 아직 단조롭지 않았다. 공맹 외에 제자백가가 자유롭게 의견을 말할 수 있었다. 주말은 철학적 고찰의 시대였다. 만약 한층 더 발달했다면 희랍의 고대와 견줄 수 있었을 것이다. 안타깝게도 진시황이 지나를 통일하고 나서 자유의 정신이 갑자기 질식되었다. 철학적 고찰은 거의 자취가 끊어졌다. 한에서 당에 이르기까지 1100여 년 동안, 떨어진 것은 별들뿐만이 아니었다. 철학적 고찰을 하는 자도 적어서 들을 수 없었다. 굳이 들자면 양웅,[106] 왕통,[107]

---

[106] 양웅(揚雄, B.C.53~A.D.18) : 서한 때의 관리, 철학자. 자는 자운(子雲). 전한(前漢) 말에 유행한 신비적이고 비합리적이고 미신적인 참위설(讖緯說), 천인상관설(天人相關說)에 반대한 철학자이다. 그의 저서 『태현경』(太玄經)에서는 세계의 근원으로 '현'(玄)을 설정하고, 현으로부터 방(方)·주(州)·부(部)·가(家)가 단계적으로 유출한다고 하면서, 사물 생성의 필연성, 합법칙성을 주장하였다. 『태현경』은 그 형식을 유교의 경서『역』(易)에서, 그 내용은 도가의 노자학파에서 받아들였는데, 이것은 그의 사상이 유가와 도가를 절충한 것이란 점을 시사한다. 즉 자연관에 관해서는 도가의 이론을, 윤리관에 대해서는 유가의 이론을 채용하였다. 참위설과 천인상관설에 대한 비판은 환담(桓譚)과 왕충(王充)에게 계승된다. '현'개념은 위진(魏晋)시대의 현학(玄學)에 섭취되었다.

[107] 왕통(王通, 584~617) : 중국 수나라의 사상가. 당나라 왕발(王勃)의 조부이다. 어려서부터 시·서·예·역에 통달, 스스로 유자(儒者)임을 자부하고 강학에 힘을 쏟았다. 문제(文帝)에게『태평10책(太平十策)』을 상주하였으나 채택되지 않았고, 다음 양제(煬帝)로부터는 부름을 받았으나 응하지 않은 채『문중자(文中子)』(10권)를 세상에 남겼다. 『당서(唐書)』, 『구당서(舊唐書)』에는 이렇게 전하나 청대(淸代)의 요제항(姚際恒)이 『문중자』의 의경설(擬經說)을 주장하는 등 의견이 분분하여 송의 정자(程子)나 주자(朱子) 등은 그를 견유(犬儒)로 평가한다.

한유,108) 동중서,109) 왕충110) 등이 있지만 모두 주말에 대한 박약한 반향에 지나지 않는다.

    수당 시기, 불교도 가운데 유력한 사상가가 나왔지만 주말과 어깨를 나란히 할 만한 독립적인 사상가는 나타나지 않았다. 전한 이래 학자들은 오로지 힘을 훈고학에 사용했다. 왕필,111) 공안국,112)

---

108) 한유(韓愈, 786~824) : 중국 당나라 때의 정치가이며 사상가, 시인이며 문장가. 자는 퇴지(退之)이며, 허난(河南)성 난양(南陽) 출신이다. 그의 선조가 창려(昌黎)에 살았으므로 한창려라고도 불렸다. 문장가로서 한유의 최대 업적은 산문 문체의 개혁으로, 화려한 형식의 변려체를 배격하고 고문(古文), 즉 한대(漢代) 이전의 자유스러운 형식을 표본으로 하는 의고체를 표방하는 고문운동(古文運動)의 제창자로 당송팔대가(唐宋八大家)의 한 사람이다. 사상가로서 한유의 사상적 특색은 불교를 반대한 것으로, 그는 당시 불교 승려의 특권에 반대하고 봉건적인 일상윤리와 사회질서를 중시하였다. 대표적인 산문인 「원도(原道)」에서 그는 도가의 무정부적인 원시생활의 동경이나 불교의 출세간적 태도를 모두 봉건적 사회질서를 파괴하는 것이라고 비판했다. 그는 요, 순, 우, 탕, 문왕, 무왕, 주공, 공자, 맹자로 이어지는 유가의 도통론(道統論)을 내세웠고, 스스로 맹자의 계승자임을 자처하여 인의도덕(仁義道德)을 바탕으로 유학 부흥의 기치를 높이 들었다.

109) 동중서(董仲舒, B.C.176(?)~B.C.104(?) : 중국 전한(前漢)의 유학자. 춘추 공양학(春秋公羊學)을 수학하여 하늘과 사람의 밀접한 관계를 강조하였다. 무제(武帝)로 하여금 유교를 국교로 삼도록 설득하였다. 저서에 『춘추번로(春秋繁露)』가 있다.

110) 왕충(王充,27~100?) : 중국 후한(後漢)의 사상가. 뤄양(洛陽)에 유학하여 저명한 역사가 반고(班固)의 부친 반표(班彪)에게 사사하였다. 철저한 반속정신(反俗精神)의 소유자로 언론의 자유를 내세우는 위진적(魏晉的) 사조를 만들었다.

111) 왕필(王弼, 226~249) : 중국 위(魏)나라의 학자. 하안(何晏)과 함께 위·진(魏晉) 현학(玄學)의 시조로 일컬어진다. 의(義)와 리(理)의 분석적·사변적 학풍을 창설하여 중국 중세의 관념론체계에 영향을 끼쳤다. 체용일원(體用一源)의 무(無)를 본체로 하고 무위(無爲)를 그 작용으로 하는 본체론(本體論)을 전개하여 인지(人知)나 상대세계(相對世界)를 무한정으로 보는 노자(老子)의 무위자연(無爲自然)에 귀일함으로써 현실의 모순을 해결하려고 하였다. 저서인 『노자주(老子註)』, 『주역주(周易註)』는 육조시대(六朝時代)와 수·당에서 성행하였으며, 현존한다.

112) 공안국(孔安國, B.C.156~B.C.74) : 공자의 11대손으로 중국 전한(前漢) 무제 때의 학자. 공자의 옛 집을 헐었을 때 나온 과두문자(蝌蚪文字)로 된 『고문상서(古文尙書)』, 『예기』, 『논어』, 『효경』을 금문(今文)과 대조·고증하고, 해독하여 주석을 붙였다. 여기에서 고문학(古文學)이 비롯되었다고 한다.

마융,[113] 정현,[114] 조기,[115] 왕숙,[116] 하안,[117] 두예[118] 등은 주말의 서책에 주해를 더하여 고인의 사상을 후세에 전하는 데 힘썼다. 그러므로 한당은 철학적 고찰의 시대가 아니고 훈고의 시대였다.

그러나 송에 이르러 학문이 또 일변했다. 북송시대의 주렴계,[119]

---

[113] 마융(馬融, 79~166) : 중국 후한(後漢)의 유학자. 섬서성(陝西省)의 무릉(茂陵)에서 태어났고, 안제(安帝)와 환제(桓帝)에 출사하여 태수가 되었다. 경서에 통달하여 『상서(尚書)』, 『논어(論語)』, 『회남자(淮南子)』 등 수많은 서적에 주석을 달았다. 이노우에가 언급한 『충경(忠經)』은 마융의 저작으로 전해지나 후한이 아니라 당의 마융이라는 설도 있다.

[114] 정현(鄭玄, 127~200) : 중국 후한(後漢) 말기의 대표적 유학자. 시종 재야(在野) 학자로 지냈다. 제자들에게는 물론 일반인들에게서도 훈고학·경학의 시조로 깊은 존경을 받았다. 그는 고문·금문에 다 정통하였으며, 가장 옳다고 믿는 설을 취하여 『주역』·『상서』·『모시』·『주례』·『의례』·『예기』·『논어』·『효경』 등 경서의 주석을 하였고, 『의례』·『논어』교과서의 정본(定本)을 만들었다.

[115] 조기(趙岐, 108~210) : 후한 시대의 학자. 초명은 가(嘉)고, 자는 빈경(邠卿) 또는 대경(臺卿)이다. 처음에 주군(州郡)에서 벼슬했는데, 청렴하고 강직해 미움을 받아 사람들이 꺼렸다. 헌제(獻帝) 때 의랑(議郞)에 오르고 또 태상(太常)이 되었다. 마융(馬融)의 형의 딸에게 장가들어 마융에게 『주례(周禮)』에 대해 묻기도 했다. 당시 학풍과 달리 『논어』와 『맹자』의 가치를 매우 높게 평가했다. 『맹자장구(孟子章句)』의 저자로 유명하다. 『맹자장구』가 십삼경주소(十三經注疏)에 수록되었으며, 『삼보결록(三輔決錄)』이 묘반림(茆泮林)의 십종고일서(十種古逸書)에 수록되었다.

[116] 왕숙(王肅, ?~256) : 중국 3국 시대 위(魏)의 학자. 후한(後漢) 훈고(訓詁)의 학풍을 배척하고, 노장(老莊)의 사상으로 경서(經書)의 주역(註譯)에 힘써 청담(淸談)의 선구를 이루었다. 『상서』·『논어』·『예기』·『좌전』등의 해석을 붙였다. 공자의 언행을 기록한 『공자가어』 10권은 그의 위작이라고 한다.

[117] 하안(何晏, 193~249) : 삼국 시대 위(魏)나라 남양(南陽) 완현(宛縣) 사람. 자는 평숙(平叔)이고, 하진(何進)의 손자다. 젊어서부터 수재(秀才)로 명성을 얻었고, 용모가 아름답고 얼굴이 희어서 사람들이 '부분하랑(傅粉何郞)'이라 불렀다. 제왕(齊王) 조방(曹芳) 정시(正始) 중에 조상(曹爽)이 권력을 잡자 산기상시(散騎常侍)와 이부상서(吏部尙書)를 지냈다. 왕필(王弼)과 주고받은 청담은 일세를 풍미했고, '정시(正始)의 음(音)'으로 일컬어져 청담의 모범이 되었다. 왕필과 더불어 위진(魏晉) 시대 현학(玄學)의 시조로 받들어진다. 『논어』와 『역경(易經)』, 『노자(老子)』를 통하게 하여 유교의 도(道)와 성인관(聖人觀)을 노장풍(老莊風)으로 해석했다. 저서에 『논어집해(論語集解)』가 있다.

[118] 두예(杜預, 222~284) : 중국 진대(晉代)의 학자·정치가. 저서 『춘추좌씨경전집해』는 춘추학으로서의 좌씨학을 집대성하였고 『좌씨전』을 춘추학의 정통적 위치로 올려놓았다.

[119] 주렴계(周濂溪, 1017~1073) : 북송시대의 유학자. 자(字)는 무숙(茂叔)이고 호(號)는 염계(濂溪)이다. 본래 이름은 돈실(敦實)이었으나 돈이(敦頤)로

소강절,[120] 장횡거,[121] 정명도,[122] 정이천[123] 등이 일어나 철학적

바꾸었다. 그는 도가(道家)와 불교의 주요 인식과 개념들을 받아들여 우주의 원리와 인성에 관한 형이상학적인 새로운 유학 이론을 개척했고, 그의 사상은 정호·정이 형제와 주희 등을 거치며 이른바 정주학파(程朱學派)라고 불리는 중국 유학의 중심적 흐름을 형성했다. 때문에 그는 한(漢) 나라 때의 훈고학(訓詁學)을 거치며 끊어졌던 성(性)과 도(道)에 관한 철학적 논의를 되살려 유학을 새롭게 부흥시킨 인물이라는 평가를 받는다. 그의 저서『태극도설』에서는 인성과 우주의 원리를 태극도(太極圖)를 중심으로 설명하고 있다. 그는 무극(無極)과 태극(太極)이 하나이며, 태극이 음양(陰陽)으로 나뉘고, 여기에서 다시 화(火)·수(水)·목(木)·금(金)·토(土)의 오행(五行)이 생겨난다고 하였다. 그리고 이를 근거로 인간의 선(善)·악(惡)과 인(仁)·의(義)·예(禮)·지(智)·신(信)의 오상(五常)을 설명하려 했다. 이는 리기(理氣) 철학의 기본형식을 제시해 성리학의 발달에 큰 영향을 끼쳤다. 주희가『태극도설해(太極圖說解)』를 지어 자신의 주된 이론적 근거로 삼는 등 태극도설의 해석은 후대의 유학 논쟁들에서도 매우 중요하게 다루어졌다.

120) 소강절(邵康節, 1011~1077) : 중국 북송(北宋)의 성리학자며 상수학자(象數學者). 이름은 옹(雍), 시호가 강절(康節)로, 안락선생(安樂先生)이라고 불렸다. 대표적 저술인『황극경세서(皇極經世書)』(62편)는 천지간 모든 현상의 전개를 수리로 해석하고 그 장래를 예시한 철학서이다.『관물내외편(觀物內外編)』(2편)에서는 허심(虛心, 마음을 비움)과 내성(內省, 자기 성찰)의 도덕 수양법을 설명했다.

121) 장횡거(張橫渠, 1020~1077) : 중국 북송시대의 유교 철학자. 이름은 재(載). 기(氣)철학자로서 후세에 지대한 영향을 끼쳤다. 그 의의는 역(易)의 해석『역설(易說)』에서 기일원(氣一元)의 철학을 구축한 것이다. 이것은 세계를 '태허'(太虛)에서 '기의 취산'(聚散)에 의해 설명하는 '태허즉기'(太虛卽氣)설과, 기를 '일물양체'(一物兩體)로 생각하여 기의 운동을 '일'(一)과 '양'(兩)의 관계로 받아들인 '일신양화'(一神兩化)설을, 두 근본 기둥으로 한다. 그의 이원론의 측면은 정자(程子), 주자(朱子)에게 이어지고 기일원론의 측면은 왕부지(王夫之), 서경덕(徐敬德) 등이 발전계승한다.

122) 정명도(程明道, 1032~1085) : 송나라의 유학자. 이름은 호(顥), 자는 백순(伯淳). 아우 이천(伊川)과 함께 이정자(二程子)라고 일컬어진다. 처음에 아우 이천과 함께 주렴계(周濂溪)에게 학문을 배우고 곧 노장사상 및 불교에 마음이 이끌렸으나, 나중에는 다시 육경(六經)에서 도를 찾았다. 그의 철학은 기(氣)의 철학에 속하며, 전통적인 음양이기(陰陽二氣)의 철학에 새로운 해석을 추가했다. 즉 우주의 만물은 음양이기의 교감에 의해 생성된다고 생각하고, 그것을 건원(乾元)의 일기(一氣)에 의해 통일시키고자 했다. 또한 만물의 차이를 음양교감의 도(度)에 치우치거나 올바름이 있기 때문이라고 생각했다. 그의 윤리관은 당시의 철학자들과 달리, 성(性)에 선악의 구별을 세우지 않고, 선악을 후천적인 인자에 의한 것이라 보았다. 악으로 흐르지 않고 선에 도달하는 수양법으로서, 우주의 진의(眞意)를 직각(直覺)하는 방법을 취했다. 그의 학설은 주자(朱子)에게 전승되었고, 그의 직관적 방법은 육구연(陸九淵)의 심학(心學)의 발생에 기여했다.

123) 정이천(程伊川, 1033~1107) : 중국 송나라의 철학자. 이름은 이(頤), 자는 정숙(正叔), 이천은 그의 호이다. 형인 정명도(程明道)와 함께 오랫동안 주렴계

고찰을 해서 일약 주말 공맹의 학에 닿으려고 했다. 이에 진한 이래 거의 정신을 잃고 미라처럼 된 도의道義의 학이 다시 소생하여 사람의 살이 되고 피가 되어 활발한 활기를 불러일으키게 되었다.

그리하여 성인은 수천 수백 년 전의 역사에서 객관적으로 연구하는 소원한 존재가 아니라, 성인의 정서가 가깝게 자기 자신의 심장에서 뛰고 있다고 깨닫기에 이르렀다. 요컨대 언어 문구의 해석에 의해 성인의 도를 이해하려고 시도하는 것보다 자신의 두뇌에 의해 철학적 고찰을 하고 내면에서 바로 성인의 영역으로 도달하고자 하는 학문이 일시에 발흥했다. 이리하여 철학적 고찰의 시대가 다시 돌아왔다. 남송에 이르러 주자가 일어나 북송의 학을 이어, 모든 것을 자신의 용광로 안으로 넣어 집대성할 수 있었다. 그리하여 온축한 것으로 많은 고서의 주해를 썼다. 『대학』과 『중용』을 『예기』에서 빼어내어 별본으로 만든 것은 정자程子에서 시작되었다고 해도, 여기에 『논어』와 『맹자』를 합해 사서라고 칭하고 여기에 주해를 단 것은 주자로, 그 공은 결코 심상한 것이 아니었다. 주자의 주를 신주라고 하고 주자 이전에 이루어진 한위의 주를 고주라고 한다. 현장玄奘 이전의 역경을 구역이라고 하고 현장 이후의 것을 신역이라고 하는 것과 같다.

주자의 주는 단지 본문의 해석이라고 봐야 하는 것이 아니라 그 자신의 사상이다. 바꿔 말하면 그의 눈에 비친 공맹의 도이다. 그리하여 공자와 맹자를 합해서 자기 철학의 영역 안으로 넣은 것 같은

(周廉溪)에게 학문을 배우고 철종(哲宗)의 시강(侍講)이 되었으나 소동파(蘇東波)와 뜻이 맞지 않아 그 문하생들이 당쟁을 야기, 유배되었다. 그는 명도와 함께 유교에 철학적 기초를 준 사람으로 유명하다. 특히 그는 직각적인 학풍의 명도와 달리 분석적으로 탐구, 다른 학자들처럼 질료(質料)로서의 기(氣)를 인정할 뿐 아니라, 한걸음 더 나가 형상(形相)으로서의 리(理)를 내세워 리기(理氣)의 철학으로 발전시킨 데 큰 공적을 쌓았다. 그는 이를 우주의 근원이라 하고 여기에 절대선을 부여함으로써 인간성을 리(理)로 보는 새로운 성선설의 싹을 보였다. 그 형제의 학설을 '이정(二程)'의 학이라 하는데 이는 주자(朱子)에게 큰 영향을 주어 주자학을 이루게 하고 정주학(程朱學)을 형성하였다.

느낌이 없지 않다. 요컨대 공자 이래 주자보다 규모가 큰 것은 아직 없다. 맹자는 공자를 평해 모아서 대성한 사람이라고 했는데, 이 점에서 주자는 공자와 가장 닮았다. 과연 그렇다면 주자가 어찌 학술계의 위인이 아니랴. 지나에서는 후세 양명학파 및 고주학파古注學派 즉 고증학이 일어났지만 주자학의 세력이 가장 컸다. 특히 명대 이후 관부에서 경설은 주자 하나로 정하고 진사급제의 법을 획일적으로 한 것을 보면, 주자학은 '오쏘독스'의 지위를 점했다고 할 수 있다. 한국에서도 김굉필,[124] 정몽주,[125] 이황[126] 등과 같은 쟁쟁한 학자는 모두 주자학파에 속하는 사람이다. 특히 퇴계 이황은 한국 제일의 학자로, 우리 나라의 주자학파에 미친 영향도 결코 적지 않다.

우리 나라에서 주자학은 고학파와 양명학보다 먼저 일어나 도쿠가와 씨 삼백 년간 교육주의로서 학술계의 중진이 되었으며 사상계의 근저가 되었다. 주자학이 여러 학파의 분쟁 사이에서 전후 일관하여 우세한 지위를 점한 것은 연유하는 바가 없지 않다. 내가 보기에 주자학은 다른 학파에 비해 다음의 두 가지 장점이 있다.

(1) 주자학은 실행과 학문 즉 수덕修德과 연구 둘을 겸하고 이를

---

[124] 김굉필(金宏弼, 1454~1504) : 조선 전기의 성리학자. 김종직의 문하에서 학문을 배우면서 특히 『소학』에 심취하여 '소학동자'라 자칭하였다. 1498년 무오사화가 일어나자 평안도 희천에 유배되었는데, 그곳에서 조광조를 만나 학문을 전수하였다.

[125] 정몽주(鄭夢周, 1337~1392) : 고려 시대의 관리, 학자. 뛰어난 성리학자였으며 성리학의 입장에서 고려를 개혁하려 시도했다. 스승인 이색은 정몽주를 동방 리학(理學)의 비조라 평가한다. 고려시대 수도인 개성에 5부학당과 지방에 향교를 세웠는데 이런 교육체제는 조선에서도 그대로 계승했으며, 주자가례를 실천한 최초의 인물이라고도 한다.

[126] 이황(李滉, 1501~1570) : 조선 전기의 성리학자. 그의 학문은 영남을 배경으로 한 주리적(主理的)인 퇴계학파를 형성했을 뿐만 아니라, 도쿠가와 막부 시대 이래로 일본 유학의 기몬학파(崎門學派) 및 구마모토학파(熊本學派)에게 결정적인 영향을 끼쳐 왔다. 기몬학파의 창시자 야마자키 안사이(山崎闇齋)는 이황을 "주자의 직제자(直弟子)와 다름없다."며 '조선의 일인(一人)'이라고 평가하였다. 도쿠가와 말기의 요코이 쇼난(橫井小楠) 역시 이황을 원·명시대를 통해 '고금절무(古今絶無)의 진유(眞儒)'라 절찬했다.

완전하게 하고자 한다. 그리하여 도덕 한쪽에 기울지 않고 지식 한쪽에 기울지 않고, 둘을 합일하여 중용을 얻는 경향이 있다. 이에 반해 양명학은 도덕의 실행에 치우쳐 여차하면 지적 탐구를 태만히 하는 폐가 있다. 또 겐엔蘐園127)풍의 고학 및 고주학파는 왕왕 지적 탐구를 주로 하여 오히려 도덕의 실행을 소홀히 하기 쉽다.

(2) 주자학은 실행과 함께 학문을 존중한다고 해도 그 학문은 실행을 위해 필요로 하는 것으로서, 실행을 떠난 학문을 숭상하는 것은 아니다. 그러므로 단순히 지적 탐구를 주로 하는 폐해가 없이, 거꾸로 반드시 수신 한 가지로 귀결한다. 이로써 주자학은 교육이념으로서 비교적 온건하다.

다만 고학파 가운데 호리카와파堀川派128)의 학은 오히려 주자학과 비슷하다. 주자학과의 공통점을 든다면, 첫째, 양쪽 모두 도를 자연에서 나오는 것으로 여긴다. 둘째, 기질변화를 예상한다. 셋째, 궁리에 힘쓴다. 넷째, 성인을 배우고 이에 이르려고 한다. 다섯째, 공자에 이어 맹자를 존숭한다. 이처럼 호리카와파는 그 학문이 주자학에 가깝기 때문에 수덕修德 한가지에서는 거의 동일한 경로를 밟는다. 이토 진사이와 이토 도가이의 성격이 어떻게 주자학파에 비슷한가를 봐야 한다. 호리카와 일파를 제외하고 말한다면 주자학파는 확실히 앞에서의 장점을 가지고 있다. 시험 삼아 도쿠가와 시대 주자학파의 대표자를 들어보면, 후지와라 세이카, 하야시 라잔, 기노시타 쥰안, 나카무라 데키사이, 가이바라 에키켄, 무로 규소 등이 있다. 모두 일대의 순수 유학자純儒로서 도학선생의 표본이었다. 그 가운데 기노시타 쥰안은 감화력이 풍부했고, 가이바라 에키켄은 박학하고 덕행했

---

127) 겐엔은 오규 소라이의 별호로, 겐엔풍이란 고문사학(古文辭學)풍을 말한다.
128) 이토 진사이(伊藤仁齋)가 1662년, 교토 호리카와의 자택에 사숙(古義堂)을 열어 고의학을 창도했기 때문에 이토 진사이의 학통을 호리카와학파 또는 고의학파(古義学派)라고 한다.

으며, 무로 규소는 지조가 견고했다. 모두 다른 사람이 미치기 쉽지 않은 바였다. 그 밖에 야마자키 안사이가 종교적 극기로 스스로를 다스린 바가 있었으니 또한 진귀한 바가 있었다.

    이들의 근엄하고 독실한 인격에 의해 주장된 주자학이 게이초^{慶長}129) 이래 삼백 년간 덕육을 지원한 바가 다대하다는 것을 누구도 부정할 수 없다. 유신 이래 양학^{洋學}이 발흥하여 우리 나라 교육이 모두 면목을 새롭게 했다고 해도 오직 덕행 한 가지는 영원히 주자학파 대표자에게 배워야 한다는 것을, 나는 단언하여 의심하지 않는다.

---

129) 1596~1615년 사이의 연호.

일본주자학파의 철학 — 결론

일본의 주자학파 철학을 서술하고 다시 일괄하여 돌아보니, 다음과 같은 몇 가지는 학자들이 특히 주목해야 할 것이다.

첫째, 일본의 주자학은 승려가 불교를 벗어나서 솔선하여 창도했다. 교가쿠京學130)의 비조인 후지와라 세이카는 본래 선종의 승려로서 쇼코쿠지相國寺에 있었지만 스스로 환속하여 주자학을 창도하기에 이르렀다. 난가쿠南學131)의 비조인 다니 지추132) 역시 본래 머리를 깎고 승복을 입은 사람으로서 고치高知의 신조지眞常寺에 거했지만 스스로 환속하여 주자학을 창도하기에 이르렀다. 야마자키 안사이 역시 일찍이 삭발하고 묘신지妙心寺에 있었지만 하루아침에 불교의 잘못됨을 깨닫고 유교로 전환하여 주자학의 발달에 다대한 공헌을 했다. 이처럼 승려 스스로 불교를 버리고 주자학으로 개종化宗하여, 생전과 사후에 관한 기괴한 옛 전설에 눈을 감고 다만 우리가 상호 교제하는 데서 결여할 수 없는 일상의 이륜彛倫만을 강설하고, 그럼으로써 국민교육에 도움을 주기에 이른 것은 승과 속의 간격을 타파하고 심기일전하여 세속에 접근하여 상식과 타협하게 된 하나의 징후로 볼 수 있다. 바꿔 말하면 세속화Secularization의 흔적이 현저한 것을 감출 수 없다.

---

130) 교가쿠(京學)는 에도시대 중기, 교토를 중심으로 발전한 주자학파의 하나로, 후지와라 세이카(藤原惺窩)를 비조로 한다. 교토 중심으로 활동해서 교가쿠라 불렸다. 시문 존중의 학풍이 있다. 문하에는 하야시 라잔(林羅山), 마츠나가 세키고(松永尺五) 등이 있으며, 막부와 번의 보호를 받았다.
131) 난가쿠(南学)는 에도시대 초기 가이난(海南)의 도사(土佐)에서 일어난 주자학파의 하나. 도사난가쿠, 가이난학쿠하(海南学派)로도 불린다. 미나무라 바이켄(南村梅軒)이 도사로 옮겨 히로오카(弘岡)의 성주인 기라 노부츠네(吉良宣経)에게 주자학을 가르친 것에서 이 지역 주자학의 흥기가 시작됐다. 실천궁행을 중시하였다.
132) 다니 지추(谷時中, 1598~1650) : 에도 시대 전기의 유학자. 도사(土佐) 출신으로 난가쿠파(南學派)의 유학자. 진종(眞宗)의 승려였으나 환속하고 유학자가 되었다. 중국의 주자학자 허형(許衡), 설선(薛瑄) 등을 추모했다고 한다.

제3장 동양철학

특히 이처럼 승려에 의해 창도된 주자학이 점점 세력을 얻음에 따라 고학, 양명학 등도 역시 그 사이에서 창도되어, 유교는 마침내 불교를 대신해서 천하를 풍미하는 기세를 보였다. 도쿠가와 씨 삼백 년의 치세에서 학문과 덕행으로 뛰어난 대유들이 충실하게 배출된 데 반해, 승려들 사이에서는 경원(慶元)[133] 이래 구카이, 덴쿄,[134] 호넨, 니치렌, 신란[135] 등에 비견할 만한 자들이 다시 배출되지 않았다. 즉 정신계의 세력이 의식 못하는 사이에 영향을 받아 변화한 것을 살펴봐야 한다.

우리 나라에서 주자학의 발달은 저절로 3기로 나뉜다. 제1기는 겐에[136]에서 후지와라 세이카에 이르는 대략 270~80년 사이로 이는 준비의 시대이다. 제2기는 후지와라 세이카에서 간세이(寬政)의 세 박사[137]에 이르는 대략 190여 년 사이로 융성의 시대이다. 제3기는 간세이의 세 박사에서 왕정유신에 이르는 대략 70여 년의 사이로 부흥의 시대이다. 유신 이래의 주자학은 제3기의 여세(餘勢)에 불과하다. 제2기의 융성시대는 두 가지 원류를 가지므로 저절로 두 계통으로 나뉜다. 즉 후지와라 세이카의 교가쿠계통과 다니 지추의 난가쿠 계통이다. 후자는 대단히 편협하고 고루해도 전자는 비교적 관용의

부록1. '주자학 기원'을 참고하라.

---

133) 중국 남송 때 연호의 하나. 1195~1200년 사이.
134) 덴쿄(傳敎)는 사이초의 시호.
135) 신란(親鸞, 1173~1262) : 가마쿠라시대의 불승. 정토진종의 개조. 9세 때 히에이산(比叡山)에 입산하여 29세 때까지 20년간 히에이산에서 불도를 수행했다. 그러나 느낀 바가 있어서 호넨(法然)을 찾아가 정토염불에서 마음의 의지처를 발견하고 그의 제자가 되었다. 52세 때에는 『교행신증(教行信證)』을 집필하여 자신의 사상을 확립하였다. 선행을 쌓을 여유조차 없는 악인이야말로 아미타불이 구원하려는 대상이라는 악인정기설(惡人正機說)을 주장하여 새롭게 정토진종을 열었다고 평가된다.
136) 겐에(玄惠, 1269~1350) : 일본 남북조시대의 천태종의 학승이며 유학자. 천태교학을 배우는 한편 유학에도 정통했다.
137) 간세이(寬政, 1789~1801) 연간에 에도 막부의 학제 개혁의 중심에 있었던 3인의 주자학자. 막부학문소인 쇼헤이코의 유관(儒官)으로 등용되어, 주자학의 진흥과 학제의 쇄신에 활약한 세 박사, 즉 시바노 린잔(柴野栗山), 비토 지슈(尾藤二洲), 오카다 가센(岡田寒泉)이다.

태도를 보인다. 이 두 계통 외에 나카무라 데키사이, 가이바라 에키켄 등이 있지만, 이들은 후지와라 세이카의 경학계통과 동일한 성질을 가졌다.

제3기에는 제2기의 두 계통을 합해서 부흥시대의 주자학이 되었다. 부흥시대의 주자학은 모두 이학異學을 배척하고 유일의 교육이념이 되었으므로 실제의 세력은 상당히 컸음이 분명하지만 학문으로서는 단순히 제2기의 박약한 반향으로서 어떤 웅대한 흔적도 남기지 못했다. 요컨대 우리 나라의 주자학은 제1기에 맹아를 발하고, 제2기에 봄의 꽃을 피우고, 제3기에 과실을 맺었다. 그 과실도 유신의 폭풍우를 만나 갈 곳을 몰랐다. 그러나 주자학이라는 것이 결코 전적으로 오류는 아니다. 특히 윤리설윤리학 가운데는 영원불멸의 진리를 간직하고 있는 것은 부정할 수 없다. 그러므로 은연중에 인심에 영향을 주고 국민적 도덕을 양성하는 데에 적지 않은 관계가 있다고 생각할 수 있다.

다음으로 나는 주자학파 자체의 특질에 관해 고찰하려 한다. 주자학파는 그 가운데 또한 몇 개의 분파가 있음에도 불구하고 참으로 단조롭다. '호모지니어스'하다. 주자의 학설을 서술하거나 부연하는 외에 다시 할 일은 없다. 만약 대담하게 주자의 학설을 비평하고 그 이외에 자기의 창견을 여는 것과 같은 태도가 나오면 이미 주자학파의 사람이 아니다. 진실로 주자학파의 사람이고자 한다면 단지 충실하게 주자의 학설을 숭배하고 받들어야 한다. 바꿔 말하면 주자의 정신적 노예일 수밖에 없다. 그리하여 주자학파의 학설은 거의 천편일률의 감을 면하지 못한다. 특히 사람의 눈을 열고 사람의 귀를 놀라게 하는 일과 같이 장엄하고 통쾌한 대 의론議論과 대 견식見識에 이르면 주자학파에서 구할 수 없다. 이 점에서는 주자학파가 고학파나 양명학파에 한참 미치지 못한다. 우리 나라에서 고학파의 다채로움은 말할 것도 없고 양명학이라고 해도 결코 주자학처럼 단조롭지 않다.

양명학파는 적어도 두 가지 상반된 경향을 갖는다. 하나는 성찰적 방면이며 하나는 사공적事功的 방면이다. 성찰적 방면에 힘을 쓰는 자는 스스로 반성하고 신독愼獨하는 것을 주로 하는 도학자의 태도를 취한다. 어떤 사람은 선승처럼 고담枯淡한 상태에 빠진다. 이에 반해 힘을 사공적 방면에 쓰는 사람은 정치가, 경제가 혹은 사회개량가로 나아간다. 이들은 설사 공리주의를 주장하지 않아도 공리주의의 실행자에 다름 아니다. 양명학파에는 이와 같이 다른 성격의 경향이 있어서 자연스럽게 대비를 이루는데, 주자학파에는 다른 성격의 원소가 비교적 적다. 특히 인원수가 많은 것에 비하면 단조롭고 변화가 적은 것은 실로 예상 밖의 일이다. 본래 주자학파에도 다케노우치 시키부, 다케노우치 다카모치,138) 야마가타 다이니,139) 후지타 도코 등이 있지만 이들은 주자학의 정신에 의해 활동한 것이 아니고 오히려 신도 또는 국체의 관념에 이끌려 활동한 사람들이다. 요컨대 주자학파는 처음부터 마지막까지 크게 넘치지도 않고 격양되지도 않으며 한 번도 궤도를 떠나지 않는 상식적 문장과 같은 행적을 그린다. 모조리 그 무리를 동일 모형에 넣어 찍어내고, 또한 개인으로 하여금 일종의 이채를 띠는 자유를 가지지 못하게 한다. 즉 교육상으로 획일주의의 결과를 가져온 것은 우리 나라에서 주자학파의 역사가 증명하고도 남는다.

다음으로 주자학파의 윤리설윤리학에 대해 고찰해 보면 오늘날에도 결코 가치가 없지 않다. 왜냐하면 여러 가지 점에서 서양 이상파의 윤리설윤리학과 공통점이 있기 때문이다. 특히 오늘날의 이른

---

138) 다케노우치 다카모치(竹內敬持, 1712~1768) : 에도 시대 중기의 신도가이며 존왕론자. 야마자키 안사이(山崎闇齊) 문하의 다마키 마사히데(玉木正英)에게 사사했다.

139) 야마가타 다이니(山県大弐, 1725~1767) : 에도 시대 중기의 유학자, 병학자. 존왕론자. 한동안 의원을 개업했다가 에도에 가서 사숙을 열고 군사학을 가르쳤다. 주자학의 대의명분론에 의거해 막부를 공격했다.

3.2 에도유학 삼부작: 서론과 결론

바 완기설完己說140)은 배 타고 물 건너 온 새로운 설이라고 사람들은 말하지만 이는 종래 주자학파가 창도한 바이다. 본래 동서의 윤리설윤리학이 이처럼 자연스럽게 암합하는 것은 보편적 가치가 있다는 것을 증명하는 것이 아니고 무엇이겠는가. 주자학의 윤리설윤리학 가운데 보편적 가치를 갖는 것이 있기 때문에 대단한 시세의 변천을 겪은 후에도 이를 연구하는 것이 여전히 인격수양에 몹시 적절한 것을 본다. 다만 주자학파가 창도하는 바가 고금불변 동서일관의 상식적 도덕이므로 사람의 눈을 현혹할 수 있는 어떤 것도 없다. 단지 평소 사람이 마땅히 따라야 할 궤도가 과연 어디에 있을까를 보여주는 것일 뿐이다. 공맹의 적통으로 자임한 주자학파가 기이한 것으로 홀려 세상의 시선을 끄는 것을 감히 하지 않는 것은 본래 그럴 만하다고 할 수 있다.

요컨대 주자학파는 버릇을 교정하고 인격을 수양하여 순수한 군자의 지위에 도달하는 것을 목적으로 삼는다. 그러므로 주자학파의 사람은 대개 근후하고 독실하다. 호걸과 재인을 주자학파 가운데 볼 수 없다. 특히 경천동지의 큰 사업을 하는 것과 같은 경세의 위인을 주자학파 사람에게 기대하는 것은 참으로 나무에서 물고기를 구하는 것과 같은 느낌이다. 주자학파의 사람은 참으로 무난하다. 먼저 대개는 공손하고 겸허한 태도를 취해서 위험한 것이 없다. 좋지도 않고 나쁘지도 않은 도학선생이다. 온순하고 부리기 쉬워 많이 쓰이는 사람들이다. 그 가운데 심한 경우를 들자면, 세상일에 우원하여 책벌레

---

140) 완기설은 토마스 그린(Thomas Hill Green)의 '자아실현설'의 다른 번역이다. 영국이상주의는 칸트와 헤겔의 영향하에 성립했으며, 토마스 그린은 그 대표인물이다. 윤리에 관한 그의 이상주의적 접근은 완벽주의적 자아실현이론(a perfectionist theory of self-realization)으로 전개된다. '완기설'은 그린의 'perfectionist ethics'를 번역한 것으로 보인다. 이노우에는 뒤에 그린의 '자아실현설'이라고도 불렀는데, 이는 'theory of self-realization'의 번역어일 것이다. 1890년대 초에 그린의 자아실현설이 일본에 수용되어 중등교과서에 대폭 수용되었다. 당시 이를 '完己說'로 표기한 책들이 보인다. 가령 乙竹岩造「第十章 完己說を論ず」『新倫理學大意』同文館, 1899, pp.131–145 참조.

제3장 동양철학

처럼 독서에 탐닉하고 결국에는 부패한 유학자라는 헐뜯음을 면하지 못한다. 이 점에서 보면 주자학파의 폐해 역시 적지 않다. 그러나 주자학이 유교의 여러 파 가운데 가장 안전하고 온건한 교육주의라는 것을 우리는 인정하지 않을 수 없다.

마지막으로 주자학파의 우주론에 대해 조금 서술하겠다. 주자는 리와 기 이원^{二元}을 세우고 우주를 해석했다. 리는 기가 낳은 것이 아니며, 기 역시 리가 낳은 것이 아니다. 양자는 서로 연역할 수 없는 세계의 근본이다. 그는 이로써 "리와 기는 결단코 둘^{二物}이다"[141]라고 했다. 그러므로 주자의 세계관은 데카르트 혹은 카필라[142]처럼 이원론이다. 주자는 또 태극에 대해 말했는데, 태극은 리이며 기가 아니다. 그러므로 이원론이라는 것은 도저히 부정할 수 없다. 그런데 우리 나라 주자학파의 사람은 왕왕 이원론에 만족하지 못하고, 리기 이원을 리 혹은 기 일원으로 귀결시키려고 한다. 가령 하야시 라잔은 왕양명을 따르고, 안도 세이안과 가이바라 에키켄은 나정암[143]을 따르는 경향이다. 이에 반해 미야케 쇼사이[144]는 리를 주로 하고 기는 리가 낳는 것이라고 단언하여 결국 관념론^{唯理論}을 창도했다.

단조로운 주자학파 안에서 약간 변화로도 볼 수 있는 것은 유기와 유리라는 두 방향의 상반되는 일원론을 낳은 한 가지뿐이다. 이원론은 철학으로서는 결코 종국의 지위가 아니다. 만약 이원을 세우면

---

141) "所謂理與氣, 此決是二物."『주자문집』권46「答劉叔文」.
142) 카필라(Kapila, 기원전 5세기 전후) : 베다의 성인. 바가바드기타는 그를 요기의 신봉자와 관련된 은둔자로 묘사한다. 샹기야 학파의 창시자로 전해지며, 이 학파는 정신과 물질의 이원론에 의해 세계를 설명한다.
143) 나정암(羅整庵, 1465~1547) : 중국 명나라 때의 유학자. 주자학의 입장에서 왕양명(王陽明)을 비판하고 논쟁하였으나, 순수한 주자학자로 볼 수는 없다. 기(氣)를 떠난 리(理)는 없다 하여 리기일체론(理氣一體論)을 제창하였다.
144) 미야케 쇼사이(三宅尙齊, 1662~1741) : 에도 시대의 유학자. 사토 나오카타(佐藤直方), 아사미 게이사이(淺見絅齊)와 함께 야마자키 안사이(山崎闇齊) 문하의 삼걸로 불린다.

그 안에 어느 쪽으로 환원하든가 혹은 어느 쪽을 연역하든가 해서 반드시 일원으로 돌아가는 경향이 생긴다. 이러한 경향은 우리가 가진 인식적 통일^{Erkenntniseinheit}을 추구하는 성향으로서, 우리의 정신적 욕구^{Geistesbeduerfnis}를 충족시켜 주기 때문이다. 그러므로 우리 나라 주자학파 안에서 주자의 이원론을 변화시켜 일원론으로 만들려는 경향이 있는 것은 철학상에서 진보의 징후임에 틀림없다. 그러나 아쉬운 것은 우주론에서는 결국 어떤 현저한 진보도 이루지 못했다는 것이다. 우리가 오늘날 우리 나라 주자학파에 관해 배워야 할 것은 궁행실천 끝에 이뤄지는 숭고하고 건전한 윤리설윤리학이다. 아니, 윤리설윤리학보다 더 배워야 할 것은 숭고하고 건전한 덕행이다. 학설은 시대에 따라 부침을 면하지 못해도, 덕행은 영원히 빛을 발하며 변하지 않는다. 우주론은 단지 역사적 사실로서 때로 비교와 대조를 위해 회고하는 가치에 불과하다.

제4장

국민도덕과 신도

4.1 국민도덕개론

김태진

*** 해제 ***

『국민도덕개론』은 이노우에가 창설한 동아협회에서 1910년부터, 사범학교 수신과 담당교원, 중등교원 등을 대상으로 몇차례 강연한 것을 기록한 글로, 수정·증보를 거쳐 1912년 출간되었으며 『이노우에 데쓰지로집井上哲次郎集』 제2권에 수록되어 있다. 이후 고등학교나 사범학교의 교과서로 사용되는 등 판을 거듭해 일본 수신교육의 골격을 형성한 중요한 저작이다. 『국민도덕개론』은 당시 이노우에의 또 다른 저작 『칙어연의』(1891)와 함께 일본에서 국민도덕의 해설서, 윤리학의 교과서처럼 사용되었다.

이 선집에서 번역 소개하는 것은 이 책의 핵심적인 논리인 일본 가족제도의 특징을 제시하고 있는 7장 「가족제도와 조상숭배」와 이를 국민도덕으로 연결해 설명하는 10장 「충효일본과 국민도덕」이다. 전체 목차는 다음과 같다. 서론 / 1장 국민도덕의 의의 / 2장 국민도덕과 윤리학설 / 3장 국체와 국민도덕 / 4장 신도와 국체 / 5장 신도의 기원, 발달 및 경향 / 6장 무사도의 역사, 특징 및 장래 / 7장 가족제도와 조상숭배 / 8장 가족제도와 개인주의 / 9장 가족제도와 사회주의 / 10장 충효일본과 국민도덕 / 11장 국민도덕의 변화 및 장래 / 12장 국민도덕과 인도 / 13장 국민도덕의 기초 / 14장 일본 전승의 원인 / 15장 국민성 비판 / 결론

『국민도덕개론』에서 그가 충의 원리를 일본의 가족제도와 연결하여 설명한 것은 이후의 메이지 사상에 많은 영향을 주었다. 이시다 다케시石田雄가 『메이지 정치사상사연구明治政治思想史研究』(1954)에서 일찍이 지적했듯이 가족국가관은 천황제 국가체제의 가장 중요한 정신적 요소를 담당했다. 이후 메이지 일본에서 유교적 가족주의와 유기체론이 결합한 가족국가관은 부자관계를 천황과 신민의 관계로 확장시켜 충의 논리를 강조하는 논리를 취했으며 이는 러일전쟁 이후 수신교과서들에서 채택되어 갔다.

가족국가관은 1890년의 교육칙어에서 이미 "우리 신민이 지극한 충과 효로써 억조의 마음을 하나로 하여 대대로 그 아름다움을 이루는 바가 우리 국체國體의 정화精華"로 설명했던 것에서도 드러난다. 『칙어연의』에서 이노우에는 이에 대해 "국군國君의 신민은 마치 부모가 자손에게 대하는 것과 같아서, 즉 한 나라는 한 집안을 확충한 것으로 한 나라의 군주가 신민을 지휘 명령하는 것은 한 집안의 부모의 자애로운 마음으로써 자손에 분부를 내리는 것과 서로 다르지 않다"고 가르치고 있다.

『국민도덕개론』에서는 일본 특유의 가족제도를 다른 나라와의 비교를 통해 설명하여 이를 보다 구체화시키고 있다. 가족제도는 곧 가장제도로서, 일본은 호주라는 가장을 세워 그 가장을 통해 집안을 통솔하게 하는 것이라 설명한다. 그리고 이는 가족의 역사를 지키기 위한 것으로

파악, 일본의 이에^家 관념 역시 이러한 혈통의 계속이라는 가족으로부터 이해되어야 한다고 보았다. 이때 이노우에는 가족제도를 두 가지 종류로 설명하는데 개개의 가족이 가족제도의 조직을 이루는 '개별가족제도' 와 그 개개의 가족을 뭉뚱그려 하나의 단체를 이루는 대가족을 이루는 '종합가족제도'가 그것이다. 이렇게 대가족제도 하에서 천황은 가장의 역할을 담당하며 신민의 부모로서, 통치자와 피치자의 관계가 아니라, 인민과 자신을 하나로 보고 어질고 자비로운 마음으로 백성을 대한다. 이에 대해 7장에서는 일본 역사 속 가족제도의 다양한 사례들을 소개하며 개별가족제도에서의 효와 종합가족제도에서의 충의 덕을 설명하고 있다.

10장에서는 여기서 도출된 충의 논리를 국민도덕론으로 직접 관련시켜 설명하고 있다. 충과 효는 하나의 근본을 갖는다는 '충효일본^{忠孝一本}'은 국민도덕 중의 가장 중요한 덕목으로 만세일계의 황통과 연결된다. 이노우에는 당시 점점 서양의 윤리를 연구한다든지 서양의 종교를 신앙한다든지 한 결과, 충효에 대한 비평이 일어나고 있음을 지적한다. 물론 그 역시 「개인주의와 가족주의를 어떻게 조화시킬 것인가」(『교육시론』, 1910.7.5.) 등에서 보이는 것처럼 충효의 논리만으로는 국민도덕으로 충분하지 않다는 점을 인식하고 있었다. 그런 점에서 개인주의를 가족주의와 접합시키려는 시도는 『국민도덕개론』에서도 자주 충돌하는 모순을 낳기도 한다. 국민교육의 기초로서 충군을 강조하면서도, 일본만의 특수한 사회조직을 강조한 그는 10장에서 민주주의와 충군주의를 조화될 수 있는 것으로 주장한다. 이는 인민을 위해 진심을 다하는 군주와 진심을 다해 군주를 섬기는 인민으로 구성되는 하나의 대가족을 설정한 그의 논리적 귀결이었다. 하지만 이후 『국민도덕개론』은 1918년 『증정^{增訂} 국민도덕개론』으로, 1928년 『신수^{新修} 국민도덕개론』으로 두 차례 개정 출판되는 과정에서 이 판본들에서는 일본의 가족을 서양의 가족과 좀 더 구체적으로 비교하여 일본의 우위성을 강조하거나, 민본주의는 일본의 군주주의와 조화 가능하지만 민주주의는 양립할 수 없다는 생각의 변화를 보여준다.

그럼에도 이 책을 단순히 국가주의로서만 비판하는 것은 너무 당연해서 어쩌면 공허한 비판이 되어버릴 우려가 없지 않다. 따라서 이노우에에게 왜 이런 논리가 등장하는가를 당시의 지성사적 흐름 속에서 살펴볼 필요가 있다. 당시 러일전쟁 이후의 일차대전으로 가는 과정 속에 윤리의 근거를 어디로 삼을지가 일본 내에서도 문제가 되었다. 메이지 시기 이후 당시 윤리학은 토마스 그린의 자아실현설 self-realisation 이 수용되어, 윤리학 교과서에서 많은 내용들이 그린의 논리를 답습하고 있었다. 그린은 당시 메이지 일본에서 실시간으로 번역, 소개되었던 인물로 '그린학파'로 불리는 일본의 윤리학자 그룹을 형성시켰다. 도쿄제국대학 윤리학 교수였던 나카지마 리키조가 이를 대표하는 학자였다.

이노우에는 이후 「메이지철학계의 회고」(1931)에서 윤리에는 보편적·일반적 방면과 특수적·차별적 방면이 있다고 말하며, 메이지 이후 전자에만 착안해 후자를 도외시하는 경향이 있었음을 회고한 바 있다. 이때 나카지마는 서양 윤리를 번역, 소개하여 보편적 윤리를 이야기한 대표적 사례로 제시된다. 그가 동양윤리 특히 일본의 국민도덕을 이야기하지 않았다는 것이었다. 이노우에 역시 그린의 자아실현설을 받아들여 윤리학을 하나의 학문으로서 수용하면서도 이때 자아를 가족·국가로 확장시키는 과정에서 일본의 역사적 배경, 일본의 가족제도, 국체의 특이성을 강조하는 절충주의적 태도를 보인다. 그렇게 보자면 러일전쟁 이후 당대의 서양 윤리학설의 수용과 변용을 통해, 당시의 가족주의에 대한 비판 속에서 국체 담론, 국민도덕 담론을 보완하고자 하는 시도로 제시되었던 것이 『국민도덕개론』이라 할 수 있다.[1]

---

[1] 이노우에의 『국민도덕개론』의 의미와 관련해서는 見城悌治「井上哲次郎による『国民道徳概論』改訂作業とその意味」『千葉大学人文研究』第37号, 2008; 江島顕一「明治期における井上哲次郎の「国民道徳論」の形成過程に関する一考察-『勅語衍義』を中心として」『慶應義塾大学大学院社会学研究科紀要: 社会学・心理学・教育学』第67号, 2009 등 참조.

*** 번역 ***

7장. 가족제도와 조상숭배

가족제도는 꽤나 큰 문제로서 쉽게 검토할 수 없음에도, 극히 개략적으로 논해보겠다. 가족제도는 일본에만 있는 것은 아니고 다른 나라들에도 상당히 있다. 또한 옛날에는 있었지만 지금은 없어진 곳도 있다.

【가족제도의 두 종류】[2] 일본의 가족제도를, 나는 두 종류로 구별해서 보고 있다. 일본에는 현재 가족제도가 있지만, 그 가족제도는 두 종류로 구분해서 보는 것이 좋다. 그렇게 하지 않으면 혼란을 초래한다. 두 종류란 하나는 개별가족제도이고 또 하나는 종합總合가족제도이다.

【가족제도의 의의】 가족제도라는 것이 무엇인가 하면 바로 가장제도이다. 한 집안에 반드시 가장이라는 자가 서 있다. 그러므로 가족제도는 곧 가장제도이고, 가장이 집안을 통솔해 가도록 조직이 만들어져 있어 그것이 가족제도이다. 혹은 이것을 족부계族父系라 하는 사람도 있다. 그렇지만 족부계는 현시점의 가족제도에 완전히 부합하는 명칭은 아니다. 가장은 아무래도 아버지로 한정되지 않기 때문이다. 아버지가 가장이 되는 경우가 가장 많지만 그렇지 않은 경우도 있다. 오늘날에는 가장을 호주라고 칭하고 있다. 일본에서는 법률상 호주를 세우지 않으면 안 된다.

【오늘날 민법에 표시된 가족제도】 민법의 '친족편'을 보면 호주라는 자를 세워 호주에게는 호주권이라는 특별한 권리가 부여되어 있다. 그것이 오늘날의 가장이다. 민법 제732조에는 "호주의 친족으로서 그 집안에 있는 자와 그 배우자를 가족으로 한다"고 되어있다. 이

---

[2] 【괄호】 안에 넣은 것은 원 텍스트에서 장 시작 전에 소목차로 나열되고, 본문 안에서는 두주(頭註) 형식으로 되어 있다.

가족을 통솔해 갈 임무를 지고 있는 것이 호주이다. 그것이 곧 가장이다. 제747조에 "호주는 그 가족에 대해 부양의 의무를 진다"고 되어있다. 호주는 그러한 의무를 지고 있다. 그 대신 또 특별한 권리도 갖는다. 예를 들면, 제748조에 "호주 또는 가족의 누군가에게 속하는지 분명하지 않은 재산은 호주의 재산으로 추정한다"고 되어있다. 그리고 또 제749조에는 "가족은 호주의 뜻에 반하여 그 거처를 정할 수 없다"고 되어있다. 그리하여 또 제750조에 "가족의 혼인 또는 양자의 인연을 맺기 위해서는 호주의 동의를 얻을 것을 요한다"고 되어있다. 이 부분은 민법학자가 대대적으로 연구해 여러 방면으로 논하고 있는 점이다. 어쨌든 지금의 민법은 서양의 법률을 참고해 만든 것이지만, 역시 호주라는 것을 세우고 있다.

서양에는 호주라는 것이 없다. 가족은 본래부터 있지만 가족 내에 가장이란 자를 두지 않는다. 그렇기 때문에 가족은 가족이지만 서양의 가족은 일본의 가족과 성질이 다르다. 법률상 성질이 다르다. 일본처럼 호주라는 가장을 세워 그 가장을 통해 집안을 통솔하게 하는 것이 가족제도이다.

이는 일본에서는 고대부터 있었다. 그것은 시대에 따라 다소 차이는 있다 해도 고대부터 있었다. 다이호율령大寶令3)에서도 "무릇 호주는 모두 가장이 된다"고 되어있다. 그리고 『의해義解』4)에는 "이는 적자嫡子를 말한다. 무릇 후사를 잇는 도리이다. 본처의 아들正嫡이 계승한다. 큰아버지, 작은아버지伯叔가 있어도 이는 방친傍親이다.

---

3) 다이호 율령은 701년 반포된 일본의 율령. 당나라의 율령을 참고한 것으로 일본사상 최초의 본격적인 율령이다. 이 율령의 반포 및 시행으로 고대 일본은 본격적인 율령제 국가로 들어서게 된다.

4) 원문에는 『의해(義解)』로만 되어 있는데 내용상 『令義解』를 말하는 것으로 보인다. 『영의해』는 833년에 준나 천황(淳和天皇)에 의해 대신 기요나라노 나쓰노(清原夏野)를 필두로 스가와라 기요기미(菅原清公) 등 12인에 의해 찬집된 율령의 해설서.

따라서 적자가 호주가 된다"고 되어있다. 이것은 단지 하나의 예이 겠지만 이러한 방식으로 일본은 예부터 가장제도가 내려오고 있다. 아주 옛날에는 가족제도보다 오히려 씨족제도가 일반적으로 행해져 왔지만, 여기서는 이에 대한 설명은 생략하고 다만 가족제도에 대한 언급에 그치고자 한다. 메이지기가 되어 민법을 제정할 때 어떻게 해도 이러한 습관을 도외시할 수 없었다. 가장제도를 존속시키지 않을 수 없었다. 죄다 서양풍의 법률을 만들어봤자 일본의 풍속에 는 맞지 않는다. 완전히 유명무실하여 공문空文화 될 우려가 있다. 그래서 역시 현재의 민법에도 호주라는 것을 설정하고, 예로부터의 가장제도를 존속시키고 있는 것이다.

【가족제도는 즉 가장제도】 가족제도는 즉 가장제도인데 도대체 그 러한 가족제도라는 것은 어떻게 해서 생겨났는가. 왜 그러한 것이 일본에는 있을까. 거기에는 이유가 있다. 왜 일본에서는 호주를 세 워 그에게 호주권을 부여하고 있는가, 그러한 것은 일체 없애버려도 좋지 않은가라는 생각이 들 수 있지만 역사적인 관계가 있어 그렇게 단순하지 않다. 호주 즉 가장이 되는 자를 세우는 이유는 한 가족은 그 배후에 역사를 갖고 있기 때문이다. 원래부터 모든 가족에게 역 사는 있다. 그렇지만 일본에서는 그 가족의 역사를 귀중히 여기는 정신이 예부터 전해져 지금까지 이르고 있다. 그래서 이 가족이라는 조직의 배후에는 역사적 관계가 있게 된다. 그 배후에 있는 역사란 곧 조상과의 관계이다.

【가족제도와 조상숭배의 관계】 조상숭배의 정신이 현재에도 존속한 다. 가족의 조직에 영향을 끼쳐 왔다. 어떻게 영향을 끼치는가 하면, 하나는 조상의 혈통을 소중히 하기 위해 조상의 혈통에 가장 근접한 자가 상속인이 된다. 그렇지만 단지 조상의 혈통을 잇는 것만이 아닌, 조상의 제사祀가 끊기지 않게 해야 한다. 그렇기 위해서는 책임자가 있어야 한다. 누가 모셔도 괜찮다면 아무도 모시지 않을지 모른다.

제4장 국민도덕과 신도

그래서 책임자가 있어야 한다. 그런 이유에서 가장되는 자가 있어 조상을 모시는 의무를 지도록 하고 있다. 이런 식으로 조직되어 있다. 그러니까 지금의 민법 제987조에 "계보, 제사도구祭具 및 분묘의 소유권은 가독家督상속의 특권에 속한다"고 되어있다. 가독상속을 하는 자, 즉 가장이 되어 집안을 이을 자는 그 집안의 계보·제사도구·분묘를 모두 계승해서 선조先祖의 제사祭를 지내지 않으면 안 된다. 선조의 혈통을 계승하고 선조의 제사를 계속해 가기 위해 가장이 있다. 그러한 행위를 하는 정신의 유래는 일본의 가족이라는 개념에서 온다.

【일본의 가족과 계속적인 관념】 일본에서 가족은 계속繼續의 관념과 결부된다. 즉 선조와 자손이라고 하는 것은 사슬처럼 상호 결부되어 있다. 선조와 자손이 각각 떨어질 수 없다. 조상은 자손의 영위를 도모하고, 자손은 선조의 유지遺志를 계속해 간다. 이 혈통의 계속이 가족이라는 개념을 만들고 있다.

【이에의 개념】 이에家5)라는 개념도 여기서부터 해석하지 않으면 안 된다. 가독상속이라고 하던 시기의 이에는 오로지 이에만이 아니고 그 혈통의 계속도 의미한다. 거처를 바꿔도 또는 거처하는 곳이 없어져 하숙집에 있어도 상관없지만, 혈통의 계속을 의미하는 이에는 변해서는 안 된다. 그러한 이에를 예전부터 중시했다. 그것을 소중하게 하는 데 일본인의 저력이 있다. 선조와의 관계에서부터 호주라는 것을 세워야만 한다. 만세일계萬世一系처럼 훌륭하게 이어져 오지

---

5) 한국의 집안이 혈연을 중심으로 한 관념인 데 비해, 일본의 이에는 이에 그 자체가 독립된 하나의 관념으로 여겨진다. 이에는 가족의 생활공동체로서 초세대적 기초단위이며, 가부장적 가족제도로 역사적으로 형성되어온 이념형이다. 즉 이에는 일종의 기구이자 법인으로, 기구로서의 사회적 기능을 가지며 생산과 영업의 단위임과 동시에 공동생활의 단위이다. 그런 점에서 이에는 서양의 가정(home)과도, 전통시기의 조선의 '집안'이나 중국의 '지아(家)' 개념과도 다르다. 이에 대해서는 와타나베 히로시, 『일본정치사상사: 17~19세기』, pp.79-87 참조.

않더라도, 역시 선조를 계승해 대대로 상속인이 집안의 대표자가 된다는 계속적인 관념. 그것이 널리 민족 사이에 보급되어 있기 때문에 지금의 민법에서도 호주라는 것을 설정하고 있다. 설정하지 않으면 고래의 풍속과 맞지 않게 되어 버린다. 그러니까 가족제도는 조상숭배와 서로 관련되고 있다. 조상숭배가 없어지면, 가족제도라는 것도 없다. 가족제도는 조상숭배의 형태로 나타난 것이다. 가족제도를 제거해 버린다면, 조상숭배는 성립할 수 없다. 조상숭배는 가족제도의 정신적 방면, 가족제도는 조상숭배의 형체적 방면이라 해도 좋겠다. 둘 다 상호 밀착해 떨어질 수 없는 관계를 형성하고 있는 것이다.

【가족제도와 국민도덕】 가족제도가 국민도덕에 어떠한 영향을 미치는가하면, 여러 가지가 있다. 우선 조상숭배가 이런 식의 그림으로는 잘 표현되지 않지만, 아주 거칠게나마 그림으로 설명해 보고자 한다.

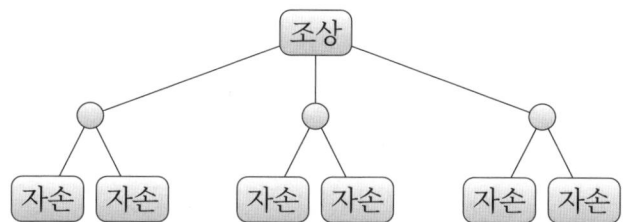

이런 복잡한 관계가 성립되어 자손이 무한히 갈라져 나온다. 그래서 조상숭배는 자손이 공동의 조상을 모시는 것이다. 한 집안에서는 집안 공동의 조상을 모신다. 향촌에서는 향촌 공동의 조상 즉 우지가미氏神6)를 모신다. 한 나라에서는 한 나라 공동의 조상을 모신다. 한 나라 공동의 조상으로서는 훌륭한 국가의 종묘가 있다.

【조상숭배는 자손을 결합시킨다】 조상의 제사를 위해 자손이 연결된다. 같은 조상으로부터 갈라져 나온 자손이 조상의 제사를 위해 함께

---

6) 고장의 수호신.

모여 화목해진다. 조상의 제사 없이는 자손이 함께 하기 어렵다. 제각각이 되어, 그냥 점점 분산되어 갈 뿐이다. 하지만 조상의 제사를 위해 자손이 가끔 함께 한다. 그래서 혈족을 묶는다. 이것이 통일의 습관을 만드는 기회가 된다.

【조상숭배는 두터운 기풍을 양성한다】 통일의 습관을 만듦과 동시에 두터운 기풍을 양성한다. 두터운 기풍을 양성하는 일례를 들면 조상의 은혜에 대해 감사의 뜻을 표하는 것이다. 은혜를 잊지 않는다. 아주 멀어진다고 해도 아무리 멀어진다 해도 일정 시기에 선조를 기억해 선조의 은혜를 잊지 않고자 한다. 선조의 은혜를 잊지 않는 것뿐만 아니라 선조에 보답하고자 하여 두터운 기풍을 양성하게 되는 것이다. 그 반대는 경박이다. 선조의 일에 소홀한 것은 천박하고 경솔한 풍속이다. 그 반대로 일정한 시기에 조상을 모시고, 예를 들어 몇 년마다 제사를 지내는 것은, 어느 정도 인정을 두텁게 하는 효과가 있다. 『논어』에도 증자의 "부모의 임종을 신중하게 모시고 먼 조상까지 추모하면 백성들의 덕이 두터워질 것이다"[7])라는 말처럼, 조상숭배는 그런 효과를 가져온다.

【자신의 뿌리를 돌아보고 조상에 감사하는 것과 조상숭배】 즉 자신의 뿌리를 돌아보고 조상에 감사하는 報本反始[8]) 것은 조상숭배를 통해 실천된다. 선조를 기릴 때 자신의 뿌리를 돌아보고 조상에 감사하는 것이 실현된다. 조상숭배의 풍속이 없다면 자신의 뿌리를 돌아보고 조상에 감사하는 일은 행해지지 않을 것이다. 그런데 조상숭배는 일본에서 먼 옛날부터 행해져 왔고 지금까지 계승되고 있다. 그래서 가족제도도 존속하고 있는 것이다. 지금의 민법에 있는 가족제도 등은 상당히 형식적인 부분도 있다. 그러나 이를 '고삭告朔의 희양餼羊[9])'이

---

7) 『논어』「학이(學而)」편에 나오는 말.
8) 『예기(禮記)』「교특생(郊特牲)」편에 나오는 말.
9) 논어에 나오는 말로 "자공이 초하루를 알리는 제식에 바치는 희생양 제도를 없

라고 하는 것은 너무 극단적이다. 가장권은 점점 축소해 왔지만, 역시 가장이 호주로서 분명히 존재해 어느 정도의 특권이 부여되고 있다. 가족제도라는 것을 지금의 민법에서 완전히 말살할 이유는 없다.

【서양에는 현재 가장제도가 없다】 그러나 서양에는 가장제도가 없다. 서양도 옛날에는 있었다. 그리스 시대, 로마 시대 등에는 가장제도가 있었다. 특히 로마는 상당히 일본과 유사점이 있었다. 로마제국의 역사에는 일본에 참고가 될 것이 제법 있다고 생각한다. 로마제국은 아주 강대하였고, 또한 아주 길게 이어졌다. 지금의 유럽제국은 도저히 따라잡을 수 없다. 적어도 2천년 정도 계속된 것 같다.

【로마제국과 가족제도】 로마는 아주 강대하였는데, 이 중 하나는 가족제도의 결과일 것이다. 원래 일본만큼 훌륭하게 통일적으로 발달하지는 않았지만, 여러 가지로 일본과 유사한 점이 있다. 그러나 가족제도와 조상숭배는 로마제국의 멸망과 함께 없어져 버렸다. 극단적인 말일지 모르겠지만 더욱이 오늘날의 유럽에는 그 흔적조차 없다. 옛날의 가족제도·조상숭배의 풍속이 어느 정도 어딘가에서는 자취를 남기고 있겠지만, 실제 가족제도는 법률상 인정되지 않고 또한 조상숭배라는 풍속도 없다.

그것은 여러 가지 원인 때문에 없어진 것이다. 가장 큰 원인은 로마 후기에 이르러서 극심한 사치에 기울어 정신적으로 큰 결함이 나타났던 것이다. 그때 기독교耶蘇教가 들어왔다. 그리하여 상당히 정신상에 변화를 초래하였다. 로마의 멸망은 많은 게르만 민족 등이 밀려들어 온 이유로 앞당겨졌다. 어디서 흘러왔는지는 모르나 북

애려 하였다. 공자께서 말씀하시었다. 사야! 너는 그 양을 아끼는구나, 나는 그 예를 아끼노라(子貢欲去告朔之餼羊, 子曰, 賜也, 爾愛其羊, 我愛其禮)" 고삭(告朔)의 희양(餼羊)이란 초하루를 알리는 제식에 바치는 희생양을 말하며, 겉치레뿐인 의식이라도 해가 없는 한 보존하는 것이 없는 것보다 낫다는 비유로 쓰인다.

제4장 국민도덕과 신도

쪽에서 왔다는 역사가의 설이 있다. 일단 이에 의하면 그것 때문에 로마는 멸망하였다. 이 게르만 민족은 당시 별로 발달하지 않았던 민족이다. 로마민족보다는 문명의 정도에서 열등한 민족이다. 원래는 조상숭배의 풍속을 갖고 있었지만, 이주 때문에 조상숭배의 풍속을 상당히 잃게 되었음이 틀림없다. 선조와 자손의 관계를 이주 때문에 잃어버리는 것은 드문 일은 아니다. 이주민족은 대개 조상숭배를 하지 않는다. 물과 풀을 찾아 떠돌아다니는 민족이 조상숭배를 하지 않는다는 것은 스펜서[p.198]가 그의 사회학에서 말하고 있는데, 이는 확실한 점이 있다. 물과 풀을 찾아 떠돌아다니는 민족이라도 그렇게 심하게 옮겨 다니지 않는 민족은 다소나마 조상숭배의 풍속을 갖고 있지만, 아주 먼 곳으로 이주해 가는 민족은 조상숭배의 풍속을 잃게 된다. 게르만 민족은 어느 정도 멀리 이주해 왔기 때문에 어느 정도는 조상숭배의 풍속을 잃고, 정신상으로 로마인에 비교하면 빈약한 상태에서 기독교와 접촉해서 큰 변화를 초래한 것이다. 조상숭배는 없어져 버리고, 오직 기독교의 종교사상을 시행하게 되었다. 그것이 가족제도가 없어진 하나의 큰 원인이라고 생각한다.

    그 밖에도 원인이라고 볼 만한 것이 조금도 없는 건 아니다. 서양에는 오늘날까지도 아직 자손이 집안의 이름을 계승하고 부모의 성을 계승하는 일이 있는데, 이것들은 가족제도가 흔적을 남기고 있는 부분일 것이다. 그러나 단순하게 풍속상 있을 뿐으로 가족제도라는 것은 더 이상 존재하지 않는다. 또는 귀족과 같은 자는 그 집안을 소중히 한다는 생각도 있다. 그러나 그렇다고 하더라도 가족제도를 이루고 있는 건 아니다. 가족제도가 될 수 있으려면 무엇보다 가장이 없어선 안 된다. 사람에 따라서는, 서양인이 가정home을 중요시하는 것을 보고 그것을 가족제도라고 생각하고 있지만, 이는 큰 착각이다. 가정의 중시는 당연히 훌륭한 일이지만, 가정이 반드시 가족제도는 아니다.

【가족제도와 가정주의】 그것을 가정주의나 혹 다른 무엇으로 이름 붙여야 할 것이지 가족제도는 아니다. 가족제도는 법률상 반드시 한 집안의 가장을 세워, 그 사람이 선조를 대표해 한 집안을 통솔해 가는 조직이어야 한다. 그것이 가족제도이다. 그것을 가정주의와 같은 형태로 본다면 큰 착각이다. 가족제도에 관해서는 여러 가지 오해가 있으므로 그 개념을 명확히 해 두어야 한다.

【개별가족제도와 종합가족제도】 가족제도에는 두 가지 종류가 있는데 하나는 개별가족제도이고 하나는 종합總合가족제도이다. 개별가족제도란 개개의 가족이 가족제도의 조직을 이루고 있는 것을 말한다. 종합가족제도란 그 개개의 가족을 뭉뚱그려 하나의 단체를 이뤄, 즉 하나의 대가족을 이루고 이에 더해 가장이 있어 이를 통솔해 가는 점에서 종합가족제도가 성립한다. 일본에서는 개개의 가족제도가 모여 하나의 대가족제도를 이룬다. 하나의 대가족제도의 가장으로서 천황이 계신 것은 정확히 하나의 가족에 하나의 가장이 있는 것과 같다. 하지만 법률상 완전히 같은 것은 아니다. 법률상 한 가족의 가장과 천황을 같은 식으로 볼 수는 없지만 가족제도로서의 조직은 동일하다. 그래서 예를 들어 입헌정체가 되더라도, 그 정체는 천황이 주권을 운용하는 방식만 다를 뿐 가족제도의 형체體形는 역시 예전처럼 지속되는 것이다. 현행 민법에도 가족제도는 그저 형식뿐일지 모르지만 존재하기는 한다. 그러나 민법보다는 사회풍속에 많이 남아있다. 종합가족제도는 『황실전범皇室典範』[10])에서 보다 분명해진다. 따라서 입헌정체가 되어도 가족제도가 없어지는 것도 아니다. 입헌정체의 정체는 주권의 운용방식에 의해 결정되는 것이고,

---

10) 『황실전범』은 1889년 공포되어 황위계승 등을 규정하고 있다. 대일본국의 황위는 조종(祖宗)의 황통(皇統)으로서 남계(男系)의 남자가 계승한다(제1조), 황위는 황장자(皇長子)에게 물려준다(제2조), 황장자가 없을 때에는 황장손(皇長孫)에게 물려준다. 황장자와 그 자손이 모두 없을 때는 황차자(皇次子)와 그 자손에게 물려준다. 이하 모두 이에 준한다(제3조) 등으로 구성된다.

제4장 국민도덕과 신도

종합가족제도는 곧 국가조직의 형체를 말하기 때문이다. 일본에서는 양쪽 제도가 병행되고 있다.

국가 전체가 종합적인 하나의 대가족제도를 이루고 있는 이상, 역시 가장이 없으면 안 된다. 가장이 선조의 혈통을 계속해서 선조를 대표하고 선조의 유지를 계속 이어가고 선조의 제사를 끊기지 않게 하는 데에서 가족제도가 성립한다. 황실 역시 그러하다. 일본의 황실은 선조의 혈통을 중시해서 계속해 갈 뿐만 아니라 그 유지를 소중히 여긴다. 이는 황조황종皇祖皇宗의 유훈을 교육의 근원으로 삼는 것에서도 알 수 있다. 서양과 같이 시시각각 새로운 것을 쫓아가지 않는다. 일본에는 계속의 관념이 상당히 강하다. 거기에 일본 국가의 기초가 강대한 이유가 있다. 좀처럼 이리저리 흔들리지 않는다. 영구한 기초를 그곳에 뿌리박고 있다. 그래서 우리나라에서는 개개의 가족이 각각 개별가족제도를 이루고, 나아가 이것을 종합하는 하나의 커다란 가족제도가 성립한다. 그것이 종합가족제도이다. 그것이 가족제도인 이유는 지금 말한 것 외에도 있다. 일본에서는 군신 관계가 아주 친밀하다. 그 관계 사이에 저절로 가족적 관계가 생겨난다. 이는 우리나라가 다른 나라와 상당히 다른 점이다.

【군주와 신민의 특별한 관계】 군주는 신민의 부모라는 사고이다. 예로부터 천황의 조칙詔勅에 종종 부모라는 말이 보인다. 군주와 신민은 원래 관계가 없었는데 어떤 사정 하에서 우연히 통치자와 피치자라는 관계를 갖게 된 것이 아니라, 아주 자연스럽게 완전히 한집안의 가족을 대하는 감정으로 천황은 신민에 대해 조칙을 발표하는 것이다. 가장 뚜렷한 예가 닌토쿠 천황[11]의 경우이다. 닌토쿠 천황은 백성이

---

11) 닌토쿠 천황(仁德天皇, 290~399) : 제16대 천황. 재위는 313~399년. 『고사기』와 『일본서기』에 따르면 16대 천황으로 5세기 전반에 재위했다고 추정된다. 고대 도읍인 나니와노미야(難波宮) 등의 건설 및 조선, 중국과의 교류로 문화를 향상시키는 등 야마토 조정의 최전성기였다고 한다.

가난하면 나도 가난하고 백성이 풍요하면 나도 풍요하다는 생각으로 인민과 자신을 하나로 보셨음이 역사에 보인다. 그런데 그 닌토쿠 천황이 우러러 본 글귀 중에 아주 재밌는 말이 있다. "무릇 하늘이 군주를 세운 것은 백성을 위해서이다. 그러므로 군주는 백성을 근본으로 삼는다. 그래서 옛 성왕은 한 사람이라도 굶주리면 이를 돌아보고 스스로를 책망하기를 '백성이 가난하면 짐이 가난한 것이고, 백성이 부유하면 곧 짐이 부유한 것'이라고 했다. 백성이 부유한데 군주가 가난한 적은 지금까지 없었다"는 말씀이『일본서기』[12]에 보인다.

그리고 유랴쿠 천황[13]의 유칙에 "군신은 의로, 부자는 정으로 함께 한다"라고 했다. "군신은 의로"라고만 하면 지나와 다른 점은 없다. 지나는 그러하다. 군신은 의에 의해 연결한다. 의가 없으면 달리 군신을 연결할 본무本務는 없다. 일본도 본래 군신을 연결시키는 의가 있지만, 의만 있는 것은 아니다. "부자는 정으로 함께 한다"라는 것이 일본의 군신 상하의 관계이다. 군신 사이에 의가 있지만 그것뿐만이 아니다. 실제로 부자와 같은 관계가 있다. 그래서 "부자는 정으로 함께 한다"는 것은 꽤나 일본이라는 국가의 성격國情을 잘 표현한 말이다.

그리고 덴지 천황[14] 8년에 "천황이 고안령에 올라가 성을 쌓는 일을 의논하였다. 그러나 백성이 피곤하리라고 생각하여 중지하였다.

---

12) 『일본서기(日本書紀)』는 일본에서 가장 오래된 정사(正史)로, 후대작인『속일본기』의 기록에 따르면 도네리 친왕(舍人親王)이 덴무 천황의 명을 받아 편찬하기 시작하여 720년에 완성했다고 한다.

13) 유랴쿠 천황(雄略天皇, 418~479) : 21대 천황. 재위는 456~479년. 당시까지 일본 열도는 각지의 유력 호족의 연합체였는데, 유랴쿠 천황의 등장으로 전제지배가 확립되어 중앙집권체제가 시작되었다는 평가도 있다.

14) 덴지 천황(天智天皇, 626~672) : 38대 천황. 재위는 668~672년. 663년 백제부흥을 도모한 백촌강 전투를 일으켰지만, 패배했다. 이후 667년 아스카(飛鳥)에서 오우미(近江)로 천도해 정식으로 즉위했다. 국토방위 정책의 일환으로 미즈키(水城)와 봉화 등을 설치했다. 중앙집권체제를 구축한 다이카개신(大化改新)을 한 인물로 알려져 있다.

제4장 국민도덕과 신도

사람들이 감탄하여 정말 인애仁愛의 덕이 풍부하시구나"라고 했다는 말이 있다. 인민이 피로해져 있으니까 성을 수리하실 사정이었지만 완전히 그 일을 정지하셨다. 인민에 대해서 깊고 어질고 자비로운 사려가 있었다고 보인다. 더 몇 가지를 말해야 마땅하나 시간이 부족하니까 다음으로 넘긴다.

《[강연] 제4회》 오늘은 가족제도를 이어서 강의하겠다.[15] 지난번의 끝부분에서 조정과 신민의 관계가 고대부터 아주 친밀하였다는 증거로서 두세 개 천황의 말씀을 예를 들었다.

【조정과 신민의 관계가 친밀하다는 증거】 그럼 그 다음으로 겐쇼 천황[16]의 조칙에 "국가융성의 요점은 백성을 부유하게 하는 데 있고, 백성을 부유하게 하는 근본은 재화와 먹을 것을 힘써 늘리는 데 있다", 다른 조칙에 "짐이 사해四海에 군림하여 백성을 어루만져 길러서, 집집마다 넉넉하고 사람마다 다 안락하도록 하게 하고자 한다"는 말이 있다. 백성에 대해 품은 인애仁愛의 마음은 거의 한집안의 가장이 가족에게 대하는 것 같은 사려였음이 보인다. 그리고 고겐 천황[17]의 조칙에 "천하를 어머니처럼 다스리고 백성을 자식처럼 길렀다"는 말이 있다. 이러한 조칙을 배독拜讀하면, 군신의 관계를 모자의 관계처럼 보셨던 것으로 보인다. 아래로는 신민을 자식처럼 사려하시고 자신은 그 어머니라는 생각이다. 이것들은 꽤 국가 전체를 한가족과 같이 보셨다는 증거이다.

---

15) 앞서 해제에서 설명하였듯이『국민도덕개론』은 이노우에 데쓰지로의 강연을 모아 출판한 것이었다. 강연 4회째의 의미.
16) 겐쇼 천황(元正天皇, 680~748) : 44대 천황. 재위는 715~724년. 나라시대 전기의 여제(女帝). 율령지배가 본격화되는 시기에 지방행정 조직 및 문서행정 등을 정비했으며, 일본고대의 기본법전인 요로율령(養老律令)을 선정했다. 또한 이 시기에『일본서기』가 완성되었다.
17) 고겐 천황(孝元天皇, 718~770) : 46대 천황. 재위는 749~758년. 고레이 천황의 아들로서『일본서기』,『고사기』에 전해 내려오는 계보상으로 일본의 8대 천황이다.

쇼무 천황[18]의 조칙은 그 점에서 아주 훌륭하다. 쇼무 천황 시절에 시약원施藥院을 황후직에 설치하는 경우가 있었다. 약을 널리 세상의 환자에게 베풀기 위해 설치하신 것이다. 이에 각 지방에서 계속해서 약을 요구해 왔다. 그 조칙은 아주 훌륭한 조칙이나 나는 지금 전체문장을 가지고 오지는 않겠다. 그 가운데에는 "짐은 부모다朕爲父母"라는 말이 보인다. 이런 일들이 얼마든지 있다. 그런 식으로 옛날 군신의 관계를 정情의 측면에서 말하자면 아주 친밀하였다. 그러므로 조정에서 신민에게 대단한 일을 하신 것이다. 특히 올해 들어 기원절[p.544]에 약을 주어 구호하고 치료하는 자본금으로 내탕금 150만엔을 하사하신 일은 단지 헌법이라는 법률에 의한 것이 아니고 전적으로 신민에 대한 대단한 자애심 때문이라고 생각한다. 이것이 일본 고대로부터의 풍습이다. 예전에 쇼무 천황 시절에 시약원을 설치하셔서 널리 세상의 환자를 구제하신 것이다. 그런 것과 비교해보면, 일본 고대의 군신의 상하 관계가 저절로 밝혀진다. 서양에서는 종교의 관계에서 나랏돈을 사원寺院에 기부한 경우가 상당히 있는 듯하다. 그러나 이번처럼 직접 황실에서 인민에게 그런 식으로 막대한 금액을 치료비의 자본으로 하사하셨다는 것은 극히 드물다고 생각한다. 이런 일에 관해 한두 역사가에게 질문해도 봤지만, 역시 위와 같다. 어떻든 독일이나 영국에서 유사한 것이 있었다는 것을 들어본 적이 없다.

일본은 예부터 아주 훌륭한 군신관계가 역사적으로 성립해 왔다.

---

18) 쇼무 천황(聖武天皇, 701~756) : 45대 천황. 재위는 724~749년. 적극적으로 당(唐) 문물제도를 도입하여 국정을 내실화하기 위해 노력했으며, 불교를 깊이 신앙하여 각지에 사찰을 건립하는 칙서를 내렸다. 또한 도다이지(東大寺)를 건립하고 나라대불(奈良大佛)을 주조하여 덴표(天平) 문화를 조성하였다. 그러나 사찰들을 건립하고 많은 토지를 기진하는 등의 원인으로 국가 재정이 흐트러지는 원인도 만들었다. 고켄 천황(孝謙天皇)에게 양위 후 출가입도하였다. 나라시 호렌(法蓮)의 사호야마(佐保山) 남릉(南陵)에 묻혔으며, 유품의 대부분은 쇼소인(正倉院)에 안치되어 있다.

제4장 국민도덕과 신도

그래서 조정에서 그런 대단한 일을 신민에게 하셨을 뿐만 아니라, 또한 신민이 조정에 대해 행해온 대단한 일 역시 결코 외국에는 유례가 없다. 그것은 일일이 역사상의 예를 들어 말씀드리기 불가능하나, 적어도 세 가지 예를 든다면 어느 정도는 알 수 있다. 하나는 선사시대에 이즈모出雲 부락의 수장이었던 오쿠니누시노 카미[19]가 완전히 자신의 영토를 모두 천손天孫[20]에게 바쳤던 일이다. 그것은 신화 속 이야기지만 역사상 사실일 것이라 생각한다. 이외에도 여러 다른 것으로부터 추정해보면 역사상의 사실이 신화 속에 거의 비슷하게 묘사되는 것이 보인다. 신화에 있는 그대로는 아니겠지만 대체로 유사한 일이 있었음에 틀림없다. 이즈모는 대륙으로부터 이주한 부락 중에 제일 큰 것으로, 그 우두머리가 오쿠니누시노모카미였다. 그런데 그 오쿠니누시노 카미도 그 아들인 고토시로누시노 카미[21]도 전혀 저항하지 않고 기꺼이 천손에게 그 영토를 헌상해 신하가 되셨다. 그 이후 다이카개신[22] 때에도 여러 씨족의 세습된 사민私民·사령私領을 폐지하여 모두 이를 조정에 바쳤다. 그렇게 하여 전국의 민중과 토지를 통틀어 국가의 공민公民·공지公地가 되게 했지만 신민 측에서 조금도 반항하는 태도는 없었다.

유사한 일이 최근 세상에도 일어나고 있다. 즉 막부 말에 모든

---

19) 오쿠니누시노 카미(大國主神)는 일본 신화에 나오는 신으로, 大國主命이라고도 한다. 기기(記紀) 신화에 아시하라노나카쓰쿠니(葦原中國)의 나라를 만들고 국토를 다카마가하라(高天原)의 신에게 위양한 신으로서 이야기되고 있다.
20) 천손강림(天孫降臨)은 아마테라스 오미카미(天照大神)의 손자인 니니기(瓊瓊杵尊)가 아시하라노나카쓰쿠니를 통치하기 위해 강림했다는 일본 신화의 설화이다.
21) 고토시로누시(事代主神)는 오쿠니누시노모카미의 아들. 천신들이 다케미카즈치(建御雷神)를 보내 이즈모를 정복하자 오쿠니누시노모카미는 두 아들에게 저항할 것인지에 대한 결정을 미루었다. 다케미키즈치가 도착할 무렵 낚시를 하던 고토시로누시는 천신들의 통치를 받아들이기로 하고 창을 내주고 이즈모를 떠났다고 한다.
22) 다이카 개신(大化改新)은 7세기 중엽에 일본에서 왕을 정점으로 한 중앙집권적 정치체제를 구축하기 위하여 이루어진 정치개혁.

다이묘가 영토를 조정에 봉환하였던 일[23]이다. 긴 세월 무가 시대에서 봉해졌던 영토를 오래 지배하고 있었음에도 모두 스스로 앞장서 조정에 봉환해 왕정유신王政惟新을 달성했다. 서양이었다면 반드시 권리의 다툼이 되었을 거다. 가령 빼앗으려 해도 꽤 상당한 권리를 주장해 성가신 경우도 있었을 거다. 그렇지만 일본에서는 스스로 나서 조정에 봉환했던 것으로, 서양에서 이러한 예는 절대 없다고 생각한다. 이것들은 아주 현저한 경우로서, 마치 오쿠니누시노모카미가 아마테라스에게 모든 영토를 상납한 같은 방식으로 모든 다이묘가 영토를 봉환하였던 것이다.

【법률상의 심대한 정의가 있음】 군신상하의 관계는 법률로서 다하는 것처럼 보여도 사실은 법률 이상으로 심대한 정의情義라는 것이 있어, 이에 의해 결부되어 있음을 말해주는 증거이다. 이러한 것은 국가 전체가 상당히 가족적인 성질을 띠고 있음을 보여준다. 그뿐만 아니라 이 제실帝室 일가의 제사일이 동시에 국민 일반의 제사일인 것은 다른 나라에 절대 없다고 생각한다.

【국경일과 조상숭배】 영국에서는 최근 빅토리아왕의 기일을 기념일로서 대영제국 국경일Empire Day이라고 칭하고 있지만, 이것은 일본풍을 본 따 시작했다고도 이야기된다. 그 외에 크리스마스 같은 종교상의 기념일은 있지만, 조상숭배와 관계가 있는 기념일은 없는 것 같다. 프랑스에서는 공화정체가 되었던 날을 기념일로 한다. 독일에서는 카이저의 탄생일을 기념일로 한다. 미국에선 독립한 날을 기념일로 한다.

하지만 일본의 기념일은 모두 제실 조상님의 제사와 관계가 있다. 지금의 기념일 가운데에는 메이지 들어 정해진 것이 있는데, 그중에는

---

23) 대정봉환(大政奉還)은 1867년 11월 9일 도쿠가와 막부 15대 쇼군 도쿠가와 요시노부가 메이지 천황에게 통치권의 반납을 선언한 것을 일컬음.

고대에서부터 있던 것도 있다. 신상제新嘗祭24)의 경우 제실 조상님의 제사지만 그것이 일본 국민 전체의 제전祭典으로서 신민도 동등하게 여기에 관계하고 있다. 현재에는 국경일인 신무천황제神武天皇祭·춘계황령제春季皇靈祭·추계황령제秋季皇靈祭·고메이천황제孝明天皇祭25)는 제실 조상님들의 제사이지만 국민 일반이 이를 국경일로서 황실과 함께 하고 있다. 그러한 일은 굉장한 친밀한 관계가 그 사이에 있음을 나타낸다. 즉 군신상하의 관계가 가족적 관계로 되어있다는 증거이다. 국법학國法學 쪽에서 말한다면, 일본의 천황은 유럽 각국의 군주와 꽤나 자격이 다르다. 이에 대해서는 조만간 호즈미 야쓰카26) 박사가 설명해줄 것이다. 나는 그 방면의 학자는 아니니까 이는 법률가의 설명에 양보한다. 어쨌든 역사상에서 생각해 보면, 지금 말씀드린 것과 같은 형태로 일본에서는 군신 상하가 서로 가족적 관계를 이루고 있다. 군신 상하를 그렇게 가족적으로 결부시키고 있는 것이 조상숭배다. 가족제도이다. 궁중의 가시코도코로賢所27) 이세伊勢의 다이뵤大廟28)는 황실의 조상숭배이자 동시에 국민 일반의 조상숭배이다. 그리하여 조상숭배가 형태로 나타난 것이 가족제도이다. 이는

---

24) 11월 23일에 천황이 햇곡식을 천지(天地)의 신에게 바치고 친히 이것을 먹기도 하는 궁중 제사. 神嘗祭라 쓰기도 한다.

25) 신무천황제는 4월 3일, 춘계황령제은 춘분, 추계황령제는 추분, 고메이천황제는 1월 30일로 이 날들은 국경일로 지정되어 천황에 대한 제사를 지냈다.

26) 호즈미 야쓰카(穗積八束, 1860~1912)는 일본의 헌법학자. 1883년 도쿄대학을 졸업하고 이듬해 독일로 유학을 떠나 1889년 귀국 후 제국대학 법과대학 교수로 취임하였으며, 1897년부터 1910년까지 법과대학장을 역임하였다. 또한 법제국참사관(法制局參事官), 추밀원서기관(樞密院書記官), 귀족원칙찬의원(貴族院勅撰議員), 궁중고문관(宮中顧問官) 등 요직을 역임했으며 교육계, 관계에 발언력을 가졌다. 군주절대주의라는 입장에서 미노베 다쓰키치(美濃部達吉) 등이 주장했던 천황기관설에 반대한 것 외에도 22년부터 민법전 논쟁을 벌이면서 옛 민법을 비판했다. 주요 저서에는 『헌법대의(憲法大意)』(1896), 『헌법제요(憲法提要)』(1910) 등이 있다.

27) 신전(神殿), 황령전(皇靈殿)과 함께 궁중 삼전(三殿)의 하나로 신경(神鏡)을 모시는 곳.

28) 이세신궁(伊勢神宮)을 가리킨다. 내궁은 일본 황실의 조상신으로 섬기는 아마테라스 오미카미(天照大神)를 모시고 있다.

구미 국가들의 모든 제실, 왕실에는 단연코 없는 것이다. 그래서 개별가족제도 외에 종합가족제도라는 것을 인정하지 않으면 안 된다. 그러한 종합가족제도가 있다는 것은 부정할 수 없는 사실이다.

【일본의 가족제도의 특색은 종합가족제도에 있음】 이처럼 일본가족제도의 특색은 종합가족제도에 있다고 생각한다. 개별가족제도는 일본뿐만 아니라 지나에도 있다. 지나에도 개별가족제도가 있기 때문에 일본과 매우 닮은 도덕관념이 발전해 왔다. 예를 들면 여러 도덕 가운데 최우선으로 효를 중시하는 것은 개별가족제도의 결과이다. 가족제도가 행해지지 않는 곳에는 효와 같은 도덕은 그다지 발전하지 않는다. 그리스, 로마시대에는 효라는 덕목을 아주 중하게 보았다. 이는 당시 가족제도가 행해졌기 때문이다. 지나도 예부터 가족제도가 행해졌지만 그것은 종합가족제도가 아니라 개별가족제도이다. 일본처럼 한편으로는 개별가족제도가 행해졌기 때문에 지나에 효라는 덕목이 중요시되고 있다. 그리하여 지나의 가르침이 일본에 수입될 때 종합가족제도의 측면에서는 차이가 있었지만, 개별가족제도의 측면은 공통적이어서 어떤 모순도 없이 어려움 없이 수입되었던 것이다. 유교는 불교와 달라서 원활히 들어와 아무 부딪침이 없었다. 훗날 도쿠가와 시대에 이르러, 한학자와 국학자가 유교에도 일본에 맞지 않는 점이 있음을 점점 말하기 시작해 맹렬히 공격했던 것이다. 그때 주로 공격한 점은 개별가족제도라기 보다 오히려 종합가족제도 쪽에 있었다.

【지나에는 개별가족제도는 있고 종합가족제도는 없음】 종합가족제도는 지나에 없다. 그래서 중요한 점에 이르러서는 일본과 중국은 달라졌다. 일본에는 개개의 가족이 모여 거대한 국가조직을 이루고, 그것이 하나의 큰 가족제도를 형성하고 있다. 국가 전체를 하나의 커다란 가족으로 하는 가족제도가 성립하고 있다. 그것이 지나에는 없다. 일본의 가족제도를 논할 때 거의 개별가족제도로서만 논하는

경우가 많은데, 그것은 잘못되었다. 물론 그것도 크게 관계가 있지만, 일본의 가족제도의 특색은 종합가족제도에 있다. 이것은 지나에는 없고 오직 우리 일본에만 있다. 또한 이 종합가족제도가 지금까지 성립해 온 상황은 적어도 어디에도 없다고 생각한다. 설령 가족제도가 행해지고 있는 나라는 있어도 일본처럼 큰 종합가족제도가 성립하고 있는 경우는 결코 없으리라 생각한다. 이것이 더욱 현저한 특색을 이루고 있는 점이다.

【종합가족제도와 충군의 도덕】 그래서 종합가족제도의 측면에서 충군의 도덕이 크게 발전해 왔다. 지나에도 충군은 있지만, 일본 만큼 중대한 덕목은 아니다. 충과 효가 근본은 하나忠孝一本라는 점에 대해 확실히 해두어야 한다. 여기서는 다만 가족제도의 차이로 도덕이 발전하는 방식이 다름을 확실히 해두는 편이 적절할 거다. 『논어』는 효제孝悌의 덕을 중요하게 설명한다. 충도 있지만, 그 충이 반드시 충군을 말하지는 않는다. 『논어』의 충은 신의를 지키는 덕목으로 반드시 군주에 대한 충에 한정되지 않는다. "사군이충事君以忠"이라고 하여 충군이 적어도 한 군데에서는 보인다고 말할 수 있겠지만, 좀처럼 없다. 그 밖의 덕목을 더 많이 설명한다. 『효경孝經』이 있지만 『충경忠經』은 없다. 『충경』이라는 책은 나중에 나왔지만, 경서가 아니다. 분명히 질이 떨어진다.

【지나는 충보다도 효를 중시하고 일본은 효보다 충을 중시한다】 지나에서는 본래부터 충보다는 효를 중요시해 왔다. 개별가족제도가 행해지고 있었기 때문이다. 그래서 조정이 누차 변해왔다. 충도 상당히 중요했었다는 점은 틀림없으나, 전체적으로 보자면 충보다 효를 더 중요하게 여기고 있다. 맹자가 오륜五倫을 논할 때 부자 사이에 친함親이 있음이 먼저고, 군주와 신하 사이에 의義가 있음은 나중이다. 일본에서는 어쨌든 『중용』과 같이 부자 사이보다 군주와 신하를 먼저 하지 않으면 안 된다. 또한 맹자는 "부자 사이에는 은恩을 주로 하고,

군신 사이에는 경敬을 주로 한다父子主恩 君臣主敬"라고 말하고 있지만, 일본에서는 군주의 은혜가 아비의 은혜보다 훨씬 강하고 크다. 이들 모두는 일본과 지나의 도덕 관념이 다르기 때문에 일어난 것이다. 이 가족제도는 일본의 국민도덕에 상당한 관계를 갖는다. 지금까지 국민도덕이 발전했던 것은 전적으로 이 사회조직이 그렇게 만든 점이 있어 그 결과 충효와 같은 덕이 대단히 중요시되었다.

【가족제도와 충효의 도덕】충효를 중시한 것은 옛날부터 가족제도가 행해지고 있었기 때문이다. 가족제도가 행해지지 않았다면 그러한 충효라는 덕목을 중시하지 않았을 것이다. 서양에서도 가족제도가 없어진 곳은 효의 덕목이 그다지 중요하게 여겨지지 않게 되었다. 효는 덕목으로서 그렇게 중대한 것은 아니다. 윤리학에서 효는 거의 논하지 않는다. 단지 가족과 같은 일을 논할 경우 효를 말하는 정도이다.

【서양에서는 충효를 일본만큼 중요하게 보지 않은 듯하다】서양에서 효는 극히 가볍다. 충 또한 중대하지 않다. 로얄티Loyalty 는 덕목으로서 훌륭한 것은 아니다. 그 밖에 여러 중대한 덕목이 있다. 충효는 전혀 중요한 덕목이 아니다. 이는 가족제도가 붕괴해버려 사정이 달라졌기 때문이다. 어떠한 덕목이 중요시되냐면, 정의·박애·독립·신의 등 여러 가지가 있지만 충효는 중요한 것이 아니다.

　　가족제도가 충효와 같은 덕을 산출한 이유는 가장이 가족의 중심이 되고 주위의 가족은 그 가장의 명령에 따르지 않으면 안 되기 때문이다. 가장은 한집안을 통솔하는 자이므로 그 가족은 가장에게 통솔되어, 가장의 명을 받들도록 조직되어 있다. 그래서 한 집안에서 생기는 덕으로서 가장 중요한 것은 가장에게 충실함에 있다. 가장의 명을 받들어 충실하게 본무를 다하는 덕목이 가장 중요한 것이다. 그것이 미미해지면 가족제도는 성립하지 않는다. 그 덕이 즉 효이다.

지금은 호주가 반드시 아버지로 한정되지 않지만, 원래는 한 집안의 아버지가 가장이 되어 친권과 호주권을 병행해 갖고 있었다. 가장은 대부분 한 집안의 아버지이고, 그리하여 아주 큰 권리를 갖고 있다. 법률에서 그렇게 정한 것이 아니고 자연스럽게 그러한 권리를 갖게 되었던 것이다. 효라는 덕이 가장 중요하게 여겨진 이유가 여기에 있다. 효를 없애면 가족제도는 성립되지 않는다. 가족제도가 성립된 이상 효라는 덕목이 행해진다는 것이다. 그러한 사회에서는 제일 중대한 덕이다. 그런데 그것은 개별가족제도의 측면이다. 종합가족제도는 개별가족제도를 기초로 해서 성립한다. 거기에 천황이 가장의 지위로 출현해 국가 전체가 통일되는 것이다. 그래서 여기에 충이라는 덕이 생긴다.

【개별가족제도는 효를 낳고 종합가족제도는 충을 낳는다】 일본에서는 개별가족제도의 측면에서 효라는 덕목이 싹트고, 종합가족제도의 측면에서 충이라는 덕목이 싹텄다. 이것은 전적으로 일본의 특수한 사회조직에서 나온 결과이다. 지나에서 충이 효 정도로 중시되지 않은 것은 종합가족제도가 없었기 때문으로, 이것은 당연한 결과이다. 가족제도와 조상숭배는 이것으로 거의 설명한 셈이다.

제10장 충효일본과 국민도덕

제10장에서는 '충효일본忠孝一本'과 국민도덕의 개략을 논의하겠다. 하지만 서두에서 먼저 말해두어야 할 점은 일본의 국민도덕은 충효일본에 한정되지 않는다는 점이다.

【국민도덕 중의 중요한 덕목】 국민도덕으로는 고래부터 다양하게 중요한 덕목들이 있다. 예를 들면 쾌활·결백潔白·정직·성실·예의·염치·무용武勇 등이다. 쾌활에 관해 말하자면, 일본의 신대神代[29]로부터의 역사를 보면 염세적인 경향은 거의 없다. 인도와 같이 염세, 비관의 흔적은 눈에 띄지 않는다. 실로 쾌활한 정신상태가 태고 시대부터 있었다. 이렇게 해서 오늘날에 이르러서도 일본인은 대체로 쾌활하여, 음기陰氣 쪽이 아니다. 이런 점에서는 꽤 그리스인과 닮았다. 양기陽氣 쪽이다. 그로부터 결백을 숭상하는 것이 역사에 나타난다. 신대에서도 그 흔적이 있다. 이자나기노 미코토伊弉諾尊[30]가 오하라리御祓[31]를 행한 것도 결백의 뜻을 보여주지만, 그 후 사회 풍속에서 결백을 기리는 정신이 크게 발달해 오히려 결벽에 가깝게 된 듯한 면도 있다. 이 결백한 마음을 갖는 것이 중요한 덕이 되었다. 또 무가시대에 할복하는 풍속이 나와, 원래 결백을 보여주는 정신으로부터 온 것은 아니었지만 이후에는 결백을 보여주는 정신이 많아졌다. 그 이후로 이러한 내심의 결백뿐만이 아니라 모든 신체의 결백, 넓게 말하자면 모든 물질상의 결백도 귀중히 여겨졌다. 정직과 성실도 역시 옛날부터 중요시했다. 예의·염치·무용이라는 것도 옛날부터 있었지만, 특히 무가시대에 이르러 가장 현저한 도덕이 된 점은 분

---

[29] 신대(神代)와 인대(人代)를 구별하여, 인대를 기원전 660년 진무 천황 이후의 역사로 본다.
[30] 이자나기노 미코토(伊弉諾尊)는 천신(天神)의 분부로 처음 일본을 다스렸다는 남자 신
[31] 오하라리(御祓)는 해마다 6월과 12월 말일에 신사에서 행하는 액막이 행사

명하다. 이러한 도덕은 물론 다른 나라에도 있다. 하지만 똑같이 발달하지 않았을 뿐이다. 그리하여 다른 나라에는 결코 없다고 해도 지장 없는 충효일본의 도덕만을 말하고자 한다.

【충효일본의 가르침은 지나에 있다고 하지만 실은 있지 않다】충효일본 사상은『효경』에도 있다. 예를 들면 "아비 섬기는 마음을 바탕으로 군주를 섬긴다"나 "효로써 군주를 섬기면 충이다"라는 것은 모두 충효일본의 뜻이다. 그리하여 "군자가 부모를 효로 섬기기 때문에, 군주에게 충을 옮겨 바칠 수 있다"[32]는 것도 역시 충효일본을 의미한다. 하지만 지나에서 충효일본은 행해지지 않았다. 일찍이 행해져야 할 사회조직이 없었다. 이는 개별가족제도와 종합가족제도가 함께 있지 않으면 행해지지 않는다. 충효일본의 도덕은 오로지 일본에서만 행해졌다. 지나에는 없다. 서양에도 없다. 어디에도 없는 것이다.

【스가와라노 미치자네菅公가 충효일본의 의미를 설파하다】충효일본을 일본에서 처음 말하고 그 의미를 최초로 설파한 이는 스가와라노 미치자네[33]이다.『관가문초菅家文草』[34]에서 이렇게 말하고 있다. "군주와 어비의 가르침은 같다고 할 수 있다. 효자의 가문에는 반드시 충신이 있다. 신하의 도리가 어찌 다르겠는가." 여기에 충효일본이란 말은 없지만 충효일본의 취지가 적혀 있다. 그 이후 충효일본을 말한 것은 도쿠가와 시대였다. 미토학파[p.324]가 말한 단어였다. 충효일치라고도 한다. 요시다 쇼인[p.580]도 '사규士規'[35]에서 "군신이 일체이고

---

32)『명심보감』「효행편」에 나오는 말.
33) 스가와라노 미치자네(菅原道真, 845~903)는 헤이안 시대 전기의 귀족이자 학자로, 간코(菅公)는 경칭이다. 우다(宇多) 천황의 신임을 얻어 문장박사·장인두(藏人頭)·참의(參議) 등을 역임하였다. 다이고(醍醐) 천황 때 우대신이 되었지만 901년 다자이노곤노소치(大宰權帥)로 좌천되어 그곳에서 사망한다. 문장에 뛰어나 삼성(三聖)의 한 명으로 꼽히며 사후 기타노텐만궁(北野天滿宮)에 제사되어 학문의 신으로 추앙받고 있다.
34)『관가문초(菅家文草)』(900)는 스가와라 미치자네가 편찬한 12권짜리의 한시문집.
35) 요시다 쇼인이 감옥에서 사무라이 행동 규범을 설정하는 규칙을 제자들에게

충효가 일치하는 것은 오직 우리나라뿐이다"라고 말하고 있다. 일본에서는 개개의 가족이 가장에 대해 효를 다하듯이 신민이 천황에 대해 충을 다하는 사회조직이 이루어져 있다. 이로써 충효일치가 성립한다. 집안에서 가족이 가장에 대해 효를 다하는 것은 국가에서 신민이 천황에 대한 관계를 축소한 형태이다. 가족의 상태를 미루어 국가에 적용하면 가족이 가장에 대해 효의 덕을 다하는 것과 같은 것이 된다. 정말로 동질적^{homogeneous}으로 닮아있다. 정말로 개별가족제도와 종합가족제도가 동시에 병존하고 있기 때문이다.

【충효일본에 다섯 가지 해석법이 있다】 충효일치, 즉 충효일본에 아래와 같은 다섯 가지 해석법이 있다. 첫째, 충효일본은 충도 효도 모두 같은 진심에서 나온 것이다. 이는 성誠이라는 지나의 글자를 빌려 해석한 것이다. 우리가 진심으로 한 집안의 가장을 대한다면 그것이 효가 되고, 마찬가지로 진심을 미루어 군주를 대한다면 그것이 충이 된다. 충의 근본도 효의 근본도 요컨대 우리의 진심에서 말하면 조금도 다른 점이 없다. 오직 진심으로 가장을 대하는가 혹은 군주를 대하는가라는, 그 대하는 사람의 차이로 덕목이 달라지지만 근본적인 차이는 조금도 없다. 이것을 충효일본이라고 말한다. 이는 미토의 학자가 말한 방식으로, 『홍도관기술弘道館記述義』[36] 등에서 이렇게 말하고 있다. 그렇지만 반드시 이대로만 말해야 한다는 것은 아니다.

둘째, 그보다는 가족제도의 조직이란 관점에서 이야기하는 편이 좋다. 하나의 작은 가족이 이미 가족제도의 형태를 이루고 있다. 그것이 모여 하나의 큰 가족제도를 이루고 있다. 국가전체가 그것이다. 작은 가족은 그것을 축소한 형태다. 따라서 하나의 작은 가족 내에서

제시한 7가지 덕목으로 사규칠칙(士規七則)이라 한다.
36) 미토학 학자 후지타 도코(藤田東湖)의 책 『홍도관기술의(弘道館記述義)』를 가리킴. 아이자와 야스시의 『신론(新論)』과 함께 에도 막부 말기 지사들의 필독서였다.

가장에 대해 효를 다하는 것과 큰 가족에서 군주에 대해 충을 다하는 것은 도덕의 성질이 같다. 다만 대소의 차이만 있을 뿐이다. 큰 것을 충이라 이름 붙이고 작은 것을 효로 이름 붙인 것일 뿐, 그 큰 것을 대효大孝라고 해도 관계없다. 그리하여 그 작은 것을 소충小忠이라 말해도 좋다. 다만 대소의 차이가 있어 명칭을 달리한 것일뿐 실은 같은 도덕이다. 이러한 의미에서 충효일치라고 말할 수 있다.

셋째, 또 다른 의미는 누구라도 군주에 대해 충을 다하는 것은 가능하지 않고 보통 사람은 군주를 접견할 수도 없으므로, 한 집안에서 가장의 명령을 지키고 충실히 자기의 본무를 다하면 그것이 효이다. 효가 됨과 동시에 그것이 또한 충이 된다. 집안의 평화를 유지하고 집안의 질서를 보존하고 집안에서 자신의 본무를 수행한다면, 자연히 그것이 충이 된다. 효가 되는 동시에 충이 된다. 또 군주에 충을 다하는 지위에 있는 사람이라면 군주에 충을 다하면 역시 효가 된다. 군주를 위해 하는 일은 부모가 희망하는 일이어야 한다. 부모의 생각과 일치해 군주에 충을 다한다면, 즉 그것이 동시에 효가 된다. 충효가 서로 어긋나지 않는 것이 일본에서는 원칙이다. 충효가 서로 어긋나는 일은 결코 없다. 어긋나는 것이 있다면 물론 효를 버리고 충을 취한다. 효보다 충의 쪽이 크기 때문에 작은 효를 버리고 큰 효를 취한다. 그것이 즉 대의명분이다.

【충효일본과 대의명분】 네 번째 또 하나의 해석은 역사적으로 보는 것이다. 이렇게 보면 오늘의 천황에 대해 충의를 다한다는 것은 우리들의 부모의 의지에 합치한다. 즉 충효일치이다. 그런데 지나와 같은 나라에서는 결코 그렇지 않다. 청조淸朝에 충의를 다하는 것은 조상의 의지와 어긋난다. 조상이 명의 조정에 종사했다면, 청조는 조상의 적이기 때문에 청조에 충을 다하는 것은 조상의 의지와 충돌한다. 조상의 의지에 맞춘다면 청의 조정에 대해서는 불충이 된다. 조상의 의지와 일치하는 것은 불가능해진다. 일본에서는 이러한 모순이 전

혀 없다. 황통일계皇統一系이기 때문에 결코 모순이 있을 리가 없다. 일본에서는 충효 양자가 조금도 모순 없이 사회조직이 되어 있다. 다섯 번째 또 하나의 역사적 견해가 있다. 일본민족은 원래 모두 천조天祖의 말족末族·지예支裔에 다름 아니다. 이렇게 황실은 천조의 직계로 국민의 종가이다. 그 외에 부모를 같이 하는 자손은 각각의 가장 아래 한 가족을 이루어 서로 모여 국가를 이루고 있는데, 이들은 모두 분가分家이다. 그래서 가까운 한 가족 내에서 자기의 가장에게 효를 다하는 것이 예부터 중대한 본무였지만, 가장의 가장으로 거슬러 올라가면 반드시 천황에 대한 것이 된다. 천황에 대한 온전한 충은 본本에 돌아가는 것으로, 커다란 효이다. 이 점에서 보아도 충효는 완전히 일치해서 떨어지지 않는다.

이러한 충효일치는 일본 국민도덕의 정수다. 진보와 발전은 영구히 기해야 하지만, 그것과 함께 역시 충효일치를 온전히 해야만 한다. 왜냐하면 이는 실로 대의명분에 관계하기 때문이다. 대의명분은 남북조南北朝 문제에 관련해서도 누누이 말했지만, 남북조의 경우도 같은 문제이다.[37] 북조가 정통인지 남북 양조를 병립시킬지는 둘 다 어느 정도의 이유가 있다. 적어도 이유가 없다고는 말할 수 없다. 그렇지만 역시 이유가 있어도, 보다 큰 국가성립의 근본주의에 입각해 이 문제에 대해 판단 내려야 한다. 그것은 일본에서 국민도덕의 가장 중요한 점이다.

【국가성립의 근본주의는 만세일계의 황통】 국가성립의 근본주의는 만세일계의 황통, 이것이 단체의 기초다. 이것이 만사의 근본이다. 일본 국가의 성립 이유가 여기에 있다. 이로부터 판단 내리자면, 남북 정통 혹은 남북병립에 나름의 이유가 있어도 그것은 비교될 수 없다.

---

[37] 남북조 문제에 대해서는『국민도덕개론』부록에 실린「국민도덕과 남북조문제」에서 좀 더 자세히 다루고 있다.

제4장 국민도덕과 신도

이때는 큰 것을 취하고 작은 것을 버린다. 대의명분이라는 대의는 어디에 있는가? 국가성립의 근본주의에 있다. 충효가 양립하지 않는 때에는 한 집안은 미미한 것으로 국가의 번영과 비교될 수 없다.

【효는 충보다 중요하다】효보다는 충을 중요시한다. 작은 쪽을 버리고 일본이라는 민족단체를 중요하게 본다. 지금까지 충신 의사는 모두 그 정신에서 왔다. 충효가 양립하지 않는 때에는 물론 충을 취하지만, 일본에서는 충효가 일치해 서로 어긋나지 않는다. 그것은 일본밖에 없다. 충효일본의 국민도덕은 개별가족제도와 종합가족제도 양쪽이 있는 곳에 없을 수가 없다. 일본 특유의 국가조직을 이해하지 못한다면 일본의 국민도덕을 이해하는 것은 불가능하다.

【일본 특유의 국민도덕은 특유한 사회조직에 따라 일어난다】일본에는 결코 다른 나라에는 없는 특유한 사회조직이 있기 때문에 특유한 국민도덕이 일어날 수 있었다. 이 국민도덕은 이 사회조직을 유지하기 위해 필요한 것이다. 이 사회조직으로부터 나온 국민도덕이기 때문에, 그 세력이 있는 한 그것을 유지할 수 있다. 즉 충효일치의 도덕이 있었기 때문에 지금까지 이 사회조직을 유지할 수가 있었던 것이다.

그래서 충효일치는 우리나라에서 매우 중대한 국민도덕이 되고 있다. 그런데 점점 서양의 윤리를 연구한다든지, 서양의 종교를 신앙한다든지 한 결과, 종종 충효에 대해서 있을 수 없는 비평을 가하는 일이 나타났다. 원래 국민교육의 기초가 공고하면 여러 이설이 나와도 그것이 도움이 되어 활기를 일으키지만, 지금은 과도기라 동요를 불러오지 않는다고는 말할 수 없다. 따라서 이러한 일이 없도록 충효라는 도덕이 무엇인가를 지금 한층 상세히 논의하고자 한다.

【충은 가장 광범위한 도덕을 의미한다】충이란 말을 지금은 거의 충군에 한정해 쓰지만, 원래는 꼭 그렇지만은 않다. 충은 진심眞心이다.

사람에 대해 조금도 속이지 않고, 나의 진심을 다하는 것이다. 『논어』 등에서 누누이 충신忠信이라는 말이 나온다. 이는 특히 충군만 말한 것은 아니다. 또한 "남을 위해 도모하면서 진심을 다했는가?"[38]라는 말도 있어 꽤나 그 의미는 넓다. 그리하여 sincerity라던가 fidelity와 같은 말에 오히려 해당한다. 사람에 대해 진심을 다하는 것은 어느 정도 광범위한 도덕이지만, 국경에 한정되지 않고 인류 일반에 공통된 도덕이라고 해도 좋다. 이런 식으로 보면 충에 대해서는 어떤 반대도 있을 수 없다. 그리고 앞으로 아무리 어떤 문명이 진보하더라도 그 진심을 다한다는 의미의 충이 도덕으로서 가치를 잃을 일은 없을 것이다.

그런데 충군은 이러한 도덕을 군주에 대해 행하는 것이다. 충은 원래 누구에게도 행해야 하는 것이지만, 군주는 일국의 통솔자이기에 일국의 이해득실 모두에 관계하고 있다. 여기에 충군을 가장 중시해 온 까닭이 있다. 충이란 매우 광범위한 도덕이기 때문에, 그 본래의 의미에서 해석하면 결코 오늘날 그리고 앞으로의 사회상태와 모순을 가져오는 것이 아니다.

【일본의 충효는 지나와 같지 않다】 또한 일본의 충군은 지나와 어느 정도 차이가 있다고 생각된다. 지나에서도 충군이 있지만, 전체로 말하자면 일본만큼 중시되지는 않는다. 송과 명의 시대에서는 상당히 충군이 중요시된 것처럼 보인다. 그러나 역시 일본과는 동일시할 수 없는 점이 있다. 그 증거로 송유宋儒 중에서 가장 대가로서 후세에 존숭되는 주자는 충을 이렇게 말하고 있다. "군신은 의로써 맺어지므로 세상 사람은 쉽게 여겨 대충대충하게 된다. 그래서 '충'이라고 지목해서 말해야만 한다."[39] 이 뜻에 의한다면 군신은 다만 의로써

---

38) "爲人謀而不忠乎"는 증자가 하루에 세 번 반성한다는 말. "曾子曰 吾日三省吾身 爲人謀而不忠乎 與朋友交而不信乎 傳不習乎"『논어』「학이」.
39) 이노우에가 "君臣是義以合 世之人便易得苟且 故於此說忠 是就不足處說"

결부되어 있고, 그러면 아무래도 세인이 그 관계를 가벼이 하기 쉬우므로 충이라는 덕목을 말하여 이 관계의 박약한 부분을 보충하겠다는 의미가 된다. 일본에서도 군신 사이에 의는 물론 있다. 그렇지만 다만 의만 있지 않다. 유랴쿠 천황의 유언에 "군신은 의로, 부자는 정으로 함께 한다"고 되어 있듯이 군신이 다만 의로써 결부되어 있는 것에 그치지 않고, 오히려 그 사이에 부자와 같은 정이 있다. 이는 일본에서 군신이 서로 혈족 관계에 있기 때문에 군신 사이에 정이 자연히 갖추어져 있는 것이다.

【일본에서는 군신 사이에 부자의 정이 있다】 "부자는 정으로 함께 한다"는 것이 지나에서는 결핍되어 있다. 그러므로 아무리 해도 충효일치 같은 것은 가능할 리 없다. 마찬가지로 충을 말해도 그 의미가 어느 정도 일본과는 다르다. 그로부터 마찬가지로 신臣이라 해도 지나에서는 관직에 있는 신료만을 말하지만, 일본에서는 신민 전체이다. 즉 신료와 인민을 모두 합일한 것이다. 이 점을 확실히 알지 않으면 안 된다. 주자의 말도 반드시 충군이라는 것을 경시하고자 한 의미는 아니고, 오히려 사실에 대해 쓴 것이라 봐야 한다. 주자는 전체적으로 말하면 어느 정도 충군의 마음을 양성하는 데 도움을 주고 있다. 그는 사마광[40]의 『자치통감』[41]에 기초해 강목[42]을 만들어 대의명분을 밝혔다. 이는 어느 정도 후세의 주자학파에 영향을 주어,

---

으로 인용한 말은 『주자어류(朱子語類)』에서 가지고 온 말이다. 원문은 인용과는 조금 다르다. "君臣雖亦是天理 然是義合 世之人便自易得苟且 故須於此說忠 卻是就不足處說"

40) 사마광(司馬光, 1065~1084) : 중국 북송(北宋)의 사학자, 정치가. 온공(溫公)이라 불린다.

41) 『자치통감』(資治通鑑)은 1065년부터 1084년까지 사마광(司馬光)이 약 20년간 작업한 편년체 역사서로 다스림(治)에 도움(資)이 되고 역대를 통하여(通) 거울(鑑)이 되는 책이란 뜻이다.

42) 주자는 편년체인 『자치통감』과는 달리 『춘추』의 체재에 따라 사실에 대해 큰 제목인 '강'(綱)을 따로 세우고, 사실의 '목'(目)으로 구별하여 강목체로 『자치통감강목(資治通鑑綱目)』을 작성하였다.

널리 지나와 일본의 학계에 감화를 끼쳤다. 그 중에서도 특히 일본이 영향받은 바는 크다고 생각된다.

　그렇지만 어떻든 지나는 나라를 세운 방식이 일본과 다르기 때문에 아무래도 충군이라는 것이 일본과 같이 심대한 의의를 가질 수는 없었다. 즉 건국 이래 선양과 방벌禪讓放伐의 역성혁명易世革命으로 세워졌기 때문에 조정이 수차례 바뀌었다. 그렇기 때문에 한 시대에는 상당히 충군의 마음이 양성되었지만, 그 조정이 망해 버리면 확 그것이 바뀌어 버린다. 예를 들면 송대에는 그에 상응하는 정신교육이 행해졌기에 상당히 충군의 마음이 양성되고 있었다. 송이 망할 때 문천상[p.87]과 같은 충신이 나오게 된 이유다. 그런데 송이 망하면 송의 조정에 대한 충의의 마음이 근저로부터 뒤집어져 버린다. 원 나라가 되면 정말로 새로운 원의 조정에 대한 충군의 마음이 양성되지 않으면 안 된다. 즉 조정이 바뀔 때 충군의 마음이 새롭게 행해지기 때문에 이 마음이 심대해질 틈이 없다. 얼마간은 있다고 해도 일본처럼 될 수가 없다. 명의 시대에도 충분히 정신교육이 행해져 명말에 충신이 나왔다. 특히 주순수[p.323]와 같은 사람은 꽤나 기개와 절조氣節가 있어 여러 수단을 다해 명의 회복을 도모한 적이 있지만, 일을 이루지 못하고 이윽고 일본에서 사망했다. 하지만 그 충혼忠魂·의기義氣는 길이 후세의 사람들을 감동시켰던 일도 있다. 그렇지만 명이 망하면 충의를 다해야 하는 목적물이 확 바뀌어버려, 어쨌든 지나에서는 일본과 같이 되지 않은 것이다. 일본은 그러한 것이 없이, 이 충의를 다해야 할 군주가 건국 이래 쭉 계속되어 일계통을 이루고 있어 적어도 지나와 같은 상서롭지 못한 변화는 일어나지 않았다.

【일본에서 충군의 마음은 계통적으로 양성되며, 심대한 기초가 있다】 그리하여 충군의 마음이 건국 이래 계통적으로 양성되어 심대한 기초를 얻기에 이르렀다. 또한 지나에도 충군은 있었고 일본에도 충군이 똑같이 있었지만, 어쨌든 그 충의 의미가 우리 정도로 심대하지

제4장 국민도덕과 신도

않았다. 충은 지나보다 일본에서 훨씬 심대한 의미를 갖고 있다.

【서양 나라들도 일본과 같이 심대한 의미의 충군은 없다】서양 각국은 여러 사정이 다르기 때문에 한꺼번에 논할 수 없지만, 어떤 나라에서도 아마 일본과 같은 정도로 심대한 의미의 충군의 도덕은 없을 것이다. 일본에서는 이렇게 수천년 이래 양성되어 온 국민도덕이 있었기 때문에 메이지 유신 이래 심한 격변을 거쳐도 국운이 융성을 이룰 수 있었던 것이다. 교육에 종사하는 사람은 이 점을 잘 생각해, 세간의 사설폭론邪說暴論 등에 미혹되는 일 없이 확실한 소신으로 국민의 자위 발전에 공헌해야만 한다고 생각한다.

그 다음으로 효 역시 본래의 의미를 말하면 어느 정도 넓은 의미의 덕목이다. 『효경』에도 "효란 하늘의 항상된 모습經이고, 땅의 올바름義이며 백성들이 행하는 것이다. 하늘과 땅의 항상된 모습이므로 백성들이 이를 본받는다"라고 쓰고 있다. 이 취지에 따르면 효는 꽤 확대된 도덕이지만, 실질은 거의 천지의 법칙, 세계의 원리와 같은 것이다. 그것이 인간세계에서는 중요한 부모 자식 사이의 도덕이 된다고 본다. 그리하여 『효경 원신계援神契』[43])라는 위서緯書에 "원기가 혼돈하니 효가 그 안에 있다"고 써있다. 이에 의하면 효는 세계가 혼돈으로서 아직 열리지 않았을 때 이미 포함되어 있는 것으로, 마치 우주의 원리처럼 이야기하고 있다. 그것이 후에 세계가 점점 열리게 되고 인간계에 발전하여 마침내 효라는 도덕이 되었다고 보았다. 이 점을 생각해 보면 효는 마치 기독교에서 말하는 사랑과 같이 꽤나 큰 세계적인 도덕이다. 효는 무엇보다 자신의 부모에게만 행하는 좁은 것이 아니다. 효는 보통 자신의 부모에 대해서만 행한다는 의미로 사용하지만 원래 꽤나 넓은 의미의 덕목이다. 부모를 사랑하면 역시

---

43) 『효경 원신계』는 한대(漢代)에 작성된 위서(緯書)로서, 위서는 유가의 경전인 경서에 대칭되는 시위(詩緯)·역위(易緯)·서위(書緯)·예위(禮緯)·악위(樂緯)·춘추위(春秋緯)·효경위 등 7위서로서 이야기된다.

부모의 부모도 사랑하지 않으면 안 된다. 이렇게 점점 거슬러 올라가면 모든 선조를 소중히 하게 되어 효란 이미 조상㊪先숭배와 같은 의미다.

【효는 조상숭배의 손쉬운 것이다】 조상숭배를 가장 손쉽게 생각해 보통 효라 부르지만 실은 조상숭배의 의미를 갖고 있다. 조상숭배는 즉 자신이 유래한 바를 존중하는 의미다. 하지만 한 집안 내에서는 직접 접하는 대상이 부모이기 때문에 가장 먼저 관계가 맺어져서 부모에 대해 효도를 다한다는 것이 원래 도덕의 시작이다.

【효는 도덕의 시작이다】 효도를 다하지 않는다면 애정이라는 것도 발달할 기회가 없다. 애정이 가장 먼저 발달할 기회는 즉 부모에 대한 경우이다. 그리하여 효라는 것은 미루어 확장한다면 넓은 의미의 사랑이 된다. 넓은 의미의 사랑은 그 처음을 생각하면 한 집안 내에서 맹아를 틔우는 것에 다름 아니다. 우선 한 집안 내에서 애정을 양성한다는 것이 사회에서 말해도 또 국가에서 말해도 굉장히 중요한 점이다.

【효는 충의 단계가 된다】 더구나 이 충과 효란 상호관계를 가져, 마치 효가 충의 단계처럼 되는 점은 일본 특유의 사회조직에서 온 것이다. 그래서 일본에서 충효일본의 국민도덕을 중요시하면 국가의 장구長 久함은 의심할 수 없다고 생각한다.

단 충효의 의미를 지금과 같이 어느 정도 넓게 이야기하면 보통 해석되고 있는 것과는 어느 정도 달라지기에 또 하나 여기에서 판별해두어야 할 점이 있다. 그것은 충군과 관련해서, 민주라는 것이 점점 세상에 널리 주장되고 있다는 점이다. 개중에는 민본이라는 식의 글자도 사용하고 있지만 의미는 똑같다. 민주주의와 같은 것을 그다지 큰 목소리로 말하지는 않지만, 어떠한 경우에는 이를 말하기도 한다. 그런데 민주주의도 설명에 따라서는 군주주의와 조화가 가능하다.

제4장 국민도덕과 신도

군주라는 자를 확실히 세워 이에 대해 진심을 다해 섬기는 것이 인민 일반을 위한 일이 된다. 즉 민주주의에 합치하는 것이다.

【제실의 번영은 국가의 번영이다】 다른 나라의 경우는 잠깐 별도로 하고 일본에서의 제실帝室을 마치 집에 비유해 본다면, 오오토모노쿠루누시大黒主와 같은 사람이 있기 때문에 제실의 번영은 국가의 번영이고 천황을 위함은 역시 인민을 위함이 되므로 이 사이에 모순은 없다. 인민은 원래 중요하다. 인민이 없으면 국가는 성립할 수 없다. 군주 한 사람으로는 무슨 일도 이룰 수 없다. 군주는 인민을 위해 모든 고심을 하고 동시에 인민 역시 군주를 위해 진심을 다한다. 이렇게 우리나라에서는 군신 사이에 특유의 관계가 성립해서 다른 것에 비교할 수 없다고 생각한다.

민주주의라는 것을 다음과 같이 해석할 수 없다. 군주가 퇴물로서 다만 인민을 위해 힘쓴다고. 이것은 일본에서 매우 위험하다. 이렇게 하면 국체의 기초가 해이해져 그 결과 오히려 인민을 위한 것이 아니게 된다. 인민을 위해 힘쓰기 때문에 군주에게도 힘쓴다라고 하듯이 양자가 일치해 있으므로, 이러한 방향으로 가는 것이 국가의 안전을 영구히 보장할 수 있다. 또 효도 오직 부모에게 애경愛敬을 다하는 것만으로 부모는 자손을 위해 도모하지 않아도 좋다는 식으로 해석해서는 안 된다.

【자손을 위해 도모하는 것 역시 효이다】 자손을 위해 도모하는 것도 역시 효 안에 포함되어 있다고 보는 편이 좋다. 옛날 사람들이 반드시 그렇게 해석하고 있는 것은 아니다. 하지만 그렇게 해석해야 한다. 왜냐하면 자손의 번영은 조상이 기뻐하는 바이기 때문이다. 따라서 자손을 위해 경영하고 자손의 발전을 도모하고 자손의 번영을 기한다는 것 역시 효도의 중요한 부분이라고 보지 않으면 안 된다. 효를 이런 식으로 해석해도 결코 본래의 의미에서 어긋나지 않는다.

오히려 본래의 의미를 충분히 논리적으로 해석하면 그렇게 될 수밖에 없으므로, 효를 굉장히 편협하게 보아서는 안 된다. 융통성 없게 고풍古風의 해석에 구애되어서는 안 된다. 이런 식으로 충이나 효 모두 오늘날의 시세時勢·환경 등에 적응하도록 해석 방법을 고치면 서로 다른 점이 진실로 줄어들 것이다. 오늘날 교육을 담당하는 사람은 이러한 점에 주의하는 것을 게을리해서는 안 된다. 이외에 마찬가지로 주의를 요하는 것은 다양한 사설폭론이 나오는 때이기 때문에 그것들 때문에 미혹을 낳고, 동요를 일으켜서는 안 된다.

【충효의 대의는 국민도덕의 근거이다】 여하튼 충효일치는 건국 이래 행해져 온 국민도덕이고 또 이에 의해 지금까지 대단히 좋은 결과가 있었던 점도 확실하기 때문에, 앞으로도 역시 이를 근거로 해 국민도덕의 발전을 기해야만 한다. 하지만 너무 좁게 해석하지 않도록 하여 여러 새로운 사상을 포섭할 수 있도록 넓게 트인 태도를 취해야 한다고 생각한다.

【무가시대에도 충효의 마음은 문란해지지 않았다】 일본에는 무가시대에 충군의 마음이 어느 정도 교란된 것처럼 보이지만, 잘 생각해 보면 꼭 그렇지는 않다. 미나모토노 요리토모[44]를 비롯해 조정을 받드는 정신은 꽤나 두터웠다. 그것이 한편으로 요리토모가 크게 세력을 얻은 이유였다. 그로부터 아시카가 가문足利氏[45] 말기에 이르러 세상이 난세가 되어 영웅할거의 상태를 이뤄 전투와 공벌攻伐이 끊이지 않았는데, 그때 오다 노부나가[46]가 군웅 중에서 나와 특히

---

44) 미나모토노 요리토모(源賴朝, 1192~1199) : 12세기 일본 가마쿠라막부 정권을 세운 무장. 겐페이 전쟁에서 겐지를 이끌었던 무사 가운데 한 명이었으며, 가마쿠라 막부를 개창한 초대 정이대장군(征夷大將軍)이다.

45) 아시카가씨(足利氏)는 일본의 무사 가문의 하나로, 본성은 겐지(源). 무로마치시대와 전국시대를 지배했던 정이대장군 가문.

46) 오다 노부나가(織田信長, 1534~1582) : 전국시대를 평정한 인물로, 아즈치모모야마(安土桃山)시대를 연 다이묘. 도요토미 히데요시, 도쿠가와 이에야스와 더불어 중세 일본의 삼영걸(三英傑)로 불린다.

제4장 국민도덕과 신도

인망을 모을 수 있었던 것은 그가 조정을 존숭하는 정신이 두터웠기 때문이다. 그는 불행히도 부하에게 살해되었지만, 그 후를 이어 도요토미 히데요시47)가 일어났는데 오다와 마찬가지로 조정을 존숭하는 마음이 두터웠다. 이런 식으로 무가시대에도 꽤나 조정을 존숭하는 마음은 쇠퇴하지 않았다. 혹은 표면적으로는 분명히 그렇게 보이지 않는 것이 있었을지라도, 이는 잠복해 있었기 때문으로 유신의 때에 이르러 근왕勤王의 정신이 크게 일어났다는 것은 충군의 마음이 소멸한 바가 없음을 말한다. 꽤나 강대한 것이 의연하게 존속해 있었음을 증명한다. 그것이 있었기 때문에 메이지유신의 큰 공업功業이 성사될 수 있었다.

【국민교육은 국민 정신의 명맥을 유지 발전하는 기관이다】 국민교육은 위와 같은 눈부신 대업을 이루지 않는 것처럼 느껴질지라도 일본 국민의 정신명맥을 유지하고 발전시키는 데 대단히 유효한 기관機關이기 때문에, 특히 이 충효일본의 국민도덕에서는 앞으로도 종전대로 잘 경영해야만 한다.

【역사의 힘은 결코 경시할 수 없다】 그리고 결코 역사의 힘을 무시해서는 안 된다. 역사를 업신여기면 프랑스와 같이 되어 매우 곤란한 일이 일어난다. 역사상의 일은 이미 지나가 버려, 마치 오늘날과는 관계가 없는 것처럼 얼핏 생각된다. 역사상의 일은 이미 죽어버린 것으로, 오늘날 그리고 앞으로의 실제와는 교섭하지 않는 것 같이 언뜻 생각되지만 실제로는 그렇지 않다. 책 속에 기재되어 있는 역사상의 사실은 다만 종이 위의 죽은 문자에 지나지 않을지도 모른다.

【역사적 사실은 사회 활력의 변천을 이룬다】 그렇지만 역사상의 사

---

47) 도요토미 히데요시(豊臣秀吉, 1537~1598) : 전국시대부터 아즈치모모야마시대에 활약했던 무장, 다이묘. 노부나가가 혼노지의 변으로 죽자 대군을 이끌고 교토로 돌아와 야마자키 전투에서 역신 아케치 미쓰히데(明智光秀)를 격파하고, 노부나가를 대신해 그의 사업을 계승하였다.

실은 모두 사회 내의 활력의 변천이다. 이 활력이 결코 어떠한 영향도 남기지 않는다고 말할 수는 없다. 일일이 보이지 않는 모두가 먼 후세 영향을 남기기에 충분할 만큼의 원동력이다. 그런데 이 충효일본에 관해 긴 역사를 통해 본다고 하면 상당히 위대한 활력이 나타난 적이 있다.

【국민도덕의 장점은 누누이 역사에 나타난다】 무신조서_{戊申詔書48)}에서는 국사_{國史}의 업적을 들어 "찬란한 해와 별과 같다"고 적고 있는데, 실로 우리 국민도덕의 장점은 누누이 역사상에 나타나 그 효과가 현저함은 누구도 의심을 품을 수 없다. 그러므로 국민교육을 담임하는 자의 강고한 신념을 양성해야 할 충분한 근거가 있다고 생각한다.

---

48) 무신조서는 1908년 10월 14일 관보에 발표된 메이지 천황의 조서. 러일전쟁의 사회적 혼란을 시정하고, 앞으로의 국가발전에 필요한 도덕의 기준을 국민에게 제시했다.

4.2 신도와 세계종교

김태진

*** 해제 ***

「신도와 세계종교」(1915)는 신도를 세계종교에서 위치시키려는 글로, 『이노우에 데쓰지로집井上哲次郎集』 제9권에 수록되었다. 원래는 동아협회에서 강연한 내용으로 『동아의 빛』 제10권 8호에 실려있다.

 당시는 신도론이 우후죽순처럼 쏟아지고 있었던 상황이었다. 이노우에는 이 글에서 같은 시기에 발간된 가케이 가쓰히코[49]의 『속고신도대의續古神道大義』(1915)를 소개하며 신도에 대한 세간의 오해를 바로잡을 필요가 있다고 했는데, 그 말은 이런 상황을 배경으로 한다. 이노우에는 가케이 가쓰히코의 고신도론을 비판하며 그의 고신도론과 대비해 본인의 이론을 '신신도新神道'라 부르고 싶다고 말한다. 가케이가 고신도라는 이름을 붙여 신도를 이미 과거의 일처럼 생각하는 사람들이 많았기 때문이다.

 이노우에는 신도를 일본을 본위로 해서 발전해 온 정신활동이며 야마토혼이라는 정신 그 자체를 가리키는 것이라 정의한다. 그는 신도를

---

[49] 가케이 가쓰히코(筧克彦, 1872~1961) : 일본의 법학자이자 신도 사상가. 1897년에 도쿄 제국대학 법과대학 졸업(법률학과 수석). 대학 졸업 후 곧바로 대학원에 들어가 이듬해인 1898년부터 6년간 독일로 유학해 오토 폰 기르케, 빌헬름 딜타이 등에게 사사했다. 1903년 귀국과 동시에 도쿄 제국대학 교수(행정법 제2강좌)가 되었는데, 이 강좌의 전임자는 호즈미 야쓰카(穂積八束)였다. 헌법학, 국법학, 행정법학, 법리학 등을 담당하였다. 초기저작으로는 『불교철리(佛敎哲理)』(1911), 『고신도대의(古神道大義)』(1913), 『국가의 연구(國家の研究)』(1913), 『서양철리(西洋哲理) 상권』(1913), 『속고신도대의(續古神道大義)』(1915) 등이 있으며, '고신도론(古神道論)', '간나가라의 길(神ながらの道)'로 유명하다. 보편아(普遍我), 표현인(表現人) 등의 개념을 통해 신도의 철학화를 시도했다.

국체신도, 신사신도, 종파신도의 세 가지로 구별하며 여기에 '실행實行신도'를 더해야 한다고 주장한다. '실제로 실행하는 신도', 즉 각 개인이 일상생활하면서 실행해야 하는 신도를 세워야 한다는 생각이다. 이는 가케이가 '보편아'나 '표현인' 등의 서양철학 개념을 가지고 이론적으로 신도를 철학화하고자 한 것에 대한 비판으로, 현재 실행하는 것으로 자리매김하고자 한 의도였다.

또한 이노우에는 신과 사람 사이에 엄밀한 구별을 하지 않는 것이 신도 본래의 정신이라고 말한다. 그는 누구나 '신이 될 가능성possibility'이 있다고 주장한다. 물론 누구라도 신이 될 수 있는 것은 아니고 국가의 일원으로서 발전을 거듭해야 신이 될 수 있지만, 신이 될 가능성은 있다는 것이다. 이노우에는 "신이라는 것은 아래에 대해서 카미上" 즉 "뛰어난 사람"이라는 의미로 신대神代와 인대人代의 구별은 명확하지 않다고 말한다. 고대에는 인간에 한정하지 않고 자연물 등 무엇이든 뛰어난 힘을 가진 존재를 모두 '카미'라고 불렀지만, 후세에는 우월한 인간을 '카미'로 기리는 차이만 있을 뿐이다. 그렇기에 이노우에에게 신도란 옛날부터 지금까지 쭉 일관되게 진행된 것이라 할 수 있다. 가케이의 고신도론처럼 신도를 과거의 것으로만 한정해서는 안 되고, 신도 자체를 현재까지 이어지는 일본의 역사로서 평가하고자 한 것이다.

이노우에에게 신으로 기려지고 있는 사람들은 모두 국가를 위하여 헌신한 충신의사 및 기타 위인이다. 모두 천양무궁의 신칙의 의미를 받든 사람들로, 신들의 국가 경영의 뒤를 이어서 각각 목적을 달성하는 데 노력한 이들이라고 평가된다. 이노우에는 '국운의 발전을 비보한 영웅호걸 위인열사'로 유신 전후 국가를 위해 목숨을 희생하며 활동한 사람들이 이미 신으로 기려지고 있는 사실을 지적하며, 국가를 위해 어떤 방법을 취하는 것이 적절한지는 각 시대에 따라 다르지만 진정하게 국가를 위해 진력하고 국운의 발전에 공헌하려는 것이 신도의 본질이라고 설명한다.

제4장 국민도덕과 신도

　또한 일본 민족 고유의 종교로서 신도는 불교나 기독교와 같은 '임포티드imported' 된 것이 아닌, 일본을 본위로 해서 발전해 온 정신활동으로서 차별성을 가진 것으로 주장된다. 그에게 신도란 일본의 정신활동 그 자체로서, 이 글에서 그는 일본의 역사적 사례들을 통해 인도교人道教·정신교精神教·자력교自力教·포용교包容教·순화교淳化教·실현교實現教·평화교平和教·통일교統一教의 8가지를 신도의 성격으로 정리한다. 그의 논리를 간략하게 정리하면 다음과 같다. 사람은 신이 될 수 있기 때문에 신의 도는 사람의 도로서 신도는 인도교에 해당한다. 신도란 정신이 주가 되며 정신의 훌륭함을 귀중히 여긴다는 점에서 정신교라 할 수 있다. 타인의 힘에 의지하기 보다 자력을 중요시한다는 점에서 자력교이다. 신도는 기독교, 불교, 유교도 포용할 수 있는 포용교이다. 신도는 점점 발전해 나가는, 다른 종교의 정수를 채택해 순화해 나가는 순화교이다. 인격을 실현하는 것이 신도의 본뜻으로 인격실현을 수행해 신이 될 수 있음을 강조한 실현교이다. 일본의 평화적 발전, 세계의 평화적 발전을 추구하는 평화교이다. 일본뿐만 아니라 대만·조선과 같은 식민지 혹은 다른 민족에까지 확대해 나가는, 나아가 세계를 통일해 갈 수 있는 통일교이다.

　이처럼 그는 세계종교로서 신도가 일본의 발전과 함께 일본적 정신을 확대해 나가는 데 큰 역할을 할 것이라 주장한다. 이는 단순히 신도가에게만 맡겨서 될 것이 아니라 일반 사람들 역시 일본민족의 정신을 연구하고 수행해야 하는 것이었다. 1차대전 당시의 세계사적 위기 속에서 신도를 세계종교의 가능성으로 제시하고자 한 이노우에의 시론적 성격의 글이다.

4.2 신도와 세계종교

*** 번역 ***

장시간 명사들의 강연이 있어 여러분들도 분명히 피곤하실 듯 하지만 '신도와 세계종교'라는 제목의 강연이 예정되어 있기에, 극히 간단히 이 문제에 대한 나의 의견을 이야기하고자 한다.

실은 작년 봄 동아협회 대회에서 《불기이교佛基二教와 신도》50)라는 제목으로 신도에 관한 의견을 다소 이야기한 적이 있는데, 그 후 혹은 시세가 그렇게 한 것인지 약간의 반향도 있고 또 단독으로 다른 방면에서 신도 연구를 하는 사람도 생겨났다. 특히 최근에는 가케이[p.402] 박사가 『속고신도대의』51)라는 저작을 썼다. 이러한 경우도 있으니 신도에 대한 의견을 조금 이야기하는 것도 결코 무익한 일은 아니라고 생각한다. 신도 연구는 꽤 재미있는데, 오늘은 일단 신도에 대한 연구의 한 자락을 이야기하는 것에 불과하다. 조금이라도 신도에 대해 흥미를 일으키는 것이 가능하다면 저의 오늘의 목적은 달성했다고 생각한다. 우선 첫째로 신도에 대한 세간의 오해를 바로잡을 필요가 있다. 이것은 앞서 고전공구회古典攻究會에서도 이야기했지만, 그때 말하지 않았던 점도 있기 때문에 먼저 세간의 오해에 대해 한 가지 이야기해두고 싶다.

신도라 하면 어쩐지 이미 과거의 일로 오늘날에는 이제 이름만 있고 그 정신은 전혀 없는 것처럼 생각하는 사람이 있는 것 같다. 또 사람에 따라서는 신도라고 하면 신관神官을 연상해 이상한 일처럼 생각한다. 이렇게 여러 오해가 일어나는 것은 이유가 충분히 있다고 생각한다. 내무성에서 신사국과 종교국이라는 2가지 부서를 설치하

---

50) 동아협회에서 발간하는 『동아의 빛(東亜の光)』 9호(1914년 12월호)에 실려있다. 원문에는 《불기삼교(佛基三教)와 신도》로 되어 있는데, 오기로 보인다. 이 글은 『철학과 종교』에 실려있고 『이노우에 데쓰지로집』 5권에 포함되었다.

51) 원문에는 『속신도대의(続神道大義)』로 되어 있으나, 『속고신도대의(続古神道大義)』의 오기로 보인다.

제4장 국민도덕과 신도

여 신사의 일은 신사국에서 다루고, 신도라 칭하는 여러 종파―현재 13파가 있는데―이 13파 신도의 일은 종교국에서 다루는 식으로 구별을 세웠다. 종교국은 그 후 문부성에 이관되었지만 다루는 일은 다 마찬가지다. 또한 종교국에서 취급하는 것은 신도만이 아니라 불교도 같이 다룬다. 또 지금은 다소 기독교와도 관계를 갖게 되었다.

그런데 처음에 내무성에서 신사국과 종교국이라는 것을 세워 신사와 신도종파를 완전히 분리한 것이 오히려 신도에 대한 오해를 야기하는 원인이었다고 생각한다. 그것만은 아니지만 이 일이 크게 관련되어 있다. 즉 신사는 신도와 관계가 없다는 생각을 불러왔다. 정책상 필요가 있어 내무성에서 그러한 구별을 세운 것이지만 정책은 정책이다. 사실에 입각한 연구에서 진행된 것이 아니다. 신도라는 것은 13파에 한정되는 그런 협소한 것이 아니다. 신도를 보는 적절한 방식이 무엇인지는 조금 어렵지만 이렇게 보면 쉽게 알 수 있다고 생각한다. 신도는 일본을 본위로 해서 발전해 온 정신활동이라고 말하면 가장 쉽다. 즉 일본을 본위로 하여 그 발전을 수행하는 정신활동이다. 야마토다마시大和魂는 이러한 정신을 가리킨다. 그러면 현재의 신도란 무엇을 말하는가? 오늘날 사회에서 신도라는 것이 현존하고 있는데, 어디에서 나타나고 있는가에 대해 나는 일찍이 고전공구회에서 세 가지를 들었지만, 또 하나 더해 네 가지로 해야 한다고 생각한다.

첫째, 국체신도다. 일본의 국체는 미루어 궁구하면 신도와 관련된다. 신도와 분리해서 국체를 보는 것은 도저히 불가능하다. 그러므로 일본의 국체는 신도의 한 방면이다. 즉 일본을 본위로 발전해 온 정신활동이지만, 국체 방면에서 보자면 국체신도가 된다. 두 번째는 신사신도다. 신도의 정신은 신사에서 상당히 현저하게 나타나고 있다. 신사를 제외해 버리면 신도의 정신을 이해할 수 없다. 신사란 꽤 중요한 기관이다. 신사를 신도로부터 분리하는 것은 정책 쪽에서는 필요할지라도 신도의 관점에서 말하면 대단히 잘못이다. 종파신도보다 국체신도와 신사신도가 훨씬 중요하다. 종파신도라는 것은 신도의 끄트머리인데, 그중에서는 신도와 어떤 관계도 없는 것이 있다. 적어도 그중 한두 종파의 경우는 관계가 전혀 없는데 후에 무리하게 연결한 것이다.

그것은 한 가지만 말해도 충분하다. 덴리교天理敎52) 등은 원래 일본의 고신도와는 조금도 관계가 없다. 단독으로 발전한 것이다. 하지만 단독으로는 종파로 성립할 수 없었기에, 처음에는 신도 본국本局에 부속된 것이었다. 후에 신도의 일파로 독립하고자 했지만 내무성에서 허용하지 않았다. 신도의 이러이러한 신을 모신다면 허용하겠다고, 어떤 신인지 기억나지는 않지만, 아마테라스 오미카미53)라든가 구니도코타치노 카미54)이라든가 이러한 신들을 모신다면 신도의 일파로서 허용하고 모시지 않으면 허용하지 않는다고 했다. 그래서 모신다고 하고, 주문대로 모셔 비로소 신도의 일파로서 허용되었던 까닭에 원래 신도와 역사적으로 어떠한 관계도 없다. 너무 까발려도 안 좋으므로 이 정도로 하지만 그런 일이 있다.

종파신도 중에서도 오랜 역사를 가져 충분히 중요한 것이 없지는 않지만, 지금 13파 중에는 메이지 이후에 나타난 것이 대부분이다.

---

52) 덴리교는 일본 나라현 덴리시에 본거지를 둔 신흥종교. 에도 시대인 1838년 나라 현의 농민 여성인 나카야마 미키(中山みき)에게 천리왕명(天理王命)이 내려 천리왕(天理王)을 생명과 환생을 주관하는 유일신으로, 나카야마 미키를 교조이자 신적 존재로 받든다. 신도의 일종으로 자리매김하는 의견도 있으나, 교리나 신앙생활에 있어 차이가 크다.
53) 아마테라스 오미카미(天照大神). 일본 신화, 신도의 주신으로 태양의 여신. 또한 일본 황실의 황조신(皇祖神)이자 일본이라는 나라 자체의 의인화로도 여겨진다. 또한 신들의 군주로서, 일본 신화 세계관에서 천상의 나라이자 신들과 영혼의 영역인 다카마가하라(高天原)를 다스린다.
54) 구니도코타치노 카미(國常立神).『고사기』에서는 구니노토코타치노 카미(国之常立神),『일본서기』에서는 구니노코타치노 미코토(国常立尊)로 표기된다. 신대칠대(神世七代)의 최초의 신.

제4장 국민도덕과 신도

그리고 내무성에서는 종파신도만을 신도로 인정함으로써 신도를 매우 좁게 보는 느낌을 세인에게 주어 신도의 진면목을 이해할 수 없게 했다. 그러나 국체신도와 신사신도가 신도의 주요한 부분으로, 극히 고대高大한 신도의 방면은 여기에서 나타나고 있다.

신사는 기독교에 비교하면 회당會堂과 어느 정도 유사한 점이 있다. 기독교와 같은 종교는 신앙이지만 신앙은 반드시 형태形로 나타난다. 즉 회당이라는 것으로 나타난다. 회당이 있으면 회당 내에서 여러 종교적 의식을 행하기 때문에 의식이 발달한다. 불교도 사원 내에서 행하는 다양한 의식이 있다. 신도도 종교다. 일본 민족 고유의 종교다. 불교와 기독교는 모두 외래의 종교라는 것은 역사상 잘 알고 있다. 모두 임포티드imported 이다. 수입이 아니고 본래의 일본민족에 있던 종교가 특정 형태로 나타난 것이 곧 신사신도이다. 그리고 다른 한편은 국체신도로 나타났다. 국체신도는 정신적인 것으로 어떤 형태를 이루는지 간단히 말할 수 없지만, 국체는 고신도에 연원하니 말하자면 천양무궁의 신칙이 그 근본이다. 신사신도는 다양한 신들에게 제사를 지내는 것이다. 즉 일본민족의 종교심이 신사의 형태가 되어 나타난다. 가장 명료한 형태로 나타난 것이 신사. 신사신도와 종파신도를 구별했지만, 13파 신도에서도 그 종교심은 역시 신사신도의 형태로 드러난다. 모두 신사를 갖고 있다. 신사신도와 종파신도의 근본적인 구별은 불가능하지만 종파신도 쪽은 반드시 조사祖師가 있다. 그리고 자연신도의 계통을 끌어온 것이 많다.

자연신도는 지금 시대에는 점점 세력을 잃고 있다. 자연신도는 자연숭배에서 일어난 신도다. 원시신도는 숭조崇祖신도와 자연신도 둘로 나뉜다. 숭조신도는 조상을 숭배하는 신도이고 자연신도는 자연현상을 숭배하는 신도다. 자연계에서 나타나는 위대한 세력을 숭상한다. 산이든 강이든 큰 나무든 대개 자연계에 나타난 위대한 세력을 숭배한다. 그것을 자연신도라 한다. 자연신도는 점차 교육이 진보함에 따라 사회에서 세력을 실추했지만 종파신도 중에는 또한 꽤 남아있다. 신사신도 쪽에도 어느 정도 남아있지만 상당히 적다. 대부분은 숭조신도의 계통을 잇고 있어서 국체신도와 지대한 관계가 있다.

현재의 신도를 나누어 이상과 같이 3개가 되는데, 다시 또 하나 더하면, 이는 실행實行신도다. 최근 실행파實行派55)라 하는 것이 있는데, 그것과는 다르다. 실행신도=실제로 실천하는 신도다. 각 개인이 일상에서 실행하는, 또는 실행하지 않으면 안 되는 바의 신도라는 것을 따로 세워야 한다. 여기에 대해서는 뒤에서 설명하면 알겠지만, 이상 4개를 이해하면 신도의 성질을 알 수 있다고 생각한다.

다음으로 또 하나 오해하기 쉬운 일이 있다. 신과 사람 사이에 엄밀한 구별을 하지 않는 것이 신도의 본래 정신이다. 신도의 특색이 거기에 있다고 작년 동아협회에서 말했지만 그것이 어쨌든 오해된 점이다. 신도에서 신들은 모두 인간으로서 표상되고 있다. 「신대神代」56)에서 보이는 신들은 인간이 보기에는 미묘한 점이 많다. 신화이기 때문에 원래 황당무계한 것이 많은데 이들을 인간으로 해석해 왔던 것이다. 많은 사람들, 특히 역사가 중에서 말하자면 아라이 하쿠세키[p.437] 같은 사람은 물론 이를 사람으로 본다. 또 아라이 하쿠세키뿐만 아니라 많은 사람은 「신대권」을 역사로서 해석하고 있다. 너무 심한 말일지도 모르겠지만 이것은 확실히 말할 수 있다. 「신대권」에 있는 신들은 사람과 같은 성질을 가졌던 신들이다. 신화이기 때문에 보통 사람들에겐 불가능한 일 등이 「신대권」에서 보이지만, 보통의 인간과 같은 성질을 가진 신들이다.

그렇기 때문에 사람은 신이 될 수 있다고 말하는 것이 신도의 가장

---

55) 13교파신도 중의 하나인 짓코교(實行教)를 말하는 것으로 보인다. 짓코교는 산악신앙을 중심으로 하는 신도교단의 하나.
56) 『일본서기』 권1이 신대 상, 권2가 신대 하이다.

특색있는 점이다. 사람은 누구라도 신이 될 가능성possibility이 있다. 누구라도 신이 될 수 있다고는 할 수 없다. 국가의 일원으로서 어느 정도 발전을 수행하지 않으면 신이 될 수 없지만, 신이 될 가능성은 있다. 즉 사람 중에서 아주 뛰어난 자는 신이 된다. 신으로서 모셔진다. 이는 현재 눈앞에 있다고 말해도 좋다. 메이지 천황은 메이지신궁에 모셔지고 있다. 관보를 통해 발표된 것은 매우 최근의 일이다. 메이지 천황은 1912년까지는 대학에 행차臨幸하셔서 우리들도 배알拜謁하는 영광을 얻었지만, 그 메이지 천황을 신으로 모시게 되었다. 이런 곳에 신도가 현존하고 있다. 신도의 명맥은 이어지고 있다. 신도는 옛날에 있었고 지금은 없어진 것이 아니다. 살아서 현존한다는 것은 메이지 천황을 메이지신궁에서 제사 지내는 것에서도 알 수 있다. 또한 노기 마레스케57) 대장도 아시는 대로 이곳저곳에서 노기신사로서 모실 계획에 있다. 이시바야시石林58)의 노기신사는 이미 허가되었다고 한다. 이것도 새로운 사실이다. 누구라도 인간은 신이 될 가능성을 갖고 있다.

신이라는 것은 아래에 대해서는 카미上다. 즉 뛰어난 사람이다. 이 점에서 미루어 보면 신대神代와 인대人代의 구별이라는 것은 결코 정확하지 않다. 일본의 정사正史는 『일본서기』로부터 시작하지만, 조정에서 『일본서기』를 편찬할 때 진무 천황 이후를 인대로 하고 있다. 인대라는 문자는 쓰여 있지 않지만 진무 천황 이전이 신대가 되기 때문에 이후는 자연히 인대가 된다. 그렇지만 이 구별은 결코 엄밀한 구별은 아니다. 그러나 진무 천황 이전은 조금도 역사적인

---

57) 노기 마레스케(乃木希典, 1849~1912) : 러일전쟁에서 활약한 일본 육군 대장. 1912년 자신을 신임하던 메이지 천황이 죽자 장례일에 도쿄의 자택에서 부인과 함께 자결하였다. 사후 '노기대장' 혹은 '노기장군'으로 불리며 사랑받았고, 그를 기리는 복수의 '노기신사(乃木神社)'가 세워졌다. 도쿄에 '노기 언덕'(乃木坂)도 있다.
58) 도치기(栃木)현 나스시오바라(那須塩原)시의 지명으로, 노기 공원이 있다.

관계가 없냐고 하면 역사적 관계는 있다. 즉 진무 천황으로부터 우가야후키아와세즈노 미코토,[59] 히코호호데미토 미코토,[60] 니니기,[61] 아메노오시호미미[62] 등 점점 거슬러 올라가게 된다. 계통적으로 이어져 있다. 그러므로 신대와 인대의 구별은 결코 엄밀하지 않다. 진무 천황 이후에도 신화라 할 것이 엄청 많다. 신화만 있을 뿐 아니라 진무 천황 이후에도 위대한 사람들이 신이 되고 있다. 천황만이 아니다. 민간인에 이르기까지 걸출한 사람들은 대체로 모두 신으로 모셔진다. 어쨌든 신대는 인대다. 다만 진무 천황 이전은 신들이 비교적 많다고 말할 수 있을 뿐이다.

그 사이에도 때때로 무슨무슨 미코토^尊라고 써있지 않은 것이 있다. 이러한 것은 신인지 무엇인지 알 수 없다. 신대에 나오는 것은 모두 신처럼 생각되지만 그렇게 일괄적으로는 말할 수 없다. 마찬가지로 '미코토^{ミコト}'도 존^尊이라는 글자가 사용되거나, 명^命이라는 글자가 쓰이기도 한다.[63] 『일본서기』에는 그것이 따로 적혀 있다. 존^尊이라는 글자는 가장 높은 사람이고 명^命이라는 글자는 그 다음이다. 그리고 아무 것도 없는 것도 있다. 이는 신이라 칭해서는 안 된다고 생각한다. 그래서 신들이 많을 뿐이다. 인대가 되어서도 진무 천황이 처음신이다. 역대의 천황은 모두 신이다. 모두 고레이덴^皇

---

[59] 우가야후키아와세즈노 미코토(鸕鶿草葺不合尊). 진무 천황의 아버지.
[60] 히코호호데미토 미코토(彦火火出見尊). 진무 천황의 할아버지.
[61] 니니기노 미코토(瓊瓊杵尊)는 일본 신화의 신. 아마테라스 오미카미(天照大神)의 아들 아메노오시호미미노 미코토(天忍穗耳尊)와 다카미무스비노 미코토(高皇産靈尊)의 딸 다쿠하타치지히메노 미코토(栲幡千千姫命) 사이에서 태어났다. 황손(皇孫), 천손(天孫)이라고도 불린다. 다카미무스비의 뜻에 의해 아시하라노나카쓰쿠니(葦原中國)의 수장으로 하늘에서 내려와 휴가노쿠니(日向國: 현재의 미야자키 현 일대)에 왔다. 진무(神武) 천황의 증조부에 해당한다.
[62] 아메노오시호미미(忍穗耳尊). 진무 천황의 고조할아버지.
[63] 尊이나 命 모두 신(神)이나 귀인의 이름에 붙이는 높임말로 모두 미코토로 읽는다.

제4장 국민도덕과 신도

靈殿64)에 모셔진다. 다만 그 중에 극히 위대한 신과 그 정도는 아닌 신이 있을 뿐이다. 메이지 천황 등은 매우 위대한 신이다. 그러므로 신대와 인대가 엄밀한 구별이 있다고 생각하는 것은 잘못이다. 다만 어디쯤 하나의 경계를 두는 것이 편리하기 때문에 구별했지만, 이로부터 뒤는 전혀 다르다고 말하는 것은 아니다. 신도 쪽에서 말하자면 신대도 인대도 없다. 모두 신대이다. 신대는 즉 인대고 인대는 즉 신대라고 보아도 좋다. 신대로부터 쭉 계속되어 지금까지 왔고, 앞으로도 영구히 계속된다는 것이 신도의 개념이다.

이것을 생각하지 않고 일본의 신을 기독교의 God과 같은 식으로 생각하는 사람이 있다. 일본에서는 이렇게 생각해서는 안 된다. 신이란 뛰어난 사람이다. 그렇다고 해서 누구나 죽으면 반드시 신이 된다고 말할 수도 없다. 뛰어난 사람은 살아 있을 때 이미 신이다. 살아 있을 때의 신을 기독교에서 말하는 God의 의미로 이해하면 이상하게 들리겠지만, 일본에서 신의 의미는 뛰어난 사람이다. 뛰어난 사람은 모두 신이다. 살아있는 신生神이다. 기독교에서 신이라고 하지만, 그것은 신도의 말을 빌려 쓴拜借 것이다. 기독교의 God으로 통용하려고 해도 일본에서는 알지 못하므로 일본 신도의 언어를 빌린 것이다. 신이라고 하면 일본 신도에서의 신들의 의미가 아니면 안 된다. 요컨대 일본에서는 신대도 인대도 엄밀한 구별이 없다.

그렇기에 신대는 이렇게 보면 좋다. 신대는 긴 시간 동안의 일을 일괄하여 전설로서 썼기 때문에 신들이 매우 많은데 거기다 메이지, 다이쇼 이전부터 진무 천황에 이르기까지 거슬러 하나로 묶어 신대로 짧게 쓴다면 역시 신들이 매우 많아지게 된다. 꽤나 신들이 많아지는게 진무 천황 이후에도 신들이 엄청 많기 때문이다. 따라서 엄밀히 말하자면 신도에는 고금이 없는 것이다. 쭉 일관되게 신대이다.

---

64) 역대 천황들의 위패가 안치된 왕실 종묘.

과거, 현재, 미래를 관철해 가는 것이 신도의 사실이다. 역사적으로 말하면 신도도 고금의 다름이 있는 것은 말할 것도 없지만, 신도 그 자체에서 말하면 결코 고신도라고 구별할 필요는 없다.

가케이 박사는 고신도를 말하고 있지만, 고신도는 감복할 수 없다. 고신도라면 그것은 옛날 신도이기 때문에 오늘날에는 그다지 필요 없지 않나 하는 느낌을 준다. 반드시 이름을 붙여야 한다면, 나는 고신도에 대해 신신도新神道라 부르고 싶다. 그렇지만 이렇게 이름을 붙일 수는 없다. 신도는 신도면 충분하다. 과거, 현재, 미래를 관철하는 것이다. 이렇게 보는 것이 신도의 본질이라고 생각한다. 고신도라고 하면서 가케이 박사 등은 굉장히 어려운 이론을 끼워 맞추고 있지만, 고신도는 그런 것이 아니다. 극히 단순하다. 옛날 사람들은 마음이 단순했다. 가케이 박사는 오늘날의 학자이기 때문에 이론을 끼워 맞출 수도 있어, 보편아普遍我라든지 표현인表現人이라고 하면서 자꾸 이론을 끼워 맞추고 있지만, 옛날 사람들은 보편아도 표현인도 알지 못했다. 「신대권神代卷」 등은 매우 단순하다. 그 단순한 것이 또한 재미있는 점이다. 이론은 후에 점점 덧붙여진 것으로, 고신도의 사실을 말하면 결코 가케이 박사와 같이 억지이론을 둘러댄 것이 아니다. 신도는 점차 발전해 온 것이다. 처음에는 단순하게, 그 단순한 바에 지극한 맛이 있다. 오늘날 억지이론을 둘러대는 것도 알아서 할 일이지만, 원래 그런 것은 아니다. 신도는 단순함에서 발전해 복잡하게 되었다. 신도는 옛날에 위대한 종교였다고 말하는 것은 옳지 않다. 옛날의 위대한 종교가 아니다. 반드시 위대한 종교라고 말하고자 하면 성가시다. 그러한 성가심은 필요 없다. 좀 더 다른 곳에 좋은 점이 있다. 그래서 신도를 어떤 식으로 보면 좋을지에 대해 조금 말해보고자 한다.

신도는 다양하게 설명될 수 있지만, 우선 이를 여덟 가지로 나눠 이야기할 수 있다고 생각한다.

제 4 장 국민도덕과 신도

(1) 인도교人道敎 : 신도는 인도교라 말할 수 있다. 모토라 유지로[p.548] 박사가 아직 살아있을 때 신도를 인도교로서 이야기했는데, 신도는 인도교로서 이야기하는 것이 맞다고 생각한다. 왜냐하면 신도의 신은 즉 사람人과 같다. 사람은 신이 될 수 있기 때문에 신도는 인도이고, 인도는 신도이다. 신의 도는 사람의 도, 사람의 도는 신의 도로 보아도 좋다. 그렇지만 사람의 도라 할 때는 좋지 않은 사람의 도는 들어가지 않는다. 바른 사람의 도이어야 한다. 좋지 않은 사람은 신이 될 수 없다. 훌륭한 사람이 아니라면 신이 될 수 없다. 그것은 잘 알 수 있다.

메이지 천황은 훌륭한 분이셨다. 대부분의 사람들은 메이지 천황의 평소의 일을 잘 알지 못하지만, 후에 점점 자세한 사정을 알고 보면 더욱더 놀랄 만큼 훌륭한 인물이다. 누구도 감읍하지 않을 수 없는 일화가 많이 드러난다. 이렇게 훌륭한 사람이기 때문에 신으로 모셔진다. 노기 장군 역시 연구하면 할수록 실로 훌륭한 사람이다. 이렇게 훌륭한 사람이 신이 되는 것은 당연하지만, 메이지의 다른 공신들까지 모두 반드시 그런 것은 아니다. 그중에서 어떤 사람은 처음에는 신으로 모셔지지만 도무지 사람이 나아지지 않는다. 왜냐하면 신이 되기에는 다소 부족한 바가 있어서이다. 그중에는 만년 무렵에 기생놀이에 빠진 사람도 있고 투기꾼인 사람도 있다. 누구라고 말할 수는 없지만 그런 사람이 신이 되기에는 다소 부족하다고 생각한다. 어쨌든 훌륭한 사람의 도=뛰어난 사람의 도, 이런 도를 신도라 한다. 신도와 인도란 같다. 사람으로서 행해야 할 도를 행하는 것이 인도이고 신도다. 이는 앞선 모임에서도 이야기했으므로 이 정도로 그만하지만, 이와 다소 유사한 일은 도쿠가와 시대의 신도의 학자도 말했다.

(2) 정신교精神敎 : 다음으로 신도는 정신교라 할 수 있다. 도쿠가와 시대 사람들은 심도心道라 불렀지만, 오늘날에서 보자면 정신교라 말

하는 편이 좋다. 왜냐하면 신도란 정신이 주가 되기 때문이다. 물론 육체도 중요하고 육체의 결백은 매우 귀중하지만, 역시 정신이 주가 된다. 무엇보다 정신의 훌륭함을 귀중히 여긴다. 성의성심誠意誠心처럼 실로 진심이 철저한 것을 귀중히 여긴다. 진심이 철저한 자를 신으로 삼는다. 성의성심이라는 훌륭한 진심이 우리에게 살아있다면, 그것이 즉 신이다. 이렇게 정신을 귀중히 하는 가르침이기 때문에 그 점에서 생각한다면 정신교라 불러야 할 것이다.

(3) 자력교自力教 : 신도는 자력교다. 신들에 전적으로 의지하지 않는다. 어느 정도 기원하는 것도 있긴 하지만 자신의 힘으로 행하지 않으면 안 된다. 그곳에 신도의 재미있는 점이 있다. 신도는 타력보다 자력을 귀중히 한다. 이 점에서 무사도는 어쨌든 신도와 결부된다.

미야모토 무사시[65]는 신불神佛에 대해 이렇게 이야기하고 있다. 신불을 받들지만, 신불에 의지하지 않는다고. 이는 그의 『독행도』[66] 중 하나의 조항이다. 매우 훌륭한 생각이었고 그가 평생을 실행한 것이었다. 언젠가 그는 많은 사람의 적과 대결하지 않으면 안 되게 되었다. 적은 무슨 일이 있어도 무사시를 죽이겠다고 하여 많은 이들이 나오겠다고 했다. 무사시는 아침 일찍 적보다 먼저 시합의 장소에 갔는데, 도중에 하치만八幡 신사[67]가 있었다. 그 신사에 들러 신에게 승리를 기원하려 했지만 평소의 생각이 떠올라 이를 그만두었다. 신불을 받들지만, 신불에 의지하지 않는다. 승리를 할 수 있을지 없

---

[65] 미야모토 무사시(宮本武藏, 1584(?)~1645) : 에도 시대 초기의 검술가, 병법가. 단 한 번의 대결에서도 패하지 않은 전설적인 검술가로 알려져 있다. 자신이 걸어온 무사로서의 길을 간략하게 서술하고 무사로서 가져야 할 마음가짐 등을 담은 병법서인 『오륜서(五輪書)』(1645)를 저술하였다고 전해진다. 현재 원본은 전해지지 않으며 다수의 사본이 존재하는데, 무사시 사후 제자들이 집필했다는 이야기도 있다.

[66] 미야모토 무사시가 만년에 집필한 글로 두루마리에 적힌 21개 항목의 내용이 전해지고 있다.

[67] 하치만신(八幡神)은 일본의 신도에서 섬기는 신으로 무가(武家)에서 무운의 신, 즉 군신(軍神)으로써 모셔진다.

제4장 국민도덕과 신도

지는 자신의 힘에 의한 것일 수밖에 없다고 말하며, 기원하는 것을 그만두고 그대로 대결 장소로 갔다. 아직 적은 오직 않았다. 나무 그늘 아래 쉬고 있자 이윽고 잠시 후 적이 왔다. "무사시는 아직 오지 않았는가"라고 말하며 수십 명이 도착했다. 그때 무사시는 나무 그늘 아래 검을 빼어 확 튀어나와 우선 앞의 적을 베어 쓰러뜨리기 시작해, 나머지 놈들을 베거나 혹은 쫓아내 마침내 승리를 얻었다. 즉 신불을 받들지만 신불에 의지하지 않았던 것이다.

대체로 신도의 생각은 그다지 신에게 의지하지 않는다. 신에게 바라는 것이 있지만 주로 자력을 귀중히 하는 가르침이다. 거기에 신도의 훌륭한 바가 있다. 대체로 신앙은 자신의 의지에 기대기보다 신의 힘에 좌우된다고 한다. 자신의 지식과 의지만으로는 가능하지 않기에 신에게 의지하지만, 신도에서는 오히려 자력을 귀중히 한다. 자신의 운명을 개척하는 데는 자신의 힘이 아니면 안 된다. 할복을 하는 무사의 풍습 역시 이와 관련되어 있다고 생각한다. 자신의 일은 자신이 결말짓는다는 것이다. 즉 양심이 주요한 의뢰처가 되어 독립, 자영自營과 같은 점이 신도에 상당히 있다고 생각한다.

(4) 포용교包容敎 : 다음으로 신도는 포용교다. 가케이 박사는 관용교라고 말하고 있다. 이는 신도의 특색으로서 기술되어야만 한다. 원래 신도는 교조敎條가 상당히 적다. 몇 개 있긴 하지만 매우 적다. 대강목 외에는 보이지 않는다. 이처럼 매우 관대하다. 무엇이든 허용되는 신도 본래의 정신을 잘 생각해 보면 가장 관대한 가르침이라고 생각된다. 그렇지만 신도를 오해하면 매우 편협한 것이 된다. 즉 고신도 등이라 말해 옛날의 신도로 파악해 무엇이라도 이것이 아니면 안 된다고 하면 매우 성가시다. 관용교라고 하는 것은 좋지만 고신도와 시세가 어떻게 조화하는가, 이것이 어려운 것이다. 고신도라고 말하면 고정되어 버린다. 그래서 고대의 신도를 갖다가 그대로가 아니면 안 된다는 식이 되면 시세와 맞지 않게 되어버려 실로 성가시게 된다.

그렇지만 사실 신도는 그런 것이 아니다. 신도는 그 무엇도 포용한다. 그러므로 일본에는 유교도 들어오고 불교도 들어오고 기독교도 들어왔다. 신사 근처에 절도 있다면 회당도 있다. 신사 측에서 특별히 불평도 하지 않는다. 어느 정도 피해를 주면 말하겠지만 좀처럼 말하지 않는다. 꽤나 관대하다. 만약 기독교 나라에 신도를 확장하기 위해 신사를 회당 옆에 지었다고 한다면 금세 떠들썩해졌을 것은 틀림없다. 귀찮은 일이 반드시 일어난다. 그렇지만 일본에서는 전혀 이런 일이 없다. 이것이 신도의 관대한 부분이다.

신도에는 가르침이 있지만, 아주 옛날에 만들어진 가르침에는 대강목만 보인다. 이 강목 중에 가장 중요한 것은 세 가지라고 생각한다. 다른 것은 이에 부수되는 것이다. 우선 신칙神勅이 두 가지 있다. 『일본서기』등에 나온다. 하나는 천양무궁天壤無窮의 신칙이다. 이것이 있기 때문에 헌법 제1조도 해석되고 교육칙어도 해석된다. 뿐만 아니라 이에 의해 일본의 국체가 발전한다고 이야기된다. 또한 일본에서 국가가 성립한 까닭이 여기에 쓰여있다. 그대로 되어 왔다.

또 하나는 보물의 거울[68]에 대한 신칙이다. 이것은 신도의 종교적 방면과 관계있다. 이세의 신궁大廟이 성립하고 있는 까닭이다. 그로부터 또 하나 중요한 것은 엔기시키延喜式[69]에서 올리고 있는 축문이다. 아마테라스 오미카미를 배례할 때 기년제祈年祭[70]의 축문은 실로 성대한 것이다. 이는 국가주의이다. 혹은 제국주의라 해도 큰 차이는 없지만 국가주의라 하는 쪽이 적당하다고 생각한다. 다만 제

---

[68] 삼종신기(三種の神器)중의 하나. 삼종신기는 아마테라스에게 하사받아 현재까지 일본 천황이 계승한다는 세 가지 물건, 즉 구사나기의 검(草薙劍), 야타의 거울(八咫鏡), 야사카니의 굽은 구슬(八尺瓊曲玉)을 말한다.
[69] 엔기시키란 헤이안(平安) 시대의 율령(律令) 시행 세칙.
[70] 음력 2월 4일, 오곡의 풍작, 천황의 편안, 국가의 평온을 빌던 행사. 원래는 민중이 행하던 밭의 신에 대한 제사였는데, 중국의 요소를 받아들여 율령 국가 제사로 성립했다. 7세기 후반 덴무 천황의 시대에 기록이 있다.

제4장 국민도덕과 신도

국주의라 말하고 싶은 사람은 그렇게 말해도 지장 없으니 좋을대로 부르면 된다. 어쨌든 기년제의 축문의 취지는 훌륭히 일본의 국시國是를 말하고 있다. 즉 천양무궁의 신칙은 황실중심주의이고, 거울에 대한 신칙은 황조중심주의이며, 기년제의 축문은 일본의 국가주의 혹은 제국주의를 나타낸다. 이렇게 일본은 오늘날까지 수천년 동안 해 왔다. 이처럼 교조는 수는 적지만 중요한 점이 보인다. 그 외의 것은 무엇을 허용해도 지장 없다. 내용이 풍부해지는 쪽이 좋다.

(5) 순화교淳化敎 : 다음으로 신도는 순화교다. 순화란 점점 좋아지는 것이다. 신도를 점차 발전시켜 가지 않으면 안 된다. 이를 위해 세계의 정수粹를 모아 순화해 갈 준비가 되어있다. 유교도 포용하고 불교를 포용하고 기독교도 포용해, 그 정수를 채택해 신도 자체를 좋게 이루어 가지 않으면 안 된다. 신도라는 틀에 집어넣지 않으면 안 된다. 처음에 말했던 것과 같이 일본을 본위로 해서 발전해 가는 정신활동이 신도이기 때문에, 이것과 모순되는 것은 안 된다. 이것이 진수眞髓이자 골자骨子이다.

또 일본에는 대의명분이라는 것이 있다. 대의명분은 지나에는 거의 보이지 않게 되었다. 대의명분은 지나의 말이지만 중화민국이 된 이후 지나에서 대의명분 등은 말할 기초를 잃었다. 중화민국이라고 하지만 대의명분은 어디에 기초가 있는가? 일본은 그 점에서 실로 훌륭하다. 일본의 건국은 대의명분이 관계하고 있다. 이것만 부서지지 않으면 모든 것을 받아들여 정수를 모아 순화해 가는 것이 가능하다.

또한 순화해 가는 것이 신도의 최고의 장점이다. 고신도는 유치한 것이다. 발달한 것은 아니지만, 오늘날에는 물론 장래도 발전해 갈 여지는 있다. 그것을 잃어서는 안 된다. 신도로서는 어쨌든 이를 계속해 가지 않으면 안 되고, 또 일본 민족으로서 계속해야만 할 점이 있다. 동시에 순화해 가지 않으면 안 된다.

그런데 가케이 박사는 고신도를 완전한 종교라고 말하고 있다. 하지만 고신도는 결코 완전하지 않은, 불완전하기 때문에 더욱더 순화해 발전시켜 나가야 하고, 또 발전해 갈 수 있다는 점이 신도의 장점이다. 다른 종교는 조사祖師가 정해져 있다. 기독교는 그리스도基督가 창도한 것이고 불교는 붓다佛陀가 창도한 것이기 때문에, 어느 의미에서 발전은 하고 있지만 그 발전이 자유롭지는 않다. 몹시 어렵다. 조사가 정한 일에 위반하는 것이 있으면 도저히 발전은 불가능하다. 그렇지만 신도는 그 점에서 비교적 자유롭다. 내용을 풍부히 하여 어떠한 것으로도 발전할 수 있다. 이러한 측면은 학자라든가 교육가 방면의 사람들이 크게 노력해야 한다. 아직은 노력이 매우 부족하다. 다행히 가케이 박사와 같은 동료가 열심히 공부해서 이 방면의 저술 등을 내고 있는 것은 매우 훌륭하다. 가케이 박사와 같은 이는 신 중의 한 사람일 것이라고 나는 생각한다. 우선 가케이 박사의 이름이 잘 지어졌다. 아마노가케이가쓰히코노 미코토天筧克彦尊[71])라는 식이다. (청중 박수) 아니 농담이 아니라, 정말 신이다. 살아있는 신이다. 훌륭한 사람이다. 그 주장에 모두 감복할 수는 없지만 인간으로서는 정말 신이다.

(6) 실현교實現敎 : 성의성심을 발휘해 인격을 실현하는 것이 신도의 본뜻이다. 그렇기에 신도는 실현교다. 사람은 누구라도 신이 될 가능성potentiality 이 있다. 신이 될 수 없는 사람은 인격실현이 안 되었기 때문이다. 인격실현을 잘 수행한다면 신이 될 수 있다. 또 전인격이 아니라도 혹 어느 방면에 크게 뛰어난 사람은 신이 될 수도 있다. 그런데 신에는 역시 단계가 있다. 매우 뛰어난 신과 그 정도는 아닌

---

71) 가케이 가쓰히코의 이름을 신의 이름처럼 부른 것.

제4장 국민도덕과 신도

신도 있다. 그래서 계급이 붙는다. 관폐사官幣社라든가 국폐사國幣社[72] 등이 그것이다. 그 다음에는 현사, 향사, 촌사 등도 있다. 심하게는 무격사無格社라는 것도 있다.[73] 신도 역시 뛰어나지 않은 점이 있다. 그러나 이렇게 말하는 신도 뭔가 한 방면으로는 뛰어난 점이 있다. 그렇지 않으면 신이 될 수 없다. 그 중에는 잘못해 나쁜 신을 모시고 있는 곳도 있다. 예를 들면 히고肥後[74]에 유게무라弓削村라는 마을이 있어, 그 곳에서 유게도쿄弓削道鏡[75]가 모셔지고 있다고 한다.

이 같은 것은 음사사교淫祠邪教이다. 원래 유게도쿄는 히고의 유게무라와 어떤 관계도 없다. 다만 마을 이름이 우연히 일치하기 때문에 모셔진 것일 거다. 이런 것은 잘못이다. 아나모리이나리穴守稻荷도 사교이다. 신도를 너무 해치고 있다. 신도는 주로 인간 성격의 발전이라는 측면에 무게를 두지 않으면 안 된다. 그것을 염두에 두지 않고 다만 과거의 신도가 좋다고 말하면, 저 따위 것도 모두 신도 안에 집어넣지 않으면 안 되게 된다. 모두 잘못으로 일어난 음사사교이기 때문에 버리지 않으면 안 된다. 또 자연신도의 측에서 온 미신적인 것을 점차 버려도 전혀 지장 없다.

(7) 평화교平和敎 : 신도는 역시 평화교라고 생각한다. 조금 전에 전쟁

---

72) 1871년 메이지 정부는 신사 시설에 사격(社格)이라는 등급을 매겨 관리하였다. 이세 신궁의 밑으로 관폐사(官幣社)와 국폐사(國幣社)로 나누고, 그 안에서 대·중·소로 구분했다. 여기서 폐(幣)란 본디 폐백(幣帛)이라 하여 신에게 바치는 예물을 뜻하는데, 일본 정부는 각 신사에 주는 유지비와 예물을 가리키는 뜻으로 썼다. 관폐사는 일본 황실에서, 국폐사는 일본 정부에서 유지비를 지원했다.
73) 신사는 아마테라스 오미카미를 모시는 이세신궁을 정점으로 관폐사, 국폐사, 부현사, 향사, 촌사, 기타 등급 순으로 계열화된다. 아무 격도 받지 못한 작은 신사를 무격사(無格社)라 했다.
74) 지금의 구마모토(熊本)현.
75) 도쿄(道鏡, 700(?)-752). 나라시대의 승려. 승려가 되기 전의 성이 유게(弓削)로 유게도쿄라고도 불린다. 쇼토쿠 천황의 총애를 받아 막강한 권세를 누렸던 승려로, 다이라노 마사카도(平將門), 아시카가 다카미쓰(足利尊)와 함께 일본의 3악인으로 불린다.

과 평화의 이야기가 있었지만, 신도는 평화를 목적으로 한다. 일본민족이 과거부터 실제 해왔던 일도 자연히 이러한 취지에 적합하다. 허물도 있지만 적다. 일본민족은 세계의 역사에서 매우 훌륭히 이 점을 해왔던 쪽이라 생각한다. 신도는 평화를 목적으로 한다. 평화를 방해하는 것 혹은 일본의 국운을 죽이고자 하는 것이 일어난 때에는 뛰어난 기세로 이를 격퇴한다. 여기서 무용武勇을 필요로 한다. 무용의 훈련과 함께 교훈이 예부터 있다. 거기에는 분투노력이라는 것도 있지만, 헛되이 분투노력하는 것은 아니다. 일본민족의 평화적 발전, 넓게 말하면 세계의 평화적 발전을 위해 분투노력을 필요로 하는 것이다. 지금까지 전쟁 등을 한 것이 모두 이상적으로는 했다는 것은 아니지만, 대체로는 꼭 이 정신에 맞다. 오늘날의 시국에서 보아도 알 수 있지만 지나해·태평양·인도양 부근의 적함을 토멸해 평화를 유지한 것은 정말 일본민족 고래의 정신과 일치하고 있다. 어디까지나 이러한 정신으로 행해야 한다. 그것이 신도의 정신이다.

그리고 신들의 가르침이라는 것도, 신대의 신들의 가르침만 생각해서는 안 된다. 신대 이후의 일본의 걸출한 사람들의 가르침에서 일본문명을 비보裨補하는 것은 모두 신도 안에 집어넣어야 한다. 진무천황 이래 역대의 신칙, 특히 메이지 시대에 선포된 군인칙유·교육칙어·무신조서戊申詔書76) 같은 것들을 모두 신도의 교리doctrine 안에 집어넣어야 한다. 노기 장군도 신으로서 모신다면 그 가르침은 신의 가르침이다. 일본의 신이라는 의미는 이러한 것이다. 또 역대의 법률이라는 것도 신도의 교리 안에 집어넣어야 마땅하다고 생각한다. 헌법 같은 것은 물론이다. 확실히 가케이 박사는 헌법을 이런 식으로 보고 있다. 헌법 제1조는 물론 신도의 정신이다. "일본제국은 만

---

76) 1908년 10월 14일 발포된 메이지 천황의 칙서. 러일전쟁 후 사회적 혼란을 시정하고, 앞으로의 국가발전에 필요한 도덕의 표준을 국민에게 제시. 이 조서를 계기로 지방개량운동이 본격적으로 진행되었다.

세일계의 천황이 이를 통치한다"는 것은 천양무궁의 신칙과 관련해 생각하지 않으면 정말로 그 의미를 이해할 수 없다. 또한 황실전범도 이와 마찬가지라 생각한다. 무엇보다 다른 나라에서 만세일계는 말할 수 없다. 그렇지만 일본에서는 그것을 말할 수 있다. 고대부터의 관계가 있기 때문에 말할 수 있다.

(8) 통일교統一教: 신도는 또 통일교라 칭할 수 있다. 천양무궁의 신칙은 물론 제실을 중심으로 해 일본민족을 통일하는 정신인데, 그 통일이 예부터 상당히 잘 행해져 왔다. 원래 일본민족은 잡종이었지만, 그것이 모두 훌륭히 통일되었다. 그 통일의 필요가 점점 많아지게 되었던 것은 메이지 이후이다. 메이지 이후에는 더욱더 영토가 확대되어 대만을 점유하고, 가라후토樺太[77])의 절반을 획득하고, 뒤이어 조선을 병합하여, 일본민족이 아닌 사람이 어느 정도 들어왔다. 지나인도 있다면 대만의 생번生蕃[78])도 있다. 가라후토의 홋카이도에는 아이누가 있다. 그 외에 가라후토에는 길랴크[79])라든가 오로크[80])라든가 하는 이민족이 있다. 그렇지만 이들은 모두 일본 고래의 정신에 의해 통일되어야 할 운명으로 통일해 가지 않으면 안 된다. 이들이 일본 국내에 들어오고 통일하는 일이 끝나면, 더 확대해 우리 식민지에 미치지 않으면 안 된다. 그 다음에는 다른 민족에게까지 확대해 가야 할 성질의 문제일 것이다.

또 우리 정부는 지나에 불교를 보급할 권리를 얻으려 했는데, 불교만이 아니라 신도도 지나에 보급하는 것이 좋다.[81]) 왜 보급에

---

77) 지금의 사할린 지방을 말한다.
78) 대만의 원주민을 말한다.
79) Gilyak. 사할린 북쪽에서 시베리아 동쪽에 걸쳐 사는 몽골계 인종
80) Orok. 사할린섬 테르페니야만 이북을 중심으로 거주하는 퉁구스계의 한 지족
81) 이 글이 나온 1915년, 제1차 세계 대전 중이었던 일본은 중화민국 북양정부에 산둥에 대한 독일의 권익을 일본이 계승하고, 만주에 대한 일본의 이권을 보장할 것을 요지로 하는 21개 조항을 요구하여 관철시켰다. 21개조 요구 21조에서 "중국 정부는 중국 내에서 일본인의 포교권을 인정한다"라고 규정하여 일본인의

힘쓰지 않았던 것일까. 신도는 일본 민족 고유의 것이다. 불교는 처음 지나에서 조선을 거쳐 들어왔지만, 그 후는 지나에서 직수입되었다. 그런데 이번에는 역수입이다. 꽤나 이상하다. 지나에서는 불교가 쇠퇴하고 일본 쪽이 진보했으므로 역수입도 나쁘지 않지만, 그들에게는 조금도 없는 일본 고유의 신도를 수입하는 것도 권리로서 얻어야 한다.

일본민족을 중심으로 세계를 통일해야 한다고 왕성하게 주장한 이는 니치렌[p.132]이다. 니치렌은 매우 담대한 스님으로 역대 승려 중 가장 용기 있는, 말이 통하는 사내였다. 스님도 이 정도로 용기 있으면 괜찮다. 일본의 스님이었기에 이 정도 용기가 있었던 것이다. 지나나 조선의 스님 중에는 일찍이 이 정도로 용기있는 자가 나오지 않았다. 시대도 가마쿠라시대였기에, 니치렌은 불교를 무사도화해서 매우 호쾌하고 담대한 태도가 나왔던 것이다. 실로 믿음직한 사내였다. 그 점은 훌륭하다. 이것은 불교를 본위로 해서 신도의 정신을 가미해 세계통일의 정신을 주장한 것으로 실로 유쾌하다. 그것은 훌륭하지만, 더 나아가 신도를 본위로 해서 불교도, 기독교도, 무엇이든 그 안에 섭취해 소화시켜 세계통일의 정신을 고쳐할 필요가 있다고 생각한다. (청중 박수)

앞서도 나가세 호스케[82] 씨가 장황하게 이야기했지만, 실로 나가세 씨가 말한 그대로이다. 기독교가 왕성한 나라들이 지금 눈에 보이는 대로이다. 기독교의 등불이 꺼져버려 가장 비참한 대전쟁을 하게 되었다. 일본에서는 공동 전도傳道 등이라 하면서 기독교를 자꾸만 확대하고 있지만, 본가 본원의 유럽의 모습은 어떤가? 실로 한심한

병원, 사원, 학교를 자유롭게 건립하도록 했다.
82) 나가세 호스케(長瀬鳳輔, 1865~1926) : 와세다 대학 교수. 도쿄 외국어대학교를 졸업하고, 미국으로 유학하여 존스홉킨스대, 베를린대 등에서 공부. 외교문제 연구자로 1차대전 당시 외교문제에 가장 권위있는 학자였다.

꼴이 되어있다. 일본의 일이라면 무엇이든 나쁜 식으로 생각하고 있지만, 비교적 좋은 역사를 만들고 있다. 회고하면 꽤나 훌륭하게 계통적으로 발전해 왔던 것이다. 여기에 정말로 의미가 있다. 재밌는 점이 있다. 이렇게 보면 장래는 꽤나 유망하다.

현대의 일본민족은 일본이라는 국가를 통해 세계를 감화시킬 위대한 포부가 있어야만 한다고 생각한다. (청중 박수) 왜 이러한 생각을 일으키지 않는가? 유럽은 실로 대변화를 일으켜 왔다. 크게 싸워 크게 약해져 그 후 엄청난 변화가 왔다. 앞선 나가세군이 보도한 바를 보아도 엄청난 사상자가 있다. 뭔가 전후 사람들의 눈을 현혹하는 듯한 새로운 기운을 일으키고 있음에 틀림없다. 그렇지 않아도 이미 변화의 조짐을 나타낸 곳에 저렇게 커다란 전쟁이 일어났으므로 전쟁 이후는 큰 일이 일어날 것이다. 거기에 무엇보다도 일본민족의 천직이라 불러야 할 만한, 세계에 대해 해야 할 중대한 사건이 있다. 또 그렇기 위해서는 무엇보다도 신도라는 것을 내버려 두어서는 안 된다. 그런데 신도가神道家는 실로 분발하지 못하여 기댈만하지 않다. 특히 이러한 중대 사건은 신도 13파의 사람들에게만 맡겨 놓아서는 안 된다. 일본민족은 열심히 신도를 연구해 이 참 정신을 파악해 발전시켜 간다면 발전할 수 있는 전망이 있다. 가케이 박사의 연구는 그 하나의 시도이다. 다른 사람들도 이러저러하게 시도해 보는 것이 좋다. 꽤나 재미있는 일이다.

마지막으로 이것이 세계 종교와 어떤 관계가 있는가는 오늘은 이야기하기 불가능하지만, 다만 이것만은 이야기해 두고 싶다. 일본민족이 고래의 정신 — 일본을 본위로 해 발전해 온 정신활동 — 을 국위國威의 발전과 함께 세계에 보급시켜, 일본이란 국가를 통해 널리 감화를 보급할 필요가 있다. 직접 우리 권세 범위에 들어오지 않아도, 이에 감화를 미쳐 일본의 장점을 세계에 부여하는 위대한 포부를 갖고 일어선다면, 민족적 종교인 신도도 또한 어느 면에서 세계종교의 성질을 갖게 될 것이다. 점점 하와이라든가, 아메리카라든가 또는 남미 주변에 가 있는 사람들로부터 들은 이야기도 있는데, 이르는 곳이 어디이든 일본의 종교를 갖고 가도록 했으면 좋겠다. 지금은 불교도가 하고 있지만 아직은 부족하다. 일본의 발전과 함께 일본적 정신을 확대하고 싶다. 가케이 박사 등은 이 점에서 대포부를 갖고 말하고 있다. 제군도 이 방면에서 크게 연구를 수행해 일본민족의 발전을 위해 힘써주시길 희망하는 바이다. 그렇다면 제군도 확실히 신이 될 수 있다고 생각한다. (청중 박수)

제4장 국민도덕과 신도

4.3 우리 국체와 국민도덕

이예안

*** 해제 ***

『우리 국체와 국민도덕』(1925)은 「서」, 「제1편 우리 국체의 진상 및 특색의 천명」, 「제2편 국민도덕 및 다양한 관계」, 「부록」으로 구성되어 있다. 제1편에서는 일본의 국체에 관해 만세일계 천황의 통치가 왕도주의이며 이에 의해 민본주의와 인도주의가 실현되었다고 주장한다. 또한 이러한 국체가 신도와 불가분의 관계임을 말한다. 제2편에서는 국민도덕에 관해 서양으로부터 유입된 각종 사상을 비판적으로 바라보는 관점에서 재검토하는 시도를 한다. 최종적으로는 국민도덕이 서양 유래의 사상 요소들을 내포하고 있으며 국제도덕과도 어긋나지 않는다고 결론 내린다. 이 가운데 「서」, 제1편 가운데 '제1장 우리 국체의 특색', 제2편 가운데 '제1장 현대의 국민도덕'을 번역했다. 원문은 일본 국회도서관 디지털 컬렉션에서 열람이 가능하다.(https://dl.ndl.go.jp/pid/752684)

이 책의 집필 배경에는 1917년과 1918년에 차례로 러시아제국과 독일제국이 해체되고 제1차 세계대전 이후 미국이 새로운 강자로 부상함에 따라, 사회주의, 민주주의, 개인주의, 자유주의 등 외래 사조가 일본에 급속하게 유입되어 국체와 국민도덕이 위협받고 있다는 경계심이 있다. 러시아제국, 독일제국과 같은 강대한 제국조차 스러지고 미국 중심의 세계질서 재편이 진행 중인 시기에 일본제국은 어떻게 대처해야 하는가? 이노우에는 국가 변혁으로 이어지는 사상들을 비판하면서, 황통일계인 일본의 국체는 다른 나라의 국체와 달리 특수하며 우수하다고 주장한다. 그러한 일본의 국체를 게시하고 국체의 보지를 위한 국민도덕을 설파하는 데 이 책의 목적이 있다.

4.3 우리 국체와 국민도덕

　　이노우에의 국가사상 전개에서 국체와 국민도덕은 줄곧 핵심 주제였다. 일찍이 교육칙어에 대한 정부의 실질 공식주석서로『칙어연의』(1891)를 집필했을 때 그는 국체와 국민도덕을 하나로 묶어 설파했으며 이후 국체론의 입장에서 '국민도덕의 선포자'를 자임했다. 그 연장선상에 위치하는 것이『국민도덕개론』(1912) 및『우리 국체와 국민도덕』이다. 그 과정에서 그는 만세일계의 천황을 칭송하고 천황과 국가의 일체성을 강조했으며 그런 국체 이해를 관통시켰다. 이 책에서도 국체의 연원은 '천양무궁의 신칙'에서 추구된다. 즉 신화시대로 거슬러 올라가 황조신皇祖神 아마테라스 오미카미가 황손皇孫 니니기노 미코토에게 일본을 다스리라 명하고 황실의 번영이 천양무궁하기를 기원했다고 한 데에서 국체의 기원을 찾는다. 그런데 그에 따르면 이 '천양무궁의 신칙'은 즉 건국의 율법이므로 일본 역사의 시작이라고 볼 수 있으며, 이에 의거해 황통일계의 천황이 일본을 통치해왔다. 또한 황손인 통치자는 왕도주의로 인정을 펼쳐왔다. 이러한 의미를 명문화한 것이 제국헌법인 바, 국체의 기초는 고금을 관통하여 더할 나위 없이 공고하다는 것이다. 그의 논의에서 국체는 다른 양태로 존재할 수 없는 본원적인 것이며 그렇기 때문에 다른 방식으로 설명할 수도 없다.

　　그러한 국체에 흠집이 생기지 않도록 또 외부로부터의 공세에 붕괴되지 않도록 지키기 위해 요청되는 것이 국민도덕이다. 영구불변 신성불가침인 국체와 달리, 국민도덕은 급변하는 시대조류에 우왕좌왕하는 신민을 효과적으로 집결시키기 위해 시세에 맞춰 보다 설득력 있게 제시될 필요가 있었다.『칙어연의』에서는 효제충신, 공동애국 등의 유교적 언어를 전면에 내세웠고,『국민도덕개론』에서는 충효일본忠孝一本을 게시하는 한편으로 개인주의, 사회주의 비판이 일부 이뤄졌다. 이와 달리 이 책에서는 당시 서양으로부터 유입된 각종 사상들을 망라하면서 전유專有하고 있다. 즉 이 책에서 이노우에는 역대 천황의 통치를 왕도주의라고 칭송하는 한편, 서양의 개인주의·자유주의 등을 비판한다. 그런데

제 4 장 국민도덕과 신도

그는 서양의 사상들을 마냥 비판하는 것이 아니라 오히려 오늘날 세상 사람들이 추구하는 인도주의, 이상주의, 심지어 민주주의 등이 일본의 왕도주의에 이미 내포된 것이며 실현되었다고 주장한다. 특히 민주주의에 대해 협의와 광의로 구분하여 인민주권을 뜻하는 협의가 아닌, 요시노 사쿠조가 제창한바 인민을 위한 정치를 뜻하는 민본주의를 광의의 민주주의로 취사선택하여 자신의 국체론 및 국민도덕론과 연결시키고 있다. 곧 도래할 전시기 일본에서 극도로 단일한 방향성을 가지는 국체론과 국민도덕론이 준비된 사상 현장을 여기에서 확인할 수 있다.

한편 이 책으로 이노우에는 필화사건에 휘말려 그의 입지는 대폭 축소되었다. 이 책에서 "3종 신기神器 가운데 검과 거울은 분실되었으며 남아 있는 것은 모조품이다"라고 서술한 부분 등 해석에 불경스러운 점이 있다는 비난을 받은 것이다. 이에 이노우에는 재직 중이었던 다이토분카大東文化학원 총장직을 비롯해 대정심의회 위원, 귀족원 의원, 제국학사원 회원 등 모든 공직에서 사임했고 자비로 책을 회수했다. 1927년 이 책은 출판금지 처분을 받았다. 이 책에서 보여준 3종 신기에 관한 언급 방식이 그가 명실공이 국민교화의 이데올로그로 활약해온 입장과 부합되지 않는다는 지적도 있다. 하지만 한편으로 과학과 실증 역시 중요시했던 이노우에가 국체론과 국민도덕론을 기존의 신화적 세계관에서 끄집어내서 세계도덕과 연결된 것으로 도약시키려는 야심의 일환이었다고 평가할 수도 있겠다.

4.3 우리 국체와 국민도덕

*** 번역 ***

서문

국민도덕 문제는 예로부터 종종 논의되어 왔지만 특히 메이지 말년부터 세간의 주의를 끌었고 점차 학자의 연구 대상이 되어 더욱 중대한 의미를 가지게 되었다. 게다가 국민도덕은 일체의 중등교육 시험 과목을 통해 그 예비지식이 요구될 뿐 아니라 전국의 사범학교 및 고등학교 등에서 필수과목으로 수업이 이뤄졌다. 그러므로 국민도덕 연구는 특히 교육계에서 하루도 소홀히 해서는 안 된다.

우리나라에서 국민도덕의 중심 문제는 즉 국체 문제이다. 우리 국체는 역사 이래 인간사회의 가장 큰 특색 있는 현상이며 우리 일본을 오늘에 이르게 한 근본적인 힘과 관련이 있다. 그런데 세계대전 이후 사회개조를 도모하는 자가 자칫 극단적이고 과격한 사상에 물들어 우리 국체를 뿌리에서부터 파괴하려 한다. 만약 우리 국체가 국민 발전을 위하여 유해무익한 것이라면 이는 어쩔 수 없다. 하지만 아무리 생각해도 우리 국체는 세계에서 유일무이하며 우수한 것이다. 특히 여러 방면에서 연구할수록 그 영원무궁한 가치를 발견하게 된다.

그런데 우리 국체에 관해서는 이미 다 아는 것처럼 생각하지만 실은 잘 모르는 사람이 많다. 혹은 그 정신적 방면을 도외시하고 단순히 피상적으로 생각하거나 혹은 영국 또는 구 독일제국 혹은 구 러시아제국 등과 같은 것으로 간주하거나, 혹은 민주사상과 어떤 의미에서도 얼음과 숯처럼 상용할 수 없는 과거의 유물이라고 생각하는데, 그 오류와 오해가 실로 가지각색이다.

심한 경우에는 우리나라에서의 애국을 이기주의가 국가로 크게 확대된 것이라고 말하는 논자조차 있다. 이들은 모두 우리 국체의 진정한 모습을 철저하게 인식하지 않은 데 기인한다. 이 책에서는 이들 오류와 오해를 완전히 일소하여 진실을 알리고자 노력했다.

제4장 국민도덕과 신도

　세계대전 후 갑자기 국제도덕을 고조하여 국제교육을 역설하고 영구평화의 실현을 꿈꾸는 자가 많아져, 국민도덕 등은 아무런 가치가 없는 것처럼 생각하는 경향도 있었다. 하지만 이는 진정으로 일시적인 변조에 불과하다. 또한 국민도덕이라는 것을 올바르게 해석하면 결코 국제도덕이나 국제교육과 모순되지 않을 뿐 아니라, 국민도덕의 진전과 완성은 이윽고 국제도덕 및 국제교육에 도움이 되며 영구평화로 나아가는 단계도 된다. 이런 점에 관해서는 세상의 미몽을 깨우기 위하여 이 책에서 미력이나마 최선을 다했다.

　마지막으로 한마디 해두고 싶은 말이 있다. 다름 아니라 조국의 치하에서 안전하게 생장하여 조국의 학교에서 교육을 받고 그럼에도 조국을 저주하는 부도덕한 무리가 배출된 것은 이 빛나는 시대에 최대의 불행이라는 점이다.

　이외에 상당한 학식이 있어 국가의 우대를 받으면서도 외국을 숭배하고 사대하는 비굴한 마음을 품고 조국을 멸시하는 등 조금도 조국을 위하여 정신을 바치지 않고 은혜를 잊은 냉혈한 무리도 적지 않다. 이들 무리는 멀리는 소크라테스, 가까이는 피히테를 되돌아봐야 할 것이다.

　얼굴 생김새는 일본인처럼 보이지만 머릿속은 이미 외국사상에 정복당하여 야마토다마시大和魂는 어느새 뿌리 뽑힌 것 같은 사람이 점점 많아지는 것 같다. 그런 시대이므로 아무쪼록 장차 우리 국민이 새로운 문화세계에 웅비할 수 있도록 대대적으로 건국 이래의 대정신大情神을 환기하고 싶다. 이것이 바로 지금 여기서 이 책을 발행하는 이유이다.

　　　　　1925년 8월 26일 천둥이 울리고 호우가 창문을 덮치는 날
　　　　　　　　　문학박사 이노우에 데쓰지로 씀

제1편 우리 국체의 진상 및 특색의 천명

제1장 우리 국체의 특색

세계대전 이후에 사회개조를 요청하는 목소리가 급속히 드높아져 항간에 이르기까지 민중의 나태함을 일깨우는 형세가 된 것은 기쁜 일이다. 왜냐하면 정치계, 실업계, 교육계 모든 방면에서 부정불의가 횡행하여 폐해가 헤아릴 수 없을 정도이기 때문이다. 바꿔 말하면 부패타락의 조짐이 사회 각 방면에 나타나 있기 때문이다. 오늘날과 같은 경우에는 비상한 용기를 떨쳐 개조하고 쇄신하지 않으면 현상을 타파하고 장족의 진보를 기약할 수 없다. 이때 우리 일본인이 대대적으로 생각해야 할 것은 우리 국체이다. 우리 국체라 할지라도 국민의 진화발전과 모순된다면 물론 근본적으로 개조가 필요할 것이다. 또 비상하게 우수한 성질의 것이라도 완전무결하지 않은 이상은 부분적인 개조를 피할 수 없을 것이다. 아무튼 우선 우리 국체의 연원을 밝히고 그 특색이 무엇인지 알아야 한다.

  우리 일본의 국체는 역사적으로 자연적으로 생긴 것이다. 다른 많은 서양의 나라들처럼 특히 공화국체처럼 인위적으로 생긴 것이 아니다. 인민의 대표자가 공의^{共議}해서 제정한 것 같은 국체가 아니다. 즉 공의의 결과로 헌법을 제정하고 이를 기초로 세운 국체가 아니다. 세계의 국체를 둘러보면 자연적 국체와 인위적 국체 중 어느 한쪽에 속한다. 그 중 우리 일본의 국체는 분명 자연적이다. 인위적 국체는 인위적으로 건설한 것이므로 인위적으로 폐기하거나 변경하는 것이 어렵지 않다. 특히 국민이 사분오열하여 상호 이익이 상반되는 경우에는 결국 해체를 피할 수 없으므로 국체의 유지는 도저히 불가능하다. 그러나 자연적 국체는 인위적 국체처럼 그렇게 쉽게 파멸되지 않는다. 우리 일본의 국체는 원래 자연적으로 생긴 것이며 더 나아가 이를 수천 년에 걸쳐 많은 사람들의 힘으로 다진 것이므로,

제4장 국민도덕과 신도

비유하자면 고금에 둘도 없는 단단한 성벽을 쌓아 올린 것과 같다. 우리 일본의 국체가 다른 세계 각국의 국체와 비교해 훨씬 견고하다고 말하는 이유 중 하나는 틀림없이 이 점에 있다.

그러나 우리 국체를 단지 자연적이라고 말하는 것만으로는 여전히 명료하지 않다. 자연적이라고 해서 국체가 반드시 견고하다고 말할 수는 없다. 많은 국가는 원래 자연적 국체를 가지고 있었지만 이는 아득한 옛날에 정복되었거나 개조되어 여러 변천을 겪어 오늘날에 이르렀다. 그래서 우리 국체의 연원과 함께 그 특색을 밝히려면 또 다른 방면에서 연구할 필요가 있다.

역사적으로 말하자면 우리 국체의 발생은 신화와 전설 속에 있다. 신화와 전설을 역사적이라고 말하는 데는 이견이 있을 것이다. 신화와 전설은 원래 역사적 사실이 아니다. 물론 니니기노 미코토[p.411]나 오쿠니누시노 카미[p.380] 이래의 일은 상당 부분이 역사의 범위에 속한다. 하지만 신화 및 전설과 깔끔하게 분리할 수는 없다. 양자는 뒤섞여 혼합되어 있다. 신화 및 전설의 대부분은 원래 상상의 산물이다. 그러나 신화 및 전설로 고전에 기재된 상상의 산물은 특정 개인이 의도를 가지고 작위적으로 만들어낸 것이 아니라, 우리 일본인의 선조가 공동으로 거의 무의식적으로 구성한 것이다. 그런 의미에서 신화 및 전설은 자연적 발생이라 할 것이다. 자연적 발생이라는 점에서 신화 및 전설이라고 말하지만, 역사적 사실과 전혀 무관하지 않다. 원래 그 자체가 역사적 사실은 아니지만 우리 일본인의 선조가 어떤 사회적 생활을 했는지, 어떤 국가적 경영을 했는지 또 어떤 정신적 활동을 했는지 총체적으로 이러한 일들에 대한 생각이 잠재적으로 신화 및 전설 중에 표현된 것이다. 그런 점에서 말하면 신화 및 전설도 역사적 의의가 없지 않다. 아무튼 우리 국체의 연원을 밝히려면 신화시대로 거슬러 올라가야 한다. 특히 다름 아닌 '천양무궁의 신칙'83)에 주목해야 한다.

'천양무궁의 신칙'은 아마테라스 오미카미[p.30]가 니니기노 미코토에게 내린 것이라고 『일본서기日本書紀』84)에 기재되어 있다.

그 문장은,

> 갈대가 무성해 영원히 곡물이 풍요로운 나라는 우리 자손이 왕이 될 나라이다. 아무쪼록 황손이여 네가 가서 다스려라. 무사히 가거라. 황실의 번영은 천양무궁하리라.

이것과 완전히 같은 의미의 신칙이 『고어습유古語拾遺』85)에 나온다. 글자가 조금 다를 뿐 의미는 조금도 다르지 않다. 다만 『고어습유』에서는 다카미무스비노 미코토86)와 함께 그렇게 말씀하셨다고 전해진다. 『고사기』87)에는 단지 "갈대가 무성해 곡물이 풍요로운 이 나라는 네가 다스릴 나라임을 위임하노라"라고 나올 뿐 '천양무궁'이라는 말은 보이지 않는다. 그래서 '천양무궁'이라는 말은 후에 덧붙여 쓴 게 아닌가라는 의심도 있었다. 하지만 그 말이 『일본서기』에 있을 뿐만 아니라 인베齋部 일족의 전설을 기술한 『고어습유』에도 있으므로 그렇게 생각할 수는 없다. 그리고 '천양무궁의 신칙'은 『구

---

83) [원주] '천양무궁의 신칙(天壤無窮の神勅)'은 『일본서기』권2 신대하(神代下)에 전거를 두지만, 어디까지나 일서(一書) 중에 보이는 내용이다. 『일본서기』 본서(本書)에는 천손 니니기의 강림에 아마테라스가 전혀 관여하지 않는다.

84) 일본에서 가장 오래된 칙선 정사(正史)로 설명되는 『일본서기(日本書紀)』(720)를 가리킴.

85) 『고어습유(古語拾遺)』. 헤이안 시대(平安時代)의 신도 자료. 야마토 조정에서 나카토미(中臣) 씨와 함께 제사를 담당했던 인베(齋部, 忌部) 씨의 전승을 기술한 역사서이며 807년 성립했다.

86) 다카미무스비노 미코토(高皇産靈尊) : 다카미무스비노 카미(高皇産靈神)라고도 한다. 『고어습유』에는 『일본서기』와 달리 '천양무궁의 신칙'을 아마테라스와 다카미무스비가 함께 내리는 것으로 기술되어 있으며, 천손은 거울과 검 두 종의 신기를 가지고 강림한다.

87) 『고사기(古事記)』. 일본에서 가장 오래된 역사서로, 712년 겐메이 천황(元明天皇)의 명을 받아 오노 야스마로(太安万侶)가 편찬해 헌상한 것이다.

사기舊事紀』[88])에도 보인다. 다만 『구사기』에는 "아무쪼록 황손이여 네가 가서 다스려라"라는 말이 없다. 그리고 "갈대가 무성한 지상의 나라는 우리 자손이 다스릴 나라임을 위임하노라"라고 있으며, 보경寶鏡[89])을 내려주는 신칙 끝에 "황실의 번영은 천양무궁하리라"라고 있다. 『구사기』는 꽤 의심쩍은 책이긴 하지만 고전은 고전이다. 경우에 따라서는 방증으로서 쓸 만한 가치가 없지는 않다.

　요컨대 우리 국체의 연원이라 칭할 '천양무궁의 신칙'은 『일본서기』에 나오는데, 『일본서기』는 겐쇼 천황 요로養老 4년 즉 720년에 나온 것이다. 지금부터 1천 2백여 년 전의 일이다. 당시는 나라奈良 왕조였는데 그 신칙은 원래 나라 시대에 나온 것이 아니고, 나라 시대에는 이미 옛 전설로 기재되어 있었다. 어떤 역사가는 이렇게 말했다. "그 신칙은 건국 이래 상당한 햇수를 거쳐 진정으로 황조皇祚에 무궁한 감정을 품기에 이르러 비로소 나온 것이다"라고. 이것도 하나의 설이다. 그러나 인황人皇[90]) 10대인 스진 천황[91]) 말씀에 "무궁한 황조를 영원히 지키라"라고 있으니 꽤 예전부터 있었던 사상인 것 같다. 『만엽집』[92])에도 '천양무궁'의 의미를 가진 노래가 적지 않다. 나라

---

88) 『구사기(舊事紀)』는 『선대구사본기(先代舊事本紀)』의 약칭이다. 신대(神代)부터 스이코 천황(推古天皇)까지의 사적을 기술한 헤이안 시대의 사서이다. 서문에 소가노 우마코[p.461]의 편찬이라고 되어 있으나 이는 에도 시대에 위서(僞書)로 판명되었다.
89) 삼종신기(三種神器)중의 하나. 삼종신기는 아마테라스에게 하사받아 현재까지 일본 천황이 계승한다는 세 가지 물건, 즉 구사나기의 검(草薙劍), 야타의 거울(八咫鏡), 야사카니의 곡옥(八尺瓊曲玉)을 말한다.
90) 인황(人皇). 신대(神代)의 신들과 구분하여, 초대 천황인 진무 천황(神武天皇) 이후의 천황을 말한다.
91) 스진 천황(崇神天皇) : 『고사기』및 『일본서기』의 황실계보에 의하면 10대 천황이다. 『고사기』에는 "所知初國 천황"으로, 『일본서기』에는 "御肇國 천황"으로 서술되어 있다. 둘 다 '나라를 처음으로 다스린 천황'이라는 의미이다. 야마토 왕권국가의 기틀을 마련한 천황으로 일컬어진다. 실재했다면, 고고학상 치세 기간은 3세기 후반에서 4세기 전반으로 추정된다고 한다.
92) 『만엽집(万葉集)』. 7세기 후반부터 8세기 후반에 걸쳐 편찬된 일본에서 가장 오래된 가집.

● 4.3 우리 국체와 국민도덕

시대에는 상당히 보급된 사상이었음이 틀림없으며 그 기원은 훨씬 오래되었으리라 생각된다. 아무튼 '천양무궁의 신칙'은 역사적으로 우리 국체의 성질을 확정하여 길이 후세에 영향을 미쳤으므로 철저히 연구할 필요가 있다.

신칙은 3단으로 구분되어 있다. 즉 제1단 "갈대가 무성해 영원히 곡물이 풍요로운 나라는 우리 자손이 왕이 될 나라이다." 제2단 "아무쪼록 황손이여 네가 가서 다스려라." 제3단 "무사히 가거라. 황실의 번영은 천양무궁하리라." 이렇게 3단으로 구분해 생각해야 한다. 제1단은 통치자 즉 군주의 확정이다. '곡물이 풍요로운 나라' 는 즉 일본이다. 일본의 통치자는 천손^{天孫}이 아니면 안 된다. 그런 의미이다. 그래서 쇼토쿠 태자^[p.131]의 헌법 제3조에 "군주는 하늘이고 신하는 땅이다. 하늘은 만물을 덮고 땅은 만물을 싣는다"라고 했다. 또 제12조에 "나라에 두 군주 없으며 인민에게 두 주인 없다. 나라 안의 모든 인민은 왕을 주인으로 삼는다"라고 함은 신칙 제1단의 취지를 부연한 것이다. 와케노 기요마로⁹³⁾가 "우리나라 개벽 이래 군신의 구별이 정해져 있다. 신하를 군주로 삼은 일은 지금껏 없다. 황위계승자는 반드시 천황의 혈통을 세워라"⁹⁴⁾라고 신탁을 받아 말한 것도 물론 국가의 첫째 의의이며 황통일계의 취지를 받들어 조금도 흔들리지 않는 정신이다. 이 정신은 우리나라에서는 고금을

---

93) 와케노 기요마로(和氣淸麻呂, 733~799) : 나라시대 말기부터 헤이안시대 초기에 걸쳐 활동했던 공경(公卿). 나라시대 말기 쇼토쿠 천황(称德天皇) 재위기에 중신이었던 도쿄(道鏡)가 황위를 노리자, 와케노 기요마로가 우사하치만 궁(宇佐八幡宮)의 신탁으로 이를 저지했다. 이로 인해 유배되었으나 후에 간무 천황(桓武天皇)의 부름으로 돌아와 헤이안쿄(平安京) 천도 등에 공을 세웠다. 1851년 고메이 천황(孝明天皇)이 그 공적을 기려 신계 정일위(神階正一位)와 호왕 다이묘진(護王大明神)의 신호(神号)를 내려 신도의 신으로 기려지게 되었다.
94) 『팔만우사궁어탁선집(八幡宇佐宮御託宣集)』(1313)에 의하면 769년 7월 11일 와케노 기요마로는 우사하치만 궁을 찾아가 이와 같은 신탁을 받았다고 전한다. 즉, 천황의 혈통이 아니면서 황위를 노린 무도한 도쿄(道鏡)를 추방하도록 쇼토쿠 천황에게 보고했기 때문에 천황과 도쿄의 분노를 산 것이다.

제4장 국민도덕과 신도

관통한다. 원래 황통일계라 하는 것이 신칙 제1단의 취지를 실행한 결과다. 따라서 오늘날의 헌법 제1조에 "대일본제국은 만세일계의 천황이 이를 통치한다"라고 되어 있는 것은 메이지 연간에 역사적 사실을 거듭 헌법으로 제정하고 더 나아가 장래를 향해 이를 보장한 것이다. 이 헌법 제1조는 신칙 제1단의 취지를 명기한 것이며, 해석에 따라서는 우리나라 국체를 표현한 것으로 봐도 무방하다.

　신칙 제2단은 정치 방식에 관한 명령이다. "아무쪼록 황손이여 네가 가서 다스려라宜爾皇孫就而治焉"라는 문장의 한문에는 의미가 분명하게 드러나 있지 않지만 한자 "치언治焉"은 '시라세シラセ'의 번역이 틀림없다. 하지만 '시라세'를 엄밀하게 한역하는 것은 아무래도 무리다. '치治'는 '란亂'에 대립하는 단어이지만, '시라세'는 '란'에 대립하는 단어가 아니다. 오히려 '치란治亂'을 초월한 단어라고 할 수 있는 '시라세'는 '시라스シラス'의 명령법인데, '시라스'는 '시로시메스シロシメス'와 마찬가지로 '시루シル'(즉 알다知る)의 경어이지만, 여기서 다시 변해 '통치하다'라는 의미가 된 것이다. '통치하다'라고 말하는 것도 엄밀하지는 않지만 달리 적절한 단어가 없으니 당분간 임시로 사용하겠다. '시라스'는 황손이 통치자로서 인민의 상태를 알게 되시면 반드시 그에 적절한 정치를 베풀어 인민에게 도움이 되도록 하신다는 의미라고 생각한다. 간단하게 말하면 '인정仁政'을 베푸시는 것인데 동시에 관대와 방임, 민의 존중이라는 의미도 있다. '시라스'와 비교해 '우시하쿠ウシハク'라는 단어가 있는데, 이는 침략·영유領有 등의 의미가 있으므로 결코 천황 통치의 경우에는 사용하지 않는다. 천황 통치의 경우에는 언제나 '시라스'나 '시로시메스'라고 했으며, 이는 천황 통치에 한정된 용어가 되었다. 공식령[95]에 "신으로 현신하시어 일본을 다스리는(시라스) 천황께서 명을 내리시는 그

---

95) 여기서 공식령(公式令)은 요로 율령(養老律令)을 가리킨다.

큰 말씀은" 운운이라고 하듯이 조칙^{詔勅} 류에는 천황과 관련된 경우 반드시 '시라스'나 '시로시메스'를 사용해야 하는 걸로 정해져 있다. 『속일본기』[96] 등에 보이는 선명^{宣命}[97] 류를 보면 잘 알 수 있다. 따라서 '시라스'나 '시로시메스'는 천황 통치의 경우가 아니면 사용하지 않고 또 사용해서도 안 된다.

천자의 마음^{叡慮}을 받들어 정치를 행하는 경우에는 허용될 수 있으리라 생각되지만, 천자의 마음과 아무런 관계도 없는 쇼군이나 다이묘^{大名} 또는 기타 권세 정치의 경우에는 결코 '시라스'나 '시로시메스'라고 말하지 않는다. 만약 그렇게 말한 경우가 있다면 그건 잘못되었으며, 정도를 벗어난 것이다. 예를 들어 아라이 하쿠세키[98]가 막부의 정치를 '시로시메스'라고 말한 것은 실로 경우에 맞지 않다. 인정^{仁政}을 펼치면 안 된다는 것은 아니지만, 관습상 그렇게 정해져 있다. 요컨대 황손에 대해 '시라세'라고 하는 것은 인정을 펼치라고 하는 명령이며, 그 반면에는 학정^{虐政}을 펼쳐서는 안 된다고 하는 의미가 있다. 또한 다른 말로 하자면 왕자^{王者}가 정치를 행하라는 말이다. 제1단에 "왕^{王}이 될 나라이다"라고 있는데, 이것도 왕자의 의미를 표현

---

96) 『속일본기(続日本紀)』. 『일본서기』를 잇는 육국사(六國史)의 두 번째 사서로 797년에 편찬되었다. 나라 시대의 기본사료로 쓰이며, 특히 『속일본기』에는 몬무 천황(文武天皇) 즉위식 때의 것을 포함한 62편의 선명(宣命)이 수록되어 있다.

97) 선명(宣命)은 천황이 구두로 선포하는 명령을 화문체(和文体)로 기록한 문서로, 한문체 조칙(詔勅)에 대해 칭하는 용어다. 고대 한반도의 공문서에 한문을 사용하면서도 조사나 조동사 표기를 이두식으로 했던 것과 마찬가지로, 이와 유사한 표기법을 사용한 선명의 문체를 선명체(宣命体), 선명을 낭독하는 신하를 선명사(宣命使)라 불렀다.

98) 아라이 하쿠세키(新井白石, 1657~1725) : 에도 중기의 무사, 유학자. 주자학·역사학·지리학·언어학·문학 등에 뛰어났으며, 시인으로서도 많은 한시가 전해진다. 6대 쇼군 이에노부(家宣)에게 경서, 사서 등 강의를 했으며 정치상 의견서를 제출해 정치를 보좌하게 되었다. 금은화개량, 외국무역제한 정책이 대표적이다. 7대 쇼군 이에쓰구(家繼)시대에는 더욱 깊이 정치에 참여하며 막부정치의 개혁을 추진했다. 두 시대에 걸친 정치개혁을 '정덕의 치(正徳の治)'라고 부른다.

제4장 국민도덕과 신도

하기 위해서일 것이다. 왜냐하면 "군君이 될 나라이다"라고 말해도 좋지만, 그렇게 하면 왕자王者인지 패자霸者인지 모른다. 우리나라의 천황은 몇 대를 거듭해도 반드시 왕자가 아니면 안 된다. 결코 패자여서는 안 된다. 그런 의미가 제2단에 포함되어 있다고 생각한다. 세상의 논자가 황통일계가 즉 우리 국체라고 말한다. 하지만 단순히 혈통의 연속만을 가지고 우리 국체라고 하면 이는 천박한 견해이다. 혈통의 연속과 함께 정신의 연속이 있다. 즉 왕도주의로 일관된다. 이것이 우리 국체의 신수神髓와 골자를 이루고 있다. 이에 관해서는 다시 자세하게 다음 장에서 서술하겠지만, 아무튼 신칙 제2단은 통치자로서 대대로 왕도를 실행해야 할 정신적 요구를 명령의 형태로 언표한 것이다. 그러한 왕도주의가 명령대로 행해졌다고 하는 형적形迹이다. 따라서 우리 국체의 기초가 반석과 같이 공고하다고 하는 것은 단순히 자연적 발생에만 말미암은 것이 아니라, 왕도주의로써 이를 일관해 가고 있기 때문이다.

제3단은 약속의 말이다. 조건부conditional 의미인 통치자가 황손이어야 한다는 것과, 황손이 통치자로서는 왕도를 취하고 인정을 펼쳐야 한다는 것, 이 두 가지 조건이 신칙대로 실행되었을 때에는 제3단의 "황실의 천양무궁"의 결과가 필연적으로 생긴다는 말이다. 만약 통치자가 황손이 아니라면 제3단의 결과는 생기지 않지만, 설사 황손이 통치자라도 만약 인정을 펼치지 않으면 역시 제3단의 결과는 생기지 않는다. 즉 조건부이다. 그런데 건국 이래 황통일계로 항상 황손이 우리나라의 통치자였으며, 또 황손이 대대로 통치자로서 왕도를 취하여 인정을 펼치는 정신이셨으므로 '황실의 천양무궁'의 결과는 해가 갈수록 더욱 뚜렷해진 것이다. 히브리 민족은 여호와를 존신尊信했는데, 여호와가 모세에게 준 율법 즉 십계를 지킨다는 약속을 어겼기 때문에 여호와의 은총을 잃고 그 나라는 멸망했다고 전해진다. 즉 구약이 없어지고 신약이 일어난 것이다. 그러나 우리나라에서는 신칙에 나타난 약속이 오늘날까지 지켜져 온 것은 역사적 사실이라고 말해도 전혀 문제가 없을 것 같다.

원래 국가 성립에는 토지, 인민, 군주, 율법 이 네 가지 요소가 필수적이다. 그런데 이 네 요소는 신칙 중에 규정되어 있는 듯하다. 토지는 '곡물이 풍요로운 나라' 즉 일본이다. 인민이라는 단어는 문면에 드러나 있지 않지만 '시라세'의 대상으로 포함되어 있다. 군주는 황손이다. 그리고 율법은 신칙 그 자체이다. 신칙의 내용을 잘 생각해 보면 이것이 정확하게 우리 건국의 율법임을 알 수 있다. 바꿔 말하면 우리 국체의 성질을 확정한 것이다.

신칙이 과연 일시에 생긴 것인가 아니면 점차 생긴 것인가? 오늘날에는 애초에 이를 확인할 길이 없다. 그러나 어쨌든 가장 오래된 율법으로 전해 내려왔다. 문장으로 표기된 최초의 율법은 쇼토쿠 태자의 17조 헌법[99]이지만, 대대로 말로 전해 내려온 단순한 우리 건국의 율법은 신칙뿐이다. 쇼토쿠 태자의 헌법은 군신상하의 본무를 규정한 치국의 율법이라 부를 수 있으며, 결코 우리 건국의 율법은 아니다. 쇼토쿠 태자가 제정한 율법을 헌법이라고 부르는 이상, 신칙도 헌법이라고 불러야 한다. 다만 신칙은 우리 건국의 헌법이라 부르고, 쇼토쿠 태자의 헌법 및 지금의 헌법과 구별해야 할 것이다. 혹은 헌법이라고 말하는 이상은 인민의 권리를 규정한 조항이 있어야 한다고 말하는 자도 있지만, 이는 서양 헌법을 표준으로 한 논의에 불과하다. 헌법은 선진시대부터 있었던 명칭이며 국가의 중대 율법을 의미한다. 그런 점에서 말하면 신칙은 당연히 헌법이라고 불러도 마땅하다. 신칙이라고 하지만 이를 단순히 신비적, 초월적으로만

---

[99] 17조 헌법은 스이코 천황 12년(604)에 쇼토쿠 태자가 제정했다고 전해지는 일본 최초의 성문법. '헌법'이라 명명했지만 현대의 헌법과 같이 정부와 국민의 관계를 규율하는 내용을 담은 것은 아니다. 화(和)의 정신을 강조하고, 군신(君臣)의 도덕, 관리 및 귀족이 지켜야 할 도덕적 훈계를 정했다.

제4장 국민도덕과 신도

이해해서는 안 된다. 사실상 우리 국체의 연원이 되는 것이며 또 그 특색을 잘 표현한 것이다. 이것이 얼마나 우리 국체의 연원이 되어 있는지에 대해서는 건국 이래의 역사적 사실을 생각해 보면 알 수 있으리라 생각한다.

제2편 국민도덕 및 여러 주의들의 관계

제1장 현대의 국민도덕

세계대전 이후 다양한 외래사상 붐이 일어나 사회주의, 공산주의, 과격주의, 무정부주의 등이 창도되어 우리 사상계는 거의 전쟁터와 같은 상태이다. 이러한 때 국민도덕은 이들 외래사상에 의해 매몰되어버리는 걸까? 뿌리부터 뒤집혀 영구히 소멸해버리는 걸까? 결코 그렇다고 생각하지 않는다. 그러나 세상에는 이런 문제를 접하고 어떻게 할지 방황하는 자가 상당히 있으므로, 우리는 우리 소신을 여기에 분명히 하고자 생각한다.

세계대전 이후의 국민도덕에 관한 소견을 서술하기 전에 주의를 환기하고 싶은 점이 있다. 다름 아니라 세계대전의 결과가 도덕주의와 크게 관계가 있다는 것이다. 세계대전도 처음부터 그렇게 도덕주의와 관계가 있었다고는 말할 수 없다. 그러나 점차 도덕적 관계를 가지게 된 것이다. 왜냐하면 독일에서는 권력주의, 전제주의, 군국주의, 침략주의로 세계 각국과 접촉하고 있다는 것이 점점 명료해졌다. 물론 처음부터 그렇다는 것을 아는 자가 없지는 않았지만, 전쟁이 진전됨에 따라 세계적으로 덮을 수 없는 사실이 된 것이다. 그리하여 이에 대해 연합군 측은 인도주의, 공정주의, 민주주의, 문명주의, 평화주의 등의 주의를 표방하고 선전한 것 또한 천하에 숨길 수 없는 일이다. 연합군 중에도 특히 미합중국의 대통령 윌슨 씨와 같은 인물은 독일의 권력주의에 대해서는 인도주의를 역설하고 전제주의에 대해서는 민주주의를 역설했다. 그에 따라 전쟁이 어느새 도덕상 주의를 둘러싼 다툼과 맞물리게 되었다. 만약 연합군이 졌다면 독일의 세력 발전과 함께 독일이 표방한 여러 주의 즉 권력주의, 전제주의, 군국주의, 침략주의 등이 틀림없이 세계적으로 세력을 휘두르게 되었을 것이다. 그러나 다행히도 1918년 11월 11일자로 독일이 무조건

제4장 국민도덕과 신도

항복을 하고 연합군이 여유 있게 최후의 승리를 획득함에 따라 연합군 측이 역설한 도덕주의가 승리를 획득하게 되었다. 바꿔 말하자면 전쟁의 승리는 단순히 전쟁의 승리에 그치지 않고 도덕주의의 승패를 동반했다. 연합군이 표방한 주의가 승리를 획득했기 때문에 독일이 표방한 주의는 완전히 잦아들었고 인도주의, 공정주의, 민주주의, 평화주의, 문명주의 등등이 전후의 세계를 풍미·석권할 세력을 획득했다.

그 가운데 일본은 어땠는가 말하자면, 일본은 물론 인도주의, 공정주의, 평화주의, 문명주의 라는 점에서는 영국·미국·프랑스·이탈리아 등의 나라들과 결코 보조를 달리 한 것은 아니었다. 당시의 총리대신이 명료하게 이를 선언한 것은 아니었지만, 원래 일본의 입장에서 논하자면 결코 영국·미국·프랑스·이탈리아 등의 도덕주의와 보조를 달리 할 이유는 없었다. 그 중에 단 하나 민주주의만은 해석에 따라 우리 일본에 잘 들어맞지 않는다고 말할 수 있다. 그러나 이것도 매우 광의로 해석하면, 즉 민본주의 의미로 해석하면 일본도 그리 반대할 이유가 없어진다. 일본은 원래 민본주의적 정신을 가지고 발전해온 나라이다. 아무튼 민주주의라는 것이 전후 우리나라에서도 사상계의 주요한 문제 중 하나가 되었던 것은 전적으로 세계대전의 승패 결과에 기인한다.

세계대전 이후 우리 사상계가 미증유의 혼란을 겪고 있는데 이것이 최종적으로 어떻게 귀착할지 전혀 예상되지 않는다. 그처럼 심한 변화를 거친 데에는 또 달리 주의할 원인이 있다. 이것도 본래 주로 세계대전의 결과임은 틀림없지만 앞에서 서술한 것과는 다소 다른 점이 있다. 즉 다음과 같은 것이다.

일반적으로 말해 우리 이웃나라로는 지나와 러시아가 서북 방면에 있다. 지나는 세계대전 전의 일이긴 하지만 지금으로부터 14년

전에 종래의 제국을 일변하여 공화국체를 이루었다. 그때는 다소 걱정하는 사람도 있었지만 그다지 영향을 받지 않고 끝났다. 그런데 1914년 8월 세계대전이 발발하여 1917년에 이르러 러시아가 먼저 국체를 바꿨다. 러시아에서는 로마노프 조정이 약 3백 년 간 황제로 지배하고 있었는데, 1917년 3월 15일에 최후의 황제 니콜라이 2세[100]를 폐하고 공화국체가 되어버렸다. 처음에는 케렌스키[101]가 정권을 잡았으나 케렌스키는 1년도 지나지 않아서(즉 같은 해 10월이 되어) 세력을 실추하고 그 후에 레닌이 권세를 잡게 되었다. 어쨌든 러시아는 그 후 공화국체가 되어버린 것이다. 러시아는 우리 일본의 이웃나라이다. 그리고 본래 패권을 유럽에서 휘두르던 일대 강국이었다. 그러던 것이 세계대전 중에 뿌리부터 뒤집혀 완전히 변해버렸다. 그래서 당시 우리나라에서 비상한 감정을 가지게 된 자도 있었겠지만 그다지 영향은 없었다.

그런데 그 후 한층 중대한 이변이 생겼다. 바로 1918년 11월 11일에 독일이 연합군에 대해 무조건 항복을 함과 동시에 국체를 일변해버렸다. 독일제국은 1871년 이래 세계의 대제국으로서 위엄을 떨치고 있었는데 그게 고작 47년으로 멸망했고 일변하여 공화국체가 되어버렸다. 아직 독일제국이라는 명칭을 보존하고 독일공화국이라고 하지는 않는다. 하지만 실은 공화국체이다. 독일은 우리 일본

---

100) 니콜라이 2세(Alexandrovich Romanov Nicholas, 1868~1917) : 러시아 황제. 본명은 니콜라이 알렉산드로비치 로마노프. 알렉산드르 3세의 장남으로, 1894년 즉위하여 1917년까지 재위했다. 선친의 정책을 계승하여 구체제 속에 제국을 보전하고자 했으나 1917년 2월 혁명으로 폐위된 후 연금생활을 이어가다 1918년 볼셰비키에 의해 예카테린부르크에서 가족과 함께 처형되었다. 로마노프 왕조의 마지막 황제.
101) 알렉산드르 케렌스키(Alexander Kerensky, 1881~1970) : 1917년 2월 러시아 혁명을 이끌었으며, 황제 니콜라이 2세 폐위 직후 온건 사회주의자의 지도자 격으로 러시아 공화국 임시정부의 제2대 총리를 맡았다. 극좌파와 극우파의 조율 및 민심 수습에 실패했으며 1917년 10월 볼셰비키의 혁명으로 인해 권좌에서 쫓겨났다.

제 4 장 국민도덕과 신도

에서도 꽤나 숭경하던 대제국이었다. 학문, 교육, 군사 기타 각종 방면에서 모범을 독일로 삼았던 경우가 적지 않다. 오늘날도 아직 모범을 독일로 삼은 것이 많다. 그런데 그 대제국의 독일이 저 모양으로 완전히 국체를 일변해버렸다고 하는 것은 대단히 큰 변화라고 할 것이다. 그런데 독일과 거의 동시에 오스트리아·헝가리제국도 국체를 바꿨다. 오스트리아·헝가리제국은 원래 일대 제국을 이루고 있었는데 분리되었다. 오스트리아도 헝가리도 모두 독립 공화국체를 이루었다. 양쪽 모두 강국으로서의 내실을 잃고 또 원래의 면목을 볼 수 없는 모양새이다.

이처럼 국체가 급변하는 사건을 계속 목격한 것이다. 국체가 어떻게 바뀌었는가 하면 모두 공화국체가 되었다. 고대 공화국에서 군주국체로 바뀌었던 사례가 없었던 것은 아니지만, 근래의 역사에는 더 이상 예외가 거의 없는 듯하다. 군주국체에 혁명이 일어나면 공화국체로 일변해버린다. 그런 모양새이다. 게다가 세계대전 이전부터 세계 강국이기는 했지만 강국 중 제일이 된 것은 미합중국이다. 강화회의에서도 윌슨의 세력이 가장 위대했던 것처럼 생각된다. 그런 점에서 미합중국은 독일의 후계자라 할 수 있는 패기만만한 제국주의 국가가 된 것이다. 그러나 그 국체는 공화국체이다. 그 공화국체인 미국이 일본에 대하는 횡포한 태도는 어느 것도 무신경하게 보고 있을 수 없을 정도이다. 그렇게 국체라고 하는 것은 반드시 공고한 것이 아니라 급변한다. 그리고 새롭게 작은 나라들이 얼마든지 생기고 있다. 미국과 같은 공화국체가 비상한 세력을 발전시켜 우리나라에도 접촉하는 것을 보면 어떻게 해도 애초에 국체라는 문제와 반드시 맞부딪히게 된다. 우리 국체라고 하는 것을 이러한 때에 어떻게 봐야 할 것인가? 우리 국체가 지금 새롭게 하나의 큰 연구 문제가 된 까닭이다.

그런데 우리 국체에 대해 명료하고 철저한 견해를 가지고 있는

● 4.3 우리 국체와 국민도덕

자는 정말 거의 없다. 혹은 이렇게 말하는 자도 있다. "우리 국체 운운하는 것은 다 알고 있는 일이다. 지금 굳이 연구할 필요가 없다. 연구하지 않으면 모른다고 할 만큼 그렇게 불분명한 것이 아니며, 조금도 의심할 여지가 없다." 이렇게 말하는 자가 있지만 결코 그렇지 않다. 물론 우리 국체는 불분명한 것이 아니다. 또 애매하고 막연한 것도 아니다. 하지만 연구하면 할수록 상당히 심원하고 미묘한 것으로 진상 규명이 쉽지 않다. 오늘날의 민주주의라든지 사회주의라든지 기타 다양한 외래사상들에 대해 입론하는 자가 적지 않지만, 진정 우리 건국의 역사를 잘 규명하여 우리 국체의 진상을 이해하고 있는 자는 새벽하늘의 별처럼 드물다 할 것이다. 영미의 헌법 및 법률에는 통달해 있어도 또 민주주의 같은 것은 비교적 정밀하게 연구하면서도, 우리 국체의 내력에 대해서는 망망하여 아는 바 없는 자가 대다수라고 나는 거리낌 없이 단언한다. 본디 우리 건국 역사로는 『육국사六國史』102)가 있지만 이 『육국사』조차 독파하지 않고 어찌 우리 국체의 진상을 알겠는가. 결코 모른다. 그렇기 때문에 그렇게 의혹 속에서 방황하는 가련한 상태에 빠진 것이다. 러시아, 독일, 오스트리아 등 강국이 국체를 완전히 바꾼 것은 의심할 바가 아니다. 이는 우리 국체와 매우 다르기 때문이며 오히려 그렇게 하지 않았다면 이상한 일이다. 그들 국체와 우리 일본의 국체를 동일시해서는 안 된다. 우리 국체의 성질은 그들과 매우 다르다. 따라서 그 나라들의 국체는 근본적으로 급격하게 붕괴했지만 우리 국체는 영구불변이며 수많은 사회 변천을 거칠 때마다 그 특색이 점점 더 세계에 드러나고 있다. 그리하여 점점 더 우리 국체의 진상을 철저하게 이해할 필요가 생긴 것이다.

---

102) '육국사(六國史)'는 『일본서기(日本書紀)』·『속일본기(續日本紀)』·『일본후기(日本後紀)』·『속일본후기(續日本後紀)』·『일본 몬토쿠 천황 실록(日本文德天皇實錄)』·『일본 삼대실록(日本三代實錄)』을 가리킨다.

제4장 국민도덕과 신도

　우리 국체는 여러 점에서 연구해야 한다. 적어도 자연적 국체, 일원적 국체, 인도적 국체, 통일적 국체, 정신적 국체라고 하는 다섯 개의 입각점에서 충분히 정밀하게 봐야한다. 혹은 증거를 역사에서 취하고 혹은 의리義理를 철학에 비추며 기타 다양한 점에서 연구해야 하지만 지금은 그럴 여유가 없다. 오직 우리 국체의 도덕성에 대해 여기에서 다소 논해보고자 한다. 즉 지금 말한 인도적 국체라고 하는 것과 자연스럽게 일치한다.

　우리 국체는 여러 점에서 관찰하여 연구할 수 있지만 다른 점은 차치하고 우리 국체는 도덕적, 인도적이며 즉 그 진수와 골자를 논하면 궁극적으로 도덕성으로 귀착된다. 그럼 도덕성이 없는 국체가 세상에 있는가라고 한다면 물론 있다. 도덕상 결코 시인할 수 없는 국체도 예로부터 얼마든지 있었다. 그러한 것은 이미 사라졌는데 최근의 예를 들자면 독일제국의 국체는 결코 도덕적으로 시인할 수 없는 것이었다. 그런데 우리 국체는 철두철미하게 도덕적이다. 그 점을 단언할 수 있어 기쁘다. 이 사실이 명료해지면 우리 국체에 관한 의혹도 저절로 연무처럼 사라질 것이라 생각한다. 다만 그렇게 말해도 사람들이 반드시 즉시 수긍한다고는 단언할 수 없다. 차례대로 이를 설명하겠다.

(1)【인도주의】우리 국체라고 하면 곧 만세일계의 황통이라고 누구라도 생각하지만 그것만으로는 부족하다. 만세일계의 황통은 혈통의 계속이다. 이 혈통의 계속과 함께 정신의 계속이 있음에 주의해야 한다. 정신의 계속이라는 것을 제외하고 우리 국체를 본다면 우리 국체는 매우 천박한 것이 된다. 122대의 황통이라고 하는 것은 혈통이 계속하여 있을 뿐 아니라, 옛날부터 줄곧 정신이 계속해 있다. 즉 역대 천황이 정치를 행하시는 근본주의라고 하는 것은 일관되어 있다, 처음부터 정해져 있다고 말해도 무관하다. 금상今上 폐하가

메이지 천황의 방침을 계승했음은 고사타쇼御沙汰書103)에서도 알 수 있다. 메이지 천황은 황조황종의 유훈으로써 도道로 삼으시며 결코 자신이 시작이 된 게 아니다. 이 도를 멀리 거슬러 올라가면 그것은 신칙에 연원이 있다. 신칙 제2단에 "아무쪼록 황손이여 네가 가서 다스려라"라고 있다. 여기에 나온 "치언治焉"은 '시라세シラセ'의 한문 번역이다. '시라세'는 '시라스シラス'에서 왔다. '시라스'라는 것은 "다스리다"로는 그 의미를 충분히 표현할 수 없다. '치治'는 '란亂'에 대립하는 말로, '치란治亂'이라고 병렬해서 부른다. '시라스'는 '치란'을 초월한 보편적인 말이다. 다스려졌어도 혼란스러워도 언제든 '시라스'이다. '시라스'는 간단하게 말하면 인정仁政을 펼치는 것이다. 덕정을 행하는 것이다. 아래에 있는 인민의 실생활 상태를 알고 그에 적절한 정치를 행한다는 의미이다. 그러므로 신칙 제2단의 의미는 영구 후대의 통치자에게 정치의 근본주의를 보이신 것이다. 이는 인정을 펼쳐 덕정을 행하라고 하는 절대명령이다.

'시라스'와 '우시하쿠ウシハク'의 구별에 대해서는 이미 모토오리 노리나가104)가 이를 논했고, 근래 이노우에 고와시105)가 한층 상세하게 논했는데, 이 구별은 매우 중요하다. 이노우에 고와시가 '우시하

---

103) 고사타쇼(御沙汰書). 천황의 명령이나 지시임을 표시한 법령.
104) 모토오리 노리나가(本居宣長, 1730~1801) : 에도 시대의 국학자, 문헌학자, 언어학자, 의사. 일본 4대 국학자 중 한 사람으로 꼽힌다. 23세에 의학수업을 위해 교토에 상경해, 의학과 한학을 배우면서 오규 소라이, 게이추의 학문에도 접한다. 이를 계기로 고전연구에 눈을 떠, 『겐지 모노가타리』를 비롯한 일본 고전을 강의하고, 『고사기』를 연구하여 35년에 걸쳐 주석서『고사기전』44권을 집필하였다. 'シラス'와 'ウシハク'에 관해서는『고사기전』3권에서 다뤘다.
105) 이노우에 고와시(井上毅, 1843~1895) : 1871년 사법성에 출사했으며 이후 메이지 정부에서 이와쿠라 도모미, 이토 히로부미 등의 명으로 각종 중요 정책을 입안했다. 1881년 프러시아헌법을 바탕으로 흠정헌법 구상입안 및 국회개설 칙유를 기초했으며, 참의원 의관이 되어 제국헌법 기초 업무를 맡았다. 1888년 추밀원 서기관장으로서 헌법제정회의 사회를 맡았다. 1890년 추밀고문관이 되어 교육칙어를 기초했으며, 1893년 제2차 이토 히로부미 내각의 문상(文相)에 취임했다. 본문에 등장하는 'シラス'와 'ウシハク'에 관해서는『梧陰存稿』(『井上毅傳 史料篇 第3』)에서 언급하고 있다.

쿠'를 침략적 의미로 해석한 것이다. 이에 대해 최근에 점차 이의를 제기하며 '우시하쿠'가 반드시 침략적 의미가 아니라고 논하는 사람이 없지는 않다. 과연 '우시하쿠'라고 하는 것은 항상 침략이라고 할 정도의 큰 의미가 아닐지도 모르겠다. 하지만 '우시하쿠'에는 침략적 의미도 있다고 생각한다. 또 침략이라고 할 정도가 아닌 경우에도 꽤 사용하고 있다고 생각한다. 그러나 어느 쪽이든, 천황이 정치를 행하시는 경우에는 결코 '우시하쿠'라고는 말하지 않는다. '우시하쿠'라고 말한 예가 전혀 없다.

천황이 정치를 행하시는 경우에는 어느 때이든 '시라스'라고 말한다. 만약 천황이 아닌 자가 '시라스'라고 말한다면 그건 그렇게 말해서는 안 된다. 그건 틀렸다. 물론 천황의 명을 받아 그대로 정치를 행한다면 '시라스'라고 해도 말이 될 것이다. 그러나 천황의 명이 아닌 이상은 결코 '시라스'라고 말해서는 안 된다. 진무 천황[106]은 '하쓰쿠니시라스 스메라미코토始馭國天皇'라고 칭한다. 천황을 형용하는 말처럼 '시라스'는 기정의 문구가 되어 있다. 공식령에 "신으로 현신하시어 일본을 다스리는(시라스) 천황께서 명을 내리시는 그 큰 말씀은"이라고 되어 있다. 그리고 선명宣命의 처음에는 항상 '시로시메스'라는 단어가 천황을 형용하는 말로 쓰여 있다. 다시 말하면 공문서의 기정 문구가 되어 있는 것이다. 또 이를 역사적 사실에 비춰 보면 더욱 명료하다. 진무 천황 이래 오늘날에 이르기까지 122대를 거쳤는데, 그간의 역대 천황의 정치 방식은 어떠했는가 하면 '시라스'의 정신을 나타낸 형적이 잘 보인다. 천황은 인민에게 학정을 펼치는 것과 같은, 인정 혹은 덕정에 위배되는 일을 하신 형적이 없다.

---

106) 진무 천황(神武天皇, 기원전 711 기원전 585) : 일본의 초대 천황으로 여겨진다. 아마테라스 오미카미(天照大御神)의 5대손이며 니니기노 미코토(邇邇藝命)의 증손에 해당한다. 『일본서기』에 의하면 다카마가하라(高天原)에서 남 규슈의 휴가(日向)에 내려와 일본을 건국했다.

부레쓰 천황[107]의 경우 이를 잠시 사실로 생각하면, 좁은 궁정에서만의 일이며 널리 인민에게 학정을 펼쳤다는 형적이 있지는 않다. 역대 천황이 모두 한결같이 치적을 올리셨다고는 말할 수 없지만, 그러나 천황 의식은 일관하고 있는 것이다. 정확히 267대의 로마법왕을 통해 법왕 의식이 있듯이, 122대의 천황을 통해 천황 의식이 있음은 의심할 여지가 없다. 천황으로서는 필히 천황 의식을 실현하지 않으면 안 된다. 그렇게 처음부터 정해져 있다. 천황 의식이 일관하는 점에서 말하면, 122대를 1대라고 말해도 무방하다. 그리하여 혈통의 계속만이 아니라, 천황 의식의 계속이 우리 국체의 현묘한 방면이며 그곳에 도덕성이 충분히 인정된다. 그렇게 인민에 대해 인정 즉 덕정을 행하심은 바로 인도주의적 정신으로부터 온 것이다. 오늘날 윌슨 씨를 비롯해 왕성하게 세계를 향해 인도주의를 고취하지만 원래 우리 국체는 인도주의적 국체이다. 메이지 천황은 최근 시대에 크게 이 인도주의적 치적을 올리신 분이라는 것은 지금 굳이 다시 말할 필요도 없다. 메이지 천황이 읊으신 와카和歌에,

> 사방 바다에 있는 나라들 모두 형제 같은 세상에
> 어찌 파도와 바람이 거세게 이는가.[108]

라고 있는데, 메이지 천황은 일본열도 내海內에 인도주의의 치적을 올리셨을 뿐 아니라, 널리 세계 인류에 인도주의적 정신을 품으셨다고 해도 틀림이 없다.

---

107) 부레쓰 천황(武烈天皇, 489~506) : 일본 25대 천황. 『일본서기』에 의하면 잔혹한 형벌을 즐기고 많은 악행을 저질렀다. 하지만 이런 무도한 행동에 관한 기술은 『고사기』에는 보이지 않는데, 이에 대해서는 후대 게이타이 천황(繼体天皇)의 정권 교체를 정당화하기 위해 일부러 부레쓰 천황을 폭군으로 묘사했을 것이라는 설이 있다.
108) 1904년 러시아와 국교단절을 결정한 어전회의 후에 메이지 천황이 읊은 와카. 이 결정이 메이지 천황 본인의 의사가 아니지만 어쩔 수 없음을 표현한 것이라고 한다.

제4장 국민도덕과 신도

(2) 【왕도주의】 자고이래 동양의 학자는 왕패王霸의 다름을 논했다. 관자, 맹자, 순자 모두 왕패에 관해 이러저러하게 논했는데 그 중에도 맹자의 말이 가장 명료하다. 즉 "덕행으로 인을 행하는 자는 왕이다. 힘으로 인을 가장假裝하는 자는 패이다"라고 말했다. 그렇게 통치자의 종류를 왕자王者와 패자霸者로 구분했지만 오늘날의 말로 번역하면 왕자는 덕치주의 통치자이다. 패자는 권력주의 통치자이다. 고금 동서의 통치자는 이 두 종류 중 하나에 속한다. 하지만 어디에서나 왕자는 적고 패자가 많다. 지나에도 왕자가 없었다고는 할 수 없다. 예를 들어 요순은 왕자였다. 하지만 그 후에는 좀처럼 제대로 된 왕자가 나오지 않았으므로 언제나 요순을 이상적인 통치자로 생각하고 치민治民의 점에서는 요순시대로 돌아가려 한 것이다. 그것이 오랫동안 지나에서 과거를 이상으로 삼았던 이유이다.

유대의 다비드라든지 솔로몬은 왕자였다고 생각한다. 하지만 서양 각국에서는 예로부터 패자가 대부분이다. 왕자는 극히 적었다. 그것이 일찍이 타고르[109]가 우리 일본에 와서 개탄한 이유이다. 아무래도 그리스 이래 권력주의가 우세했고 어쨌든 권력으로 압박해 결국 그것이 동양에 이르러 동양 나라들의 민족까지도 압박해 자유 발전을 이루지 못하도록 한 형적이 있으므로, 그 점에서 타고르가 울면서 호소하듯 그렇게 개탄한 것이다. 우리 일본민족에게 아무쪼록 동양문명을 발휘하여 세계적으로 보급시켜 서양의 원망스러운 권력주의에 대항해 크게 분투하고 노력해달라고 강연한 것이다. 타고르의 생각이 반드시 틀린 것은 아니다. 서양은 권력주의, 주아주의主我主義가

---

[109] 라빈드라나트 타고르(Rabindranath Tagore, 1861~1941) : 인도, 뱅갈의 시인. 뱅갈의 농촌문화에 깊은 관심을 가졌으며 기숙학교를 창립해 농촌개혁운동을 추진했다. 1910년 종교적 명상생활 중에 탄생한 뱅갈어 시집 『기탄잘리』를 간행해 그 영어번역으로 1913년 노벨문학상을 받았다. 일본에 5회에 걸쳐 방문했으며 오카쿠라 덴신(岡倉天心), 승려이자 불교학자 가와구치 에카이(河口慧海), 문예평론가 노구치 요네지로(野口米次郎) 등과 교류했다.

옛적부터 우세했다. 물론 기독교주의는 결코 그렇지 않지만 어쨌든 권력주의 등이 차례차례 세력을 키워온 형세가 보인다. 최근 독일제국이 저렇게 공포스러운 대규모 전쟁을 한 것 역시 권력주의에 기인한 것이다. 즉 독일제국은 당시 권력주의로써 성립했던 것이다. 그로부터 생각하면 카이저 빌헬름 2세[110]는 더 말할 나위 없이 패자라고 할 수 있는 제왕이었다. 패자의 사업은 한때 혁혁한 공을 이루지만 대체로 짧다. 카이저 빌헬름 2세의 사업도 그걸로 사라져 버렸는데, 알렉산더 대왕이나 나폴레옹 1세 등의 사업은 모두 한때 천지를 뒤흔들 만한 영향을 일으켰지만 말로는 참담했다. 그리고 결과는 결코 영속적이지 않았다. 알렉산더 대왕의 뒤에도 사분오열되어 버렸다. 나폴레옹의 제국 통치도 전혀 계속되지 않았다. 이후에는 매우 크게 변했다. 지나에서는 진시황이 역시 불세출의 패자였다. 그러나 그 천하 통치는 겨우 14년으로 끝났다.

왕자의 사업은 결과가 길다. 메이지 천황은 훌륭한 왕자의 태도로, 세계적 관계에서 말하면 요순보다 훨씬 더 크다고 말해도 무방하다. 그리고 일본에서는 역대 천황이 모두 왕자로 계셨다. 122대 중 한 사람도 패자는 없다. 패자가 있을 까닭이 없다. 일본은 인정 즉 덕정을 행하는 것이 태초 이래의 방침이므로, 덕치주의 통치자 이외에는 없기 때문이다. 이를 역사에 비춰 보면 언제나 천황을 왕자에 견주고 있다. 결코 패자에 견주지 않는다. 인민 또한 생각하기를 항상 백왕百王이라 말하거나 근왕勤王이라 말하거나 왕정이라 말하거나 하여 왕자의 의미로 표현하고 있다. 이는 당연하다. 그러나 역대

---

110) 빌헬름 2세(Wilhelm Ⅱ, 재위 1888~1918): 독일 황제 겸 프로이센 왕. 빌헬름 2세는 비스마르크와 의견이 일치하지 않자 1890년에 그를 사임시킨 뒤 적극적인 세계 정책을 폈다. 범게르만주의를 주창하면서 군비를 확장했으며 독자적인 제국주의적 세계 정책을 수행했다. 독단적인 행동은 독일을 국제적으로 고립시켜 제1차 세계대전으로 이끄는 대독 포위망을 만들게 했다. 제1차 대전에 패배하고 네덜란드로 망명하였다.

제4장 국민도덕과 신도

쇼군은 모두 패자였다고 말해도 좋다. 쇼군은 권력주의, 전제주의, 군국주의, 침략주의를 기본으로 한다고 해도 좋다. 쇼군의 태도는 독일의 카이저와 공통이다. 하지만 역대 천황은 결코 그래서는 안 된다고 예로부터 정해져 있다. 그러므로 왕도일관王道一貫이라고 하는 것이 우리 국체의 진수 골자이다.

(3)【국가인격주의】서양에서는 근래 국가에 관해 국가유기체설과 국가인격설이 다투고 있다. 이는 반드시 모순되는 학설이 아니라고 생각한다. 국가가 유기체라도 국가격國家格이라는 것이 부정되지는 않는다. 국가라는 유기체를 통해 국가격이 실현되는 것이다. 개인이 개인의 유기체를 통해 인격을 실현하는 것과 같은 논리이다. 하지만 그 문제는 잠시 접어두고 국가인격설은 하나의 국가를 하나의 인격과 마찬가지로 보는 것이다. 각 개인이 교제하는 사이에 그 인격을 실현하듯이 각 국가가 상호 교제할 때 각각 국가로서의 인격을 실현하도록 노력해야 된다. 그러므로 국가를 하나의 인격으로 보는 것이다. 그 점이라면 우리 일본의 국체는 학설을 기다릴 것도 없이 그대로 실현되어 있었던 것이다. 인격이라는 것은 도덕과 떨어져 실현할 수 없다. 도덕이라는 내용 실질을 가지고 비로소 인격 그 자체는 성립할 수 있다. 우리 국체는 인도주의를 진수와 골격으로 삼아 이루어졌으므로 국가인격주의는 자연히 실행되어왔다고 말해도 무방하다. 즉 우리 국가는 인도적 국체라는 점에서 보면 자연스럽게 일개 인격으로서 발전해 왔다. 물론 장래는 더욱 더 인격으로서 발전하기를 요망해야 하지만 지금까지도 그 정신으로 해온 것은 예로부터의 역사가 증명하는 바이다.

(4)【민본주의】근래 세계대전의 영향을 받아 민주주의에 대한 요청이 갑자기 높아졌는데 우리 일본은 결코 그리 주저할 이유가 없다고 생각한다. 민주주의를 여러모로 자세히 분석해보면 여러 종류로 나눠진다. 하지만 이는 차치하고 협의의 민주주의와 광의의 민주주의로

나눠서 논해보자.

　협의의 민주주의란 인민에 의한 정치, 즉 주권은 인민에게 있어야 한다고 하여 인민 자신이 통치하는 경우이다. 그런 협의의 민주주의를 실행하면 결과는 반드시 공화국체가 된다. 그런 협의의 민주주의를 일본에서 주장해서는 안 된다. 일본은 입헌군주정체이며 지금 헌법도 입헌군주정체 헌법이다. 국체에 등을 돌리고 헌법에 반하는 언론의 태도는 원래 허용해서는 안 되며, 굳이 단행하려 한다면 이는 반역죄로 물어야 한다. 하지만 광의의 민주주의라면 상당히 다르다. 광의의 민주주의는 인민을 위한 정치이며 널리 인민을 애호하고 인민의 발전을 도모하며 인민을 위한 진력을 정치의 목적으로 한다. 이러한 광의의 민주주의라면 이는 즉 민본주의이며 그런 민본주의라면 자고이래 우리나라에서 행해지고 있다. 즉 민본주의란 전혀 새로운 것이 아니라 우리나라에서는 건국 이래 이 방침을 취해온 것이다.

　일찍이 요미우리 신문読売新聞에서 누군가가 민주주의는 우리나라에서 5개조 서문[111]을 거쳐 처음 들어왔다고 당당하게 논한 바 있다. 우리는 그 논문을 읽고 개탄해 마지않았다. 아무래도 그렇게 말한 사람은 일본에 대해 전혀 모른다. 얼굴 생김새는 분명 일본인일 테지만 머리는 더 이상 일본인의 머리가 아니다. 메이지 천황이 5개조 서문을 공포하신 것은 외국에 자극을 받아서라고 할지라도, "만기萬機 공론으로 결정할 것"이라고 하신 것은 결코 일본에서 그때 시작된 것이 아니라 태고부터 이 정신이 있었기 때문이다. 하지만 단지 이렇게만 말해서는 이해를 못 할 터이니 두세 가지 예를 들어

---

111) 5개조 서문(五箇条の誓文). 메이지 원년인 1868년 3월 14일에 메이지 천황이 천지신명에게 서약하는 형식을 취하며 공경 및 제후들에게 보인 메이지 정부의 기본 방침. 내용은 1. 널리 회의를 일으켜 만기 공론으로 결정할 것. 2. 상하 마음을 하나로 하여 왕성하게 경론을 행할 것. 3. 조정과 제후, 서민에 이르기까지 각자의 뜻을 완수하게끔 하여 인심이 위축되지 않도록 할 것. 4. 구래의 폐습을 개혁하고 천지의 공도를 기초로 할 것. 5. 지식을 세계에서 구하여 크게 황기(皇基)를 진작할 것.

제4장 국민도덕과 신도

분명하게 해두자.

    무가시대는 어떻게 할 도리가 없는 경우였으니 예외로 해야겠지만, 헤이안 시대에는 세이와 천황[112]의 조詔에 다음과 같은 말씀이 있다.

> 만기萬機의 융성은 널리 의견을 구하지 않으면 공을 세우기 어렵다. 사해를 다스리는 존엄함이라도 아래에 묻지 않으면 공을 이루지 못한다.

이것은 바로 만기 공론으로 결정해야 한다는 정신이다. 더욱 거슬러 올라가 고토쿠 천황[113]의 다이카 개신에 관한 조詔에 의하면 다음과 같이 있다.

> 옛날 천하를 다스리는 데, 조정에 진선지정進善之旌[114]과 비방지목誹謗之木[115]이 있어서 치도에 닿을 수 있었다. 또 간언하러 오는 자가 있었던 것은 모두 아래에 널리 의견을 구했기 때문이다.

이때는 인민이 무언가 호소하고 싶은 자가 있으면 종을 치라고 정해져 있었다. 또 무언가 써서 간언하고 싶은 자가 있으면 그 목적으로

---

112) 세이와 천황(清和天皇, 850~880) : 헤이안 전기의 56대 천황. 즉위는 858~876년. 겐지 계통의 조상이다. 휘는 고레히토(惟仁)이다.
113) 고토쿠 천황(孝德天皇, 594~654) : 아스카시대 36대 천황(추정). 즉위 후 다이카 개신(大化改新)을 추진해 국가체제 정비에 착수했다.
114) 진선지정(進善之旌). 나라의 정사(政事)에 대해 잘못된 점을 지적해 주고 유익한 말을 진달해 달라는 뜻으로, 사통오달의 네거리에 깃대를 세워놓고 정사에 유익한 말을 할 사람은 그 아래 서 있게 하던 깃발을 말함. 요(堯)임금 때 정기(旌旗)를 오달(五達)의 길에 세워놓고, 선언(善言)을 올리고자 하는 사람에게 그 밑에서 말하게 하였음.
115) 비방지목(誹謗之木). 나라의 잘못된 정사(政事)를 지적해 주고 유익한 말을 진달해 달라는 뜻으로, 다리 가에다 나무판자를 세워놓고 거기에다 정사(政事)의 잘못된 점을 기록하게 하던 나무를 말함. 요(堯)임금 때에 나무를 교량(橋梁) 위에 세워서, 백성들에게 정치(政治)의 과실(過失)을 쓰게 하여, 임금이 스스로 반성하였다고 함.

마련된 상자 안에 넣으라고 했다. 널리 인민의 의견도 참작하신다는 정신이었다. 그리고 다른 조詔에는 이렇게 되어 있다.

> 하늘과 땅 사이에서 군주로서 만민을 관리하는 일은 혼자서 할 수 없다. 반드시 신하의 도움이 필요하다.

이들은 만기 공론으로 결정해야 한다는 정신이지 않은가. 더 거슬러 올라가 스이코 천황¹¹⁶⁾ 때에 제정된 쇼토쿠 태자의 17조 헌법에도 같은 정신이 보인다. 특히 제17조에는 이렇게 적혀있다.

> 큰일은 혼자 결정해서는 안 된다. 반드시 여럿이 함께 논의해야 한다. 작은 일은 가볍게 여기고 반드시 여럿이 논의할 필요는 없다. 다만 큰일을 논할 때에는 잘못이 없는지 의심한다. 그러므로 여럿이 서로 논의해 가면 말이 곧 이치를 얻는다.

이는 당시의 헌법인데, 이 헌법에 만기 공론으로 결정해야 한다는 정신이 분명히 주창되어 있다.

거슬러 올라가 진무 천황 때를 생각해보면 진무 천황이 동정東征¹¹⁷⁾하신 때에도 결코 독단으로 하신 게 아니었다. 여러 형제나 자식들과 도모했다는 것이 보인다. 이는 널리 인민에게 의견을 구하신 것은 아니지만, 결코 독단은 아니었다는 것이 분명하다.

---

116) 스이코 천황(推古天皇, 554~628) : 나라시대 33대 천황. 일본 최조의 여제로 쇼토쿠 태자를 황태자로 세우고 섭정했다. 재위 중에 관위 12계 제정, 17조 헌법 제작, 견당사 파견, 국사 편찬, 호류지 건립 등을 추진했다.

117) 진무 동정(神武東征)이라고 불리는 전설. 『일본서기』 및 『고사기』에 등장하는 '간야마토 이와레비코노 스메라미코토(神日本磐余彦尊)'가 훗날 진무 천황이라 일컬어지는 인물이다. 그는 형제들과 도모하여 규슈의 휴가에서 출발해 점차 동쪽으로 이동하면서 나라 분지 주변을 통치하던 나가스네히코(長髓彦)를 정복하고 구마소 등을 거쳐 야마토에 입성하여 비로소 천황의 자리에 올랐다.

제4장 국민도덕과 신도

　더욱 거슬러 올라가 신화시대를 보면 아메노 이와토^{天窟戶}118) 앞에서 팔백만 신이 야스노 가와라^{安河原}119) 주변에 모여 협의했다고 하는데, 이 역시 옛 풍속의 반영이다. 고대에는 큰 건축물도 없으니까 하천 주변에 모이는 풍속이 있었던 것이다. 『삼국유사』를 보면 신라 건설 시에 육부조^{六部祖}120)가 알천^{閼川}121)의 둔덕 위에 모여 협의한 것이 보인다. 만기 공론으로 결정해야 한다는 것은 우리나라의 가장 오래된 시대부터의 풍속이었다. 기타 여러 가지 예시가 있지만 일일이 열거할 여유가 없다. 또 역대 천황이 인민을 위해 진력하셨다는 것은 정사를 비롯해 증거가 매우 많아서 일일이 열거할 여유가 없다. 필요도 없다고 생각한다. 닌토쿠 천황의 조^詔에

　　천이 군주를 세운 것은 백성을 위해서다. 그러므로 군주는 백
　　성을 근본으로 삼는다.

라고 있다. 이는 실로 역대 천황을 관통하는 정신이다. 천황은 백성을 위해 그 자리에 계신 것이다. 그렇게 생각하신 것이다. 그리하여 특히 백성을 가장 오래된 시대부터 "오미타카라^{大御寶}"라고 말씀하셨다. "오미^{大御}"를 앞에 붙여서 말하는 것은 신들 중에서도 아마테라스 오미카미 외에는 없다. 아마테라스 오미카미에 사용하는 "오미"라는 말을 오로지 백성에만 사용하실 정도로 백성을 애호하고 존중하셨던 것이다. 그래서 인민 또한 천황에 대해서만 "오미고코로^{大御心}"라고

---

118) 아메노 이와토(天窟戶). 일본신화에 등장하는 바위동굴. 『일본서기』 및 『고사기』에 서술되어 있다. 태양신인 아마테라스 오미카미가 숨었을 때 세계가 암흑이 되었다는 전설의 무대이다.
119) 야스노 가와라(安河原). 다카마가하라(高天原)에서 팔백만 신들이 회합하는 장소라 일컬어진다.
120) '육부'는 신라 건국의 주체가 된 6개의 정치단위체. 양부, 사량부, 본피부, 점량부, 한기부, 습비부. 여기에서 이노우에가 신라를 일본으로 간주하고 있음을 알 수 있다.
121) 원시 신라를 구성한 육촌(六村)의 우두머리들이 각기 자제들을 이끌고 알천(閼川) 기슭에 모여, 덕이 있는 자를 찾아 군왕으로 삼을 것과 수도를 정할 것을 의결했다고 한다. 원문에는 "알천(閼川, アレナレ川)"으로 되어 있다.

4.3 우리 국체와 국민도덕

"오미"라는 말을 사용한 것이다. 5개조 서문도 메이지 천황이 인민을 위해 천지에 맹서하시고 공포하신 것이다. 또 헌법을 제정하고 제국의회를 개설하신 것도 물론 이 민본주의의 결과이다. 아무래도 옛날과는 달리 복잡한 세상이 되었으므로 인민에게 참정권을 부여하여 인민이 충분히 의견을 발표하게 하여 인민으로 하여금 이 문명 세상에서 생을 잘 완수하도록 기회를 주어야 한다는 것을 일찍이 통찰하셔서 이루어낸 것이다.

민주주의에 인민에 의한 정치라는 의미와 인민을 위한 정치라는 의미가 있는데 인민에 의한 정치는 일본에서는 그대로 실행할 수 없지만, 인민을 위한 정치라면 예로부터 행해졌다. 이를 행하는 것이 역대 천황의 정신이었다. 즉 민본주의로 말하자면 일본만큼 고금을 관통해 잘 행해진 곳도 없으리라 생각한다. 그리고 인민에 의한 정치도 민본주의의 결과로 적절하게 행해지고 있다. 즉 제국의회가 개설되어 인민은 중의원을 통해 어느 정도 제한된 범위에서는 인민에 의한 정치를 행하고 있다. 우리 입헌군주정체는 사실상 민본주의의 결과로 군민공치君民共治의 정치가 되었다. 다른 나라에서는 인민에 의해 인민을 위한 정치를 행하려 하여 오히려 인민을 위한 것이 아니게 된 경우가 있다. 예를 들면 러시아가 그렇다. 러시아는 꽤 심한 경우이고, 오늘날의 지나도 인민에 의한 인민을 위한 정치를 하고 있지만 그다지 인민에게 이익이 되지 않는다. 전혀 부럽지 않다. 물론 일본에서 만사가 훌륭하게 이상적으로 나아가고 있다고 말하는 것은 아니다. 개조 쇄신해야 할 것은 무수히 많다. 하지만 러시아나 지나 그런 나라들과 비교하면 오히려 광의의 민주주의의 좋은 점은 일본에서 행해지고 있으며, 또 지금보다 더 잘 행할 수 있으리라 생각한다. 입헌군주정체이며 그렇게 공고한 기초 위에 광의의 민주주의 즉 민본주의가 행해지고 있으며 한층 더 잘 행할 수 있으므로, 외래의 민주주의라는 것에 경솔하게 물들어 자주독립의 정신을 잃어서는 안 된다.

(5)【정신주의】 오늘날 독립국은 약 60개국으로 추정되는데 그 중에 유력한 국가는 대개 두 종류로 나뉜다. 공리적 국체인가 정신적 국체인가 둘 중 하나에 속한다. 물론 이 외에 권력적 국체가 있었다. 이전의 독일제국 또는 러시아제국은 모두 권력적 국체였다. 그러나 그런 나라들은 전복되어 버렸으므로, 눈에 띄는 나라들 가운데 권력적 국체는 지금으로서는 거의 없다고 할 것이다. 그러나 저급한 전제국가들 중에는 그런 국체가 없지는 않다. 또 지금은 권력적 국체가 아닌 것처럼 보여도 언제 권력적 국체로 변할지 예측할 수 없는 것도 있다. 하지만 지금으로서는 세계의 주요 나라들은 공리적 국체와 정신적 국체 대개 이 두 종류로 분류되는 것 같다.

공화국 같은 것은 모두 공리적 동기에 의해 건설된 것이다. 왜냐하면 인민이 상호를 위해 가장 이익이 되는 조건을 근본으로 삼아 성립했기 때문이다. 점차 발전하면 그러한 저급한 동기에 만족하지 못하게 되므로 결국 고상하고 위대한 이상을 고취하게 되는 일은 있어도, 건국의 동기는 공리적임을 면하지 못한다.

그런데 우리 국체는 그런 공리적 동기에 의해 건설된 것이 아니다. 완전히 자연적 발생에 근거하고 정신적 동기에 의거하여 성립한 것이다. 일찍이 루소[p.54]가 『민약론[p.54]』에서 모든 국가는 민약에 의해 성립하는 것처럼 논했던 것은 틀렸으며, 당연히 지식인의 비난을 피하지 못한다. 그러나 오늘날에 이르러서는 대다수 국가는 민약에 의거해 성립했을 것이다. 최근에 많은 소국이 민약에 의거해 성립했다. 민약에 의거하지 않는 국가는 극소수이다. 결코 민약에 의거하지 않는 훌륭한 예를 들자면 바로 우리 일본의 국체이다. 이는 민약에 의해 생긴 것이 아니다. 그렇게 우리 역대 천황은 대개 인민을 내 자식처럼 애호하고 무육撫育하는 정신으로 정치를 행하신 것이다.

● 4.3 우리 국체와 국민도덕

일천만승一天萬乘의 군君이시면서도 그 일신을 인민을 위해 희생하신 정신이었다고 생각된다. 특히 메이지 천황께서 얼마나 큰 결심으로 메이지의 문화 발전文運을 개척할 생각을 하셨는가를 생각해 보면 안다. 유신의 조칙에 다음 말이 있다.

> 천하 억조의 한사람도 그 자리를 얻지 못한 때에는 모두 짐의 죄이므로 금일의 일은 짐 자신이 뼈를 깎고 마음을 써서 간난艱難의 앞에 서노라.

거의 구세주의 정신을 가지고 중대한 임무를 완수한다는 생각이셨음을 알 수 있다. 122대 모두 마찬가지였다고 말하는 것은 아니지만, 역시 그런 정신이 고금을 관통해 있는 것은 역사가 증명하는 바라고 할 것이다. 인민은 또 군주와 국가君國를 위해서라면 생명은 물론 일체를 희생하여 그 본무를 완수한다는 생각이었던 것이다. 무가시대에는 다른 양상을 띠기도 했지만 그건 완전히 일시적인 일이었다. 무언가 국가의 중대사건이 발발한 경우에는 애초에 십분 희생정신을 발휘해 아끼지 않는 것이 일본민족의 정신이다.

그리고 이 일본의 국토는 천황의 토지라고 일반적으로 믿었다. 그래서 다이카의 개신122)에서도 광대한 토지를 소유하고 있는 자는 일단 이를 황실에 돌려준 것이다. 또 막부 말기에는 여러 다이묘가 모두 토지를 황실에 봉환한 것이다. 이는 "넓은 하늘 아래 왕의 땅 아닌 곳이 없고 땅 끝까지 왕의 신하가 아닌 자가 없다"고 하듯이,123)

---

122) 다이카의 개신(大化の改新). 고교쿠 천황(皇極天皇, 斉明天皇, 594~661) 4년인 645년부터 일어난 일련의 국정개혁. 협의로는 다이카(大化) 연간인 645~650년의 개혁을 가리키며, 광의로는 다이호(大宝) 원년인 701년 다이호 율령의 완성까지 일어난 일련의 개혁을 가리킨다. 이 개혁에 의해 호족 중심의 정치에서 천황 중심의 정치로 옮겨갔다. 또한 이 개혁에 의해 '일본'이라는 국호 및 '천황'이라는 칭호가 정식이 되었다. 고교쿠 천황 퇴위 및 그 남동생인 고토쿠 천황 즉위부터 새로운 시대의 시작으로서 일본 최초의 원호 '다이카(大化)'를 정했다.
123) 『詩経』「小雅・北山」.

모든 일본의 국토는 천황의 것이다. 그러므로 봉환이라는 것을 단행한 것이다. 일본의 중심을 말하자면 천황이다. 일본의 국토를 말하자면 천황의 것이다. 이 국토를 조금도 외적에게 침범되지 않도록 하는 것이 충군이다. 천황을 위해 진력하는 것이 즉 국가를 위해 진력하는 것이 되므로, 군주와 국가를 완전히 분리해서는 안 된다. 진충보국盡忠報國이 그것이다. 그러므로 지나 및 다른 나라와는 상당히 다르다. 인민은 군주와 국가를 위해 희생정신을 발휘하고, 천황은 인민을 위해 희생정신을 발휘하신다. 천황의 정치의 근본주의는 인민을 위해서라는 데 있다. 즉 민본주의적 정신이다. 인민 측에서 말하자면 유사시에는 군주와 국가를 위해 신명을 던진다. 여기에 야마토 민족의 국가주의가 있다. 이러한 군민 상호의 희생정신, 환언하면 몰아적 정신이 여기에 합일하여 우리 국체의 신묘한 진리妙諦를 이룬다. 결코 공리적 동기에 의해 성립하는 것이 아니다. 공리를 초월하여 몰아적 도덕의 정신에 의해 성립하므로, 이를 정신주의라고 부를 수밖에 없다.

또 우리 국체는 결코 권력적 국체가 아니다. 이에 대해서도 증거를 들어 해명하고 싶지만, 지금은 생략하고 사람들 판단에 맡기기로 하자. 우리 일본에서는 요시다 쇼인[p.580] 이 "군신일체와 충효일치, 이는 오직 우리나라에서만 그러하다"124)라고 말한 것처럼 예로부터 군민 상호의 정신이 상당히 잘 일치해왔다. 화합해온 것이다. 이는 더욱 자세하게 다음의 통일주의에서 서술하겠으며, 여기서는 일단 다음을 확인한 것이다. 즉 우리 국체는 공리적 동기에 의해 성립한 것도 아니며 권력적 동기에 의해 성립한 것도 아니다. 완전히 정신주의, 희생주의, 몰아주의에 의해 성립한 것이며 거기에 일종의 특색이 있다. 공리주의도 도덕이 없는 것은 아니지만, 정신주의와 비교하면

---

124) 吉田松陰·月性「士規七則」『慨士遺音 前編 巻之上』都文堂, 1869.

저급한 도덕이다. 따라서 공리적 국체는 그 시초의 공리적 동기에 머물러 있을 수는 없으므로 점차 전진하여 정신주의를 향하는 것이다.

(6)【통일주의】우리 일본에서는 황실이 국가의 중심이며 중진重鎭이므로 필연적으로 통일이 이루어지기 쉽다. 더욱이 황실이 만세일계통을 이루어 관통하고 있기 때문에 통일이 매우 공고하다. 유사시에 거국일치의 태도로 나올 수 있는 것은 그 때문이다. 처음부터 황위계승은 상당히 훌륭하게 한 대에 한 분으로 되어 있다. 그렇게 니니기노 미코토부터 진무 천황을 거쳐 오늘날에 이르기까지 그렇게 계속되어왔으므로 그 점에서 저절로 통일이 이루어졌다. 우리 국체의 건설은 이 통일의 완수를 주축으로 삼은 것이라고 봐도 무방하다. 진무 천황의 건국 창업도 이 통일의 기초를 놓은 것이다. 그렇게 봐도 좋을 것이다. 그 후 점차 강력한 씨족이 생겨서 상당히 번거로웠던 적이 있었다. 그것이 소가 씨[125]의 난이었다. 매우 곤란해졌기에 스이코 천황 때 쇼토쿠 태자가 17조 헌법을 제정하셨는데, 그 헌법의 정신은 첫째로 상하 화합함을 근본정신으로 삼으신 것이다. 바꿔 말하자면 통일주의의 실행을 목적으로 하셨다고 할 수 있다.

그 후 크게 사회가 혼란스러워진 것은 아시카가 시대[126]의 마지막 시기였다. 도요토미 히데요시[p.400]가 일어나 국내를 평정하고 후시미[127]에

---

125) 소가노 우마코(蘇我馬子, ?~626) : 아스카시대의 정치가. 귀족. 관직 오오미(大臣)에 취임하여 비다쓰 천황(敏達天皇), 요메이 천황(用明天皇), 스슌 천황(崇峻天皇), 스이코 천황(推古天皇)까지 천황 4대에 걸쳐 54년 간 권세를 휘둘렀다. 숭불파로서, 강경한 폐불파인 유력 호족 모노노베 모리야(物部守屋)와 대립해 587년 데비의 란(丁未の亂)에서 승리해 권세를 강화했다.
126) 아시카가 시대(足利時代). 아시카가(足利) 쇼군 가에 의해 통치되었던 무로마치 막부 시대(1336~1573).
127) 후시미(伏見). 현재의 교토후 교토시에 있는 구(區)의 이름. 도요토미 히데요시가 1591년에 조카 도요토미 히데쓰구(豊臣秀次)에게 간파쿠(関白)의 지위와 교토시 조쿄구에 있는 주라쿠다이를 물려주고, 다이코(太閤)가 된 자신의 은거지로 성을 후시미에 건축했다.

제4장 국민도덕과 신도

최후의 주라쿠다이[128]를 건설하여 고요제 천황[129]의 행행^{行幸}[130]을 상신함으로써 다이묘들을 맹서케 한 것이다. 그 재서^{載書}[131]에는 다음과 같이 있다.

> 무릇 동맹한 사람은 일심협력하여 왕실을 존중하고 왕사에 근로해야 한다.

이 또한 사분오열된 상황에서 국위를 유지할 수 없으므로 황실을 중심으로 국내를 통일하기 위한 취지이며, 영웅의 심사를 진심으로 칭양^{稱揚}할 바가 있다고 생각한다. 메이지 이후에는 메이지 천황의 주요 조직 대부분에 그 정신이 보인다. "상하 마음을 하나로 하여"라든지 "짐과 한 마음이 되어"라든지 "억조 마음을 하나로 하여"라든지 그렇게 통일의 필요를 말씀하신 것이다. 일본국민이 황실을 중심으로 통일만 한다면 어떤 큰 적도 두려워 할 필요가 없다. 그렇게 통일하기 위해서는 황실과 같이 비할 바 없는 중진이 필요한 것이다. 게다가 황실은 정확히 교육칙어에 "덕을 세우는 바 깊고 두텁다"라고 하듯이, 도덕으로 본위를 삼고 인민을 대하신다. 어디까지나 도덕적 태도로 일관하여 임하신다. 그러므로 인민 측에서는 적어도 반항하고 자유를 절규할 필요가 없으므로, 오로지 존경하고 애모하고 경앙할 뿐이다. 황실은 또 인민에게 학정을 한다든가 인민과 반대되는 목적을 관철시키려 했던 적이 전혀 없다. 그 점에서 군민일체라고 할 매우 드문 우수하고 아름다운 역사를 이룬 것이다. 고금 3천년을

---

128) 주라쿠다이(聚楽第). 아즈치모모야마 시대에 도요토미 히데요시가 헤이안쿄(平安京)의 궁성에 세운 정청(政廳), 저택, 성곽.
129) 고요제 천황(後陽成天皇, 1571~1617) : 107대 천황. 아즈치모모야마·에도 전기에 걸쳐 재위했으며, 그 기간 동안에 도요토미 히데요시에 의한 천하통일, 도쿠가와 이에야스에 의한 에도막부 개설 등이 일어났다. 한편으로 이 시기는 센고쿠 시기를 어렵게 살아남은 천황 및 조정사회가 복권과 동시에 다시 히데요시 정권 및 이에야스 정권에 굴복하는 시기이기도 했다.
130) 행행(行幸). 천황이 황거를 나와 다른 장소에 가는 일.
131) 재서(載書). 다짐글. 회맹(會盟)할 때 그 사실(事實)을 기록한 문서.

통해 화합일치의 형적을 보인 것은 애초에 인간의 역사가 있은 이래 일찍이 없다. 그런데 일본에서는 종으로 통일이 잘 이루어져 있을 뿐만 아니라 횡으로도 통일이 잘 이루어져 있다. 그렇게 군민이 화합일치한 것 그 자체를 우리 국체로 봐야 할 것이다.

국체는 객관적, 외형적으로만 나타나는 것이 아니며 오히려 정신적인 것이다. 그래서 단순히 유형의 혈통의 계속이라는 것으로만 국체를 머무르게 해서는 안 된다. 만세일계의 황통과 함께 그 정신의 계속이 있다. 더욱이 도덕적 정신의 계속이다. 그리고 도덕적 정신의 계속은 오직 황실 측에만 있는 것이 아니라 군민화합의 일치에도 있다. 그것이 우리 국체이다. 국체를 끝까지 연구해보면 그렇게 귀착된다. 그러므로 일본의 국체는 도덕성이 있다. 그러한 일종의 도덕적 국체가 우리나라에 발생하여 오늘날에 이른 것인데, 이를 제대로 이해한 자가 의외로 적다. 도쿠가와 시대에 상당히 많은 한학자, 국학자가 나왔고 국체를 논한 자도 적지 않지만 정말 철저하게 우리 국체를 잘 설명한 자는 아직 없었다.

위에서 우리 국체의 도덕성은 거의 설명했다. 더 나아가 우리 국체에 관해 주의할 점 여섯 가지를 차례로 간단하게 설명하겠다.

(1)【우리 국체는 우수하다】우수하다고 한 것은 권력적 국체도 아니고 공리적 국체도 아니며 이들을 초월한 고상한 정신에 의해 성립한 것이기에 우수하다고 말해도 무방할 것이다. 우수하지 않다면 물론 파괴해 개조해야 하지만, 우수하다면 결코 파괴해서는 안 된다. 오히려 유지, 발전, 확대해가야 할 성질의 것이다. 우리 국체에 대해 다소 의혹을 가진 자가 있다면 이는 애초에 우리 국체의 본질을 잘 이해하지 못했기 때문이다. 우리 국가사회 중에는 개조, 쇄신해야 할 일이 물론 무수히 많다. 결점, 약점도 여럿 있다. 그런 부분은 하루라도 빨리 개조, 쇄신할 필요가 있다. 하지만 아무리 생각해도

제4장 국민도덕과 신도

　우리 국체는 널리 인류를 위해 대단히 훌륭한 모범을 보여주고 있다. 권력적 국체는 독일제국이나 러시아제국과 같이 무서운 결과를 가져온다. 세계에 패권을 휘둘렀던 독일제국조차 권력주의의 결과로 참담한 패배를 맞이했다. 공리적 국체는 쌍방을 위해 꽤 편리한 것 같지만 그런 국체가 영속하리라는 것은 상당히 의심스럽다. 쌍방을 위해 이익이 되면 유지되지만 이익이 모순되면 언제라도 파괴된다. 협의에 의해 헌법을 제정하고 건설된 국체는 또한 협의에 의해 해체될 수도 있다. 그리고 그런 국체가 유일하게 의지하는 것은 헌법이다. 헌법은 어디에서도 중요하지만, 헌법만으로는 결코 국체를 유지할 수 없다. 독일제국이 전복되면 제국시대의 헌법으로는 계속할 수 없다. 그래서 독일은 새로 헌법을 제정한 것이다. 러시아에서도 과격파가 새로 노동정부의 헌법을 제정했다. 새로 헌법이 제정되면 구시대의 헌법은 휴지조각이 된다. 또 공화국체에서도 마찬가지로 그 국체가 바뀌면 지금까지의 헌법은 무효가 된다. 헌법만으로 국체는 결코 유지되지 않는다.

　우리 일본에서는 그 점이 상당히 다르다. 지금의 헌법은 메이지 연간에 제정되었지만 그 제1조는 우리 국체를 언명한 것이다. 그리고 그 국체는 건국 이래 성립해 왔다. 이를 메이지 연간에 이르러 헌법 제1조에 올렸을 따름이다. 배후에 수천 년의 역사적 사실이 있다. 자연적 국체를 견성철벽堅城鐵壁과 같이 쌓아올린 것이므로, 인위적이며 쉽게 변경할 수 있는 것과는 매우 다르다. 그리고 하나의 국가로서는 국민의 원기, 포부라는 원천이 있어야 한다. 만약 우리 일본에 좋은 점이 전혀 없고 돌아봐서 모두 개탄할 일뿐이며 하나도 취할 바가 없다고 한다면 이는 근본적으로 파괴하고 개조를 요청할 것이다. 그렇게 되면 일본국민으로서의 영예라는 것은 어디에도 원천이 없게 된다. 그런데 우리 국체는 세계에 비할 바 없다. 즉 우수하다는 것이 우리 일본국민으로서의 영예가 생기는 근원이다. 유사시 우리는 일

4.3 우리 국체와 국민도덕

본국민이라는 원기와 포부가 없으면 국민 전체로서의 자신이 박약해지는 것이다. 혹은 국체가 우수하다고 말하면 자기나라 자랑이라고 냉소할 자가 있을지 모르나, 자기나라 자랑은 다른 나라의 장점을 돌아보지 않고 오로지 자기나라 자랑을 하는 것이므로 진정 꺼릴 일이다. 그러나 국민으로서 영예의 원천이라 할 만한 것이 있어야 할 필요가 있다. 없는데 억지로 만들면 비웃음거리지만, 아무리 생각해도 우리 국체가 우수하다는 것은 조금도 의심할 여지가 없다. 우수한 것을 우수하다고 하는 것은 진실을 진실이라고 하는 것이므로 무슨 문제가 있겠는가? 공공연하게 그 우수성을 천하에 고백해도 거리낄 바 없다.

(2)【우리 국체는 공고하다】공고하다고 말하는 것은 군민일체이기 때문이다. 자고이래 군민 간에 반목과 질시의 형적이 없다. 원래 군민 사이에 누군가가 끼어있으면 반드시 소란이 일어난다. 즉 중간에 권세를 가진 자가 들어와서 군민 사이를 소원하게 만들면 매우 험악해진다. 우리 국체를 파괴할 만한 큰일을 초래하지 않는다고 단정할 수 없다. 그런 자만 없으면 군민이 화합, 일치하여 도덕적으로 국체의 기초를 공고히 해간다는 것이 수천 년 이래의 일대 사실이었으며 그렇기 때문에 이처럼 유구한 역사를 이룬 것이다.

현재 강국이라고 칭하는 나라는 있지만 천년 이상 훌륭하게 계통적 발전을 이룬 나라는 없다. 그리고 일본과 같이 2천 5백 년 이상 조금도 통일이 파괴되지 않은 역사는 예전에도 지금도 예가 없다. 논어에 "북극성이 제자리에 가만히 있는데 뭇별들이 그를 향한다"[132]라는 말이 있는데, 아무래도 우리 국체라는 점에서 보면 일본은 북극성의 지위를 점하고 다른 나라들은 뭇별과 같은 지위에 있다. 왜냐하면 다른 나라들은 여러모로 변해 가고 있기 때문이다. 예전

---

[132] 『論語』「爲政」.

제4장 국민도덕과 신도

일은 차치하고라도 최근에 러시아, 독일, 오스트리아와 같은 강국이 붕괴·와해되어 그처럼 격변한 일은 우리가 목격한 사실이 아닌가? 그런데 일본은 반석과 같이 굳건한 기초 위에 있다. 그것은 애초에 어디에서 나온 것인가? 그 유래하는 바는 상당히 멀고 또 깊다고 할 것이다.

설사 문화가 아무리 진보해도 학술이 아무리 융성해도 반드시 국가의 기초가 공고하다고는 말할 수 없다. 옛날 그리스는 상당히 학술이 번영한 곳이었다. 철학, 과학, 문학 등이 번영해 예술도 왕성했다. 하지만 630년으로 멸망해버렸다. 멸망의 주된 원인은 통일되지 않았기 때문이었다. 또 독일제국은 그와 같이 학술이 왕성하여 교육도 상당히 잘 이뤄졌음에도 불구하고 겨우 47년 만에 전복되어 버렸지 않았는가. 이들과 대조하면 우리 국체의 기초가 얼마나 공고한지 필히 생각하게 될 것이다. 지나는 국가 동란이 격심했기 때문에 자주 일본으로 도피해왔다. 『신찬성씨록』[133)]의 번별蕃別부에 지나에서 귀화한 사람의 이름이 꽤 많이 실려 있는데, 많은 경우가 난을 피해서 일본으로 도주한 사람일 것이다. 그 후 송말·원초에 또 일본으로 도피해 온 선승이 꽤 많이 있다. 조원[134)]도 그 중 한

---

133) 『신찬성씨록(新撰姓氏錄)』. 헤이안 시대 초기인 815년에 사가 천황(嵯峨天皇)의 명으로 편찬된 고대 씨족 명감. 헤이안 궁과 그 주변 지역에 사는 1182씨를 출신에 따라 황별(皇別), 신별(神別), 제번(諸蕃)으로 분류하여 선조를 밝히고 우지나(氏名)의 유래, 분기 등을 기술했다.
134) 조원(祖元, 1226~1286) : 가마쿠라 시대, 중국의 송에서 일본으로 간 임제종의 승려. 속성은 허씨, 자는 자원(子元)이다. 13세에 부친상을 치른 후에 출가하였고, 남송 선종 오산의 우두머리인 경산선사(徑山禪寺)에 가서 무준사범(無准師範)을 스승으로 모셨다. 무준이 죽은 후에 조원은 당시 임제종의 대혜(大慧)와 호구(虎丘)의 두 법계의 명승들을 두루 참배하여 깨달음이 크게 진전되었고, 명성을 떨쳤다. 1279년 일본 가마쿠라 막부가 호조(北條)를 집권할 때 조원의 명성을 듣고 그를 찾아가자, 초빙에 응하여 일본으로 가서 무학파(無學派=佛光派)의 시조가 되었다. 겐초지(建長寺)와 엔가쿠지(圓覺寺)에 겸주하면서 일본 임제종에 영향을 주었다. 그 지도법은 노파선(老婆禪)이라 불리며 많은 가마쿠라 무사들의 참선에 영향을 주었다.

사람이다. 원이 망했을 때는 진종경[135] 같은 인물이 일본으로 도피해 왔다. 그리고 명말에도 역시 상당한 수가 일본으로 도피해 왔다. 예를 들어 주순수[p.323], 진원찬,[136] 독립성역,[137] 심월[138] 등과 같은 사람이 도피해 왔다. 청조 멸망에 즈음에서도 역시 뤄전위[139] 등이 일단 일본으로 도피해 왔다. 구훙밍[140]은 일본에 귀화했다고 한다. 이는 일본의 국체가 공고하며 안전하기에 도피하는 경우에 일본이

---

135) 진종경(陳宗敬, 1322~1395) : 중국 원(元)의 의사. 원나라 멸망으로 일본 하카타(博多)로 망명해 의사를 업으로 삼았다. 무로마치 막부의 부름에 응하여 지쿠젠(筑前, 현재 후쿠오카 현)의 소후쿠지(崇福寺)로 출가했다.

136) 진원찬(陳元贇, 1587~1671) : 중국 절강성 출신. 소림사에서 무술을 수련했으며 소림오권(少林五拳)과 씨름(摔跤)에 능했다. 저서로 『만법전서(萬法全書)』가 있다. 명청 교체기의 난을 피하여 일본으로 건너가 초기에는 나고야 오와리(尾張) 번주 도쿠가와 요시나오(德川義直)의 문객으로 있다가, 에도 고쿠쇼지(國昌寺)로 옮겨가 제자들에게 권법을 가르쳤다. 제자 중에 아베 쓰로(礬貝茨郎), 미가 요시타쓰(三蒲義辰), 후쿠노 마사오(福野正夫)는 "중세 일본 유술(柔術)의 시조"가 되었다.

137) 독립성역(獨立性易, 1596~1672) : 명말에 태어나 청초에 일본에 도래한 임제종 황벽(黃檗)파의 선승. 황벽종(黃檗宗)은 일본 삼선종의 하나이다. 의술에 능했으며 일본에 서법(書法), 전각 등을 전했다. 문인화에도 능해 일본 문인화의 선구가 되는 수묵화를 남겼다.

138) 심월(心越, 1639~1695) : 일본에 망명한 명의 선승. 중국 고래의 칠현금(七弦琴) 음악을 체계화한 금학가(琴學家). 나가사키에 망명해 이후 도쿠가와 미쓰쿠니의 부름으로 미토에 가서 종교, 예술 면에서 널리 활약했다. 미토에 기온지(祇園寺)를 열었다.

139) 뤄전위(羅振玉, 1866~1940) : 청나라 말기부터 중화민국 초기에 걸쳐 활동한 고증학자, 금석학자. 1906년부터 관직에 등용되어 주로 농업과 관련된 다양한 직책을 역임했으며, 1909년부터 1912년까지 경사대학당(京師大學堂) 농과대학(農科大學)의 감독을 맡았다. 1912년 신해혁명 발발 이후에는 일본으로 망명하였으며, 교토에 거주하면서 고증학을 공부하였다. 그 뒤 1919년 톈진으로 돌아와 선통제의 퇴위에 반대하여 복권 운동을 펼치는 등 정치활동을 하였으며, 선통제의 사부(師傅)가 되어 교육을 담당하였다. 만주국 성립 후에는 참의부 참의, 감찰원장을 지냈다.

140) 구훙밍(辜鴻銘, 1857~1928) : 청말민초의 학자. 영국령 말레이지아 페낭에서 태어나 에딘버러대학 졸업 후 독일, 프랑스, 이탈리아 등에서 유학했다. 영어 이름은 Thomson. 장지동(張之洞)의 비서를 지냈으며 이후 외무부 대승이 되었다. 민국 성립 이후에는 관직에 들지 않았으며 저술과 교육에 전념했다. 복벽론자(復辟論者)로서 구 중국문명을 옹호하고 5.4운동에 반대했다. 1924~1927년 일본 다이토분카 가쿠인(大同文化學園, 현재 다이토분카 대학)에서 강사를 지냈다. 귀국 후 장쭤린(張作霖)의 고문이 되었다.

가장 좋은 도피 장소였기 때문이며, 지나에서 저런 동란이 있을 때마다 도피해 와서 결국 귀화하는 자도 생긴 것이다. 일본은 역시 '우라야스의 나라'[141]이다. 누차 파괴되어 혁명을 하지 않으면 안 되는 국체는 무언가 대단히 큰 결함이 있다는 것을 의미한다.

(3)【우리 국체는 영구하다】신칙 제3단에 "황실의 번영은 천양무궁하리라"라고 있는데 그것이 실현되어 오늘날에 이르게 된 것이다. 이 "황실 무궁의 융성"이라는 것은 일본민족에 전해진 고전설로서 오로지 신칙에만 있는 게 아니라 스진 천황의 조칙에도 보인다. 스진 천황 4년 조칙에

    무궁의 황실을 길이 보전하리.

라고 있는데, 아주 오래 전부터 일본민족 간에 퍼져 있던 신념이라고 생각한다. 『만엽집』의 옛 노래에는 자주 나온다. 그리고 나라 시대 무렵의 선명宣命에도 여기저기 나와 있는 생각이므로 이 정신은 상당히 보급되어 있었다고 보인다. 유대에서는 다비드, 솔로몬 무렵에 여호와가 길이 네 나라를 견고히 하리라고 종종 예언했다고 하는데 그 후 사마리아도 유대도 다소 시대는 다르지만 양쪽 모두 수백 년이 지나 멸망했다. 우리 일본은 무가시대를 거쳐 때로는 상당히 부침도 있었지만 국체는 조금도 변하지 않고 메이지유신을 거쳐 점점 더 번영해왔다. 참으로 영구한 성질을 가진 국체이다. 영구하다는 것은 일본민족의 신념에 의해 실제로 이뤄진 것이다.

    이와 대조해 생각해야 할 일은 패자霸者의 치적이다. 패자의 치적은 혁혁하지만 영속하지 않는다고 앞서 말했는데, 패자와 상반되게 도덕을 기초로 성립한 국체는 영구적이다. 맹자가 이미 인자仁者에게

---

141) 우라야스의 나라(浦安의 國). 마음이 편안한 나라. 평안한 나라. 이 의미로부터 야마토노쿠니(大和國) 또는 일본국을 미화해 부르는 별칭이 되었다.

적이 없다고 말했다. 인자에게 적이 없는 건 아니지만, 있어도 지는 게 상칙常則이다. 그리고 충군애국이라는 것도 도덕적 국체와 무관하다면 협애하고 고루한 것이 될 우려가 있다. 국체가 이미 도덕적 성질을 가진다면 애국이라는 것은 반드시 그 나라에만 한정되는 것이 아니다. 나라를 사랑하는 이유가 동시에 세계를 위해 진력하는 이유가 된다. 국가를 위한 봉사가 동시에 널리 인류사회를 위한 봉사가 된다.

또 충군이라고 해도 그 군주가 도덕적 군주가 아니면 충군이라는 것도 도덕상 시인되지 않는다. 군주가 반드시 도덕적 정신을 가지고 정치를 행하며 또 대외적으로도 도덕적 정신을 가지고 활동한다면, 즉 인도를 발휘하는 정신을 가지고 주권을 행사한다면, 충군이 동시에 널리 세계에 대해서도 도덕적 의의를 가지는 것이 된다. 그러므로 세계 각국의 미움을 받아 박멸될 우려는 없다. 최근에 지나·미국 및 기타 나라들로부터 여러모로 일본이 비난받고 있는데, 그 이유 중에는 일본 자신이 크게 돌아봐야 할 점도 있을 것이며 또 외국의 이기적 동기에서 나온 것도 있을 것이다. 그러므로 그런 일은 결코 우리 국체가 영구하다는 것의 반증이 되지는 않는다. 또 각 시대마다 일본국민은 점점 더 우리 국체의 도덕성을 발휘하여 이를 영구히 하도록 노력해야 한다. 단지 영구하다고 해서 저절로 영구한 것처럼 방임하는 것은 잘못이며, 역시 우리 국민은 자기의 활동에 의해 이미 영구한 성질을 가진 것을 앞으로 진정 영구하도록 노력해야 한다. 즉 영구히 하도록 하면 영구할만한 성질이 구비된다. 그런 의미이다.

(4)【우리 국체는 특이한 것이다】국체라는 것은 나라마다 다르다. 같은 입헌군주국체라고 해도 역시 각각 미세한 점에서 차이가 있다. 같은 공화국체라고 해도 역시 각각 헌법이 다르므로 국체가 엄밀히 동일하다고는 물론 말할 수 없다. 하지만 그 중에 우리 일본의 국체는 가장 성질을 달리한다. 무엇보다 만세일계의 황통이라는 것은

제4장 국민도덕과 신도

다른 곳에는 결코 없다. 만세일계의 황통이 단지 혈통적일 뿐 아니라 정신적이다. 즉 정치를 행하는 근본주의, 즉 덕치주의가 예로부터 일관해 온 것은 일찍이 유례가 없다.

따라서 일본에는 그 외에 다른 유례없는 일이 여럿 있다. 예를 들어 군국일체君國一體가 그것이다. 군주와 국가를 분리할 수 없도록 되어 있다. 군주는 국가의 중심점이며, 국가는 군주의 것이다. 하지만 일본의 천황은 국가를 자기 것으로 삼지 않으신다. 사유私有의 의미로 삼지 않으신다. 인민은 국가를 천황의 것으로 한다. 천황은 공명정대한 정신을 가지고 이를 공공적인 것으로 삼으시는 것이다. 그 점이 상당히 특색을 발휘하는 점이다. 천황이 국가를 자기 것으로 삼지 않으심은 이미 이노우에 고와시[p.447]가 「고토다마言靈」142)에서 상당히 명료하게 논했다. 바로 그대로이다. 그래서 군국일체이다. 이는 일본에서만 그러하다고 생각한다. 일본에서는 짐은 국가라고 하는 것이 말이 된다. 군국일체의 사실이 없는 곳에서는 말이 안 되지만 일본에서는 전혀 문제가 없다. 일본의 국체를 이해하면 당연하다. 짐은 국가라고 하는 것은 국가를 사유한다는 의미가 전혀 아니다. 군국일체의 의미이다. 짐은 국가라고 일찍이 천황이 말씀하신 적은 없지만 말씀하셔도 전혀 문제없다. 거기에서 충군애국이라는 것이 일본에서는 훌륭하게 일치한다.

다른 나라에서는 일치하지 않는다. 일치하는 경우도 있지만 일치하지 않는 경우가 상당히 많다. 충군이 반드시 애국이 되지 않고, 애국은 오히려 군주에게 적대할 필요를 야기하는 일이 있다. 각양각색이다. 러시아는 니콜라이 2세를 1917년 3월 15일에 폐위시키고

---

142) 「고토타마(言靈)」. 메이지헌법 제정 직후에 이노우에 고와시가 작성한 글. 이노우에는 '시라스(シラス)'의 의미에 대해 그가 가필, 수정에 참여한 『헌법의해』에서 "'시라스'란 바로 통치의 의미이다....헌법이 근거의 기초로 삼는 바이다"라고 밝혔는데, 「고토타마」에서는 그 개요를 보다 자세하게 설명하고 있다. 『梧陰存稿』六合館, 1895에 수록.

이듬해 6월 17일 총살했다. 지나에서 1907년 혁명을 일으킨 때에는 선통제[143]를 버렸다. 독일에서도 카이저 빌헬름 2세를 버렸다. 빌헬름 2세는 네덜란드로 도주했다. 이렇게 충군애국은 다른 나라에서는 반드시 일치하는 것은 아니며 일치하지 않는 일이 많다. 일본에서는 완전히 일치한다. 정체는 지금까지 몇 번이고 변했다. 처음에는 전제정체, 후에는 입헌정체가 되었다. 하지만 국체는 일관한다. 그래서 일본에서는 혁신은 있었지만, 혁명은 일찍이 없었던 것이다. 혁명을 허용하지 않는 나라이다. 혁명이 필요 없는 나라이다. 왜냐하면 그렇게 우수한 국체를 가졌기 때문이다. 게다가 동서고금에 걸출한 국체이므로 어찌 혁명이 필요하랴. 열악하여 도저히 이대로는 갈 수 없는 국체였다면 혁명이 필요했겠지만, 대단히 우수한 국체이므로 일찍이 혁명이 필요 없었던 것이다. 따라서 우리 국체는 영구하다. 만약 군민일체를 파괴하는 일이 생긴다면 매우 부정적인 결과를 초래할 것이다.

그래서 국민도덕의 입장에서 왜 일본의 국체가 우수한지, 공고한지를 일반 국민에게 이해시킬 필요가 있다. 그 결과 국체가 점점 더 영원무궁을 향해 지속해 나아가게 되리라 생각한다. 어쨌든 우리 국체는 다른 나라와 상당히 다른 특이한 점을 가진다. 세계에 유일무이하다. 일본과 같은 국체를 가진 나라는 자고이래 없다. 로마제국은 어떤 점에서는 많은 부분 우리 일본과 닮았지만 결코 만세일계의 황통은 없으며, 아무리 생각해도 이는 어디에도 없다. 그래서 다른 나라에서는 국체가 변하면 정체도 동시에 변하게 된다. 예를 들어 러시아제국은 1917년 3월 15일 니콜라이 2세를 황제에서 폐위한 이래 국체가 변했다. 국체가 변했을 때 정체도 같이 변했다. 정체가 변한 후에 국체만이 변함없이 일관되는 일은 없다. 세상에 그런 것은 없다.

---

143) 선통제(宣統帝, 1906~1967) : 중국 청조 최후의 황제. 1808~1912년 재위. 이름은 푸이(溥儀). 신해혁명으로 퇴위했다.

제4장 국민도덕과 신도

지나도 같은 경우이다. 1912년에 공화국체가 되었는데 공화국체가 되어 정체도 변했다. 즉 공화정체가 되었다. 정체만 변하고 변치 않는 국체가 고금을 관통하는 일은 없다. 그런 것은 어디에도 없다. 이러한 여러 점에서 보건대 일본의 국체는 상당히 특이한 성질을 가진다고 할 것이다.

(5)【우리 국체는 존엄하다】대체로 도덕적 올바름이 극도로 실현되면 존엄 관념이 반드시 생긴다. 도덕적으로 올바르지 않다면 아무리 해도 존엄의 감정은 일어나지 않는다. 특히 도덕적으로 보아 천하거나 미워할 일이라면 당연히 존엄이 일어날 리 없다. 경멸의 생각 외에 없을 것이다. 하지만 우리 국체는 도덕적이며 그 도덕적인 바가 상당히 잘 발휘되어 왔으므로, 자연스럽게 거기에 존엄 관념이 생겼다고 생각한다. 물론 수천 년 역사를 거쳤으며 역사에 있는 일이 모두 완전하다고 할 수 없고, 모두 이상적이며 훌륭하게 행해졌다고 말할 수 없으며, 여러모로 착오도 있고 과실도 있고 요구를 채우지 못한 일도 적지 않았을 것이다. 하지만 그럼에도 불구하고 비교적 도덕적인 국체가 잘 성립하여 발전하여 실현되어 왔다는 것은 세계적으로 뚜렷한 사실이라고 할 수 있을 것이다. 그리고 신도라는 것은 국체와 함께 발생해 내려왔다. 신도 중에 가장 중대한 부분은 국체신도이다.[144] 황실을 중심으로 행해진 모든 국가 의식儀式은 국체신도의 범위에 속한다. 그러한 국체신도의 의식은 우리 일본에게 상당히 중요하며 비상한 도덕적 의의를 가지고 있다.

국체신도는 일종의 종교로 봐도 무방하며, 일종의 종교적 색채를 띨 정도로 존엄한 성질을 갖고 있다. 국체의 한 방면은 신도로 되어 있다. 신도는 국체를 떠나면 그 특색을 잃는다. 국체와 결착한 곳에

---

[144] 이노우에 데쓰지로가 국체신도에 관해 보다 면밀하게 논의한 내용은 「신도와 세계종교[p.402]」를 참조하라.

신도의 기초가 있다. 결착할 뿐만 아니라, 국체에 기초를 부여하고 국체를 유지해가는 하나의 정신적 노력이다. 신도는 상당히 국가적인 것이며, 단지 한 사람의 행복을 미래에 추구하는 것 같은 이기적인 종교가 아니라 국가의 유지·존속·발전에 부익扶翼하는 정신적 노력이다. 이 점에서 신도는 불교 및 기독교와 성질이 상당히 다르다. 불교와 기독교는 반드시 국가의 명맥에 부익하려 노력하지 않는다. 국가가 멸망해도 불교와 기독교는 자신의 생명을 지속, 발전시키고자 노력한다. 하지만 신도는 우리 국체의 존엄한 방면이 종교적 노력이 되어 발생해 온 것이다. 때때로 우리 국체는 신성하다고 외치는 자가 있는 것은 바로 그 존엄한 방면을 강조해 말한 것이다. 신성이라 한다면 신성이라 해도 좋다. 모든 국가의 대전大典은 매우 신성한 성질을 가지므로 이를 부정할 수는 없다.

(6)【우리 국체는 순정하다】도대체 국체를 어떻게 하면 좋은가란 하나의 철학적 문제이다. 일반적으로 국체라는 것을 건설할 때 어떤 식으로 건설해야 하는가, 어떤 목적을 가지고 건설해야 하는가를 말하자면, 이는 그 국민의 문화적 발전을 목적으로 해야 할 것이다. 어떤 식으로 국체를 건설하면 가장 국민의 문화적 발전을 잘 이룰 수 있을까? 오로지 그 국민의 공리적 만족을 가져오려는 저열한 생각이 아니라, 그보다 훨씬 더 고상한 문화적 발전을 성취하는 데 가장 적절한 국체가 합리적일 것이다.

그런데 국체는 각국 국민이 여러모로 시도했지만 그 실험 결과에 의하면 우리 국체가 문화적 발전을 이루는 데 가장 적합한 것은 아닐까? 그렇다면 지금까지 우리 일본국민이 최고도의 문화적 발전을 이루었는가 하면 그렇지는 않지만, 그러나 문화적 발전을 이루기 위해서는 역시 공고한 국체를 가지지 않으면 곤란하다. 동란에 동란이 계속되어서는 목적을 달성할 수 없다. 한때는 꽤 번영해도 다시 거꾸로 돌아가 버려서 일이 잘 안 된다. 그런데 우리 일본의 국체는 많은

제4장 국민도덕과 신도

국체 중에 비교적 좋다. 일반적으로 인류를 위해 어떤 국체가 좋은가라는 그 목적에 맞는 국체라고 생각한다. 그리고 우리 국체를 통해 비교적 인도주의가 잘 행해지고 있다. 고사가 천황[145]이 지으시길,

저 멀리 천天으로부터 내려온
도道 있는 나라는 지금의 우리나라

라고 되어 있듯이, 인도라고 하는 것이 우리 국체를 통해 상당히 잘 발휘되어 있다. 비교적 잘 발휘되어 있다. 그래서 우리나라 역사를 생각해보면 심하게 잔혹한 일은 적다. 이를 다른 민족과 비교해보면 분명히 차이가 있다. 지나, 조선의 역사를 보면 일본에 없는 잔혹한 일이 상당히 있다. 예를 들어 인육을 먹는다든지 하는 일이 지나에는 꽤 있다. 아주 예전뿐 아니라 상당히 후세에도 있다. 지금 일일이 열거할 여유가 없다. 그리고 조선의 역사, 특히 『삼국사기』를 보면 기근일 때 사람들이 서로 해친 일이 종종 있다. 인간이 서로 잡아먹었다는 것이다. 그런 일은 일본 역사에는 거의 없다. 단 한군데 『일본서기』중에(긴메이 천황 28년)[146] 사람들이 서로 해쳤다고 되어 있다. 하지만 이는 너무 드문 일이므로 문제제기 차원에서 언급했지만, 『육국사』160권 중에 사람들이 서로 해쳤다고 하는 일은 이외에는 없었다. 또 유대 역사를 봐도 실로 잔혹한 일이 있다. 일본 역사에는 볼 수도 생각할 수도 없는 잔혹한 일이 자주 보인다. 서양에서도 세계대전의 비참함은 놀랄 정도이다. 독일이 저지른 만행은 도저히 일본인이 할 만한 일이 아니다. 일본인은 예로부터 외국의 포로를

---

145) 고사가 천황(後嵯峨天皇, 1220~1272) : 88대 천황. 재위 4년에 황자(고후카쿠사 천황, 後深草天皇)에게 양위하고 원정(院政)을 개시했다. 이후 황태자를 고후카쿠사 상황의 황자가 아닌, 가메야마 천황(龜山天皇)의 황자로 함으로써 이후 남조와 북조로 이분되는시대를 여는 발단을 만들었다.
146) 긴메이 천황(欽明天皇, 539~571?) : 9대 천황. 이 시기 최대의 정치과제는 한반도를 둘러싼 국제정세였으며 이른바 '임나일본부'설과도 관계 깊다. 이 시기에 백제로부터 불교가 공식 전래되었다.

우대한 형적이 있다. 전반적으로 국체의 기초가 도덕적이었기 때문에, 그것이 사회교육으로서 일반 국민에게 영향을 미쳐 잔혹한 일은 그다지 하지 않는 분위기가 있다. 나쁜 일을 저지른 자에게도 대체로 관대하게 대하는 것寬仮147)이 예부터의 풍습이다. 다만 근래에 야마다 겐148) 같은 자가 나와서 나빠진 경향도 있으며 군자국이라고는 도저히 말할 수 없다고 생각하지만, 원래 일본은 비교적 참혹한 일이 적은 나라이다. 오늘날에는 범죄학자의 설에 의하면 일본에 가장 범죄인이 많다고 말하지만 그건 메이지 이래의 일이다. 어쨌든 반성할 일이다. 역사적으로는 순정일지라도 장래 자연히 순정이라고 할 수는 없으므로, 국민은 자진하여 풍속을 선하게 만들도록 더욱 노력해야 한다.

국민도덕은 우리 국체의 특색에 따라 발생해온 것이므로 자연히 그 특색을 가지고 있다. 달리 유례없는 국체가 있는 이상, 거기에 일종의 특유한 국민도덕이 발생해온 것도 이상하게 생각할 이유가 없다. 하지만 국민도덕이 역사에 의해 확정되었다고만은 할 수 없다. 국민이상에 맞춰 조율되는 것임은 말할 필요도 없다. 즉 앞으로 어떤 이상을 실현해 나아갈 것인가가 앞으로 국민이 실행할 도덕과 크나큰 관계를 가진다. 역사적 관계와 국민이상의 관계, 이 양방향의 영향을 받아서 오늘날의 국민도덕이 성립하는 것이다.

그러므로 국민이상에 관해 충분히 서술하고 싶지만, 이 또한 상당히 큰 문제이므로 별도로 논하겠다. 다만 말해두자면, 국민이상 중에 가장 중대한 것은 역사와 모순되지 않는다. 예를 들어 인도주의는 장차 국민이상의 가장 중대한 것임에 틀림없는데, 이는 우리나라에

---

147) 관가(寬仮). 타인의 잘못이나 결점을 관대히 다루어 심하게 문책하지 않음.
148) 야마다 겐(山田憲, 1890~1921) : 다이쇼 시기의 관리. 도쿄제국대학을 졸업하고 농상무성의 기사(技師)가 되었다. 미두(米豆)에서 발생한 손실을 메꾸기 위해 요코하마의 수입상 스즈키 벤조로부터 뇌물을 받고, 그를 살해했다. 1921년 사형에 처해졌다.

제4장 국민도덕과 신도

서는 건국 이래의 방침이다. 일본의 국체는 도덕성을 가지는데 그 도덕성은 바꿔 말하면 인도주의이다. 그러므로 우리나라에서는 이상과 역사적 사실이 모순되지 않는다. 오히려 일치한다. 역사와 어긋나는 이상을 가진다면 나무에 대나무를 잇는 것처럼 잘 되지 않겠지만, 다행히도 우리 일본에서는 이 인도주의의 발휘라는 중대한 국민이상이 지금껏 역사적 사실과 완전히 일치하며, 진정으로 통일적이며 모순되지 않고 실행되어 왔다. 그밖에 평화주의, 문명주의, 공정주의 등도 우리 국체와 아무런 모순이 없다. 또 인격주의에 관해 보자면 유교, 불교 모두 인격주의이지만, 우리 신도도 인격주의이다. 신도는 인격교라고 해도 무방하다. 민주주의도 앞에서 말했듯이, 인민을 위한 정치라는 의미라면 이는 민본주의이며, 이미 우리나라에서는 건국 이래 행해져 그 실현은 근래 점차 성대해졌으며 헌법이 제정되고 제국의회가 개설되어 점점 더 실현되고 있다.

세계대전 후 서양 각국의 상황은 여러모로 변하여 국체의 변경도 종종 일어났지만 우리 국체는 이에 영향을 받지 않는다. 우리 국체의 진상 여하를 규명하면 점점 더 그 발전을 요구해야 하는 시대가 되었다. 독일의 카이저, 러시아의 차르는 모두 패자이며, 인민을 기계처럼 부리고 자기 야심을 채우려고 마음먹었던 제왕이다. 그런 제왕은 앞으로의 문명세계에서는 당연히 지위를 보전하지 못한다. 우리 일본의 역대 천황 중 패자는 한 사람도 없다. 모두 왕자이시다. 장차 왕자로서의 성격을 점점 더 발휘하시는 것이 당연한 흐름이다. 그러므로 우리와 그들을 혼동하여 논해서는 결코 안 된다. 그들과 우리 사이에 많은 공통점은 있지만 그런 공통점에도 불구하고 매우 큰 차이점이 있음을 식별하여 방침을 잘못해서는 안 된다고 생각한다.

제 5 장

철학

5.1 철학의 요구 및 장래

김정희

*** 해제 ***

이 글은 1915년 간행된 『철학과 종교^{哲学と宗教}』에 수록된 것으로 눈부신 과학의 성과를 마주하여 철학의 요구와 장래에 대해 논하고 있다. 과학의 발전에 따른 물질문명의 풍요는 철학의 장래를 회의적으로 보는 태도를 낳았다. 이러한 문제에 직면해서 이노우에는 먼저 철학의 의미를 명확히 하고, 다음으로 철학과 과학의 관계에 대한 분석을 통해 철학의 낙관적 장래를 전망한다. 그는 이를 위해 인간의 정신 작용을 방법, 대상, 영역의 세 가지 기준을 통해 종교, 철학, 과학의 세 범주로 분류하고 이들의 관계를 설명한다. 이 과정에서 그는 당대 철학자들의 이론을 인용 분석함으로써 자기의 주장을 정당화한다.

먼저 철학의 요구와 관련해서 철학은 인생과 세계라는 광범위한 대

제5장 철학

상에 관한 질문(경이)에서 시작한다. 이러한 질문이 불러오는 끊임없는 불안을 해결하여 마음의 평안(인생의 목적)을 얻기 위해 요구되는 것이 철학이다. 물론 종교도 철학과 같은 질문에서 출발하지만, 그 방법이 다르다. 즉 철학은 지적 활동을 통해 이 문제를 해결하려고 하지만 종교는 감정과 의지(정의적) 활동, 즉 믿음에 의지한다는 점에서 다르다.

과학은 지적 활동이라는 방법에서 철학과 닮았다. 그러나 그 대상이 다르다. 다시 말해 과학은 자연의 부분 현상을 다룬다는 점에서 인생과 세계라는 광범위한 대상을 다루는 철학과 다르다. 철학과 과학에서 대상의 차이는 과학과 구분되는 철학의 특색을 낳는다. 과학은 자연의 개별 현상을 탐구함으로써 가장 정확한 지식을 성취한다. 과학적 지식은 인간이 살아가는 동안 필연적으로 직면하는 인생과 세계에 관한 질문과 불안에 대해 답을 추구하지 않는다. 이는 개별 지식을 종합하고 통일하는 하나의 원리를 통해 가능하기 때문이다. 이러한 통합적 원리를 추구하는 것이 철학이다. 이러한 원리는 마음의 평안이라는 인생의 목적과 관련함으로써, 인간의 삶과 더불어 없어질 수 없다. 오히려 과학이 발전하면 할수록 과학의 성과인 개별 지식을 통합하는 원리에 대한 요구도 함께 높아질 것이므로, 철학 또한 더욱더 필요해진다고 보아야 한다.

다음 철학의 장래와 관련해서 이노우에는 콩트의 3단계설에 대한 비판을 통해 대체할 수 없는 철학의 특별한 지위를 밝힌다. 콩트에 따르면 인간 정신은 신학 시대, 초물리학 시대, 과학 시대의 3단계로 발전하고 과학 시대로 접어든 지금 초물리학 시대에 해당하는 철학은 소멸에 직면한다. 이노우에는 콩트의 3단계가 종교·철학·과학과 일치하지도 않을 뿐만 아니라 연속적이지도 않다고 비판한다. 그는 종교·철학·과학은 인간 정신활동의 발전 단계를 의미하지 않고, 방법·대상·영역에서 서로 다른 분야로서 성립하므로 동시적이라고 주장한다. 콩트에 따르면 신학에 해당하는 종교는 과학의 시대에 이르면 소멸해야 하지만, 인생과 세계에 대한 불안을 신앙으로 해결하고자 하는 종교는 소멸하지 않고 다른 변형된 형태로 인간의 삶과 함께 여전히 있다.

이노우에는 초물리학 시대의 철학은 광의의 철학이며, 나아가 과학 시대의 과학 또한 콩트가 통합과학을 말하는 한 과학과 철학은 구분할 수 없다고 주장한다. 실제로 현재 과학자들 사이에는 개별 과학에서 출발해서 점차 하나의 통일적 원리를 세우는 추세가 강해지고 있다. 이는 과학자들이 철학을 과학으로 대체한 것이 아니라 과학에서 철학의 영역으로 넘어온 것을 의미한다. 과학은 개별 현상을 다룰 뿐, 개별 이론들을 관통하는 하나의 통일적 원리를 세우는 일은 철학의 역할이기 때문이다.

철학은 방법·대상·영역을 전혀 달리하는 종교와 과학 사이에서 이 둘을 통일하고 조화하는 정신활동으로서 특별한 지위를 갖는다. 이노우에는 종교나 과학에 대해 철학이 갖는 고유의 효용을 세우고, 이를 통해 과학의 발전에도 불구하고 철학은 점점 더 중요해질 것이라고 주장한다.

제5장 철학

*** 번역 ***

서론

철학의 요구 및 장래에 대해 의견을 제시하기에 앞서 먼저 약간의 변명을 해야 할 것이 있다. 이는 다름이 아니라 철학에 대해 소극적인 견해를 가진 자들이 세상에는 많다. 또 반드시 소극적인 견해를 가지고 있지는 않지만 그다지 철학의 필요를 느끼지 않는 사람도 상당히 많다. 이는 대체로 다음 세 가지 원인에 따른다고 생각한다.

첫째, 철학이 무엇인지 잘 모르기 때문이다. 심하게는 철학을 오해하고 오해한 그 철학에 대해 소극적 태도를 보이는 이도 있다. 그리하여 철학은 이미 세상에 필요 없는 학문이고 이미 시대에 동떨어져 지금은 다른 지식 방면으로 옮겨 가 있다고 생각하는 이도 있다.

둘째, 철학이 인간의 필연적 요구에서 나온 것임을 자각하지 못하기 때문이다. 자각하지 못하는 것도 세계와 인생의 문제를 엄숙하게 고찰하는 태도를 갖지 않기 때문이다.

셋째, 최근 철학의 추세를 잘 이해하지 못하고 특히 자연과학자들 사이에서조차 철학적 관심이 점차 일어나고 있음을 생각하지 않기 때문이다.

결국 이러한 이유로 철학에 대해 지극히 냉담하거나 또는 반대의 태도를 보이는 일이 상당히 많다. 이에 대해 철학의 요구 및 장래에 관해 서술할 필요가 있다고 느껴 이러한 제목을 택했다.

철학의 요구

철학은 민족발전의 역사에서 보든 개인의 발전에 비추어 보든 같은 이유, 즉 세계와 인생이라는 중대한 문제에 대해 지적인 고찰을 할 때 필연적으로 일어난다. 인류는 이 세계에서 생존을 영위하지만 이

5.1 철학의 요구 및 장래

세계가 무엇인지는 지식이 발전함에 따라 필연적으로 하나의 불가사의한 문제가 되어 절박한 느낌이 일어난다. 또 세계와 인생의 관계, 이로부터 특히 생명 자체의 문제, 이러한 미묘한 문제가 연달아 일어나 불안한 정신상태를 필연적으로 초래한다. 더욱이 세속의 인간사에 쫓겨 먹고 사는 일로 분주하면 마침내 그 일로 너무 바빠 이 문제가 마음에 흔적을 남기지 않는 때도 있지만, 조금이라도 세속에서 벗어나 엄숙하게 세계와 인생이라는 중대한 문제에 대해 고찰하면 무엇이라고 말할 수 없는 하나의 느낌에 맞닥뜨린다. 그리하여 처음으로 이러한 문제를 접한 사람은 일반적으로 경이로써 이를 대하게 된다.

아리스토텔레스가 철학은 지금도 옛날에도 경이에서 시작한다고 했지만 이는 민족의 역사에 그치지 않고 개인이 성인으로 자라나 세계와 인생의 위대한 문제에 접촉했을 때도 마찬가지이다. 육상산[p.319]이 어렸을 때 "천지의 끝은 어디인가?"[1]라고 질문한 것도, 또 미우라 바이엔[2]이 어릴 때부터 천지조화에 대해 의문을 가진 것도 상당히 조숙한 면이 있지만 어쨌든 지식이 발달함에 따라 이러한 의문이 생긴 것이므로 이 역시 철학의 문을 여는 단서임은 분명하다.

의문이 연이어 일어나면 이를 그대로 둘 수는 없다. 심기일전하여 세속에 몰두하여 다시 이런 문제를 떠올리지 않는다면 혹시 잊어버릴 수 있을지 모르지만 한번 이런 문제에 접하면 쉽게 잊을 수 없다. 아무리 해도 이 문제가 머리 안에 꽉 차서 반드시 고민의 상태에 빠져

---

1) "天地何所窮際?" 『象山先生年譜』 3·4歲條, 『象山先生全集』 권36.
2) 미우라 바이엔(三浦梅園, 1723~1789) : 에도 시대의 자연철학자, 의원(醫員)이다. 난학과 유학을 융합한 조리학(條理學)이라는 독자적인 학문체계를 고안했다. 주요 저서로 『현어(玄語)』, 『췌어(贅語)』, 『감어(敢語)』가 있다. 바이엔 스스로 이를 '바이엔 삼어(梅園三語)'라고 했는데, 그의 사상의 골격을 이룬다. 미완으로 남은 『현어』에서 그는 기 철학 사상을 음양(陰陽), 천지, 도덕, 천신(天神), 사물(事物), 천명(天命), 우주, 방위 등 28개의 주제로 나누고, 이를 통해 기일원론(氣一元論)적 우주관을 체계화했다. 그의 이러한 자연철학은 청년시절에 중국을 거쳐 들어온 서양 천문학의 영향을 받은 것으로, 당시 일본 사상계를 대표하던 불교 유교와 다른 철학으로 성립한다.

제5장 철학

어떻게든 이를 해결하지 못하면 결코 마음의 평안을 얻을 수 없게 된다. 그런데 이때 두 가지 길이 있어 반드시 철학으로만 이끌지는 않는다. 이 경우 이미 전승된 기성의 종교에 귀의하면 신앙을 통해 정신의 위안을 구할 수 있다. 그러므로 아리스토텔레스가 철학은 경이에서 시작한다고 했지만, 경이는 철학만이 아니라 종교로 이끄는 하나의 단서가 될 수도 있다.

옛날부터 열렬한 종교가가 된 이들은 경이에서 비롯했던 경우가 종종 있다. 예를 들면 마틴 루터[p.161]는 함께 길을 가던 친구가 벼락에 맞아 죽었을 때 처음으로 하늘로부터 일종의 두려움을 느꼈다. 그 결과 열렬한 종교가가 되었다는 말도 있듯이, 경이는 종교로 이끌기도 한다. 루터 같은 경우는 아니지만 역시 널리 세계와 인생의 문제에 대해 미묘한 의문을 가져 그 결과 느낀 불안감을 멈출 수 없어 종교로 나아가 이로부터 안심을 얻는 일도 물론 있다. 그러나 이는 맹목적 신앙으로서 자신의 지적 능력을 둔화시키고 감정과 의지의 만족을 통해 정신의 불안을 멈추는 것이다.

어떻게 할지는 각자의 자유지만 사람에 따라서는 이처럼 못하고, 역시 자기의 지력에 의해 이 문제를 어떡하든지 해결하려는 태도를 갖는 이도 있다. 이쪽이 정신적 포부가 있어서 상당히 유쾌하다. 다시 말해 대담한 지적 태도이다. 이러한 지적 태도에서 철학이 필연적으로 일어난다. 세계와 인생에 대한 의문이 연이어 일어날 때 이를 해결하려는 시도의 결과가 바로 철학이 되기 때문이다. 해결하지 못해도 철학이 아니라고 할 수는 없지만, 완성은 아니다. 해결하려고 고심을 거듭해서 의혹에서 의혹으로 옮겨가며 결국 모든 일에 대해 의혹으로 끝내는 일도 있다. 이는 회의론자의 태도이다. 회의론자의 태도는 아직 철학의 길 위에 있는 것으로 결코 철학의 목적을 달성한 것은 아니다. 철학의 목적은 해결에 있다. 얼마라도 해결하면 그만큼 철학이다.

● 5.1 철학의 요구 및 장래

　철학과 종교는 인류의 필연적 요구에 응답해서 일어난 점은 같지만 종교는 신앙을 통해 정신의 위안을 얻기 위해 필요하다. 철학은 그렇지 않다. 같은 위안을 얻는다고 해도 지적 해결을 통해 얻고자 하므로 그 방법이 다르다. 다시 말해 철학과 종교는 공통점이 없지 않지만 그 성질에 차이가 있다. 종교에 지적 포부 따위는 없어서 자신의 지력에는 완전히 눈을 감고 전승된 기성의 것에 매달려 감정과 의지의 측면을 주축으로 한다. 그리하여 종교는 어리석은 민중을 위해 필요한 것이다. 철학은 소수이지만 지적 포부를 가진 자에게 필요하다. 지적 포부를 가진 자들은 반드시 끊이지 않고 세상에 출현한다. 철학이 옛날부터 그 맥을 이어 계속해서 발전해 가는 것은 이 때문이다.

　앞에서 말했듯이, 철학은 의문에서 일어난 정신의 불안을 달래기 위한 노력에서 유래하므로 이 측면에서 보면 개인의 요구에 근거한 것으로서 개인적 성질과 관계한다고 할 수 있다. 하지만 철학은 반드시 개인의 요구만으로 일어나지 않는다. 사회적 요구로부터 영향을 많이 받는다. 이에 대해서는 뒤에서 다시 말하겠다.

　원래 개인적 성질이 개인적 요구에서 일어난 철학의 성질을 결정하는 일도 있지만 엄밀히는 그렇게 말할 수 없다. 완전히 자기 입장에서 주관적으로 철학의 성질을 확정하는 사람도 있지만 상당히 객관적으로 진리를 탐구하여 비교적 개인의 인격과 관계가 희박한 예도 있어 일괄적으로 단언할 수는 없다. 물론 개인적 요구에서 일어난 철학이 종종 개인적 색채를 띠는 예가 적지 않다. 그렇다고 해서 모든 철학을 똑같이 개인적 성질에서 나온 것으로 보면 심하게 무리가 생겨 매우 불합리한 결과를 초래한다. 그리하여 논의가 자연히 궤변으로 흘러 철학은 조금도 존중할만한 가치가 없다는 식의 말이 나오게 되므로 상당히 주의해서 신중한 태도로 고찰해야 한다. 요컨대 철학은 종교와 달리 지적 해결을 성취하여 세계와 인생에 대해

제5장 철학

주의와 방침을 확정하고자 하는 필요에서 일어난다.

다음으로 지적 해결을 성취하고자 하는 것에서 세 가지 특색이 나타난다. 특히 이를 자연과학과 비교하면 반드시 철학의 특색으로 보아야 할 다음 세 가지 태도가 있다.

첫째, 철학은 모든 자연과학과 달리 통일적 지식을 요구한다. 지적 해결과 관련해서 자연과학에서도 특수한 문제에 대해 지적 해결을 하지만 이 점이 철학과 자연과학의 태도가 다른 부분이다. 진실로 지적 해결이라는 점은 같지만 철학에서 해결하고자 하는 문제는 세계와 인생이라는 광범위한 문제이다. 그리하여 아무래도 특수한 지식만으로 부족하여 많은 특수 지식을 종합해서 통일적인 해결을 해야 한다.

둘째, 자연과학은 고정불변의 법칙을 세우지만 원래 자연현상에 관한 연구이다. 자연현상도 각각 부문을 나누어 동물은 동물, 식물은 식물, 물리는 물리라는 형태로 특수 현상을 연구하지만 철학은 자연현상 그 자체로는 만족할 수 없다. 자연현상이 근거해서 일어나는 본원으로 거슬러 간다. 바꾸어 말하면 반드시 근본원리에 도달하고자 하는 태도를 취한다. 이 점이 바로 철학이 자연과학과 같이 지적 해결을 하면서도 일종의 특별한 태도를 갖는 부분이다.

셋째, 모든 연구 방법이 이론적이다. 이론적이라는 특색은 오히려 불리하다고 생각할 수도 있지만 그렇지 않다. 오직 특수한 사실을 연구하는 것만으로는 충분하지 않다. 이론적으로 연구해서 그 특수성을 초월해 일체를 이론을 통해 결론짓는 것이 정신계에서는 중요하다. 그렇지 않으면 특수 지식은 파편이 되어 귀결할 곳이 없어지므로 그 의미가 적어질 것이다. 이렇게 말하면 특수과학에도 이론은 있다고 주장하는 자가 있을 것이다. 물론 이론은 있다. 있지만, 있는 만큼은 역시 철학적이다. 그런데 철학 쪽에서는 단순히 특수 범위의 이론으로만 머물지 않는다. 부문에 따라 한정되지 않고 각 부문에 공통하는 이론을 세운다는 것에 일종의 특별한 태도가 있다. 이러한 철학의 태도가 어쨌든 반드시 있어야만 한다. 그리하여 철학이 오늘날까지 발전해 왔지만 이러한 태도는 오늘날 점점 필요하고 이후에는 더욱더 필요해진다고 생각한다.

근세에 자연과학이 발달하여 철학이 종교로부터 분리해 나오는 동시에 자연과학이 철학으로부터 떨어져 나와 급속한 진보를 이뤘다. 특히 19세기 이후 더욱 발전을 이루었다. 그리하여 부문이 점점 좁아지고 연구는 점점 깊어진다. 궁극적으로 도달하는 곳이 무엇인지는 모르겠지만 어디까지나 이런 경향을 갖는 모양새다. 그래서 전문분야에 따라서는 대단히 작고 좁은 문제를 연구하고 있다. 물론 이로부터 매우 커다란 결과를 낳는 일도 있다. 새로운 발견의 결과, 인생에 상당히 중대한 영향을 미치는 일도 있다. 그러나 그중에는 좁은 범위의 일을 열심히 탐구했으나 어떤 결과도 나오지 않는 일도 있다. 그렇다고 해도 어쨌든 이러한 전문적인 연구를 할 필요는 있다. 이러한 연구를 하지 않으면 학문에서의 지식 발전은 성취할 수 없으므로 이 또한 과학이 발전함에 따라 필연적 결과로 나타나는 현상이다.

하지만 이처럼 각 전문분야의 학자가 꽤 세밀하고 좁고 깊게 한 부분을 연구하지만 하면 할수록 세계와 인생이라는 광범위한 문제로부터 멀어져 간다. 세계와 인생의 문제는 누구에게나 일어난다. 누구라도 이 세계에서 생존을 도모하기 때문에 조금이라도 엄숙하게 생각해 보면 끝내 위대한 철학적 문제에 봉착할 수밖에 없다. 원래라면 부문적 연구를 완전히 완결했을 때 비로소 그 연구의 결과를 종합하고 통일하여 세계와 인생의 문제를 해결해야 한다. 이것이 순서에 맞다. 그러나 이러한 일은 불가능하다. 부문적 연구가 완결을 짓는 날은 실제로 없기 때문이다. 그러므로 이를 기다릴 수도 없다.

제 5 장 철학

기다리는 사이에 죽음을 맞이할 것이기 때문이다.

가슴 속에 깊고 커다란 번민을 낳는 이 의문을 조금도 해결하지 않고 죽어버리면 너무 유감스러우므로 반드시 살아 있는 동안 가능한 해결을 성취해야 한다. 이처럼 가능한 만큼의 해결을 성취하는 것, 이것이 철학이다. 물론 사람에 따라 능력의 차이는 있다. 어떤 사람은 의외로 잘 해결하지만 다른 사람은 그 정도로 잘하지 못한다. 그런 차이가 있다고 해도 이는 다른 문제이다. 어쨌든 그 시대에 얻을 수 있는 만큼의 지식을 종합해서 이러한 문제에 조금이라도 광명을 부여할 수 있으면 이를 그 시대의 철학이라고 해야 한다. 철학이 점차로 진보할 수 있는 것은 자연과학이 진보를 멈추지 않기 때문이다. 그렇지 않으면 철학의 진보는 상당히 어려워질 것이다.

자연과학이 일어나지 않았던 곳에서는 철학이 번영한 적이 있어도 그 이후 진보는 없었다. 인도가 이 경우이다. 베단타 철학[p.302] 및 그 외에 여러 종류의 철학이 일어나고 또 대승불교 철학도 상당히 높은 수준으로 발달했지만 이후 전혀 위세를 떨치지 못했다. 그러다 점차 쇠퇴만 할 뿐 그 시대의 철학과 같은 것은 다시 일어나지 못하고 또한 그 이상의 철학도 나오지 못했다. 한 번 번영했다고 해도 외부로부터 신지식을 공급받아 그 철학이 한 단계 발전을 성취할 기회를 만들지 못했기 때문이라고 생각한다.

이와 달리 서양은 끊임없이 자연과학이 진보하여 새로운 지식을 공급함으로써 철학도 이로 인해 커다란 발전을 성취할 기회를 얻었다. 해마다 달마다 새로운 지식이 공급됨으로써 그 시대 시대는 이전보다 한층 확실한 새로운 지식을 종합할 수 있었다. 이를 통해 철학도 발전을 성취할 수 있었다. 이처럼 부문적 연구만으로 인류는 살 수 없다.

인류는 역시 그 결과를 종합해서 그 시대 시대의 정신적 요구를

● 5.1 철학의 요구 및 장래

충족할 필요가 있다. 혹은 이렇게 말할지도 모르겠다. 이는 참으로 필요하기는 하지만 그렇게 건설된 철학은 완전하지 않다고. 세계와 인생의 모든 문제를 해결하기 위해서는 어디까지나 부문적 연구가 충분해야 하고, 부문적 연구가 아직 궁극에 이르지 못했으므로 철학은 더욱 불완전함을 면하지 못한다고. 그렇지만 이에 대해서는 이렇게 답해야 한다. 그 말은 어느 정도 일리가 있다. 철학은 완전을 기약할 수 없지만 가능한 완전에 가까워지고자 노력해 가는 것이 철학의 발전이다.

철학은 한 세대에 완전해지는 것이 아니라 점차 진리를 발휘해서 완전에 다가가는 수밖에 없다. 완전과 관련해서 말하면 어떤 학문도 완전하지 않다. 어느 부문의 연구라도 완전은 말할 수 없다고 생각한다. 물리학도 동물학도 어떤 학문이라도 완전한 학문이라고 할 수 없다. 철학 역시 완전하다고 할 수 없다. 완전하지 않더라도 상관하지 않고 가능한 한 완전에 다가가려고 노력하는 곳에 철학의 역사가 성립할 수 있다.

이러한 지식은 아무래도 감정, 의지와 구별해야 하는 점이 있다고 생각한다. 감정과 의지는 근본적이고, 지식은 획득된 것이다. 인생의 목적을 달성하기 위한 요구로서 성립한다. 바꿔 말하면 인간이 인생의 복잡한 관계를 잘 이해해서 확실하게 목적을 달성하고 발전하기 위해 필요하다. 모든 지식이 그러하지만 그중에서도 과학이 가장 확실하다.

모든 과학은 인간이 획득한 가장 정확한 지식이다. 이를 분류하고 조직해서 전한다. 본래 각 시대의 학자가 전문적 연구를 통해 확증한 결과를 조직하고 분류한 것이다. 이것이 점차 쌓이고 커지고 또 수정되면서 발전해 간다. 결국 이들이 모두 지식이다. 다만 가장 정확한 지식이다. 인류가 획득한 가장 귀중한 정신적 산물이다. 그렇지만

제5장 철학

이는 모두 수단일 뿐이다.

　지식은 어디까지나 수단이고 목적이 아니다. 인간에게 목적은 인생의 발전을 성취함에 있다. 인생의 발전을 성취하기 위해 필요한 수단으로서 지식을 획득하는 것이다. 그리하여 모든 전문과학은 결국 인생의 목적을 달성하기 위해 필요하다. 이를 단순히 도덕적 의미로만 보기에는 부족하다. 도덕적 의미만이 아니다. 가장 광범위한 관점에서 보아야만 한다고 생각한다. 공학이나 농학이 삶에서 필요한 이유로 공학은 인생에 편리한 여러 가지를 제조하여 발전을 돕고, 농학은 농업기술을 개량하고 식품을 공급하여 이 또한 인생의 발전을 돕기 때문이다. 의학은 인간의 생명이 걸린 병을 치료해서 발전을 돕는다. 법학도 마찬가지이다. 인간이나 사회에서 여러 분쟁이 일어나므로 이를 해결하여 그 발전을 돕는다. 이과와 문과의 모든 학과는 이와 약간 다르지만 결국은 역시 인생의 발전을 위한 것임은 틀림없다.

　순수하게 이론적인 학과는 뭔가 인생과 관계가 먼 듯하지만 결국 역시 인생을 위한 것이다. 또 물리학이나 수학 등은 얼핏 인생과 조금도 관계가 없어 보이지만 역시 직간접적으로 관계한다. 이론적인 학과는 바로 사회에 응용할 수 있지는 않다. 사회에 응용하고자 해도 크게 노력을 들여 긴 시간 연구를 해야 하므로 아무래도 어렵고 그리하여 자연히 그렇게 빠른 효과를 기대할 수는 없다. 응용 여부와 상관없이 긴 시간의 연구가 필요해지기도 한다. 그러나 아무리 긴 시간을 요구하는 연구라고 해도 역시 언젠가 인생에 도움이 되리라고 예상하고 연구한다고 볼 수밖에 없다. 더욱이 지식은 경우에 따라 현실과 거의 관계가 없는 것도 있다. 예를 들면 혜성에 관한 연구가 그렇다. 혜성이 어떤 궤도를 돌아 몇 년째에 온다는 것은 실제 생활에 어떤 영향을 미칠지 분명하지 않다. 이뿐만 아니다. 이 외에도 자연현상에 대한 이해가 우리의 실제 생활에 어떤 도움도 주지 않는 일이 있지만 우리의 지적 욕구를 충족시켜 주면 그것으로 좋다는 경우도 있다.

불가사의한 자연현상이 있으면 무엇일까 궁금해서 연구하고 원인을 밝히면 그것으로 잘 이해했다고 유쾌하게 느끼고 혼자 만족한다. 이 경우를 보면 지식이 최후의 목적처럼 보인다. 지식만 얻으면 좋고 응용 따위 전혀 상관하지 않는 듯하지만 이런 경우조차 지식은 결코 실제와 관계가 없지 않다고 생각한다.

지식이란 미리 획득해 놓으면 뭔가 도움이 될 가능성이 있다. 인생은 상당히 복잡한 관계를 갖는 것이다. 개인 관계만 복잡한 것이 아니고 인류의 발전이라는 측면에서도 상당히 커다란 관계가 있어서 혜성이든 그 밖의 자연현상이든 자세히 연구해 두면 그 지식이 서로 관계하면서 언젠가는 인간 세계에 커다란 영향을 미칠지도 모른다. 혹은 혜성이라는 것이 어쩌다가 세계관에 하나의 광명을 주어 이로부터 인생의 목적에 어떤 광명을 주는 일이 없다고는 할 수 없다. 이는 알 수 없지만, 알 수 없어도 지식을 획득해 두는 것이 중요하다. 이러한 지식을 조직하고 분류해서 점점 전달하면 점점 우주가 밝혀진다. 이를 열쇠로 하여 의외의 일을 해석할 수도 있으므로 지식이란 직접 실생활과 관계가 없는 듯 보이는 것도 언젠가 관계가 생겨날지도 모르는 것이다. 그러므로 지식은 어떤 지식이든 중요하며 이미 획득한 이상 정확하게 이를 후세에 전달할 필요가 있다.

지식은 원래 수단에 불과하지만 수단을 얻는 일 자체가 관심을 유발한다. 심리학에 모흥심[3]이라는 개념이 있다. 수단이 오히려 목적인 것처럼 흥미를 불러오는 일이 있다. 세상 사람들이 돈을 목적으로 오해하는 경우가 그 뚜렷한 예이다. 돈은 수단에 불과하지만, 이를

---

[3] 모흥심은 plot interest의 번역어이다. 이노우에 데쓰지로는 유지로 모토라, 나카지마 리키조 등과 함께 펴낸 『철학자휘(哲學字彙)』에서는 모흥심(謨興心)으로 번역했다. 플롯에서의 사건이나 이야기가 낳는 흥미나 자극을 의미한다.

목적으로 생각해 모흥심이 성립한다. 이런 예는 얼마든지 있는데 바로 그런 이유로 지식에 대해서도 모흥심이 생긴다. 게다가 지식은 돈 이상으로 귀중한 것이다. 더욱 모흥심이 클 것이다. 그러나 결국 지식은 수단이다. 인생의 목적을 달성하기 위해 필요한 것이다.

인생에서 가장 중요한 것은 인생의 발전이라는 목적이다. 철학의 주된 일은 이를 밝히는 것이다. 다른 학과에서는 결코 이러한 문제를 해결하기 위해 노력하지 않는다. 어떤 학과도 이를 문제로 삼지 않는다. 철학은 이를 도외시할 수 없다. 곧 철학에서는 중요한 문제이다. 이는 역시 세계와 관계를 떠나 해결할 수 없다. 그런데 인간에게 인생의 목적, 인생의 발전만큼 중대한 문제는 없지만 이를 해결하고자 하면 특수 부문의 연구만으로는 절대로 불가능하다. 여러 방면의 지식을 종합해서 해결을 시도해야 한다.

한 분야에 사로잡혀 있으면 아무래도 갇히게 된다. 그러나 이러한 시도를 하면 이것이 곧 철학이다. 그 연구의 결과가 그 자체로 철학이 된다. 한 부문의 전문가라도 그 부문의 지식을 토대로 하여 점점 범위를 넓혀 그 부문 외의 지식까지도 종합함으로써 마침내 세계와 인생의 문제에 접하는 일도 있다. 이 경우 이 사람은 이미 철학자의 태도를 취하고 있다. 처음에 부문적 전문가였지만 점차 변화하여 그 구역을 뛰어넘어 철학의 범위로 들어왔다고 봐야 한다.

철학은 개인적 요구로부터 시작하지만 또 사회적 요구로부터 일어나기도 한다. 물론 둘이 함께하는 일도 상당히 많을 것이다. 어쨌든 자신의 정신적 요구 외에 시세와 환경을 원인으로 촉발되는 경우도 있다. 이는 매우 큰 원인이다. 소크라테스, 칸트, 로체[p.148], 지금의 분트[p.24] 등은 이러한 시세와 환경의 관계에서 자유롭지 않다. 철학자가 철학적 견해에 따라 시세와 환경에 상당히 큰 영향을 미치기도 한다. 그런 일이 매우 많다. 이것이 이후의 사회적 추세를 확정하는 원동력이 되기도 한다. 또 한편에서 말하면 새로 일어난 철학자는 시세와 환경에 촉발되어 일어난다. 그리하여 어떤 시대에는 그 시세와 환경이 극적인 변화를 거친 후 일반에게 새로운 철학을 요구하는 일이 있다. 이 요구가 역시 어떤 특수한 철학적 정신을 갖는 자에게 영향을 주어 마침내 그 시대에 적절한 철학을 새롭게 제창하기에 이른다.

최근 시대에 대해 말하면, 교통기관의 발전으로 동서양 민족이 꽤 가까워졌다. 거리는 원래의 거리이지만 교통기관 때문에 그 관계가 상당히 친밀해져 옛사람이 느끼지 못한 종류의 느낌이 생기는 일이 매우 많다. 상당히 서로 다른 풍속과 습관이 접촉하고 또 종교와 도덕도 서로 관계를 갖게 되었다. 요컨대 개인적 요구 외에 외부에서 자연히 요구하는 철학적 문제가 있다는 사실을 잊지 말아야 한다. 이에 대해서는 해야 할 말이 아직 많이 남아 있지만 여기서는 일단 생략하고 다음 문제로 넘어가도록 하겠다.

철학의 장래

철학의 장래에 대해서도 할 말이 많지만, 우선 철학이 점차로 소멸해 갈 것이라고 소극적으로 생각하는 사람이 있으므로 먼저 그 오류를 근본적으로 제거할 필요가 있다. 일찍이 오귀스트 콩트[p.220]는 인간 지식의 발달 순서를 세 단계로 설명했다.

첫째, 신학 시대

둘째, 초물리학 시대

셋째, 과학 시대

신학 시대는 곧 가설의 시대이다. 초물리학 시대는 추상의 시대이다. 과학 시대는 실증의 시대이다. 이러한 식으로 나누고 있다. 세 단계는 동시적으로 있지 않고 연속적이다. 신학 시대가 쇠퇴하고

제5장 철학

초물리학 시대가 오고 초물리학 시대가 쇠퇴하고 과학 시대가 오는 식으로 서로 이어서 일어난다. 신학 시대가 초기 시대이고 다음이 초물리학 시대이며 이것이 쇠퇴하여 지금의 과학 시대가 됐다는 식으로 생각했다.

이러한 사고는 무작정 틀렸다고 할 수는 없다. 상당히 그러한 면이 있기 때문이다. 그러나 그 단어 선택이 좋지 못하다. 예를 들면 신학은 맨 처음 일어난 것이 아니다. 신학이 아니라 넓은 의미에서 종교라고 하면 적절하겠다. 맨 처음 종교가 일어났기 때문이다. 유치한 종교이긴 하지만 철학보다 종교 쪽이 먼저 일어났다. 인도의 경우 베다 시대의 신화가 먼저이고 철학은 훨씬 뒤에 브라흐마나스[4])에서 일어났다. 그리스에서도 신화가 가장 먼저 있었고 철학은 오히려 신화와 관계를 끊고 일어났다. 즉 신화보다 뒤이다. 그리고 신화는 당시 종교의 내용이었다. 따라서 철학보다 이러한 종교가 먼저 일어난 것은 사실이다. 이는 의심할 여지가 없다.

초물리학이란 아주 넓은 의미에서의 철학을 가리킨다고 생각한다. 철학을 초물리학으로 한정하는 것은 타당하지 않다. 초물리학도 있었지만 초물리학이라고 할 수 없는 철학도 있었기 때문이다. 게다가 옛날부터 있었다고 해서 초물리학만이 철학이라는 사고는 아무래도 타당하지 않지만 어쨌든 종교를 이어서 철학이 일어났다.

과학은 철학보다 뒤에 일어났다. 과학은 그리스시대부터 있었지만 처음에는 철학 안에 포함해 있었다. 그리고서는 점점 철학에서

---

4) 베다를 체계에 따라 4단계 분류할 때 그중 하나이다. 4단계는 상히타, 브라흐마나, 아란야카, 우파니샤드[p.300] 를 가리킨다. 4단계에서 상히타는 각 베다의 중심 부분이자 맨 처음에 온다. 주로 신들에 대한 찬가, 기도 등을 의미하는 만트라로 이루어진다. 브라흐마나는 사제를 위한 의례를 설명한 부분으로 상히타를 이루는 만트라의 의미와 사용법에 대한 해석이다. 브라흐마나의 다음에 오는 아란야카는 숲으로 들어간 은자들을 위한 수행을 설명한 부분으로 만트라의 상징적 의미와 사용법에 대한 해석이다. 는 베다의 가장 마지막에 오는 것으로, 인간과 우주에 대한 다양한 철학적 사유를 볼 수 있다.

떨어져 나와 발전했다. 철학에서 제대로 떨어져 나온 것은 근세 초기이다. 그러므로 초물리학을 철학이라고 보면 이 셋이 일어난 순서는 콩트가 말한 대로이다. 제일 먼저 종교가 일어나고 이를 이어 철학이 일어나고 이를 이어 과학이 일어났다는 주장은 타당하다. 그러나 콩트가 말한 대로 이들이 서로 이어서 일어났다면 즉 철학이 일어났을 때 종교는 이미 필요하지 않고 과학이 일어났을 때 철학은 이미 필요하지 않다고 한다면 지금은 철학이 필요 없어진 시대가 되어 철학의 장래는 아무것도 없다. 그러나 이는 콩트가 명료함을 크게 결여하고 있는 점이라고 생각한다.

콩트의 입장은 자연과학을 종합하여 그 일반을 고찰하는 태도를 취한다. 그리고 이를 철학이라고 이름 붙인다. 그가 말하는 실증철학이다. 이처럼 보면 두 번째 단계의 초물리학은 너무 편협하게 말한 것으로, 이를 철학이라고 하면 어떤 종류의 철학은 과거에 속하여 오늘날에는 세력을 갖지 않는다고 말할 수는 있다. 설사 세력이 남아 있다고 해도 점차 약해지고 있다고 할 수는 있지만 이는 어떤 특수 철학이며 철학 자체가 모두 과거에 속하여 장래에는 전혀 무의미하다고는 결코 말할 수 없다.

콩트가 주장하고 있는 것에도 역시 철학이라는 이름을 붙이고 있다. 즉 실증철학이라고 한다. 다만 철학을 확립하는 방식에 차이가 있을 뿐이다. 그런데 확립방식의 차이라고 해도 어떤 점에 한정된 것일 뿐 그 외에는 차이가 없다. 예를 들면 철학을 종합과학이라고 보는 점은 콩트도 다른 많은 철학자와 같다. 다만 실재라는 현상을 넘어서는 초월적인 것을 세우지 않는다. 이 점이 다르지만 콩트가 세운 것 또한 철학의 한 종류이다. 이렇게 보면 철학은 다만 사람에 따라 이를 건설하는 방법이 변할 뿐 철학 자체가 없어진다고 할 수는 없다.

제 5 장 철학

더욱이 콩트의 확립방식은 극단적이다. 참으로 극단적이지만 아무리 극단적이라고 봐도 철학은 소멸하지 않는다. 따라서 종교, 철학, 과학의 순서는 콩트가 말한 대로이지만 철학이 일어나면 종교가 없어지고 과학이 일어나면 철학이 없어진다는 말은 결코 사실에 맞지 않는다. 오늘날 종교도 없어지지 않았다. 종교는 점차 쇠퇴하는 듯 보인다. 하지만 이는 구식의 종교가 세력을 잃은 것으로 재빨리 새로운 종교로 변형해서 세력을 얻고 있음을 부정할 수는 없다.

이 일은 잠시 제쳐두고 철학은 여러 시세와 환경에 의해 변하지만 없어진다고는 생각할 수 없다. 특히 근래에 과학자 사이에서 점점 철학적 문제가 제기되고 있다. 다윈[p.63]의 진화론이 특히 광범위한 문제로 크게 철학에 영향을 주었다. 헉슬리[p.247], 헤켈[p.274] 등은 진화론자이면서 철학의 문제에 관심을 기울였다. 또 스펜서는 철학의 측면에 한층 힘을 쏟아 마침내 종합 철학을 건설한 일도 있다. 스펜서의 경우 과학자라기보다 철학자이지만 헉슬리나 헤켈은 과학자의 입장에서 철학 문제에 접근했다. 헬름홀츠,[5] 에밀 뒤부아 레몽[p.284] 등도 과학자의 입장에서 철학 문제에 접근했다. 포앙카레,[6] 네겔

---

[5] 헤르만 헬름홀츠(Hermann Von Helmholtz, 1821~1894) : 독일의 물리학자, 생리학자. 쾨니히스부르크, 베를린대학에서 물리학 교수를 역임하였다. 논문 「힘의 보존에 대하여」(1847)에서 에너지 보존의 법칙을 수학적으로 표현, 물리학 전반에 적용된다는 것을 분명히 했다. 신경전도의 속도 측정이나, 그 외의 생리학 연구가 있다. 신칸트학파의 입장을 생리학적으로 해석하여, '감각기관의 특수 에너지'라는 설로부터 초경험적인 주관적 신비력을 인정하고, 감각은 외적 대상의 반영이 아니라 기호라고 보았다.

[6] 앙리 포앙카레(Henri Poincaré, 1854~1912) : 프랑스의 수학자이자 물리학자. 수학과 물리학의 전 방면에서 엄청난 업적을 남긴 인물이다. 수학에서는 카오스 이론, 동역학계(Dynamical System), 위상수학, 대수기하학의 아버지이며, 물리학에서는 상대성이론, 천체역학에서 뛰어난 업적을 남겼다. 수리철학 및 과학철학에도 큰 공헌을 남겼는데, 그는 이마누엘 칸트의 인식론을 비판적으로 계승 및 보완하여 20세기 철학에 많은 영향을 미쳤다. 수학 명제를 선험적 종합(Synthetisch a Priori) 명제로 규정한 칸트의 주장은 받아들였지만, 유클리드 기하학을 유일무이한 기하학으로 보는 견해는 수정하여 기하학에 대한 규약주의(Conventionnalisme)를 제안했다. 그의 철학은 논리 실증주의를 거쳐 현대 철학에서도 서양철학사 중 고전적인 입장에 선다.

리[p.285], 페어보른,7) 오스트발트,8) 마흐9) 등도 과학자이지만 추론의 결과 점차 철학 문제에 접근했다.

철학 문제는 자연과학자들 쪽에서 오히려 흥미를 일으키는 경우가 있어 철학은 점차 소멸하기는커녕 오히려 완전히 다른 방면에서 새로운 기운을 일으키는 징후조차 보인다. 심지어 자연과학의 영역에서 완전히 철학의 영역으로 넘어와 오직 철학 연구에 진력한 사람이 근래에 적지 않다. 예를 들면 로체[p.148], 페히너10) 분트 등은 원래 자연과학에 속하는 사람들이었다. 파울젠11)이 철학을 태양에

---

7) 막스 페어보른(Max Verworn, 1863~1921) : 독일의 생리학자. 베를린, 예나의 두 대학에서 수학한 후 괴팅겐 대학 및 본 대학 교수가 되었다. 자극 생리학을 연구하고 그 성과에 근거하여 일반생리학을 체계화했다. 생명관에 관해서는 자연철학적 해석에 근거해 바이오겐 가설을 세우고 또한 조건주의적 인과관계를 주장하였다. 그는 사람이 인식할 수 있는 것은 현상에서 일어난 조건뿐이라고 하면서 자연과학의 인식론과 방법론에 대하여 문제를 제기했다.

8) 빌헬름 오스트발트(Wilhelm Ostwald, 1853~1932) : 독일의 물리화학자, 철학자. 1909년 노벨 화학상 수상. 유물론자인 볼츠만의 원자론적인 기체분자운동론이나 통계역학에 반대하고, 에너지 일원론, 즉 세계에는 형태 변화를 하는 에너지가 있을 뿐이라는 에너지 일원론을 주장했다. 이는 '물질 없는 운동'을 주장함으로써 관념론적 입장이라고 할 수 있다.

9) 에른스트 마흐(Ernst Mach, 1838~1916) : 오스트리아 물리학자. 빈 대학에서 물리학과 수학을 공부하였다. 1860년 논문「전하와 전자기유도」로 학위를 받고, 빈 대학 강사가 되어 물리학 및 감각생리학 연구를 시작, 1864년 그라츠 대학 수학 교수, 이어 물리학 교수가 되었다. 그는 '질량상수'(1868)를 논하여 뉴턴역학의 기초를 다지고, 『에너지보존법칙의 역사와 기원』(1870)을 써서 에너지론의 기초를 닦았다. 철학과 관련한 감각의 분석, 인식론 연구를 통해 실증론의 입장에서 물리학적 인식의 본질을 추구하여, 사유경제설(思惟經濟說)을 주장했다.

10) 구스타프 페히너(Gustav Theodor Fechner, 1801~1887) : 독일의 물리학자·심리학자. 현대 실험 심리학의 기초인 정신 물리학의 선조. 드레스덴·라이프치히에서 배우고 1834년 라이프치히의 물리학·철학 교수가 되었다. 1860년에는 그의 획기적인 저서인 『정신물리학 대요』를 써서 심리학자로서는 처음으로 자극과 감각의 양적 관계를 측정하려는 실험적 방법을 채택, "정신물리학"의 창시자가 되었다. 특히 감각의 강도는 자극의 강도의 대수(對數)에 비례한다는 소위 페히너의 법칙을 주장했다. 그는 스피노자·칸트·셸링에 공명하는 범신론(汎神論)적 경향으로, 만물은 물질인 동시에 정신이라고 하는 등 영혼의 불멸을 믿은 관념론자였다.

11) 프리드리히 파울젠(Friedrich Paulsen, 1846~1908) : 독일 철학자·윤리학자·교육학자. 베를린대학 교수. 신앙과 자연과학적 지식의 조화를 철학의 목적으로 삼았다. 이를 위하여 페히너와 같이 의지를 중시하는 관념론적 일원론(一元論)

제5장 철학

비유한 것은 약간 아전인수의 혐의를 피할 수 없지만 또 그렇게 보면 그렇게 보이는 부분도 있어서 모든 전문과학은 약간의 이론과 약간의 종합을 하지 않으면 그 의미가 적어진다. 어느 정도 이론과 종합이 필요하다.

그런데 이론을 이루고 종합하게 되면 아무래도 거기에는 그만큼 철학적 성질이 더해진다. 마치 태양이 열을 보내고 만물이 열에 의해 발생하듯이 철학적 고찰이 더해져야 비로소 무미건조한 사실이 윤기를 얻어 의미를 갖게 된다. 특히 우리나라 사학 연구나 어학 연구를 예로 들면 사학이나 어학은 철학적 고찰이 더해지지 않으면 아무래도 무미건조하고 상당히 지루한 감이 있다. 낡은 장부 기록과 마찬가지거나 쓸데없이 인명이나 지명을 나열하거나 억지로 제각각의 특수한 언어를 기억하거나 하는 지극히 기계적인 일로 흘러갈 우려가 크다. 우려가 클 정도는 아니라도 실제로 이러한 폐단이 많다. 이 경우에는 아무래도 철학적 고찰을 더 할 필요가 있다.

이러한 실제적인 필요가 있으므로 또한 철학이 자연스럽게 일어난다. 없애려고 해도 없어지지 않는다. 부문 연구가 왕성해질수록 반드시 철학에 대한 요구가 일어난다. 하물며 과학은 철학을 대신할 수 없다. 과학은 모든 부문을 나누어 연구하므로 철학과 다르다. 철학이 해오던 일을 과학이 하고자 하면 과학은 어느 사이에 철학이 되고 만다. 철학은 과학이라고 하면 과학이다.

그러나 철학은 세 가지 점에서 과학과 다르다. 방법·대상·영역에서 다르다. 그래서 철학을 많은 과학 가운데 하나로 보는 것은 타당하지 않다. 철학·과학·종교 이 셋을 나란히 두고, 이 셋 중의

에 서서 칸트의 비판 철학을 심리적 발생론적으로 수정하였다. 스피노자, 칸트, 뷔흐너, 분트 등의 영향을 받았다. 윤리학을 철학의 근본으로 여기고 형식적 윤리학에 대해 '활동주의'의 입장에 섰다. 교육학적으로는 실학주의의 입장에서 독일의 교육계, 교육제도에 큰 영향을 주었다.

하나라고 보는 것이 맞다. 이렇게 볼 이유가 있다.

철학과 종교는 한편으로 공통점이 있다. 그것은 다음과 같은 점이다. 종교는 초월적인 것을 세우고 철학은 현상 이상의 것을 세운다. 어떤 식으로 세울지는 다른 문제이다. 어쨌든 현상에만 머물지 않는다. 현상 이상의 실재를 세운다. 실재를 부정하는 철학이 없지는 않지만 이러한 철학은 올바른 철학이라고 생각할 수 없다. 초월적이고 절대적인 실재를 세우는 점이 종교와 일치한다. 그런데 철학은 자연과학과 일치하고 종교와 다른 점이 있다.

철학은 종교처럼 신앙에 근거하지 않고 지적탐구에 근거한 연구이다. 과학은 지적 연구만을 수행한다. 따라서 지적 연구라는 점에서 철학은 과학과 일치하고 종교와 다르다. 이처럼 어떤 때에는 철학은 종교와 일치하여 과학에 대항하는 태도를 보이는 일이 있다. 둘 다 초월적인 것을 방패로 삼기 때문이다. 어떤 때에는 철학은 과학과 일치하여 종교와 대항하는 일이 있다. 지적 연구를 주로 하여 맹목적인 신앙에 반항하기 때문이다. 셋은 아래와 같은 관계이다.

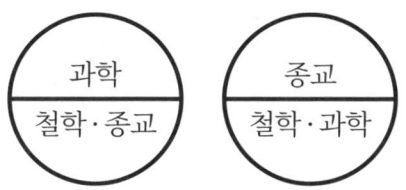

이러한 식으로 철학의 태도는 종교, 과학과 일치하는 부분과 일치하지 않는 부분이 있다. 두 방면이 있다. 철학은 종교와 과학 사이에서 스스로 일종의 특별한 영역을 이룬다. 과학과 종교는 영역을 전혀 달리한다. 어떤 공통점도 갖지 않는다고 단언할 수 있을 정도이다. 종교는 초월적인 것을 믿음으로써 성립하고 과학은 이를 인정하지

제5장 철학

않고 현상만을 연구함으로써 현실 방면을 주로 한다. 종교처럼 피안에 중점을 두지 않는다.

이 둘은 영역을 달리하면서 대립하지만 철학은 종교와 과학의 사이에 서서 양자의 관계를 분명히 하는 심판관과 같은 지위를 갖는다. 아무래도 인간 정신 작용의 결과로 이 셋이 생겼음이 분명하다. 과학은 순수한 지적 연구이지만 특수 현상에 관한 지적 연구이다. 종교는 감정과 의지의 방면이다. 감정과 의지이든 지식이든 모두 정신계의 작용이다. 이것이 서로 다른 방면에 영향을 주어 종교와 과학이라는 것이 인간 세계에 발전해 왔다. 이 둘은 성질과 영역이 달라 툭하면 번번이 반목하고 질시하는 상태에 빠지기 쉽다.

철학은 이 사이에서 한편으로 과학 방면과 관계하고 다른 한편으로는 종교의 대상과 관련하여 결국 그 연구범위는 양자의 영역에 미치고 있다. 이런 식으로 철학이 정신적 수요의 결과 필연적으로 일어나 종교와 과학 사이에서 일종의 특별한 지위를 점하게 되었다는 것은 역시 철학이 우리의 정신 작용의 결과 즉 지적, 감정, 의지의 작용을 통일하고 조화하는 요구의 결과로서 일어났음이 틀림없다. 이는 어디까지나 인간의 정신활동으로서 계속 이어질 것이 분명하다. 또한 과학이 공급하는 신지식을 얻어 점점 발전해 갈 것임을 의심하지 않지만, 철학의 발전을 단지 과학이 공급하는 신지식에만 의존한다고 보는 것은 대단히 부족하다.

과학이 공급한 신지식을 소화해서 광범위한 개념을 이루어 그 이상으로 만드는 것이 철학이다. 제임스[p.263]는 지각perception 과 개념conception 을 대조해서 지각을 중시하고 개념을 경시한다. 그리하여 지각에만 의지해서 철학을 건설하고자 하지만 이는 심하게 한쪽으로 치우친 견해이다. 주지론[12]을 강하게 반대한 결과 극단으로 치달은

---

12) 주지주의(intellectualism)를 말한다. 인간의 마음은 지(知)·정(情)·의(意)로

듯하다. 각각의 지각만을 얻어서는 어떤 것도 성립하지 않는다. 철학이란 그렇게 되는 것이 아니다. 각각의 지각은 어디까지나 각각의 지각으로 도저히 이를 통일하는 것이 없다. 개념을 경시해 공격하지만 지각도 이미 넓은 의미에서 개념이다. 개념을 중시하지 않으면 철학은 조직할 수 없다. 개념은 특수 경험을 한층 보충한다. 개념이 없으면 어떤 것도 생각하고 논할 수 없다. 개념을 통해 이러한 일을 매우 편하게 할 수 있을 뿐 아니라 실제로 획득한 특수의 지각을 연결하여 이를 통해 지식을 한층 확충할 수 있다. 그리하여 세계 인류와 인류의 목적 등을 광대하게 개괄하여 통일된 개념을 구성하여 이를 통해 철학의 연구가 가능해지는 것이다.

제임스처럼 개념을 경시해서는 어떤 일도 가능하지 않다. 그리하여 철학을 이러니저러니 말하면 자가당착이 매우 많아진다. 그러나 개념을 중시함으로써 폐해를 가져오는 경우도 분명히 있다. 지나치게 추상적으로 내달려 실제로부터 너무 동떨어진 사상을 품고 그 결과 심한 폐해를 낳지 않는다는 법도 없으므로 그 때문에 경계하는 효과는 있지만 지각만을 중시하고 개념을 경시하는 것은 우리가 취할 바가 아니다.

개념은 특수의 지각을 통일함으로써 특수한 경험을 통해 얻을 수 없는 지식을 우리에게 부여할 수 있다. 이것이 철학의 또 하나의 효과이다. 종합하고 통일하는 작용이 특수 경험 이상의 신지식을

구성되었다고 보고 이 중에서 지적인 것, 즉 지성·이성·오성이 지니는 기능을 감정이나 의지의 기능보다도 상위에 있다고 보는 입장이다. 감정을 상위에 두는 주정주의(主情主義:情緖主義)나 의지를 상위에 두는 주의주의(主意主義)와 대립한다. 특히 중세 스콜라 철학에서는 지성과 의지의 관계가 문제로 되어 지성의 우위를 주장한 아퀴나스가 대표적인 주지주의자이다. 이 경향은 좀 더 거슬러 올라가 아리스토텔레스의 그리스철학, 그 후의 스피노자나 헤겔의 범논리주의(汎論理主義)에서 찾아볼 수 있다. 또한 인식이 감각기관에 의한 것이 아니라 지성에 의해서 생긴다고 보는 합리론(合理論)도 넓은 뜻의 주지주의이며 J.F. 헤르바르트처럼 모든 심적 현상(心的現象)을 지적인 표상(表象)으로 환원해서 이해하는 것은 심리학에서의 주지주의로 생각할 수 있다.

제5장 철학

부여한다. 특수의 경험을 통해 재료를 공급하는 것은 철학의 목적이 아니지만 종합 통일을 통해 신지식을 부여할 수 있게 된다. 요컨대 철학이란 종교도 특수과학도 아니지만 그 사이에서 하나의 특별한 지위를 점한다. 그리하여 지금까지 정신계에서 결코 다른 것을 통해 보충할 수 없는 효용을 유지해왔다. 앞으로도 점점 더 이러한 효용을 발휘하여 계속해서 한층 더 발전해 나갈 것이 틀림없다.

> 이 문제에서 철학의 필요성은 그 어느 때보다 강합니다. 사람들이 같은 정도로 이러한 필요성을 느꼈다면 우리는 확실히 오래되고 완전한 의미의 철학을 가져야 합니다. 잠시 우리에게 그것이 없다고 해도 우리는 잃어버렸던 것을 찾기 시작했을 뿐입니다.
> ―오이켄[13]

---

13) 루돌프 오이켄(Rudolf Christoph Eucken, 1846~1926) : 독일 철학자. 베르그송, 딜타이 등과 더불어 '생의 철학'의 대표자이다. 노벨문학상 수상자(1908). 독일 동(東)프리슬란트주 아우리히 출생. 괴팅겐 대학교·베를린 대학교에서 배운 후 바젤 대학교와 예나 대학교의 교수 역임. 19세기 후반에 유럽을 지배하던 실증주의와 유물론의 경향에 대하여 신이상주의의 입장에 서서 인간의 삶을 회복하는 일을 철학의 목표로 삼았다. 주요저서로『대사상가의 인생관』(1890), 『정신적 생활 내용을 위한 투쟁』(1896),『삶의 의미와 가치』(1908) 등이 있다. 오이켄의 '신이상주의' 사상은 20세기 초 동아시아에서 신칸트학파의 철학의 보급과 함께 많이 원용되었다.

5.2 철학적으로 본 진화론

이혜경

*** 해제 ***

「철학적으로 본 진화론^{哲学上に見たる進化論}」(1910)은 『철학잡지^{哲学雑誌}』 281에 게재되었다가 1915년에 간행된 『철학과 종교^{哲学と宗教}』에 수록되었다. 이 글은 가히 19세기 말 동아시아를 휩쓸었다고 할 수 있는 '진화론'에 대한 논의이다. 「철학과 종교 서」에서 이노우에는 철학의 유행 속에서 철학이 천박하게 이해되는 세태를 걱정하며 쓴 글들을 모았다고 하는데, 이 글 역시 '진화론'의 유행 속에서 과도하게 평가되는 위세를 두려워하며 그 적정가를 매기려는 의도가 있다고 할 수 있다. 이노우에의 세계관인 현상즉실재론을 배경에 두고 논의를 전개하고 있다.

진화론은 인류 역사에서 기독교의 목적론적 세계관을 전복한 획기적인 발견이었다. 이노우에는 자신 역시 진화론자라고 말한다. 그러나 진화론은 "철학적으로 볼 때 충분하지 않다"고 하는 것이 이 글의 요지이다. 진화론이 하나의 세계관이 될 수 없다고 주장하는 것인데, 이는 이노우에 자신의 세계관인 현상즉실재론을 기준으로 한 판단이다. 이노우에가 진화론이 부족하다고 보는 비판의 골자는 진화론은 현상세계의 법칙이고, 세계는 현상만으로 이루어지지 않는다는 것이다. 즉 그에 의하면 세계는 현상 외에도 실재가 있어야 성립한다. 현상즉실재론의 입장에서 보면 진화론은 세계의 표면인 현상만을 다룬 법칙일 뿐이다.

그는 이 글에서 네가지로 진화론이 세계관으로서 충분하지 않다고 정리한다. 첫째는 진화론은 운동을 예상하는데, 운동하는 현상만을 설명할뿐 운동 그 자체에 대해서는 설명하지 못한다는 점을 든다. 즉 운동의 기원에 대해서는 설명하지 못한다는 것이다. 둘째, 진화론은 운동하는 현상만을 설명할뿐 정적인 실재에 대해서는 설명하지 못한다고 비판한다. 그 '실재'는 그에 의하면, 철학자들에 의해 "절대, 혹은 근본원리, 혹은 본체 등"으로 불리며, "신념의 기초"로서 인간의 정신생활에 지대한 영향을 미친다. 즉 현상만으로는 인간의 정신생활에 영향을 미칠 수 없다는 것이다. 셋째로 이노우에는 진화론은 종래의 신학적 목적론을 파괴한 기계론이지만, 과연 진화 자체도 목적없는 행보인가 하는 질문을 던진다. 진화는 무질서에서 질서로, 불완전에서 완전으로 향한다는 진화론자 스펜서의 말을 인용하면서, 이노우에는 진화론 자체가 목적적인 것이라고 주장한다. 목적 없이 기계적으로 보는 것은 현상계 표면만을 보았기 때문이며, 우주 만물이 변천해 가는 곳은 어떤 목적이 있을 것이라고 주장한다. 넷째는 이 목적과 관련하여 전개된다. 진화론은 동식물의 외적인 법칙만을 관찰하고 내계는 도외시하는데, 이노우에의 의하면 진화론은 내적인 의지를 배제하고서는 완전하게 설명되지 않는다. 그리하여 그는 진화론을 의지론으로 보충해야 한다고 주장한다. 이 지점에서 그는 분트가 의지 개념을 사용하여 생존경쟁을 해석했다고 높게 평가한다.

    기존 진화론에 대한 비판을 통해 이노우에가 제시하는 진화론은 '우주'가 의지를 가지고 불완전에서 완전으로 진화에 간다는 것이다.

5.2 철학적으로 본 진화론

*** 번역 ***

'철학적으로 본 진화론'이라는 제목으로 진화론에 대한 철학적 문제를 조금 이야기해볼 생각이다. 실은 헤켈[p.274]의 철학적 견해에 대해 비평해보려는 생각이 있었는데, 그것이 상당히 문제가 커질 것 같아서 연설 제목을 바꿔서 '철학적으로 본 진화론'으로 하였다. 이것도 본래 상당히 큰 문제로 이야기하기에 따라서는 끝이 없다. 그러나 중요한 점을 네 가지 정도 들어 내가 생각하는 것을 말해보려고 한다. 그중에는 물론 헤켈의 철학적 견해에 대해 이야기하는 부분이 꽤 있을 것이라고 생각한다. 이를 논하면서 실은 진화론의 개요를 논하는 것이 순서겠으나, 그렇게 할 여유가 없기 때문에 그것은 생략하고 다윈[p.63], 스펜서[p.198], 헤켈 등이 주장한 바를 위주로 논의할 생각이다.

진화론이 일단 제창되자 그 영향이라는 것은 실로 대단한 것이었기 때문에 거의 학술의 모든 방면에 미치고 있다. 진화론의 영향이 미친 바가 어느 정도인지 말하기 어려울 정도로 영향이 광범위하게 퍼졌다는 것은 말할 필요도 없다. 그리하여 진화론 때문에 세계와 인생에 관한 생각이 일대 변화했으므로 사회의 진화에 공헌한 위대함은 거의 형용할 수 없을 정도라고 생각한다. 또한 다른 분야에 관해서는 잠시 젖혀두고 철학 영역에서도 역시 진화론의 영향이 갑자기 매우 커져서 철학자의 태도에 일대 변화를 가져왔다. 예를 들면 다윈[p.63]이 진화론을 주장하고 얼마 안 있어 스펜서가 그 사상을 철학의 여러 분야에 응용하여 '종합철학의 체계'A System of Synthetic Philosophy 를 세우고 진화철학이라고도 부를 만한 일가의 철학을 주장하여 그 영향도 상당히 크고 다채로웠다. 스펜서가 진화철학을 주장한 이래 영국에서는 스펜서에 버금갈 사람은 거의 없다고들 한다. 그 정도로 그 영향이 위대했다는 것이 오늘날의 평가이다.

제5장 철학

그런데 유럽 대륙에서 오늘날에도 진화론의 입장에서 진화철학이라고 하는 철학을 주장하는 이는 헤켈이다. 헤켈은 『벨트렛젤Die Welträtsel』14)을 19세기 마지막 해(1899)에 출간했다. 19세기의 사상 결실이라는 큰 포부로 그 책을 낸 것이다. 그러나 그 후 다시 20세기에 들어서 또 『디 레벤스분더Die Lebenswunder』15)라는 생명에 관한 연구를 세상에 발표했다. 헤켈의 주장은 한편으로 치우친 바가 많이 있지만 또한 세상의 주의를 끈 것도 적지 않다. 하물며 헤켈의 사상이 일본에도 이르러 가토 박사[p.569] 등은 자주 헤켈에 기초하여 진화철학을 주장한 일도 있기 때문에, '철학적으로 본 진화론'이란 과연 어떤 것인지 이참에 탐구해보는 것은 결코 헛된 일이 아니리라 생각한다.

진화론에 대해서 이전부터 나는 인연이 있었다. 내가 아직 학생이었을 때에 진화론이 처음 일본에 수입되었다. 미국의 에드워드 모스[p.69] 씨가 일본에 와서 진화론을 주장했는데, 이것은 동물학 쪽에서의 제창이었다. 그와 거의 동시에 도야마 박사[p.533]가 해외에서 귀국하여 진화론을 주장했다. 또 얼마 안 있어 미국에서 페놀로사 씨[p.69]가 초빙되어 마찬가지로 진화론을 주장했다. 이처럼 처음 진화론이 일본에 수입되었는데, 그때부터 가토 박사는 종래의 지론을 버리고 진화론으로 일변했다. 그때까지 저술했던 책들을 태워버리고 진화론의 입장에서 권리설을 논하며 『인권신설人權新說』이라는 것을 세상에 내놓은 일이 있다. 이 책 역시 전적으로 진화론이 수입되었을 때에 가토 박사가 진화론에 의해 변화한 결과이다. 나는 그때부터 진화론에 충분히 만족하지 않았다. 그러나 진화라는 것에 대해서는

---

14) 글자 뜻은 '세계의 수수께끼'인데 1900년대 초중반에 일본에서 나온 번역서들은 "宇宙の謎"나 "宇宙の神秘"로 번역했다. 즉 '우주의 수수께끼' 혹은 '우주의 신비'이다.
15) 1915년 일본의 번역본은 『생명의 불가사의(生命の不可思議)』라는 제목이었다.

5.2 철학적으로 본 진화론

조금도 반대가 없다. 반대하기는커녕 나도 진화론자이다. 그러나 철학적으로 볼 때 진화론은 충분하지 않다. 진화론으로 철학적 문제를 다 해석할 수 없다. 진화론이라는 것은 대단히 다대한 영향을 철학에 미칠 수 있지만, 진화론이 철학이라고 하는 식으로 생각하는 것은 철학으로서는 충분하지 않다. 이렇게 생각해서 그때 진화론 정도로는 철학적으로 아직 만족할 수 없다는 나의 견해를 말하고 또 써서 발표한 일도 있다. 그런 생각이 든 것은 바로 그 전에 불교 책을 읽고 있었는데, 주로『기신론』16) 과 같은 것을 읽고 '진여실상眞如實相'이라는 생각을 갖고 있었기 때문이다. 즉 불교에 의해 그러한 실재에 대한 생각도 있었고, 또 철학사에 의거해서 '절대'에 대한 생각도 있었다. 철학적 '절대' 또는 불교의 '진여실상'이라는 것은 진화론으로 다 해석해낼 수가 없다. 철학적으로 보면 '절대'라든가 '진여실상'이라든가 하는 것은 상당히 근본적인 것으로 최후의 원리로서 성립하는 것이므로, 그것이 해석되지 않는다면 진화론은 충분히 만족할 만한 것이 아니라는 생각이 그때부터 있었다. 그리고 지금에 이르기까지도 변하지 않고 있다. 그래서 지금은 단지 네 가지 점에서 진화론에 대한 나의 생각을 말하겠다. 여러분 가운데 이에 대해 의문스러운 것이 있으면 사양하지 말고 말해주기를 바라며, 또 이러한 점은 이러한 방식으로 해석할 수 없다든가 하는 이론이 있다면 그것도 듣고 싶다.

첫째, 진화라는 것은 운동을 예상한다고 생각한다. 운동이 있고 나서 비로소 진화라는 것을 말할 수 있다. 천지만물이 변천추이 해가는 일정한 법칙이 있고, 그 법칙을 발견하여 진화라고 이름 붙인 것이다. 운동을 예상하고 있다고 생각한다. 그 점에서 진화라는 이 사실은 운동 그 자체를 해석할 수 없다. 특히 운동이 일어나는 원인을 해석할 수 없다. 왜 운동이라는 것이 일어났는가를 해석하려고 해도

---

16) 인도의 불교학자 마명(馬鳴, Aśvaghoṣa, 2세기경)이 지었다고 알려져 있는 『대승기신론』을 말한다.

제5장 철학

진화라는 입장에서는 가능할 리가 없다. 진화론자는 본래 물질 또는 에너지勢用라는 것에 대해 이것저것 논하는 경우가 있다. 그러나 물질과 에너지가 여러 가지 복잡한 현상으로 드러날 때 진화가 일정한 법칙으로 보이는 것으로서, 그 복잡한 변화는 운동이 있고 난 뒤의 것이다. 그 최초의 기원은 진화론에 의해 설명할 수 없다. 기원이라는 것은 역시 물질과 에너지에 대해서도 설명해주지 않는다. 물질과 에너지가 본래 일어나는 원인은 어디에 있는지, 어떻게 해서 물질과 에너지가 생겼는지 하는 근본적인 문제에 대해서는 설명해주지 않는다. 철학적으로 말하면 이것이 중대한 문제이다. 철학으로서는 그러한 문제에 접근해가지 않을 수 없다. 그렇다면 운동의 기원이라는 문제는 진화론에 의하지 않고 어떤 방식으로 설명할 수 있는가 하면, 그 문제는 본래 철학적으로 대단히 중대한 문제이지만 오늘날까지 그에 대해 반드시 만족할 만한 해석이 나왔다고 할 수 없다. 그러나 어쨌든 그러한 운동의 기원이라는 것을 문제시하지 않는다면 철학으로서는 충분하지 않다. 그러므로 철학에서는 그것을 문제로 삼아 연구해야 한다. 운동 자체에 관한 문제를 처음부터 도외시한다면 철학으로서는 뭔가 부족한 감이 있다. 그러나 진화론의 입장에서 말하자면 아무래도 진화론 자체가 이미 운동을 예상하고 있는 것으로, 진화에 의해 운동 자체를 해석하거나 운동의 기원을 문제 삼는 것은 저절로 문제에서 제외된다는 생각이다.

그래서 다음과 같은 것이 나타난다. 헤켈이 지은 『자연의 조화사 造化史』라는 책이 있다.[17] 조화사이지만 지금까지의 조화라는 것과는 상당히 다르다. 즉 이 조화사에는 인간과 기타 생물이 어떤 사정

---

17) 『자연의 조화사』 *Natuerlieche Schoepfungsteschlichte*. 1944~46년에 일본에서 『自然造化史』라는 제목으로 번역되었다. 현대어로는 '자연적 창조사'라고 번역하는 것이 자연스러울 것이다. 다만 이노우에가 '조화'란 용어에 대해 설명하고 있으므로 문맥상 '조화사'로 번역한다. 영어번역본의 제목은 *The History of Creation*이다.

5.2 철학적으로 본 진화론

으로 생겼는가 하는 것, 즉 자연발생의 결과로 생겼다고 하는 것이 서술되어 있다. 지구는 본래 불덩어리였다고 하므로 아무래도 어떤 시대부터 생물이 생긴 것이어야 한다. 불덩어리였던 시대에 생물이 생존했을 리 없으므로 아무래도 어떤 시대부터 생긴 것이어야 한다. 거기에서 자연발생 Generatio equivoca 이라는 것을 주장한다. 그것은 지극히 당연하다. 불덩어리였던 때에 생물이 생존했을 리가 없으므로 어떤 시대부터 생긴 것이 틀림없다. 그래서 어떤 순서로 인간과 기타 생물이 발생했는지를 『자연의 조화사』에서 설명하고 있다. 그것도 조화임에는 틀림없지만 생물이 생긴 시초를 다 설명하는 것은 아니다. 신이 세계를 만들었다고 하는 것과는 상당히 다르다. 신이 세계를 만들고 그 다음에 사람을 만들고 또 사람을 위해 만물을 만들었다고 하는 경우에는, 무에서 유를 만들었다는 식으로 지금까지 없었던 세계·사람·만물을 만들었다. 거기에서 비로소 조화造化라는 것을 말할 수 있었던 것인데, 『자연의 조화사』의 '조화'는 그런 의미의 조화와는 상당히 다르다. 역시 생물이 차례로 발생한다. 가령 헤켈은 모네라[18]라는 극히 단순한 생물을 설정하고 그로부터 점차 생물의 발생을 설명하는데, 모네라라는 것을 근본으로 하여 설명해도 모네라 그 자체가 생긴 이유는 어떻게 해석할 것인가 하는 가장 근본은 설명하지 않는다. 그래서 점차 연구해가면 동물과 식물의 구별 혹은 유기체와 무기체의 구별 등은 엄밀한 의미에서는 없다. 역시 유기체는 무기체에서 점차로 전개되어 가므로, 엄밀한 경계가 없다는 것에 대해서는 헤켈이 대단히 명쾌한 논단을 펼쳤다. 나도 본래 그렇다고 생각했지만 엄밀한 경계가 없다고 한다면 몇 가지 문제가 있다. 가령 유기체와 무기체의 구별이 엄밀한 의미에서 없다고 해도, 그리하여

---

[18] '모네라'는 자연계의 생물을 나누는 분류에서 헤켈이 식물, 동물, 극미동물, 원생생물에 덧붙여, 원생생물의 하위로 새롭게 제안한 분류이다. 헤켈은 Moneren/Moneres(독일어)으로 불렀고, 영어로는 Monera/Monerans 이다. 이 분류는 현재는 사용되지 않는다.

제5장 철학

유기체가 무기체에서 점차로 생겼다고 해도, 무기체는 본래 어떻게 생겼는지, 그 처음은 문제 삼지 않는다. 거기는 처음부터 가정하는 것이다. 그래서 진화라고 하는 것은 세계만물이 변천하는 사이에 나타나는 하나의 법칙으로, 이를 천지만물의 모든 방면을 다 포괄하는 것으로 볼 수는 없다. 그래서 진화 즉 철학이라고 하는 식으로 생각해서 진화의 법칙進化律으로 모든 철학적 문제를 다 해결했다는 식으로 표방한다면, 아무래도 부족함이 생긴다. 부족함이 생길 뿐 아니라 아무래도 진화론의 입장에서 볼 때 문제가 되지 않는 것은 버리고 만다. 그래서 철학적으로 중요한 문제를 오히려 불필요한 문제라는 식으로 보는 경향이 있다. 헤켈은 특히 그러한 경향이 두드러진다. 또 이 점은 뒤에서도 관련되므로 다시 더 설명하겠다.

둘째, 진화는 운동을 예상하는 것으로, 세계만물이 변천해가는 데에서 일정한 법칙으로서 인정되었다. 그래서 정적인 실재라는 것을 이 입장에서는 설명하지 않는다. 그러한 것은 스스로 도외시하는 경향이 있다. 그것은 아무래도 진화론 자체의 성질에서 오는 것이라고 생각한다. 천지만물의 현상은 시종 운동 상태에 있기 때문에 이를 진화론으로 해석한다는 것은 하나의 해석법으로 당연하다고 생각한다. 즉 현상계를 해석하는 하나의 이유로서는 진화론은 대단히 유효한 것이라 생각한다. 그러나 현상만이 세계의 전체를 이룬다고 생각할 수는 없다. 즉 활동의 상태가 되어 나타난 현상 이외에 정태적靜止的인 것이 있다는 것은 의심할 수 없다. 그것은 19세기에 점차 확정된 두 가지 법칙理法을 보아도 알 수 있다. 하나는 에너지 보존의 법칙 Das Gesetz der Erhaltung der Energie 인데, 이 에너지가 여러 현상을 드러내지만 에너지 자체는 조금도 줄지 않고 일정하다는 것은 이미 확정된 진리이다. 다른 하나는 물질불멸의 법칙 Das Unzerstörbarkeit der Materie 이다. 물질의 변천은 극히 복잡하다. 진화는 물질이 변화할 때 나타난다. 멈추지 않고 천변만화하는 것이 물질이지만, 물질 자체는 조금도 늘어나지 않고 줄어들지 않는다. 에너지와 마찬가지로 일정하다. 헤켈은 두 법칙을 합해서 본체율$^{Das\ Substanzgesetz}$이라고 했다. 그러나 본체율이 성립한 근거를 생각해보면, 거기에는 에너지도 물질도 한편에서는 천변만화하여 한없이 복잡한 상황을 보이면서, 한편에서는 영구히 일정불변하는 면 즉 정지적인 면이 있다. 변화의 측면에서는 진화법칙이 제법 들어맞지만 일정불변의 것을 진화법칙에 의해 어떻게 설명할까? 진화율이 거기에 적용될 리가 없다. 그런데 철학적으로 보면 본체율도 중요하지만 그 이상으로 일정불변의 것을 세우는 일이 있다. 옛날부터 많은 철학자들은 세계의 원리를 세웠다. 세계의 원리 즉 복잡한 상황을 이루는 현상계 근저의 근본원리라는 것을 세운다. 그것은 철학 체계에 의해 명칭이 여러 가지로 달라진다. 즉 불교에서는 진여실상이라고 부른다. 서양철학사에서 나타나는 명칭을 말하자면 많은데, 스피노자의 철학에서 말하면 본체^{Substantia}이다. 칸트의 철학에서 말하면 물 자체$^{物如\ Ding\ an\ sich}$이다. 이와 같은 근본원리를 세운다. 복잡한 세계 현상의 기초적인 것이 되는 근본원리를 세우고, 그 근본원리로 이 복잡한 변화하는 현상계를 해석해온 것이 많은 철학의 입장이다.

그런데 진화라는 것은 변화하는 현상에 관한 법칙으로, 이 변화하는 현상의 기초가 되는 바의 근본원리를 정태적인 것이라고 한다면 — 우리는 현상의 측면에서 동태적이라고 하지만 — 진화율을 적용할 수 없다. 진화율이라는 것은 현상계의 법칙으로, 실재계의 법칙이라고 할 수 없다. 실재계에는 그러한 법칙이 들어맞지 않는다. 그러므로 진화율을 토대로 해서 철학을 세우려는 사람은 자연히 실재계를 거부하는 경향이 있다. 진화율로 가면 현상계만을 철학의 범위로 삼게 된다. 거기에 철학의 원리, 즉 지금 말하는 근본원리는 세울 여지가 없다. 그런데 스펜서는 그러한 근본원리를 부정하지 않았다. 스펜서는 불가지론의 실재$^{Unknowable\ Reality}$를 세웠다. 전적으로 현상계

이상의 것으로서, 다른 문제의 범위로서, 철학 범위 이외의 것으로서 그것을 세웠다. 철학의 범위는 가지적인$^{\text{The Knowable}}$ 범위이다. 알 수 있는 범위가 철학의 범위이다. 이처럼 스펜서는 불가지적 실재라는 것을 세웠으므로, 거기에서 스펜서의 철학은 헤켈의 철학에 비해 한층 근본적인 것을 건드렸다고 할 수 있다. 그러한 불가지적인 실재를 세운 만큼 철학적이다.

스펜서는 근본원리로서 불가지적 실재를 세우기는 했지만, 그것을 거의 별개 문제처럼 다루었다. 별개 문제처럼 다루었다는 것은, 예를 들면 윤리학을 상당히 중요한 학문이라고 생각해서 "종합철학의 체계"의 최후에 위치시켰다. 그러나 윤리학은 불가지적 실재와 어떤 관계도 없으며 교섭도 없다. 스펜서가 세운 윤리학은 그러한 실재와 아무런 관계도 없는 것으로 다루어졌다. 철학적으로 말하면, 이 불가지적 실재라는 것이 있다면, 불가지적 실재와 현상계의 관계가 대단히 중대한 문제가 된다. 불가지적 실재란 현상계와 전혀 관계없는 것 같지만, 그러한 것이 있다면 역시 인간의 도덕적 행위상에 관계가 없을 수 없다. 상당히 위대한 관계가 있을 것이다. 이는 일종의 신념이다. 우주에는 우리에게 잘 알려진 현상계 이외에 심대한 근본원리가 있다. 즉 스펜서가 말하듯이 알 수 없는 실재가 존재한다면, 그것은 아무래도 하나의 세계와 인생관에 큰 영향을 주지 않을 수 없다. 여기에 철학의 큰 과업이 있다. 이곳에 크게 철학적 문제가 있다.

그런데 스펜서는 본래 진화철학을 주장하며 변화하는 범위만을 가지적이라고 하여 철학의 범위로 삼았으므로, 실재의 문제는 비교적 중시하지 않았다. 그렇게 하여 변화하는 영역에 힘을 다했다. 그리하여 사회학, 심리학, 생물학, 윤리학 등을 각각 대성했다. 더욱이 심리학 가운데 불가지적 실재에 관한 이야기가 초상적실재론^{超相的實在論}이라는 논의에서 나온다. 그는 여기에서도 그 문제를 건드리고 있다. 그러나 진화론은 원래 자연현상의 해석을 목적으로 하므로 철학적 문제에는 저절로 무게를 두지 않는 경향이 있다. 하물며 헤켈에 이르면 스펜서 정도가 아니다. 더욱이 헤켈은 한쪽으로 기우는 경향이 많다. 그러나 진화론의 입장에서 말하자면 이러한 것도 필연적 결과라고 해야 한다. 헤켈은 본체^{Substanz}라는 것을 부정할 수는 없었다. 본체라는 것이 없다고는 하지 않는다. 그러나 아무래도 필요가 없었다. 그러한 것이 있다는 것이 무슨 쓸모가 있을까 하는 식으로 말하고 있다. 헤켈은 본체에 관해 다음과 같이 말한다.

> 우리는 오늘날까지도 인식 가능한 현상의 배후에 '물 자체$^{Ding\ an\ sich}$'로서 무엇이 숨어있는지 알지 못한다. 그러나 우리가 그것의 존재 여부조차도 명확히 알지 못한다면 이 신비로운 '물 자체'라는 것이 도대체 우리에게 무슨 상관이 있을까?[19]

즉 본체라는 것을 경멸하고 별문제로 여기지 않는다. 헤켈의 사고는 이러하다. 그런데 본체라는 것이 없다고 한다면 몰라도, 있기는 하다. 현상의 이면에 본체라는 것이 있다는 것은 아무래도 인정하는 듯하다. 그러나 별 쓸모가 없지 않은가, 그쪽보다는 현상계의 일을 연구하는 것이 실익이 많다는 이유로 도외시한다.

그것은 철학 쪽에서 말하면 대단히 조잡하고 난폭한 처리방식이다. 현상의 이면에 본체 즉 실재가 있다는 것을 인정한다면 역시 적극적으로 연구해야 할 큰 문제가 된다. 현상만으로 세계는 생기지 않는다. 현상계 이면에 실재계가 있어야 한다. 그것이 큰 철학적 문제이다. 현상계의 일을 연구하는 것뿐이라면 이는 자연과학의 일

---

[19] 원문에는 다음의 독일어가 그대로 인용되어 있다. "Was als 'Ding an sich' hinter den erkennbaren Erscheinungen steckt, wissen wir auch heute noch nicht. Aber was geht uns dieses mystische 'Ding and sich' ueberhaupt an, wenn wir nicht einmal klar wissen, ob es existirt oder nicht?": Die Weltraethsel, "Schlussbetrachtung"

제5장 철학

로서, 헤켈처럼 별도로 철학이라는 이름을 붙이지 않는다. 철학이 철학다우려면 그러한 본체가 있고, 본체와 이 현상계는 어떤 관계를 이루고 있을까 하는 것에서 한층 심대한 문제를 환기하여 연구를 진행해야 한다. 그 점이 우리가 헤켈이 천박하다고 느끼는 부분이다. 헤켈의 철학은 대단히 부족하다. 조잡하고 난폭하게 보이는 것은 그 점 때문이다.

그런데 여기에서 현상계의 이면에 본체가 있다는 것이 어떻게 인간의 정신 상에 영향을 미칠까? 그것은 다음과 같은 방면에서 보면 알게 되리라 생각한다. 헤켈은 종교와 같은 것을 전적으로 미신이라고 본다. 헤켈의 설을 존중하고 받드는 가토 박사[p.569] 역시 그렇게 생각한다. 종교의 문제는 지금 자세히 논할 여유가 없으므로 다만 이와 관련된 점만을 말하면 나는 이렇게 본다. 본래 종교라는 것이 발생했고 오늘날에도 종교가 존재하는 것은, 첫째는 이 우주에 다 해석되지 않는 것이 있기 때문이다. 자연과학으로는 아무래도 만족스럽게 해석할 수 없다고 생각되는 부분이 있다. 본래 세계와 인생의 일을 해석하면 과학 상의 사실에 의해 여러 가지 재미있게 해석할 수 있는 바가 있다. 그러나 이 우주는 한계가 없다. 한계가 없는 데에다 인간의 생명이 극히 짧아서 도저히 다 해석할 수 없게 되어 있다. 인지가 유치했던 때에는 그렇게 생각했다.

모든 것을 해석하려는 지적인 요구는 있다. 이에 인지가 열린 만큼에 따라 원인과 결과를 생각하고 일어난 모든 일을 해석하려고 하는데, 진짜 원인과 결과를 알아낼 수는 없어서 뭔가 의외의 것을 원인으로 삼는다. 뭔가 의외의 현상이나 의외의 사물로 원인이나 결과를 삼는다. 진짜 원인과 결과를 찾을 수 없어서, 즉 그 정도의 지력이 없어서, 전혀 관계없는 것을 원인이라고 생각한다. 이렇게 해서 미신이 생겨난다. 미신이지만, 그것은 그 시대에는 원인으로 여겨진 것이다. 혹은 아나모리이나리^{穴守稲荷20)}에 참배해서 병을 치료했다고 믿는 사람이 있다. 이에 아나모리가 번창한다. 실은 뭔가 다른 원인이 있어서 나았고 우연히 나을 무렵에 아나모리에 참배한 것이지만, 아나모리 때문인가 하는 생각에 그것을 원인이라고 여긴다. 참된 원인이 아니고 본래 틀린 원인이지만 그것이 원인이라고 생각하고 믿는다. 틀렸지만 원인을 거슬러 올라가는 경향은 있다. 그렇게 점점 지력이 진보하면 진짜 원인을 생각하게 된다. 점점 생각하게 되는 곳에서 종교도 진보하는 것이다.

그러나 아무리 진보해도 역시 최후의 문제가 남는다. 여기에 원인과 결과의 사고를 응용해 보면, 모든 개인은 어떻게 해서 생겨났는가? 생명의 근원^{生原}을 모네라 같은 것으로 보지만, 어떻게 모네라가 생겼는가? 어떻게 육체라는 것이 생겼는가? 어떻게 우주가 생겼는가? 우주 자체의 원인은 어디에 있는가? 진화론으로는 단지 우주가 전체로서 진화해온 것은 말할 수 있어도, 우주 자체가 왜 생겼는지, 우리의 의식이라는 것은 왜 생겼는지, 또 우리의 의식이라는 것은 어떻게 생겼는지, 도대체 의식은 어디에서 생겼는지, 또 모든 유기체가 무기체에서 생겼다면 무기체는 왜 생겼는지, 물질의 처음은 무엇인지, 에너지의 원인은 무엇인지, 모든 존재의 원인은 무엇인지, 역시 알 수 없다. 공간과 시간이 일어나는 것은 왜일까? 거기에 원인의 문제가 최후에 남으며, 결국은 오늘날에 이르러도 설명되지 않았다. 자연과학이 아무리 발전해도 에너지, 물질, 공간, 시간, 의식 등 모든 사물이 일어난 원인은 해석되지 않았다. 거기에 종교의 입장이 있다. 오늘날까지 연구해서 얻은 학술적 진리와 모순되지 않는 한, 뭔가 신념이라는 것이 없으면 불안하므로, 거기에 각각의 지력 정도에 따

---

20) 도쿄(東京都大田区)에 있는 아나모리이나리 신사(神社)를 가리키는 듯하다. 아나모리 신사, 아나모리이나리 신사 등으로 불린다. 에도시대부터 부인과 병에 특효를 보인다는 소문이 있어 화류계 여성신도들을 모았다고 한다.

제5장 철학

라 신념을 만든다. 어떤 사람은 신, 어떤 사람은 부처, 어떤 사람은 그런 것이 없어도 뭔가 근본적인 가설 등이 있어야 한다. 철학자는 그것을 절대, 혹은 근본원리, 혹은 본체 등이라고 하는데, 이 역시 신념의 기초이다. 역시 종교가 앞으로도 존재하지 않을 수 없다는 것은 완전히 해석되지 않은 것이 우주에 있으므로 그에 대해 가설로 만족하지 않을 수 없기 때문이다.

그런데 스펜서는 불가지론을 세워 종교와 과학을 조화시키기 위해 애썼다. 헤켈에 이르면 아무것도 없다. 본체 따위는 취할 만하지 않다고 버렸으니, 정말 간단하지만 최후에는 아무것도 없다. 우리 정신의 전체를 만족시켜줄 어떤 것도 없다. 뭔가 큰 결함이 있다고 하는 것은 이것 때문이다. 즉 진화율이라고 하면 동태적 현상을 해석하는 법칙에 불과하므로 정태적 실재에 대해서는 효능이 없다. 그렇기 때문에 진화철학이라는 것은 엄밀하게 적용해가면 부족한 결과에 빠진다. 현상계를 해석할 수는 있으나 실재계는 저절로 도외시되어 없어져 버린다. 스펜서가 불가지론을 세운 것은 특별히 진화론에 의해 세운 것이 아니다. 불가지론과 진화론은 전혀 별개의 것이다. 진화 이상의 것을 가정한 것이다. 그래서 『사회학원론』의 머리에서 신의 관념이 일어나는 것을 설명했다. 거기에서는 진화율을 적용하고 있다. 그러나 불가지라고 하는 것과 진화율이라고 하는 것은 전혀 관계가 없다. 헤켈에 이르면 불가지의 것도 없다. 그래서 최후에 이르러 뭔가 부족한 것처럼 된다.

모든 진화율은 동적인 현상에 적용할 수 있는 법칙이므로 순수 형식적 진리에 대해서는 효능이 없다. 형식적이라고 하면, 가령 수학의 포뮬라와 같은 것은 진화하는 것이 아니다. 2와 2를 합하면 4가 되고 3과 3을 합하면 6이 된다는 이 진리가 어떻게 진화하는가. 2와 2을 합하면 8이 된다고는 전혀 생각할 수 없다. 그뿐만이 아니라 모든 형식적인 진리, 예를 들면 논리학의 세 원칙이라는 것 역시 마찬가지이다. 가령 A는 A라는 동일률$^{\text{Der Grundsatz der Identitaet}}$은 영원불변의 진리로, 특별히 진화하여 뭔가가 되는 것은 아니지 않는가. 또 진화율 자체도 역시 그러하다. 모든 자연법과 마찬가지로 진화율이라는 것은 자연현상이 변화해 가는 것 즉 동적인 상태에 있는 것에 대해 언제나 항구적^{constant}이게 된 관계를 하나의 법칙으로 발견한 것이다. 이 법칙은 변하지 않는다. 진화율이 시대마다 변하는 것이라면 진화율도 믿을 것이 못된다. 진화율이라는 것은 법칙으로서는 늘 항구적이다. 이는 일정부동의 것으로 보아야만 한다. 그래서 진화율은 정태적인 형식적 진리에는 응용할 수 없다. 형식적인 진리뿐만 아니라 모든 정태적 상태에 있는 것에는 응용하기가 대단히 곤란하다.

예를 들어 공간 — 공간에 대해서도 여러 가지 해석을 시도한 사람이 있지만 해석이 굉장히 곤란하다. 공간이라는 것이 칸트가 말하듯이 주관적인 것이라면 이것은 또한 일단 별개의 문제이지만, 진화론자는 객관적인 실재로 보고 있다. 스펜서도 헤켈도 아무래도 이렇게 보고 있는 것 같다. 저들의 입장에서는 이렇게 보지 않으면 안 된다. 그렇게 되면 더욱 어렵다. 공간 개념은 점차로 발달해 왔다. 불명료한 상태에서 점점 명료해지지만, 어느 정도 이상에 이르면 우리가 공간에 대해 얻은 명료한 개념 이상으로 어떻게 될까? 특히 공간 자체가 어떻게 될까? 정태적인 것에 대해 진화를 말하기란 대단히 어렵다. 공간이 어떤 식으로 진화해왔는지 혹은 공간이 지금부터 천만 년이나 지나면 어떤 식으로 진화할지, 공간 자체가 동적인 상태가 아니므로 진화율을 응용하려고 해도 도저히 불가능하지 않은가.

스펜서의 경우 불가지적이라는 개념을 얻은 하나의 조건으로 삼았다. 시간 쪽도 마찬가지로 곤란할지도 모르겠다. 이쪽은 동적 상태에 있지만 이 역시 계속 존재함^{繼在}이라는 것 외에 달리 특별한 형태를 드러내고 있는 것이 아니므로 진화율을 응용할 수가 없다. 몇 천 년 몇 만 년을 지나면서 어떤 식으로 변화해갈지는 아무래도 말할 수

제 5 장 철학

없다. 그래서 진화율에 의해서만 세계와 인생을 해석하려고 하면 그러한 곤란이 있다. 그러나 공간·시간이라는 것은 철학의 대문제이다. 그래서 칸트는 선천유심론의 입장에서 공간과 시간을 해석했다. 그 견해가 어떤가는 잠시 치워두고, 어쨌든 중대한 문제에 대해 해결을 시도한 것이다. 그런데 가토 박사[p.569]가 공간·시간 등에 대해 너무 의견이 없는 이유는 진화 하나만 내세워서는 도저히 해결이 안되기 때문으로, 이러한 대문제는 피하고 다른 것만 말하고 있는 것이다.

제3의 문제는 다음과 같다. 진화론자는 스펜서나 헤켈이나 기계주의이며 메카니즘이다. 메카니즘은 사상의 발전에서 말하면 대단히 재미있다. 그렇게 모든 진화론이 종래의 미신을 무너뜨렸다는 점에서는 실로 통쾌하기 그지없다. 예전에는 신이 세계를 창조하고 이어서 사람을 창조한 뒤 인간을 위하여 만물을 만들었다고 하는 사고였다. 그렇게 신이 아주 멀리까지 내다보고 사람들의 운명까지 정해놓았다고 생각했다. 그런데 다윈[p.63]이 진화론을 주장하여 그것을 완전히 전복했다. 다윈[p.63]의 진화론에는 중요한 점이 두 가지 있다고 생각한다. 이는 자연히 두 가지로 나뉘는 것이다. 즉 생존과 존속으로, 생물의 대단히 중요한 일이다. 그런데 생존에서 생존경쟁이라는 것이 일어난다.

그러나 생존경쟁만으로는 부족하다는 것을 다윈[p.63]은 뒤에 발견하고 존속 측면에서 또 다른 '성욕도태'라고 하는 것으로 진화론을 보충했다. 특히 생존경쟁을 위해 옛날부터의 목적론을 근저에서 뒤집었다. 어떤 목적 때문에 사물이 생기는 것이 아니라 생물은 각자 자신의 힘으로 경쟁하여 이기는 자가 존속한다는 것이다. 그렇게 상황 마다 우연한 환경에 의해 완전히 기계적으로 승패가 결정되는 것으로, 처음부터 이것이 이기고 저것이 진다는 것은 정해져 있지 않다. 전적으로 각자의 자력에 의해 우열이 정해져간다는 것이 대단히 분명해져서 종래의 목적론은 그 때문에 무너져버렸다. 그 점이 통쾌하다. 통쾌하기는 한데 여기에 의문이 남는다. 나는 이점에 대해 몇 년 동안 의심해 왔다. 지금은 단지 나의 의심만을 말해두려고 한다.

그것은 진화론이 종래의 종교적 미신을 파괴했지만, 도대체 진화라는 것은 어떤 목적도 없이 일어나는 것인가 하는 점이 상당히 의심스럽다. 왜냐하면 — 이 일은 다음의 문제에서 다시 이야기하겠지만 — 도대체 진화란 어떤 것일까? 진화라는 것은 스펜서에 한정되지는 않지만 스펜서 스스로 누차 말했듯이 불완전에서 완전으로 단순에서 복잡으로 향하는 것이다. 무질서에서 질서의 상태로 이행한다. 다윈[p.63]은 초동식물初動植物에서부터 연구해서 진화를 주장하기 시작했지만 여러 학자의 협력에 의해 동식물뿐만 아니라 우주만물 모두 진화한다는 것을 알게 되었다. 천체, 지질 모든 것이 무질서한 상태였으나 점차 질서 있게 되어왔다. 점차 모든 존재가 동반하여 불완전에서 완전으로 향한다는 프로세스가 보인다.

그렇게 보면 진화는 단지 우연한 변화가 아니다. 일정한 질서가 있는 발전이다. 종국은 어디인지 알 수 없지만 가리키고 있는 곳은 완전이다. 그렇다면 추세는 일정하다. 진화란 종교가에 의해 창도된 고래의 목적론을 파괴했지만, 오히려 자연계에 일정한 질서가 있음을 증명했다. 진화율 자체를 학술 상의 진리로 보는 것과 동시에 자연현상의 변천에 일정한 방침이 있음을 증명했다. 이를 어떻게 보아야 하는가? 이것이 목적적이라고 바로 이야기할 수는 없지만 인간이 목적적 행동을 취하는 것과 상당히 닮았다. 인간이 뭔가 일정한 목적이 있어서 그것을 이루려고 행동할 때에는 거기에는 분명히 질서 있는 행동이 보인다. 바로 그러한 방식으로 우주만물이 난맥이 아니라 일정한 질서를 이루고 가리키는 바가 정해져 있다. 인간의 경우에서 미루어 보면 전적으로 같은 것이 거기에 보인다. 그런 때는 역시 인간의 경우에서 미루어 봐야 한다.

제 5 장 철학

　스펜서의 『심리학원론』에 초상적 실재론$^{\text{Transfigured Realism}}$이라는 것이 있다. 그것은 쇼펜하우어[p.568]의 생각을 스펜서가 계승한 것인데, 거기에는 인간의 신체를 외계와 내계 사이의 것이라고 생각하여 신체 쪽에서부터 외계의 일을 추론해 간다고 말한다. 쇼펜하우어도 육체를 사이의 것으로 본다. 육체는 마음 쪽에서 보면 주관에 관한 것이다. 외관에서 보면 객관을 이루고 있다. 오브젝트와 서브젝트의 중간물이다. 그래서 외계의 일을 미루어 가는 데에는 육체에서 시작한다. 스펜서는 그것을 자신의 육체를 예로 들어 솜씨 있게 설명했다. 오른 손으로 왼손을 누르면 왼손이 눌리는 느낌이 들지만, 그때에는 자신의 마음에서 누른다는 생각으로 누르는 것이다. 이번에는 타인이 눌렀을 때 역시 앞에서 자신이 마음으로 경험한 것처럼 앞에 있는 사람이 누른다는 의지가 있어서 눌러온다는 것을 자신의 육체의 경우로부터 추론한다. 그 다음에 이번에는 사람 이외의 어떤 물건이 와도 역시 육체의 경험에서 점차 추론해간다. 이렇게 육체가 객관과 주관의 중간물이므로 육체 쪽에서 추론해 간다. 그것을 스펜서는 대단히 솜씨 있게 설명한다. 그런 식으로 육체를 매개물로 하여 외계의 일을 설명해가면, 우리가 어떤 일을 하려는 목적을 가지고 행동하는 것과 우주가 일정한 목적을 이루려고 하는 바가 상당히 잘 대조되어 추론할 수가 있는 것이다. 그러나 그것은 너무 비약이다.

　그것은 비약이지만 좀 더 이 목적론에 대해 말해야 할 것이 있다. 종래의 종교적 목적론은 무용지물이 되었다고 해도, 우주 만물이 변천해 가는 곳에는 역시 어떤 목적적인 것이 있는 것은 아닐까? 그것을 목적적인 것이 없이 단지 기계적으로 보는 것은 현상계의 표면 쪽에서만 보았기 때문은 아닐까? 여기에 의문이 있다. 진화율은 본래 현상계의 법칙이기 때문에 적용 쪽에서 말하면 아무래도 표면 쪽에서만 객관적으로만 본다. 그래서 자연계 안쪽을 보지 못하는 폐가 있다. 그래서 의문이 일어나는 것이다.

이 목적론에 관련해서, 여기에서 제4의 문제로 이동한다. 제4의 문제는 다음과 같은 점이다. 진화론은 대단히 광범위한 자연계의 법칙이지만 지금 말했듯이 어쨌든 자연계에 적용하는 데서 시작하므로, 외계의 관찰이 우세하고 내계 쪽을 도외시하는 경향이 많다고 생각한다. 다윈[p.63]은 외계에서만 보고 해석했다. 그래서 바로 이를 철학에 응용했을 때에 기계론이 되어버린 것은 당연하다. 생존경쟁 우승열패는 사람의 힘에 맡겨서 우연히 결정된다. 실로 힘에 따른다. 어떤 것도 신이 미리 결정한 것이 아니라는 것이 대단히 분명해졌다. 그러나 여기에 이러한 일이 있다.

생존경쟁을 하는 데는 어떻게 해도 의지라는 것이 관계한다. 예를 들면 두 마리의 호랑이가 한 조각의 고기를 두고 싸운다고 하자. 이 싸움에도 역시 먹을려고 하는 의지가 작동해야 하므로, 단지 기계적으로 고기를 두고 싸우는 것이 아니라 갑과 을 누구든 고기를 먹을려고 하는 의지가 작동하지 않으면 안 된다. 호랑이 을이 이것을 먹을려고 하는 의지가 없어서 도망가 버리고 호랑이 갑만이 이것을 먹는다면 어떤 싸움도 일어나지 않는다. 양쪽이 먹을려고 하는 의지가 충돌하여 싸움이 일어나고 승패가 결정된다. 호랑이 갑이 강하면 갑이 이기지만, 갑이 강하다는 것은 이전부터 그런 것이다. 이전에 누차 고기를 먹을려고 해서 싸워 이겼든지, 어쨌든 싸워 이길 만큼의 체력을 가지고 있어야 한다.

그런데 앞의 일에도 의지와 크게 관계가 있다고 생각한다. 유전이라고 하는 것도 역시 의지와 크게 관계있다고 생각한다. 그런데 금수에 대해 의지를 말하는 것은 조금 너무 고상하지만, 인간에 대해 말하면 그 점은 대단히 분명하다. 인간이 생존경쟁을 하는 것은 물론 의지이다. 그리하여 이 의지는 생존과 존속의 두 가지에 관여한다. 생존하려는 의지가 없으면 경쟁은 일어나지 않는다. 생존 같은 건 하지 않아도 좋아, 자살해서 죽어버리겠다고 생각한다면 그것으로

제5장 철학

경쟁은 끝이 되어 버린다. 만약 강에라도 뛰어든다면 경쟁한다고 해도 경쟁의 주체가 없어져 버린다. 그러나 그 의지가 있는 동안, 즉 생존하려 하고 먹으려고 하는 의지가 있는 동안은 생존경쟁이 일어난다.

내가 이 생각을 하게 된 것은 생존경쟁의 이면에는 의지가 있기 때문이다. 의지가 없으면 생존경쟁을 해석할 수 없다고 생각하게 된 것은 여기에 있다. 처음 내가 쇼펜하우어의 『자연에서의 의지에 관하여』 Ueber den Willen in der Natur라는 책을 읽었을 때 재밌게 썼다고 생각했다. 쇼펜하우어의 의지론은 오늘날의 주의주의 Voluntarismus[21])의 뿌리이다. 그런데 쇼펜하우어의 의지론은 아마도 불교와 브라만교에서 온 사고라고 생각한다. 어쨌든 그때까지는 만물발생의 연원을 의지에 두는 사람은 서양에서는 없었다. 칸트가 의지를 중시한 일이 있지만 그것은 단지 도덕의 범위에서만 그랬다. 세계를 해석하면서는 별달리 의지를 그렇게 중요하게 보지 않았다. 그런데 쇼펜하우어의 『자연에서의 의지에 관하여』는 의지를 원리로 삼아 모든 존재의 발전을 해석하고 있어서 대단히 재미있다. 여기에는 분명 진리[22])가 언표되고 있다. 만물 내부의 힘이다. 즉 그 의지가 근본적인 것이라고 하는 것을 논파한 곳은 대단히 통쾌하다. 그러나 『자연에서의 의지에 관하여』를 읽은 뒤에 다윈[p.63]의 『종의 기원 The Origin of Species』과 같은 책을 읽으면, 아무리 해도 이 진화론은 의지론으로 보충하지 않으면 충분하지 않다.

의지론은 생물 내계에서의 근본적인 것을 말한다. 즉 근본 활력

---

21) 이노우에는 '主意論'으로 번역했다. 주지주의(主知主義)에 대립하여, 의지가 지성보다 우위에 있다고 생각하는 철학상의 입장이다. 의지가 세계나 세계 안의 여러 현상의 본질이라고 보는 쇼펜하우어는 형이상학적 주의주의의 대표이며, 의지를 인간 마음의 근본기능으로 보고 의식이나 감정 모두 의지에 입각한다고 생각하는 분트는 심리학적 주의주의의 대표자이다.

22) 히라가나로 'ツルース', 즉 'truth'를 음독해서 표기하고 있다.

을 말한다. 진화론은 외부에서 관찰하여 동식물의 일정한 발전의 법칙을 말하며 내계는 도외시한다. 전혀 말하지 않는 것은 아니지만 아직 부족하다. 그래서 그점이 대단히 중요한 곳이라고 생각한다. 본래 인간에 한정되지 않고 동식물이 발전해가는 것은 의지가 토대가 된다고 생각한다. 본래 우리의 눈이나 귀가 생긴 것도 의지가 토대가 아닌가? 왜냐하면, 근세 생물학자의 생각으로는 눈과 귀가 생긴 것은 표피^{Oberhaut}의 변화 때문이다. 표피가 어떻게 이처럼 변화했는가 하면, 눈의 경우, 눈이 없으면 전신의 표피의 느낌으로 보충한다. 귀나 입도 마찬가지인데, 그것이 점차 발전해간다고 하므로, 보는 부분, 듣는 부분이 각각 전문적으로 나뉘어갔다. 그러나 거기에는 반드시 의지가 관계한다.

어떻게 해도 의지^{Wollen}가 없으면 그러한 변화는 일어날 리가 없다. 입은 먹으려는 의지가 작동하고, 다리는 걸으려는, 손은 잡으려는 의지에 근거한다. 신체의 각 기능, 각 부분은 모두 의지의 결과라고 보는 수밖에 없다. 인도의 행자에 이러한 일이 있다. 양 손을 바쳐서 평생 신을 받든다. 그러면 그 손은 완전히 말라서 고목이 서있는 것처럼 되어 완전히 살이 빠진다. 우리가 그런 일을 하루만 해도 대단한 고통스럽다. 손을 신에게 바친다는 것은 불용^{disuse}이다. 불용이란 손을 사용하려는 의지가 없어진 것이다. 신에게 바친다고 하므로 손에 대한 의지가 변하기 때문이다. 이와 반대로 완력을 강하게 하려고 빈번하게 손을 사용하면 거칠어지고 튼튼해진다. 그렇듯이 의지의 결과 발전도 하고 쇠퇴도 한다. 의지가 발전하면 육체 쪽도 발전하고 의지가 쇠퇴하면 육체 쪽도 쇠퇴한다. 다른 동물에도 식물에도 의지력이 있다. 그것이 근본적인 것이 된다고 생각한다. 나는 이것을 깊이 믿어 전부터 줄곧 이에 대해 말해왔다. 생존경쟁은 아무래도 의지로 해석해야 한다고 말해왔는데, 이후 서양학자들이 같은 말을 하고 있다. 나는 앞에서 얘기했듯이 처음 진화론을 들었을 때부터

제5장 철학

진화론은 철학으로서는 불충분한 바가 있다고 생각했다.

그런데 그 후 이 일에 대해 적극적으로 말한 사람은 분트[p.24] 이다. 그리하여 스펜서나 헤켈이 말한 진화론의 결함을 분트가 분명하게 밝혔다. 분트는 이런 식으로 보고 있다. 생존경쟁을 보는 데는 둘로 나눠 봐야 한다. 하나는 환경이다. 이는 우리가 의지로 어떻게 할 수 없다. 자신이 놓인 국토, 시세, 주위의 사회 모습, 이는 우리가 어쩔 방법이 없다. 자신의 의지로는 바꿀 수 없다고 생각한다. 그러나 그것을 빼면 자신의 의지로 우승열패가 결정된다는 것이다. 과연 이것은 둘로 나누는 것이 좋다고 생각한다. 우리의 의지로 좌우하는 일이 불가능한 주위의 환경이 있다.

이를 빼면 모두 자신의 의지 여하에 달렸다. 일본이 청나라에 이긴다든가 러시아에 이긴다든가 하는 것은 이기기 전에 준비한 것이다. 뭔가 일이 있으면 적극적으로 하려는 의지가 이기도록 준비해 놓은 것이다. 또 싸울 때에도 적극적으로 하겠다는 강대한 의지가 없다면 그렇게 하지 않는다. 러시아에 져도 전혀 상관없다고 하는 박약한 의지와 행동으로 임하면 안된다. 도고[23] 대장이 일본해에 출격했을 때는 적의 함대를 격멸하겠다고 하는 결심을 하고 출정했다. 정말로 강대한 의지가 있었기 때문에 비로소 적함을 격멸할 수 있었다. 그에게 그때의 강대한 의지가 없었다면 대승리는 역시 어려웠을 것이다.

어쨌든 생존경쟁에는 의지가 크게 관련된다. 거기에서 의지를 빼고 생존경쟁이라는 것을 해석하는 것은 큰 잘못이다. 그것은 분트가 상당히 신중한 사고로 결함이 있는 곳을 분명하게 밝혔다. 분트는 특히 쇼펜하우어의 영향을 받은 것으로 보인다. 쇼펜하우어의 의지론은 한편에서 니체[p.174] 에게 영향을 주었다. 또 심리학의 면에서는

---

23) 도고 헤이하치로(東鄕平八郎, 1848~1934) : 일본의 해군. 최종계급은 원수, 해군대장. 일본 각지에 도고신사(東鄕神社)가 있다. 청일전쟁과 러일전쟁에서 참가하여 승리로 이끌면서 영웅시되어 "동양의 넬슨"이라고 불렸다.

분트에게 영향을 준 것으로 보인다. 분트에게는 칸트, 쇼펜하우어의 영향이 심대한 것으로 생각된다. 특히 의지론을 분트가 주장하게 된 것은 쇼펜하우어의 영향이 틀림없다. 그 밖에 주의주의자로서는 회프딩[p.48], 제임스[p.263] 등도 있는데, 철학 측에서는 작고한 파울젠[p.495]도 역시 분트의 이론을 인용하여 진화론에 대해 의지의 방면에서 논한 곳이 있다. 분트 만큼 상세하게 논하진 않았지만, 분트의 말을 인용하여 그것을 논하고 있다. 역시 진화론 특히 생존경쟁을 의지로 설명해야만 한다고 하는 것을 파울젠도 말하고 있다. 거기에는 나 역시 동감한다. 아무래도 그 점이 지금까지의 진화론에는 결핍되어 있었다. 진화론을 제창하면서 의지론을 더하여 제창하지 않았다고 하는 것은 아니다. 그러나 의지론을 더하여 진화론을 설명하면 진화론 자체의 성질이 크게 변화한다.

나는 의지에 관해 이렇게 생각한다. 여기는 심리학과 관계가 있는 부분이므로 뭔가 심리학 방면에서 다른 의견이 있으면 알려주기 바란다. 의지론에 관하여 한 가지 아무래도 모르겠는 것이 등장한다. 어떤 이유에서인지 이러한 일을 하려고 하면 최후에 이르면 해석할 수 없는 일이 있다. 앞에서도 말했듯이, 우리의 생명은 생존을 제일로 한다. 생존해야만 한다. 그러나 생존하고 있기 때문에 생존의 욕망이 있다. 삶의 의지 Lebenwollen 가 있다. 그러나 왜 생존해야만 하는가 하는 불명료한 것이 등장한다. '왜 Warum'에 대해 언제나 최후에 불명료한 것이 나온다. 왜 우리는 생존해야만 하는가? 그렇게 생명의 문제가 되어 청년 등은 결국 절망하는 일이 있다. 먹는 일도 그렇다. 왜 먹어야만 하는가? 맛있기 때문에 먹는다고 하지만, 한 발짝 더 앞으로 나가면 왜 맛있는 것을 먹어야만 하는가? 이렇게 점차 밀고 가면 마지막에 몇 가지 남는다. 생명의 문제로는 왜 살아야 하는가? 학문을 하는 데는 왜 학문을 해야만 하는가? 이와 같이 점차 의지 자체에 관해 의문을 가지게 되면 결국에는 풀리지 않는 것이 있다.

제5장 철학

그것은 이유가 있다고 생각한다.

그리고 또 하나는 그것과 관련되는데, 의지에 대해 자기 맘대로 할 수 없는 일이 있다. 즉 주위나 환경, 혹은 자연이라는 것 때문에 사람으로서 어떻게 해도 가차없이 당한다. 그것에 대해 하르트만[24]은 『무의식철학』안에서 서술했다. 스스로는 이렇게 하지 않아도 좋다고 생각해도 저절로 충동^{Drang} 같은 것이 생기고 만다. 또 하나 자신으로는 어떻게도 할 수 없는 것이 있다. 그것을 나는 다음처럼 본다. 오늘은 그 생각을 여기에서 충분히 말할 수는 없지만, 의지라는 것은 욕동^{Trieb}에서 나온다. 이것은 심리학자도 대부분 이렇게 말하고 있는데, 의지에는 감정이나 지식과는 대단히 다른 것이 있다고 생각한다. 의지는 감정이나 지식 등과는 다르다고 하는데, 그것은 육체의 움직임이 더해졌기 때문이다. 감정이나 지식도 어느 정도 생리적인 변화를 수반하지만 의지는 육체가 움직이지 않으면 의지로 되지 않는다. 단지 하려고 하는 것만으로는 의지가 아니다. 단지 하려고 생각하는 것만으로는 의지가 되지 않는다. 즉 육체적 활동이 더해지지 않으면 정통의 의지가 아니다.

그러나 욕동 역시 육체적 활동을 동반한다. 어떻게 해도 단순히 심리적 작용만이 아니라 생리적 작용이 함께 일어난다. 그래서 헤르

---

[24] 에두아르트 폰 하르트만(Karl Robert Eduard von Hartmann, 1842~1906) : 베를린에서 장군의 아들로 태어나 1858년 포병연대의 근위대에 입대, 군인으로서 활동하다 1865년 무릎에 문제가 생겨 제대한 후에 철학으로 진로를 바꾸었다. 하르트만은 1869년 『무의식의 철학』*Die Philosophie des Unbewussten*이라는 책을 발표해 일약 주목을 받았으며 19세기 중후반 유럽에 강한 영향을 주었다. 이것은 쇼펜하우어의 비관주의적 의지철학을 자연과학의 진화론으로 매개하면서 헤겔의 변증법적 발전 사상과 결합시키고, 해탈을 정점으로 하는 발전의 비전을 유려한 문장으로 서술한 것이다. 그는 헤겔의 변증법을 자연과학의 진화론적 견해에서 벗어나 발전한 것으로 보고, 이 진화 상태로부터 해방되는 것이 진화의 궁극적 목표라고 보았다. 인간에게는 개인의 현세적 행복이든 내세적 행복이든, 또는 사회 변혁을 통해 얻어지는 행복이든, 모든 행복의 추구가 불행의 근원이며, 그러므로 행복의 추구에서 벗어나 고뇌 없는 상태에 도달해야 한다고 주장하였다.

바르트[p.290]는 이를 심리적 작용이라고 하기보다는 오히려 생리적 작용이라고 하는 편이 좋다고 말한다. 욕동은 역시 근력의 활동을 동반하는 움직임이다. 그리하여 목적이 있다. 다만 목적이 명확하지 않다. 그것이 명확하게 되면 의지가 된다. 명확한 목적을 세워 이루려고 해서 활동할 때 의지가 된다. 그때까지 명확하지 않은 상태는 욕동이다. 욕동이 발전하면 의지가 된다고 하는 데까지는 설명된다. 그러면 이 욕동은 무엇인가 하면, 나는 이렇게 생각한다. 즉 그것은 우주 활동의 일부이다. 우주 활동이 유기체에서 욕동이 된다. 거기에 지식과 감정의 발전에 동반되면 늘 의지가 된다. 이를 간단한 표로 보여주면 다음과 같다.

활동 — 욕동(향동) — 의지

우주전체의 활동이 유기체에서는 욕동이 된다. 이 욕동은 동물에게 있다. 식물에서는 향동響動[25]이 된다. 향동이 발달하면 욕동이 되고, 욕동이 발달하면 인간과 기타 고등동물의 의지가 된다. 이런 순서로 된다. 그리고 이 활동이라는 것은 우주 전체의 활동이다.

우주는 큰 활동력으로 변화를 드러낸다. 우주 전체의 활동 법칙이 즉 진화율이다. 일정한 질서, 일정한 방침으로 활동해 간다. 거기에서 진화율이 발견된 것이다. 그런데 이 활동의 일부가 동물로 옮겨가면 욕동이 되는데, 이 욕동은 순수한 심리적 작용이 아니라 한층 광범위한 활동이다. 거기에 육체의 활동을 동반한다. 육체의 활동을 동반하는 것을 생각하면 훨씬 광범위한 물질계의 활동에 공통된다. 식물에서는 향동이다. 태양의 광선이 오는 쪽이라든가 혹은 덩굴풀이 담장 쪽을 향하여 움직여 간다. 그 정도의 욕망 또는 의지가 나타난다.

---

25) '울림'의 의미를 갖는다.

제5장 철학

　그렇게 이 관계를 본다면 개인에게는 의지로 풀 수 없는 것이 있다. 풀 수 없는 것은 것은 우주의 활동인데, 우주의 활동에는 일정한 방침이 있다. 이에 의해 만물이 규율된다. 인간도 동식물도 모두 이에 의해 규율된다. 그런데 우주의 활동에 의해서만 규율될 때에는 거기에는 아직 개인의 자아라는 것이 없다. 단순히 자연계의 일부를 이루고 있을 뿐이다. 개인의 자아가 생기는 것은 오직 이 의지의 발전에 의한다. 그리고 의지는 노력해 나아가는 것도 가능하며 또 제지하는 것도 가능하다. 거기에서 비로소 자아라는 것이 나타난다. 그것이 없으면 자아가 아니다. 단지 우주의 활동에 의해 규율되는 한에 머물러 있다. 수동적인 마음으로 있을 때에는 자연계의 일부이다.

　자연계의 일부인 것이 점차 감정과 지식의 발달에 동반하여, 결국 의지가 되어 이처럼 발달했을 때에는 자신은 자신을 제지하거나 또는 노력하여 뭔가를 성취하거나 한다. 그 만큼의 범위에서 자아가 생긴다. 이러한 경험적인 자아는 참으로 작은 것이라고 생각한다. 그 정도 작게 생겨났어도 그것도 언제나 자신이 생각하는 대로 되는 것은 아니고, 역시 우주의 큰 추세에 제어된다. 거기에 불가해한 것이 있다. 왜 그러한 것이 있을까 하는 것은 개인의 지위를 한참 뛰어넘는 큰 문제이다. 본래 의지라고 해도 한층 광범위한 차원에서 말하면 우주 활동의 제재 범위에 들어가지 않는 것은 없다. 역시 자연의 범위에 들어가지만 거기에 조금 구별이 생긴다. 그런데 그 구별점은 또한 어떤 식으로 우주의 활동과 일치하는가 하는 것에 대해서는 오늘 자세하게 설명할 여유가 없지만, 그 정도의 것을 말해두면 족하다고 생각한다. 의지는 어느 정도까지 자신의 행동을 제어하거나 또 노력해서 나아가려고 한다. 동기^{motiv}가 몇 번이나 생기므로 거기에서 어떤 모티브를 택할까 하는 모티브 사이의 경쟁 등이 생긴다. 그러나 지금 그것은 별개의 문제로 하고, 어쨌든 우주의 활동과 의지가 관계가 있다는 점만 이야기해 둔다. 의지에서 풀리지 않는 점은 거기에서 온다.

　즉 결국 의지로 해석하지 않으면 생존경쟁은 충분하지 않다. 이 의지 쪽에서 가면, 앞에 말한 목적론과의 관계가 있는 곳이 있다. 즉 우리는 목적적 활동을 하고, 목적적으로 활동하지 않으면 인간다운 가치가 없다. 의지는 반드시 목적이 있으므로, 목적을 달성하려고 활동한다. 그 의미의 목적론이다. 몇 개의 목적을 세우고 성취하려고 활동한다. 그런데 그 목적은 처음부터 몇 년 앞의 목적을 세우는 것은 어렵다. 혹은 경우에 따라 불가능하다. 10년이나 20년 앞의 목적을 세우는 일이 가능할지도 모르겠다.

　그러나 목적을 세워 두어도 그 사이에 주위의 환경이 변하므로 반드시 세운 대로 가지 않는다. 실제로 하기 시작하면 여러 가지 방해가 생긴다. 주위의 변화가 있을 뿐 아니라 자신도 변화를 면하지 못한다. 혹은 병이 난다든가 그 밖에도 훨씬 좋은 목적이 생긴다든가 하여, 어떻게든 실제로 변하므로 생각대로 되지 않는다. 그러나 어떻게 변해도 그 환경에서 목적적으로 활동하는 것 외에는 없다. 목적 없이는 하지 않는다. 스가모巢鴨의 정신병원癲狂病院 안에는 목적 없는 자가 있을지도 모르겠다. 그러나 보통 사람은 모두 목적이 있어서 활동한다.

　그런 의미에서 말하면 인간만이 아니라 욕동에 의해 활동하는 동물도 향동에 의해 행동하는 식물도 역시 모두 목적적이다. 식물이 광선 쪽을 향해 자라는 것도 역시 같은 이유이다. 목적적이다. 그렇게 그것이 번영하는 이유이다. 식물이 자라는 시기에는 환경에 응하여 목적적으로 가지 등을 낸다든가 꽃을 피운다든가 한다. 단지 인간만이 내부의 의지력이 왕성해서 그 방향으로 크게 활동해가지만, 식물은 내부의 의지력이 약해서 외부에 제어되는 일이 많다. 그만큼 생물로서 등급이 낮다.

제 5 장 철학

　인간의 경우는 역시 앞에서 말했듯이 입이나 귀가 생긴 것은 의지의 결과가 틀림없지만, 이러한 입을 만들겠다든가 이러한 눈을 만들겠다든가 하듯이, 미리 계획하는 것은 아니다. 그것은 그러한 방식으로 생긴다. 그러므로 보았을 때의 형태와 의지의 활동이라는 것은 별개이다. 의지의 활동은 내부에서 반드시 각각의 경우마다 목적을 가지고 있다. 그것이 차례로 자신이 예상하지 않은 결과로 나타난다. 그러나 대개의 경우 습관이 되어 목적적이라는 것을 알 수 없게 된다. 예를 들면, 우리가 소화한다고 하는 것은 역시 의지작용이 일어난 것이 분명하다. 처음에 소화를 하려는 필요에서 일어났지만, 지금은 그러한 것을 느끼지 않고 행한다. 호흡 등도 마찬가지이다. 처음 호흡할 필요가 있었음이 분명하다. 그러나 지금은 모른다. 어떤 식으로 호흡할까, 이런 식으로 호흡할까 하고 생각하면 신경질적으로 되고 만다. 저절로 되면 좋다. 그러나 원래 목적론적인 것은 분명하다.

　그래서 언제라도 의지의 활동에 의해 행한다는 것은 인간은 물론 그 밖의 동물도 마찬가지이다. 식물의 경우에는 의지라고 하기에는 곤란하지만 의지에 해당하는 향동이 있다. 또 인간 이외의 만물에도 활동이라는 것이 있다. 활동은 일정한 목적이 있다. 그리하여 윤리학에서 말하는 바, 예를 들어 완기설完己說26)에서는 인간의 행동은 완전을 기할 수 있는 것이라고 한다. 그런데 우주도 완전을 기한다. 즉 불완전에서 완전을 향해 가는 자연계의 추세가 진화론으로 확정되었다. 인간도 역시 도덕적으로 말하자면, 완전을 기한다고 하는

---

26) 영국이상주의는 칸트와 헤겔의 영향 하에 성립했으며, 토마스 그린(Thomas Hill Green)은 그 대표인물이다. 윤리에 관한 그의 이상주의적 접근은 완벽주의적 자아실현이론(a perfectionist theory of self-realization)으로 전개된다. '완기설'은 그린의 'perfectionist ethics'를 번역한 것으로 보인다. 이노우에 뒤에 그린의 '자아실현설'이라고도 불렀는데, 이는 'theory of self-realization'의 번역어일 것이다. 1890년대초에 그린의 자아실현설이 일본에 수용되어 중등교과서에 대폭 수용되었다. 당시 이를 '完己說'로 표기한 책들이 보인다. 가령 乙竹岩造 「第十章 完己說を論ず」『新倫理學大意』同文館, 1899, pp.131-145참조.

것이 진화율에 맞는 도덕률이다. 그것으로 도덕상의 일도 우주의 활동 면에서 보아야 한다. 우주의 활동 면에서 보아 그것이 무엇인가 하면, 진화를 예상하고 있는 것이다. 활동이 있어야 비로소 진화라는 것을 말할 수 있다. 활동 그 자체가 무엇인지는 철학의 문제이다. 이러한 근본적인 해석이 없으면 인간은 안심하고 살 수 없다. 그 때문에 철학이 필요하다고 생각한다.

대단히 길어졌으므로, 아직 하고 싶은 말을 다하지 못했지만 이 정도로 마친다. 놓치고 말하지 못한 것도 많을 것이다. 질문이 있으면 거기에 응해 해야 할 말을 생각해 낼 수 있을지도 모르겠지만, 이 정도에서 그치는 것으로 하자.

제5장 철학

5.3 메이지 철학계의 회고

이연승

*** 해제 ***

『메이지 철학계의 회고』라는 책은 이와나미岩波 강좌의 철학총서 중 제10권(1932년 11월 출간)에 수록되어 있으며, 총 4장으로 이루어져 있다. 이 글은 그 서론과 결론을 번역한 것이다. 본론은 두 장으로 이루어져 있는데, 제1장은 공리주의·진화주의·유물주의 및 기타, 제2장은 이상주의라는 제목으로 되어 있다. 이 글은 현재의 시점이 아니라 쇼와 초기라는 시대적 배경에서 메이지 시대의 철학계를 회고한 글이라는 점을 염두에 두어야 하고, 무엇보다 그가 사용하는 용어가 의미나 뉘앙스에서 현재의 용어와 동일하지 않은 경우가 많다는 점을 유의해야 할 것이다. 특히 결론 부분에서는 이노우에가 스스로의 언어로 자신의 철학적 특징을 설명하고 있으므로 그의 사상을 이해하는 데에 핵심적인 자료라고 할 수 있다.

서론은 "우리나라에서는 예로부터 신도·유교·불교의 철학이 행해져 왔다"는 문장으로 시작된다. 비록 그가 회고한 메이지 철학계의 대부분은 서양철학의 자극을 받아 이루어진 내용이지만, 그는 신도·유교·불교의 사상을 '철학'이라고 부르는 데에 주저함이 없었다. 서양철학 일변도로 흐르는 풍조를 경계했던 이노우에로서는 이들을 '동양철학'으로 자리매김했다. 이러한 기본 틀을 가지고 있었기 때문에, 그는 '서양문명의 수입'과 '서양 철학사상의 자극'으로 인하여 전통적 동양사상과는 다른 '새로운' 철학사상의 조류들이 발생하게 되었다고 지적한다. 이노우에는 메이지 사상의 조류를 세 단계로 나누어 설명하고 있는데, 그가 가장 많은 편폭을 할애하고 있는 제1기는 메이지의 시작부터 20여 년

(1868~1890)이다. 그는 이 시기를 '아우프클레룽스자이트(계몽시대)'라고 명명하면서 영국·미국·프랑스의 사상이 우세를 점하다가 점차 독일철학이 소개되고 교육되면서 점차 우위를 점하게 되어갔다고 하였으며, 지식·학문·문학·예술 등이 급속히 진보를 이루었던 반면 전통적인 도덕과 종교는 혼란에 빠졌던 때라고 정리한다. 이 시기에 자신은 독일 유학에서 돌아와 『칙어연의』(1891)라는 교육칙어의 해설서를 공포하는 영광을 얻었다고 말한다. 제2기는 1890~1905년까지인데 이 시기에는 지나치게 독일철학에 압도되었으며, 지속적으로 동양철학과의 균형을 잡고자 했던 자신의 의도가 제대로 수용되지 못했다고 정리한다. 이어 제3기는 1905년 이후로 아마도 이 책을 집필했던 쇼와 초기까지를 포함할 것이라 생각되는데, 러일전쟁의 영향으로 일본의 사상계에는 개인의 자각이 현저하게 되고 협애한 애국심으로부터 눈을 떠서 세계적인 광대한 정신이 갑자기 발달하게 되었다고 지적한다.

결론에서 밝히고 있는 이노우에 자신의 입장에서 가장 눈에 띄는 점은 그가 모든 면에서 종합 혹은 융합을 중시하고 강조한다는 사실이다. 이러한 사실은 다음과 같은 방식으로 나타나고 있다. 첫째, 그는 도쿄대학에서 독일철학 외에 진화론과 불교철학의 영향을 받았다고 하였고, 유물론·기계주의·공리주의에 반대하면서 '정신적 진화주의'를 취해야 한다고 말한다. 또 메이지 이후에 사람들이 윤리의 보편적이고 일반적인 측면에만 주의를 기울이고 특수하고 차별적인 측면을 도외시하는 경향이 있지만, 이는 실천도덕상의 입장에서 볼 때 적절하지 못하다고 지적하면서, 자신은 『국민도덕개론』(1912)에서 일본의 국민도덕을 주장하면서 공리주의와도 모순되지 않지만 그것을 넘어서는 이상주의를 표방한다고 말하였다. 그가 결론에서 가장 상세하게 서술하고 있는 '현상즉실재론' 역시 그 자신이 지적하듯 '융합적' 실재론으로서, 정적인 실재와 동적인 현상이 결국은 동일체의 양면으로 분리되어 있지 않다는 것이다. 실재는 경험적 인식을 초월한 것인데, 세계의 진면목은 현상과 실재의 구별을

제5장 철학

초월한 곳에 있고, 이러한 참된 인식인 예지는 깨달음의 경지가 된다고 말한다.

둘째, 그에게 종교라는 문제는 매우 중심적인 것으로서, 그가 생각하는 바람직한 종교란 기존의 전통적인 종교들로부터 그 어떠한 미신적 요소도 없는 순연하고 보편적 세계적 이상교理想敎인 윤리교이다. 사람을 규율하는 두 가지가 바로 윤리와 종교인데 양자가 병립하고 있는 것은 과도기의 형태로, 윤리와 종교는 '윤리적 종교' 즉 '이상적인 윤리교'로 통일되어야 한다고 주장하였다. 도덕적 인격자를 만드는 데에 그 목표가 있는 교육의 영역에서도 특수한 종교들을 초월한 일반적이고 보편적인 종교인 윤리교로써 종교적 정조를 갖춘 교육으로 개조해나가야 한다고 말한다. 셋째, 결론의 마지막 부분은 '철학방법론'이라고 되어 있지만, 그 내용을 보면 '방법론'이라기보다는 어떻게 철학을 해야 하는가에 관한 기본적인 태도의 문제를 말하고 있다. 여기에서 그는 동양 국가인 일본은 중국과 인도 철학의 영향을 받아왔는데, 이를 도외시하고 서양철학만을 중시하는 것은 적절하지 않으며, 마땅히 동양철학을 연구하고 이를 서양철학과 비교, 대조하면서 진일보한 철학사상을 구성해야만 한다는 것을 특별히 강조하고 있다. 그는 "서양철학을 연구함과 동시에 동양철학의 연구를 게을리하지 않고 양자의 융합통일을 도모하는 것을 임무로 삼고자"하며, 이 방법론을 강력하게 주장해왔다는 말로 마무리하고 있는데, 이야말로 종합과 융합을 지향하는 이노우에의 사상을 가장 잘 나타내준다고 할 수 있다.

● 5.3 메이지 철학계의 회고

*** 번역 ***

『메이지 철학계의 회고』는 1932년에 이와나미^{岩波} 강좌『철학』시리즈 중의 한 권으로 공식 출간된 책으로, 일본에서 강단철학 개척자의 한 사람이었던 필자의 회고록이다. 여기에는 메이지의 철학을 개관한 서론과 나 자신의 입장을 서술한 결론을 수록하였다.

서론

1.

우리나라에서는 예로부터 신도·유교·불교의 철학이 행해져 왔는데, 서양문명의 수입과 함께 이와는 다른 계통의 철학사상이 메이지 연간에 새롭게 일어났다. 즉 서양의 철학사상에 자극을 받아 일본에서도 여러 종류의 철학적 사색을 촉진하였다. 그 결과, 전통적 동양사상과는 본래 다른 철학사상의 조류가 발생하였다. 서양사상 가운데 가장 먼저 수입된 것은 종교사상이었고^{즉 그리스도교}, 이어서 의학·화학·물리학·식물학·병학^{兵學} 등이 수입되었으나, 메이지 초기에 선각자들이 철학·논리학·심리학 등에 처음으로 주목하게 되어 사상계에 참신한 기운을 불러일으켰다.

메이지 초기의 사상가로 철학 및 그 밖의 정신과학에 관여한 주된 사람들을 들자면, 우선 니시 아마네를 필두로 하여 니시무라 시게키[27]·가토 히로유키[p.569]·도야마 마사카즈[28]·나카에 도쿠스케 등

---

27) 니시무라 시게키(西村茂樹, 1828~1902) : 메이지 시대 일본의 계몽사상가, 교육자. 1873년 후쿠자와 유키치, 니시 아마네, 나카무라 마사요시, 가토 히로유키 등과 메이로쿠샤(明六社)를 결성하였고, 같은 해 11월 문부성에 출사해 편서과장으로 취임한 이래 1886년까지 성내에서 유교주의적 덕육 강화 정책을 추진했다. 문부성 편집국장으로서 교과서 편집 및 교육 제도 확립에 진력하였고, 수신의 필요성을 호소해 1876년 4월에 사카야 모토 등과 함께 도덕 진흥을 목적으로 하는 수신학사(修身學社, 현 일본홍도회)를 창설했다.

28) 도야마 마사카즈(外山正一, 1848~1900) : 메이지 시대의 사회학자, 교육자. 도쿄 제국대학의 문과대학장과 총장, 귀족원의원, 문부대신을 역임했다. 영국에서

제 5 장 철학

이 있었다. 그러나 나도 그 사이에서 철학·윤리학·심리학 등에 관한 저술 또는 번역을 발행했고, 종교 및 사상 문제에 대해서 다양한 의견을 발표했다. 나보다 후배로 미야케 유지로·이노우에 엔료·아리가 나가오[29]·오니시 하지메[30]·기요자와 만시[31]·다카야마 린지로 등도 철학사상의 흥성에 적지 않게 관여했다.

그밖에 후쿠자와 유키치[32]나 나카무라 마사나오(호는 게이우敬

유학 후, 1877년 도쿄대학의 일본인 최초의 교수가 되었다.(사회학) 그의 강의는 시종 스펜서 책의 윤독이었다고 한다. 미시간 대학에서 진화론 공개강의를 들은 것을 인연으로 에드워드 모스(Edward Morse)를 도쿄대학에 초빙한 바 있다.

29) 아리가 나가오(有賀長雄, 1860~1921) : 일본의 법학자이자 사회학자. 오사카 영어학교와 가이세이(開成) 학교를 거쳐 1882년 도쿄대 철학과를 졸업했다. 도쿄대 조교, 조교수, 원로원 조교를 거쳐 1886년 원로원 서기관이 되었고 곧바로 유학을 떠나서, 독일 제국의 베를린 훔볼트대학교, 오스트리아-헝가리제국의 빈대학교 교수 로렌츠 폰 슈타인(Lorenz von Stein)에게서 국제법을 배웠다.

30) 오니시 하지메(大西祝, 1864~1900) : 일본의 철학자로, '일본 철학의 아버지'; 혹은 '일본의 칸트'라는 평가를 받는다. 1889년 도쿄 제국대학 문과대학 철학과를 수석 졸업, 대학원에 들어가 윤리 문제를 연구했다. 1891년 대학원을 그만두고 도쿄 전문학교(현 와세다 대학)에 초빙되어, 1898년 2월까지 봉직한다. 1898년 철학 연구를 위해 독일, 예나 및 라이프치히에 유학하였다가 건강을 해치고 이듬해 9월 귀국하였다. 교토제국대학 문과대학 설립 준비에 착수하기 위해 3월에 교토로 갔으나 병세가 악화되어 같은 해에 별세하였다.

31) 기요자와 만시(清澤萬之, 1863~1903) : 메이지 시기 신슈오타니(眞宗大谷)파 승려, 철학자, 종교가. 아이치(愛知) 영어학교를 거쳐, 1878년에 출가하여 교토의 히가시혼간지(東本願寺) 육영학교(育英教校)에서 배웠다. 본사(本寺)로부터 명을 받아서 도쿄대학 예비문, 도쿄대학 문학부 철학과에 입학하였고, 재학 중에는 페놀로사의 강의에 특히 감명을 받았다고 한다. 이노우에 엔료등의 철학회에도 참가, 『철학잡지』의 창간부터 5호까지 편집을 담당했다. 대학을 수석으로 졸업한 후 대학원에 진학해 종교철학을 전공하였고, 그 사이에 제일고등학교에서 교편을 잡은 것 외에, 이노우에의 철학관(현 도요 대학) 창설에 평의원으로 참가하고, 강사로서 순정철학 등을 강의했다. 1888년 히가시혼간지의 요청으로 대학원을 중퇴하고 교토부 심상중학교 교장으로 부임했으며, 히가시혼간지의 신슈(眞宗) 대학(현 오오타니 대학) 학장으로 종교철학, 서양철학사 등을 연구하였다.

32) 후쿠자와 유키치(福澤諭吉, 1835~1901) : 에도·메이지 시대의 계몽사상가. 봉건시대의 타파와 유럽 문명의 도입을 주장했다. 20대 초에 나가사키에서 난학(蘭學)을 배우고 다음 해 오가타 고안(諸方洪庵)의 학사(塾)에서 공부한 뒤에 1858년 에도에 난학숙을 열었다. 1860년대에 유럽과 미국을 순방하면서 서구 문화를 흡수하고 돌아와 일본 봉건 관료주의에 대항하였다. 교육의 중요성을 인숙한 그는 난학숙을 게이오 의숙으로 개칭하고 교육과 언론 활동에 전념하였으며 메이로쿠샤(明六社) 동인으로 『학문의 권장』(1871)를 저술하였다. 다른

‡)등과 같은 사람도 결코 무관하다고는 할 수 없다. 후쿠자와는 따로 이렇다 할 철학적 저서가 있는 것도 아니고, 어떤 철학적 사색의 자취는 인정되지 않지만, 서양문명의 수입자로서 또 사회의 선각자로서 당시 널리 사상계에 큰 영향을 미쳤던 사람이었기 때문에, 철학사에서 보아도 결코 간과할 수 없는 인물이라고 생각한다. 특히 후쿠자와 유키치와 가토 히로유키[p.569]는 당시 주목할 만한 대립적인 학자였다. 여기에서는 극히 대략적인 것밖에는 말할 수 없지만, 가토 히로유키는 어느 정도 학구적인 성향이 있어서 철학의 문제를 철저하게 연구했고 어디까지나 스스로 철학자이고자 했으므로, 메이지 시대의 철학을 회상한다면 아무래도 도외시할 수 없는 인물이다. 한편 후쿠자와 씨의 경우는 그러한 전문적 의미에서가 아니라, 광범위한 입장에서 볼 때 아무래도 간과할 수 없는 면이 있다. 그는 특히 영·미의 문명사상을 적극적으로 수입하였고, 이에 반하여 유교와 같은 동양사상을 파괴하는 데에 노력을 기울였던 사람이다. 바꿔 말하면, 지나 문명과 같이 당시 상당한 세력을 가지고 있던 것을 완전히 근저에서 뒤집고, 영·미의 신문명으로 대체하려고 애썼다. 시세도 시세여서 마침 양이攘夷가 잘못임을 깨닫고 하루라도 빨리 서양의 장점을 배우려는 사회적 요구가 절실한 때였기 때문에, 후쿠자와의 고심도 헛되지 않아 그 효과는 의외로 광대해졌다. 예로부터 "지혜가 있어도 시세를 타지 않으면 안 된다"고 했는데, 후쿠자와는 시대의 흐름을 잘 타서 그 뜻을 성취했던 사람이라고 해도 좋을 것이다.

그가 철학과 어떤 관련이 있었는지는 추후에 따로 기술하기로 하고, 나카무라 마사나오[33]에 대하여 한마디 해두겠다. 이 사람은

---

‡ 대표적인 저작으로는 당대의 베스트셀러가 되었던 『문명론의 개략』(1875)이 있다.
33) 나카무라 마사나오(中村正直, 1832~1891) : 메이지 시대 일본의 계몽사상가, 교육자, 문학박사. 나카무라 게이우(中村敬宇)라 불리기도 한다. 1866년에 가와지 간도(川路寛堂)의 보좌역으로 막부에서 파견한 영국 유학생들의 감

제5장 철학

게이우 선생으로 알려져 있는데, 원래 철학이니 논리학 등에 대해서는 그다지 주목하지 않았고 또 좋아하지도 않았다. 특히 논리학 등을 매우 싫어했으나, 그것은 잘 알지 못했기 때문이 아니었을까 생각한다. 이 사람은 오히려 감정情에 관심이 있었던 사람으로, 도덕을 주로 연구하고 종교를 숭앙하는 성향을 가졌기 때문에, 직접 철학과 관계가 있다기보다는 오히려 도덕이나 종교 방면에서 크게 주목할 만한 점이 있다. 물론 그의 번역은 널리 세상 사람들에게 많이 읽혔기 때문에, 사회교육 방면에서 보거나 서양사상의 수입이라는 입장에서 보아도 메이지의 문화 발전에 지대한 공헌을 했던 사람으로서 메이지 사상사에서 결코 간과할 수 없는 인물이라고 생각한다.

결국 메이지 초기에 새롭게 철학이 일어나게 되었다는 것도 시세의 변화에 의하여 재촉된 결과이다. 도쿠가와 막부가 무너지고 메이지유신이 일어나 서양사상을 급격하게 수입하게 되었던 시기에, 사회 전체의 대변화·대쇄신과 함께 철학도 일어났다. 그러한 상황이었기 때문에 오로지 두셋이나 너덧 사람의 힘에 의해 일어났던 것은 아니다. 그러나 그 가운데 주요한 인물을 들자면 앞에서 나열했던 사람들이 먼저 염두에 떠오르는데, 이들의 노력과 고심에 의하여 널리 사회에 지대한 영향을 미쳤던 것은 다시 말할 필요도 없다.

메이지 초기에는 불교나 유교와 같은 전통적인 철학사상도 꽤 세력이 있었다. 불교는 종교이며 동시에 철학이다. 본래 불교는 유신 시기에 배불훼석排佛毀釋의 영향으로 어느 정도 타격은 받았지만 그래도 유력한 사람들이 각각 그 영역에서 활약하고 있었다. 예를

독으로 영국에 갔다가, 메이지 유신 뒤에 귀국하여 시즈오카 학문소 교수를 지냈다. 1870년에 새뮤얼 스마일스의 *Self Help*를 『서국입지편(西國立志編)』이라는 제목으로 출간, 100만부 이상 팔려서 후쿠자와 유키치의 『학문의 권장』과 함께 메이지 양대 베스트셀러가 되었다. 1872년에는 밀[p.48]의 *On Liberty*의 번역서 『자유지리(自由之理)』를 발간하였였다. 1873년 메이로쿠샤에 참여하여 후쿠자와 유키치, 모리 아리노리, 니시 아마네, 가토 히로유키[p.569] 등과 함께 계몽사상의 보급에 노력했고 메이로쿠 잡지를 발간했다.

들면, 후쿠다 교카이34)·하라 단잔[p.567]·시마지 모쿠라이35)·난조 분유36)·무라카미 센쇼37)·모리타 고유38)·샤쿠 운쇼39)·가쓰미네 다

---

34) 후쿠다 교카이(福田行誡, 1809~1888) : 막부 말기부터 메이지 시대에 활약한 정토종의 승려이자 불교학자이다. 메이지 유신기에 신불분리(神佛分離)와 폐불훼석(廢佛毁釋) 정책으로 혼란에 빠진 일본 불교계에서 형성된 '제종동덕회맹(諸宗同德會盟)'의 중심적 지도자로서 불교 위기의 난국에 맞섰다. 1873년 신불 합병에 의해 대교원이 설립되면서 교감이 되었고, 1877년에는 정토종 대교원의 학장이 되었으며, 1880년에는 정토종 동부관장으로 임명되었다. 그는 '메이지 최고의 고승'으로 불린다.

35) 시마지 모쿠라이(島地黙雷, 1838~1911) : 메이지 시대에 활약했던 정토진종 본원사파의 승려. 모쿠라이는 학문, 식견, 인덕 모두 뛰어나 오즈 데쓰넨(大洲鐵然), 아카마츠 렌조(赤松連城)와 함께 니시혼간지(西本願寺)의 유신(維新) 삼걸로 칭송되었다. 1868년 오즈 데쓰넨, 아카마츠 렌조 등과 함께 본산의 여러 제도의 개혁을 니시혼가지에 건의하고, 개정국을 설치하여 말사(末寺)의 자제 교육에 주력하였다. 1872년에는 본산의 파견으로 불교도 최초로 유럽 각국을 시찰하며 선진국의 종교 사정을 배웠다. 불교는 메이지 유신 이후 신정부에 의해 종래의 봉건적 특권을 빼앗겨 사상 초유의 위기에 처해 있었다. 이에 모쿠라이는 불교 부흥을 목표로 그 위상을 확립시키는데 진력하였다.

36) 난조 분유(南條文雄, 1840~1927) : 일본의 불교학자이자 종교가. 자는 세키카(碩果), 쇼하(松坡). 근대 이전부터 이루어진 전통적 불교 연구에 서양 근대의 실증적, 객관적 학문체계와 방법론을 처음으로 도입하였으며, 이른 시기부터 불전 원전인 산스크리트어 텍스트의 존재에 주목하였다. 주요 한역(漢譯) 경전과의 대조 교정을 행함과 동시에 그 성과를 유럽 학계에 널리 소개하는 등 근대적 불교 연구의 기초 형성에 큰 역할을 하였다.

37) 무라카미 센쇼(村上專精, 1851~1929) : 메이지, 다이쇼 시기에 활약한 교육자, 불교 사학자. 도요(東洋) 고등여학교 창립자, 도쿄 제국대학 인도철학과 초대 교수 및 명예교수였으며, 오타니 대학의 학장을 역임하였다. 메이지·다이쇼기의 교육계에서 주로 고등교육의 내실화에 진력했다. 특히 불교사상·불교사를 근대적 학문체계로부터의 비판을 견딜 수 있는 형태로 연구하는 동시에 그 성과를 여러 교육기관에서 공개하였다.

38) 모리타 고유(森田悟由, 1834~1915) : 일본 조동종(曹洞宗) 승려. 속명(俗名)은 쓰네지로(常次郎)이며, 호는 대휴(大休)이다. 에이헤이지(永平寺)에서 제64대 관수(貫首: 주지)였고, 조동종 제5대 관장(管長)이었다.

39) 샤쿠 운쇼(釋雲照, 1827~1909) : 막부로부터 메이지 시기에 걸쳐서 활동했던 진언종(眞言宗)의 승려. 1836년(덴보 7) 마쓰에(松江) 센테인(千手院)에 출가하였고, 1844년 고야산(高野山)에 올라가 진언 밀교를 수학하였다. 에도 시대 후기에 계율 부흥 운동을 벌인 지운(慈雲)의 영향을 받아, 메이지 유신 후인 1884년 십선회(十善會)를 발족하여 계율주의를 주창하였고, 이후에는 메지로(目白) 신초쿠사(新長谷寺)에 계율학교를 창건하고 기관지「십선보굴(十善寶窟)」을 창간하였다. 불교에 대한 그의 내성적 태도는 신불교 운동에 정신적 기반이 되었지만, 계율주의는 근대 불교에 정착하지 못하고 그의 사후 쇠퇴해 갔다.

제5장 철학

이테쓰⁴⁰⁾·오다 도쿠노⁴¹⁾ 등과 같은 이들은 천자의 거처輦轂(천자의 비호 아래)에서 세력을 가지고 있었다.

지방에는 이마키타 고젠⁴²⁾·니시아리 보쿠잔⁴³⁾·유리 데키스이⁴⁴⁾·

---

40) 가쓰미네 다이테쓰(勝峯大徹, ?~?) : 메이지 시대 선승. 에도 시대 시마초고자(志摩町御座)에서 태어나 뒤에 임제종(臨濟宗) 난젠시(南禪寺)파의 관장이 되었다. 아사마야마 곤고쇼지(朝熊山金剛證寺)를 폐불훼석(廢佛毀釋)의 격한 공격으로부터 지켜냈다.

41) 오다 도쿠노(織田得能,1860~1911) : 메이지 시대 신슈 오타니파(眞宗大谷派)의 승려로, 일본 최초의 불교사전『불교대사전』을 저술한 인물로 유명하다. 향리에서 교원으로 근무하다가 신슈 오타니파에서 불교학을 수학하였고, 1890년 시마지 모쿠라이(島地黙雷)와 함께 인도·중국·일본의 불교사를 술해한『삼국불교약사』를 편찬하였다. 1900년에는 오카쿠라 덴신(岡倉天心)과 함께 인도·중국의 불적을 찾아다니며 그 식견을 더욱 높였다.『불교대사전』은 그의 사망 후인 1916년에 간행되었다.

42) 이마키타 고젠(今北洪川, 1816~1892) : 막부 말기와 메이지 시대를 대표하는 임제종의 선승. 1840년 25세에 쇼코쿠지(相國寺)의 다이세쓰 조엔(大拙承演)에게 사사하고 출가했으며, 1842년 4월에 대오하여 스승에게 인정받았다. 1855년 다이세쓰가 세상을 떠난 후 1858년부터 에이코지(永興寺)에 살면서 절을 부흥시켰다. 폐불사상에 대항하여 유불의 일치 조화를 설파하며 기독교를 사교로 엄하게 배척하였다. 그가 설립, 주재했던 양망회(兩忘會)가 표방한 재가주의는 석종연(釋宗演) 문하 석종활(釋宗活)의 종교법인 양망선협회(兩忘禪協會), 석종활 문하의 다쓰다 에잔(立田英山)의 인간선교단(人間禪敎團)으로 계승되었다.

43) 니시아리 보쿠잔(西有穆山, 1821~1910) : 미나토초(湊町)에서 태어났고, 본명은 사사모토만키치(笹本萬吉). 1833년에 출가하여 1844년 호린지(鳳林寺)의 주지가 되었지만, 조동종의 근본 경전인『정법안장(正法眼藏)』을 배우기 위해 오다와라(小田原) 가이조지(海藏寺)의 월담(月譚)에게 입문하여 12년간의 수행하였다. 1901년 조동종의 대본산인 소지지(總持寺)의 관수(貫首)가 되었고, 같은 해 메이지 천황으로부터 '직심정국(直心淨國)'이라는 호를 받았다.『정법안장사기(正法眼藏私記)』,『정법안장독홍강의(正法眼藏読紘講義)』등의 저서와 선 수행에서 얻어진 깨달음의 경지를 표현한 묵적(墨跡)과 선화(禪畵) 등의 작품을 많이 남겼다.

44) 유리 데키스이(由理滴水, 1822~1899) : 에도 말기부터 메이지 초기의 임제종 승려. 1868년에 처음으로 임제종을 제창하고 1871년 임제종 덴류지(天龍寺)파의 관장(管長)이 되었다. 1872년에 대교정(大敎正)이 되어 선종 3파(임제종, 조동종, 황기종)의 관장(管長)으로 선임되었으며, 1892년에 덴류지의 관장을 법사(法嗣)였던 류부치(高木龍淵)에게 물려주고 자신은 린큐지(林丘寺)로 가서 은수하였다. 1899년에 다시 덴류지의 재건을 맡아서 공사가 거의 끝난 직후 세상을 떠났다.

하시모토 가잔45)·아라이 닛사쓰46)·시치리 고준47) 등의 인물이 있었다. 그리고 거사로서 시마다 반콘48)이나 오우치 세이란49)·도리오 고야타(得庵50) 등이 모두 불교 측의 인물들이었다. 특히 불교 측 인물로 서양철학을 연구했던 사람들은 시세와의 관련이 한층 더 깊었다.

---

45) 하시모토 쇼테이(橋本昌禎, 1853~1900) : 메이지 시대를 대표하는 일본의 임제종 승려. 교토 출신으로 쇼테이(昌禎)는 법명이다. 도호(道號)는 가잔(峨山)으로, 통상 하시모토 가잔이라고 불린다. 덴류지(天龍寺)의 유리 데키스이(由理滴水)의 법을 따랐으며, 스승을 도와서 덴류지의 재건에 힘썼고 후에 덴류지파의 관장을 지냈다. 『식경어록(息耕語錄)』을 남겼다.

46) 아라이 닛사쓰(新井日薩, 1830~1888) : 에도 시대 말기에서 메이지 시대에 걸쳐 활동했던 일련종(日蓮宗)의 승려로, 불교탄압이 심했던 메이지 시기에 일련종의 조직 정비와 인재 발탁에 힘을 기울여 종문(宗門)의 근대화에 기여했다.

47) 시치리 고준(七里恒順, 1835~1900) : 막부 말기에서 메이지 시대에 활약했던 정토진종의 승려. 니시혼간지(西本願寺)의 집행(執行)직에 수년간 종사한 것 외에는 자신이 주지로 있던 절을 떠나지 않았으며 감로굴(甘露窟)이라는 사숙에서 교육과 포교에 전념했다.

48) 시마다 반콘(島田蕃根, 1827~1907) : 막부 말기부터 메이지 시대에 걸쳐 활액했던 승려이자 불교학자. 법명은 원진(円眞), 별명은 여승도인(如縄道人)이다. 천태종 본산파 수험도(修驗道)의 교학원 주직을 지냈고, 후에 번주(藩主)의 명으로 흥양관(興讓館)의 교수가 된다. 1872년 교부성(敎部省)을 설치할 때 대록(大錄)으로 초청된 후, 내무성 사사국(內務省社寺局), 내각기록국(內閣記錄局) 등을 역임하였다. 그 사이에 정확하고 휴대가 편리한 장경개판(藏經開版)을 발원하여 후쿠다 교카이(福田行誡) 등의 협조를 얻어 축쇄대장경(縮刷大藏經)을 간행하였다. 또 육아원을 창설하였으며, 성덕태자 봉찬에도 힘썼다.

49) 오우치 세이란(大內靑巒, 1845~1918) : 메이지 시기에서 다이쇼 시기에 활동했던 불교학자이자 운동가. 후쿠다 교카이(福田行誡), 하라 단잔(原坦山)에게 불교를 배웠다. 1874년에 『호시소단(報四叢談)』, 1875년에 『메이쿄신지(明敎新誌)』를 발행하여 문서 전도에 힘썼다. 또 1879년에는 맹농아인의 츠키지(築地) 훈육원 고등보통학교를 설립하는 등 사회사업에도 힘썼다. 1889년에는 정치단체인 존황봉불대동단(尊皇奉佛大同團)을 조직하고 쇼토쿠 태자를 존숭하여 조구(上宮)교회를 설립하였다. 또한 조동부종회(曹洞扶宗會) 등을 결성하였고, 재가주의 불교를 주장하여 메이지 불교계·교육계·출판계에 영향을 미쳤다.

50) 도리오 고야타(鳥尾小弥太, 1848~1905) : 일본의 육군이자 정치가. 1884년에는 메이지 유신의 공으로 자작을 하사받았다. 유럽 시찰에서 돌아온 후 1888년에 동양철학회를, 1889년에는 일본국교대도사(日本國敎大道社)를 조직하였으며 귀족원 안에서 보수당 중정파를 결성하는 등, 국교 확립과 반유럽화주의를 창도하여 국가주의, 국수주의의 흥륭에 힘썼다. 만년에는 일체의 직을 그만두고 불교를 신봉하는 참선생활에 들어갔다.

제5장 철학

오늘날 유교는 상당히 쇠하여 대표자라고 일컬어지는 사람은 극히 소수지만, 메이지 초기에는 아직 석학들이 꽤 많이 있었다. 야스이 솟켄[p.99] · 모토다 도야[51] · 시게노 야스쓰구[52] · 가와타 오코[53] · 오쓰키 반케이[54] · 네모토 미치아키[55] · 다케조에 세이세이[56] · 와시즈 기

---

51) 모토다 도야(元田東野, 1818~1891) : 메이지 천황의 시강(侍講)을 맡았던 유학자. 구마모토(熊本) 번사(藩士)의 집안에서 태어나 번교(藩校)의 시습관(時習館)에서 배웠는데, 그때 요코이 쇼난(橫井小楠)을 알게 되어 구마모토 실학파의 영향을 받았다. 1882년 칙명으로『유학강요(幼學綱要)』를 편집하였으며, 국민교화에 특히 관심이 많았고 유교를 원점으로 하여 조종(祖宗)의 훈전(訓典)에서 원류를 구한 국민도덕 형성에 주력하였다. 그 생각은『국교론(國敎論)』,『성유기(聖諭記)』등에서 찾아볼 수 있다. 「교육칙어」를 기초할 때 이노우에 고와시(井上毅)와 함께 중심적 역할을 했다.

52) 시게노 야스쓰구(重野安繹, 1827~1910) : 에도 시대 말기부터 메이지 시대 초기의 한학자, 역사학자. 호는 세이자이(成齊). 일본에서 최초로 실증주의를 제창한 일본 역사학 연구의 태두이며, 일본 최초의 문학박사 중 한 사람이다. 메이지 정부의 역사편찬 기관인 수사관(修史館)에서 국사편찬의 리더로 활약하다 도쿄제국대학 교수로 이동했다. 구메 구니타케의 필화 사건으로 수사국은 해체되고 국사편찬도 중단되었다.

53) 가와타 오코(川田甕江, 1830~1896) : 에도 시대 말기, 메이지 시기의 한학자. 메이지 유신 후에는 궁내성(宮內省)에 출사하였고, 1885년부터 도쿄대학 교수를 겸했다. 학문은 주자학을 위주로 하였고, 명·청 시기의 학문에도 능통했으며, 문장력이 출중하여 메이지의 한(漢) 문단에서 비중이 컸다.

54) 오쓰키 반케이(大槻磐溪, 1801~1878) : 일본 막부 말기부터 메이지 초기에 걸쳐서 활약한 유생이자 한학자였으며, 문장가로도 유명하다. 저서로는『맹자약해(孟子約解)』,『고경문시(古經文視)』등이 있다.

55) 네모토 미치아키(根本通明, 1822~1906) : 에도, 메이지 시대의 한학자, 도쿄대학 교수. 1886년에는 천황에게 연속 어강서시(御講書始: 궁중 신년행사로, 연초에 듣는 강의를 말함)의 강의를 맡은 몇 안 되는 대유(大儒)였다. 특히『주역』에 정통하여, 역의(易義)에 황통일계설(皇統一系說)을 주창 일본 역학과 한학계의 일인자였다. 저서와 강의록에『주역상의변정』·『주역강의』·『논어강의』·『노자강의』·『시경강의』·『맹자강의』등이 있다.

56) 다케조에 신이치로(竹添進一郎, 1842~1917) : 일본의 외교관이자 한학자로, 세이세이(井井)는 그의 호다. 1882년 임오군란이 발발했을 때 주(駐) 조선 일본 공사관이 구식 군대의 습격을 받자, 책임을 지고 물러난 하나부사 요시모토(花房義質)의 후임으로 주 조선 일본 공사로 부임했다. 1884년 갑신정변 당시에는 개화파를 소극적으로나마 지원하였으나, 청나라의 개입으로 정변에 실패한 후 1893년 3월에 외무성을 퇴관하였다. 퇴관 후에는 도쿄 제국대학 문과대학 강사가 되어 '한학·지나어 제2강좌'를 강의하며 후학 양성에 힘썼다.

도[57]·오카마쓰 오코쿠[58]·사카타니 로로[59]·시미다 고손[60]·미시마 주슈[p.322] 등도 있었는데, 그 외에 많은 유자들이 생존해 있었기 때문에, 직간접으로 여러 사상문제에도 관여했다. 그 사이에 가와이 기요마루[61]처럼 신도·유교·불교의 삼교일치의 입장에서 입론하는 자도 있어서 사상계도 그렇게 단순하지 않았다. 그러나 그로부터 시세가 점차 변화해가서 연구의 방법과 고찰의 방법이 변화하지 않으면 안 되었기 때문에 모두 시간이 흐름에 따라 양상이 새로워졌다. 메이지 초기는 그러한 상황이었기 때문에 오늘날과는 환경이 달랐다는 것을 고려해야만 한다.

한 가지 여기에서 주목해야 할 것은 외국인과의 관계이다. 1877년(메이지 10) 도쿄대학이 창설되었던 때에 철학과라는 학과도 생겼고, 얼마 안 되어 구미에서 전문학자를 초빙하여 철학 강의를 의뢰하게 되었다. 1878년(메이지 11) 8월에는 미국에서 하버드 대학 출

---

57) 와시즈 기도(鷲津毅堂, 1825~1882) : 에도막부 말기, 메이지 시대의 유생이자 무사(武士). 유신 후에는 사법권 대서기관(司法權大書記官) 등을 지냈다. 이름은 선광(宣光), 자는 중광(重光)이다. 저작으로 『박유음초(薄遊吟草)』, 『친등여영(親灯余影)』 등이 있다.

58) 오카마쓰 오코쿠(岡松甕谷, 1820~1895) : 에도 말기와 메이지 시대의 한학자. 만년에는 도쿄대학과 부하(府下)의 중학교에서 교편을 잡았다. 한문에 능통할 뿐만 아니라 양학에도 소양이 있어 네덜란드어, 영어를 이해했다.

59) 사카타니 로로(阪谷朗廬, 1822~1881) : 에도말기에서 메이지 시기의 유학자. 에도 시대 말기에는 교육자로서, 메이지 유신 이후에는 관리로서 활동했다. 개국론을 주장하며 의회주의와 해군의 충실화를 설파했던 개명파이며, 후쿠자와 유키치 등의 메이로쿠샤에 가담했다. 세계 공통어의 필요를 주장했다.

60) 시마다 고손(島田篁村, 1838~1898) : 메이지 시대의 한학자. 일본의 한학 전통 위에 청대 고증학의 인식과 방법을 적극 수용한 한학자였다. 메이지 유신 후에 쌍계학사(雙桂學舍)를 열었고, 1877년 도쿄대 교수가 되어 한학의 근대화를 촉구하였다. 많은 제자를 육성하여 교육 행정에도 지대한 영향을 미쳤다.

61) 가와이 기요마루(川合淸丸, 1848~1917) : 메이지·다이쇼 시대의 신도가이자, 사회교육가. 일본의 정신은 신유불(神儒佛)의 3도라고 설명했고, 1888년 다이도샤(大道社)를 창립하여 신유불 삼교일치설에 기반을 둔 '일본국교(日本國教)'를 창도, 월간 『대도총지(大道叢誌)』를 발행하는 등 그 포교에 전념하고, 다수의 공감자를 얻었다고 한다.

신의 페놀로사를 철학 교사로 초빙했다. 이어서 영국에서 쿠퍼[62]를 초빙했고, 이어서 독일에서 부세[63]를 초빙했으며, 부세의 후임자로 쾨버[64]를 초빙했기 때문에 이들 모두를 고려해야만 한다. 이러한 철학 전문 교사들 외에, 세간에서는 외국에서 온 그리스도교 선교사와 그리스도교 신자인 교사 및 이들의 훈도를 받았던 내지의 목사들의 자극 역시 철학사상의 발생에 무관하지 않았을 것이다.

2.

메이지의 철학, 넓게 말하면 메이지 사상의 조류를 회고해보면, 적어도 세 단계로 나눠 보는 것이 편리할 것이다. 제1기는 메이지 첫해(1868)부터 1890년(메이지 23)까지이고, 제2기는 1890년부터 러일전쟁의 종전까지, 즉 1905년(메이지 38)까지로 하자. 1905년(메이지 38) 이후 1912년(메이지 45)까지를 제3기로 하자. 본래 제3기 사상 조류는 다이쇼 시기까지(즉, 세계대전까지) 미치는 것은 말할 것도 없다. 메이지 첫해부터 1890년(메이지 23)에 이르는 제1기의 철학을 중심으로 하는 사상계의 조류는 대체로 아우프클레룽스자이트[65]로, 영국·미국·프랑스의 사상이 우세를 점했다. 단순히 우세라고 할 정도가 아니라, 팽배하여 홍수와 같이 침입해왔다. 즉, 영·미의 자유독립사상과 프랑스의 자유민권사상이 종횡으로 교차하여 소개되고,

---

62) 찰스 쿠퍼(Charles James Copper, ?~?) : 미국인으로, 고용외국인 교사로서 도쿄대학 문학부에서 철학과 사학을 가르쳤다. 재직기간은 1879~1881년.

63) 루트비히 부세(Ludwig Busse, 1862~1907) : 독일의 철학자, 대학교수. 루트비히 부세는 1862년 브라운슈바이크에서 상인 에른스트 하인리히 루트비히 부세의 아들로 태어났다. 브라운슈바이크에서 고등학교를 졸업한 후 라이프치히, 인스부르크, 베를린에서 공부했다. 그는 1887년부터 1893년까지 도쿄 제국대학에서 영어로 가르쳤고, 논리학·인식론·윤리학·미학·철학사를 강의했다.

64) 라파엘 쾨버(Raphael von Koeber, 1848~1923) : 도쿄 제국대학의 독일인 교수. 그는 1893년 친구인 하르트만의 추천으로 일본에서 강의를 하게 되었고, 당시 그의 나이는 45세였다. 그는 1893년부터 1914년까지 도쿄 제국대학에서 21년 동안 철학, 특히 그리스 철학·중세 철학 및 미학을 가르쳤다.

65) Aufklärungszeit, 즉 계몽의 시대라는 뜻이다.

주장되고, 창도되고, 선전되어, 꽤 널리 사회에 소용돌이를 일으키는 상태가 되었다.

영·미의 학자로는 주로 벤담66)·밀[p.48]·스펜서[p.198]·시즈윅67)·루이스[p.63]·바쇼68)·버클69)·러벅,70) 프랑스의 학자로는 주로 루

---

66) 제레미 벤담(Jeremy Bentham, 1748~1832) : 18~19세기 영국의 철학자·법학자. 법률가 집안에서 태어나 옥스퍼드를 졸업한 뒤 링커스인 법학원에서 법률을 배웠다. 1769년 변호사가 되었지만 연구에 더 뜻을 두고 1789년에 『도덕과 입법의 원리 서설』*Introduction to the Principles of Morals and Legislation*을 출간했다. 여기서 공리주의의 기초 원리인 '최대 다수의 최대 행복'을 주창했는데, 이는 법의 도덕적 근거가 신의 명령에만 의지하지 않는다는 주장이 담긴 윤리이론이기도 했다. 벤담의 공리주의 주장은 메이지 초기에도 『민법논강(民法論綱)』(1876) 등 그의 책이 6권 넘게 번역될 만큼 많이 유행하였다.

67) 헨리 시즈윅(Henry Sidgwick, 1838~1900) : 영국의 공리주의 철학자이자 경제학자. 시즈윅은 윤리학적 방법의 가능한 모든 시도는 이기주의, 공리주의 및 직관주의의 세 가지 접근법으로 요약 될 수 있다고 하였다. 이기주의는 행위의 행위자에서 생산하는 행복의 관점에서 행동을 정당화하는 이론을 말한다. 공리주의는 그 행위에 영향을 받는 모든 사람들의 행복에 기여하고자 한다. 직관주의는 행복 이외의 목적이 수용 가능할 수 있으며 행복을 촉진하는 것 이외의 지침이 목적에 적합한 수단일 수 있음을 나타낸다. 시즈윅은 이기주의도 직관주의도 이성적인 행동을 위한 적절한 기반을 제공할 수 없다고 주장했다. 대신 그는 칸트의 범주적 명령과 병행하여 자아의 즐거움과 타인의 즐거움 사이의 명백한 갈등을 조화시키려는 "보편 쾌락주의" 체계를 제안했다.

68) 누구인지 확인할 수 없었다.

69) 헨리 버클(Henry Thomas Buckle, 1821~1862) : 19세기 영국의 역사가. 부유한 상인 집안에서 태어났으나 병약하여 정규교육을 받지 못했다. 1840년부터 4년간의 여행을 계기로 문명사 연구에 몰두하게 된다. 콩트의 생각에 동의하여 역사의 발전은 지적 진보를 주요한 원인으로 함과 동시에, 민족의 역사 발전이 각각 다른 것은 자연 환경의 영향 때문이라 주장하여 지리적 유물론의 견해를 취했다. 1857년에 간행된 『문명사』*History of Civilization*로 명성을 얻고 1861년에 제2권도 나왔으나, 이듬해 중근동에서 열병으로 사망하자 그의 영국 문명사 연구 시리즈는 미완으로 끝났다. 메이지 시기 번역된 『영국문명사(英國文明史)』(1879) 등 그의 문명사관은 후쿠자와 유키치의 『문명론의 개략』(1875)에 많이 반영되었다고 평가된다.

70) 존 러벅(John Lubbock, 1834~1913) : 영국의 은행가, 인류학자, 고고학자. 자연과학·인류학·고고학 등의 방면에도 많은 업적을 남기고, 특히 명저 『선사시대』*Prehistoric Times, 1865*에서 석기시대를 구석기시대와 신석기시대로 구분하여 고고학 연구를 진전시켰고 구석기시대의 문화를 이해하기 위해 현존하는 미개민족의 생활을 조사한다는 영국풍 인류학의 기초를 구축했다. 아버지가 소유한 은행의 직원이 되었다가, 후에 은행장이 되어 은행가로서도 활약했다. 곤충·식물 등에 관한 일반 과학서의 저작도 많고, 인생 안내의 계몽서 『인생의 선용』*The Use of Life, 1894*도 지었다.

제5장 철학

소[p.54]·몽테스키외[p.175]·기조71)·콩트[p.220]·토크빌72)과 같은 사람의 사상이 수입되었다. 자연과학 방면에서는 다윈[p.63], 헉슬리[p.247], 틴들73) 등이 사상계에서 상당히 인기가 높았고, 사회의 상황도 일반적으로 상당한 변화를 가져왔다.

그 때문에 지식·학문·교육·미술·문학 모든 것이 급속한 진보를 이루게 되었다. 그러나 전통적인 도덕이나 종교는 상당히 심하게 파괴되었고 그를 대신하는 것도 없어서 선과 악, 옳고 그름의 갈림길에서 미아가 되는 자가 많았으며, 사회적인 결함도 결코 적지 않았다. 헌법은 1890년(메이지 23) 2월 11일의 기원절74)에 발포되었고,

---

71) 프랑수아 기조(François Pierre Guillaume Guizot, 1787~1874) : 프랑스의 정치가·역사가. 님(Nimes)의 개신교 가정 출생으로 1805년 이후 파리에서 법률을, 뒤에 문학을 배웠다. 1812년 기번의『로마 흥망사』를 번역, 역사가로서 출발하고 그 해 소르본대학 근세사 교수가 되었다. 1848~49년 영국에 망명했다가, 귀국 후에는 노르만디의 소유지에서 저술에 종사했다. 그는 프랑스 정통파 역사가로서 알려지는데, 문명사의 방도를 확립했다. 그의 책은 메이지 일본에서 여러번 번역되었는데, 대표적으로 나가미네 히데키(永峰秀樹)가 General History of Civilization in Europe를『구라파문명사(歐羅巴文明史)』(1874~1877)로 번역했다. 후쿠자와 유키치의 문명관에도 많은 영향을 주었다고 평가된다.

72) 알렉시스 토크빌(Alexis de Tocqueville, 1805~1859) : 프랑스의 정치학자·역사가·정치가. 19세기 전반에 지배적이었던 전통적 자유주의의 대표적 사상가. 노르망디(Normandy)의 귀족 가정에서 출생. 법률을 배운 뒤에 변호사·재판관이 되고, 1831년 정부의 명을 따라 미국을 시찰, 미국의 국정을 분석하여 보고한『미국의 민주주의』De la démocratie en Amérique 5권(1835~40)은 미국 민주주의의 학문적 연구에 제1의 글이 되어 13판을 거듭했다. 1848년 입법 의회 의원·1839년 외상이 되었으나, 1852년 나폴레옹 3세의 쿠데타에 반대하여 체포되고, 공직에서 은퇴, 역사 연구에 전심했다. 저서『앙시앙레짐과 프랑스 혁명』L'Ancien Régime et la Révolution(미완·1856)은 프랑스 혁명이 루이 14세까지의 역사 과정의 결말이라는 것을 논한 것으로, 혁명사에 새로운 방향을 주었다.

73) 존 틴들(John Tyndall, 1820~1893) : 19세기의 아일랜드 물리학자. 1850년대 반자성(diamagnetism) 연구를 통해 명성을 드높혔다. 나중에 적외선, 대기물리속성 분야에서 여러 발견을 했고 1859년에 이산화 탄소와 현재 알려진 온실효과간 연관성을 입증해냈다. 미립자에 의한 빛의 산란 연구로 '틴들현상'을 발견했으며, 음파의 투과에 미치는 대기밀도의 영향 등 음향에 관한 연구가 있다. 열현상에 대해서는 분자운동론적 해석을 하였다. 1872~73년 미국에서 강의했다. 문필에 능하고 화학의 대중화에 기여하였다.

74) '건국기념일'인 2월 11일은 과거의 축제 혹은 제일 중 하나인 기원절이었다. 기원절은《일본서기》에서 전하는 초대 일본 천황인 진무 천황이 즉위한 날로, 1872년에 제정되었다. 이 날은 1948년에 제정된 '공휴일에 관한 법률' 부칙 2

5.3 메이지 철학계의 회고

이에 입각하여 입헌정체도 드디어 확립되었으며, 이듬해 제국의회도 개최되고 다년에 걸친 국민적 요구도 상당히 충족되었지만, 국민의 도덕적 풍습과 예절이라는 면에서는 유감스러운 점이 매우 많았기 때문에, 1890년(메이지 23) 10월 30일을 기점으로 교육칙어가 공포되기에 이르렀다. 나는 마침 이 교육칙어가 반포된 때에 독일에서 6~7년 만에 돌아온 지 얼마 되지 않아 교육칙어를 해석하여, 『칙어연의』(1891)라는 제목으로 이것을 세상에 발표하고 공포하는 영광을 얻었다.

또 바로 교육칙어가 공포된 무렵부터 도쿄대학 교수가 되어 교편을 잡고 33년간 계속했는데 그 사이에 종교에 관해서는 불교를 중심으로 비교종교를 강의했고, 철학 영역에서는 동양철학사와 동시에 서양철학사를 강의했으며 특히 칸트[p.339]와 쇼펜하우어[p.568]를 강의했다. 서양철학으로서는 주로 독일의 철학을 소개하고 이를 학생에게 가르치게 되었다. 철학 및 기타 정신과학연구를 위하여 서양에 파견되는 유학생들에게는 주로 독일에 가는 것을 권유했다. 우리나라에서 독일철학이 중시되게 된 것은 나의 노력에 의한 것이 대부분이다. 본래 1887년(메이지 20)에 일본에 왔던 부세 등도 이와 무관하다고는 할 수 없는데, 당시까지 영미 철학을 본위로 했던 것과는 형세가 매우 다르게 변화해갔고 특히 대학 및 기타 강단의 측에서도 그러했다. 그리하여 1890년(메이지 23)은 여러 방면에서 보아 철학사에서 획기적이었다고 생각된다.

메이지 철학 제2기에 철학을 연구했던 자들은 모두 독일철학을 위주로 연구했다. 더구나 외국 교사로서 철학을 맡은 사람으로 부세든 쾨버든 이들은 모두 독일 사람들이었으므로, 철학계에서의 경향과 간과할 수 없는 관계가 있었다. 이렇듯 독일의 철학을 골자로 하여

항에서 '휴일에 관한 건'(1927년 칙령 제25호)이 폐지됨에 따라 폐지되었다.

제5장 철학

연구하도록 했던 영향은 오늘날까지 크게 남아 있다는 것을 누구라도 인정할 것이다. 다만 오늘날은 어찌 되었든 오직 독일철학에 지나치게 압도되어 그 범위에서 도저히 벗어날 수 없는 상태가 되었다. 바꿔 말하면 독일철학에 구속되고 또 그것에 극단적으로 심취한 상태이다. 이것은 매우 유감스러운 일이다. 그렇게 되지 않도록 나는 처음부터 끊임없이 동양의 철학을 강의하여 균형을 유지하고자 노력해왔지만, 이 정신을 잘 이해해주는 사람이 매우 적었던 것은 유감스럽기 그지없다. 그러나 조만간 틀림없이 깨달을 것이라고 믿는다.

    1905년(메이지 38) 이후는, 러일전쟁의 결과겠지만 매우 형세가 변화해갔다. 그보다 앞서 청일전쟁이 있었지만 그에 비하면 러일전쟁이 한층 영향이 커서, 그 결과 사상계에까지 변화를 가져오게 된 것은 이상할 것도 없다. 다이쇼 연간에 들어서 세계대전이 있었기 때문에 이 또한 대단한 변동을 초래했지만, 세계대전에 앞서 러일전쟁이 우리 일본에는 장기간에 걸쳐서 깊은 인상을 주었고 상당한 영향을 우리 사상계에 미쳤다. 그리하여 러일전쟁 후에는 개인의 자각이 현저하게 되었고 협애한 애국심으로부터 갑자기 눈을 떠서 세계적인 광대한 정신이 갑자기 발달하였으며, 어떤 자는 특히 사회문제에 심대한 관심을 기울이게 되었다. 그리하여 1905년(메이지 38)을 사상계에 획을 긋는 해로 보는 것도 하나의 시각일 것이다. 크게 보면 작은 이러한 구별은 그렇게 중요하지 않을 수도 있는데, 잠시 편의를 위하여 이렇게 세 시기로 나누어 메이지의 철학을 논하고자 하였다.

3.

그리하여 메이지의 철학사상과 그에 이어진 다이쇼의 철학사상, 이를 통하여 두 가지 크게 다른 계통이 있다고 생각한다. 그것은 물론 어느 나라에도 다 있겠지만 메이지 이전에는 거의 없었다가 메이지

5.3 메이지 철학계의 회고

이후에는 확실히 선명하게 구분할 수 있는 두 종류의 계통이 있다고 생각한다. 하나는 물질적·경제적·객관적·실제적, 따라서 공리적이라고 할 만한 계통으로 윌리엄 제임스[p.263]의 이른바 tough-minded의 사상이다. 이 계통은 사회에서 언제나 우세하며, 상당히 극단까지 가는 경우도 허다했다. 다른 하나는 유심적·초월적·주관적·도덕적·종교적이라고 하는 사상 계통이다. 이쪽은 전자에 비하면 심원하고 미묘하며 심오하게 되지만, 여차하면 세간과 동떨어져 우원하고 미약하게 되는 경향도 없지 않다. 이것은 제임스가 말하는 tender-minded의 사상이다. 이 두 가지 계통의 상호관계가 어떤지, 그 이해득실이 어떤지, 또 그 장래의 전개가 어떤지에 대해서는 본론에서 다시 논할 생각이지만 어쨌든 과거 약 5~60년의 역사는 분명히 이 두 계통의 사상 조류가 있었음을 역사적 사실에 입각하여 입증할 수 있다. 그런데 이 두 사상 계통 사이에도 여러 가지 사상이 있다는 것을 간과해서는 안 된다. 본 논문에서 그러한 점을 일일이 논할 수는 없지만, 그 대요를 분명히 하는 것은 결코 불가능하지 않기 때문에 여기서는 두 계통을 논술하려고 시도했다.

제5장 철학

결론: 나의 입장

이상주의자로서

다음으로 메이지 연간의 나의 입장에 대해서 조금 말해보고자 하는데, 대부분 나는 이상주의의 측에 서서 끊임없이 유물주의·공리주의·기계주의 등의 주장자와 싸워왔다. 가장 격하게 싸운 상대는 가토 히로유키[p.569] 박사였다. 모토라 유지로[75]는 벗이기는 하지만 학설에서는 종종 충돌을 초래했다. 나는 1881년(메이지 14) 초에 대학에서 '윤리의 대본大本'이라는 제목으로 윤리에 관한 견해를 발표하기도 했고, 이어서 그것을 한 권의 책으로 엮어 『윤리신설』이라는 제목으로 1883년(메이지 16)에 발행했다. 나의 윤리학상의 이상주의는 이미 그 책에서 단서를 열었을 것이다. 나는 1880년(메이지 13)에 대학을 졸업했기 때문에, 졸업 후 1년이 지나지 않은 시간에 '윤리의 대본'에 관한 나의 견해를 발표했던 것이다. 그리고 1882년(메이지 15)에 베인의 *Mental Science*를 초역하여 이것을 『심리신설』이라는 제목으로 같은 해에 발행했다. 심리학 서적으로서는 니시 아마네가 번역한 헤이븐[76]의 『심리학』에 이어서 두 번째의 책이었다. 그리고 1883년(메이지 16)에 『서양철학강의』를 간행했다. 이것은 고대 그리스 철학을 강의한 것으로, 조금씩 계속해서 근세철학으로 이어져야 했는데, 그 다음 해에 독일로 유학하게 되어서 세 권의 책으로 끝났다. 그런데 그 후에 아리가 나가오가 중세철학을 더해서 다섯

---

75) 모토라 유지로(元良勇次郎, 1858~1912): 일본 최초의 심리학자. 1890년 도쿄제국대학 문과대학 교수로 취임해, 심리학·윤리학·논리학 강좌를 담당했다. 당시 심리학은 일본에 소개되었지만 실제로 구체적인 연구방법(실험법, 조사법, 관찰법 등)은 아무도 체험하지 못했고 일본에서는 심리학이 존재하지 않았다고 할 수 있다. 모토라 유지로는 크리스챤의 인맥을 살려 해외에서 배웠고, 심리학의 실험 수법 등을 체득해 심리학을 일본에 뿌리내리게 했다고 한다.

76) 조셉 헤이븐(Joseph Haven, 1816~1874): 미국의 성직자, 학자, 교육자였으며, 애머스트 칼리지와 시카고 대학에서 정신 및 도덕 철학 교수로 재직했다. 그의 저작인 *Mental Philosophy: Including the Intellect, Sensibilities, and Will*은 문화적으로 중요한 성과로 여겨진다.

책이 되었다. 서양철학에 관한 저서로서는 이것이 우리나라에서는 최초의 것이다.

나는 도쿄대학에서 독일철학 외에 일찍이 진화론과 불교철학의 영향을 받았는데, 진화론자는 여차하면 유물론 방면으로 기운다. 특히 가토 박사[p.569]는 상당히 극단적 유물론자였다. 나도 가토 박사와 마찬가지로 진화론자였지만 아무래도 유물주의로 달릴 수는 없었다. 스펜서의 진화철학을 보아도 제일 먼저 불가지적임을 말하고 있는 것을 생각하면, 스팬서조차도 결코 철저한 유물주의자는 아니다. 게다가 진화론은 단지 물질적 방면의 진화만으로 만족할 수는 없다. 정신적 진화라는 방면을 생각하지 않으면 안 된다. 참으로 많은 진화론자는 자연과학적 진화론으로 만족해서 여차하면 물질주의로 경도되지만 나는 거기에 만족스럽지 않은 느낌을 받았고, 철학적 방면에서 본 정신적 진화주의를 취하지 않는다면 아무래도 매우 치우친 불완전한 진화론이 된다고 생각했다. 그래서 유행하는 유물주의·기계주의·공리주의 등에 반대하여 끊임없이 이상주의의 측에 서서 싸워 왔다.

현상즉실재론

철학의 영역에서는 일찍이 '현상즉실재론'을 창도하여 종종 이것을 『철학잡지』에서 논했다. 실재론의 종류는 예로부터 여러 가지 있지만 그러한 것은 잠시 제쳐두고, 본체로서의 실재에 관한 견해는 대략 세 단계를 거쳐서 진행되었다. 제1단계는 일원적 표면적 실재론이라고 부르면 좋을 것이다. 이것은 현상 그 자체를 그대로 실재라고 보는 입장으로, 소박한 실재론은 여기에 속한다. 이것은 실재론으로서 가장 저급한 입장으로, 이것으로 만족할 수 없기 때문에 얼마 안 가서 현상과 실재를 분할하고 현상은 표면의 것, 실재는 이면의 것으로 하여 실재를 현상의 피안에 있는 것으로 설정하는 입장을 취하게 된다. 바로 무대와 대기실과 같이 표면과 이면의 두 방면을 생각하고 말하는 것이다. 현상이 무대라면 실재는 대기실이다. 이것을 이원적 실재론이라고 하면 좋을 것이다. 이 견해는 앞의 일원적 표면적 실재론과 비교하면 훨씬 분석적으로 진행된 견해이기는 하지만, 실재를 공간적으로 사고하는 점에 상당한 오류가 있다. 현상을 공간적으로 사고하는 것은 상관없지만, 현상을 초월한 실재를 현상과 동일하게 공간 안에 끌어들여서 사고하는 것은 모순이 심하다. 그러나 자칫 부지불식간에 그러한 오류에 빠지는 사상가가 많다. 독일의 철학자는 'hinter der Erscheinungen', 영국의 철학자는 'behind the phenomena'라고 말한다.[77]

　이러한 실재론에 대하여, 나는 융합적 실재론의 입장을 취하여 이것을 '현상즉실재론現象卽實在論'이라고 이름 붙였다. '현상즉실재론'이란 현상 그 자체를 곧바로 실재라고 하는 제1단계의 실재론과는 크게 다르기 때문에 결코 양자를 혼동해서는 안 된다. '현상즉실재론'은 융합적 실재론이다. 그렇다면 이 융합적 실재론이라는 것이 어떠한 종류의 실재론인가 하면, 현상과 실재를 분석하면 두 종류의 서로 다른 개념이 되지만 사실상 결코 공간적으로 분리되는 것은 아니다. 개념상에서 본 분석과 사실상에서 본 사실적 통일, 이 둘의 혼동을 피하는 것은 세계의 진상을 이해하는 데에 매우 중대한 것인데, 이것이 보통 세상의 사상가에 의해 완전히 간과되고 있다. 때론 이것을 깨달아도, 전체적으로 보면 깨달은 것도 아니다. 아무튼 혼동되고 있다. 그런데 현상과 실재의 관계는 바꿔 말하면 차별과 평등의 관계이다. 세계의 차별적 방면을 현상이라고 하고 세계의 평등적 방면을 실재라고 하는 것으로, 차별즉실재라는 것이 이 현상즉실재의 사고이다. 이것을 이해하기 쉽게 말하면 현상은 차별에 의해 성립하고, 차별하려면 어디까지나 차별해갈 수 있는 것이다.

---

[77] 독일어든 영어든 모두 '현상의 배후에'라는 뜻이다.

세계의 모든 현상은 각각 특수성을 가지고 있는 것으로, 두 개의 현상으로서 동일한 것은 전혀 없다. 우선 공간적으로 혹은 시간적으로 차별되고 있다. 게다가 여러 종류의 특수성이 갖추어져 있어서, 이 차별을 분명하게 하는 것이 인식의 작용으로서 하나의 중대한 효과를 가져오지만, 세계의 모든 현상을 통해 또한 평등의 방면이 있다. 어떤 현상이라도 특수성은 있지만 다른 현상과 전혀 다른 것은 아니다. 바꿔 말하면, 모든 점에서 근본적으로 차별되는 것이라고는 말할 수 없다. 모든 것을 포괄하고 그것을 현상이라고 하는 점에서 보아도, 모든 현상에 공통성이 있는 것은 예상될 뿐만 아니라 또한 현상 가운데 공통성이 많은 것이 있다. 그것들이 분류되고 통일되면서 특수의 과학적 조직이 생긴다. 그 모든 현상에 공통성이 있다는 것은 즉 평등한 면이다. 한편으로 보면 천차만별이지만, 다른 한편으로 보면 모든 것을 통해 공통되는 평등한 면이 있다.

어떠한 것도 그것이 물질적인 것이라면 반드시 원소로 이루어져 있다. 원소는 원자로 성립되고, 원자는 전자로 성립된다. 물질적인 것은 복잡한 현상을 노정하고 있지만, 어느 하나 원소로 성립되지 않은 것은 없고, 원자로 성립되지 않은 것은 없으며, 전자로 성립되지 않은 것은 없다. 그러나 이를 확충하여 정신현상까지 포함하여 들여다보아도 평등한 면이 있다. 모든 현상은 활동적인 것이다. 이렇게 보아도 복잡한 차별적 면이 있는 동시에, 단순한 평등한 면을 부정할 수 없다. 현상과 실재는 동일물의 두 측면으로, 사실상에 있어서는 결코 분리되어 있는 것이 아니며, 현상은 실재와 함께 있고 실재는 현상을 관통하고 있다. 현상은 실재를 떠나서 있는 것이 아니며, 현상이 있는 곳에 실재가 있고 실재가 있는 곳에 현상이 있다. 그런데도 현상의 피안에 실재가 있는 것처럼 말하는 것은 사람들로 하여금 세계의 진상을 오해하게 하는 이유이다. 또 실재를 인정하지 않고 현상을 실재라고 하고 현상 이외에 실재가 없다고 하는 것은 속견

제 5 장 철학

으로, 철학적 견지에서 볼 때 대단히 유치한 것이다. 그래서 제3의 실재론의 입장은 현상과 실재라고 하는 두 가지의 대립을 초월하여 즉, aufheben[78])하여 진실일원관眞實一元觀에 도달하는 것으로, 이것을 원융상즉圓融相卽의 견해라고 할 수 있다.

우리도 과학적 진화론을 진리라고 보지만, 이것으로 철학 전체를 덮을 수는 없다. 그 이유는 과학적 진화론은 단지 현상계에만 머물기 때문이다. 본래 진화는 일단 동적 상태를 예상해야 비로소 말할 수 있는 것인데, 철학은 진화 이상의 근본원리로 거슬러 올라가지 않으면 안 된다. 제3의 융합적 실재론은 실재론으로서는 종극의 것으로, 어찌 되었든 실재론이라고 하는 것은 필경 여기에 이르지 않으면 안 된다. 그런데 칸트조차도 역시 실재를 현상의 피안에 있다고 하고,[79]) 현상계에만 적용할 수 있는 공간의 도식을 현상계의 피안에 적용하여 실재를 다수로 보고, 분량의 범주를 여기에 적용했던 것은 확실히 모순이라고 하지 않을 수 없다.

물 자체들, Dinge an sich

현상은 활동적인 것이지만 활동적인 것은 단지 활동이 아니라 반드시 법칙적으로 활동할 수밖에 없다. 법칙적으로 활동하는 것 외에 활동은 가능하지 않다. 법칙적이라고 하는 면은 영구불변의 것으로, 즉 항구적인 것으로, 거기에 고금에 걸쳐 동서를 통해 일정한 면이 있다. 이것이 근본원리로 즉 절대라고 해야 할 것이다. 이 근본원리는 정지적静止的이며, 이것이 바로 실재이다. 실재는 정적이고 현상은 동적이다. 동적인 면을 현상이라고 하고 정적인 면을 실재라고 하므로, 동정불이動靜不二 즉 양자는 전적으로 동일체의 양면에 지나지 않는데 사상가에 따라서는 단지 동動만을 역설하는 사람이

---

78) '지양하다'라는 의미의 독일어이다.
79) 원문에는 "현상을 실재의 피안에 있다고 하고"라고 되어 있는데, 문맥상 어색하여 이와 같이 바꾸어 해석하였다.

있다. 크로체[80]는 세계를 절대운동으로 본다. 이것은 헤겔에서 온 사고일 텐데, 헤겔도 마찬가지로 절대이성이 영구하게 발전해간다고 생각했는데, 절대로서는 발전의 여지가 있을 리 없다. 또 동動이라는 면이 있으면 반드시 정靜이라는 면이 없을 수 없다. 개념으로서는 한 면씩만 있고, 그 반대를 부정할 수는 없다. 이 일반법칙의 상태가 바로 로고스라고 불려왔던 것으로, 세계의 운영이라는 관점에서 보자면 예지라고 해야 할 것이고, 이것을 목적의 실행이라는 관점에서 말하자면 당위Sollen 라고 해야 하며, 인간의 종극적 이상이라고도 할 수 있을 것이다.

인식은 오로지 이 현상에 대해서만 성립할 수 있다. 그러나 그것은 경험적 인식이다. 초월적 인식은 실재에 관한 인식이다. 필경 인식도 초인식적 인식, 즉 예지가 되어야 한다. 경험적 인식은 어디까지나 차별성을 떠나지 않는다. 그래서 실재를 현상과 상대되는 것으로 보았을 때는 어느새 실재를 차별시하는 것이다. 실재는 경험적 인식을 초월한 것이다. 즉 불가지적이다. 세계의 진상은 현상과 실재를 차별하는 관점을 초월한 곳에 있다. 참된 인식 즉 예지는 초월계에 관한 것으로, 깨달음의 경지가 된다.

인생철학

인생철학의 방면에서 고찰해보면 다음과 같이 것이 된다. 진화론자 쪽에서는 두 가지 근본적 욕망을 세워서 설명해왔다. 두 가지 근본적 욕망은 생존욕과 생식욕이다. 이는 동식물에게도 적용된다. 본래 인간도 이 범위를 벗어나지 않는다고 설명되나, 이 점에 있어서 나는 다른 생각을 가지고 있다. 이 점에 있어서는 진화론자의 측에서는

---

[80] 베네데토 크로체(Benedetto Croce, 1866~1952) : 이탈리아의 철학자. 비코(Giambattista Vico)의 뒤를 이어 헤겔의 역사관과 칸트의 비판주의를 받아들여 자신의 철학을 확립했으며, 특히 예술과 언어에 관한 독자적인 표현이론을 전개하였다. 또한 자유주의자로서 파시즘에 협력하는 것을 거부하였다.

인간이 인간인 이유를 설명하지 못하고 있다. 즉 다른 동물들과 다른 인간의 특색을 분명하게 하지 못하고 있다. 이러한 진화론자의 학설이 상당히 널리 학계에 영향을 주고, 그리하여 물질주의·공리주의·기계주의·본능주의와 같은 주장으로 나타났다고 생각한다. 나는 아무래도 이와는 다른 또 하나의 근본적 욕망이 있다고 봐야 한다고 생각한다. 생존욕과 생식욕은 자연적 욕망^{Naturtrieb}이라고 부르고, 그 이외에 지식욕$^{intellektueller\ Trieb}$이라는 것을 하나의 근본적 욕망으로 세워야 한다. 이것은 자연적 욕망과 상대적인 정신적 욕망이다. 이 정신적 욕망을 일단 지식욕이라고 이름붙였는데, 그것은 또 발전욕 혹은 완성욕이라고 이름붙여도 좋다. 즉 정신적 발전을 이루려는 본능이 인간에게 갖춰져 있다. 그런데 인간에게는 지·정·의라는 세 방면의 정신작용이 있기 때문에, 그 지적 방면이 발전해가는 곳에 이른바 학술이 일어난다. 자연과학·철학을 비롯한 모든 학술이다. 학술은 진리를 분명히 하는 것을 목적으로 한다. 이상은 진리의 전체를 천명하는 것이다. 정情의 만족은 미의 전체를 드러내는 것으로 지극한 아름다움至美 즉 절대미에 도달하는 것이 아니라면 어떻게 해도 만족할 수 없다. 그리하여 예술이 일어난다. 예술의 목적은 미의 이상을 실현하는 데에 있다. 의지意는 선의 실행을 목적으로 하는 것이고 따라서 도덕적 행위에 관한 것으로, 최고선 또는 지선至善이 종극의 목적이다. 지·정·의 세 방면 모두 그 어떤 것도 이상, 목적이 있다. 지는 진을 이상으로 하고, 정은 미를 이상으로 하며, 의는 선을 이상으로 한다. 그러나 진선미의 이상은 궁극적으로는 하나의 이상, 즉 인생 종극의 이상으로서 당위^{Sollen}로 인하여 생겨난다. 이 궁극의 목적인 대이상은 실재를 설명 원리로 보지 않고, 그것을 눈앞에 던져 인간 행동의 표적으로 볼 때에 구성되는 것으로 필경 피차는 하나라고 보아야 한다. 이것에 대해서는 이미 『철학잡지』에서 어느 정도까지는 논했다.

도덕론

도덕은 앞에서 말했던 지능욕에 의해서 일어나는 것으로, 그 본원은 생득적이다. 그러나 본래부터 여러 종류의 경험이나 교양 등에 의해 발전이 촉진되는 것은 물론이다. 지능욕에 의해 발생한 도덕적 요구는 필경 인격의 완성에 있다는 것은 말할 것도 없지만, 인격의 완성은 도를 체현함에 의해 가능해진다. 도는 로고스이다. 도는 무형의 것으로 형이상학적이다. 영원무궁하고 절대적이다. 이 영원무궁한 도의 체현 여부에 의해 성인과 범인의 차이가 생긴다. 성인의 인격이 영구한 가치를 잃지 않는다는 것은 영원불멸의 도를 체현하기 때문이다. 도는 즉 이상이다. 인간은 이상을 실현해 간다. 완전히 그 이상을 실현할 수 있다는 것은 그리 용이하지 않지만 어떤 인격자는 지극히 희소한 경우이긴 해도 거의 그것을 완전히 실현하여 절대무한의 의식상태에 도달한다. 공자나 붓다·예수·소크라테스 등 후세에 모범을 남긴 고금의 성인들이 그런 경우이다. 성인이라고 해도 인격이 절대적으로 완전한지 아닌지, 여전히 연구의 여지가 있다. 그러나 비교적 도를 잘 체현하고 인격을 완성한 자로서 길이 후세에 모범을 남긴 자라고 할 수 있다. 이 관점으로 말하면 공자든 부처든, 예수든 소크라테스든 모든 인격 수양에 가장 좋은 실례로서 앙모仰慕해야 하는 바이다.

윤리에는 보편적·일반적 방면과 특수적·차별적 방면이 있다고 봐야 한다. 메이지 이후 윤리를 말하는 사람이 자칫하면 보편적·일반적 방면에만 착안하고, 특수적·차별적 방면을 도외시하는 경향이 있는 것은 실천도덕 상에서 보아 대단히 적절함을 얻지 못한 것이다. 그래서 나는 국민도덕을 역설하게 되었다. 국민도덕이란 메이지 첫해(1868)부터 있었지만 이것을 하나의 학문으로서 가르칠 필요가 생긴 것은 메이지 말기부터이다. 거기에 내가 주로 관여하게 된 요지에 대해서는 『국민도덕개론』(1912)에 정리되어 있다. 특히

제5장 철학

나카지마 리키조[p.29]가 서양윤리를 번역하여 소개하고 전적으로 보편적 윤리를 주장하면서 조금도 동양윤리 특히 일본의 국민도덕을 논하지 않는 것은 너무나 실제에 적합하지 않은 방법이다. 어찌되었든 윤리는 동서양의 윤리를 융합하여 하나로 해서 실행해야만 한다는 생각으로, 나는 국민도덕을 주장하고 학계의 결함을 보완하여 크게 윤리를 실제적으로 만들려고 노력했다. 그렇다면 저 국민도덕은 이상주의인가 공리주의인가라고 묻는다면, 이용후생이라고 하는 정도에서 공리주의와 모순되지 않지만 거기에 그치지 않고 훨씬 그것을 돌파하여 나아가는 것이기 때문에 물론 이상주의라고 대답한다.

종교관

종교에 관한 나의 논문은 자주 『철학잡지』 및 『동아의 빛東亞の光』 등에 발표했는데, 지금 자세히 이것을 논할 여유가 없지만, 결국 이상적이고 윤리적인 종교를 가장 진보한 종교라고 주장했다. 종교의 발전 과정을 세 단계로 나누어 생각할 수 있다. 제1단계의 종교는 원시적인 유치한 것으로, 도덕관념이 매우 빈약하고 윤리라는 면에서 보면 무가치하다고 해도 지장 없을 정도이다. 오히려 윤리도덕에 반하는 잔혹한 것이 많을 정도이다. 그것이 점차 발전하면 민족적 종교가 되어 제법 윤리도덕의 요소가 더해진다. 그러나 아직 윤리도덕에 무관한 것이 대부분을 점하고 있다. 윤리도덕의 요소는 열 중의 서넛 정도이다. 그런데 종교가 또 한층 진전되어 제3단계에 들어가 세계적 종교가 되면 윤리도덕의 요소가 열 중 일곱 여덟 정도로 진보한다.

종교의 진화와 발전은 주로 윤리도덕의 요소가 증진하는가 아닌가 하는 점에 있고, 오늘날 문명교로서 가장 세력을 가지고 있는 불교나 그리스도교 등의 종교는 제3단계의 종교로, 사람에 따라서는 이것을 윤리교라고 말한다. 그러나 불교든 그리스도교든 아직 많은 미신을 수반하고 있어서 철학상에서 보자면 오늘날 및 장래의 종교로서 미흡한 바가 많다. 따라서 역사적으로 고찰할 때에는 종교에 세 단계가 있지만, 나아가 장래의 종교는 어떠한가를 고찰할 때에는 순연한 보편적 세계적 이상교 또는 윤리교가 흥해야만 한다. 사람에 따라서는 불교나 그리스도교가 윤리교라고 하지만, 장래의 종교는 모든 미신을 제거한 순연한 윤리교가 아니면 안 된다. 바꾸어 말하면 순연한 보편적 세계적 이상교理想教를 요구하는 바이다. 칸트는 종교철학에서 역시 3단계를 세우고 있다. 제1단계는 근본악의 시대로 그 안에서 선으로 기울어지는 소질Anlage 은 있다고 해도 악의 편이 이긴다. 다음은 선악혼전의 시대이다. 그다음은 선이 악과 싸워 이겨 순연한 선의 시대가 된 때를 말한다. 이를 순선의 시대라고 이름 붙일 수 있을 것이다. 칸트가 말한 이 순선의 시대가 즉 이상교 또는 윤리교의 시대이다.

 나는 불교에 대해서도 지대한 흥미를 가지고 있고 그 영향을 받은 바 또한 적지 않다. 또 그리스도교의 도덕사상에 대해서도 숭경의 마음을 품고 있다. 따라서 모든 점에서, 불교에 대해서든 그리스도교에 대해서든 결코 반대하지 않는다. 그러나 전체적 관점에서 말하면 순연한 불교도도 그리스도교도도 아니다. 철학상에서 보면 일반적 보편적 종교의 입장에 서 있는 것이다. 그래서 불교든 그리스도교든 그 밖에 어떤 종교라고 해도 모두 이상교인 윤리교의 취지에 부합하는 점에 한해서는 이를 믿지만, 다대한 미신을 수반한 과거의 유물이라면 이를 완전히 배척한다. 신도는 본래 우리나라의 민족종교이지만, 한편 이것을 순수화하고 심화하고 광대화하여 진실로 최후의 윤리적 이상교로 만드는 것은 과연 불가능할까? 이는 금후의 연구에 속하는 문제다.

 대체로 윤리와 종교, 사람을 규율하는 두 종류의 것이 이처럼 병립하고 있는 것은 과도기의 변화하는 상태로 이 양자는 결국 이상교인 윤리교로 통일되어야 한다. 즉 오늘날의 윤리를 더욱 종교화하고 오늘날의 종교를 더욱 윤리화하여, 결국 오늘날의 윤리와 종교보다 진보한 입장으로 귀결한다면 저절로 그것이 이상교인 윤리교가 될 것이다. 오늘날의 윤리가 만족스럽지 못한 이유는 그것이 지나치게 종교적 정조를 결여하고 있기 때문이다. 윤리에 관한 지식으로서는 성립해도 감정과 의지情意 방면에서는 극히 무력한 이유는 종교적 색채가 매우 빈약하기 때문이다.

교육론

다음으로 교육에 대해서 한마디 하자면, 교육의 목적은 도덕적 인격자를 만드는 데에 있지만 그것은 결코 국가적·민족적 요구와 무관한 것은 아니다. 인격 실현은 특수한 국가적·민족적 관계를 떠나서 이룰 수 있는 것은 아니다. 역시 특수한 경우에 적응한 실현의 방법을 취하지 않으면 안 된다. 그러므로 도덕적 인격자를 만든다고 해도 결코 개인주의적 의미에서는 아니다. 역시 국가적·민족적인 관계를 가지는 것, 넓게 말하자면 사회적 관계를 가지는 것이어야만 한다.

교육과 종교의 관계는 교육상 상당히 중대한 문제다. 오늘날의 교육은 여차하면 형식적이 되어, 사람을 감동시키는 힘이 없는 이유는 종교적 정조가 결핍된 데 있다. 그렇다면 불교나 그리스도교나 이러한 종교를 교육에 응용해야 하는가 하면, 특수 관계의 학교는 별개로 하고 보통의 학교에 특수한 역사적 종교를 도입한다면 반드시 편파적이 되고 혼란을 가져온다. 학생도 모두 불교도인 것도 아니고, 또 모두 그리스도교도인 것도 아니다. 신도 측에 속한 사람도 있고 무종교인 사람도 없지 않다. 이처럼 복잡하다. 그래서 특수한 종교를 초월한 일반적, 보편적 종교를 가지고 해야만 한다. 그러한 종교는 윤리교 외에는 없다. 교육은 이 점에서 크게 개조해야 할 여지가 있다.

교육은 인격을 도야하는 방법이지만, 인격을 도야하려면 피교육자가 처한 특수한 환경과 사정에 적응할 필요가 있다. 그런 까닭에 우리나라 자제들을 교육하려면 곧바로 우리나라와 환경과 사정을 달리 하는 서양의 방법을 가지고 해서는 안 된다. 우리나라에서는 어디까지나 전통적인 일본정신을 지도원리로 삼아 교육을 시행해야만 한다. 다만 서양의 방법은 신중하게 취사선택하여 이것을 우리의 자원으로 삼기를 기약해야 한다.

예술론

다음으로 예술에 대하여 한마디 하자면, 예술은 필경 인공적인 미의 이상을 실현하는 것이므로 자연미에 비하면 그 진보는 훨씬 신속하다. 예술미와 자연미에 관계없이 모든 미는 주관적인 것으로, 결코 객관적인 것은 아니다. 그러나 미가 단지 주관적인 것에 그쳐서는 예술은 성립하지 않는다. 여러 종류의 재료를 빌려서 미를 객관적으로 나타낼 때 예술이 성립하지만, 예술은 단지 쾌감이 객관화된 것은 아니다. 쾌감을 초월하는 요소가 없어서는 안 된다. 본래 숭고함·심원함·유원함·장대함·유려함 등의 여러 성질이 갖추어져야 하지만, 또 쾌감을 초월하는 기품과 정취 등에서 볼만한 것이 있어야 한다. 즉 사람을 이끌어 피안의 이상적 경지로 들어가게 하는 저변의 매력이 없어서는 안 된다.

그러나 예술의 원리를 공리적으로 보는 일파가 있고, 그 설에 의하면 예술은 어떻게 해도 공리적으로 제한된다. 사회의 요구나 경제의 상태에 의하여 제한되는 것으로, 예술가도 그 요구에 응하는 태도로 나오고 그 요구가 향하는 곳으로 발전을 이룬다. 이처럼 예술은 결국 공리적으로 제한되고 객관적으로 그 성질을 규정받게 되어 주관적으로 아무리 고상한 이상이 있어도 발전을 이룰 수 없다고 보는 사람이 있지만, 그것은 참된 예술을 이해한 사람이 아니다. 단지 공리적으로

제 5 장 철학

제한되고 규정된 것은 결코 숭고한 참된 예술은 아니다. 예술의 원리는 이것을 주관적으로 구해야만 한다. 뛰어난 예술은 쾌락주의와 공리주의를 초월한 것이다.

법리론

법리에 대해서 한마디 하자면, 법리는 역시 철학적으로 근본원리에 의해 해석해야 하는 것으로, 단지 경험적으로 귀납적으로 해석을 한다 해도 만족한 해석을 얻을 수 있는 성질의 것이 아니다. 사람에 따라서는 법리는 진화론적으로 해석해야 하는 것이라고 생각하기도 하지만, 그것은 법리의 변천・추이의 궤적을 탐구할 뿐으로 법리 그 자체의 근본적 해석은 아니다. 법리의 근본적 원리를 탐구해가면 어떻게 해도 로고스라고 하는 철리에 바탕을 두지 않으면 안 된다. 세계의 모든 방면에 법칙태法則態의 드러남이 있지만, 인간사회를 정리하고 통제하는 데는 법률제도와 같은 각종의 규정을 필요로 한다. 법률제도의 개정이라는 것은 시대와 환경의 변화에 따라 필요하게 되는데, 그 원리는 법률제도 자체 안에서 구해야 하는 것은 아니다. 어떻게 해도 그 법률제도가 근거하여 일어나는 바의 근본원리에 기반을 두지 않으면 안 된다.

그 근본원리는 단지 사회현상으로 나타난 것에 의해서 파악될 수는 없고,[81] 널리 철학적으로 사색해야 비로소 도달할 수 있는 근본원리이어야 한다. 바꿔 말하면 결코 파생적인 지엽의 해석에 의해 만족할 수 있는 것은 아니다. 반드시 종극의 근본원리로 소급되어야 비로소 철저한 법리의 개념을 얻을 수 있으므로, 진화론처럼 이미 운동을 예상하는 현상계의 과학적 법칙에 의해 해석할 수 있다고 생각할 수 없다. 진화론만으로 해석될 수 있다고 하면, 그러한 법리는

---

[81] 원문에는 촉(促)이라고 되어 있지만 착(捉)의 오류라고 판단하여 이렇게 번역하였다.

운동이 있은 후의 현상계에 머무는 것이라고 볼 수밖에 없다. 그렇게 말하지 않을 수 없다.

철학 방법론

끝으로 철학의 방법론에 대해서 한 마디 덧붙여 둘 것이 있다. 서양에서는 철학을 연구할 때 그리스 이래의 철학을 염두에 두고 고찰하는 방식이 정형화되어 있다. 우리 일본에서는 메이지 이래 서양철학이 수입되면서 어떠한 연구방법을 취하게 되었는가 하면, 무조건 서양식으로 고찰한다. 철학이라고 하면 그리스로부터 중세를 거쳐 근세 서양, 특히 독일에 이르기까지의 철학을 철학으로 연구하고, 그것의 연장 혹은 계속이라는 생각으로 연구한다. 서양철학과 관계없는 것은 철학이 아니라는 생각을 품고 있다. 여기에 방법론으로서 대단히 잘못된 점이 있다고 생각한다.

애초에 서양의 철학자가 그리스 이래의 철학만을 철학으로 생각한 것이 잘못이다. 인도나 중국의 철학도 고려에 넣어야만 한다. 그래서 쇼펜하우어·에두아르트 폰 하르트만·니체[p.174]·폴 도이센82) 등은 동양철학을 상당히 고려에 넣은 것이다. 특히 도이센은 주로 동양철학을 연구하고, 그 가치를 발휘하는 데 힘썼다. 그런데 우리 일본은 동양의 나라이고 지나 및 인도의 철학에서 상당한 영향을 받았음에도 불구하고, 지나와 인도의 철학을 도외시하고 무시하고 모르는 척하며 단지 서양철학의 연장으로서 그 계통에만 속한다는 생각으로 가는 것은 동양인으로서 공평한 입장인가? 방법론으로서

---

82) 폴 도이센(Paul Jakob Deussen, 1845~1919) : 독일의 인도학자, 킬(Kiel)대학의 철학 교수. 그는 쇼펜하우어의 영향을 강하게 받았으며, 프리드리히 니체[p.174], 스와미 비베카난다와 교류하였다. 1911년 쇼펜하우어 협회를 설립, 1912년 쇼펜하우어 연감의 첫 편집자가 되었다. 산스크리트어에 대한 존경을 표하기 위하여 데바세나(Deva-Sena)라는 이름으로 개명하였으며, 독일·프랑스·영국 등 서양에서 일어난 산스크리트와 힌두교의 학술적 발견에 참여하였다.

제5장 철학

그 타당성을 얻었는가? 나는 결코 그렇게는 생각하지 않는다.

사람에 따라서는 동양의 철학을 제대로 연구하지 않고 동양의 철학은 단지 고고학적·문헌학적인 가치밖에 없다고 하여 돌아보지 않는데, 그것은 동양철학을 제대로 연구하지 않은 죄로 귀착된다. 동양철학을 연구하여 서양철학과 비교·대조하고 거기에서 한층 나아간 철학사상을 구성하는 것은 동양인으로서는 가장 적절한 방법을 얻은 것이라고 생각한다. 특히 인도철학, 그중에서도 지나와 일본에서 발달했던 불교철학 가운데 크게 철학상 고려해야 하는 것이 있다. 또 우리나라의 전통적 정신 즉 간나가라의 길かんながらの道[83])을 소외시켜서는 안 된다. 그런데 동양의 철학을 충분히 음미하지 않고 단지 서양의 철학을 자기말처럼 받아적어 번역투나 소개투로 번쇄한 나열을 시도하고 앵무새처럼 반복하는 상황으로, 진정으로 활약하는 철학적 정신이 심히 결여되어 있는데 놀라움을 금치 못한다. 특히 종교나 윤리의 범위에서는 한층 동서양의 철학적 사실을 염두에 두고 이것을 음미하고 이를 소화하여 더욱 앞으로 발전해간다는 포부가 없어서는 안 된다. 그런 까닭에 나는 서양의 철학을 연구하는 동시에 동양의 철학을 연구하는 데에도 게으르지 않고, 양자의 융합통일을 기도하는 것을 내 임무로 알고 애써왔다. 이 방법론은 내가 사상계를 향해 가장 강력하게 주장해왔던 점이므로, 아울러 여기에 그 대요를 논하였다.

---

83) 글자 그대로 번역하면 '신 그대로의 길'이라는 말로, 신대(神代)로부터 전해져 온 신의 마음 그대로 인위가 더해지지 않은 길이라는 뜻이다. 『만엽집』에 나오는 구절에서 '갈밭의 싱싱한 벼이삭의 나라는 오직 신의 뜻 그대로이며 입에 담아 말할 수 없는 나라(葦原の瑞穂の国は神ながら言挙げせぬ国)'라고 하듯이, 일본은 '신의 뜻 그대로의 나라'이며 그렇기 때문에 '언어로 표현할 수 없는 나라'라는 주장이다.

이노우에 데쓰지로와 일본주의의 시대

이혜경[†]

1. 동아시아의 근대와 이노우에 데쓰지로

근대 서양의 제국에게 국권을 위협받으면서 군사기술이든 정치체제든 서둘러 배워야 했던 동아시아의 나라들은 누구 할 것 없이 이른바 '구국'이 '계몽'을 압도하는[1] 근대화 시기를 지나왔다. 나라안의 모든 목소리가 한결같이 그랬다는 것은 아니다. 어느 나라나 이성을 가진 개인의 자각과 자율을 강조하는 계몽주의자부터 개인의 권리는 보류하거나 억압하면서 국권의 중요성을 강조하는 국가주의자까지 넓은 스펙트럼을 형성했다. 그 가운데 '구국' 우선주의가 국가권력에 의해

[†] 2·3·5절은 이혜경「이노우에 데쓰지로와 현상즉실재론:「내 세계관의 먼지 한 톨」을 중심으로」『개념과 소통』31, 2023의 전재이고 4절은 이혜경「이노우에 데쓰지로의 에도유학 삼부작: 서론과 결론」『태동고전연구』50, 2013의 '해제' 부분을 전재한 것이며, 약간의 수정을 더했다.

1) 이는 현대 중국의 철학자 리쩌허우(李澤厚)가 사용한 용어이다.

이노우에 데쓰지로와 일본주의의 시대

정책으로 추진되어 성공적으로 주권이 보존되고, 나아가 그 나라의 정책이 나라 안에서뿐만 아니라 주위 국가에도 영향력 있는 것일 때, 즉 식민지를 가진 제국주의 국가가 되었을 때 그 나라의 '구국' 우선주의는 광범위한 영향력을 갖게 된다.

다른 아시아 나라들의 국권을 위협하며 아시아의 제국으로 부상하려 했던 일본 역시 한편에서는 다른 아시아 국가들과 마찬가지로 서구열강의 위협 앞에서 떨어야 했다. 일본의 앞날이 오리무중이었던 19세기 말, 이노우에 데쓰지로井上哲次郎(1855~1944)는 가장 극단적인 내셔널리즘을 주장한 사람이었다. 전지구적 '평민주의'의 기치를 내건 민우사民友社와 일본에 힘과 자부심을 가져다 줄 문화유산을 찾으려는 정교사政敎社가 양쪽에서 대치했다면, 이노우에의 내셔널리즘은 정교사보다 훨씬 더 오른쪽에 서는 것이었다. 그는 일본의 독특한 문화유산을 지키는 데서 나아가 일본문화의 세계적 우월성을 주장하고자 했다.[2] 그는 세계주의를 부정하면서[3] 일본인을 하나로 모아줄 것으로서 '일본주의'의 깃발을 내걸었다.[4] 기독교를 '비국가주의'로 단죄하고 민주주의와 사회주의에 거부감을 드러내며, '충군애국忠君愛國', 즉 천황에 충성하고 일본에 애국하는 일을 핵심 주장으로 삼았다. 1880년을 전후해 일본 내에서는 메이지초기의 서구화 정책이 비판되면서 일본 내셔널리즘이 세력을 얻어가고 있었다. 마침내 메이지 정부는 국가주의와 유교주의를 기조로 하는 '제국헌법'(1889)과 함께 그 정신을 교육에 뿌리내리게 하는 '교육칙어'(1890)를 발포했다. 그

---

2) 당시 일본 민족주의의 스펙트럼을 민우사, 정교사, 이노우에 데쓰지로로 나눈 것은(Kenneth B). Pyle(1969), *The New Generation in Meiji Japan: Problems of Cultural Identity, 1885~1895*, Stanford University Press, pp.191-194.

3) 井上哲次郎「教育上における世界主義を難ず」『日本主義』1, 1897.

4) 청일전쟁 직전인 1893년 대외강경책을 주장하던 사람들을 결집하기 위해 '대일본협회(大日本協會)'가 결성되었고, 불평등조약의 개정을 주장하면서 외국인의 '내지잡거(內地雜居)'는 시기상조라고 반대했다. 1897년부터 『日本主義』를 발행했다.

흐름의 중앙에 이노우에가 있었다. '교육칙어'가 발포된 이듬해 공인 해설서 『칙어연의勅語衍義』(1891)를 발간하고 기독교를 비국가주의로 낙인찍은 『교육과 종교의 충돌』(1893)을 발표하는 것으로 시작한 이데올로그로서의 이력은 국내외 정세의 변화 속에서 변주되며 쇼와 초기까지 평생 이어진다.

동시에 그는 독일유학을 한 도쿄제국대학 철학과 교수였다. 그것도 일본인으로서는 첫 번째 철학과 교수였다. 제국대학 교수라는 그의 직책은 그의 정치이념이 학술활동으로서도 받아들여지고 퍼지게 했다. 특히 당시 아시아에서 가장 먼저 그리고 성공적으로 근대화를 이룩한 일본은 다른 아시아 국가들이 근대문명을 받아들이는 데 전달자 내지 완충지 역할을 했다. 문명의 선진국 일본으로 유학했던 조선과 중국의 학생·정치가들이 읽은 책은 제국대학 관계자의 책이 많았다. 나아가 이노우에가 선전한 이념들은 때로는 교육정책이 되어 식민지 조선에 들어왔고, 도쿄제대 제자가 경성제대에 부임하면서 전파되었으며, 또 학교 밖에서도 적지 않은 식민지 지식인들에게 수용되었다.

2. 이노우에 데쓰지로의 생애

이노우에 데쓰지로는 도쿄대학[5]이 개교하자마자 철학 전공으로 입학한 첫 번째 학생이며,[6] 도쿄대학 철학과에서 첫 번째로 교수가 된 일본인이다. 그는 후쿠오카福岡 다자이후大宰府에서 의사의 아들로 태어나 8세부터 덕망있는 유학자가 가르치는 동네 사숙에서 사서를

---

[5] 도쿄대학은 도쿄대학(1877)→제국대학(1886)→도쿄제국대학(1897)→도쿄대학(1947)으로 변천했다.

[6] 그는 도쿄대학이 개교한 해인 1877년 당시 문학부 제1과 즉 '사학·철학·정치학'에 입학하여 철학과 정치학을 전공한다. 즉 이때는 철학과가 과로 독립하기 전이었다. 철학과는 1881년에 과로 독립한다.

배웠다. 14세에 『논어』의 가르침을 실천하고 싶은 욕구와 동시에 더 이상 시골에서 만족할 수 없다는 자각이 강렬해졌다고 한다. 14세에 집을 떠나 하카타博多에 있는 영어학교에서 영어를 배웠으며, 17세에는 나가사키長崎에 있는 관립영어학교에 입학했다. 교사가 모두 영미인이었던 그곳에서 3년 배우는 동안 영어를 자유롭게 구사할 수 있게 되었다고 한다. 졸업 후 당시로서는 최고의 고등교육기관인 도쿄 가이세이開成학교에 입학했고 졸업 후의 진로를 고민하던 중 마침 도쿄대학이 개교한다.[7] 당시 가이세이학교와 도쿄대학 역시 영미인 교수가 대다수였고 영어로 수업이 이루어졌다.

이러한 그의 교육이력을 보면 한적漢籍에 접했던 시기는 소년시기에 끝난 듯 보이지만 한적은 그의 인생을 관통해 그의 학문과 사상에 중요한 자원이었다. 도쿄대학에서 그는 미국인 교수 페놀로사에게 사회진화론과 함께 데카르트[8]에서 헤겔[9]에 이르는 서양철학사를 배

---

[7] 井上哲治郎 「井上哲治郎自傳」(1942), 島薗進・磯前順一編 『井上哲治郎集』 第8卷, クレス出版, 2003, pp.3-5.

[8] 르네 데카르트(René Descartes, 1596~1650) : 프랑스의 철학자, 수학자, 물리학자, 생리학자. 라틴 이름은 레나투스 카르테시우스(Renatus Cartesius). '근대철학의 아버지'라 불리우며, 합리주의 철학의 길을 열었다. 데카르트는 '진리를 확실하게 인식하기 위하여 인간에게 허용된 길은 명증적 직관과 필연적 연역 이외에는 없다'고 하여, 모든 명제를 자명한 공리로부터 연역해 내는 기하학적인 방법을 철학에 도입하였다. 이 방법을 통하여 데카르트는 중세 철학에서 탈피하였고, 근세 철학의 창시자가 되었다. 그는 다른 명제로부터 논증되지 않고 스스로 명백한 명제, 즉 모든 철학의 원초적인 명제인 동시에 토대가 되는 것을 '제1원리'(Le premier principe)라 불렀다. 이 제1원리를 찾기 위해서 그는 '방법적 회의'를 제시했다.

[9] 게오르그 헤겔(Georg Wilhelm Friedrich Hegel, 1770~1831) : 독일 관념론을 완성한 근대의 체계적 형이상학자. 예나(Jena), 하이델베르크 등에서 강의하고, 만년에는 베를린대학의 교수로 활동했다. 그의 철학은 피히테의 주관적 관념론과 셸링의 객관적 관념론의 모순 대립을 통일한 절대적 관념론이다. 그러므로 헤겔 철학의 원리인 절대자(絶對者)의 개념도 그의 선배들, 특히 셸링과 근본적으로 다르다. 그는 절대자를 한갓 무차별적(無差別的) 동일자(同一者)로서 고정적인 실체로 파악한 셸링에 대해 오히려 자기를 현실의 차별상(差別相)으로 분열시키고 발전시키는 자기활동(自己活動)의 주체로 주장하고, 이를 파악하는 것을 그의 『정신현상학』 Phänomenologie des Geistes, 1807이 수행해야 할 과제로 삼았다. 『정신현상학』은 절대자의 자기 인식, 곧 절대지의 생성 과정의

웠다. 그러나 한편에서 나카무라 마사나오[p.535]와 요코야마 요시키요10)에게서 각각 한학漢學과 국학國學을 배웠으며, 또 조동종曹洞宗의 선승인 하라 단잔11)에게 『대승기신론』 강의를 듣는다.12) 페놀로사에게 배운 독일관념론과 하라 단잔에게 배운 『대승기신론』은 메이지 시대의 형이상학이라 할 수 있는 '현상즉실재론現象卽實在論'13)을 낳은 모태이다. '현상즉실재론'에 대해서는 제4절에서 다시 논한다.

이노우에는 독일로 유학한 일본 최초의 철학도였다. 일본에 서양 철학을 처음 소개했다고 하는 니시 아마네14)는 네덜란드에 가서 서양

역사를 기술한 책으로 헤겔이 그의 철학 체계를 세우는 바탕이 되었다.
10) 요코야마 요시키요(橫山由淸, 1826~1879) : 에도 시대·메이지 시대의 국학자. 와가쿠코단쇼(和學講談所) 교수를 거쳐, 메이지 유신 후에는 신정부에서 제도국(制度局)에서 일했다. 난학에도 해박해 동서의 법률제도의 지식을 바탕으로 일본의 근대법학제도를 정비했다. 만년에는 도쿄 제국대학에서 일본 고대사 법제사를 강의했다. 저서로 『황위계승편(皇位繼承篇)』, 『편집어계도(編輯御系圖)』, 『상고도록(尙古圖錄)』 등이 있다.
11) 하라 단잔(原坦山, 1819~1892) : 막부 말기, 메이지 시대 조동종의 승려. 15세에 쇼헤이코(昌平黌)에서 공부하고, 1840년 다키안숙(多紀安淑)의 학원에 들어가 의술을 익혔다. 20세에 출가하였고, 1872년 교부성으로부터 교도직소교정(敎導職少敎正)으로 임명되었다. 1879년 도쿄대학 인도철학과 초대 강사가 되어 『대승기신론』 강의를 담당하였으며, 1885년 학사원 회원으로 선출되어 1891년 조동종대학림(현 고마자와대학)의 총감이 되었다. 저서로는 서양의학 지식에 의한 『심식론(心識論)』 등이 있다. 또한 『심성실험록(心性實驗錄)』을 둘러싸고 후쿠다 교카이(福田行誡)와 논쟁이 벌어졌다. 『대승기신론』 강의를 통해 당시 도쿄대 철학과 학생들이 '현상즉실재론'이라는 형이상학을 형성하는 데 큰 영향을 주었다고 한다.
12) 井上哲治郞 『懷舊錄』, 1943; 『井上哲次郞集』 제8권, pp.288-294.
13) 1897년 5월 10일 『哲學雜誌』 13권 123호에 발표한 「現象卽實在論의 要領」에서 이노우에 스스로 '현상즉실재론' 옆의 괄호 안에 "Identitätsrealismus"를 부기했다.(『井上哲次郞集』 제9권, p.154.) 영어로 바꾸면 'Identityrealism'이고, '현상'과 '실재'의 '동일성'을 주장한다는 의미로 '동일성 실재론'이라는 독일어를 붙인 듯하다.
14) 니시 아마네(西周, 1829~1897) : 에도 시대 말기와 메이지 시대의 계몽사상가이자 서양철학자로 슈스케(周助)라는 별칭이 있다. 1862년 막부의 명령에 따라 네덜란드 라이덴 대학으로 유학, 피세링(Simon Vissering) 교수로부터 약 2년간 법학·정치·경제·철학 등 서양 학문을 배웠다. 귀국하여 15대 쇼군 도쿠가와 요시노부의 정치 고문 역할을 하였고, 번역서 『만국공법』을 통해 국제법을 설파하였으며, 계몽단체인 메이로쿠샤를 결성하여 서양 학문의 보급에 힘썼다. 1870년에는 메이지 정부에 출사, 이후 병부성·문부성·궁내성 등의 관료로,

학문을 배웠다. 이노우에의 도쿄대 동급생들은 영국으로 유학하는 것이 대세였다. 동급생보다 몇 년 늦게 이노우에가 독일로 유학을 간 뒤 독일행 유학생은 이어진다. 이노우에는 훗날 독일철학이 융성한 것을 알고 갔지만 생각했던 것보다 훨씬 융성했고, 자신의 독일행이 참으로 다행이었다고 술회한다.[15]

귀국 후 (도쿄)제국대학 철학과 정교수로 임용되어 칸트[p.339]와 쇼펜하우어[16]를 중심으로 서양철학을 강의했지만,[17] 처음부터 동양철학 강의를 병행했고 갈수록 동양철학 쪽에 더 비중을 두었다. 서양철학을 다루는 '철학' 강의에서도 1898년부터는 자신의 철학인 '현상즉실재론'을 다뤘다.[18]

군인칙유(軍人勅諭)·군인훈계(軍人訓戒) 등을 기초했다. 도쿄학사회원(東京學士會院, 현재의 일본학사원) 제2·4대 회장을 역임했고, 독일학협회학교(獨逸学協會學校, 현재 獨協學園)의 초대 교장을 역임했다. 번역어로서 '철학', '예술', '이성', '과학', '기술', '심리학', '의식', '지식', '개념', '귀납', '연역' 등 많은 철학과 과학용어들을 고안했다.

15) 「井上哲治郎自傳」, pp.29-30.
16) 아르투르 쇼펜하우어(Arthur Schopenhauer, 1788~1860) : 독일의 철학자. 괴팅겐대학과 베를린대학에서 철학을 배웠다. 1819년에 주저『의지와 표상으로서의 세계』를 출간하여 이듬해 베를린대학의 전임강사가 되었다. '세계는 나의 표상이다'라는 말로 시작하는 그의 책은 데카르트와 칸트의 사상을 이어받은 것으로 평가되며, 그의 철학은 근대유럽의 합리주의적 기술문명에 바탕이 되었다. 칸트의 인식론에서 출발하여 피히테, 셸링, 헤겔 등의 관념론적 철학자를 공격하였으나, 그 근본적 사상이나 체계의 구성은 같은 '독일 관념론'에 속한다. 그는 칸트와 같이 인간의 인식 대상으로서 눈앞에 전개되는 세계는 시간·공간·범주(category), 특히 인과율(因果律)이라는 인간의 주관적인 인식의 형식으로 구성된 표상일 뿐, 그것 자체로서 존재하는 것은 아니라고 주장한다. 표상으로서의 세계 존재는 주관에 의존하므로, 세계의 내적 본질은 '의지'이며, 세계의 원인으로서의 의지를 맹목적인 '생에 대한 의지'로 주장한다. 그는 무신론자임을 표명하였으며, 19세기 말에 유행하여 수많은 사상가들에게 영향을 끼쳤다. 한편 그의 사상은 인도 베단타 철학의 영향을 받은 것으로 평가된다. 쇼펜하우어는 1820년대에 동양학자 프리드리히 마이어를 통해 힌두교와 불교를 접하고, 이 종교들의 핵심 교리 속에 자신과 칸트가 도달한 결론과 같은 것이 있음을 깨닫게 되었다. 그는 서양에서 최초로 동양 철학의 세련된 점을 독자들에게 알려준 인물이라고 할 수 있다.
17) 「井上哲治郎自傳」, pp.41-44.
18) 이노우에가 도쿄제국대학에서 개설한 강의목록은 東京大学 人文社会系研究科·文学部 哲学研究室, "東大哲学科関連講義題目(明治28-昭和17年度)"

동양철학에 대한 이노우에의 관심은 유학 전부터 심상하지 않았다. 대학 졸업 후 당시 도쿄대학의 법리문삼학부法理文三学部 총장綜理이었던 가토 히로유키[19]의 권유로 이노우에는 문부성에 소속되어 동양철학사 집필 업무를 맡게 되고 1882년 도쿄대 조교수로 임용된 뒤 1884년 독일유학을 떠나기까지의 잠깐 사이에 자신이 만든 동양철학사 책을 토대로 동양철학사를 강의했다.[20]

당시 유학은 대부분 정부파견 형태였으며 이노우에는 그 파견기간 외에 베를린대학에서 일본어교사로 3년간 근무하면서 독일에 햇수로 7년을 머물게 되었다. 3년 간의 일본어 교사 기간 중에 2년 간은 일본어 교습뿐만 아니라 독일어로 일본의 역사와 종교 등을 강의했다고 한다.[21] 그는 존재의 최후 근거인 실재를 다루는 학문을 철학이라고 생각했고[22] 그 점에서 철학은 서양인이 독점할 수 있는 것이 아니었다. 그에 의하면 인도에도 철학이 있었고 중국에도 철학이 있었다. 일본에도 철학이 있었다. 철학개론 강의에서도 그는 "동양과 서양의 구별 없이 넓게 동서양의 철학을 강의했다"[23]고 한다.

1880년을 전후해서 메이지정부는 초기의 서양화노선, 즉 실용교

참조.

19) 가토 히로유키(加藤弘之, 1836~1916) : 메이지 시대 일본의 정치학자이자 교육자. 메이로쿠샤 회원이었으며, 외무대승, 원로원의관, 귀족원의원 등을 역임했다. 독일학협회학교 제2대 교장, 구 도쿄대학 법·리·문 3학부 총리였으며, 뒤에 제국대학(현 도쿄대학) 제2대 총장을 지냈다. 천부인권설에 근거한 계몽사상의 경향이 강하여 1873년에는 후쿠자와 유키치, 모리 아리노리(森有禮), 니시 아마네(西周) 등과 함께 계몽활동을 전개하였으나, 후에는 사회진화론의 입장에서 민권사상을 비판하게 된다. 민선의원 설립 논쟁(1874)을 전후한 시기, 다윈[p.63]과 헥켈 등 생물학적 진화론에 근거해서 특히 천황과 관련한 메이지 신정부의 체제를 독일식의 입헌군주제로 만들고자 했다.
20) 「井上哲次郎自傳」, pp.8-9.
21) 「井上哲次郎自傳」, p.21·29.
22) 井上哲次郎『西洋哲學講義』, 1883;『井上哲次郎集』第1卷, p.2.
23) 「井上哲次郎自傳」, p.59.

육을 기조로 하여 입신출세와 평등주의를 독려하던 교육노선[24]의 문제점을 반성하며 교육제도를 개정했는데 그 핵심은 실용주의 교육에서는 무시되었던 '도덕교육'의 강조였다. 그들이 보충한 '도덕교육'은 그 개정의 정점이라 할 수 있는 제국헌법과 교육칙어로 확인할 수 있듯이, 유교주의와 국가주의를 기조로 했다. 도쿄대 졸업생의 유학 행선지가 영국에서 독일로 바뀐 것도 이러한 정책기조와 관련된다. 이토 히로부미가 독일헌법을 모범으로 한 일본헌법을 제정한 후 일본의 학문 중심은 프랑스·영국의 학문에서 독일의 학문으로 이동한다. 이러한 상황에서 독일 유학파이면서 동양의 것을 중시하고 또 해박하기도 한 이노우에는 메이지정부와 잘 맞는 학자였다. 그는 유학에서 돌아오자마자 '교육칙어'의 공인해설서 저술자로 발탁된다. 이노우에 자신은 그 발탁 이유를 "유학 전부터 동양의 학문을 공부했고, 대학에서 동양철학사를 강의했고, 독일에서 약 7년간 유학하여 서양철학을 배운 경력"[25]때문이라고 짐작한다.

러일전쟁의 승리 후 일본은 명실상부한 제국의 건설에 박차를 가한다. 이노우에는 이 시점에서『동아의 빛東亞の光』이라는 잡지를 발행하고(1906) 이어 '동아협회東亞協會'를 결성한다.[26] 이름이 보여 주듯이 동아시아를 의미하는 '동아'를 내걸었는데, 이노우에는 이 시점에서 일본은 본래부터 단일민족이 아니라 "각종의 민족이 섞여" 있었다고 주장하며,[27] 이미 타이완과 조선민족까지 포함한 다민족 국가 일본을 위해 "정신계를 지도하고 아울러 교육을 쇄신하고 인문학을 진흥"하는 일에 착수한다.[28] 잡지의 발행과 함께 강연, 연구회

---

24) 메이지초기의 '학제'와 교육이념에 관해서는 水田聖一「近代日本における教育制度の形成と道德教育」『人文社會學部紀要』2, 2002참조.
25)「井上哲治郎自傳」, p.31
26)『東亞の光』은 일년에 두 번 발행되었으며, 1929년까지 계속되었다.
27) 井上哲次郎『國民道德槪論』, 1912;『井上哲次郎集』第2卷, p.70.
28)「東亞協會規則」第1条,『東亜の光』1-3, 弘道館, 1906, p.143.

등을 운영한 동아협회는 사범학교 수신과목 담당교원과 중등교원을 대상으로 한 '국민윤리' 교육 강연을 모은 책『국민도덕개론』(1912)을 간행한다. 이후 이 책은 고등학교와 사범학교의 교과서로 사용되며 수신교육의 뼈대가 되면서,[29] 1918년 개정판『증정增訂 국민도덕개론』발행으로 이어진다. 이노우에는 '국민도덕'을 '민족적 정신의 현현'으로 규정하며, 일본고유의 민족 정신을 근본으로 하여 유교, 불교, 서양문명이 함께 만들어가야 하는 것으로 설명한다.

한편 당시 대학교원 정년은 대학 자체적으로 60세로 정해놓았지만 이노우에는 법적 근거가 없다는 이유로 자신의 정년을 68세까지 연장하여 1923년에 퇴직한다. 이노우에의 정년 연장에 대해 당시 많은 반대가 있었고[30] 또 이후로 정년을 연장한 사람이 없었던 것을 보면, 당시 대학에서 이노우에가 가진 권력이 어느 정도였는지를 보여주는 사건이었다. 퇴직후에는 철학과 동문이자 제자인 이노우에 엔료[31]가 세운 도요東洋대학[32]의 교수가 되어 '일본윤리사'와 '동양철학사'를 강의한다. 1924년에는 '한학진흥'을 위해 황학皇學과 유학을 집중적으로 가르치기 위해 세워진 다이토분카가쿠인大東文化學院의 교수가 되고 이듬해에는 제2대 총장으로 취임한다. 이 시기 간행한

---

29) 見城悌治「井上哲次郎による『国民道徳概論』改訂作業とその意味」『千葉大学 人文研究』37, 2008, pp.160-161.

30)『懷舊錄』, p.335.

31) 이노우에 엔료(井上円了, 1858~1919) : 일본의 불교철학자이자 교육자. 니가타현의 신슈 오타니파(眞宗大谷派) 지코지(慈光寺)에서 태어났다. 1885년 도쿄대학 철학과를 졸업했으며 평생 불교의 철학적 형성과 불교혁신운동, 국수론적 앙양 등에 노력했다. 1887년 동경 유시마(湯島)에 철학관(도요 대학의 전신)을 창설. 이듬해 혼고(本鄕)에 철학서원을 세워서 철학서를 출판하였다. 잡지 『철학회잡지』,『동양철학』등을 간행하고, 메이지 시기의 국수주의에 공명해서 정교사(政敎社)의 창립이나 잡지『일본인』간행 등에 관여했다. 주 저서『진리금침(眞理金針)』3권,『불교활론』3권에서 그리스도교를 비판하고 불교를 현창했으며『요괴학 강의』8권에서 미신 타파에 노력했는데, 메이지 불교에 미친 영향은 매우 크다.

32) 1887년 '철학관(哲學館)'의 이름으로 개교한 뒤, '철학관대학'(1903)을 거쳐 1906년 도요대학으로 개칭되었다.

『우리 국체와 국민도덕』(1925)에 이노우에는 일본 황실에 전해져 내려온다는 '3종의 신기神器' 가운데 두 가지는 모조품이라는 내용을 담아, '불경'이라는 공격을 받는다. 이로 인해 이노우에는 총장직을 비롯해 모든 공직에서 사임하고 책은 금서처분을 받는다. 불경을 저지르려는 의도는 없었지만 입을 열수록 오해가 증폭되니 "침묵이 금"이라는 격언을 지키며 근신했다고 훗날 이노우에 스스로 회고한다.[33] 그러나 얼마 지나지 않은 1928년에 『증정 국민도덕개론』의 개정판인 『신수新修 국민도덕개론』을 간행하는 등, 전통적 국체론의 제창자로서 역할을 계속해 나갔다. 88세 시점인 1942년 『회고록懷舊錄』의 마지막을 채운 이노우에는 "자신보다 연장자라 할 수 있는 학자는 거의 보이지 않는" 학계에서, "점점 시간을 아끼며 연구를 정리해 발표하려고 노력하고 있음을 거듭 말씀드린다"[34]고 말한다. 2년 뒤인 1944년 12월, 태평양전쟁 막바지에 도쿄 자택에서 90세로 사망했으니 천수를 누렸다고 할 것이다. 사망 직전까지도 신문 연재는 물론이고 『동양문화와 지나의 장래東洋文化と支那の將來』(1939), 『무사도의 본질武士道の本質』(1942) 등 쉬지 않고 일본주의를 선양하는 책을 발간한 것을 보면, 참으로 성실하고 기운 좋은 이데올로그였다.

국내외 정세의 변동 속에서 '국민윤리'의 변화를 모색하고 또 경쟁자들에게 공격받으며 한발 물러난 일도 있었지만, '천양무궁天壤無窮의 신칙'을 받아 세워진 일본의 '국체'를 세계에 발양하려는 이노우에의 발분은 일관되게 이어졌다.

---

33) 『懷舊錄』, pp.341-343.
34) 『懷舊錄』, p.356.

3. 학술영역에서 이노우에의 공과

학술영역에서 그가 남긴 업적을 꼽자면, 우선 서양철학 용어를 한자어로 번역한 선구적 철학사전『철학자휘哲学字彙』(1881)를 간행한 일이다.[35] 그가 만들어낸 번역어들은 당시 다른 번역어들과 경쟁하며 도태된 것도 있지만 여전히 살아있는 것들도 많다. 한자어로 된 철학용어들이 지금은 당연한 것처럼 느껴지지만, 영어를 배우고 영어로 철학용어를 처음 배운 도쿄대학 초기 철학도들이 일본어로 그것을 표현해야 할 때의 난감함을 상상해보면, 철학용어를 한자어로 옮기는 일이 얼마나 절박한 일이었을지 짐작된다. 그러나 처음의 그 시도가 얼마나 어려운 일이었는지는 상상하기 어렵다. 그 일은 이노우에의 한학 실력이 바탕에 있기에 가능했다. 그는 유교[36]와 제자백가, 불교 용어를 동원하여 서양철학 용어를 번역했다. 가령 'absolute'의 번역어 '절대絶對'는『법화현의』에서 가져왔고, 'a priori'의 번역어 '선천先天'은『역경』에서 가져왔다. 'category'의 번역어 '범주'는『서경』에서 가져왔다. ethics의 번역어로서 '윤리학'은『예기』에서 가져왔으며, 'metaphysics'의 번역어 '형이상학'은『역경』에서 가져왔다.[37] 'personality'의 번역어 '인격'이나, 'world-view'의 번역어 '세계관'은 고전에 연원을 둔 것은 아니지만 역시 그의 작품이었다.[38] '철학'이나 '심리학' 등은 니시 아마네가 만들었다고 하는데,

---

35)『哲学字彙』가 개인저작은 아니나 이노우에가 주도적 역할을 한 것으로 보인다. 琴屋清香・飛田良文「『改訂增補 哲學字彙』について」『改訂增補 哲學字彙 譯語總索引』, 2005 참조.
36) '유학'(留學)과 구별하기 위해「서론」에서만 '유교'(儒敎)를 사용한다. '儒學'과 '儒敎'의 의미의 차별을 두고 사용하는 것은 아님을 밝혀둔다.
37) 부분적으로 고전의 출전을 밝혀놓았다.『哲學字彙』는 1884년판을 기준으로 한다.
38) 이 두 단어는 1912년 판에 처음으로 올랐다. 1884년판에서는 personality의 번역어로 '人品'만이 올라있다.

'윤리학'을 비롯해 '미학'·'언어학' 등은 이노우에가 만들었다.[39]

종교학 방면에도 이노우에는 중요한 족적을 남겼다. 종교와 정치가 분리되지 않는다고 믿었던 그는 종교의 존재 의미를 '윤리도덕'의 제시라고 생각했다. 그 관점에서 모든 종교에 관심이 있었다. 기독교는 경계해야 할 적의 종교로서 관심을 가져야 할 대상이었고, 기독교가 일본인의 심상을 점령하지 못하도록 할 동양의 종교를 찾기 위해 기존의 모든 종교 즉 불교·유교·신도 등은 모두 검토 대상이었다.

그는 정교수로 부임하자마자 '비교종교 및 동양철학' 강의(1891~1897)를 개설했다. 일본에서의 첫 '종교학' 강의였다. 이 강의에서 구체적으로 다룬 것은 불교를 포함한 인도철학이었다. 귀국하자마자 이 강의부터 시작한 것은 쇼펜하우어를 비롯해 고명한 유럽학자들이 불교와 브라만철학에 지대한 관심을 보였기 때문이다. 이노우에는 유럽인의 이러한 관심을 불교와 브라만철학에 심원한 철학사상이 있기 때문이라고 받아들였다. 그는 '브라만'을 '범천梵天'으로 번역하고 이를 칸트, 쇼펜하우어, 스피노자[40] 등의 '실체'와 같은 '본체'라고 해석했다. 나아가 이노우에는 불교의 '진여眞如' 역시 본체라고 해석했다. 그리하여 독일철학이 인도철학과 암합暗合하며, 그렇기 때문에 동양의 철학이 서양의 철학에 견줄만한 것이라는 결론을 내린다.[41]

---

39) 「井上哲治郎自傳」, p.33.
40) 바뤼흐 스피노자(Baruch de Spinoza, 1632~1677) : 네덜란드의 유대인 철학자. 데카르트와 홉스의 영향을 받은 대륙의 합리론자로서, 정신과 물질은 하나의 동일한 실체라는 '평행론'을 주장했다. 그는 "무엇이든 신 안에 있으며, 신 없이는 어떤 것도 존재하거나 잉태될 수 없다"고 하였고, 따라서 신은 우주의 자연법과 물리법의 총합이며 확실히 개별적인 실체나 창조자가 아니라고 믿었다. 즉, 신은 우주의 모든 물질들의 총합으로 우주의 유일한 실체이며, 모든 것은 신의 일부라고 하였는데, 이 견해를 찰스 하트손(Charles Hartshorne)은 고전적 범신론이라고 불렀다. 스피노자의 실체 개념은 당시 딜타이나 슐라이어마허 등 독일 낭만주의자들의 해석을 거쳐 일본의 학자들에게도 많은 영향을 주었다.
41) 이상, 井上哲次郎「東洋の哲学思想に就いて」, 1894; 『井上哲次郎集』第9卷, pp.123-132.

그런데 불교가 브라만교와 마찬가지로 '실체'를 설정하는 세계관이라는 데에 동의할 불교학자는 거의 없을 것이다. 불교에서 주장하는 연기緣起는 브라만이라는 실체를 부정하고 세워진, 존재의 성격이기 때문이다. 유교에 대한 이해와 마찬가지로 불교나 여타 종교에 관해 대한 이해 역시 '국민윤리'의 정립이라는 관심[42]이 가장 중요하게 작용했다. 불교에서는 독일관념론에 필적하는 현상과 실재의 구조를 가진 것을 평가했으나, 그가 판단하기에 불교는 출세간의 경향을 가진 종교로서 국민윤리에는 적합하지 않았다.

"유교는 본래 종교라고 칭하기 어렵지만 그 형식은 종교와 다르지 않으므로 잠시 이것을 종교로서 논한다"[43]는 단서를 달고 종교로서 유교 역시 천착한다. 그에게 종교의 의미는 윤리의 제공이므로 일본 "국민의 심성을 주조하고 도야해온 덕교의 정신"[44]이라고 하는 유교는 그 무엇보다 중요한 자산이었다. 그는 서양에서 들어온 새로운 윤리설윤리학인 공리주의를 극도로 경계했다. 이익을 추구하는 속성상 그것이 이기주의와 다를바 없이 된다고 생각했다. 그는 바람직한 도덕은 자율에 의해 공적인 가치에 헌신하는 것이라 생각했고 그 점에서 유교의 성선설을 중요한 자원으로 생각했다. 이 성선설에서 이노우에가 구체적으로 뽑아내고 싶은 덕목은 '충효'였다. 중국에서는 충보다 효가 우월한 덕목이었지만, 일본에서는 충과 효가 하나의 뿌리이며 혹 충과 효가 갈등할 때에도 충이 우선시된다며 '충효'를 일본의 덕목으로 자리매김한다.

이노우에는 충효가 유교의 덕목이고 유교는 중국에서 탄생했지만

---

[42] 이노우에의 종교 편력과 귀결에 대해서는 이혜경, 「이노우에 데쓰지로의 종교 편력: 민심통합의 도구를 찾아서」, 『한국동양정치사상사연구』21(2), 2022참조.

[43] 井上哲次郎「宗教の將來に關する意見」, 1899;『井上哲次郎集』第3卷, p.207.

[44] 井上哲次郎「日本陽明學派之哲學序」, 1900;『日本陽明學派之哲學』富山房, 1918, p.2.

충효가 한뿌리로서 실행된 것은 일본뿐이었다고 설명하였고, 유교와 신도가 자연스럽게 결합되어 있다고 본다. 특히 "국가 정신을 근본으로 하는 추세"45)는 양명학과 신도가 공유하는 바이고, "'충효일본'의 가르침이 전투적 방면에서 나타난 것"이 "무사도"이며, "이른바 일본혼이라는 것도 '충효일본'의 근본주의를 가리키는 것"46)이 된다.

이노우에는 학자의 시각에서 신도의 비합리성을 비판한 적도 있지만, 결국 신도는 일본민족의 정체성을 이루는 것으로서 전면적으로 받아들인다. 앞에서 살펴보았듯이 내셔널리스트로서 '일본주의'의 기치를 올렸던 그는 러일전쟁의 승리를 목도하면서 '동아'로 일본을 확장한다. 같은 맥락에서 신도는 "민족교"로 "일본민족에만 한정된 종교"47)였다가, "우리 식민지에 미쳐야 하고, 그 다음에는 다른 민족에도 넓혀갈 수 잇는 성질"48)의 것으로 재해석된다. 국제사회에 문명국임을 입증해야 하는 상황에서 종교교육 금지령이 내려지고(1899) 그 배경에서 그는 다양한 종교의 특수성을 뛰어넘어 그가 종교의 정수라고 생각했던 윤리만을 합리적으로 추출해서 '이상적 윤리교'를 만들 필요가 있다고 생각한 적도 있었다. 그러나 결국은 '황도皇道' 즉 신도가 "모든 인류"를 만족시킬 수 있는 "종교 이상의 종교"이며 "도덕 이상의 도덕"49)으로 귀결된다. '국민윤리'의 조성을 위하여 '일본민족의 정신'에 유교, 불교, 서양문명이 모두 필요하다고 하는 이유를 이해할 수 있다. 점점 신도의 중요성을 인정하게 된 이노우에는 1920년, 당시 어느 대학에도 없던 신도 강좌를 도쿄제대에 설치하고

---

45) 『日本陽明學派之哲學』, p.573.
46) 井上哲次郎「日本における德教の位置」, 1906; 『井上哲次郎集』 第9卷, p.282.
47) 井上哲次郎「佛基二教と神道」, 1915; 『井上哲次郎集』 第5卷, p.370.
48) 井上哲次郎「神道と世界宗教」『東洋之光』 10(8), 1915; 『井上哲次郎集』 第9卷, p.352.
49) 「井上哲治郎自傳」, p.41.

자신의 제자들에게 강의하도록 했다.50) 대학에서 처음으로 '종교학' 강의를 시작한 이노우에는 모든 종교를 섭렵해갔지만, 그에게 종교는 단순히 학문의 대상이 아니었다.

학술영역에서 그의 공과 과를 논할 가장 두드러진 영역은 에도유학 삼부작과 현상즉실재론이라 할 수 있다. 이에 대해서는 이어지는 각각의 절에서 차례로 다룬다.

4. 에도유학 삼부작

대학을 졸업하자마자 이노우에는 유학 준비를 하면서 문부성에 적을 두고 '동양철학사'를 편찬하는 일을 맡는다. 1882년 도쿄대학 조교수가 된 이듬해에 자신이 편찬한 책을 바탕으로 '동양철학사'를 강의한다. '동양철학사'의 이름이었지만 실질은 공자를 중국철학의 시조로 보고 그 배태시기인 주나라부터 강의한 중국철학사였다.51) 1884년 독일로 유학을 떠난 이노우에는 정부에서 파견한 유학 기간 외에, 베를린 대학에 신설된 일본어학 코스에 일본어교사로서 더 체류하게 된다.

1890년 귀국하여 바로 (도쿄)제국대학 정교수로 부임하였고, 부임하자마자 '비교종교 및 동양철학'을 개설했다. 이 강의에서 실제로 다룬 것은 불교와 인도철학이었다. 불교와 인도철학에 대한 강의를 끝낸 이노우에의 다음 동양철학 강의는 에도유학이었다. 차례대로

---

50) 「井上哲治郎自傳」, pp.48-49.
51) 이노우에의 조교수 시절 동양철학사 강의에 관해서는 다음의 수강생의 노트가 남아 있어 그 대강을 엿볼 수 있다. 水野博太「「高嶺三吉遺稿」中の井上哲次郎「東洋哲学史」講義」『東京大学史紀要』36, 2018; 三浦節夫「「井上哲次郎口述 東那哲学史」の翻刻: 井上円了の東京大学文学部二年生の聴講ノート」『井上円了センター年報』27, 2019; 鈴置拓也「井上哲次郎「支那哲学史」を通してみる夏目漱石「老子の哲学」の特徴」『二松学舎大学東アジア学術総合研究所集刊』52, 2022

이노우에 데쓰지로와 일본주의의 시대

일본양명학파의 철학·일본고학파의 철학·일본주자학파의 철학을 강의하고 거의 시차 없이 강의내용을 책으로 출간한다.[52] 그 내용은 각각 에도시대의 양명학·고학·주자학의 역사였다. 이노우에는 유학 역시 철학이라고 생각했으므로 각각 철학사라고 이름을 붙였다. 동경대학에 화한문학과和漢文學科와 고전강습과를 설치한 가토 히로유키와 동양철학을 강의한 이노우에의 이름을 언급하면서, 그들이 "스스로 철학자라고 표방하지만" 사실은 소화도 못 시킨 서양이론을 소개한 것에 불과하다고 비판하며 "일본에는 옛날부터 지금까지 철학은 없다"고 단언한 동시대 학자도 있었지만,[53] 이노우에는 일찍부터 서양철학에 대응하는 동양철학을 엮어야 한다는 포부가 있었다.

서양철학에 대응하는 것으로서 동양철학을 세우고자 하는 그의 노력은 실제로는 에도유학사, 즉 일본유학사를 서술하는 것으로 표면화되었다. 이전까지 유학사 서술이 유학자에 의한 도의 전승사였던 것과는 달리, 에도유학사는 유학의 밖에서 그 발전을 객관적이고 체계적으로 서술한다는 새로운 시도였다. 즉 근대학문의 방법에 의해 서술된 철학사를 표방했으며 근대 이후의 철학사로 이어질 전사에 해당했다.

근대학문이라고는 하나, 당시 일본인이 유학을 비롯해 중국 연원의 학문에 접근하는 방법은 크게 동양학의 틀 안에 있었다. 동양학은 서양제국이 식민지 경영을 위해 시작한 학문이었고 일본의 동양학 역시 서양의 동양학을 모범으로 하여 시작되었다. 다만 이노우에가 '에도유학사'를 일본근현대철학의 전사로 자리매김하려고 했듯이, 유학은 이미 일본의 문화이기도 했다. 서양이 동양을 대상화할 수 있는 것과는 달리, 일본은 중국과 유학을 단순히 대상화할 수 없었다.

---

52) 동양철학사와 함께 서양철학사를 칸트와 쇼펜하우어를 중심으로 강의했다.
53) 中江兆民『一年有半』, 1901;『中江兆民全集』第10巻, 岩波書店, 1983, p.155.

일본의 동양학은 유학을 역사화하여 중국에서 전개된 유학과 일본에서 전개된 유학을 다르게 다루는 방법을 구사했다. 이에 동반되어 유학의 복수적 성격을 설정하고, 중국이나 조선은 그 가운데 열등한 요소를 전승한 반면 일본은 우수한 요소를 전승했다는 서사를 만들었다. 중국이나 조선은 그 자체가 단순한 성격을 가진 주자학 일존一尊의 사회여서 자유가 질식된 반면, 일본은 주자학과 양명학뿐만 아니라 일본 특유의 비판정신이 발휘된 고학 역시 꽃피운, 자유의 정신이 살아 있는 나라라는 서사 역시 만들어냈다. 이노우에가 유학 삼부작을 통해 한 일들이었다.

그런데 또 일본 내에서도 후쿠자와 유키치와 같은 문명론자들은 유학이 문명과 양립하지 않는다고 비판했다. 특히 유학은 근대정신인 자유와 양립하지 않는다는 후쿠자와의 비판은 쓰라린 것이었다. 이노우에는 주자학과 양명학을 갈라 쓰는 방법으로 이 비판에 대응한다.[54] 즉 주자학과 양명학을 각각 관官 대 민, 전근대와 근대의 정신으로 대표시킨다. 이러한 시나리오를 강화하기 위해 이노우에는 에도시대 초기부터 주자학이 관학으로서 자리 잡았고 양명학과 고학이 주자학에 대한 반동으로 등장했으며, 특히 양명학은 모반의 학문으로 핍박받았다는 시나리오를 만들어냈다.

현대학자들의 고증에 의해 이노우에의 주장은 사실에 반한다는 것이 밝혀졌다. 즉 주자학이 관학으로 자리 잡은 것은 오히려 고학자인 오규 소라이[55]가 주자학을 비판한 이후이며, 관학이라 하더라도

---

54) 후쿠자와의 유학비판과 이에 대한 대응으로 이노우에가 주자학과 양명학을 갈라서 쓴 상황에 대해서는 이혜경, 「주자학이 전근대의 대표이념이 되기까지: 후쿠자와 유키치와 이노우에 데쓰지로의 유학을 둘러싼 공방」,『동양철학연구』108, 2021 참조.

55) 오규 소라이(荻生徂徠, 1666~1728) : 에도 중기의 유학자. 오규의 본래 성은 모노노베(物部)라고도 전해지며, 오규 소라이 자신이 '물(物)'만 떼어내어 스스로를 '붓소라이(物徂徠)'로 부르기도 했다. 그는 정치사회적 유용성을 목적으로 하는 경세제민의 유학을 전개했다. 처음에는 이토 진사이에게 사숙했으나 결국

중국이나 조선처럼 주자학적 능력이 관직에 등용되는 자격조건이었던 적이 없다는 것이다. 당연히 양명학이 모반의 학으로 핍박받았던 적도 없었다.56) 이처럼 주자학은 유학 가운데 특별한 지위를 갖는 것이 아니었고, 이때문인지 일본에서는 중국이나 조선처럼 학파에 대한 충성심도 엿보기 어렵다.

이노우에가 특히 양명학을 근대의 유학으로 특필한 이유는 문명개화론자들의 유학 비판에서 유학을 지켜내면서까지 유학의 어떤 요소가 필요했기 때문이다. 앞절에서도 언급했듯이, 그가 가장 필요로 했던 것은 천성적으로 타인을 배려하는 마음 즉 성선설이었다. 이는 서양에서 들어온 공리주의와 대적하면서 일본인의 총화단결을 담보할 수 있는 자원으로 평가되었다. 그는 기독교와 공리주의의 공격에 의해 국가에 한결같은 마음으로 헌신해야 하는 민심이 흔들릴 것을 두려워했다. 그는 계산하는 마음 없이 천성적으로 선을 행한다는 유학의 성선설을 살려내어, 그것을 일본인의 천성으로 삼음으로써 공리주의의 공격으로부터 일본을 보호하고 나아가 세계에서 일본을 웅비하게 할 수 있는 원천으로 삼고자 했다. 즉 그가 당시 일본의 웅비를 위해 필요로 한 국민성을 양명학에 투영한 것이다. 그리하여 일본 양명학의 특징으로 '사공事功' 면에서 두드러지는 '실천성'이 꼽히고, 메이지유신의 지도자이며 실천자인 요시다 쇼인57)이나 사이고

에는 라이벌이 되었다. 오규 소라이에게 도는 중국의 성인이 제작한 이용후생의 도, 예악형정의 도로서, 객관적 제도와 기술 즉 '物'이었다. 이토 진사이나 주자가 도를 내면적 도덕성으로 파악하는 것과 달랐다. 문물제도로서 도를 파악하는 방법으로서 고전의 언어와 문장의 뜻을 당시의시대상황과 관련해서 파악하고자 하는 고문사학(古文辭學)을 개창했다.

56) 이에 관해서는 黒住真『近世日本社会と儒教』ペリカン社, 2003; 와타나베 히로시, 김선희·박홍규 옮김, 『일본정치사상사 [17~19세기]』고려대학교출판문화원, 2003; 이새봄, 「포스트-소라이학(徂徠学)의 맥락으로 읽는 도쿠가와 후기 사상사의 논점 : 메이지 유학자들의 사상적 토대」, 『일본비평』19, 2018 참조.

57) 요시다 쇼인(吉田松陰, 1830~1859) : 에도 시대 후기 조슈번(長州藩)의 무사, 사상가, 존왕론자. 야마가 소코(山鹿素行)를 원류로 하는 야마가 류(山鹿流)

다카모리[58]까지 양명학자의 계보로 들어간다. 요시다나 사이고가 양명학자였다는 흔적은 없으며 양명이 비판해 마지않은 '사공'으로 양명학을 수식했으니, 참으로 대범한 해석 또는 왜곡이었다.

이처럼 '충효를 자발적으로 실천하는 마음'으로 상징되는 유교주의와 국가주의의 결합이 초기 프랑스·영국 중심의 계몽주의를 반성하면서 메이지정부가 선택한 노선이었으며, 이는 '제국헌법'과 '교육칙어'로 결정화되었다. 이노우에는 이 노선을 대표하는 그 시대의 이데올로그였으며, 유학 삼부작이라는 학술적 성과 역시 그의 정치적 지향과 분리되지 않는다. 그럼에도 불구하고 에도시대 유학의 상황에 대한 그의 잘못된 이해나 주자학과 양명학의 성격 규정은 현재에도 여전히 통용되고 있다.[59] 일본 내에서도 그러하니 그에 대한 연구가 적은 한국에서는 말할 것도 없다. 주의 깊은 독해가 필요하다.

군학(軍學)의 가학을 이어받아 조슈번 병학의 사범이 되었다. 에도에서 사쿠마 쇼잔(佐久間象山)에 입문하여 양학을 배웠다. 쇼카손주쿠(松下村塾)를 열어 다카스기 신사쿠(高杉晋作), 구사카 겐즈이(久坂玄瑞), 이노우에 가오루(井上馨), 이토 히로부미(伊藤博文) 등 존왕양이운동의 지도자들을 배출했다. 안세이 5년 조약 칙허 및 쇼군 계사(繼嗣) 문제 때에 양이를 주창하여 투옥된 후 에도에 송환되어 사형되었다.

58) 사이고 다카모리(西鄕隆盛, 1828~1877) : 호는 난슈(南洲). 사쓰마번 출신의 무사로, 메이지 유신을 성공으로 이끈 유신삼걸 가운데 한 사람이다. 그러나 새 정부에 입각하는 것을 거부하고 사쓰마번의 가고시마로 돌아가 정부군의 사령관으로서 여러 번을 복속시키는 역할을 했다. 가고시마에 사립학교를 설립하자 각지에서 학생이 몰려들었는데 이 상황이 사족의 세력 형성을 염려하는 정부를 자극하였고, 정부의 도발 속에 사이고와 학생들이 6개월에 걸친 전투를 벌였다. 세이난 전쟁(西南戰爭)이다. 이 전쟁 끝에 49세의 나이로 자결하였다.
59) 일본의 교과서와 교양서에 이노우에의 왜곡이 그대로 반영되어 있는 상황은 이새봄, 「이노우에 데쓰지로(井上哲次郎)의 '유학 삼부작': 근대 일본 유학사의 시초」, 『韓國思想史學』61, 2019, pp.6-7 참조.

5. 현상즉실재론

'현상즉실재론'은 이노우에와 함께 도쿄대학 철학과를 다닌 비슷한 또래들에게서 동시에 발견된다.[60] 다만 '현상즉실재론'이라는 명명은 이노우에에 의하며, 이노우에는 가장 적극적으로 이 논의를 구축했다. 현상즉실재론에 관한 이노우에의 언설은 1894년에 발표된 「내 세계관의 먼지 한 톨」에서 시작해 「현상즉실재론의 요령」(1897), 「인식과 실재의 관계」(1901), 「유물론과 유심론에 대한 실재론의 철학적 가치」(1911) 그리고 말년의 「메이지철학계의 회고」(1932)까지 이어진다.

그에 의하면 철학은 안심입명을 얻으려는 학문이고, 안심입명은 세계관이 있어야 가능하며, 세계관은 우리가 진리를 인식할 수 있다고 전제해야 세울 수 있다. 그는 자신의 세계관을 '현상즉실재론'이라고 소개한다.[61] 그의 현상즉실재론은 한편에서는 우리가 경험하는 이 세상 즉 "현상만이 실재이며 현상과 구별된 별도의 실재는 없다"[62]고 주장하는 실증주의를 부정하고, 한편에서는 "실재하는 것은 단지 정신뿐"[63]이라고 주장하는 관념론을 부정하며, 양쪽을 비판적으로 종합한다는 취지를 갖는다. 그가 주장하는 '현상즉실재론'은 다음의 글로 요약될 수 있다.

> 실재와 현상은 궁극적으로 동일한 세계이다. 현상이 실재에 의해 생긴 것이라고 말하기보다는 현상 그 자체가 즉 실재이다. 실재와 현상은 우리가 추상하여 구별하지만 원래 한 몸이 두

---

60) 이는 후나야마 신이치 이래 공유되는 견해이다. 이노우에 데쓰지로 외에 이노우에 엔료(井上円了, 1858~1919), 기요자와 만시(清沢満之, 1863~1903), 미야케 세쓰레이(三宅雪嶺, 1860~1945) 등이다.
61) 井上哲次郞「我世界觀の一塵」, 1894; 瀬沼茂樹編『明治哲学思想集』築麻書房, 1974, p.149.
62) 「我世界觀の一塵」, p.149.
63) 「我世界觀の一塵」, p.152.

모습으로 나타난 것으로 동체불리同體不離이며 근저에서 다르지 않다. 현상을 떠나 실재는 없으며 실재를 떠나 현상은 없고, 양자는 합일하여 세계를 이룬다. 세계는 우리에게 두 모습으로 표상된다. 우리는 객관적으로 경험하여 이를 현상으로 표상하고 또 주관적으로 생각하여 이를 실재로 표상한다. 세계는 이와 같이 양면을 가진다.[64]

즉 현상과 실재는 한몸의 두 얼굴이라고 한다. 현상과 실재를 동일한 것으로 본다는 점에서 이노우에는 자신의 세계관을 "일원론"[65]이라고 한다. 이러한 세계관은 실재의 진리성뿐만 아니라 현상의 진리성도 보장하려는 것이다. 즉 현상즉실재론은 베단타 철학과 같은 극단적 관념론이 현상을 미망으로 여긴 탓에 자연과학은 물론이고 국가구성의 관념도 희박하게 되는 일을 막을 수 있다. 또 다른 편에서는 자연과학이 다루는 대상이나 현실의 차별적인 모습을 절대화하는 일을 막을 수 있다.

이노우에는 자연과학은 현상만을 연구하며, 철학의 직분은 실재 관념을 명석하게 하는데 있다고 생각한다.[66] 즉 자연과학이 다루는 현상은 세상의 한 부분일 뿐이며, 사람이 안심입명을 얻기 위해서는 존재 전체의 실상인 실재에 다가가야 하고 철학은 그 실재를 분명하게 하는 일을 임무로 한다.

이러한 세계를 구상하면서 가장 참조가 된 세계관은 자타공인 불교이다. 무엇보다 '현상'과 '실재'라는 서로 대립하는 항을 연결한 '즉卽'의 논리는 불교에서 왔다. 특히『대승기신론』에서 대립하는 두 항은 마음의 내적 변화에 의해 '하나'가 된다.[67] 그는『철학자휘』에

---

64)「現象卽實在論の要領」, pp.159-160.
65)「我世界觀の一塵」, p.152
66)「現象卽實在論の要領」, p.161
67) 渡部清「井上哲次郎における現象即実在論の仏教哲学的構造について」『哲學科紀要』1997, p.92.

서 'Reality'의 번역어로 '실체實體'와 함께 '진여眞如'를 선택하고 "일체 법은 말로 표현할 수 없고 생각할 수 없으므로 '진여'라고 이름한다"는『대승기신론』[68]을 인용했다. "진여는 곧 실재이다."[69] 즉 실재는 언표할 수 없고 생각의 대상으로 삼을 수도 없는, 존재 전체이다. 그러므로 실재는 "내부의 직관에 의해 깨달아야 하지, 특수한 현상에서 인식하는 것처럼 변별작용에 의해 설명할 수 있는 것이 아니다.『대승기신론』은 이 뜻을 대단히 분명하게 서술했다"[70]고 이노우에는 평가한다. 깨달음의 주체로서 '불성'에 관심을 갖는 것은 대승불교의 특징 가운데 하나이며,『대승기신론』은 불성으로서 인간의 마음을 본격적으로 다룬 대표적 책이다. 이 논의에서 '일심一心'이라 불린 이 마음은 존재의 본성法性까지도 포괄하는 총체적인 것으로 논의되었으니,[71] 이노우에가 '진여'를 '실체'로 번역한 것이 근거없는 것은 아니었다.『대승기신론』의 여래장 사상이 특히 일본에서 '본각本覺'이라는, 실재로 해석되는 전통을 형성했다는 것에 대해서는 일본 내에서 비판이 있다. 이 비판의 대상에는 이노우에의 연장선에 있는 교토학파까지 포함된다. 붓다의 근본 가르침이 '무아'와 '연기'라고 인정한다면, 이처럼 보편적인 실재를 설정한다고 이해하는 것은 참된 불교 이해가 아니라고 하는 것이 비판의 골자이다.[72] 불교의 올바른

---

68) 井上哲次郎·有賀長雄『改訂增補 哲學字彙』東洋館書店, 1884, p.105.
69) 井上哲次郎「認識と實在との關係」, 1901,『井上哲次郎集』第3卷, p.157.
70)「認識と實在との關係」, p.157.
71) 서정형『마명『대승기신론』』서울대학교 철학사상연구소, 2005, ⅰ쪽.
72) 1980년대, 曹洞宗의 종립대학인 駒沢大學 불교학부 교수 하카마야 노리아키(袴谷憲昭)와 마츠모토 시로(松本史朗)에 의해 주도된 '비판불교운동'이다. 이들은 붓다의 근본 가르침은 無我와 緣起라고 주장하며, 단일하고 보편적인 실재를 설정하는 모든 불교를 비판한다. 그리하여 유식, 천태, 선 등, 중국불교 사상의 근간을 이루는 사상들을 모두 비판 대상으로 한다. 일본에서는 교토학파가 비판의 대상이 된다. Jamie Hubbard & Paul L.Swanson 편저. 류제동 역『보리수 가지치기: 비판불교를 둘러싼 폭풍』씨아이알, 2015; 김희성「일본 사회, 종교문화 그리고 비판불교」, 김희성·류제동·정경일 공저『일본의 종교문화와 비판불교』동연, 2020참조.

이해 여부는 별도로 하고 이노우에의 구상에 대해 논하면, 생멸하는 현상세계와 불생불멸하는 진여세계는 하나인 세계의 양면인 것이다.

이노우에가 불교적 세계관을 현상즉실재론이라고 하는 것은 아니다. 이노우에에 의하면 불교적 세계관은 인도의 베단타 철학과 마찬가지로 실재만을 인정하고 현상은 미망이라고 보는 염세적 '유심론'인데,73) 현상즉실재론은 진여만큼 현상도 참된 것이라고 주장하는 실재론이다.

이노우에의 현상즉실재론의 형성에는 불교만큼 독일관념론의 영향도 지대하다. 이노우에의 의하면 베단타나 불교의 실재관은 플라톤, 칸트, 쇼펜하우어, 피히테, 셸링, 헤겔, 스피노자 등과 취지가 같다.74) 그렇기 때문에 불교가 그런 것처럼 독일관념론 계열 역시 이노우에의 철학에 닿아있다. 특히 언어로 표현되지 않고 인식되지 않는 칸트의 '물자체'의 개념은 바로 '진여'를 떠올리게 한다. 그러나 이노우에에 의하면, '물자체'는 "그[칸트]의 체계에서는 쓸모없이 방해만 되는 것"일 뿐이다.75) '물자체'는 '실재'와 같은 존재감이 없다고 비판하는 것이다. 이노우에는 칸트 역시 "주관 외에 별도로 객관이 없다"고 여기는 유심론자로 정리한다. 사유의 형식은 주관적인 것이지만 그 내용은 주어지는 것이라고 함으로써 사유와 존재의 이원론을 그대로 유지했다고 평가되는 칸트마저도 유심론이라고 정리했으니, 칸트 이후 피히테와 셸링을 거쳐 모든 것의 바탕에 절대적인 정신을 두고 이 절대정신이 스스로를 실현하기 위해 끊임없이 운동하고 변화하고 발전해간다고 한 헤겔에 이르면 의심의 여지없이 유심론으로 정리된다.

---

73) 井上哲治郎「東洋の哲学思想に就て」, 1894;『井上哲次郎集』第9巻, pp.123-132.
74)「東洋の哲学思想に就て」, p.131.
75)「我世界觀の一塵」, p.150.

이노우에의 실재는 과학적 인식과 같은 현상적 지식으로는 인식할 수 없지만 분명하게 존재하고, 그렇기 때문에 '깨달음'이라는 범접하기 어려운 방식이긴 하지만 어쨌든 인간이 다가갈 수 있는 길도 열려 있다. "실재는 경험적 인식을 초월한 것이다. 즉 불가지적이다. 세계의 진상은 현상과 실재의 차별관을 초월한 곳에 있다. 참된 인식 즉 예지는 초월계에 관한 것으로, 깨달음의 경지이다."[76] 이노우에의 실재는 실체 혹은 본체와도 의미의 차이 없이 호환되듯이, "세계의 진상"으로서 일자一者이다. 주객이 하나가 되는 경지이므로 깨달음만이 다가가는 길일 것이다.

이노우에는 이러한 자신의 세계관이 실재론이면서 일원론이라고 한다. 그는 세계관 혹은 존재론을 설명하는 용어인 일원론·이원론 등과, 인식론을 설명하는 용어인 관념론과 실재론의 용어를 혼동해서 사용했다. 그래서 자신의 세계관을 인식론적인 관점에서 실재론이라고 부르면서 동시에 그 인식론상의 성격에 일원론이라는 존재론의 특징을 부여한다.[77] 그는 또한 현상즉실재론을 "정신과 물질 즉 물심 양자를 하나의 실재로 융합하고 조화"한 것이라고 한다. 나아가 "현상즉실재론이란 주로 인식론적 측면에서 말한 것이고, 본체론적으로 말하면 오히려 원융실재론圓融實在論"이라고 하기도 한다.[78] 즉 인식론과 본체론 즉 존재론을 구별하기도 하지만, 이 구별을 명료히 전제하고 그의 설명이 이루어지는 것은 아니다.

후대의 학자들은 그의 현상즉실재론을 관념론으로 분류한다. "현상은 주관에 대해 있는 존재 즉 관념적 존재"이고, 이 현상 외에 별

---

76) 井上哲次郎「明治哲学界の回顧」, 1932; 下村寅太郎·古田光 編『哲學思想』(現代日本思想大系 24) 筑摩書房, 1965, p.63
77) 이노우에가 인식론과 존재론(세계관)을 혼동했다는 지적은 小坂國繼『明治哲学の研究―西周と大西祝』岩波書店, 2013, p.346에 의함.
78) 井上哲次郎「唯物論と唯心論とに對する實在論の哲學的價値」, 1911;『井上哲次郎集』第5卷, pp.68-69.

개의 실재를 주장하는 것이 아니라 현상 그대로 실재, "현실 그대로 이상"이라고 주장하기 때문이다. "주관이 객관에 대해 독자의 세계를 이루는 것이 아니라, 이상이 현실을 변혁하여 실현되는 것이 아니라, 객관이 주관으로 여겨지고 현실이 이상으로 해석"되기 때문이다.[79]

이노우에는 동서철학의 융합을 꿈꾸며 세계관으로서 현상즉실재론을 표방했다. 그러나 그 체계가 정합적으로 맞물리지 않는다는 점에서 후대 학자들은 그를 절충주의라고 평한다.[80] 그의 현상즉실재론이 "속성과 본체의 틀로 실재를 파악하는 고대 그리스 이래의 서양 형이상학의 틀을 해체"[81]하려 했다는 긍정적 평가도 드물게 있다. 그러나 대승불교를 이론의 근간으로 하며 니시다 기타로[82] 역시 그 연장선에 있다는 점을 상기시키며 니시다 철학조차 일본 "독자의 것"이라 부를 수 없다고 지적하는 연구도 있다.[83] 무엇보다 현상즉실재론의 의미는 그것이 니시다 기타로를 통해 교토학파로 이어진다는 점이다.[84] 그러므로 현상즉실재론의 정치성에 대한 평가는 메이지

---

79) 船山信一『明治哲學史研究』ミネルヴァ書房, 1959, p.77.
80) 高坂正顯『明治思想史』, 1955;『高坂正顯 明治思想史』(京都哲學撰書 第一卷) 燈影舍, p.266; 船山信一『明治哲學史研究』, 1959, p.33 등.
81) 板橋勇仁「日本における哲学の方法：井上哲次郎から西田幾太郎へ」『立正大学文学部論叢』119, 2004, p.97.
82) 니시다 기타로(西田幾多郞, 1870~1945) : 일본의 관념론 철학자. 1913년부터 1928년까지 교토 제국대학 철학교수를 역임하였다. 청년 시절부터 선(禪)에 심취하였으며, 교수 재직 중에 발표하였던 견해에 '니시다 철학'(西田哲學)이라는 명칭이 붙으면서 '일본에서의 독창적인 철학'이라는 명성을 들을 정도로 높이 평가되었다. 그 후 다나베 하지메(田邊元) 등의 사상이 가미되면서, 그의 영향하에 있는 교토 대학 일단의 철학자가 '교토학파'라 불리게 되었다. 1930년 이후부터 마르크스주의 철학과의 대결에 적극적으로 참여하여 '절대무(絶對無)의 변증법'을 주창하고, 이것은 관념론·유물론의 양 변증법을 극복한 것이라고 자칭하였다.
83) 渡部清「日本近代哲学における一元論の系譜：西田哲学の成立前史として」『哲学科紀要』, 2005, p.104
84) "주관과 객관이 성립하기 이전, 즉 주객미분의 상태에서 의식 자체로 출현하는 실재 혹은 진리에 관한 견해"를 골자로 하는 니시다철학은 현상즉실재론의 연장선상에 있다는 평가이다.「日本近代哲学における一元論の系譜：西田哲学の成立前史として」, p.119 참조.

시대 이 이론이 어떤 역할을 했는가와 함께, 그 이후 교토학파가 어떤 의미를 가지고 어떤 역할을 했는가와 연동될 것이다.

『명치철학사연구』를 쓴 후나야마 신이치는 이노우에의 현상즉실재론을 평가하여 이노우에를 일본형 관념론의 확립자로 부르며, 니시다 기타로를 이노우에의 발전이라고 자리매김 한다.[85] 니시다는 이노우에와 마찬가지로 동서문화의 융합을 추구했는데, 이노우에가 독자적인 논리를 갖지 못하고 절충주의에 머물렀던 반면, 니시다는 동서문화 융합을 위한 논리적 기초를 마련하여 일본철학에 처음으로 세계성을 부여했다고 평가한다.[86] 니시다 기타로가 현상즉실재론의 완성자라는 평은 이후 학자들에게도 공유된다.[87] 완성도의 차이는 있으나 현상즉실재론의 논리를 공유하고 있는 이노우에와 니시다는 각각 호교적護敎的이고[88] 비판적이라는 상반되는 특징을 보인다. 이는 현상즉실재론 자체가 특정하게 정치적 성격을 규정하는 것은 아니라는 뜻이다. 과거 불교 자체가 더없이 호교적인 역할을 하는 경우도 있었고 비판적인 역할을 하는 경우도 있었다는 점에서도 시사된다. 또한 니시다가 종국에는 호교적이 되었듯이,[89] 이 이론 자체는 정치적 입장을 합리화하는데 대단히 유연하게 작용한다. 현상과 실재가 각각 존재성을 갖는다고 할 때, 한편에서는 현상을 그대로 진리로 인정하며 어떤 개선도 차단할 수 있는 반면, 또 한편에서는 실재의 진리성을 근거로 그와 한몸인 현상 즉 현실에 대한 개선을 요구할 수

---

[85] 『明治哲學史研究』, pp.47-48.
[86] 『明治哲學史研究』, pp.33-34.
[87] 대표적으로 다음 연구를 들 수 있다. 渡部清「日本近代における一元論の系譜: 西田哲学の成立前史として」, 2005; 井上克人『西田幾多郎と明治の精神』關西大學出版部, 2011; 小坂國繼『明治哲學の研究―西周と大西祝』岩波書店 2013.
[88] 후나야마는 호교적을 "종교 또는 신에 관해 호교적이 아니라 정치, 국가, 천황과 관련하여 호교적"이라는 의미로 쓴다. 『明治哲學史研究』, p.35.
[89] 『明治哲學史研究』, p.34.

있는 논리도 생기기 때문이다.

다만 이노우에는 노골적으로 자신의 현상즉실재론이 어떤 방향으로 작동해야 할지 그 방향을 제시했다. 다음은 말년의 저작인『메이지철학계의 회고』(p.550)의 한 부분이다.

> 현상과 실재의 관계는 바꿔 말하면 차별과 평등의 관계이다. 세계의 차별적 방면을 현상이라고 하고 세계의 평등적 방면을 실재라고 하는 것으로, 차별즉실재라는 것이 이 현상즉실재의 사고이다. … 세계의 모든 현상을 통해 또한 평등의 방면이 있다. 어떤 현상이라도 특수성은 있지만 다른 현상과 전혀 다른 것은 아니다. 바꿔 말하면, 모든 점에서 근본적으로 차별되는 것이라고는 말할 수 없다.

이러한 논리대로면 "사회가 불평등의 상태를 드러내는 것은 몽상이 아니고 현실이다."[90] 그러나 실재 차원에서 보면 '평등'이므로 굳이 불평등의 상태를 개선할 이유도 없고 정당성도 없다. 즉 '현상즉실재'의 논리는 마치 성리학의 '리일분수理一分殊[91]'의 세계처럼, 실재 차원에서 평등을 확보하고 현상 차원의 불평등은 있는 그대로 인정하게 된다. 인위적인 노력으로 개선하려는 일이 일어날 수도 있지만, 아예 차단할 수도 있다. '평등'을 실재 차원에서 확보함으로써

---

90) 井上哲次郞「獨立自存主義の道德を論ず」『巽軒論文二集』, 1901;『井上哲次郞集』第3卷, pp.60-61.
91) 성리학은 전체와 개체를 '리일분수(理一分殊)'의 논리로 연결한다. 우주에 존재하는 것은 모두 마치 그물처럼 서로 연결되어 하나라고 설명한다. 그물코와 그물코를 연결하는 것은 두 개체 사이의 원리적 관계이다. 이 세계는 하나의 그물처럼 하나의 질서있는 전체이다. 그런데 이 전체가 그대로 각 개체의 본성으로서 개체에 내장된다고 주장한다. 이것이 성즉리(性卽理)의 주장이다. 그런데 현실에서 각 개체는 기(氣)를 기체로 하여 존재하고 기는 각 개체에 따라 달라지므로, 결국 각 개체는 원래는 하나의 전체 리 즉 리일(理一)을 품고 있음에도 불구하고 현실에서는 각각 다른 리 즉 분수리(分殊理)를 갖게 된다. 리일분수의 존재론은 각 개체에 본성의 회복을 요구함으로써 질서있는 전체를 유지하리라고 기대한다.

근대적인 정신을 성취한 듯이 보일 수 있지만, 성리학을 생각하면 그것이 근대의 징표가 되지는 않는다.

더 나아가 현상과 실재는 '소아小我'와 '대아大我'의 쌍으로도 변주된다. 다음은 후쿠자와 유키치가 개인주의와 공리주의를 옹호하는 것을 비판하는 이노우에의 글이다.

> 도덕에 관한 후쿠자와옹의 근본적 오류는 이 작은 오척의 몸을 본위로 삼은 데 있다. 즉 소아에 구애된 데 있다. 육체는 우리 안의 비아非我로서 진아眞我가 아니다. 육체를 존중하여 독립자존을 말하는 것은 나라고 할 만한 진정한 뜻을 파악할 수 없었기 때문이다. 나에 대한 관념이 명석하지 않으면 도덕상의 관념은 결코 철저할 수 없다. 진아는 이른바 대아로서, 현상을 초월한 것이다. 즉 일체를 융합조화한 세계의 실재이다. 개인은 개체이면서 동시에 절대의 방면을 갖는다. 그런데 단순히 소아로서 볼 뿐, 조금도 소아 이상으로 나갈 줄 모르면 자아Ichheit에 집착한 속견에 불과하다.92)

개인을 부정하면서 진정한 자아란 실재이고 절대라고 하는 이노우에의 현상즉실재론은 실제로는 국권주의, 국가주의의 틀 안에서 작동했다. 한편 현상에 방점을 찍어 현상즉실재론을 주장하게 되면, 천황을 가치의 정점으로 하는 충효일본의 일본적 특수 윤리는 실재와 맞닿아 있는 것으로 설명되어, 특수한 것이지만 보편적이기도 한 것으로 정당화될 수 있었다.

그런데 이 세계관이 근대의 것으로서 주장되었다는 점에서 더욱 문제는, 근대로 들어서는 길목에서 애초에 '개인'이 설 자리를 막아 버렸다는 점이다. 이노우에의 현상즉실재론은 동서융합을 넘어 서양근대철학을 뛰어넘는 것으로서 근대의 이미지까지 부여된 세계관

---

92)「獨立自存主義の道德を論ず」, pp.80-81.

이었다. 그러나 이처럼 개체를 초월한 실재가 참된 자아라고 명명백백하게 선포한 것이었다.[93]

근대독일에서 관념론철학이 등장한 이유로, 영국·프랑스의 근대화에 뒤진 명목뿐인 통일국가로서, 영국이나 프랑스가 물질적 혹은 사회적으로 실현한 근대화를 독일은 내면화하여 정신적 혹은 논리적으로 실현하려 했던 배경이 있다고 이야기된다. 이에 사유의 자유나 의식의 능동적 활동성이 중요한 주제가 되지만, 개인의 해방은 개인주의가 되지 않고 능동적 자아의 절대화가 된다. 독일이 이러한 관념론을 필요로 했던 이유는 일본도 공유하는 것이었고, 이노우에는 이를 일본에 더 익숙한 불교의 진여관념을 특필하여 구성했다. 일본뿐 아니라 한자문화권인 동아시아가 근대를 겪으면서 개인에 대한 깊은 이해와 개인주의에 대한 포용이 결여되어 있는 원인을 해명하는데, 현상즉실재론이 실마리를 제공할 수 있는 부분이 있을 것이다.

6. 조선-한국에 미친 영향

다카하시 도루高橋亨(1878~1967)는 1898년 도쿄제국대학 한학과漢學科에 입학해서 1902년 졸업했다. 당시 한학과는 중국의 경사자집經史子集의 학습뿐 아니라 서양철학사와 동양철학사, 중국철학 강의도 들어야 했다. 이 시기 동양철학사와 중국철학 강의를 한 사람은 이노우에였다. 훈고학이나 고증학보다 사변철학을 더 평가하는 경향, 유학을 역사화하고 유학의 성격을 다변화하여 중국과 일본이 각각 다른 특성을 전수해 발전시켰다는 시나리오, 그리고 주자학은 획일적이고

---

[93] 이 글에서 논했듯이 교토학파의 창시자라 알려진 니시다 기타로의 논리는 현상즉실재론을 발전시킨 것이다. 그런 의미에서 스에키 후미히코의 말대로 교토학파의 근대초극론은 메이지시대에 준비되었다. 스에키는 교토학파의 근대초극은 불교가 전통적인 것과 근대적인 것, 동시에 포스트 근대적인 것까지 삼중성을 담당했다고 지적한다. 스에키 후미히코 지음, 이태승·권서용 옮김, 『근대 일본과 불교』, 그린비, 2009, pp.12-24 참고.

이노우에 데쓰지로와 일본주의의 시대

양명학은 자유사상을 품고 있다는 도식화 등은 그대로 다카하시에게 전수된다. 조선유학사는 주자학을 수용하여 어떤 변화도 없고 독자적 해석도 없었던, 그대로 중국의 주자학사라고 해석한 다카하시의 프레임은 이노우에에게서 온 것이었다.

한편 이노우에의 현상즉실재론은 식민지 조선의 종교계에 지대한 영향을 준다. 1920년에 창립된 조선불교유학생학우회朝鮮佛敎留學生學友會나 재일조선불교청년회在日朝鮮佛敎靑年 등은 이른바 일본 근대불교의 영향을 받은 것인데, 당시 근대불교란 현상즉실재론의 또다른 주창자인 이노우에 엔료의 강한 영향 아래 있었다. 두 이노우에의 현상즉실재론은 도쿄제국대학에서 거의 같은 시기 같은 교수들의 수업을 들으면서 형성된 것이었고, 현실에서 천황과 국가를 철학적으로 자리매김하는 과제를 스스로 떠안았다. 식민지에서 그러한 철학을 받아들였을 때는 의도하지 않은 정치적 왜곡이 발생할 수밖에 없었을 것이다.[94]

현상즉실재론을 더욱 전면적으로 수용하여 이른바 근대적 종교이론을 세운 사람은 천도교의 이돈화李敦化(1884~1950)이다. 이돈화는 현상즉실재론을 전면적으로 받아들여 동학의 재해석인 『신인철학新人哲學』을 구성한다. 현상즉실재론이 불교의 '즉'의 논리를 바탕으로 하여 성리학의 체용논리도 연상시키므로 이돈화에게는 친근하게 느껴졌을 것이다. 나아가 그것이 근대 서양철학을 받아들이고 한발 더 나아간 것으로 받아들여짐으로써 근대적인 것으로 여겨졌다. 그러나 그것이 품고 있는 전체주의적 발상은 둘째 치고, 일본주의를 실현시키려는 정치적 의도는 더욱 농후했으므로 식민지에서의 수용은 의도하지 않은 결과를 낳을 수밖에 없었다. 조선에게는 선진이었던 일본

---

[94] 근대한국불교계의 현상즉실재론의 수용에 관해서는 김영진, 「근대 한국불교의 형이상학 수용과 진여연기론의 역할」, 『불교학연구』21, 2008 참조.

문화의 영향을 받는 것은 당연한 일이었던 만큼, 의도와는 별개로 어떤 역할을 했는지는 꼼꼼하게 따져봐야 할 일이다.[95]

일본에서의 이노우에 연구는 일찍부터 이론적으로는 일본형 관념론의 정초자이면서 절충주의자로, 이념적으로는 국권주의자·국가주의자라는 평이 20세기 중반부터 확고하게 자리잡았다.[96] 21세기에 들어와 일본산 철학이라고 하는 교토학파의 창시자 니시다 기타로 철학의 전사로서 이노우에의 현상즉실재론을 조명하는 연구가 이루어졌다.[97] 최근에는 이노우에를 그 시대를 대표하는 인물로 보고 그를 통해 그 시대를 이해하려는 다양한 연구가 시도되고 있다.[98] 이노우에의 '현상즉실재'론에 관해서는 주로 불교와의 관련성에서 논의되고 있다.[99]

---

95) 이돈화와 『신인철학』의 난관에 대해서는 이혜경, 「근대성에 대한 대항으로서 신종교, 거기에 스며든 반지성주의: 이돈화의 『신인철학』을 중심으로」, 『인문논총』79(2), 2022 참조.

96) 대표적으로 船山信一 『明治哲學史研究』 ミネルヴァ書房, 1950.

97) 板橋勇仁 「日本における哲学の方法: 井上哲次郎から西田幾太郎へ」 『立正大学文学部論叢』119, 2004; 渡部清 「日本近代における一元論の系譜: 西田哲学の成立前史として」 『哲学科紀要』31, 2005; 井上克人 「明治アカデミー哲学の系譜: '現象即実在論'をめぐって」 『關西大學文學論集』55-4, 2006 등.

98) 대표적으로 郭馳洋 「明治期の哲学言説とネーション・社会:井上哲次郎の'現象即実在論をめぐって」 『年報 地域文化研究』21, 2018은 '현상즉실재론'이 생성된 환경으로서, 당시 국가·사회와 관련된 담론을 검토한다. 水野博太 「明治期陽明学研究の勃興:井上哲次郎『日本陽明学派之哲学』に至る過程」 『思想史研究』24, 2017는 당시 근대학문으로서 형성된 지나철학의 하나로서 이노우에의 양명학 형성을 조명한다.

99) 渡部清 「井上哲次郎における '現象即実在論'の仏教哲学的構造について」 『哲學科紀要』, 1997; 井上克人 「明治アカデミー哲学の系譜: '現象即実在論'をめぐって」 『關西大學文學論集』55(4), 2006.

한국에서는 이노우에게 관한 다음과 같은 논문이 발표되었다. 한국에서 이노우에가 갖는 의미에 비해, 아직은 미미하다고 할 수 있다.

- 이혜경, 「양명학과 근대일본의 권위주의―이노우에 데츠지로와 다카세 다케지로를 중심으로」『철학사상』30, 2008.
- 이명실, 「두 개의 불경사건(不敬事件)과 천황제교육의 향방」『한국교육사학』, 35, 2013.
- 이태승, 「일본 최초의 인도철학사 강의록에 대한 일고찰」『인도철학』48, 2016.
- 이새봄, 「이노우에 데쓰지로(井上哲次郎)의 '유학 삼부작'―근대 일본 유학사의 시초」『한국사상사학』61, 2019.
- 이인화, 「이노우에 데쓰지로(井上哲次郎)의 유교 및 공자 인식과 국민도덕론 체계에서의 활용」『동서철학연구』102, 2021.
- 이혜경, 「주자학이 전근대의 대표이념이 되기까지―후쿠자와 유키치와 이노우에 데쓰지로의 유학을 둘러싼 공방」『동양철학연구』108, 2021.
- 이혜경, 「이노우에 데쓰지로의 종교 편력 : 민심통합의 도구를 찾아서」『한국동양정치사상사연구』21(2), 2022.
- 이혜경, 「이노우에 데쓰지로와 현상즉실재론―「내 세계관의 먼지 한 톨」을 중심으로」『개념과 소통』31, 2023.
- 이혜경, 「이노우에 데쓰지로의 에도유학 삼부작―서론과 결론」『태동고전연구』50, 2023.(번역)

연보

1855년(1세)   12월 25일 지쿠젠노쿠니築前國(현재의 후쿠오카현) 다자이후太宰府에서 의사인 아버지 후나코시 도시타쓰船越俊達와 어머니 요시ょ志의 3남으로 출생.

1860년(6세)   어머니 요시 향년 39세로 사망.

1862년(8세)   동네의 유학자에게 경전을 배우기 시작.

1868년(14세)   하카타博多로 가서 영어를 배움.

1871년(17세)   나가사키長崎로 가서 영어학교 고운칸廣運館에 입학.

1875년(21세)   2월, 도쿄 가이세이開成학교 입학.

1877년(23세)   9월, 도쿄대학 입학. 철학·정치학 전공.

1878년(24세)   5월, 이노우에 가네히데井上鐵英의 양자가 됨.

1880년(26세)   7월, 도쿄대학 졸업.
8월, 누이코縫子와 결혼.
10월, 문부성 편집국 겸 관립학무국 근무.

연보

1881년(27세)   10월, 『철학자휘哲學字彙』 발행.
             12월, 아버지 도시타쓰 59세로 사망.

1882년(28세)   3월, 도쿄대학 조교수 발령.
             9-11월, 『배인씨 심리신설倍因氏心理新説』 번역서 발행.

1883년(29세)   3월, 『윤리신설倫理新説』 발행.
             4월, 『서양철학강의』 발행.
             9월, 처음으로 '동양철학사' 강의 개설.

1884년(30세)   2월, 철학 수학을 위해 독일에 만 3년간 유학.
             2월, 『손켄시초巽軒詩鈔』 간행.
             「내 세계관의 먼지 한 톨我世界觀の一塵」을 『철학』지에 발표.

1887년(33세)   10월, 베를린 대학 동양어학교 강사로 위촉.

1890년(36세)   10월, 귀국, (도쿄)제국대학 문과대학 교수로 발령.

1891년(37세)   8월, 문학박사.
             9월, 『칙어연의勅語衍義』 발행.

1892년(38세)   7월, 양부 가네히데 향년 67세로 사망.

1893년(39세)   4월, 『교육과 종교의 충돌教育ト宗教ノ衝突』 발행.

1895년(41세)   5월, 도쿄학사회원 회원.

1897년(43세)   5·6월, 「현상즉실재론요령現象即実在論の要領」을 『철학잡지』123·124호에 발표.
             5월, 파리 개최 만국동양학회에 파견(12월 귀국).
             6월, 『석가종족론釈迦種族論』 발행.
             11월, 도쿄제국대학 문과대학장에 임명.

1899년(45세) 9월,『내지잡거론內地雜居論』 발행.
12월,『손켄논문초집巽軒論文初集』 발행.

1900년(46세) 7월,『간코소전菅公小傳』 발행.
10월,『일본양명학파의 철학日本陽明學派之哲學』 발행.

1901년(47세) 1월, 가니에 요시마루蟹江義丸와 함께『일본윤리학휘편日本倫理學彙編』 발행.
4월,『손켄논문이집巽軒論文二集』 발행.

1902년(48세) 9월,『일본고학파의 철학日本古學派之哲學』·『윤리와 종교의 관계倫理と宗教との関係』·『일본학생보감日本學生寶鑑』 발행.
11월,『석가모니전釈迦牟尼傳』 발행.

1904년(50세) 아리마 스케마사有馬祐政와 함께『무사도총서』 발행.
『일본주자학파의 철학日本朱子學派之哲學』 발행.

1906년(52세) 5월, 잡지『동아의 빛東亞の光』 발행.
6월, 동아협회 발족.

1908년(53세) 5월,『윤리와 교육倫理と教育』 발행.

1912년(58세) 8월,『국민도덕개론國民道德概論』 발행.

1915년(61세) 2월,『철학과 종교哲學と宗教』 발행.
8월, 동아협회에서의 강연록「신도와 세계종교神道と世界宗教」를『동아의 빛』에 발표.

1916년(62세) 9월, 장남 향년 22세로 병사.

1917년(63세) 9월, 처 누이코 향년 57세로 사망.

1918년(64세) 2월,『증정增訂 국민도덕개론』 발행.

연보

1920년(66세)　6월, 고즈에末와 재혼.
　　　　　　　7월, 욱일중광장旭日重光章 수여.

1923년(69세)　3월, 도쿄제국대학 퇴임.
　　　　　　　4월, 정3위正三位 수여.
　　　　　　　10월, 다이토분카가쿠인大東文化學院 교수 취임. 교수회장.

1925년(71세)　3월, 다이토분카가쿠인 총장.
　　　　　　　조선 방문, 성균관에서 석존제釋尊祭에 참석, 공주 향교에서 강연
　　　　　　　4월, 도요東洋대학에서 일본윤리사 강의.
　　　　　　　5월, 철학회 회장으로 선출.
　　　　　　　9월, 『우리 국체와 국민도덕我が國體と國民道德』 발행.
　　　　　　　10월, 귀족원 위원.

1926년(72세)　9월, 『우리 국체와 국민도덕』과 관련하여 필화사건 발생.
　　　　　　　10월, 다이토분카가쿠인 총장 사임. 문정文政 심의회 의원 파면. 제국학사원 회원 파면.

1928년(74세)　6월, 철학회 평의원회에서 다시 회장으로 선출.
　　　　　　　10월, 『신수新修 국민도덕개론』 발행.

1930년(76세)　2월, 삼남 향년 27세로 사망.

1931년(77세)　3월, 조치上智대학에서 동양철학사 강의.

1932년(78세)　11월, 『메이지철학계의 회고明治哲學界の回顧』 완성.

1933년(79세)　3월, 독일대사관에서 괴테 기념훈장 수여.

1934년(80세)　7월, 『일본정신의 본질日本精神の本質』 발행.

1936년(82세)　9월,『스가와라노 미치자네菅原道眞』발행.

1937년(83세)　5월, 소코회素行會 회장으로 추천됨.

1939년(83세)　2월,『동양문화와 지나의 장래東洋文化と支那の將來』발행.

1941년(87세)　8월,『부동정신과 국민사상不動精神と國民理想』발행.

1942년(88세)　11월, 조분카쿠潮文閣에서『이노우에 데쓰지로선집』발행.

1943년(89세)　8월,『회구록懷舊錄』완성.

1944년(90세)　사망

찾아보기

17조 헌법 455, 461

【ㄱ】
가나모리 미치토모 28
가다노 아즈마마로 335
가모노 마부치 335
가스가 센안 321
가와이 기요마루 541
가와타 오코 540
가이바라 에키켄 325,
        344, 353, 357, 360
가족제도 363-376,
    378, 382-386, 388, 389, 392
가케이 가쓰히코 402, 405
가토 히로유키 268,
    272-274, 276, 504, 512, 516,
    533, 535, 536, 548, 549, 569
간나가라의 길 402, 562
간왕경 112
감각론 262-264
개인주의 . . 166-168, 170, 174, 364,
        365, 426, 427, 558, 590, 591
게오르그 게를란트 79
게오르그 폰 기즈키 48,
        60, 64, 75, 76, 80, 104
게오르그 헤겔 200, 310, 566
게오르크 리히텐베르크 21
겐쇼 천황 434
겐에 48
겸애 . . . 14, 15, 105, 106, 108, 111

경파 264
경험론 65, 176,
    201, 262-264, 320, 339, 343
고가 세이리 325, 335
고사기 38,
    133, 298, 376, 378, 407, 433,
        434, 447, 449, 455, 456
고어습유 433
고토 곤잔 335
고토다마 470
고토쿠 천황 459
고트프리트 라이프니츠 . . 263, 290
고학 313,
    314, 318, 330, 332-338, 342,
    352, 353, 356, 357, 578, 579
공리주의 29, 48,
    166, 220, 316, 317, 334, 343,
    358, 460, 530, 531, 543, 548,
    554, 556, 560, 575, 580, 590
공안국 348
공화국체 431,
        443, 444, 453, 464, 469, 472
과경적실재론 197, 341
관념론 21,
    70, 192-194, 197, 198, 200,
    201, 204, 205, 216, 274, 278,
    289, 296, 310, 311, 320, 335,
    348, 360, 495, 566-568, 575,
    582, 583, 585-588, 591, 593
관무량수경 41

찾아보기

관윤자 111
교가쿠 355, 356
교우잡지 16
교육과 종교의 충돌 11,
　　12, 14, 15, 17, 23, 25, 29,
　　　　44, 126, 216, 565, 596
교육보지 16
교육시론 12,
　　14, 16, 17, 25, 26, 47, 365
교육칙어 12, 13, 15,
　　17, 18, 26, 28, 46, 188, 364,
　　417, 421, 427, 447, 462, 531,
　　540, 545, 564, 565, 570, 581
구력론사 266
구마자와 반잔 321, 323-325
구메 구니타케 120, 540
구사기 433, 434
구스타프 페히너 495
구카이 345, 356
구하라 미쓰루 18
구훙밍 467
국가격 452
국가인격주의 452
국가주의 12, 14,
　　15, 19, 20, 25, 46, 47, 50, 56,
　　57, 84, 102, 121, 127, 166,
　　216, 366, 417, 418, 460, 539,
　　563, 564, 570, 581, 590, 593
국민도덕 15,
　　216, 313, 344, 363-366,
　　371, 378, 385, 387, 391, 392,
　　396, 397, 399-401, 426-430,
　　441, 471, 475, 531, 540, 555,
　　556, 571, 572, 594, 597, 598
국민이상 475, 476
국체 30, 31, 54, 358, 364, 366,
　　398, 406, 408, 417, 426-429,
　　431, 432, 434-436, 438-440,
　　443-446, 449, 452, 453, 458,
　　460, 461, 463-476, 572, 598
국체신도 403, 406-409, 472
군국일체 470
군주국체 444, 469
군화의 원생 16
권력주의 441, 450-452, 464
권리사상 184, 337
권리평등설 175, 176
귀스타브 이른 243
규슈일일신문 16, 51
그리스도교 기원사 54, 55
금광명최승왕경 112
기계주의 516, 531, 549
기노시타 준안 344, 353
기노시타 히로지 18
기데온 드레이퍼 67
기무라 슌키치 28
기요자와 만시 534, 582
기원절 379, 544
긴메이 천황 474
김굉필 352

【ㄴ】

나가세 호스케 423
나라의 교육 16, 344
나미카와 덴민 339, 340
나정암 360
나카네 도리 321, 327
나카무라 데키사이 ....
　　　　　　　　.. 344, 353, 357
나카무라 마사나오 ....
　　　　　　　　.. 48, 534, 535, 567
나카에 도주 ... 321, 322, 325, 327
나카에 도쿠스케 533

찾아보기

나카지마 리키조 29,
　　64, 366, 489, 556
난가쿠 355, 356
난조 분유 537
내지잡거 속론 14, 80
네모토 미치아키 540
노기 마레스케 410
노자 23, 111, 347-349, 540
논어 23, 94, 99, 103, 104, 121,
　　141, 149, 156, 348, 349, 351,
　　372, 384, 393, 465, 540, 566
뉴턴 176, 235, 495
능인 16
니니기노 미코토 411, 432
니시 아마네 533,
　　536, 548, 567, 569, 573
니시다 기타로 587,
　　588, 591, 593
니시무라 시게키 533
니시아리 보쿠잔 538
니야마 요시나가 325
니체 21, 48, 174, 522, 561
니치렌 132, 356, 423
니콜라이 2세 443, 470, 471
닌토쿠 천황 376, 377, 456

【ㄷ】

다니 지추 356
다비트 프리드리히 슈트라우스 . . .
　　. . 65
다윈 63, 174, 198, 232, 244,
　　247, 274, 291, 337, 494, 503,
　　516, 517, 519, 520, 544, 569
다이라 세이인 331
다카하시 고로 29
다케노우치 다카모치 358
다케조에 신이치로 540
대승본생심지관경 112
대아 127,
　　152-156, 167, 184, 188, 590
대일본교육회잡지 16
대집경 117
덕교 25, 26, 126,
　　134, 135, 137, 151, 178, 273,
　　316, 317, 344, 354, 533, 575
덕치주의 450, 451, 470
데모스테네스 72
데이비드 흄 65
도고 헤이하치로 522
도노사키 가쿠 330
도다 다다아쓰 52
도덕주의 169-
　　171, 173, 174, 178, 180, 181,
　　183, 317, 329, 343, 441, 442
도리오 고야타 539
도야마 마사카즈 504, 533
도요토미 히데요시 . . . .
　　. . 399, 400, 461, 462
독립성역 467
독서회의 328
독일철학 531,
　　545, 546, 549, 568, 574
독행도 415
동아의 빛 402,
　　405, 556, 570, 597
동양철학 51, 262, 292, 295,
　　296, 313, 316, 317, 530-532,
　　539, 545, 561, 562, 568-571,
　　577-579, 591, 594, 596, 598
동양학예잡지 16
동정불이 552
동중서 348
두에 349
디에고 페레즈 77

603

찾아보기

디오게네스 20

【ㄹ】
라이 산요 324
라파엘 쾨버 542
랄프 왈도 에머슨 69
레옹 드 로니 67
레위기 94
로버트 잉거솔 68
루돌프 로이카르트 59
루돌프 오이켄 500
루돌프 피르호 59
루돌프 헤르만 로체 ....
.... 148, 490, 495
루드비히 뷔흐너 64, 266
루드비히 포이어바흐 60
루카전 23
루트비히 부세 542
룰레만 아일레르트 81
르네 데카르트 221, 262, 566

【ㅁ】
마가전 23
마누법전 21, 125, 306
마쓰다이라 나오아키 330
마쓰다이라 마사나오 42, 51
마음 86, 92, 349
마태전 23
마틴 루터 161, 482
막스 노르다우 74
막스 페어보른 495
만국동양학회 316, 596
만세일계 365, 370, 391, 421,
422, 426, 427, 435, 436, 438,
446, 461, 463, 469-471, 540
만엽집 32, 434, 468
메이지 유신 25,
42, 130, 326, 396, 536,
537, 539-541, 567, 581
메이지 천황 36, 381, 401, 410,
412, 414, 421, 447, 449, 451,
453, 457, 459, 462, 538, 540
메이지 철학계의 회고 ....
.... 126, 530, 533
명교신지 16
모네라 246, 507, 513
모리타 고유 537
모토다 도야 540
모토라 유지로 24, 414, 548
모토오리 노리나가
.... 323, 335, 447
몽테스키외 175, 544
무라카미 센쇼 537
무량수경 41
무로 규소 344, 353, 354
무의식철학 524
묵자 97, 105-108, 111
문명사 63,
76, 168, 535, 543, 544
문예부흥 313, 332, 335, 346
문천상 87, 395
물 자체 201, 256, 509, 511
미나모토노 요리토모 399
미사색율 117
미시마 주슈 322, 541
미신 33,
55, 60-62, 64, 90, 128, 133,
139, 144, 276, 347, 420, 512,
516, 517, 532, 556, 557, 571
미야모토 무사시 415
미야케 세쓰레이 582
미야케 쇼사이 360
미와 싯사이 321, 327
미우라 바이엔 481

미토학 324, 388
미학 148, 196, 339, 542, 574
민본주의 365, 426, 428,
　　　442, 452, 453, 457, 460, 476
민약론 54, 458
민주주의 54, 365, 397,
　　　398, 426, 428, 441, 442, 445,
　　　452, 453, 457, 476, 544, 564
밀엄교보 16

【ㅂ】
바르톨로메 데 라스 카사스 79
바울 73, 88-91, 94, 95
박애 14, 51,
　　　　　　73, 104-106, 108, 111, 385
범망경 117
법구비유경 112
법우 16
법화경 117, 119, 132
베네데토 크로체 553
베단타 철학 22,
　　　221, 231, 281, 296, 302, 303,
　　　　　　313, 486, 568, 583, 585
베단타 학파 302, 486
베드로 91, 92, 97
변망 99, 101
보덴 파커 보운 69
보은경 117
복수론사 265
복종주의 169,
　　　　　　173, 178, 180, 183, 185
본체 126, 128,
　　　143, 144, 146, 149, 153, 162,
　　　172, 197, 219, 238, 259, 260,
　　　264, 283, 290, 296, 297, 302,
　　　309-311, 348, 502, 509, 511,
　　　　　　512, 514, 549, 574, 586, 587

볼테르 65, 176
부레쓰 천황 449
부모은난보경 117
부모은중경 117
부세 147, 542, 545
불가지 68, 198, 224, 247,
　　　259, 284, 291, 310, 311, 509,
　　　510, 514, 515, 549, 553, 586
불사의경계경 117
불위우전왕설왕법정론경 112
비교종교 및 동양철학 15,
　　　　　　295, 313, 574, 577
비국가주의 12, 15, 19,
　　　50-53, 93, 122, 123, 564, 565
비내나율 117
비토 지슈 324, 325, 335, 356
빌헬름 2세 451, 471
빌헬름 분트 24,
　　　　　　59, 263, 490, 522
빌헬름 오스트발트 495

【ㅅ】
사공 321, 322, 358, 580, 581
사마광 394
사명여로 16
사이고 다카모리 321, 581
사이초 356
사천왕경 117
사카타니 로로 541
사쿠마 쇼잔 321, 581
사회계약론 54
삼국사기 474
삼보총지 16, 39
생존경쟁 64,
　　　　　　502, 516, 519-523, 527
샤를 제롬 르꾸르 71
샤쿠 운쇼 537

찾아보기

서양철학강의 548, 596
선철상전 330
선통제 467
성 베사리온 109
성 사비누스 109
성 시메온 110
성 에우세비오스 109
성 파고미오 109
세력 및 물질 123
소가노 우마코 434, 461
소강절 350
소박한 실재론 214, 549
소아 127, 152, 154–156,
    167, 168, 177, 184, 188, 590
소찬록 335
속신도 133, 405
속일본기 377, 437, 445
쇼난유고 98
쇼무 천황 120, 379
쇼토쿠 태자 131,
    435, 439, 455, 461, 539
수대나경 112
수신요령 166,
    169, 177, 185, 186, 188, 189
순정철학 67, 135,
    195, 196, 206, 207, 342, 534
스가와라노 미치자네 ... 388, 599
스이코 천황 ... 298, 434, 439, 461
스즈키 다이세쓰 261
스진 천황 468
스탠튼 코이트 48
스피노자 144,
    231, 289, 311, 574
시게노 야스쓰구 540
시마다 고손 541
시마다 반콘 539
시마지 모쿠라이 537, 538

시부이 다이시쓰 328
신도와 세계종교 402, 472
신란 131, 356
신명기 93
신사신도 403, 406–409
신찬성씨록 466
신칙 417, 418, 421, 422, 433–
    436, 438, 439, 447, 468, 572
신칸트학파 ... 288, 343, 494, 500
실용주의 166, 220, 264, 570
실재 관념 215, 219–221,
    224–227, 229–234, 236, 238,
    240, 243, 248–250, 253, 583
실재론 192, 193,
    197, 198, 200, 201, 204–208,
    211, 212, 214, 215, 217, 218,
    258, 259, 262, 281–283, 289,
    290, 292, 341, 510, 531, 549,
    550, 552, 567, 582, 585, 586
실천주의 334
실체 197, 260, 296, 302, 309–
    311, 566, 574, 575, 584, 586
심리학 24, 29,
    48, 58, 59, 69, 148, 199, 216,
    228, 229, 263, 264, 291, 489,
    495, 499, 510, 518, 520, 522–
    524, 533, 534, 548, 568, 573

【ㅇ】

아돌프 쿠스마울 291
아라이 닛사쓰 539
아라이 하쿠세키 ... 344, 409, 437
아르노 아말릭 77
아르투르 쇼펜하우어 21,
    201, 290, 300, 518, 545, 568
아리가 나가오 534, 548
아마테라스 오미카미 30,

찾아보기

52, 120, 380, 382, 411, 417, 420, 427, 433, 448, 456
아이스네르스 77
아이작 뉴턴 235
안도 세이안 323, 344, 360
알렉산더 베인 58
알렉산드르 케렌스키 443
알렉시스 토크빌 544
알베르트 쉐플레 172
알브레히트 베버 119
앙리 베르그송 293
앙리 포앙카레 494
앙크틸 두페롱 300
앤서니 콜린스 65
야마가 소코 . . . 330, 333-337, 580
야마가타 다이니 358
야마다 겐 475
야마와키 도요 335
야마자키 안사이 328, 352, 354, 355, 358, 360
야마토다마시 406, 430
야스이 솟켄 99, 100, 540
야코프 몰레쇼트 266
양명학 313, 314, 316, 318-326, 332, 342, 352, 353, 356-358, 576, 578-581, 592-594
양웅 347
양주 51, 106
어니스트 페놀로사 69, 504
언스트 클라드니 239
에너지 보존의 법칙 494
에두아르트 부흐너 60
에두아르트 폰 하르트만 59, 60, 109, 111, 290, 311, 524, 542, 561
에드워드 모스 69, 504, 534
에드윈 아놀드 32

에른스트 르낭 54, 96
에른스트 마흐 495
에른스트 헤켈 59, 244, 274, 291, 494, 503
에밀 54, 184
에밀 뒤 브와 레이몽 249
에밀 뒤부아 레몽 59, 284, 494
에테르 238, 239, 244
역아 189
열반경 112
영의해 368
영지회잡지 17, 27
영해론 107
오귀스트 콩트 220, 491, 544
오규 소라이 321, 328, 330, 331, 333-337, 340, 353, 447, 579, 580
오니시 하지메 29, 534
오다 노부나가 399
오다 도쿠노 538
오시오 주사이 321, 325, 326
오시카와 마사요시 34, 44
오쓰카 다이야 325
오쓰키 반케이 540
오쓰키 후미히코 331
오우치 세이란 539
오이노우에 데루치카 36
오카마쓰 오코쿠 541
오쿠노미야 조사이 326
오쿠니누시노 카미 380, 432
오쿠무라 데지로 51
오하시 도쓰안 325
와시즈 기도 541
와케노 기요마로 435
완기설 288, 289, 359, 528
왕도주의 426-428, 438, 450
왕수인 319

찾아보기

왕숙 349
왕충 347, 348
왕통 347
왕필 348, 349
왕학 325-329
요시다 쇼인 45,
    321, 323, 388, 460, 580
요시마스 도도 335
요시카와 고레타리 149
요제프 셸링 21, 48, 59, 60,
    201, 310, 495, 566, 568, 585
요코야마 요시키요 567
요코이 도키오 11, 17,
    25, 28, 29, 47, 53, 72, 85, 98
요코이 쇼난 11,
    98, 323, 352, 540
요한 베르거 268
요한 볼프강 폰 괴테 22
요한 페스탈로치 124
요한 피히테 201, 310
요한 헤르바르트 290, 525
요한네스 유스투스 라인 83
우란분경 117
우시하쿠 436, 447, 448
우에무라 마사히사 28, 29, 44
우치무라 간조.. 12, 17, 27, 28, 80
우치무라 불경사건 12-15,
    17, 18, 28-31, 34, 37, 45, 80
우파니샤드 200,
    221, 299-302, 492
우편보지신문 34
운동의 기원 501, 506
원융상즉 223, 552
원융실재론 223,
    259, 283, 292, 586
윌리엄 메킨타이어 솔터 ....
    .. 48, 56, 69, 104

윌리엄 제임스 263,
    498, 523, 547
윌리엄 채닝 69
유교주의 166,
    533, 564, 570, 581
유니테리어니즘 16,
    48, 69, 70, 160
유랴쿠 천황 377, 394
유리 데키스이 538, 539
유리론 262-264
유마경 117
유물론 .. 63-66, 104, 175, 201, 205,
    206, 217, 258, 262-274, 276-
    278, 280-284, 288, 292, 495,
    500, 531, 543, 549, 582, 587
유심론 193, 194, 200-202, 204,
    206-208, 212, 214, 217, 258,
    262-269, 271, 276-283, 289,
    292, 296, 310, 516, 582, 585
유아론 277, 278
유자 103,
    131, 330, 347, 348, 541
육국사 437, 445, 474
육상산 319, 481
육합잡지 25, 53, 72, 85
윤리교 532, 556-558, 576
윤리신설 548, 596
윤리와 종교의 관계.. 15, 126, 597
윤리적 실재 146, 147
윤리학 24, 29, 48, 49,
    58, 64, 65, 69, 70, 103, 134,
    150, 151, 154, 183, 189, 196,
    199, 220, 289, 328, 339, 340,
    357-359, 361, 363, 364, 366,
    385, 495, 496, 510, 528, 534,
    542, 543, 548, 573-575, 597
융합적 실재론 550, 552

의지론 502, 520, 522, 523
이기주의 49, 108, 178,
　　272, 273, 317, 429, 543, 575
이노우에 고와시 . . . 447, 470, 540
이노우에 엔료 129,
　　216, 534, 571, 582, 592
이마누엘 칸트 200,
　　339, 494, 545, 568
이마키타 고젠 538
이상교 128, 532, 557, 558
이토 도가이 . . . 322, 330, 331, 353
이토 진사이 322,
　　330, 331, 333-337, 339,
　　340, 342, 353, 579, 580
이토 히로부미 . . 45, 447, 570, 581
이폴리프 아돌프 텐 59
이황 352
인격적 실재 145, 146, 150
인권신설 504
인도주의 426, 428, 441,
　　442, 446, 449, 452, 474-476
인왕경 112
인천합일 148-150
일본교육잡지 16
일본서기 38,
　　133, 376-378, 407, 409-
　　411, 417, 433, 434, 437, 445,
　　448, 449, 455, 456, 474, 544
일본신문 36
일본양명학파의 철학 313,
　　316, 317, 330, 342, 578, 597
일본주의 51, 127, 129, 163,
　　164, 563, 564, 572, 576, 592
일본주자학파의 철학 313,
　　317, 342, 578, 597
일본철학 295, 316, 588
일종신보 16

【ㅈ】
자연에서의 의지에 관하여 . . . 520
자연의 조화사 274, 506, 507
자유기독교 26, 57
자유주의 12,
　　28, 160, 166-168, 170, 175,
　　343, 426, 427, 544, 553
잡보장경 117
장 메지에 123
장 자크 루소 . . . 54, 175, 458, 544
장횡거 140, 350
전등 16
전세전경 112
정교신보 35
정명도 140, 350
정몽주 352
정법념경 117
정신주의 293, 458, 460, 461
정이천 140, 350
정적주의 334, 342
정치학 69, 175,
　　196, 331, 544, 565, 569, 595
정토교 16
정현 349
제국헌법 12, 13,
　　45, 427, 447, 564, 570, 581
제국헌법황실전범의해 45
제레미 벤담 543
제롬 K. 제롬 109
제임스 레게 51, 109, 122
제임스 줄 243
조기 349
조르다노 브루노 144
조상숭배 . . 93, 117, 363, 364, 369,
　　371-374, 381, 382, 386, 397
조셉 자스트로 69
조셉 헤이븐 548

찾아보기

조원 466
조제프 드 메스트르 78
조지 헨리 루이스 63, 543
존 러벅 232, 543
존 스튜어트 밀 29,
  48, 63, 220, 536, 543
존 틴들 544
존 헨리 뮤어헤드 343
종교의 자유 13,
  14, 40, 44, 46, 81, 124
종의 기원 63, 247
종파신도 403, 407-409
주관적 유심론 201, 277
주렴계 140, 349, 350
주순수 323, 395, 467
주역 118,
  144, 152, 348, 349, 540
주의주의 263, 499, 520, 523
주자학 98, 140, 313, 314,
  318-325, 328, 330, 332, 333,
  342-347, 351-361, 394, 437,
  540, 578-581, 591, 592, 594
주희 140, 350
지능론 262, 264
지론사 265
지육 126, 134
직각 89, 231, 350, 351
직관 . . 48, 148, 221, 226, 257, 261,
  293, 311, 350, 543, 566, 584
진무 천황 298, 387, 410-412,
  421, 434, 448, 455, 461, 544
진여실상 147, 505, 509
진원찬 467
진종경 467
진화론 29, 59, 63,
  65, 69, 128, 177, 198, 199,
  203, 204, 206, 207, 216, 244,
  246, 247, 249, 257, 274-276,
  285, 288, 289, 291, 293, 311,
  343, 494, 501-506, 508, 509,
  511, 513-525, 528-531, 534,
  549, 552-554, 560, 566, 569

【ㅊ】

찰스 쿠퍼 542
천양무궁의 신칙 403,
  408, 418, 422, 427, 432-435
천칙 16, 31, 32
철학과 종교 15,
  24, 33, 42, 54, 55, 61, 123,
  126, 214, 258, 311, 312, 405,
  477, 482, 483, 497, 501, 597
철학잡지 126,
  191, 214, 218, 258, 501,
  534, 549, 554, 556, 596
체사레 롬브로소 125
출애굽기 93
충경 86, 92, 349, 384
충군 84, 85, 87, 88,
  90, 92, 365, 384, 392-397,
  399, 400, 460, 469-471, 564
충효 . . 12, 14, 15, 27, 84, 91, 100-
  104, 106, 111, 112, 117, 169,
  179, 182, 185, 188, 364, 365,
  385, 387-394, 397, 399-401,
  427, 460, 575, 576, 581, 590
칙어연의 14, 216, 363,
  364, 427, 531, 545, 565, 596

【ㅋ】

카를 네겔리 258,
  285-287, 291, 495
카필라 301
칼 포크트 266, 270

크리스티안 하위헌스 238
키케로 72

【ㅌ】
타고르 450
타키투스 72, 123
테르툴리아누스 51
테오될 리보 59
토르케마다 77
토마스 그린 288
토마스 제베크 241
토마스 헉슬리 58,
    244, 247, 494, 544
토마스 힐 그린 343
통일주의 460, 461

【ㅍ】
파르메니데스 200
파울 폰 릴리엔펠트 172
패자 438, 450-452, 468, 476
패트릭 커훈 71
펠릭스 아들러 48, 69
평등주의 100,
    117, 166, 167, 570
폐불훼석 131, 536-538
폴 도이센 561
풍선론사 265
프랑수아 기조 544
프랑수아 라 로슈푸코 22
프리드리히 슐라이어마허 148
프리드리히 파울젠 495, 523
프리티오프 홈그렌 250
플라톤 20, 72,
    160, 179, 200, 289, 310, 585
피에르 벨 54
필립 에두아르 푸코 66

【ㅎ】
하라 단잔 218, 537, 539, 567
하랄 회프딩 48, 523
하시모토 쇼테이 539
하안 348, 349
하야시 라잔 318,
    328, 330, 344, 353, 355, 360
한유 348
핫토리 덴유 120
허버트 스펜서 48,
    172, 198, 311, 374, 503, 543
헤롯 86, 87
헤르만 올덴베르크 118
헤르만 헬름홀츠 494
헨리 모즐리 59
헨리 버클 543
헨리 스틸 올콧 66, 68
헨리 시즈윅 543
헨리 토마스 버클 63, 76
헬레나 블라바츠키 66
현상즉실재론 .. 127, 128, 167, 168,
    191-193, 197-199, 204, 206,
    214-216, 218, 219, 223, 224,
    252, 257-259, 283, 292, 501,
    531, 549, 550, 563, 567, 568,
    577, 582, 583, 585-594, 596
호넨 356
호리카와파 342, 353
호즈미 야쓰카 402
혼다 요이쓰 25, 34, 44, 47
홍도관기술 389
화론사 265
화엄경 112
활천지 16
황실전범 375, 422
황준헌 108
회남자 106, 118, 349

찾아보기

효경 86, 89, 92, 99, 104, 105, 348, 349, 384, 388, 396
효론 117
효자경 117
후지와라 세이카 318, 344, 353, 355–357
후지타 도코 . . . 323, 324, 358, 389
후지타 유코쿠 323, 324
후쿠다 교카이 537, 539, 567
후쿠자와 유키치 63, 160, 166, 169, 533–536, 541, 543, 544, 569, 579, 590, 594